KB109166

독자의 1초를 아껴주는 정성!

세상이 아무리 바쁘게 돌아가더라도
책까지 아무렇게나 빨리 만들 수는 없습니다.
인스턴트 식품 같은 책보다는
오래 익힌 술이나 장맛이 밴 책을 만들고 싶습니다.

땀 흘리며 일하는 당신을 위해
한 권 한 권 마음을 다해 만들겠습니다.
마지막 페이지에서 만날 새로운 당신을 위해
더 나은 길을 준비하겠습니다.

독자의 1초를 아껴주는
정성을 만나보십시오.

미리 책을 읽고 따라해 본 2만 베타테스터 여러분과
무따기 체험단, 길벗스쿨 엄마 기획단,
시나공 평가단, 토익 배틀, 대학생 기자단까지!

믿을 수 있는 책을 함께 만들어주신 독자 여러분께 감사드립니다.

홈페이지의 '독자광장'에 오시면
책을 함께 만들 수 있습니다.

(주)도서출판 길벗 www.gilbut.co.kr
길벗이지톡 www.eztok.co.kr
길벗스쿨 www.gilbutschool.co.kr

직장인을 위한 실무 엑셀

엑셀 2007, 2010 버전 공용

한은숙 지음
(lecturer@hanafos.com)

길벗

직장인을 위한 실무 엑셀

The Business Practice Series – Excel

초판 발행 · 2012년 7월 31일
초판 10쇄 발행 · 2017년 5월 26일

지은이 · 한은숙
발행인 · 이종원
발행처 · (주)도서출판 길벗
출판사 등록일 · 1990년 12월 24일
주소 · 서울시 마포구 월드컵로 10길 56(서교동)
대표 전화 · 02)332-0931 | **팩스** · 02)323-0586
홈페이지 · www.gilbut.co.kr | **이메일** · gilbut@gilbut.co.kr

기획 및 책임 편집 · 박슬기(sul3560@gilbut.co.kr) | **디자인** · 황애라 | **제작** · 이준호, 손일순
영업마케팅 · 임태호, 전선하 | **영업관리** · 김명자 | **독자지원** · 송혜란, 정은주

교정교열 · 안혜희 | **전산편집** · 트인글터 | **CTP 출력 및 인쇄** · 벽호
CD 제작 · 인포미디어 | **제본** · 경문제책

ISBN 978-89-6618-413-2 03000
(길벗도서번호 006545)

가격 20,000원

머리말

직장인이라면 꼭 알아야 할 필수 프로그램 – 엑셀!

엑셀은 이제 별다른 소개의 말이 필요 없을 정도로 필수적인 사무용 프로그램입니다.
"엑셀을 꼭 배워야 하나요?"라고 묻는 취업 준비생의 질문에, "회사에 들어가서 엑셀을 모른다고 하면 컴맹 취급받는다."라는 댓글을 본 적이 있습니다. 실상은 여기서 더 나아가 회사에 들어가기 전 서류전형이나 면접부터 엑셀의 사용 수준을 어느 정도 확인하고 사원을 채용하는 회사가 많습니다. 회사에서 사용하는 상당수의 문서가 엑셀로 작성되었기 때문에 취업준비생이나 신입사원이라면 엑셀은 반드시 배워두어야 할 필수 프로그램입니다.

실무에 유용한 엑셀 기능을 제대로 익히자!

학교나 학원에서 엑셀을 배웠고 관련 자격증까지 있지만 잘 다루지 않다 보니 거의 잊어버렸거나, 이전에 사용했던 엑셀 버전과 지금 회사에서 사용하는 엑셀 버전이 달라서 걱정이라는 사용자도 있습니다. 그러나 사실 엑셀을 그렇게 어렵게 생각할 필요는 없습니다. 엑셀의 핵심 기능만 제대로 이해하면 이전 버전이나 현재 버전이나 다루는 것이 크게 다르지 않습니다. 게다가 엑셀 버전이 업그레이드될수록 사용자 입장에서는 더욱 쉽게 만들어진다는 것도 엑셀의 큰 장점입니다. 엑셀 2007 버전 이후로는 매우 다양한 방식으로 데이터를 관리 및 분석하고, 웹 등을 통해 여러 사람들과 함께 공유하며, 데이터를 시각화하여 표현할 수 있는 기능이 더욱 강력해졌습니다. 따라서 엑셀의 기능을 제대로 익히면 엑셀 문서를 누구나 전문가 수준으로 세련되게 작성하기가 쉬워졌습니다.

필요할 때마다 꺼내 보는 엑셀 업무 지침서!

이 책에서는 회사에서 사용하는 대표적인 실무 문서에 엑셀만의 특별한 고급 기능을 적용하여 편리하고 자동화된 고급 문서로 완성할 수 있도록 설명했습니다. 또한 실무 문서를 직접 작성하는 따라하기 실습 후에 혼자서 피드백할 수 있는 복습 예제를 마련했고, 각 장마다 한 걸음 더 나아갈 수 있는 실무 활용 예제도 제공했습니다. 그러므로 이 책에서 사용한 기능을 여러분의 실제 업무 문서에 적용하여 만들어 놓고 필요할 때마다 꺼내 사용해 보세요. 이렇게 자신만의 보물 같은 엑셀 문서를 만들다 보면 어느새 엑셀의 고수가 되어 있을 것입니다. 이 책이 여러분의 직장 업무에 도움이 되고 여러분의 성공에 조금이나마 보탬이 되기를 진심으로 기원합니다.

집필하는 동안 큰 힘이 되어준 가족에게 감사하고 이 책을 완성하기까지 함께 고생한 박슬기 씨와 길벗 관계자 분들께도 깊이 감사드립니다.

저자 **한은숙** 드림

독자와 함께 만들었습니다!

길벗출판사는 책의 기획부터 집필과 편집, 출간까지 책을 만드는 모든 과정을 독자들과 함께 하고자 합니다. 따라서 《직장인을 위한 실무 엑셀》은 출간하기 전부터 원고 상태에서 부족한 점은 없는지 베타테스터가 꼼꼼하게 확인해 보았습니다. 베타테스터가 따라하면서 어려웠던 부분, 따라해도 안 되는 부분을 모두 수정하고 보완했기 때문에 독자 여러분은 이 책을 무작정 따라하기만 하면 됩니다.

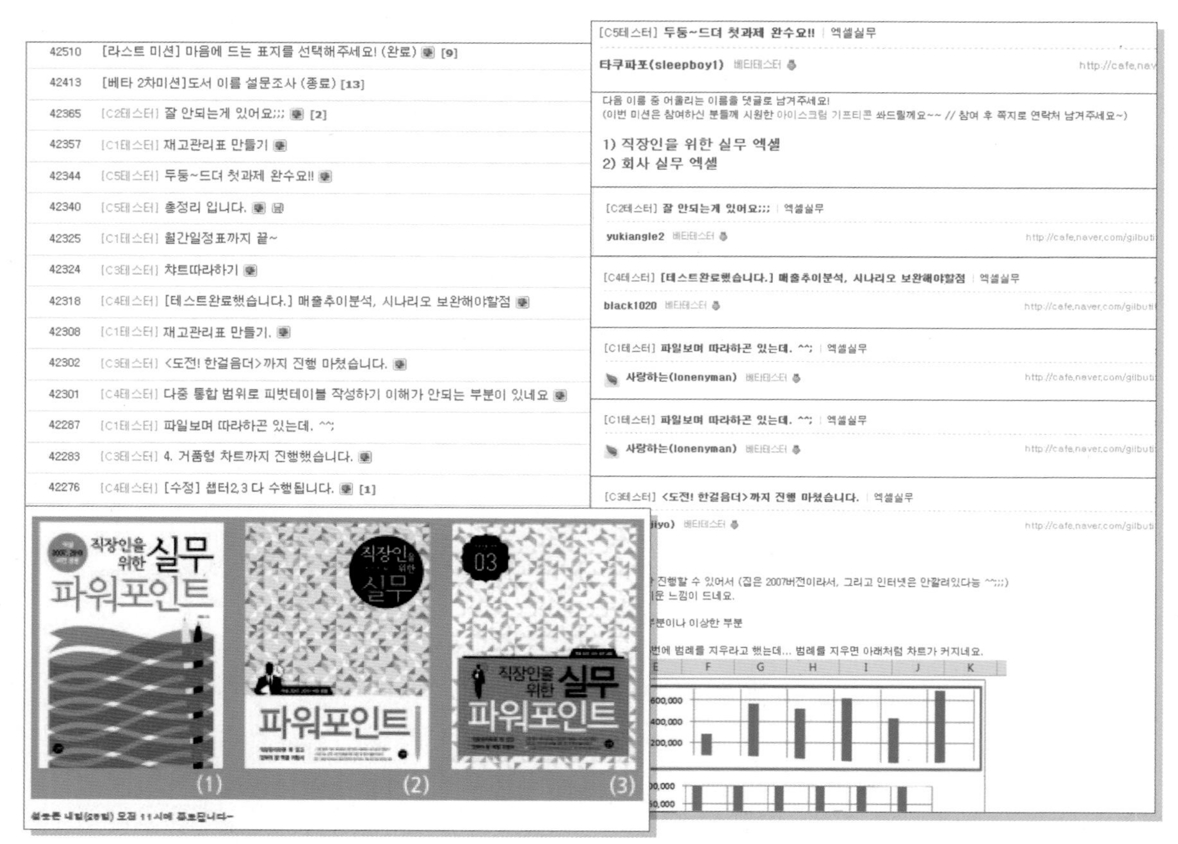

▲ 네이버 대표 카페 '마스터클럽(cafe.naver.com/gilbutit)'에서 진행한 베타테스터 후기 및 설문 조사

베타테스터가 되고 싶어요!

- **응모 자격 :** 길벗출판사 홈페이지 독자 회원 누구나
- **응모 방법 :** 베타테스터는 길벗출판사 홈페이지(www.gilbut.co.kr)의 **독자광장 → 베타테스터 → 베타테스터 모집공고** 게시판에서 수시로 모집합니다.

《직장인을 위한 실무 엑셀》과 함께 해주신 베타테스터 여러분께 감사드립니다!

이준석(cokemini2) · 정영근(타쿠파포) · 고가령(펄캣) · 이지영(yukiangle2), · 윤태경(사랑하는)
이정인(black1020) · 이명미(지요) · 고은혜 · 정금영 · 황찬영 · 홍란의 · 김정미

무엇이든 물어보세요!

길벗출판사에서 운영하는 네이버 대표 카페 '마스터클럽'(cafe.naver.com/gilbutit)은 우수 지식활동 카페로 선정될 만큼 가입 회원들의 활발한 지식활동이 이루어지고 있습니다. '마스터클럽' 카페에는 길벗출판사의 집필진과 편집자, 운영자가 항상 대기하고 있어 질문에 대한 답변을 실시간으로 받을 수 있으며, 온라인 스터디 프로그램을 분기별로 운영하고 있어 혼자 공부하기 힘든 분들의 길잡이 역할도 담당하고 있습니다. 아직 회원이 아니라면 지금 당장 '마스터클럽' 카페에 가입해 각종 혜택을 누려보세요!

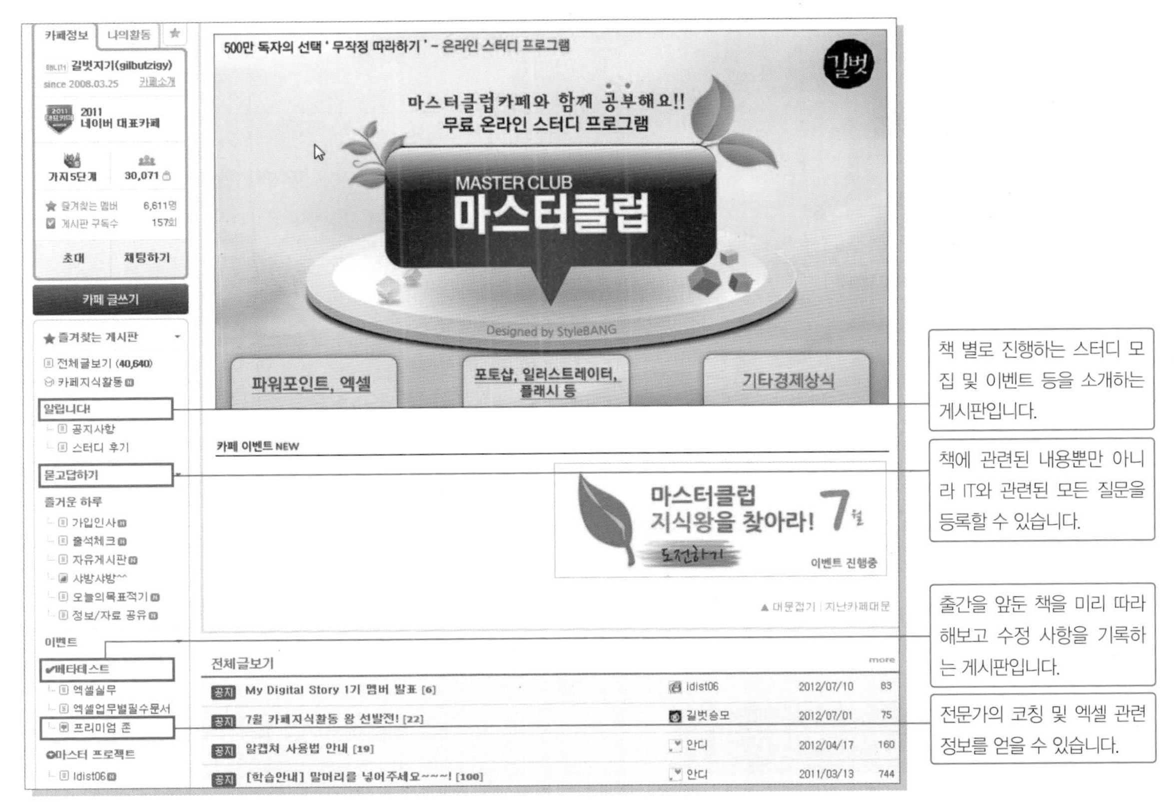

▲ 네이버 대표 카페 '마스터 클럽' 소개 화면

길벗출판사 홈페이지(www.gilbut.co.kr)를 방문해 보세요.

책을 읽다 막히는 부분이 있으면, 길벗출판사 홈페이지(www.gilbut.co.kr)의 '독자/자료실'의 '자료/문의/요청' 게시판에 질문을 올리세요. 지은이와 길벗 독자 지원 센터에서 친절하게 답변해 드립니다.

❶ 길벗출판사 홈페이지 (www.gilbut.co.kr) 회원 가입 후 로그인 ▶ ❶ 질문 검색 도서명 입력 후 〈검색〉, 원하는 답변 확인 ▶ ❶ 질문 등록 〈글쓰기〉 눌러 내용 입력 (답변 등록까지 2~3일 소요)

배울 내용을 미리 살펴보세요!

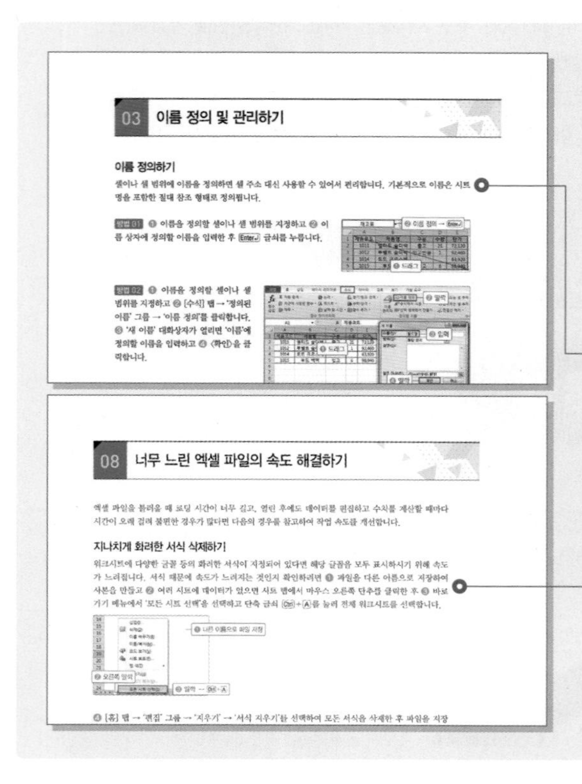

첫째마당

실무 예제를 따라하기 전에 알아야 할 엑셀의 인터페이스 구성과 환경 옵션, 데이터 속성 및 문제 해결 등의 기본 사항에 대해 알려줍니다.

이해하기

리본 메뉴, 워크시트, 이름 정의 등 엑셀의 기본에 대해 충실하게 배울 수 있습니다.

살펴보기

그림과 간단한 설명을 통해 데이터 속성 및 문제 해결 방법에 대해 알려줍니다.

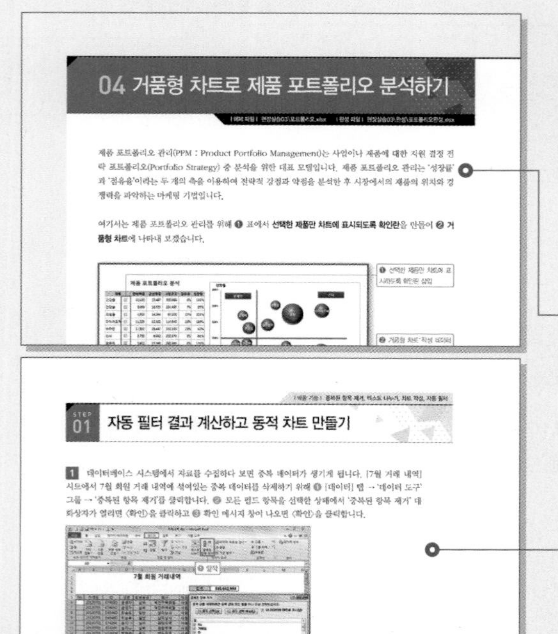

둘째마당

《직장인을 위한 실무 엑셀》에서 가장 핵심이 되는 부분으로 실무에서 가장 많이 사용하는 문서를 프로 비즈니스맨의 손길이 느껴지도록 완성도 높게 만드는 과정에 대해 배울 수 있습니다.

미리 보기

실무 예제에서 배울 주요 기능을 정리해 놓았습니다. 각 스텝별로 다루는 핵심 주제를 미리 살펴볼 수 있습니다.

따라하기

서식 문서, 계산 및 함수 활용, 차트, 데이터 관리와 분석, 매크로 등 업무에 꼭 필요한 기능을 실무 예제를 통해 배웁니다.

엑셀의 기본적인 기능은 알고 있지만 실제 업무에 효과적으로 적용하는 방법을 잘 모르는 독자들을 위해 엑셀을 제대로 쓰기 위한 환경 설정부터 실무 문서 작성 및 프로 비즈니스맨을 위한 활용 팁을 다룹니다.

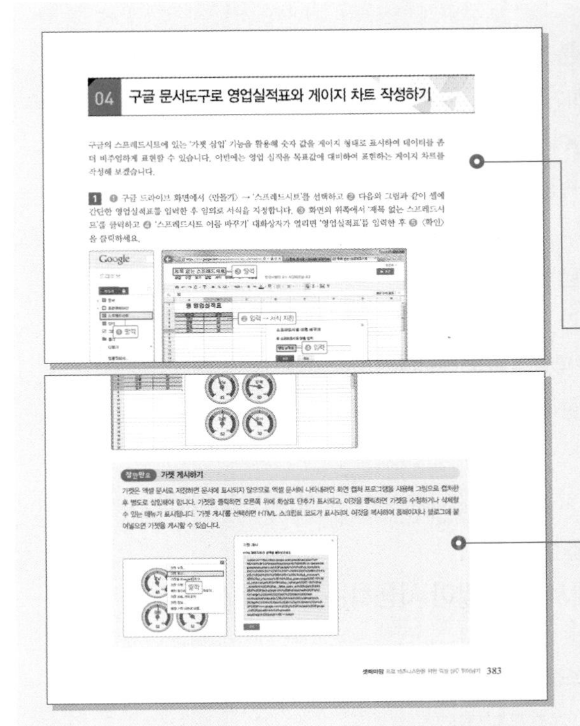

셋째마당

대용량 데이터를 처리할 수 있는 파워피벗과 구글, 스카이 드라이브 등의 웹 오피스 프로그램, 업무 효율을 높여주는 단축 글쇠, 함수 사전, 엑셀 2010의 추가 기능 등에 대해 배웁니다.

직접 해보기

프로 비즈니스맨으로 발돋움 할 수 있는 실무 팁을 직접 따라해 봅니다. 시간을 아껴주는 단축 글쇠나 함수 사전은 두고두고 보면 좋습니다.

잠깐만요

따라하기에 대한 부연 설명이나 주의점, 관련 정보에 대해 알려줍니다.

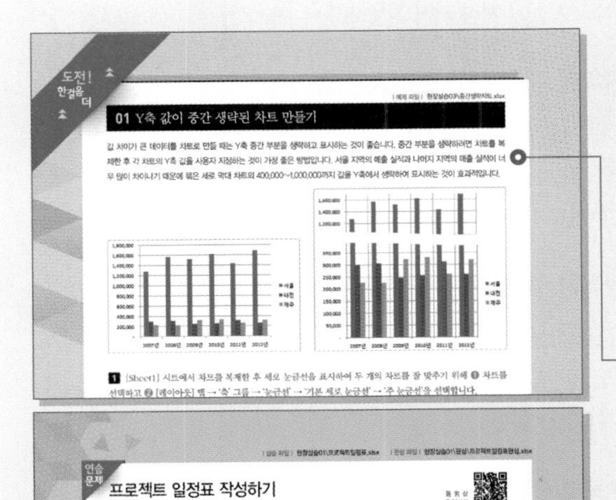

도전! 한 걸음 더 / 연습 문제

둘째마당의 각 장이 끝날 때마다 활용도 높은 팁을 모은 '도전! 한 걸음 더'와 배운 기능을 다시 한 번 복습하면서 업무 감각을 향상시킬 수 있는 '연습 문제'가 준비되어 있습니다.

고수 따라잡기

회사에서 인정받고 싶은 사람들을 위한 실무 엑셀의 숨은 노하우를 알려줍니다.

실력 점검하기

연습 문제 해설 동영상을 QR코드로 제공합니다. 스마트폰이 없다면 길벗출판사 홈페이지(www.gilbut.co.kr) 또는 마스터클럽(cafe.naver.com/gilbutit)을 방문해보세요.

목차

첫째 마당

엑셀,
어떻게 사용해야
업무에 유용할까?

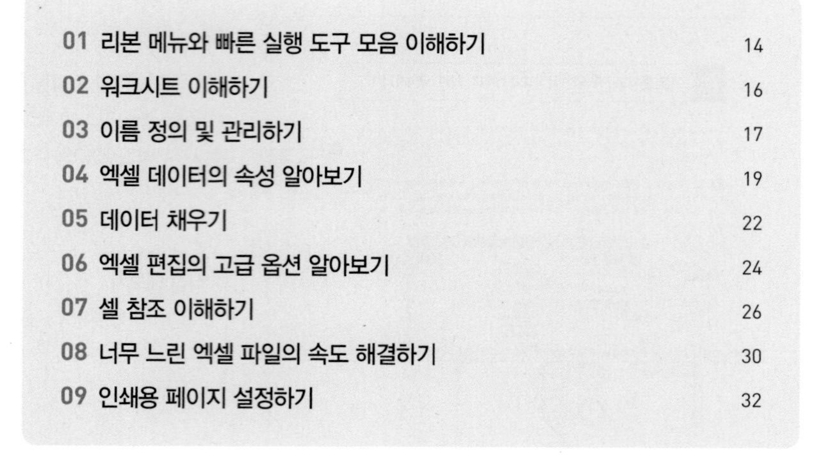

01 리본 메뉴와 빠른 실행 도구 모음 이해하기 14
02 워크시트 이해하기 16
03 이름 정의 및 관리하기 17
04 엑셀 데이터의 속성 알아보기 19
05 데이터 채우기 22
06 엑셀 편집의 고급 옵션 알아보기 24
07 셀 참조 이해하기 26
08 너무 느린 엑셀 파일의 속도 해결하기 30
09 인쇄용 페이지 설정하기 32

둘째 마당

현장감 100%,
기능과 활용을 동시에
익히는 실무 예제

현장실습 01
기본 중의 기본,
회사에서 가장 많이 사용하는 서식 문서 만들기

01 데이터를 자동으로 입력하는 거래명세서 만들기 40
STEP 01 업체 목록, 제품 목록 만들기 42
STEP 02 자동으로 데이터를 입력하기 45
STEP 03 조건부 서식과 사용자 지정 서식 적용하기 51

02 수요와 공급 파악을 위한 재고 관리표 만들기 56
STEP 01 재고 계산 및 재고 부족 표시하기 58
STEP 02 전일 시트의 재고 금액 연결하기 62
STEP 03 주간 재고 현황표 작성하기 67

03 업무 스케줄 관리를 위한 월간 일정표 만들기 72
STEP 01 목록형 일정표 작성하기 74
STEP 02 컨트롤 서식, 조건부 서식 지정하기 78
STEP 03 달력형 일정표 작성하기 82

04 금전출납 간편 장부 만들기 88
STEP 01 부가세와 차인 잔액 구하기 90
STEP 02 기간별 통계표 작성하기 96

도전! 한 걸음 더
01 동적 범위 정의하기 … 101 | 02 고유 목록 추출하기 … 102
03 양수, 음수, 색상 및 조건에 따른 사용자 지정 코드 알아보기 … 104

해설 동영상

연습 문제 프로젝트 일정표 작성하기 105

현장실습 02 야근 No! 근무 시간 단축을 위한 계산 및 함수 활용 익히기

01 재직 여부에 따른 재직 · 경력증명서 만들기 108

STEP 01 직원명부 데이터 가공하기 110

STEP 02 재직 · 경력증명서 작성하기 114

02 고객별 매출 내역을 모두 추출한 영수증 만들기 118

STEP 01 매출 내역 목록 완성하기 120

STEP 02 영수증 작성하기 122

03 급여 계산 및 급여 지급 명세서 만들기 128

STEP 01 급여대장에 급여 및 공제액 계산하기 130

STEP 02 사번 선택해 급여 지급 명세서 완성하기 138

04 조건별 매출집계표 만들기 142

STEP 01 매출 내역 완성하기 144

STEP 02 여러 항목의 조건별로 매출 집계하기 147

STEP 03 배열 함수식으로 지점별, 월별 합계 구하기 156

도전! 한 걸음 더

01 배열 함수식으로 여러 조건에 대한 평균 구하기 … 162 | 02 문자가 입력된 셀의 개수만 구하기 … 164 | 03 여러 시트의 범위에서 전체 순위 구하기 … 165 | 04 동점인 경우의 순위 구하기 … 167 | 05 여러 조건이 중복된 항목 표시하기 … 168 | 06 복수 범위에서 값 찾아오기 … 169 | 07 여러 열에 있는 데이터를 하나의 열에 배열하기 … 171 | 08 목록에서 사진 찾아오기 … 173

해설 동영상

연습 문제 신청자 정보, 거리별 금액이 입력되는 여비 · 교통비 작성하기 177

현장실습 03 한눈에 번쩍! 상사의 눈을 사로잡는 폼나는 차트 만들기

01 실린더형 매출 실적 차트 만들기 180

STEP 01 차트의 원본 데이터 만들기 182

STEP 02 실린더형 차트 만들기 185

02 매출, 비용, 이윤이 나타난 혼합 동적 차트 만들기 192

STEP 01 동적 데이터 범위 정의하기 194
STEP 02 막대형, 꺾은선형, 영역형 혼합 동적 차트 만들기 198
STEP 03 차트 꾸미기 203

03 비교 데이터를 선택하는 대칭 차트 만들기 208

STEP 01 차트의 원본 데이터 가공하기 210
STEP 02 좌우 대칭 차트 만들기 215
STEP 03 도형으로 데이터 계열 꾸미기 222

04 거품형 차트로 제품 포트폴리오 분석하기 226

STEP 01 차트의 원본 데이터 만들기 228
STEP 02 거품형 차트 만들기 232

도전! 한 걸음 더

01 Y축 값이 중간 생략된 차트 만들기 … 239 | 02 꺾은선형 차트 사이의 영역 채우기 … 243 | 03 점선과 실선이 혼합된 꺾은선형 차트로 손익분기 표시하기 … 247

해설 동영상

연습 문제 파레토 차트 작성해 ABC 분석하기 250

현장실습 04 업무 능력 향상, 데이터 관리 및 분석 제대로 익히기

01 거래 내역에서 자료 추출하고 통합하기 254

STEP 01 자동 필터 결과 계산하고 동적 차트 만들기 256
STEP 02 고급 필터로 다른 시트에 데이터 추출하기 261
STEP 03 부분합과 통합 기능으로 데이터 요약하기 267

02 피벗 테이블로 매출 요약 분석하기 272

STEP 01 매출 TOP3 거래처의 월별 매출 요약하기 274
STEP 02 지역별 매출 수량을 나타내는 피벗 차트 작성하기 280
STEP 03 월별 매출 증감률, 거래처별 매출 수익 분석하기 284

03 매출 추이 분석하기 292

STEP 01 다중 통합 범위로 피벗 테이블 작성하기 294
STEP 02 Z 차트 작성하기 298

04 광고 예산 인상에 따른 매출액 예측하기 302

STEP 01 광고비와 매출액의 상관관계 알아보기 304
STEP 02 내년도 광고 예산 인상에 따른 매출액 예측하기 311

도전! 한 걸음 더

01 배열 함수식으로 여러 조건에 대한 평균 구하기 … 314 | 02 사용자 지정 데이터 유효성 검사하기 … 319

연습 문제 휴대폰 종류와 연령별 요금 분석하기 322

현장실습 05
업무의 달인, 업무 자동화를 위한 VBA와 매크로 쉽게 배우기

01 여러 명의 재직증명서 한 번에 인쇄하기 326

STEP 01 사용자 정의 폼 작성하기 328

STEP 02 다중 목록 선택 인쇄 매크로 작성하기 332

02 여러 파일의 데이터 통합하고 집계하기 338

STEP 01 파일 합치기 매크로 작성하기 340

STEP 02 담당자별 매출 집계를 여러 시트에 작성하는 매크로 작성하기 344

도전! 한 걸음 더

01 중복 데이터 제거 및 일괄 하이퍼링크 매크로 추가하기 … 351

02 매크로에서 엑셀 함수를 사용하기 … 354

연습 문제 거래처별 영수증 출력 매크로 작성하기 358

셋째 마당
프로 비즈니스맨을 위한 엑셀 실무 뛰어넘기

01 파워피벗으로 백만 행 이상의 데이터 목록 요약 분석하기 362

02 원드라이브 Excel Web App으로 견적서 만들기 375

03 구글 드라이브의 문서도구 사용하기 378

04 구글 문서도구로 영업실적표와 게이지 차트 작성하기 382

05 업무 시간을 줄여주는 엑셀 단축 글쇠 384

06 업무 효율을 높여주는 엑셀 함수 사전 387

07 엑셀 2010 버전의 호환성 함수 알아보기 414

08 오류 표시에 대한 원인과 대처 방법 알아보기 416

부록 CD 사용하기

부록 CD에는 이 책을 따라하는데 필요한 실습 예제 및 완성 파일이 각 장별로 담겨 있습니다. 연습 문제 해설 동영상은 책 속의 QR코드와 길벗출판사 홈페이지(www.gilbut.co.kr), 마스터클럽(cafe.naver.com/gilbutit)에서 제공합니다.

엑셀, 어떻게 사용해야 업무에 유용할까?

01 리본 메뉴와 빠른 실행 도구 모음 이해하기
02 워크시트 이해하기
03 이름 정의 및 관리하기
04 엑셀의 데이터의 속성 알아보기
05 데이터 채우기
06 엑셀 편집의 고급 옵션 알아보기
07 셀 참조 이해하기
08 너무 느린 엑셀 파일의 속도 해결하기
09 인쇄용 페이지 설정하기

| 직장인을 위한 실무 |

엑셀

E X C E L

엑셀은 거의 모든 직장에서 요구하는 필수 사무 자동화 프로그램입니다. 대부분의 직장인들이 엑셀을 쓸 줄 안다고 말하지만 그 중 몇 명이나 엑셀을 제대로 잘~ 쓰고 있을까요?
엑셀을 쓰면서도 계산기를 두드리는가 하면, 숫자 서식을 잘못 지정하여 원하는 값이 나오지 않는다고 훈글이나 MS워드 프로그램으로 보고서를 작성해 본 경험이 있을 것입니다. 이와 같이 엑셀은 아무나 사용할 수 있는 프로그램이지만 누구나 잘 쓸 수 있는 프로그램은 아닙니다.

첫째마당에서는 엑셀을 제대로 활용하기 위해 가장 먼저 알아야 할 인터페이스의 구성과 환경 옵션, 데이터의 속성, 업무 상황별 문제 해결 등의 기본 사항에 대해 알아보겠습니다.

01 리본 메뉴와 빠른 실행 도구 모음 이해하기

해상도와 창 크기에 따라 다르게 표시되는 리본 메뉴

리본 메뉴는 탭 형태의 '텍스트 메뉴'와 그룹별로 모아진 '명령 단추'로 구성되어 있습니다. 모니터가 표준 해상도인 1024×768 이상일 경우에는 일부 명령 단추의 텍스트와 스타일 목록이 표시됩니다. 하지만 모니터가 표준 해상도보다 낮거나 창 크기가 작으면 명령 단추의 텍스트는 표시되지 않으며, 그룹도 이름만 나타납니다.

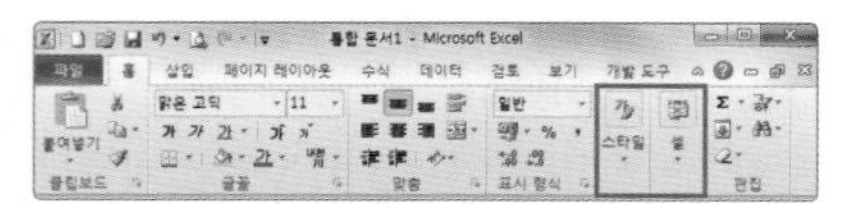

▲ 640×480 해상도 리본 메뉴 – 스타일, 셀 그룹 이름만 표시

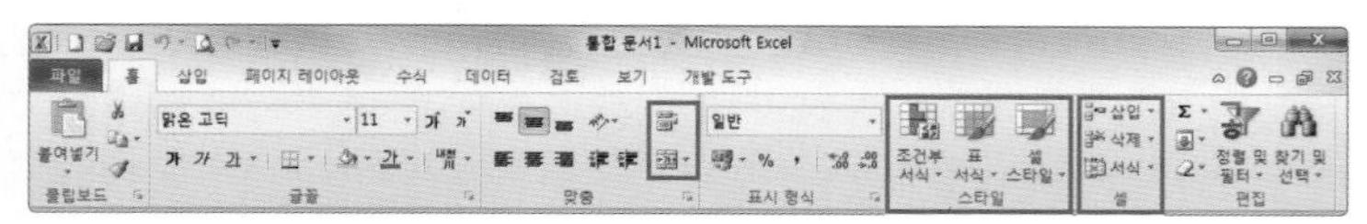

▲ 1024×768 해상도 리본 메뉴

▲ 1680×1050 해상도 리본 메뉴 – 명령 단추 텍스트 표시 및 셀 스타일 목록 미리 표시

빠른 실행 도구 모음에 명령 단추 추가하기

❶ 리본 메뉴에서 명령 단추를 마우스 오른쪽 단추로 클릭하고 ❷ 바로 가기 메뉴에서 '빠른 실행 도구 모음에 추가'를 선택하면 ❸ 빠른 실행 도구 모음에 명령이 추가됩니다. 목록 단추[▾]가 있는 명령 단추는 목록 단추 위에 마우스 포인터를 놓고 추가해야 목록도 빠른 실행 도구 모음에 함께 추가됩니다.

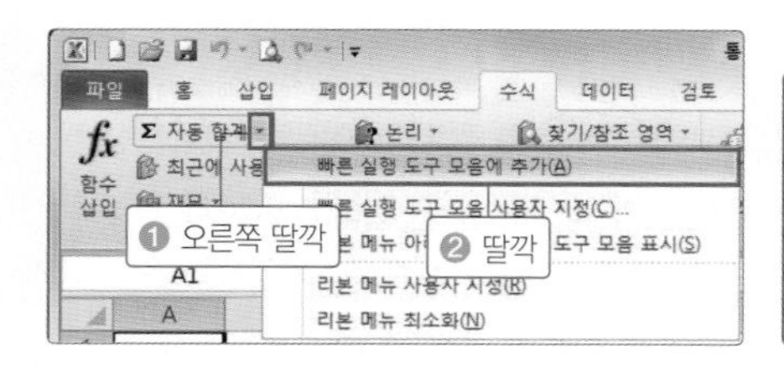

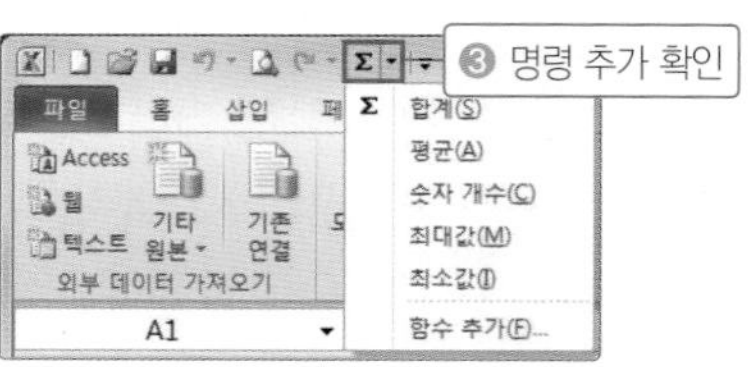

빠른 실행 도구 모음에 리본 메뉴에 없는 명령 단추 추가하기

❶ 리본 메뉴에 없는 명령을 추가하려면 빠른 실행 도구 모음에서 마우스 오른쪽 단추를 클릭하고 ❷ 바로 가기 메뉴에서 '빠른 실행 도구 모음 사용자 지정'을 선택합니다. ❸ 'Excel 옵션' 대화상자가 열리면 '빠른 실행 도구 모음'의 '다음에서 명령 선택'에서 '리본 메뉴에 없는 명령'을 선택하고 ❹ 목록에서 추가할 명령을 선택한 후 〈추가〉를 클릭하거나 더블클릭합니다.

빠른 실행 도구 모음에 추가한 명령 순서 바꾸기

❶ 'Excel 옵션' 대화상자의 '빠른 실행 도구 모음'을 선택하고 ❷ '빠른 실행 도구 모음 사용자 지정'의 목록 중 순서를 변경할 명령을 선택하고 ❸ '위로 이동' 단추[▲]나 '아래로 이동' 단추[▼]를 클릭합니다.

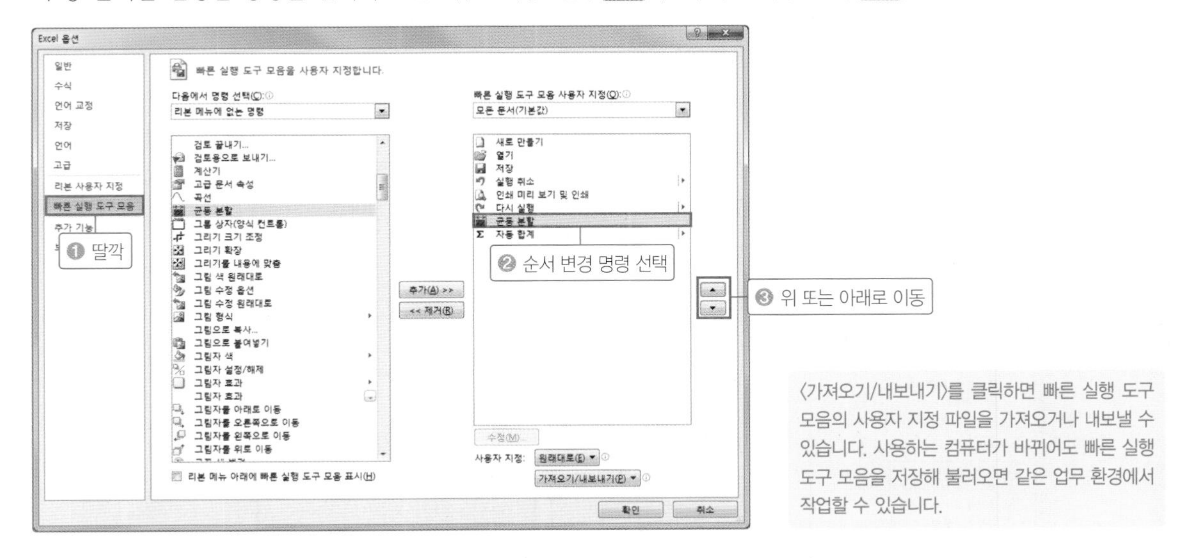

〈가져오기/내보내기〉를 클릭하면 빠른 실행 도구 모음의 사용자 지정 파일을 가져오거나 내보낼 수 있습니다. 사용하는 컴퓨터가 바뀌어도 빠른 실행 도구 모음을 저장해 불러오면 같은 업무 환경에서 작업할 수 있습니다.

리본 메뉴의 아래쪽에 빠른 실행 도구 모음 표시하기

빠른 실행 도구 모음에 추가한 명령이 많아질 경우 리본 메뉴의 아래쪽에 표시하면 업무 속도를 좀 더 높일 수 있습니다. ❶ 빠른 실행 도구 모음에서 마우스 오른쪽 단추를 클릭하고 ❷ 바로 가기 메뉴에서 '리본 메뉴 아래에 빠른 실행 도구 모음 표시'를 선택합니다.

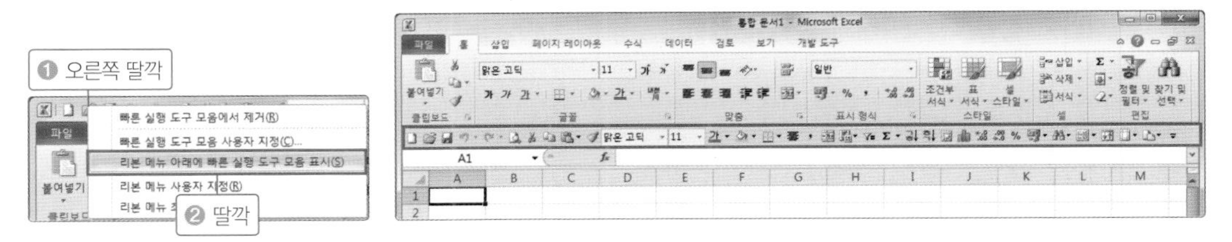

리본 메뉴 최소화하기

빠른 실행 도구 모음에 자주 사용하는 명령 단추를 모두 추가했으면 리본 메뉴를 항상 표시할 필요가 없습니다. 리본 메뉴를 최소화하면 워크시트 화면을 넓게 사용할 수 있어서 효율적으로 작업할 수 있습니다.

방법 01 현재 선택한 탭을 더블클릭합니다.

방법 02 '리본 메뉴 최소화' 단추[^]를 클릭합니다.

방법 03 단축 글쇠 Ctrl + F1 을 누릅니다.

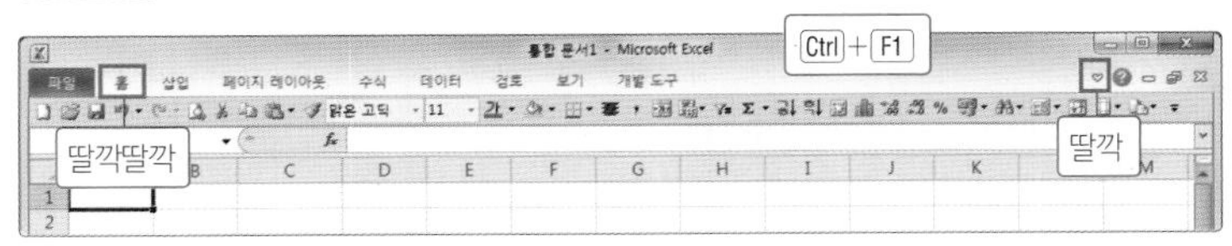

탭을 다시 더블클릭하거나, '리본 메뉴 확장' 단추[˅]를 클릭하거나, 단축 글쇠 Ctrl + F1 을 누르면 리본 메뉴가 다시 확장됩니다.

02 워크시트 이해하기

열 이름 숫자로 표시하기

엑셀 2007 이후 버전의 워크시트는 1,048,576행과 16,384열로 구성되어 있고 열은 A~XFD까지 알파벳으로 이름이 매겨져 있습니다. 열 이름을 숫자로 표시하려면 ❶ [파일] 탭 → '옵션'을 선택하고 ❷ 'Excel 옵션' 대화상자가 열리면 '수식'의 '수식 작업'에서 'R1C1 참조 스타일'에 ✔ 표시하세요.

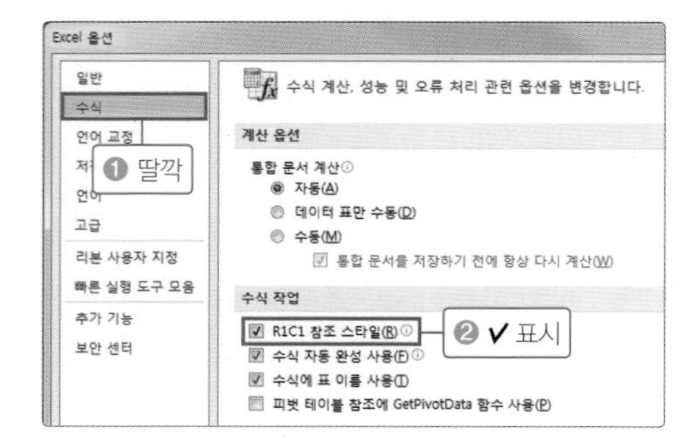

워크시트의 전체 크기 확인하기

단축 글쇠 Ctrl+↓나 Ctrl+↑를 누르면 워크시트의 마지막 셀로 이동해 워크시트의 전체 크기를 확인할 수 있습니다. 워크시트의 전체 행과 열 개수는 고정되어 있으므로 중간에 행이나 열을 삽입하면 워크시트의 마지막 행 또는 열이 워크시트의 밖으로 이동하여 없어집니다. 워크시트의 마지막에 데이터가 입력되어 있으면 다음과 같은 경고 메시지 창이 열립니다.

셀 이동 및 범위 지정 단축 글쇠 익히기

워크시트에 데이터를 입력하거나 편집할 때 다음의 단축 글쇠를 사용하면 업무 속도를 높일 수 있습니다.

단축 글쇠	결과
Tab / Shift+Tab	오른쪽으로 한 셀씩 이동 / 왼쪽으로 한 셀씩 이동
Enter↵ / Shift+Enter↵	아래쪽으로 한 셀씩 이동 / 위쪽으로 한 셀씩 이동
방향 글쇠(←, →, ↑, ↓)	해당 방향으로 한 셀씩 이동
Ctrl+방향 글쇠(←, →, ↑, ↓)	해당 방향의 마지막 데이터 셀로 이동
Home	현재 행의 처음 셀로 이동
Ctrl+End	워크시트의 마지막 사용 셀로 이동
Ctrl+Home	A1셀로 이동
Shift+방향 글쇠(←, →, ↑, ↓)	해당 방향으로 한 셀씩 범위 지정
Ctrl+Shift+방향 글쇠(←, →, ↑, ↓)	해당 방향의 마지막 데이터 셀까지 한 번에 범위 지정

03 이름 정의 및 관리하기

이름 정의하기

셀이나 셀 범위에 이름을 정의하면 셀 주소 대신 사용할 수 있어서 편리합니다. 기본적으로 이름은 시트명을 포함한 절대 참조 형태로 정의됩니다.

방법 01 ❶ 이름을 정의할 셀이나 셀 범위를 지정하고 ❷ 이름 상자에 정의할 이름을 입력한 후 Enter↵ 글쇠를 누릅니다.

방법 02 ❶ 이름을 정의할 셀이나 셀 범위를 지정하고 ❷ [수식] 탭 → '정의된 이름' 그룹 → '이름 정의'를 클릭합니다. ❸ '새 이름' 대화상자가 열리면 '이름'에 정의할 이름을 입력하고 ❹ 〈확인〉을 클릭합니다.

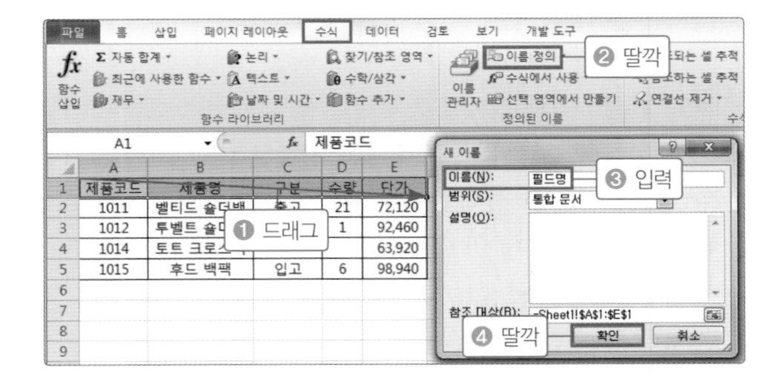

셀 범위의 행 또는 열 끝 부분을 다른 범위의 이름으로 정의하기

❶ 셀 범위를 지정하고 ❷ [수식] 탭 → '정의된 이름' 그룹 → '선택 영역에서 만들기'를 선택합니다. ❸ '선택 영역에서 이름 만들기' 대화상자가 열리면 '이름 만들기'에서 원하는 항목에 ✔ 표시하고 ❹ 〈확인〉을 클릭합니다.

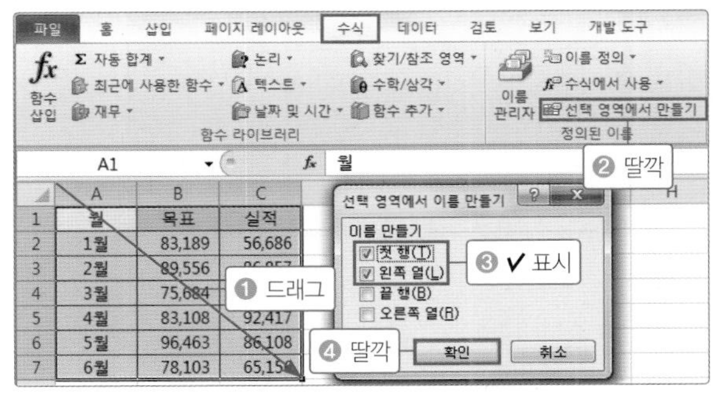

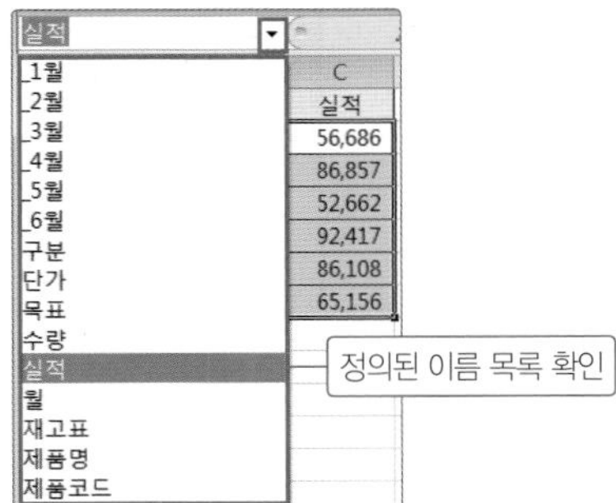

위의 그림과 같이 A2:A7 범위는 '월'로, B2:B7 범위는 '목표'로, C2:C7 범위는 '실적'으로, B2:C2 범위는 '_1월'로, B3:C3 범위는 '_2월'로, B7:C7 범위는 '_6월'이라는 이름으로 정의됩니다. 이름 상자의 목록 단추▾를 클릭하고 정의된 이름 목록을 선택하면 해당 셀이나 셀 범위가 선택됩니다.

이름 정의 규칙 살펴보기

이름의 첫 글자에는 숫자를 넣을 수 없고 문자, 밑줄(_), 백슬래시(\)를 사용해야 합니다. 또한 이름의 나머지 글자에는 문자, 숫자, 마침표 및 밑줄을 사용할 수는 있지만 공백을 사용할 수 없습니다.
이름에는 최대 255개의 문자가 포함될 수 있고, 대문자와 소문자가 포함되며, 영문자의 대소문자는 구별되지 않습니다. 선택 영역에서 이름 만들기를 사용해 정의한 이름인 경우에는 범위의 첫 행이나 왼쪽 열에 있던 이름의 첫 글자가 숫자이면 숫자 앞에 밑줄(_)이 붙습니다. 또한 이름 중간에 공백이 있었던 경우 공백이 있던 자리에도 밑줄(_)이 붙습니다.

이름 편집하기

이름을 정의했던 대상 셀이나 범위가 삭제된 경우 이름의 값과 참조 대상에 오류가 생기는데, 더 이상 사용하지 않는 이름을 삭제하거나 다른 범위로 편집하려면 이름 관리자를 사용합니다. ❶ [수식] 탭 → '정의된 이름' 그룹 → '이름 관리자'를 선택하고 ❷ '이름 관리자' 대화상자가 열리면 편집할 이름을 선택한 후 〈편집〉을 클릭합니다. ❸ '이름 편집' 대화상자가 열리면 참조 대상이나 이름을 편집할 수 있습니다.

이름 삭제하기

❶ 대상 셀이 삭제되어 오류가 생긴 이름만 선택하여 모두 삭제하려면 '이름 관리자' 대화상자에서 〈필터〉 → '오류가 있는 이름'을 선택합니다. ❷ '이름 관리자' 대화상자가 열리면 첫 번째 이름을 선택하고 ❸ Shift 글쇠를 누른 상태에서 마지막 이름을 선택해 모두 선택한 후 ❹ 〈삭제〉를 클릭하세요.

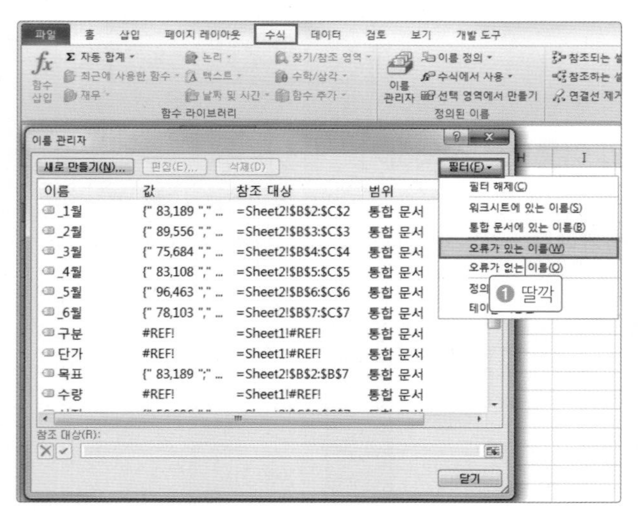

04 엑셀 데이터의 속성 알아보기

엑셀에서 다루는 데이터는 계산할 수 있는 데이터와 계산할 수 없는 데이터의 두 가지로 구분됩니다. 한글과 영문, 한자, 특수 문자, 숫자와 문자가 혼합된 문자는 모두 계산할 수 없는 데이터입니다. 이러한 데이터는 셀에 입력하면 자동으로 왼쪽 맞춤이 되며, 셀 안에서 줄을 바꿀 수 있습니다.

강제로 줄 바꾸기

❶ A1셀에 문자를 입력하고 단축 글쇠 Alt+Enter↵를 눌러 강제로 줄을 바꾼 후 ❷ 다음 문자를 입력하고 Enter↵ 글쇠를 누릅니다.

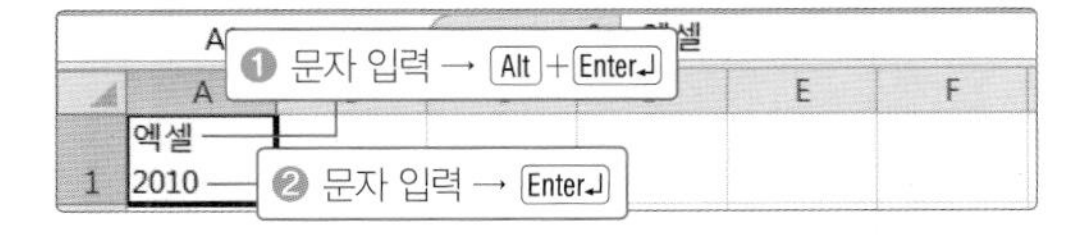

단축 글쇠 Alt+Enter↵를 눌러 셀 안에서 강제로 줄을 바꾸면 자동으로 [홈] 탭 → '맞춤' 그룹 → '텍스트 줄 바꿈'이 설정됩니다. 단축 글쇠 Alt+Enter↵는 원하는 위치에서 강제로 줄을 바꾼 것이고, '텍스트 줄 바꿈' 명령은 열 너비에 맞춰 자동으로 줄이 바뀌는 서식이기 때문에 '텍스트 줄 바꿈'의 설정을 해제해도 줄 바꿈 기호는 없어지지 않습니다.

강제 줄 바꿈 해제하기

❶ [홈] 탭 → '맞춤' 그룹 → '텍스트 줄 바꿈'을 선택하여 줄 바꿈을 해제하면 셀에서는 줄 바꿈이 해제되지만 ❷ 수식 입력줄의 확장 단추를 클릭하면 줄 바꿈이 제거되지 않은 것을 확인할 수 있습니다. ❸ 줄 바꿈을 해제하려면 수식 입력줄에서 두 번째 줄에 있는 글자의 맨 앞을 클릭한 후 Backspace 글쇠를 누르세요.

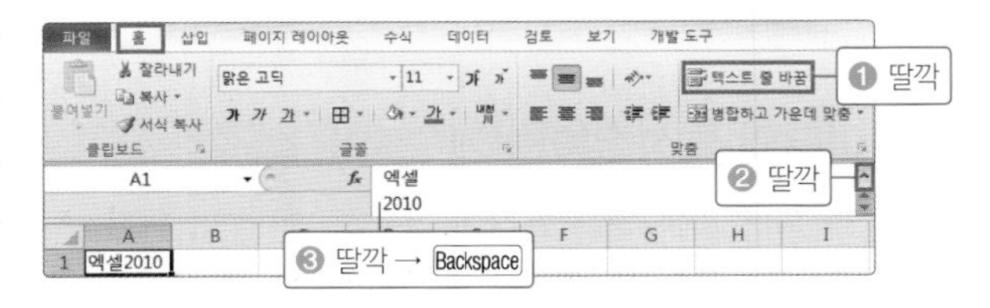

한 번에 강제 줄 바꿈 기호 제거하기

단축 글쇠 Alt+Enter↵로 강제로 줄을 바꿨거나 다른 프로그램에서 작성한 텍스트를 복사하여 워크시트에 붙여넣었을 때 강제로 줄 바꿈한 셀이 많다면 엑셀의 '바꾸기' 기능을 사용해 줄 바꿈 기호를 한 번에 제거할 수 있습니다.

❶ [홈] 탭 → '편집' 그룹 → '찾기 및 선택' → '바꾸기'를 선택하거나 단축 글쇠 Ctrl+H를 누르고 ❷ '찾기 및 바꾸기' 대화상자가 열리면 Alt 글쇠를 누른 상태에서 '찾을 내용'에는 '10'을 입력하고 '바꿀 내용'에는 아무 것도 입력하지 않은 상태에서 ❸ 〈모두 바꾸기〉를 클릭합니다. ❹ 찾기 및 바꾸기가 끝났다고 알려주는 메시지 창이 열리면 〈확인〉을 클릭하세요.

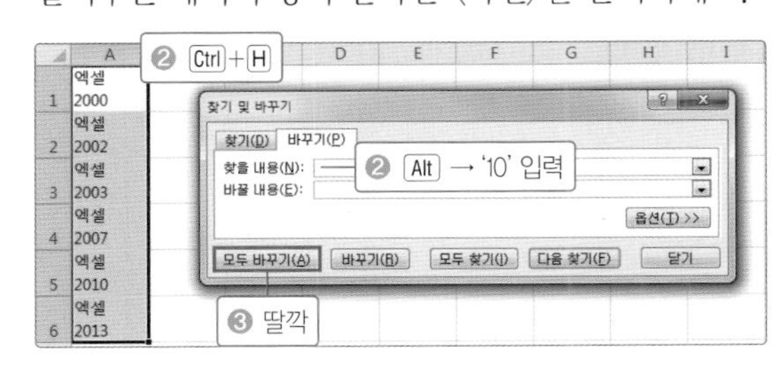

강제 줄 바꿈 기호 기준으로 셀 나누기

❶ 셀을 나눌 범위를 지정하고 ❷ [데이터] 탭 → '데이터 도구' 그룹 → '텍스트 나누기'를 선택한 후 ❸ '텍스트 마법사' 대화상자가 열리면 '선택한 데이터 미리 보기'에 셀에서는 안 보이는 줄 바꿈 기호가 보이는데, '원본 데이터 형식'에서 '구분 기호로 분리됨'을 선택하고 ❹ 〈다음〉을 클릭합니다. ❺ '텍스트 마법사 – 3단계 중 2단계' 대화상자의 '구분 기호'에서 '기타'에 ✔ 표시하고 ❻ Alt 글쇠를 누른 상태에서 '10'을 입력합니다. ❼ 줄 바꿈 기호가 입력되면서 데이터 미리 보기에 구분선이 생기면 〈마침〉을 클릭하세요.

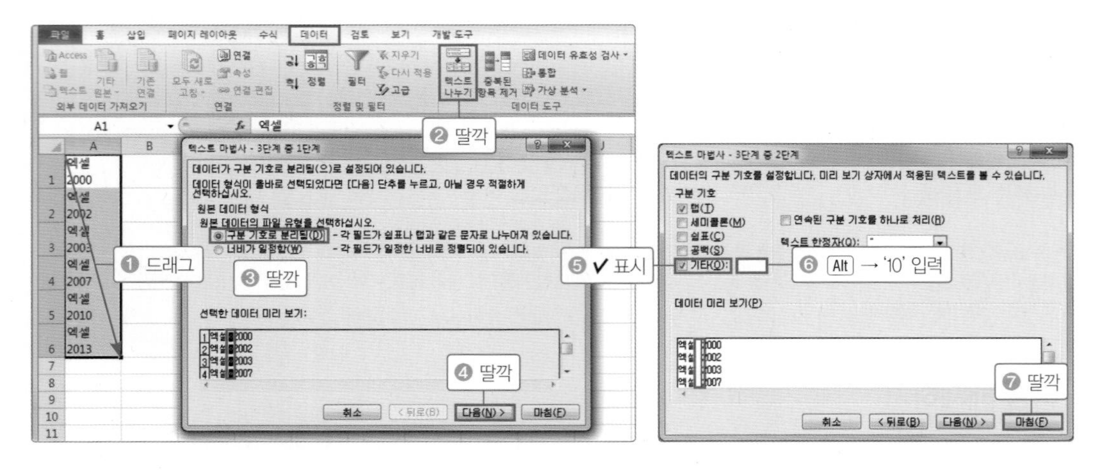

날짜 데이터의 특성 알아보기

숫자와 날짜, 시간 데이터는 계산이 가능한 데이터입니다. 특히 날짜 데이터의 경우 셀에 입력할 때 연도와 월과 일을 구분하는 하이픈(–)이나 슬래시(/)를 사용해야 날짜로 입력되며, 날짜를 입력했던 셀에는 날짜 서식이 자동으로 지정되어 숫자를 입력해도 날짜 데이터로 표시됩니다.

엑셀은 1~2,958,465 숫자에 대해 1900–01–01~9999–12–31의 날짜로 표시합니다. 따라서 숫자 1에 날짜 서식이 지정되면 1900–01–01로 표시되고, 숫자 100에 날짜 서식이 지정되면 1900년 1월 1일부터 100일이 지난 1900년 4월 9일로 표시됩니다. 기본적으로 연도와 월, 일을 모두 입력하면 날짜 서식의 구분 기호는 하이픈(–)으로, 연도는 네 자리로, 월과 일은 두 자리인 yyyy–mm–dd 형식으로 표시됩니다.

시간 데이터의 특성 알아보기

시간은 시, 분, 초를 구분하는 콜론(:)을 사용해야 시간으로 입력됩니다. 엑셀은 하루 24시간을 1로 정의하여 시간을 0과 1 사이의 소수점으로 표시합니다. ❶ 다음과 같이 셀에 입력된 시간 데이터의 범위를 지정하고 ❷ [홈] 탭 → '표시 형식' 그룹 → '표시 형식'의 목록 단추 → '일반'을 선택하여 시간 서식을 해제하면 ❸ 시간이 해당 소수점으로 표시됩니다.

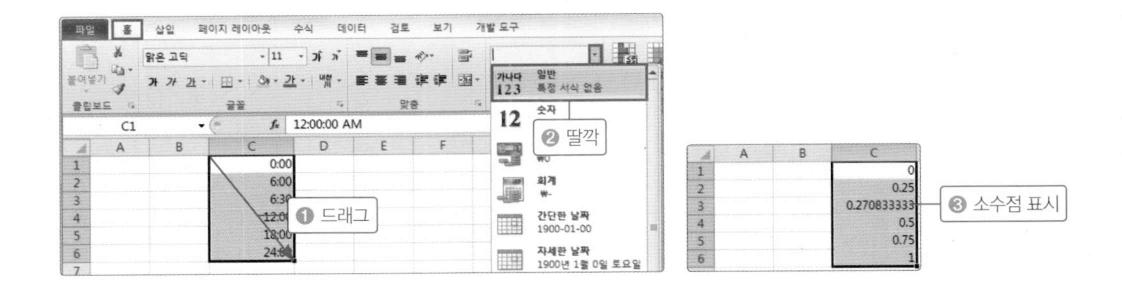

엑셀의 시간 데이터는 숫자를 24시간으로 나눈 값으로 6시는 6을 24시간으로 나눈 0.25이며, 24시간은 1,440분이므로 30분은 30을 1,440분으로 나눈 0.02083입니다. 따라서 6시 30분은 0.25+0.02083로 0.27083이 됩니다. 따라서 시간 형식의 데이터에 값을 계산하려면 시간에 24를 곱한 후에 값을 연산해야 합니다.

예를 들면 입장 시간과 퇴장 시간을 입력하고, 퇴장 시간에서 입장 시간을 빼는 수식으로 사용 시간이 구해져 있는 표에서 '사용 시간×1500'의 수식으로 사용료를 구하면 잘못된 결과가 나옵니다. 즉 사용 시간에 24를 곱하고 시간당 사용료 1500을 입력해야 정확한 결과를 구할 수 있습니다.

D2 =C2*1500

	A	B	C	D
1	입장시간	퇴장시간	사용시간	사용료
2	11:00	13:50	2:50	178
3	16:15	19:40	3:25	214
4	5:43	7:59	2:16	142
5	10:43	15:03	4:20	271

▲ 사용 시간에 시간당 1,500원 곱한 결과

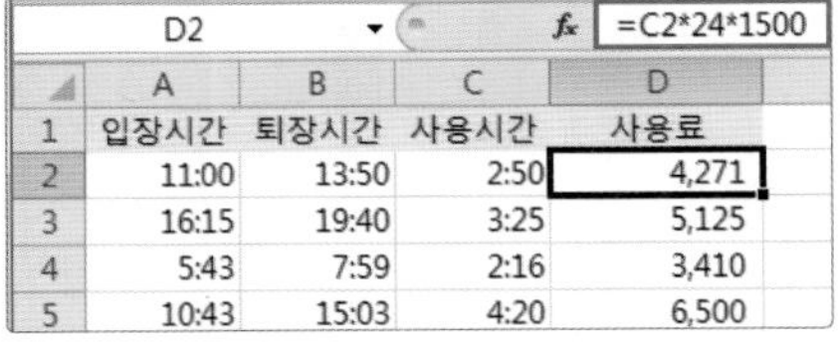

D2 =C2*24*1500

	A	B	C	D
1	입장시간	퇴장시간	사용시간	사용료
2	11:00	13:50	2:50	4,271
3	16:15	19:40	3:25	5,125
4	5:43	7:59	2:16	3,410
5	10:43	15:03	4:20	6,500

▲ 사용 시간에 24를 곱하고 시간당 1,500원을 곱한 결과

숫자, 통화, 시간, 날짜 데이터 기본 설정하기

날짜 데이터의 경우 두 자리 연도로 날짜를 입력하면 00~29까지는 2000년대로, 30~99까지는 1900년대로 입력됩니다. 만약 이 값을 변경하려면 제어판의 '국가 및 언어'에서 설정해야 합니다.

❶ 윈도우의 바탕 화면에서 '시작' 단추를 클릭하고 '제어판' → '국가 및 언어'를 선택합니다. ❷ '국가 및 언어' 대화상자가 열리면 '형식' 탭에 있는 <추가 설정>을 클릭하고 ❸ '형식 사용자 지정' 대화상자가 열리면 [숫자], [통화], [시간], [날짜] 탭에서 데이터를 입력할 때 표시되는 기본 설정을 확인한 후 변경합니다.

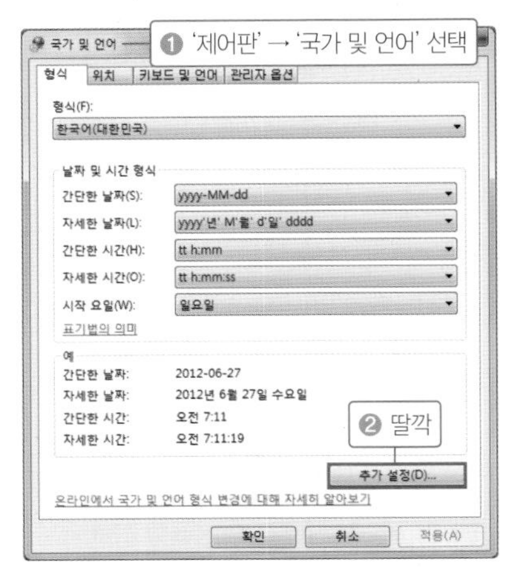

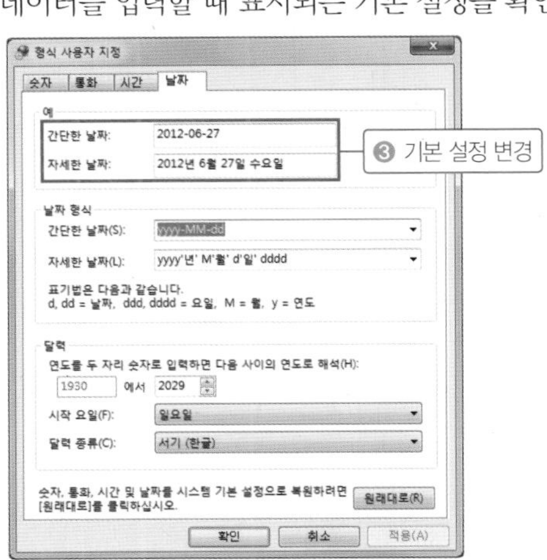

05 데이터 채우기

데이터가 입력된 셀을 선택하거나 범위를 지정한 후 자동 채우기 핸들을 드래그하면 연속된 셀들에 대한 데이터를 복사할 수 있습니다. 숫자 데이터는 일정한 값으로 증감하면서 복사되고, 순서가 있는 문자 데이터의 경우에는 순서에 맞게 채울 수 있습니다.

문자나 숫자만 입력한 셀의 자동 채우기 핸들을 드래그하면 데이터가 복사되고, 문자와 숫자가 혼합된 연속 데이터는 숫자가 증가되면서 데이터가 채워집니다. 자동 채우기 핸들을 드래그한 후 '자동 채우기 옵션' 단추를 클릭하면 서식만 또는 서식 없이 데이터를 채울 수 있습니다. 그리고 숫자나 연속 데이터는 셀 복사와 연속 데이터 채우기 중에서 선택하여 채울 수 있고 날짜 데이터는 일, 평일, 월, 연 단위 채우기를 선택하여 채울 수 있습니다.

▲ 문자만 채우기

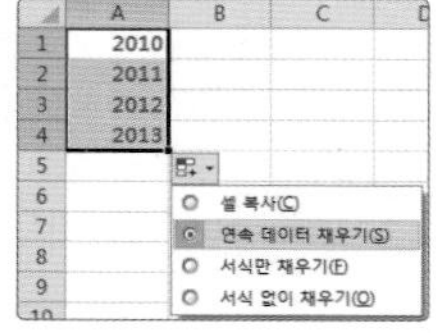

▲ 숫자만 채우기

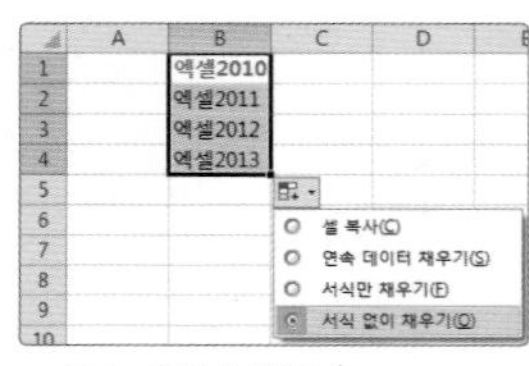

▲ 연속 데이터 채우기

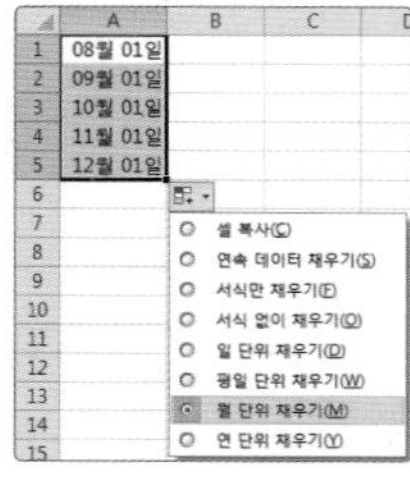

▲ 날짜 데이터 채우기

범위 지정 후 데이터 채우기

두 개 이상의 셀을 범위 지정하고 자동 채우기 핸들을 드래그하면 범위를 지정한 셀의 데이터 값 차이만큼 증가 또는 감소하면서 데이터가 채워집니다. 이때 범위에 빈 셀이 있으면 빈 셀도 포함해서 값이 채워집니다.

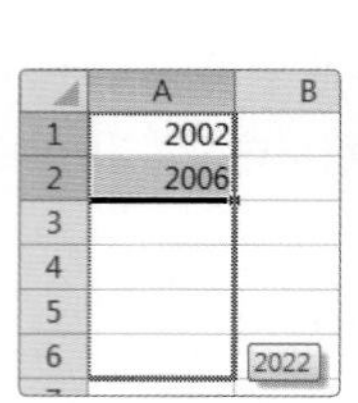

▲ 4 단위로 증가

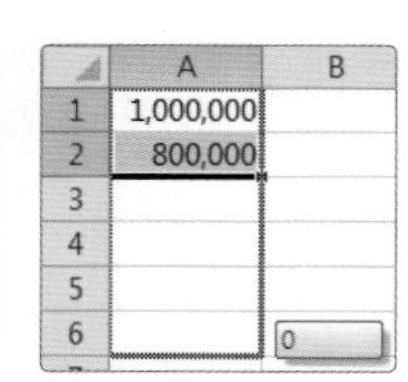

▲ 200,000 단위로 감소

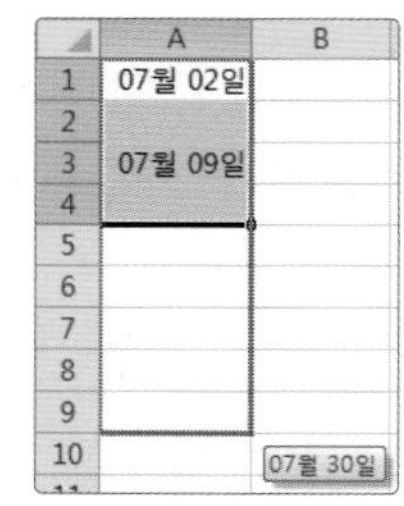

▲ 일주일 단위로 빈 셀과 함께 증가

자동 채우기 핸들과 자동 채우기 옵션 단추가 표시되지 않을 경우

자동 채우기 핸들[+]이 표시되지 않는다면 ❶ [파일] 탭 → '옵션'을 선택하여 'Excel 옵션' 대화상자를 열고 '고급'에서 ❷ '편집'의 '채우기 핸들 및 셀 끌어서 놓기 사용'에 ✔ 표시되었는지 확인합니다. ❸ 또한 자동 채우기 핸들[+]을 사용한 후 '자동 채우기 옵션' 단추[▦]가 표시되지 않으면 'Excel 옵션' 대화상자의 '고급'에서 '잘라내기/복사/붙여넣기'의 '콘텐츠를 붙여넣을 때 붙여넣기 옵션 단추 표시'에 ✔ 표시되었는지 확인합니다.

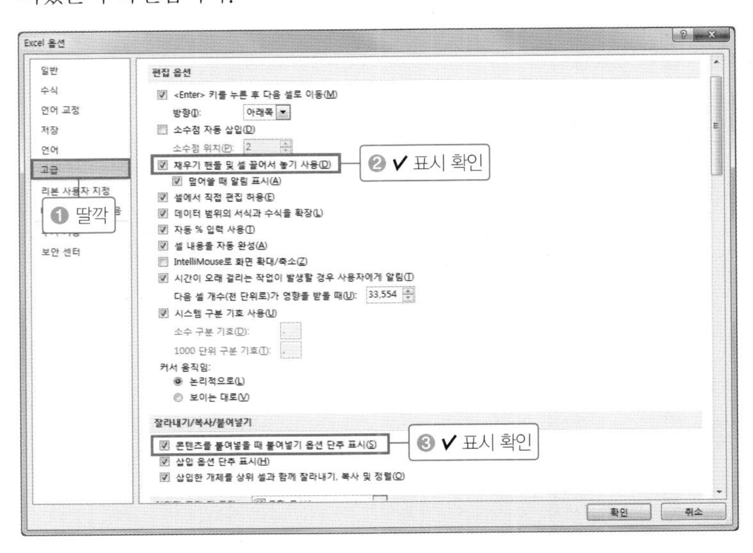

사용자 지정 목록 채우기

순서가 있는 문자 데이터인 경우 사용자 지정 목록으로 추가하면 자동 채우기 핸들[+]을 사용해 순서대로 데이터를 채우거나 정렬할 수 있습니다.

❶ 사용자 지정 목록을 추가하려면 [파일] 탭 → '옵션'을 선택하고 'Excel 옵션' 대화상자가 열리면 '고급'에서 ❷ '일반'의 〈사용자 지정 목록 편집〉을 클릭합니다. ❸ '사용자 지정 목록' 대화상자가 열리면 '목록 항목'에 추가할 목록을 입력하고 ❹ 〈추가〉를 클릭하세요. ❺ 이미 워크시트에 입력되어 있는 목록을 그대로 가져와서 추가하려면 '목록 가져올 범위'의 입력 상자에 커서를 올려놓고 워크시트에서 가져올 목록 범위를 지정한 후 ❻ 〈가져오기〉를 클릭합니다.

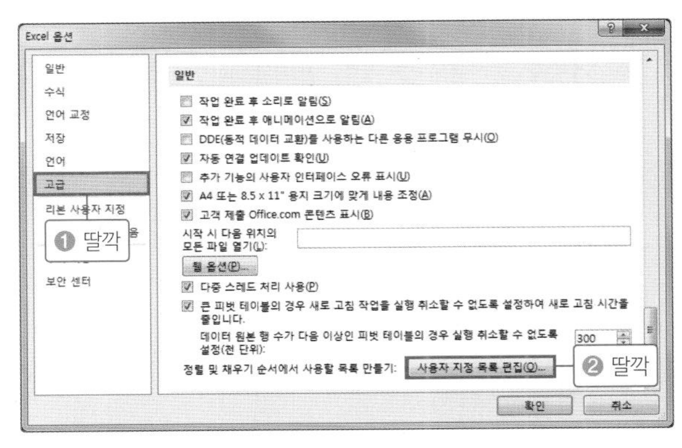

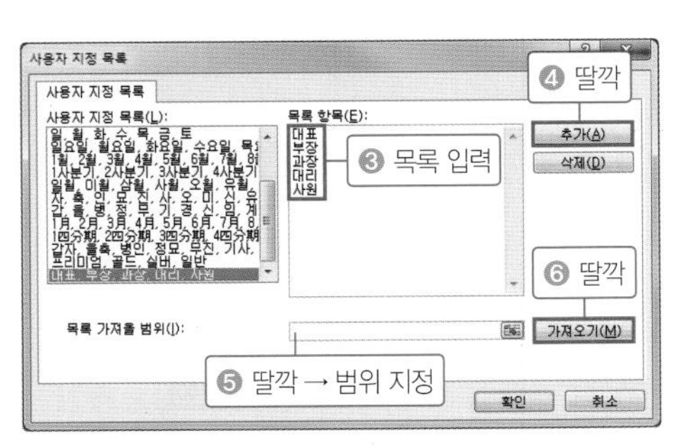

06 엑셀 편집의 고급 옵션 알아보기

'Excel 옵션' 대화상자의 '고급' 살펴보기

[파일] 탭 → '옵션'을 선택하면 'Excel 옵션' 대화상자가 열리는데, '고급' 범주에서 제공하는 선택 옵션 중 업무에 가장 많이 사용하는 몇 가지 옵션을 살펴보겠습니다.

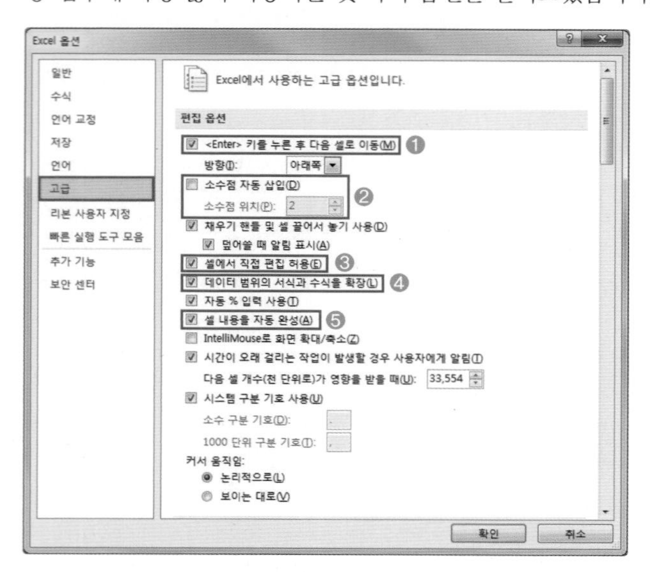

❶ Enter↵ 키를 누른 후 다음 셀로 이동

기본적으로 Enter↵ 글쇠를 누르면 아래쪽 셀로 이동하지만 'Excel 옵션' 대화상자의 '고급'에서는 셀 이동 방향을 오른쪽, 위쪽, 왼쪽으로 변경할 수 있습니다. 이 옵션에 ✔ 표시하지 않으면 셀에 데이터를 입력한 후 Enter↵ 글쇠를 눌러도 셀 포인터가 이동하지 않습니다.

❷ 소수점 자동 삽입

셀에 숫자를 입력했을 때 자동으로 소수점 위치로 지정한 자리만큼 소수점으로 입력됩니다. 예를 들어 소수점 위치를 '2'로 지정한 경우 셀에 '123'을 입력하면 '1.23'으로 표시되고, 소수점 위치를 '-2'로 지정한 경우 셀에 '123'을 입력하면 '12300'으로 표시됩니다. 이 기능은 긴 숫자를 많이 입력할 때만 일시적으로 선택하고 평소에는 선택하지 않습니다.

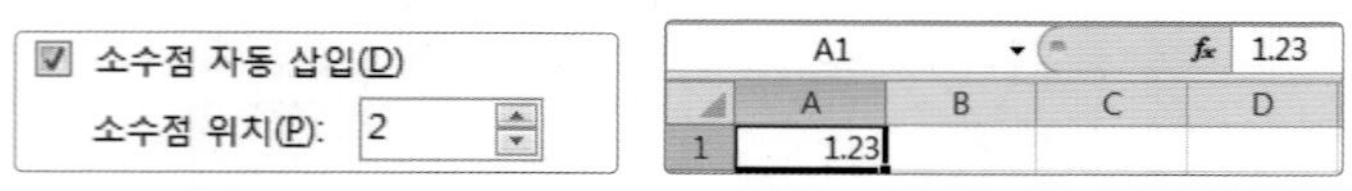

▲ 소수점 위치를 '2'로 지정, 셀에 '123'을 입력했지만 '1.23'으로 표시

▲ 소수점 위치를 '-2'로 지정, 셀에 '123'을 입력했지만 '12300'으로 표시

❸ 셀에서 직접 편집 허용

'셀에서 직접 편집 허용'에 ✔ 표시하지 않으면 워크시트의 셀을 더블클릭하거나 [F2] 글쇠를 눌러도 셀에는 커서가 표시되지 않아 수식 입력줄을 통해서만 데이터를 수정할 수 있습니다.

❹ 데이터 범위의 서식과 수식을 확장

5행 이상 같은 서식과 수식이 연속해서 입력된 경우 서식과 수식이 자동으로 복사됩니다. 다음 그림과 같이 마지막 행에 데이터를 입력할 때 테두리가 자동으로 지정되고, 수량까지 입력하면 금액은 위의 5개의 행에 수식 '단가*수량'이 입력되어 있으므로 자동으로 수식이 복사됩니다.

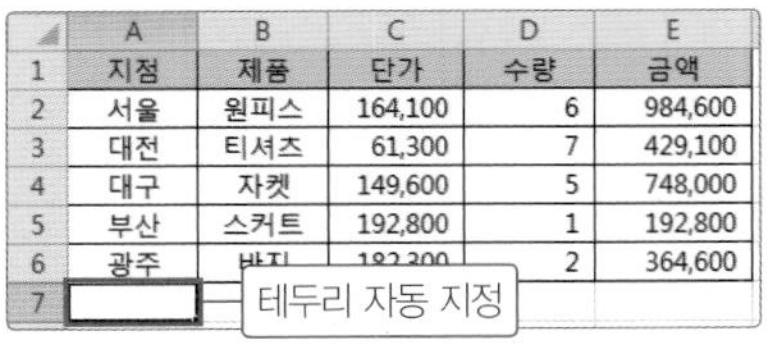

	A	B	C	D	E
1	지점	제품	단가	수량	금액
2	서울	원피스	164,100	6	984,600
3	대전	티셔츠	61,300	7	429,100
4	대구	자켓	149,600	5	748,000
5	부산	스커트	192,800	1	192,800
6	광주	바지	182,300	2	364,600
7					

테두리 자동 지정

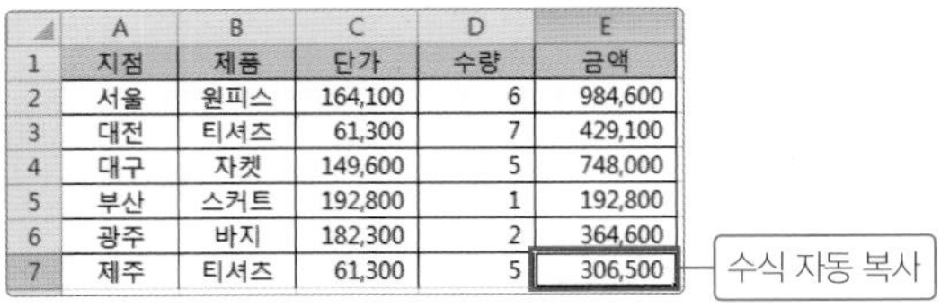

	A	B	C	D	E
1	지점	제품	단가	수량	금액
2	서울	원피스	164,100	6	984,600
3	대전	티셔츠	61,300	7	429,100
4	대구	자켓	149,600	5	748,000
5	부산	스커트	192,800	1	192,800
6	광주	바지	182,300	2	364,600
7	제주	티셔츠	61,300	5	306,500

수식 자동 복사

❺ 셀 내용을 자동 완성

셀에 입력한 문자와 같은 문자로 시작하는 데이터가 자동으로 완성되어 편리하게 입력할 수 있습니다.

	A	B
1	지점	제품
2	서울	원피스
3	대전	티셔츠
4	대구	자켓
5	부산	스커트
6	광주	바지
7	제주	티셔츠
8	대전	원피스

데이터 자동 완성

07 셀 참조 이해하기

셀 참조 변환 글쇠 F4

수식을 작성할 때 등호(=)를 입력한 후 참조할 셀을 선택하면 상대 참조 형태로 입력됩니다. 그리고 F4 글쇠를 누를 때마다 다음과 같이 절대 참조, 행 절대 참조, 열 절대 참조의 순서로 참조 형태가 변환됩니다.

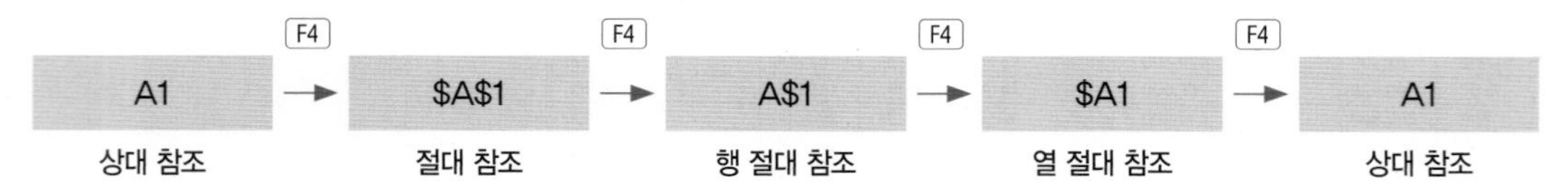

상대 참조 알아보기

수식을 작성할 때 등호(=)를 입력한 후 셀을 선택하면 기본적으로 입력되는 셀 주소가 상대 참조입니다. 상대 참조 형태의 수식은 오른쪽으로 복사하면 열 이름이 변경되고, 아래쪽으로 복사하면 행 번호가 변경됩니다.

E4 | fx =C4*D4

	A	B	C	D	E	F
3	지점	제품	단가	수량	금액	할인금액
4	서울	원피스	164,100	6	984,600	
5	대전	티셔츠	61,300	7	429,100	
6	대구	자켓	149,600	5	748,000	
7	부산	스커트	192,800	1	192,800	
8	광주	바지	182,300	2	364,600	
9	제주	티셔츠	61,300	5	306,500	

=C4*D4
=C5*D5
=C6*D6
=C7*D7
=C8*D8
=C9*D9

▲ E4셀에 수식 '단가*수량'인 '=C4*D4'를 입력하고 아래쪽으로 복사해 행 번호가 상대적으로 변경된 경우

절대 참조 알아보기

수식을 오른쪽이나 아래쪽으로 복사해도 참조 주소가 변경되지 않으려면 열 이름과 행 번호에 모두 $ 기호가 붙은 절대 참조 형태로 입력해야 합니다.

F4 | fx =E4*$F$1

	A	B	C	D	E	F
1				오늘의 할인율:		5%
2						
3	지점	제품	단가	수량	금액	할인금액
4	서울	원피스	164,100	6	984,600	49,230
5	대전	티셔츠	61,300	7	429,100	21,455
6	대구	자켓	149,600	5	748,000	37,400
7	부산	스커트	192,800	1	192,800	9,640

=E4*$F$1
=E5*$F$1
=E6*$F$1
=E7*$F$1
=E8*$F$1
=E9*$F$1

▲ F4셀에 수식 '=E4*$F$1'을 입력한 후 아래쪽으로 복사해도 F1셀 주소가 변경되지 않는 경우

혼합 참조 알아보기

한 셀의 수식을 오른쪽과 아래쪽으로 모두 복사하는 경우에는 행 절대 참조, 열 절대 참조 형태인 혼합 참조 형태를 많이 사용합니다. 혼합 참조는 셀 주소에서 열 이름이나 행 번호 중 한 곳에만 $ 기호가 붙은 형태입니다.

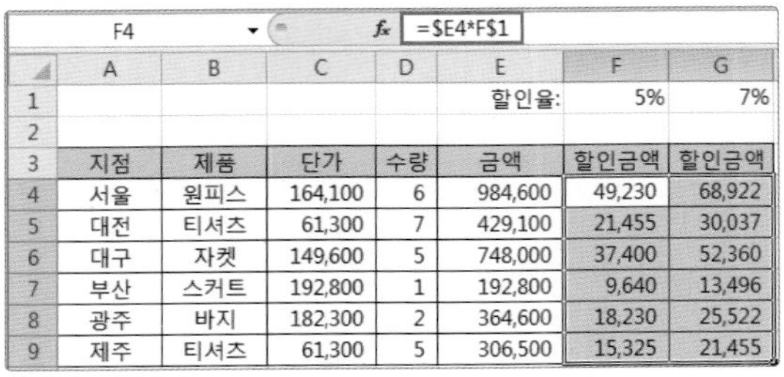

F4 | =$E4*F$1

	A	B	C	D	E	F	G
1					할인율:	5%	7%
2							
3	지점	제품	단가	수량	금액	할인금액	할인금액
4	서울	원피스	164,100	6	984,600	49,230	68,922
5	대전	티셔츠	61,300	7	429,100	21,455	30,037
6	대구	자켓	149,600	5	748,000	37,400	52,360
7	부산	스커트	192,800	1	192,800	9,640	13,496
8	광주	바지	182,300	2	364,600	18,230	25,522
9	제주	티셔츠	61,300	5	306,500	15,325	21,455

=$E4*F$1	=$E4*G$1
=$E5*F$1	=$E5*G$1
=$E6*F$1	=$E6*G$1
=$E7*F$1	=$E7*G$1
=$E8*F$1	=$E8*G$1
=$E9*F$1	=$E9*G$1

▲ F4셀에 수식 '=$E4*F$1'을 입력하고 오른쪽과 아래쪽으로 복사하면 E4에는 행 번호만, F1은 열 이름만 변경된 경우

다른 시트 참조하기

수식을 입력할 때 등호(=)를 입력한 후 다른 시트의 셀을 선택하면 시트의 이름에 느낌표(!)가 구분 기호로 붙고 그 옆에 셀 주소가 입력됩니다. 시트 이름이 숫자로 시작하거나 공백이나 특수 문자가 포함된 경우에는 시트 이름이 작은따옴표(' ')로 묶여서 입력됩니다.

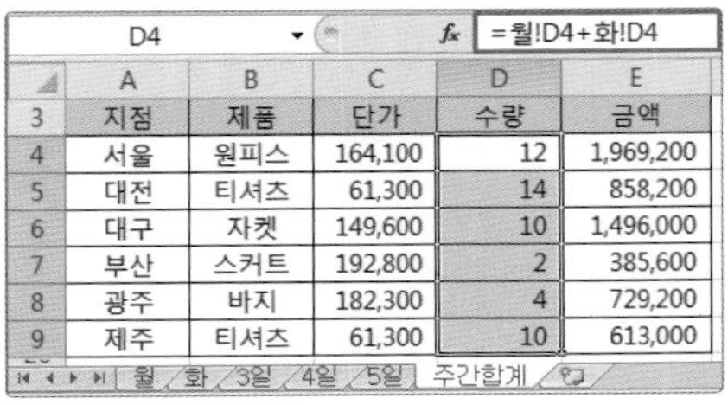

D4 | =월!D4+화!D4

	A	B	C	D	E
3	지점	제품	단가	수량	금액
4	서울	원피스	164,100	12	1,969,200
5	대전	티셔츠	61,300	14	858,200
6	대구	자켓	149,600	10	1,496,000
7	부산	스커트	192,800	2	385,600
8	광주	바지	182,300	4	729,200
9	제주	티셔츠	61,300	10	613,000

월 / 화 / 3일 / 4일 / 5일 / 주간합계

▲ 시트명이 문자인 경우 '시트명!셀 주소' 형태로 참조

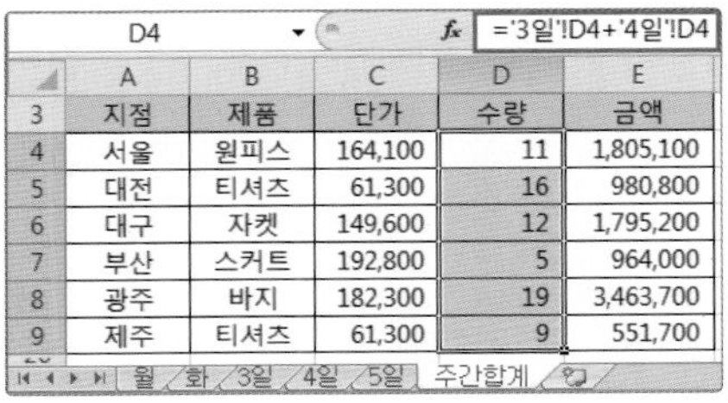

D4 | ='3일'!D4+'4일'!D4

	A	B	C	D	E
3	지점	제품	단가	수량	금액
4	서울	원피스	164,100	11	1,805,100
5	대전	티셔츠	61,300	16	980,800
6	대구	자켓	149,600	12	1,795,200
7	부산	스커트	192,800	5	964,000
8	광주	바지	182,300	19	3,463,700
9	제주	티셔츠	61,300	9	551,700

월 / 화 / 3일 / 4일 / 5일 / 주간합계

▲ 시트명이 숫자로 시작하거나 공백, 특수 문자가 포함된 경우 "시트명'!셀 주소' 형태로 참조

3차원 참조

3차원 참조는 여러 시트에서 위치가 같은 셀들을 계산 범위로 지정하는 참조 형태로, 주소 계산 범위를 지정해야 하는 함수식에서 사용합니다. 시트명과 시트명 사이에는 범위를 나타내는 참조 연산자인 콜론(:)이 들어갑니다.

다음의 그림과 같이 합계를 구할 셀이 여러 시트에 있는 같은 셀이면 ❶ [주간합계] 시트에서 D4셀에 '=SUM('을 입력하고 ❷ [월] 시트에서 D4셀을 선택한 후 ❸ Shift 글쇠를 누른 상태에서 [금] 시트를 클릭합니다. ❹ ')'를 입력한 후 ❺ Enter↵ 글쇠를 누르면 [월] 시트부터 [금] 시트의 D4셀의 합계를 구할 수 있습니다.

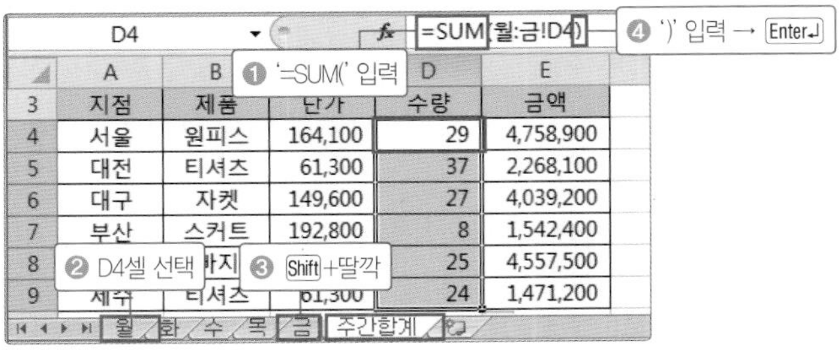

D4 | =SUM(월:금!D4)

❶ '=SUM(' 입력
❹ ')' 입력 → Enter↵

	A	B	C	D	E
3	지점	제품	단가	수량	금액
4	서울	원피스	164,100	29	4,758,900
5	대전	티셔츠	61,300	37	2,268,100
6	대구	자켓	149,600	27	4,039,200
7	부산	스커트	192,800	8	1,542,400
8	광주	바지	182,300	25	4,557,500
9	제주	티셔츠	61,300	24	1,471,200

❷ D4셀 선택
❸ Shift+딸깍

월 / 화 / 수 / 목 / 금 / 주간합계

다른 파일 참조

다른 파일의 셀을 참조하려면 참조할 파일도 함께 불러온 후 창을 바둑판식으로 정렬하여 화면에 모두 표시하고 수식을 작성하는 것이 편리합니다. [보기] 탭 → '창' 그룹 → '모두 정렬'을 선택하고 '창 정렬' 대화상자가 열리면 '바둑판식'을 선택합니다. 창을 바둑판식으로 정렬하지 않아도 단축 글쇠 Ctrl+Tab을 누르면 파일 창 사이를 전환할 수 있습니다.

다른 파일을 참조하면 파일명이 대괄호([ ]) 안에 입력되고 그 뒤에 시트명과 느낌표(!)가 표시됩니다. 파일명에 공백이나 특수 문자가 포함된 경우에는 파일명에서 시트명까지 작은따옴표(' ')로 묶어서 입력합니다.

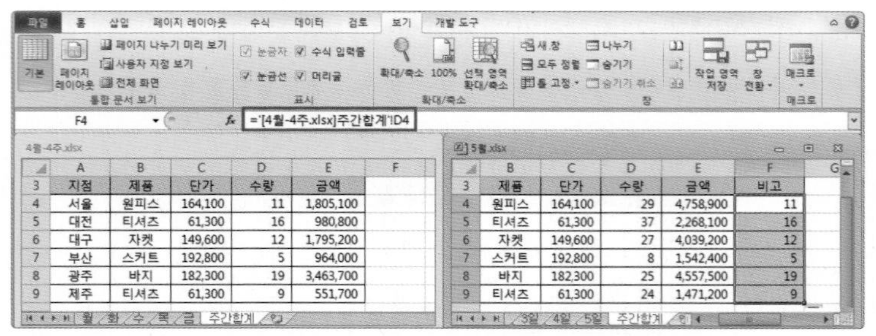

▲ 파일명에 특수 문자(–)가 포함되어 있으므로 "'[파일명]시트명'!셀 주소' 형태로 참조

연결된 파일이 함께 열려있지 않으면 파일 이름의 앞에 파일의 경로까지 표시됩니다. 등호(=)를 입력한 후 다른 파일의 셀을 선택하면 기본적으로 셀 참조가 절대 참조로 입력됩니다. 그러므로 필요할 경우에는 F4 글쇠를 눌러서 상대 참조나 혼합 참조로 변환하세요.

연결 업데이트

다른 데이터의 참조된 파일을 불러오면 다음과 같이 연결 값 업데이트에 대한 경고 메시지 창이 표시됩니다. 참조된 파일의 값이 변경된 경우 결과값을 업데이트하려면 〈업데이트〉를 클릭하세요.

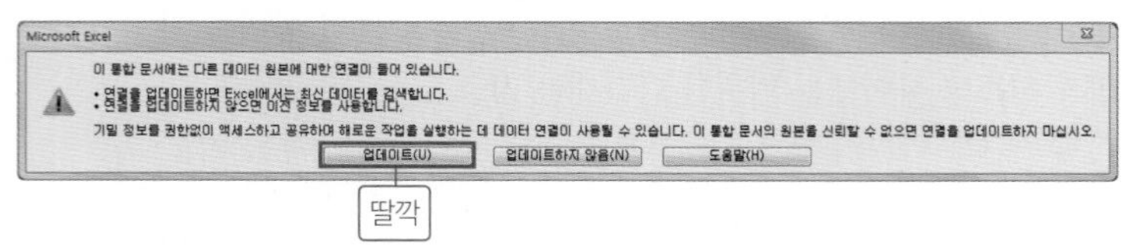

참조된 파일의 이름이나 위치가 바뀌었거나 삭제되었으면 다음과 같이 업데이트할 수 없는 연결이 있다는 메시지 창이 표시되는데, 〈계속〉을 클릭하면 셀에는 처음 연결할 때 입력했던 결과값이 표시됩니다. 수식 입력줄을 확인하면 참조됐던 파일의 경로까지 표시되므로 해당 경로에 파일이 있는지, 파일 이름이 맞는지 확인합니다.

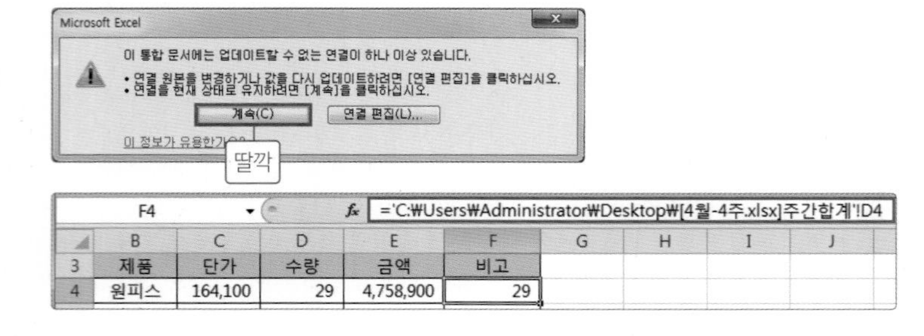

연결 편집

❶ 참조된 파일의 연결을 편집하려면 [데이터] 탭 → '연결' 그룹 → '연결 편집'을 클릭합니다. ❷ '연결 편집' 대화상자가 열리면 〈상태 확인〉을 클릭해 참조된 원본 파일에 대한 상태를 표시합니다. ❸ 파일의 이름이나 위치가 변경되었으면 〈원본 변경〉을 클릭하고 ❹ '원본 변경' 대화상자가 열리면 변경된 파일을 찾아 선택한 후 ❺ 〈확인〉을 클릭합니다. ❻ 〈원본 열기〉를 클릭하면 연결된 파일이 곧바로 열립니다.

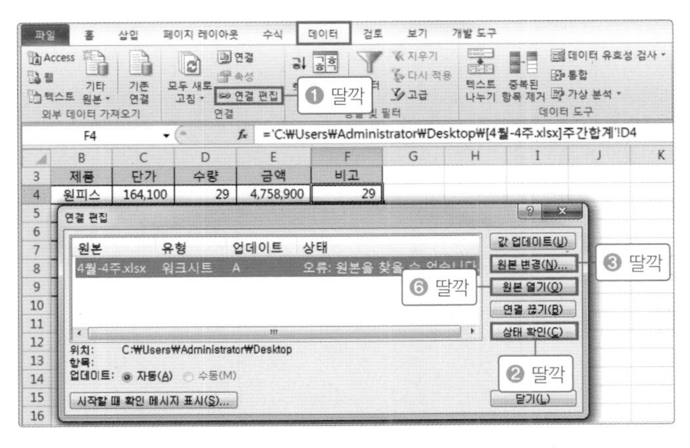

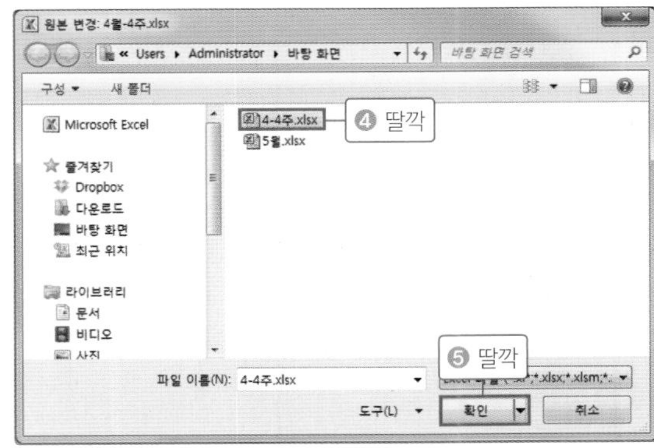

만약 연결된 파일이 삭제되어 없다면 해당 파일을 참조하여 작성한 수식을 모두 값으로 변환하는 것이 좋습니다. ❼ 〈연결 끊기〉를 클릭하면 연결 끊기에 대한 알림 메시지 창이 표시되고 알림 메시지 창에서 〈취소〉를 클릭하면 수식이 없어지면서 결과값만 남습니다.

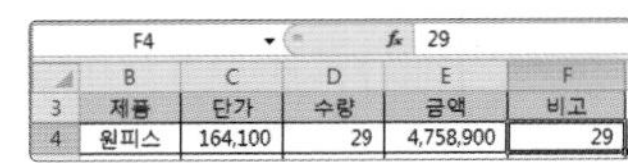

08 너무 느린 엑셀 파일의 속도 해결하기

엑셀 파일을 불러올 때 로딩 시간이 너무 길고, 열린 후에도 데이터를 편집하고 수치를 계산할 때마다 시간이 오래 걸려 불편한 경우가 많다면 다음의 경우를 참고하여 작업 속도를 개선합니다.

지나치게 화려한 서식 삭제하기

워크시트에 다양한 글꼴 등의 화려한 서식이 지정되어 있다면 해당 글꼴을 모두 표시하시기 위해 속도가 느려집니다. 서식 때문에 속도가 느려지는 것인지 확인하려면 ❶ 파일을 다른 이름으로 저장하여 사본을 만들고 ❷ 여러 시트에 데이터가 있으면 시트 탭에서 마우스 오른쪽 단추를 클릭한 후 ❸ 바로 가기 메뉴에서 '모든 시트 선택'을 선택하고 단축 글쇠 Ctrl+A를 눌러 전체 워크시트를 선택합니다.

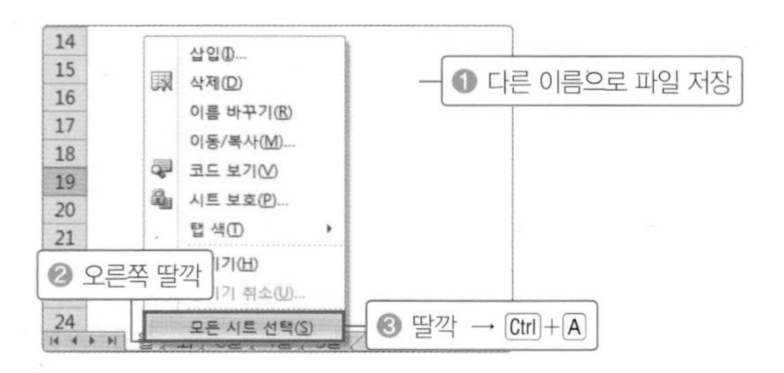

❹ [홈] 탭 → '편집' 그룹 → '지우기' → '서식 지우기'를 선택하여 모든 서식을 삭제한 후 파일을 저장하고 다시 열었을 때 기존 파일보다 로딩 시간이 단축되었으면 서식으로 인한 속도 지연이 맞는 것입니다. 따라서 데이터를 입력할 때는 입력 범위에 서식을 간단하게 지정하세요.

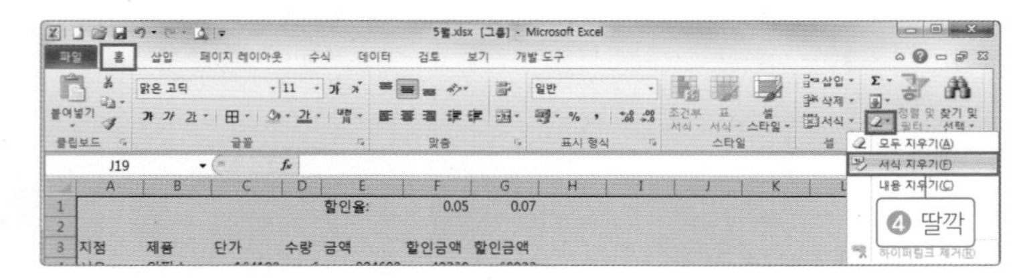

너무 많은 수식, 계산 옵션을 수동으로 설정하기

워크시트에 입력한 수식과 참조한 셀이 많으면 수식에 참조한 셀 값을 변경할 때마다 수식이 다시 계산되기 때문에 속도가 느려집니다. 이 문제를 해결하려면 '자동'으로 설정된 계산 옵션을 '수동'으로 설정해야 합니다.

방법 01 [수식] 탭 → '계산' 그룹 → '계산 옵션' → '수동'을 선택합니다.

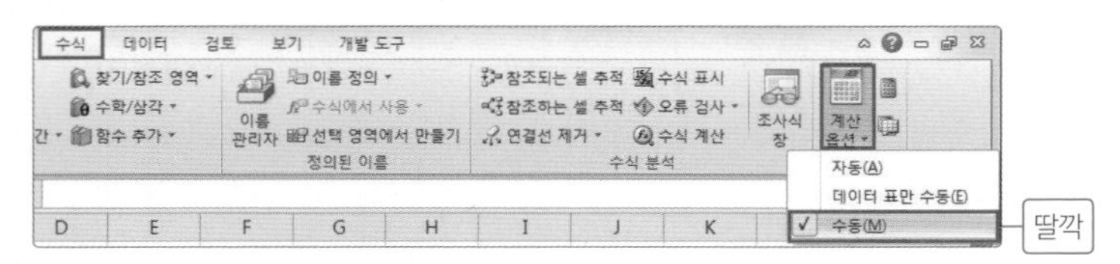

방법 02 [파일] 탭 → '옵션'을 선택하고 'Excel 옵션' 대화상자에서 '수식'의 '계산 옵션'을 '수동'으로 선택하세요.

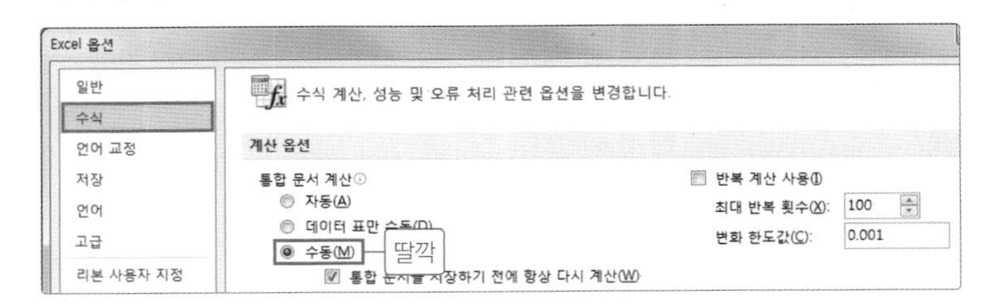

계산 옵션을 수동으로 설정했을 때 수식에 참조된 셀의 값을 수정해도 파일을 저장하거나 F9 글쇠를 누를 때까지 수식의 결과가 바뀌지 않는다는 것에 주의하세요.

내용 없는 사용 영역 없애기

워크시트 작업 중 지정한 서식이나 입력한 데이터를 지우면 화면에는 보이지 않지만 파일의 일정 용량을 차지하고 있어서 워크시트의 계산 속도를 떨어뜨리거나 인쇄했을 때 불필요한 영역까지 인쇄되어 종이가 낭비되는 문제점이 생깁니다.

❶ 그림에서 단축 글쇠 Ctrl+End를 눌렀을 때 G10셀로 셀 포인터가 이동하면서 F열부터 G열까지, 6행부터 10행이 불필요한 영역이라는 것을 알 수 있습니다.

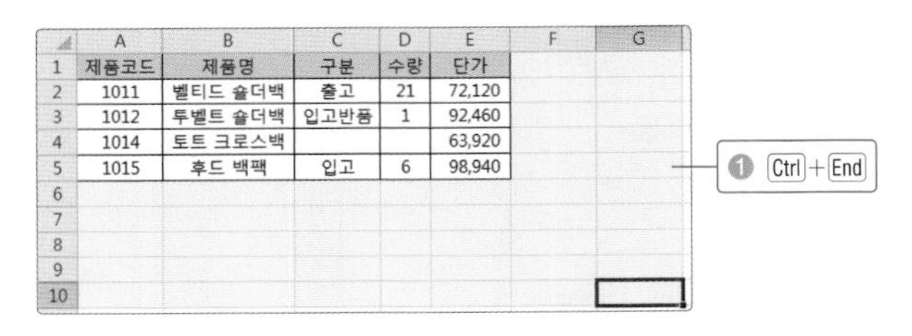

	A	B	C	D	E	F	G
1	제품코드	제품명	구분	수량	단가		
2	1011	벨티드 숄더백	출고	21	72,120		
3	1012	투벨트 숄더백	입고반품	1	92,460		
4	1014	토트 크로스백			63,920		
5	1015	후드 백팩	입고	6	98,940		
6							
7							
8							
9							
10							

❷ 이 영역을 삭제하기 위해 F열부터 G열 머리글을 드래그해 범위를 지정하고 ❸ 마우스 오른쪽 단추를 클릭한 후 ❹ 바로 가기 메뉴에서 '삭제'를 선택합니다. ❺ 이와 같은 방법으로 6행부터 10행 머리글을 드래그해 범위를 지정하고 ❻ 마우스 오른쪽 단추를 클릭한 후 ❼ 바로 가기 메뉴에서 '삭제'를 선택하세요. ❽ 파일을 저장하고 닫은 후 다시 파일을 열고 단축 글쇠 Ctrl+End를 누르면 불필요한 영역이 없어진 것을 확인할 수 있습니다.

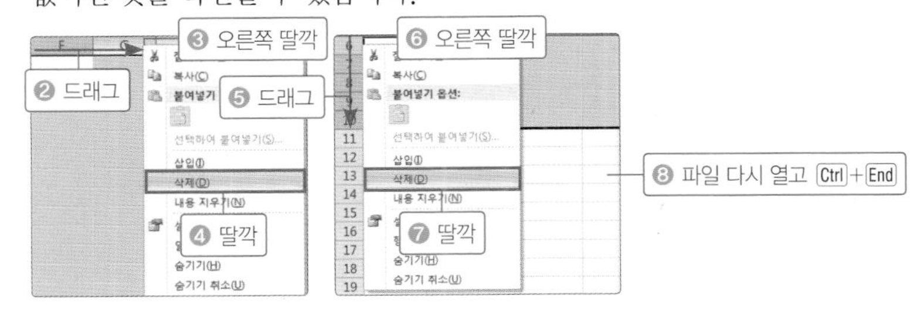

09 인쇄용 페이지 설정하기

엑셀 워크시트는 기본적으로 A4용지의 크기에 맞춰져 있지 않기 때문에 인쇄하기 전에 반드시 페이지 설정을 통해 여백과 용지 방향, 인쇄 배율 등을 지정해야 불필요한 용지의 낭비를 방지할 수 있습니다.

여백 맞추기

❶ [페이지 레이아웃] 탭 → '페이지 설정' 그룹 → '여백'에서 '기본', '넓게', '좁게' 등의 문서 종류를 선택할 수 있습니다. 직접 수치값을 입력하거나 용지의 가운데에 문서를 배치하려면 ❷ '사용자 지정 여백'을 선택하고 ❸ '페이지 설정' 대화상자가 열리면 [여백] 탭에서 '페이지 가운데 맞춤'을 '가로'로 지정합니다.

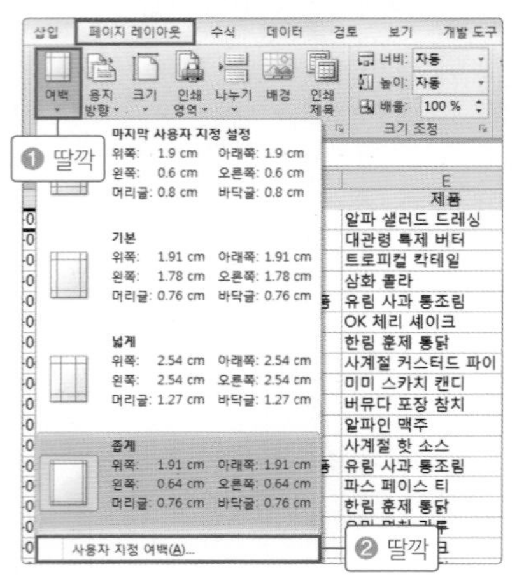

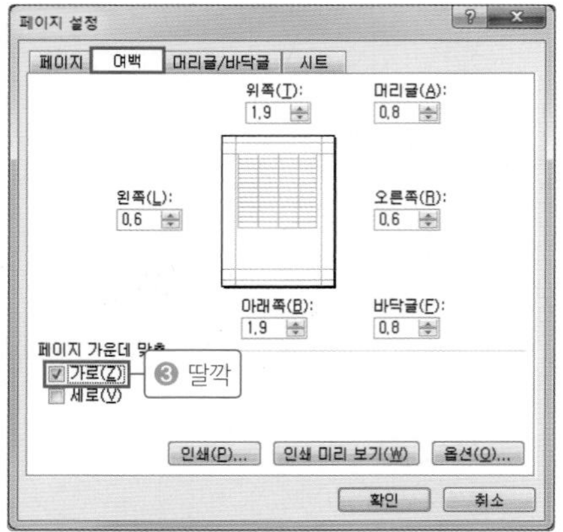

인쇄 반복 행 지정하기

데이터 목록이 길 때 두 번째 페이지부터는 필드명이 인쇄되지 않아서 보기에 불편합니다. 모든 페이지에 데이터의 필드명을 인쇄하려면 인쇄 반복 행을 지정합니다. ❶ [페이지 레이아웃] 탭 → '페이지 설정' 그룹 → '인쇄 제목'을 선택하고 ❷ '페이지 설정' 대화상자가 열리면 [시트] 탭의 '반복할 행'에 커서를 올려놓은 후 워크시트에서 반복 인쇄할 행을 클릭하세요.

인쇄 배율 자동 맞춤

데이터 목록이 길어서 문서의 아래쪽으로는 페이지가 나누어져도 문서 내용의 오른쪽은 나누어지지 않도록 자동으로 축소 인쇄 배율을 지정할 수 있습니다. [페이지 레이아웃] 탭 → '크기 조정' 그룹 → '너비'를 '1페이지'로 선택하면 인쇄 배율이 자동으로 조정됩니다.

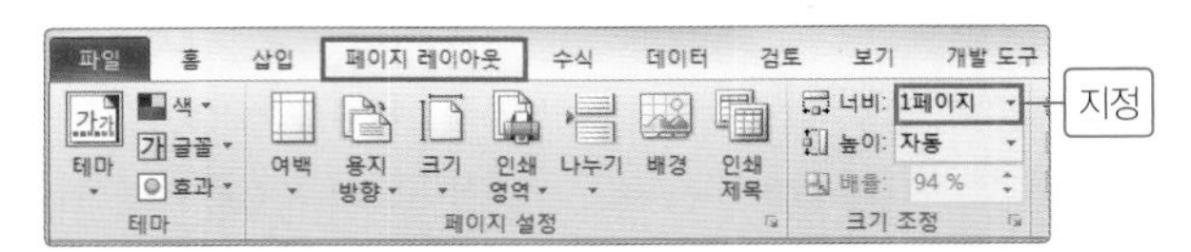

페이지 나누기 미리 보기에서 인쇄 영역 나누기

페이지 나누기 미리 보기에서 페이지 구분선을 드래그해 인쇄 영역을 사용자가 자유롭게 지정하고 페이지를 나눌 수도 있습니다.

방법 01 [보기] 탭 → '통합 문서 보기' 그룹 → '페이지 나누기 미리 보기'를 선택합니다.

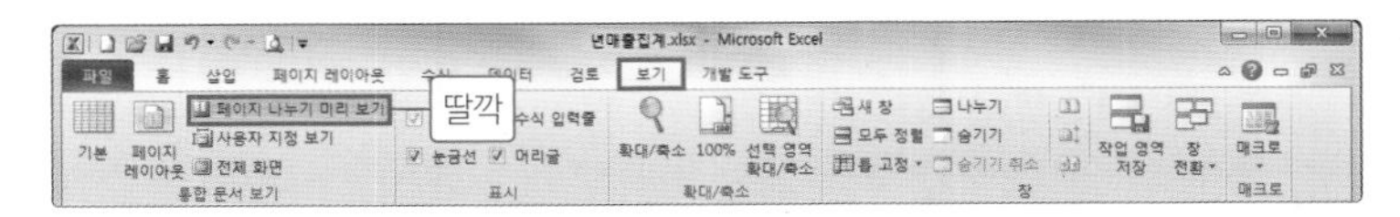

방법 02 ❶ 상태 표시줄에서 '페이지 나누기 미리 보기'를 클릭하면 인쇄할 영역만 하얗게 표시되고 나머지 부분은 회색으로 표시됩니다. ❷ 파란색 페이지 구분선을 드래그해 페이지를 나눌 위치를 조정하세요.

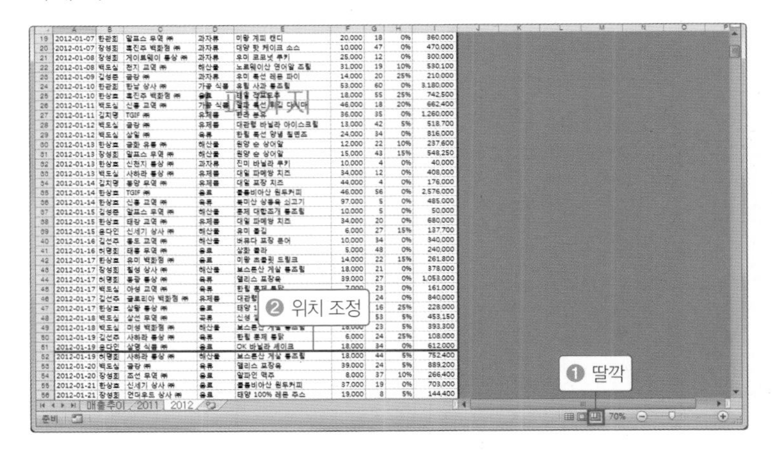

페이지 번호 매기기

페이지 번호는 머리글이나 바닥글 영역에 매기는데, 머리글/바닥글 영역은 페이지 레이아웃 보기에서 선택할 수 있습니다. [보기] 탭 → '통합 문서 보기' 그룹 → '페이지 레이아웃'을 선택하거나 ❶ 상태 표시줄에서 '페이지 레이아웃'을 클릭한 후 ❷ 바닥글 영역의 가운데 부분을 클릭하세요.

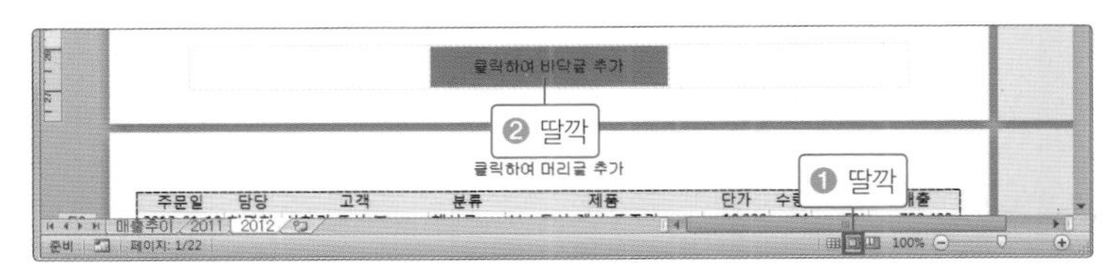

현재 페이지가 전체 페이지에서 몇 번째 페이지인지 표시하려면 ❶ [머리글/바닥글 도구]의 [디자인] 탭 → '머리글/바닥글 요소' 그룹 → '페이지 번호'를 선택하고 ❷ 슬래시 기호(/)를 입력한 후 ❸ [디자인] 탭 → '머리글/바닥글 요소' 그룹 → '페이지 수'를 선택합니다.

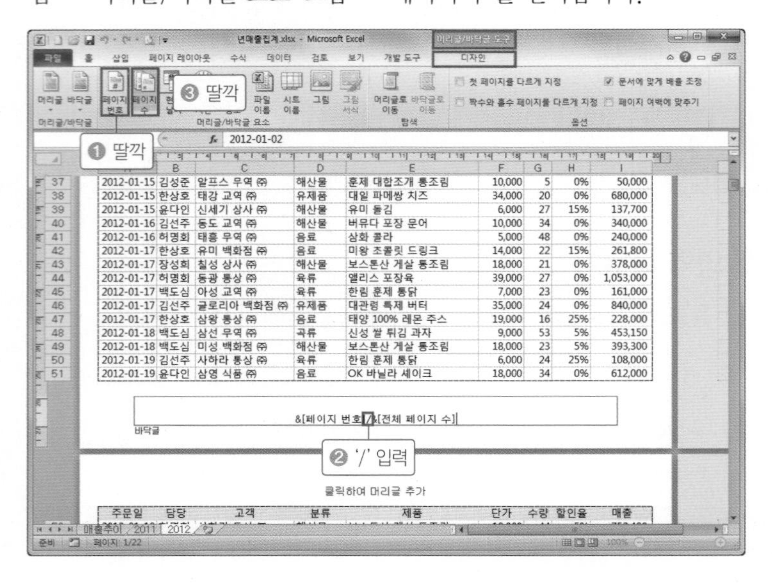

인쇄 미리 보기

❶ [파일] 탭 → '인쇄'를 선택하거나 빠른 실행 도구 모음에 추가한 '인쇄 미리 보기 및 인쇄'를 클릭하면 ❷ 백스테이지(Backstage) 화면으로 인쇄 미리 보기가 표시됩니다.

전체 화면 인쇄 미리 보기

가로 방향 문서의 경우 백스테이지(Backstage) 화면은 약간 좁은 느낌이 있습니다. 이전 버전과 같이 전체 화면 인쇄 미리 보기를 사용하려면 빠른 실행 도구 모음에서 마우스 오른쪽 단추를 클릭하고 바로 가기 메뉴에서 '빠른 실행 도구 모음 사용자 지정'을 선택하고 ❶ 'Excel 옵션' 대화상자가 열리면 '빠른 실행 도구 모음'에서 ❷ '다음에서 명령 선택'의 '리본 메뉴에 없는 명령'을 선택한 후 ❸ 목록에서 '전체 화면 인쇄 미리 보기'를 선택하고 ❹ 〈추가〉를 클릭하고 ❺ 〈확인〉을 누릅니다.

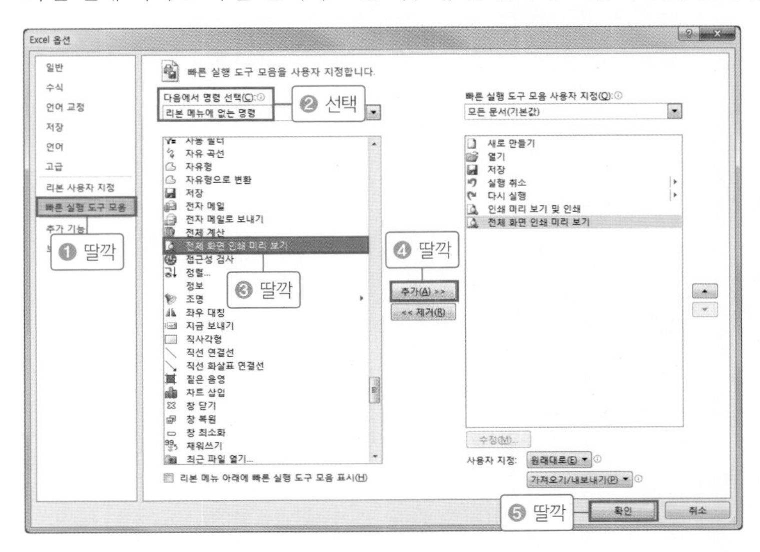

❻ 빠른 실행 도구 모음에 추가한 전체 화면 '인쇄 미리 보기 및 인쇄'를 클릭하면 가로 방향 용지를 넓게 볼 수 있는 전체 화면 인쇄 미리 보기 화면으로 표시됩니다.

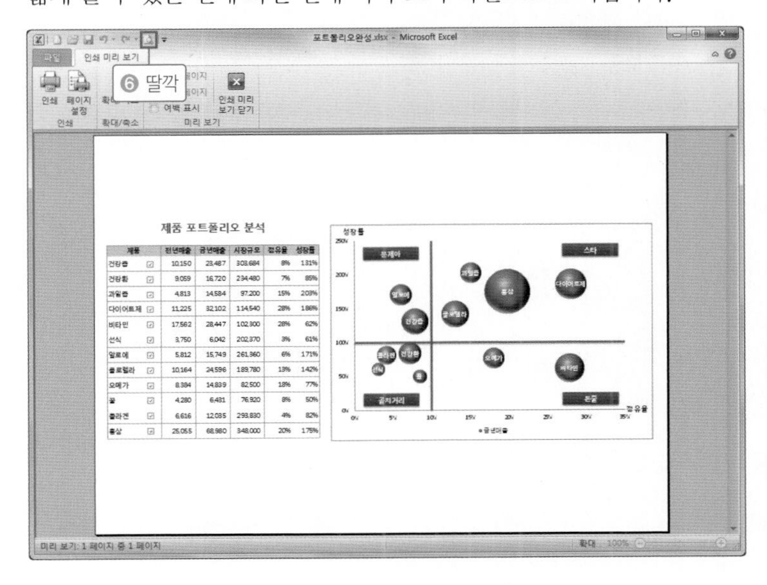

현장감 100%, 엑셀 기능과 활용을 동시에 익히는 실무 예제

현장실습 **01** 기본 중의 기본, 회사에서 가장 많이 사용하는 서식 문서 만들기

현장실습 **02** 야근 No! 근무 시간 단축을 위한 계산 및 함수 활용 익히기

현장실습 **03** 한눈에 번쩍! 상사의 눈을 사로잡는 폼나는 차트 만들기

현장실습 **04** 업무 능력 향상, 데이터 관리 및 분석 제대로 익히기

현장실습 **05** 업무의 달인, 업무 자동화를 위한 VBA와 매크로 쉽게 배우기

직장인을 위한 실무 엑셀

E X C E L

둘째마당은 《직장인을 위한 실무 엑셀》에서 가장 핵심이 되는 부분으로 실제 업무 현장에서 사용하는 문서 및 서식을 예제로 활용하여 업무 능력을 빠르게 향상시킬 수 있도록 도와줍니다. 첫째마당에서 익힌 엑셀 기본기를 토대로 함수 활용과 데이터 관리 및 분석, 업무 자동화를 위한 매크로 작성 방법을 배워보겠습니다.

둘째마당의 각 장이 끝날 때마다 활용도 높은 팁을 모은 '도전! 한 걸음 더'와 배운 기능을 다시 한 번 복습하면서 업무 감각을 향상시킬 수 있는 '연습 문제'가 준비되어 있습니다.

현 장 실 습

01

기본 중의 기본,
회사에서 가장 많이 사용하는 서식 문서 만들기

01 데이터를 자동으로 입력하는 거래명세서 만들기

02 수요와 공급 파악을 위한 재고 관리표 만들기

03 업무 스케줄 관리를 위한 월간 일정표 만들기

04 금전출납 간편 장부 만들기

직장인을 위한 실무 엑셀

E X C E L

훈글, MS워드와 같은 프로그램을 '워드프로세서'라고 부르는 것처럼, 엑셀은 '스프레드시트(SpreadSheet)'라고 합니다. 스프레드시트 즉 엑셀은 수치 계산이나 차트 작성, 데이터 분석 등에 최적화된 프로그램입니다. 따라서 기본적인 계산식과 함수, 조건부 서식 등을 잘 활용하면 워드프로세서로 작성한 문서보다 훨씬 사용 빈도가 높고 효율적인 실무 문서를 만들 수 있습니다.

01 데이터를 자동으로 입력하는 거래명세서 만들기

| 예제 파일 | 현장실습01\거래명세서.xlsx | 완성 파일 | 현장실습01\완성\거래명세서완성.xlsx

거래명세서는 회사의 매출과 매입 등 거래와 관련된 모든 내용을 기록하는 문서입니다. 따라서 거래명세서는 거래하면서 작성하는 모든 문서의 기초 데이터 역할을 합니다.

거래명세서를 엑셀로 관리하면 업체 및 제품 등의 ❶ **데이터 목록과 거래명세서 서식을 하나의 파일로 관리**할 수 있고 ❷ **거래처 상호, 품목, 규격, 단가 등을 쉽게 선택**할 수 있으며 ❸ **자동으로 입력**할 수 있습니다.

❹ **사용자 지정 표시 형식**을 사용하여 **날짜, 금액 등의 숫자 데이터를 원하는 형식으로 표시**할 수 있고 ❺ **작성한 문서를 연결된 그림으로 복사하여 공급한 자와 공급받은 자의 거래명세서를 함께 관리**할 수 있습니다.

발행일자	거 래 명 세 서	No.	제12-05-03호
2012년 5월 11일(금)		(공급받는자용)	

공급받는자				공급자				
상 호 (법인명)	크리스탈 교역 ㈜			등록번호	1 2 3 - 4 5 - 6 7 8 9 0			
담 당 자	이현체			상 호 (법인명)	포도나무㈜	성명	주인자	
사 업 장 주 소	부산광역시 부산진구 당감동 611-3			사 업 장 주 소	서울 동작구 상도동 000-00			
전화번호	051-123-4567	팩스		전화번호	02-800-0000	팩스	02-800-001	

합계금액 (공급가액+세액)	일금 일천삼백육십만삼천삼백오십구원정 (₩13,603,359)

No.	품목	규격	수량	단가	공급가액	세액	비고
1	LG 플래트론 E LED	23inch	5	250,930	1,254,650	125,465	
2	LG 플래트론 W LCD	27inch	10	334,630	3,346,300	334,630	
3	삼성 싱크마스터 FX LED	24inch	8	391,770	3,134,160	313,416	
4	삼성 싱크마스터 S	27inch	12	349,090	4,189,080	418,908	
5	모니터 받침대	60x23x10	30	14,750	442,500	44,250	
합 계					12,366,690	1,236,669	

공급가액	12,366,690	세액	1,236,669	합계금액	13,603,359	미수금		인수자	

❶ 별도 시트에 업체와 제품 목록 이름 정의

❷, ❸ 거래처 상호를 선택하면 담당자, 주소, 전화, 팩스가 자동으로 입력되고, 품목을 선택하면 품목에 따른 규격 목록이 생기고, 규격을 선택하면 단가가 자동으로 입력됨

❹ 숫자를 한글로 표시

❺ 완성 문서를 연결된 그림으로 복사하여 공급자용 문서 추가

Step 01 업체 목록, 제품 목록 만들기

거래명세서 항목에 들어갈 데이터 목록의 이름을 지정합니다.

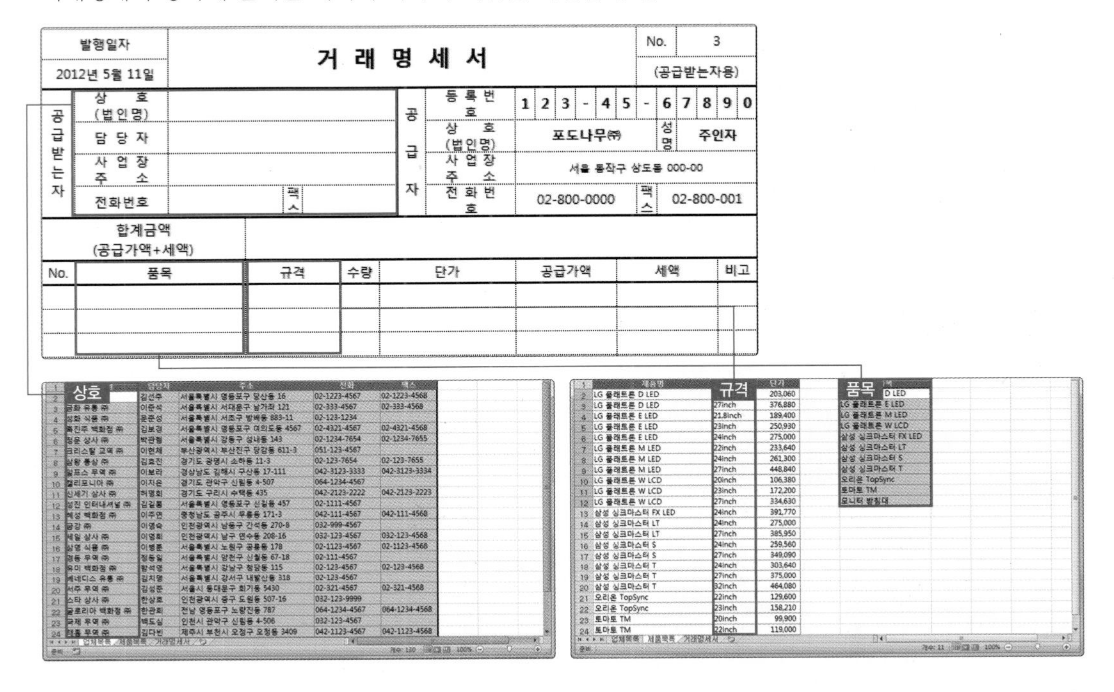

Step 02 자동으로 데이터를 입력하기

① 이름을 지정한 데이터를 거래명세서에 불러오기 위해 데이터 유효성 검사를 설정합니다.

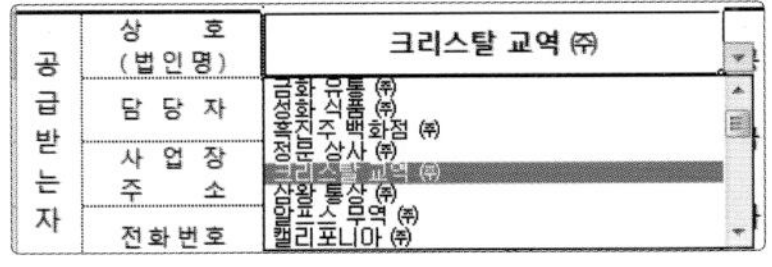

No.	품목	규격
1	LG 플래트론 E LED	23inch
2	LG 플래트론 W LCD	21.8inch 23inch 24inch
3	삼성 싱크마스터 FX LED	

② 선택한 상호에 따른 데이터를 가져오기 위해 VLOOKUP 함수를, 선택한 품목과 규격에 따른 단가를 가져오기 위해 INDEX, MATCH 함수를 이용해 수식을 입력합니다.

No.	품목	규격	수량	단가	공급가액
	LG 플래트론 E LED	23inch		=INDEX(단가,MATCH(1,(제품명=B9)*(크기=H9),0))	

Step 03 조건부 서식과 사용자 지정 서식 적용하기

날짜에 요일을, 숫자에 문자를 표시하고, 숫자를 한글로 나타내기 위해 사용자 지정 표시 형식을 적용하고, 셀 내용이 잘못된 경우 오류 표시를 숨기기 위해 조건부 서식을 지정합니다.

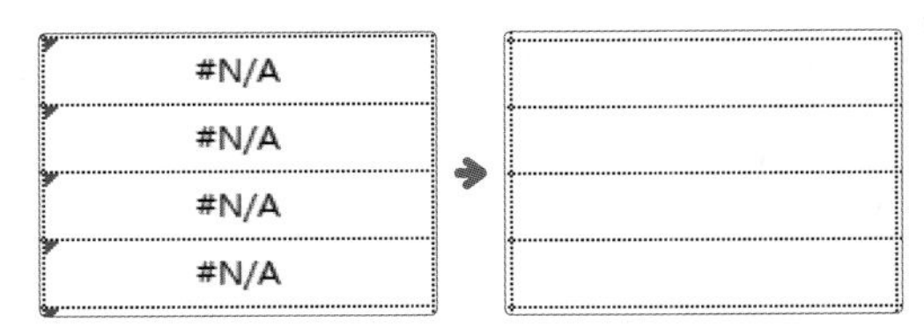

STEP 01

업체 목록, 제품 목록 만들기

1 ❶ [업체목록] 시트의 데이터 목록에서 임의의 셀(A2)을 하나 선택하고 ❷ 인접한 범위 전체를 지정하는 단축 글쇠 Ctrl+A를 누릅니다. ❸ 선택한 범위의 이름을 지정하기 위해 이름 상자에 '업체목록'을 입력하고 Enter↵ 글쇠를 누릅니다.

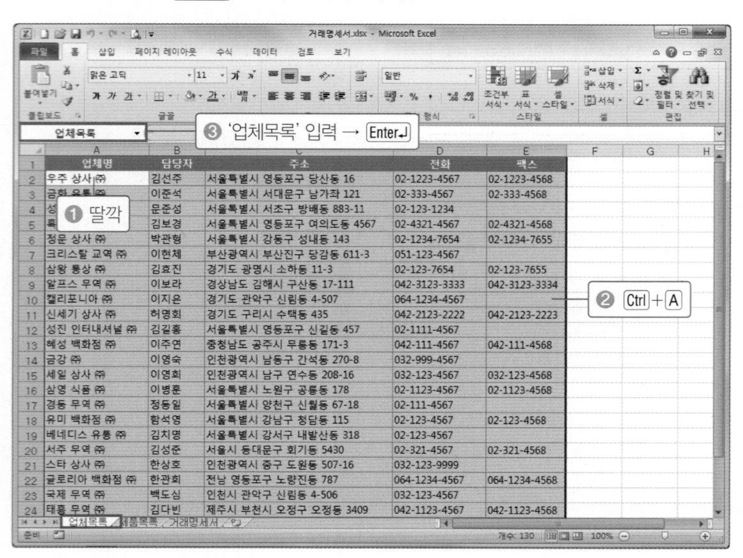

단축 글쇠 Ctrl+Shift+8를 눌러도 전체 범위를 선택할 수 있습니다.

2 거래명세서의 '상호명'에 들어갈 데이터 이름을 만들기 위해 ❶ '업체명' 범위 A2:A28을 지정한 후 ❷ 이름 상자에 '업체명'을 입력하고 Enter↵ 글쇠를 누릅니다.

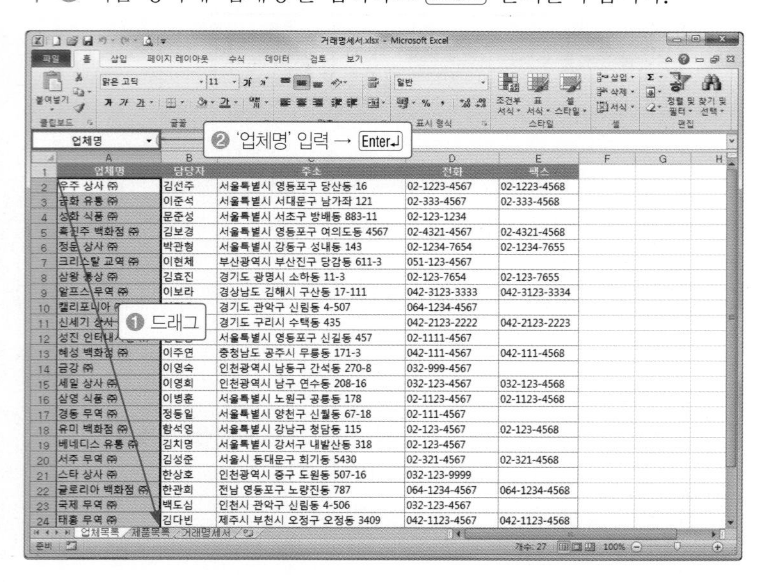

3 거래명세서 '품목'에 들어갈 데이터 이름을 만들기 위해 ❶ [제품목록] 시트를 선택하고 '품목' 범위 E2:E12를 지정한 후 ❷ 이름 상자에 '품목'을 입력하고 Enter↵ 글쇠를 누릅니다.

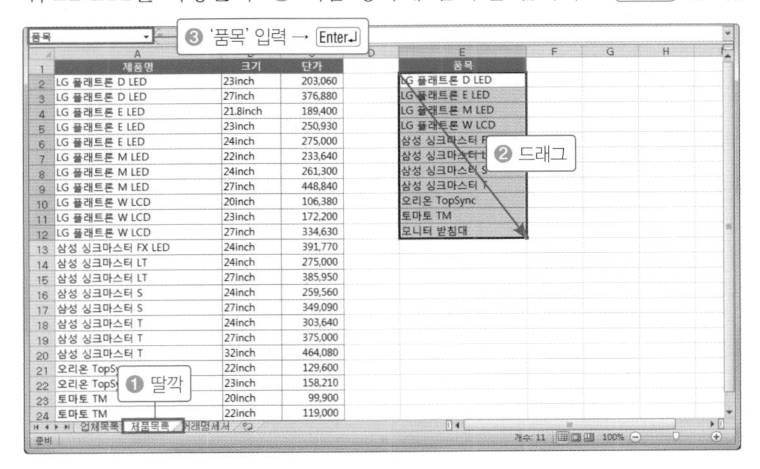

제품명과 품목 목록으로부터 중복 항목을 제외한 목록을 추출하는 방법은 102쪽에서 [도전! 한 걸음 더]의 '02 고유 목록 추출하기'를 참조하세요.

4 제품 목록 범위 전체를 지정하기 위해 ❶ 데이터 목록에서 임의의 셀(A1)을 하나 선택하고 ❷ 단축 글쇠 Ctrl+A를 누른 후 ❸ [수식] 탭 → '정의된 이름' 그룹 → '선택 영역에서 만들기'를 클릭합니다. ❹ '선택 영역에서 이름 만들기' 대화상자가 열리면 '첫 행'에만 ✔ 표시한 후 ❺ 〈확인〉을 클릭합니다.

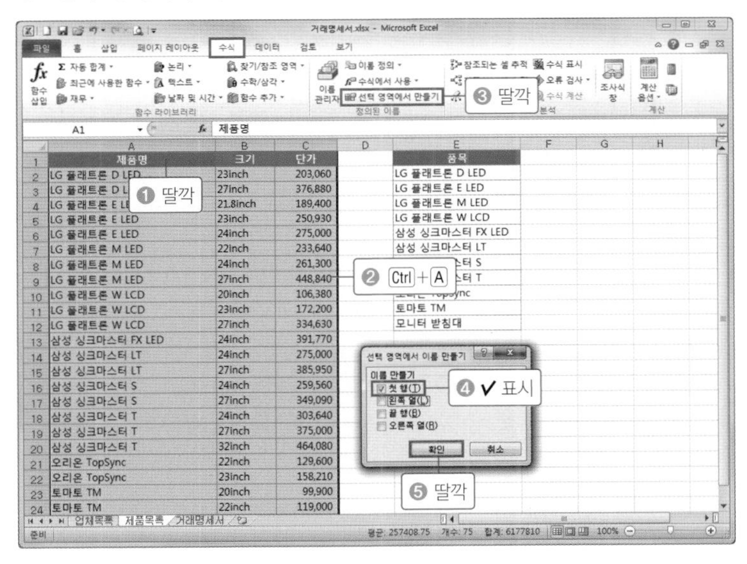

5 ❶ [수식] 탭 → '정의된 이름' 그룹 → '이름 정의'를 클릭하고 ❷ '새 이름' 대화상자가 열리면 '이름'에는 '규격'을, ❸ '참조 대상'에는 '=OFFSET(제품목록!$B$1,MATCH(거래명세서!$B1,제품명,0),0,COUNTIF(제품명,거래명세서!$B1),1)'을 입력하고 ❹ 〈확인〉을 클릭합니다.

잠깐만요 OFFSET 함수 제대로 알기

OFFSET 함수는 행과 열이 만나는 지점의 값을 구할 수 있는 함수입니다. 상황에 따라 참조 범위가 달라지는 작업에서 동적 범위를 만들 때 OFFSET 함수를 사용할 수 있는 것이죠. OFFSET 함수의 구문은 다음과 같습니다.

=OFFSET(기준 셀,이동 행 수,이동 열 수,범위 행 수,범위 열 수)

	A	B	C	D	E	F
1						
2		(0,0)	(0,1)	(0,2)	(10,3)	
3		(1,0)				
4		(2,0)				
5		(3,0)				
6						

예를 들어 B2셀을 기준으로 OFFSET 함수를 사용한다면 B2셀을 기준으로 행과 열 번호가 매겨집니다. 따라서 함수식 '=OFFSET(B2,1,0)'을 작성하면 B2셀로부터 1행, 0열 이동한 B3셀의 값인 (1,,0)이 결과값으로 표시됩니다.

그러면 함수식 '=OFFSET(제품목록!$B$1,MATCH(거래명세서!$B1,제품명,0),0,COUNTIF(제품명,거래명세서!$B1),1)'의 풀이를 해 볼까요?

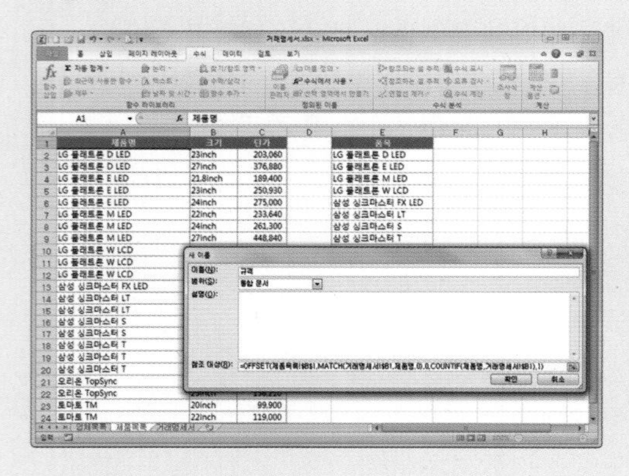

- **기준 셀 : 제품목록!$B$1** – [제품목록] 시트의 B1셀을 절대 기준으로 합니다.
- **이동 행 수 : MATCH(거래명세서!$B1,제품명,0)** – [거래명세서] 시트에서 선택한 '품목' 값(거래명세서!$B1)을 '제품명' 범위에서 정확하게 일치(0)하는 위치 값 수만큼 아래로 이동합니다. '거래명세서!$B1'로 열만 고정시킨 이유는 [거래명세서] 시트의 B열에서만 찾아야 하기 때문이며, 1행인 이유는 현재 이름을 정의할 때 선택한 셀이 A1셀이기 때문입니다. 참조할 행은 상대적으로 변해야 하므로 이름을 정의할 때 선택한 셀이 A9셀이었다면 '거래명세서!$B9'로 지정해야 합니다.
- **이동 열 수 : 0** – 열은 이동할 필요가 없으므로 '0'으로 지정합니다.
- **범위 행 수 : COUNTIF(제품명,거래명세서!$B1)** – '제품명' 범위에서 [거래명세서] 시트에서 선택한 제품명과 같은 값이 몇 개인지 계산된 개수만큼 아래로 범위를 지정합니다.
- **범위 열 수 : 1** – 하나의 열만 범위를 지정할 것이므로 '1'을 입력합니다.

STEP 02 자동으로 데이터를 입력하기

1 ❶ [거래명세서] 시트에서 D3셀을 선택하고 ❷ [데이터] 탭 → '데이터 도구' 그룹 → '데이터 유효성 검사'를 클릭합니다. ❸ '데이터 유효성' 대화상자가 열리면 [설정] 탭의 '제한 대상'에서 '목록'을 선택하고 ❹ '원본'에 '=업체명'을 입력한 후 ❺ 〈확인〉을 클릭합니다.

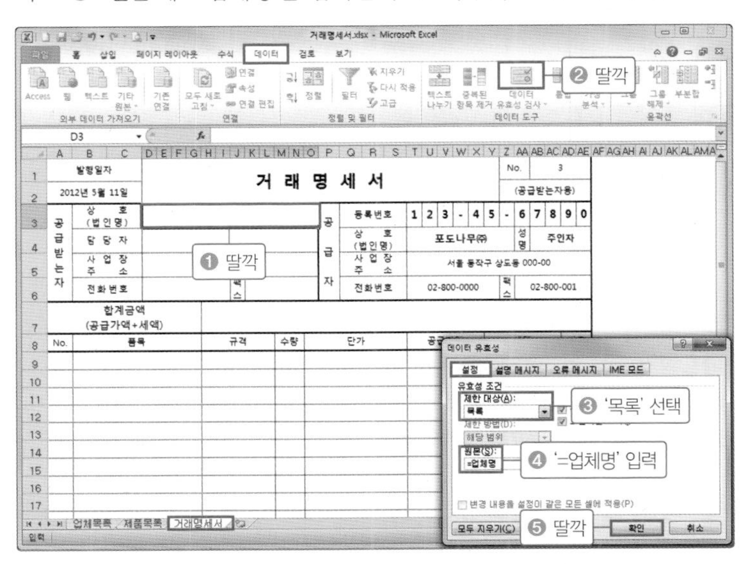

2 ❶ D3셀의 '크리스탈 교역(주)'를 선택한 후 ❷ D4셀에 '크리스탈 교역(주)'의 담당자가 나타나도록 '=VLOOKUP(D3,업체목록,2,0)'을 입력하고 수식을 드래그하여 범위로 지정합니다. ❸ [홈] 탭 → '클립보드' 그룹 → '복사'를 클릭하고 Enter↵ 글쇠를 누릅니다.

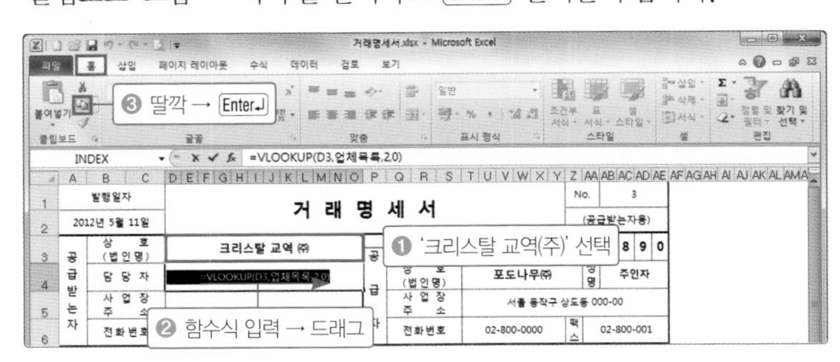

잠깐만요 **VLOOKUP 함수 제대로 알기**

VLOOKUP 함수는 범위에서 값을 찾은 후 찾은 값과 같은 행에서 지정한 열 번호에 해당하는 값을 가져오는 함수입니다. VLOOKUP 함수 구문은 =VLOOKUP(찾는 값,범위,열 번호,찾는 유형)입니다.

- **찾는 값 : D3** – '업체목록' 범위에서 D3셀에 입력되어 있는 상호를 찾습니다.
- **범위 : 업체목록** – '업체목록'이라는 이름의 범위에서 찾습니다.
- **열 번호 : 2** – '업체목록' 범위의 두 번째 열에 담당자명이 있으므로 '2'를 입력합니다.
- **찾는 유형 : 0** – 정확하게 일치하는 값을 찾아야 하므로 '0'을 입력합니다.

3 ❶ D5셀을 더블클릭하여 커서를 나타낸 후 ❷ [홈] 탭 → '클립보드' 그룹 → '붙여넣기'를 클릭합니다. ❸ 붙여넣은 함수식에서 '2'를 '3'으로 수정하고 Enter↵ 글쇠를 누릅니다.

잠깐만요 셀 안의 수식 문자열 복사하기

셀 안의 수식 문자열을 범위 지정하여 복사한 후 다른 셀을 더블클릭하여 커서가 나타날 때 붙여넣기를 하면 상대 참조로 작성한 셀 주소도 변하지 않고 그대로 복사됩니다. 만약 셀 자체를 복사한 후 다른 셀에 붙여넣기하면 병합된 셀의 개수가 다르고 두 셀의 구조도 다르기 때문에 다음과 같은 메시지가 연달아 표시됩니다.

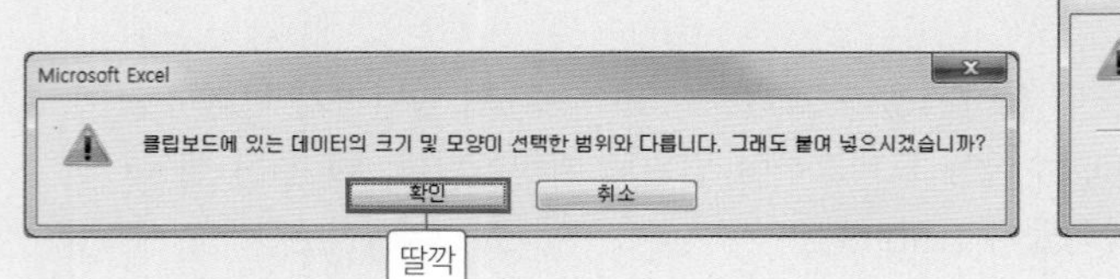

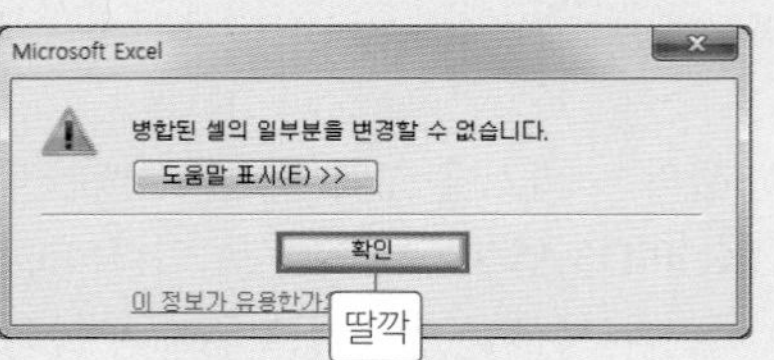

4 ❶ **3**과 같은 방법으로 D6셀에 함수식을 붙여넣은 후 '2'를 '4'로 수정하고 Enter↵ 글쇠를 누릅니다. ❷ K6셀에도 함수식을 붙여넣고 '2'를 '5'로 수정한 후 Enter↵ 글쇠를 누릅니다.

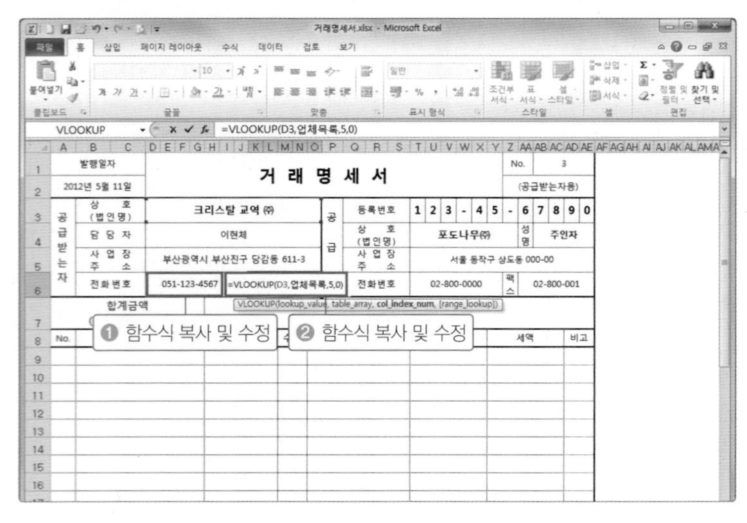

'업체목록' 범위에서 사업장 주소는 세 번째 열, 전화번호는 네 번째 열, 팩스는 다섯 번째 열에 있으므로 숫자를 변경해야 합니다. '업체목록'에 크리스탈 교역(주)의 팩스번호는 빈 셀이므로 '0'이 표시됩니다.

5 ❶ B9:B29 범위를 지정하고 ❷ [데이터] 탭 → '데이터 도구' 그룹 → '데이터 유효성 검사'를 클릭합니다. ❸ '데이터 유효성' 대화상자가 열리면 [설정] 탭의 '제한 대상'에서 '목록'을 선택하고 ❹ '원본'에 '=품목'을 입력한 후 ❺ 〈확인〉을 클릭합니다.

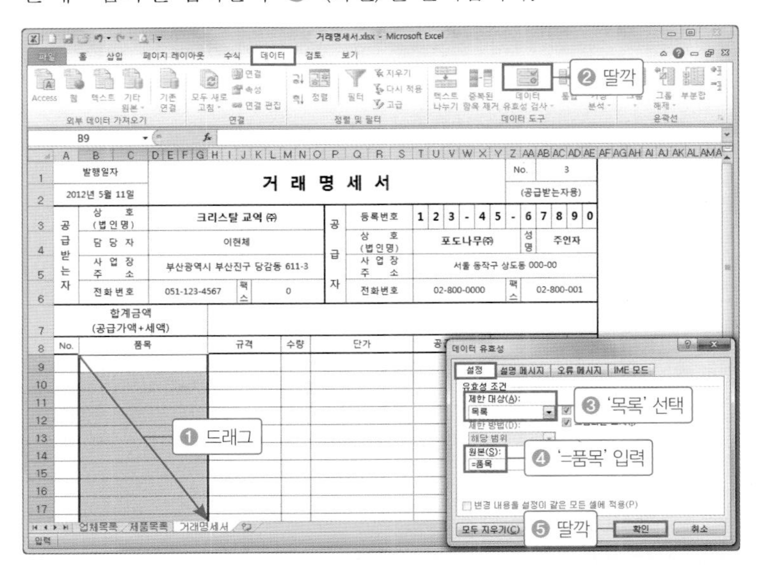

6 ❶ H9:H29 범위를 지정하고 ❷ [데이터] 탭 → '데이터 도구' 그룹 → '데이터 유효성 검사'를 클릭합니다. ❸ '데이터 유효성' 대화상자가 열리면 [설정] 탭의 '제한 대상'에서 '목록'을 선택하고 ❹ '원본'에 '=규격'을 입력한 후 ❺ 〈확인〉을 클릭합니다. ❻ 품목이 선택되어야 규격 범위가 지정되기 때문에 오류 메시지 창이 열리면 〈예〉를 클릭하세요.

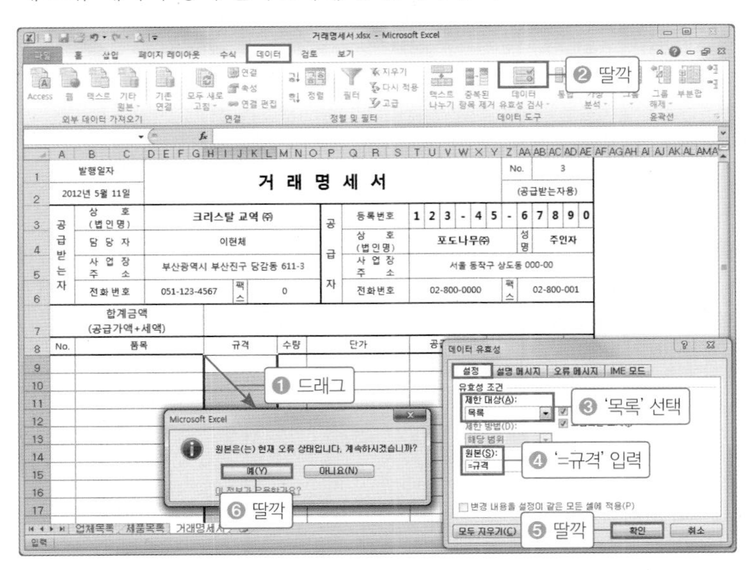

7 ❶ B9셀에서 'LG 플래트론 E LED'를 선택하고, ❷ H9셀에서 '23inch'를 선택합니다. ❸ O9셀에 배열 수식 '=INDEX(단가,MATCH(1,(제품명=B9)*(크기=H9),0))'을 입력한 후 단축 글쇠 Ctrl+Shift+Enter↵를 누릅니다.

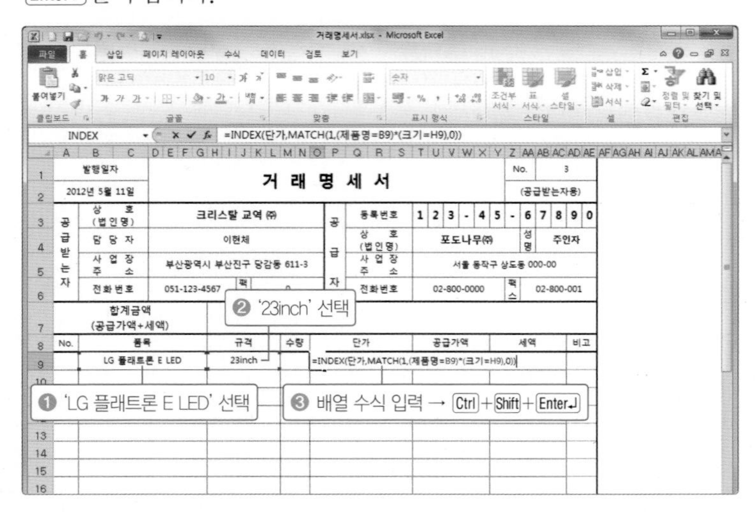

O9:S29 범위를 병합하면 배열 수식을 작성할 수 없습니다. 대신 가로 맞춤 서식인 '선택 영역의 가운데로'가 지정되어 있어 셀 병합과 같은 서식으로 보입니다.

잠깐만요 INDEX, MATCH 함수의 배열 수식 제대로 알기

함수 구문을 입력하고 단축 글쇠 Ctrl+Shift+Enter↵를 눌러 지정한 범위에서 다른 여러 범위에 대한 조건과 일치하는 위치의 값을 찾아오는 배열 수식을 완료할 수 있습니다.

=INDEX(범위,MATCH(1,(범위 1=조건 1)*(범위 2=조건 2)*…*(범위 n=조건 n),0))

- 범위 : 단가 – '단가'로 이름 정의한 범위에서 값을 찾아옵니다.
- MATCH(1,(제품명=B9)*(크기=H9),0) – '제품명'으로 이름 정의한 범위에서 B9셀의 값과 일치하며, '크기'로 이름 정의한 범위에서 H9셀의 값과 일치하는 위치 번호를 반환합니다.

8 ❶ O9셀의 자동 채우기 핸들을 O29셀까지 드래그하고 ❷ '자동 채우기 옵션' 단추를 클릭한 후 ❸ '서식 없이 채우기'를 선택합니다.

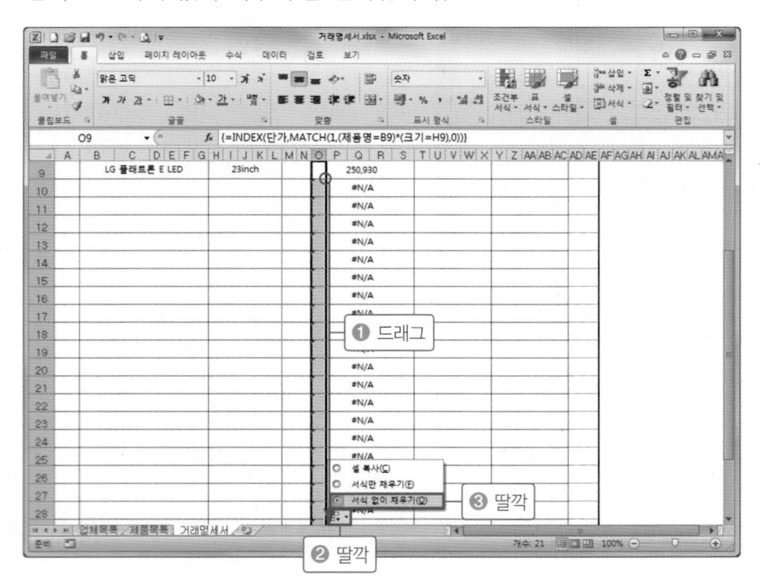

'자동 채우기 옵션' 단추가 나타나지 않으면 [파일] 탭 → '옵션'을 클릭하고 'Excel 옵션' 대화상자가 나타나면 '고급'에서 '잘라내기/복사/붙여넣기'의 '콘텐츠를 붙여넣을 때 붙여넣기 옵션 단추 표시'에 ✔ 표시합니다.

9 품목이나 규격이 선택되지 않았을 때는 오류 표시 대신 공백이 생기도록 IFERROR 함수를 사용하여 ❶ T9셀에는 '=IFERROR(M9*O9,"")'를 ❷ Y9셀에는 '=IFERROR(T9*10%,"")'를 입력합니다.

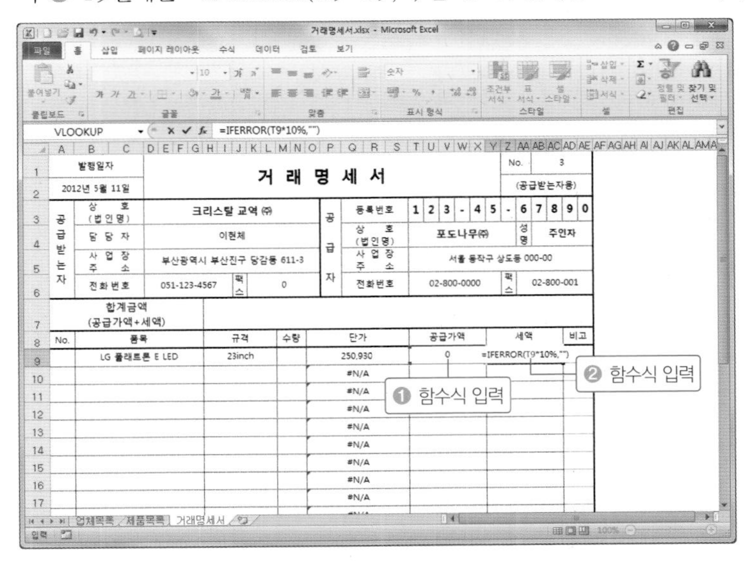

잠깐만요 IFERROR 함수 제대로 알기

IFERROR 함수는 함수식의 결과가 오류일 경우 반환할 값을 지정하는 함수입니다. 거래명세서에서 품목이나 규격이 선택되지 않은 경우 단가에 오류가 생기고 이런 단가를 참조하는 공급가액, 세액에도 오류가 생기게 되죠. 품목이나 규격이 선택되지 않은 경우 오류 표시 대신 공백이 나타나도록 =IFERROR(수식,오류일 경우 반환할 값)과 같이 함수식을 작성합니다.

- 수식 : T9*10% – 원래 계산하려는 계산식입니다.
- 오류일 경우 반환할 값 : '' – 수식에 입력한 계산식의 결과가 오류인 경우 오류 표시 대신 빈 셀로 표시하기 위해 공백을 지정합니다.

10 ❶ T9:AC9 범위를 지정한 후 ❷ 자동 채우기 핸들을 더블클릭합니다. ❸ '자동 채우기 옵션' 단추를 클릭하고 ❹ '서식 없이 채우기'를 선택합니다.

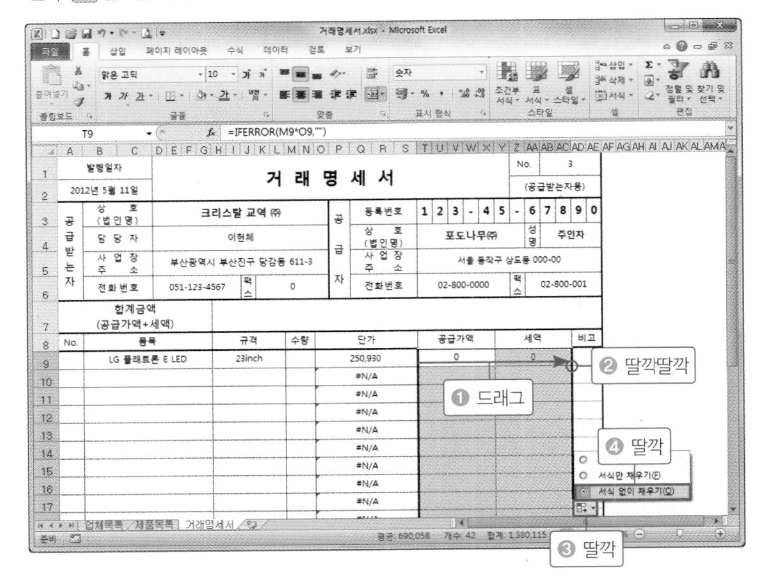

'단가' 셀의 오류 표시 #N/A 대신 공백이 나타나게 하려면 IFERROR 함수를 사용하여 '=IFERROR(INDEX(단가,MATCH(1,(제품명=B9)*(크기=H9),0)),"")'을 입력하면 됩니다.

11 품목을 입력하면 자동으로 숫자가 입력되도록 ❶ A9셀에 '=IF(B9="","",COUNTA($B$9:B9))'를 입력하고 ❷ A9셀의 자동 채우기 핸들[+]을 A29셀까지 드래그합니다. ❸ '자동 채우기 옵션' 단추[⊞]를 클릭하고 ❹ '서식 없이 채우기'를 선택합니다.

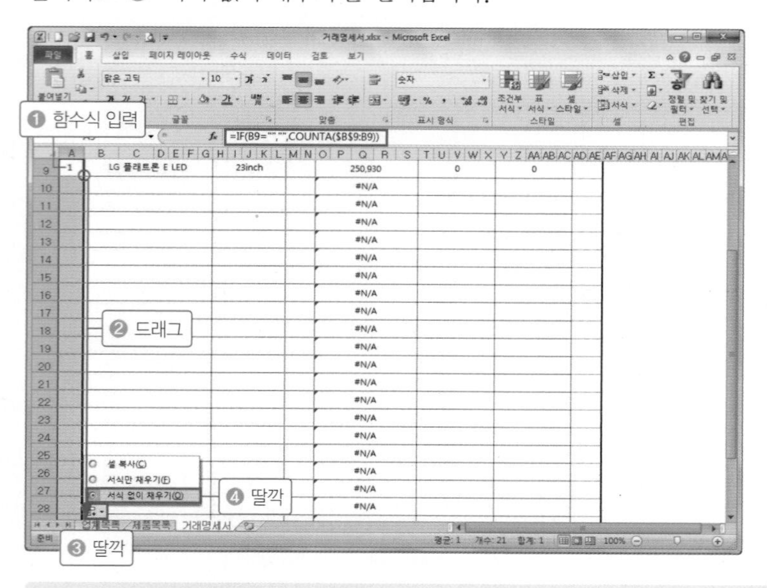

잠깐만요 IF, COUNTA 함수 제대로 알기

IF 함수를 사용하여 '품목' 셀이 빈 셀인지, 아닌지를 확인하여 빈 셀이면 공백을, 빈 셀이 아니면 COUNTA 함수로 품목 셀의 첫 번째 셀($B$9)부터 현재 행의 셀(B9)까지의 범위에 대한 데이터 개수를 계산하여 표시합니다.

- **조건식 : B9=""** – B9셀('품목' 셀)이 빈 셀인지 확인합니다.
- **조건에 맞는 경우의 값 : ""** – 빈 셀일 경우 공백으로 표시합니다.
- **조건에 맞지 않는 경우의 값 : COUNTA($B$9:B9)** – 개수를 $B$9:B9 범위로 지정하면 함수식을 아래로 복사했을 때 범위의 첫 번째 셀인 $B$9는 고정된 상태에서 범위의 끝인 B9셀부터 행 번호가 하나씩 증가하므로 품목이 입력되어 있을 경우 번호가 하나씩 증가하며 입력됩니다.

12 다음의 그림과 같이 나머지 품목과 규격을 선택하고 수량을 입력하면 번호와 단가, 공급가액, 세액이 자동으로 입력됩니다.

STEP 03 조건부 서식과 사용자 지정 서식 적용하기

1 [거래명세서] 시트에서 발행일자가 요일까지 표시되도록 ❶ A2셀을 선택하고 ❷ [홈] 탭 → '표시 형식' 그룹 → 대화상자 표시 단추를 클릭합니다. ❸ '셀 서식' 대화상자가 열리면 [표시 형식] 탭에서 '사용자 지정'을 선택한 후 ❹ '형식'에 'yyyy년 m월 d일(aaa)'를 입력하고 ❺ 〈확인〉을 클릭합니다.

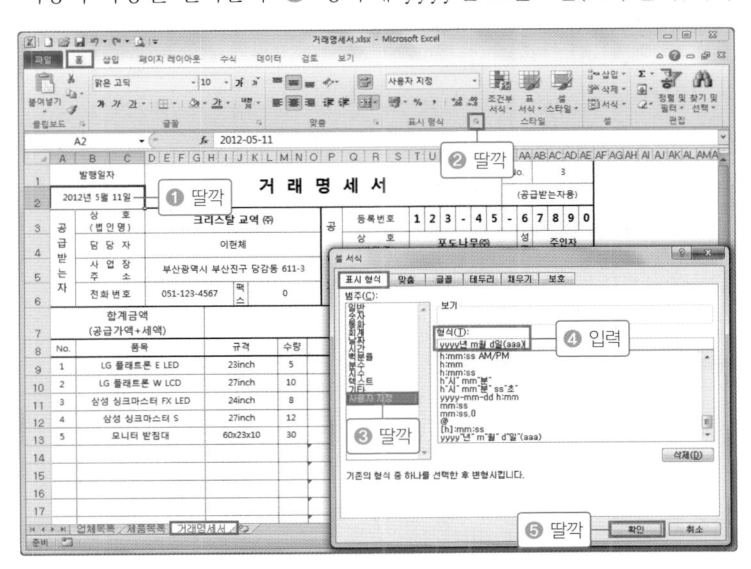

2 문서 번호를 '제12-05-03호'로 표시하기 위해 ❶ AB1셀을 선택하고 ❷ [홈] 탭 → '표시 형식' 그룹 → 대화상자 표시 단추를 클릭합니다. ❸ '셀 서식' 대화상자가 열리면 [표시 형식] 탭에서 '사용자 지정'을 선택한 후 ❹ '형식'에 '"제12-05-"00"호"'를 입력하고 ❺ 〈확인〉을 클릭합니다.

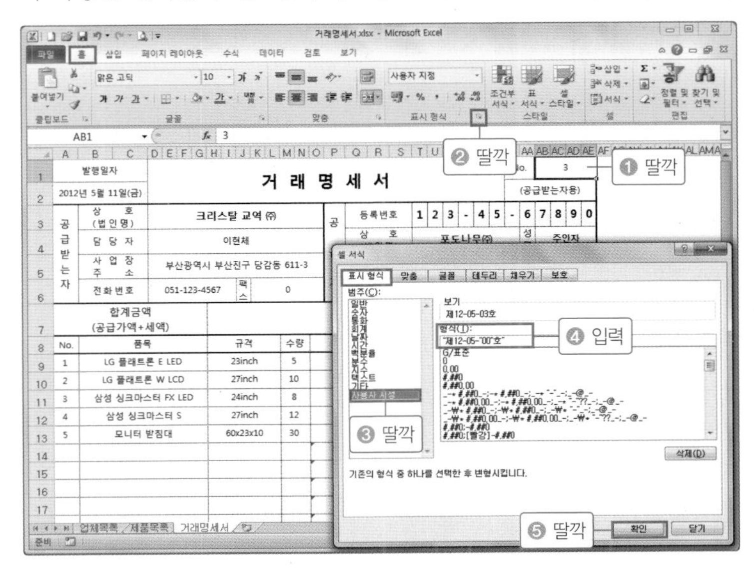

3 업체 목록에 팩스번호가 없을 경우 0이 표시되지 않도록 ❶ K6셀을 선택하고 ❷ [홈] 탭 → '표시 형식' 그룹 → 대화상자 표시 단추를 클릭합니다. ❸ '셀 서식' 대화상자가 열리면 [표시 형식] 탭에서 '사용자 지정'을 선택한 후 ❹ '형식'에 '#'을 입력하고 ❺ 〈확인〉을 클릭합니다.

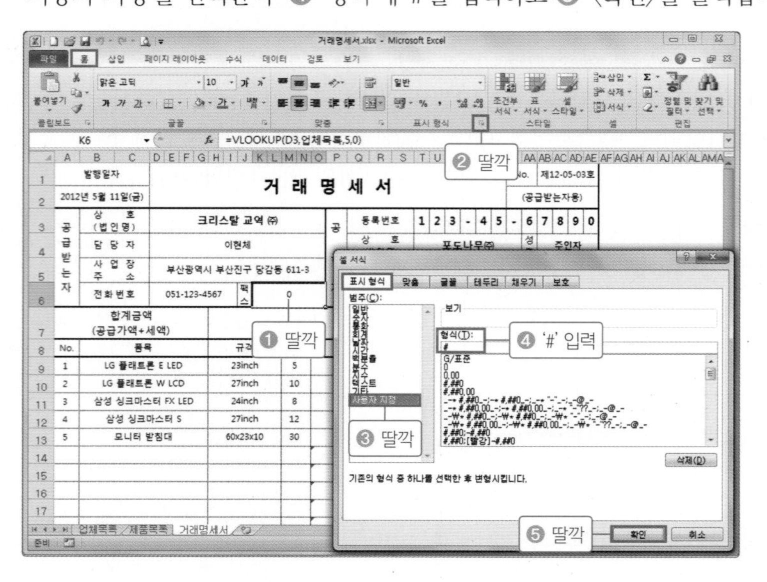

4 '합계금액'을 구하기 위해 ❶ H7셀에는 '=T30+Y30'을, ❷ Y7셀에는 '=H7'을 입력하고 Enter↵ 글쇠를 누릅니다.

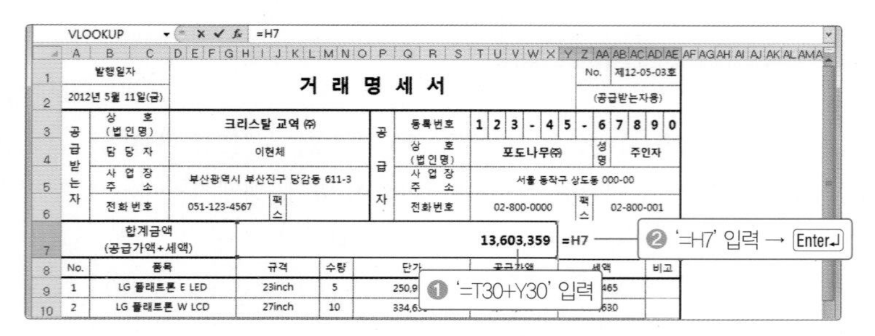

5 ❶ H7셀을 선택하고 ❷ [홈] 탭 → '표시 형식' 그룹 → 대화상자 표시 단추를 클릭합니다. ❸ '셀 서식' 대화상자가 열리면 [표시 형식] 탭에서 '기타'를 선택한 후 ❹ '형식'에서 '숫자(한글)'을 선택합니다.

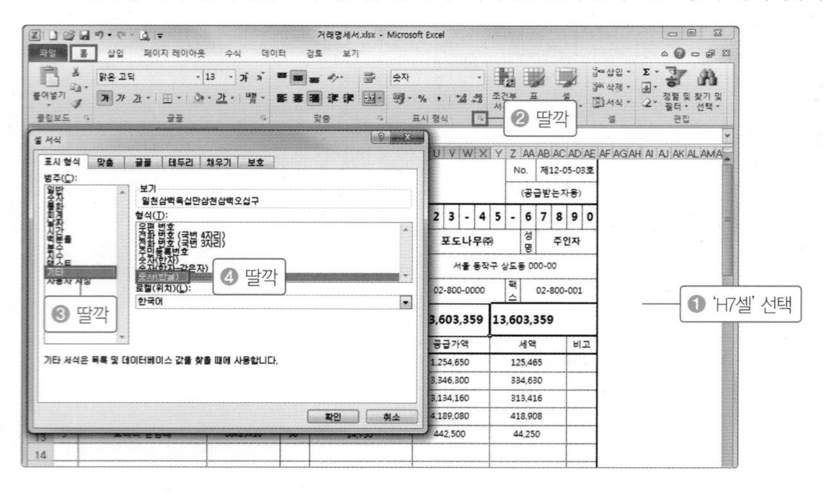

6 '셀 서식' 대화상자가 열린 상태에서 ❶ '범주'에서 다시 '사용자 지정'을 선택하고, ❷ '형식'에서 'G/표준'의 앞에는 '"일금 "'을, 뒤에는 '"원정"'을 추가로 입력한 후 ❸ 〈확인〉을 클릭합니다.

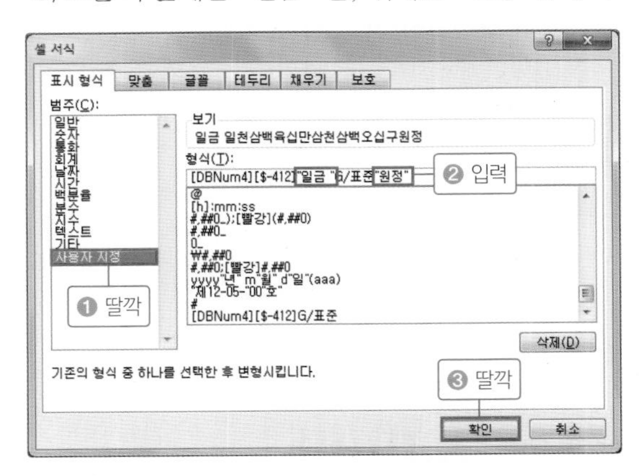

7 ❶ Y7셀을 선택하고 ❷ [홈] 탭 → '표시 형식' 그룹 → 대화상자 표시 단추를 클릭합니다. ❸ '셀 서식' 대화상자가 열리면 [표시 형식] 탭에서 '사용자 지정'의 ❹ '형식'에 '"(₩"#,##0")"'을 입력하고 ❺ 〈확인〉을 클릭합니다.

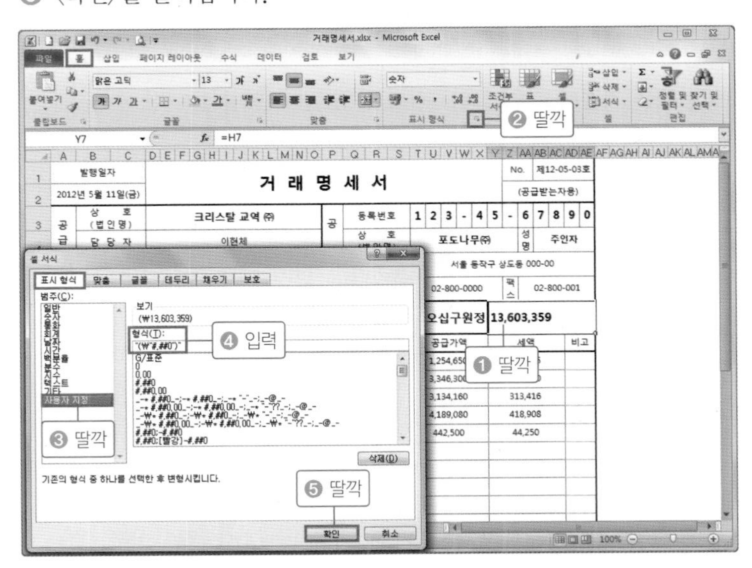

8 ❶ O9:O29 범위를 지정하고 ❷ [홈] 탭 → '스타일' 그룹 → '조건부 서식' → '새 규칙'을 클릭합니다.

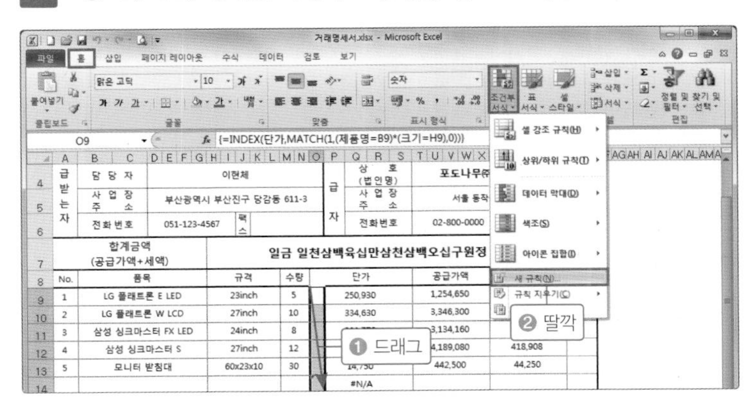

9 ❶ '새 서식 규칙' 대화상자가 열리면 '규칙 유형 선택'에서 '수식을 사용하여 서식을 지정할 셀 결정'을 선택하고 ❷ '=ISERROR(O9)' 함수식을 입력한 후 ❸ 〈서식〉을 클릭합니다. ❹ '셀 서식' 대화상자가 열리면 [글꼴] 탭에서 '색'을 '테마 색'의 '흰색, 배경 1'로 지정하고 ❺ 〈확인〉을 클릭한 후 ❻ '새 서식 규칙' 대화상자로 되돌아오면 〈확인〉을 클릭합니다.

ISERROR 함수는 값이 #N/A, #VALUE!, #REF!, #DIV/0!, #NUM!, #NAME?, #NULL!의 오류인 경우 TRUE 값을 되돌려줍니다.

10 ❶ 오류 검사 표시가 있는 O14:O29 범위를 지정하고 ❷ '오류 검사 옵션' 단추를 클릭한 후 ❸ '오류 무시'를 선택합니다.

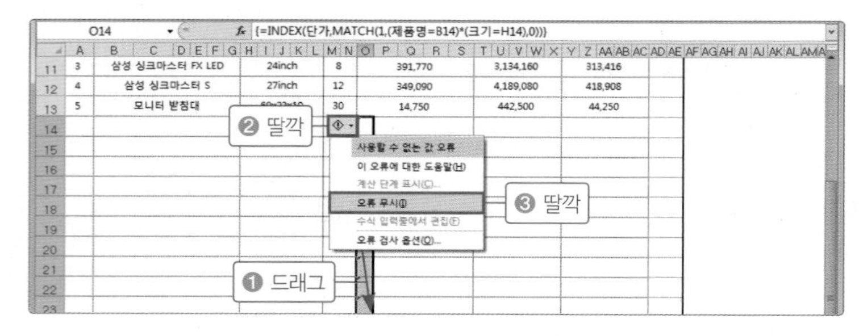

오류 검사 표시는 화면에만 표시되며 인쇄되지 않기 때문에 굳이 화면에서 없애지 않아도 됩니다. 화면에서도 좀 더 깔끔하게 표시하려면 '오류 무시'를 선택하여 없앱니다.

11 공급자용 양식을 하나 더 만들기 위해 ❶ 거래명세서의 전체 범위인 A1:AE32를 지정한 후 ❷ [홈] 탭 → '클립보드' 그룹 → '복사'를 클릭합니다. ❸ A38셀을 선택한 후 ❹ [홈] 탭 → '클립보드' 그룹 → '붙여넣기' → '기타 붙여넣기 옵션'에서 '연결된 그림'을 클릭합니다.

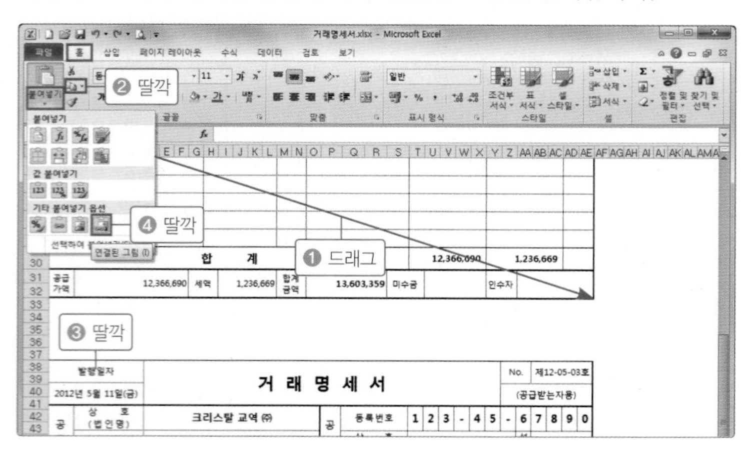

12 그림으로 복사했기 때문에 텍스트 입력이 안 되므로 ❶ [삽입] 탭 → '텍스트' 그룹 → '텍스트 상자'를 클릭합니다. ❷ Z40셀 위치에 텍스트 상자를 삽입하고 ❸ '(공급자용)'이라고 입력합니다.

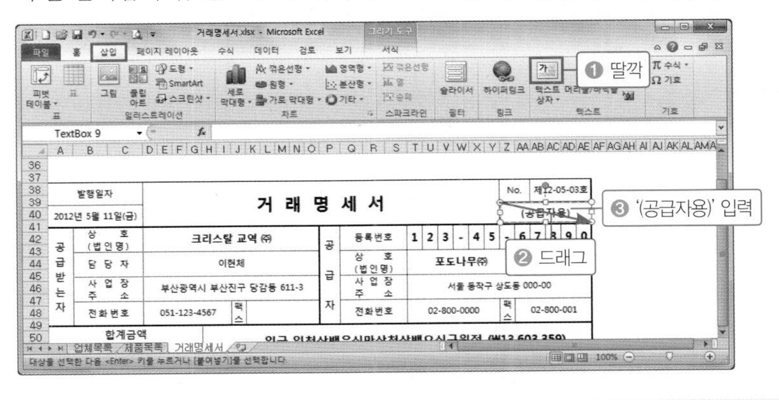

잠깐만요 날짜 및 숫자, 문자 사용자 지정 서식 코드 알아보기

날짜	설명	입력 데이터	지정한 서식 코드	셀에 표시되는 형식
yy	연도를 두 자리로 표시	2012-1-3	yy	12
yyyy	연도를 네 자리로 표시	2012-1-3	yyyy	2012
m	월을 한 자리로 표시	2012-1-3	m	1
mm	월을 두 자리로 표시	2012-1-3	mm	01
mmm	월을 영문 약자로 표시	2012-1-3	mmm	Jan
mmmm	월을 영문자로 표시	2012-1-3	mmmm	January
mmmmm	월을 영문 첫 글자로 표시	2012-1-3	mmmmm	J
d	일을 한 자리로 표시	2012-1-3	d	3
dd	일을 두 자리로 표시	2012-1-3	dd	03
ddd	영문 약자 요일 표시	2012-1-3	ddd	Tue
dddd	영문자로 요일 표시	2012-1-3	dddd	Tuesday
aaa	한글 약자 요일 표시	2012-1-3	aaa	화
aaaa	한글로 요일 표시	2012-1-3	aaaa	화요일

숫자	설명	입력 데이터	지정한 서식 코드	셀에 표시되는 형식
G/표준	특정 서식이 지정되지 않은 일반 서식	1000	G/표준	1000
0(영)	유효하지 않은 0도 표시	3.5 10	0.00 000	3.50 010
#	유효하지 않은 0을 숨김	0 0.75	# #.##	 .75
?	유효하지 않은 0자리를 공백으로 채움 (소수점을 기준으로 가운데 맞춤 설정 가능)	122.314 3.5 76.33	???.???	122.314 3.5 76.33
,(쉼표)	숫자에 천 단위 구분 기호 표시 숫자 서식 코드 뒤에 넣으면 1000으로 수를 나누어 천 단위를 생략 표시	15000 15,780,000	#,##0 #,##0,	15,000 15,780

문자	설명	입력 데이터	지정한 서식 코드	셀에 표시되는 형식
@	문자의 앞이나 뒤에 특정 문자를 붙이고 싶으면 @ 앞이나 뒤에 문자 입력	길벗	@"출판사"	길벗출판사
*(별표)	* 뒤에 입력한 문자를 셀의 빈 자리에 채움	1 a	*-00 *-@	-----------01 -----------a

02 수요와 공급 파악을 위한 재고 관리표 만들기

| 예제 파일 | 현장실습01\재고관리표.xlsx | 완성 파일 | 현장실습01\완성\재고관리표완성.xlsx

재고 관리표는 재고 물품을 매일 또는 주기적으로 파악하여 제품의 수요 및 공급에 대처하기 위해 작성하는 표입니다. 엑셀로 재고 관리표를 관리하면 월요일부터 금요일까지 ❶ **매일 입고(입고 반품 포함)되고 출고(출고 반품 포함)되는 제품 수량을 입력하여 재고 수량을 계산**할 수 있으며 ❷ 재고가 부족한 **제품의 행을 강조하는 서식**을 지정할 수 있습니다. ❸ 월요일을 제외한 화요일부터 금요일까지의 시트 탭을 만들어 **전날의 재고 수량이 현재 시트의 전일 재고 수량으로 나타나도록 시트 간 데이터를 연결**할 수 있습니다. ❹ 재고 관리표 시트의 내용을 반영한 주간 보고 시트를 만들면 **한 주 간의 입고, 출고 수량 합계와 재고가 부족한 제품을 표시**해서 관리할 수 있습니다.

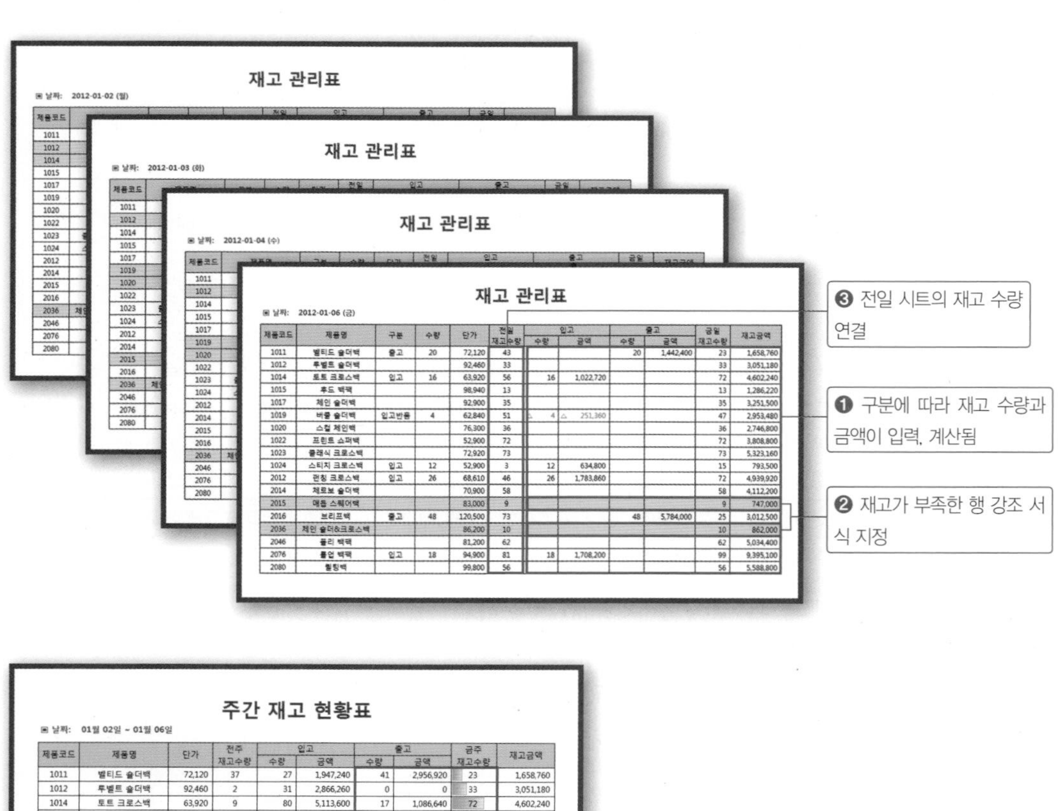

주간 재고 현황표

▣ 날짜: 01월 02일 ~ 01월 06일

제품코드	제품명	단가	전주 재고수량	입고		출고		금주 재고수량	재고금액
				수량	금액	수량	금액		
1011	벨티드 숄더백	72,120	37	27	1,947,240	41	2,956,920	23	1,658,760
1012	투벨트 숄더백	92,460	2	31	2,866,260	0	0	33	3,051,180
1014	토트 크로스백	63,920	9	80	5,113,600	17	1,086,640	72	4,602,240
1015	후드 백팩	98,940	8	5	494,700	0	0	13	1,286,220
1017	체인 숄더백	92,900	23	10	929,000	-2	-185,800	35	3,251,500
1019	버클 숄더백	62,840	50	37	2,325,080	40	2,513,600	47	2,953,480
1020	스컬 체인백	76,300	32	29	2,212,700	25	1,907,500	36	2,746,800
1022	프린트 쇼퍼백	52,900	32	36	1,904,400	-4	-211,600	72	3,808,800
1023	클래식 크로스백	72,920	5	100	7,292,000	32	2,333,440	73	5,323,160
1024	스티치 크로스백	52,900	9	56	2,962,400	50	2,645,000	15	793,500
2012	펀칭 크로스백	68,610	14	58	3,979,380	0	0	72	4,939,920
2014	체르보 숄더백	70,900	9	49	3,474,100	0	0	58	4,112,200
2015	매듭 스퀘어백	83,000	47	12	996,000	50	4,150,000	9	747,000
2016	브리프백	120,500	43	47	5,663,500	65	7,832,500	25	3,012,500
2036	체인 숄더&크로스백	86,200	10	0	0	0	0	10	862,000
2046	폴리 백팩	81,200	38	60	4,872,000	36	2,923,200	62	5,034,400
2076	롤업 백팩	94,900	47	50	4,745,000	-2	-189,800	99	9,395,100
2080	퀼팅백	99,800	38	26	2,594,800	8	798,400	56	5,588,800

Step 01 재고 계산 및 재고 부족 표시하기

① '구분' 필드에는 '입고', '출고', '입고반품', '출고반품'을 선택하도록 데이터 유효성이 설정되어 있습니다. '구분'에 입력된 항목에 따라 입고, 출고 수량이 입력되도록 중첩 IF 함수로 수식을 입력합니다. 반품인 경우 수량을 음수로 표시하되 숫자 앞에 △ 기호를 표시하고 글꼴 색을 빨강색으로 표시합니다.

입고		출고	
수량	금액	수량	금
=IF(C6="입고",D6,IF(C6="입고반품",-D6,0))			

출고		금일 재고수량	재고금
수량	금액		
=IF(C6="출고",D6,IF(C6="출고반품",-D6,0))			

입고반품	2	99,800	66	△ 2	△ 199,600

② '전일재고수량+입고수량−출고수량' 수식으로 '금일재고수량'을 구합니다. '금일재고수량'이 10 이하인 경우에는 행을 분홍색으로 표시합니다.

전일 재고수량	입고		출고		금일 재고수량
	수량	금액	수량	금액	
37			21	1,514,520	=F6+G6-I6
2	△ 1	△ 92,460			1

Step 02 전일 시트의 재고 금액 연결하기

① 시트 그룹 채우기 기능을 사용하여 월요일 재고 관리표에 작성한 수식과 서식을 화요일부터 금요일 시트에 한꺼번에 복사합니다.

② GET.WORKBOOK, GET.DOCUMENT 함수로 이름을 정의하여 시트 목록과 시트 위치 번호를 가져온 후 INDIRECT, INDEX 함수를 사용하여 전 시트의 '금일재고수량'을 현재 시트의 '전일재고수량'으로 입력합니다.

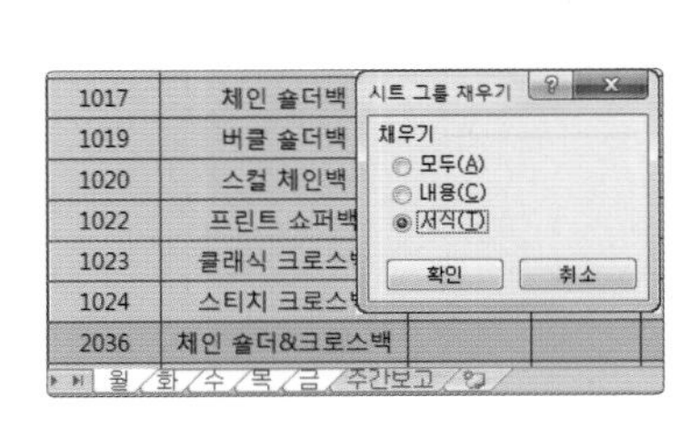

=INDIRECT(INDEX(시트목록,시트번호-1)&"!K"&ROW())

구분	수량	단가	전일 재고수량	입고 수량
입고	5	72,120	16	5
		92,460	1	
입고	30	63,920	9	30
		98,940	14	

Step 03 주간 재고 현황표 작성하기

① '연결하여 붙여넣기'를 사용하여 [월] 시트의 '전일재고수량'을 [주간보고] 시트에 '전주재고수량'으로 연결합니다.

② 3차원 참조 SUM 함수를 사용하여 월~금요일의 입고, 출고 수량의 합계를 구하는 수식을 [주간보고] 시트에 입력합니다.

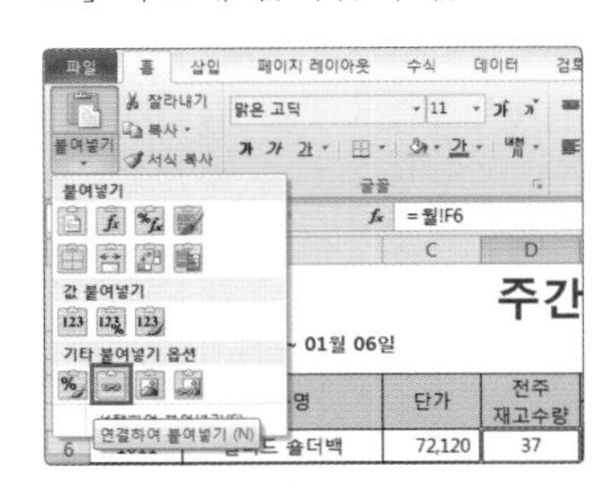

입고		출고	
수량	금액	수량	금액
=SUM(월:금!G6)		=SUM(월:금!I6)	

STEP 01 재고 계산 및 재고 부족 표시하기

1 [월] 시트에서 입고 수량을 구하기 위해 G6셀에 '=IF(C6="입고",D6,IF(C6="입고반품",−D6,0))'을 입력하고 Enter↵ 글쇠를 누릅니다.

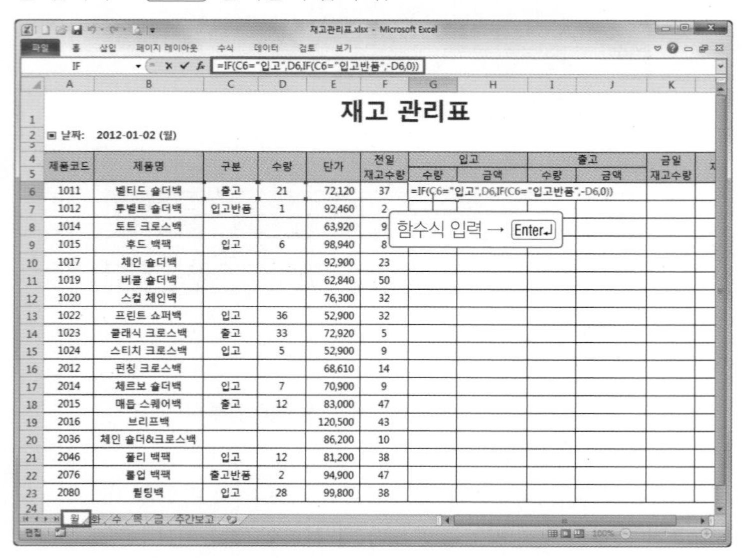

제품코드	제품명	구분	수량	단가	전일 재고수량	입고 수량	입고 금액	출고 수량	출고 금액	금일 재고수량
1011	벨티드 숄더백	출고	21	72,120	37	=IF(C6="입고",D6,IF(C6="입고반품",-D6,0))				
1012	투벨트 숄더백	입고반품	1	92,460	2					
1014	토트 크로스백			63,920	9					
1015	후드 백팩	입고	6	98,940	8					
1017	체인 숄더백			92,900	23					
1019	버클 숄더백			62,840	50					
1020	스컬 체인백			76,300	32					
1022	프린트 쇼퍼백	입고	36	52,900	32					
1023	클래식 크로스백	출고	33	72,920	5					
1024	스티치 크로스백	입고	5	52,900	9					
2012	펀칭 크로스백			68,610	14					
2014	체르보 숄더백	입고	7	70,900	9					
2015	매듭 스퀘어백	출고	12	83,000	47					
2016	브리프백			120,500	43					
2036	체인 숄더&크로스백			86,200	10					
2046	폴리 백팩	입고	12	81,200	38					
2076	롤업 백팩	출고반품	2	94,900	47					
2080	퀼팅백	입고	28	99,800	38					

잠깐만요 중첩 IF 함수식 제대로 알기

두 가지 조건이 있는 경우 중첩 IF 함수식의 구문은 다음과 같습니다.

=IF(조건 1,조건 1이 참일 때 반환값,IF(조건 2,조건 2가 참일 때 반환값,나머지 경우 반환값))

- 조건 1 : C6="입고" – '구분'이 '입고'인지 확인합니다.
- 조건 1이 참일 때 반환값 : D6 – '구분'이 '입고'이면 D6셀에 입력된 수량을 입력합니다.
- 조건 2 : C7="입고반품" – '구분'이 '입고반품'인지 확인합니다.
- 조건 2가 참일 때 반환값 : −D6 – '구분'이 '입고반품'이면 D6셀의 수량을 마이너스로 입력합니다.
- 나머지 경우 반환 값 : 0 – '구분'이 '입고', '입고반품'도 아닌 경우에는 '0'을 입력합니다.

2 출고 수량을 구하기 위해 I6셀에 '=IF(C6="출고",D6,IF(C6="출고반품",−D6,0))'을 입력하고 Enter↵ 글쇠를 누릅니다.

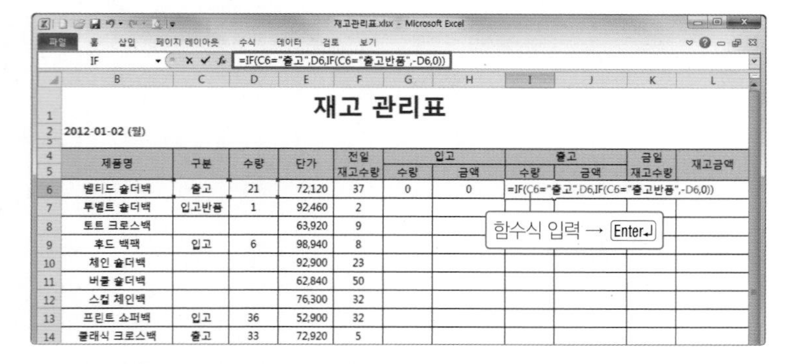

제품명	구분	수량	단가	전일 재고수량	입고 수량	입고 금액	출고 수량	출고 금액	금일 재고수량	재고금액
벨티드 숄더백	출고	21	72,120	37	0	0	=IF(C6="출고",D6,IF(C6="출고반품",-D6,0))			
투벨트 숄더백	입고반품	1	92,460	2						
토트 크로스백			63,920	9						
후드 백팩	입고	6	98,940	8						
체인 숄더백			92,900	23						
버클 숄더백			62,840	50						
스컬 체인백			76,300	32						
프린트 쇼퍼백	입고	36	52,900	32						
클래식 크로스백	출고	33	72,920	5						

3 입고 수량과 출고 수량을 반영한 금일 재고 수량을 구하기 위해 K6셀에 '=F6+G6-I6'을 입력하고 Enter↵ 글쇠를 누릅니다.

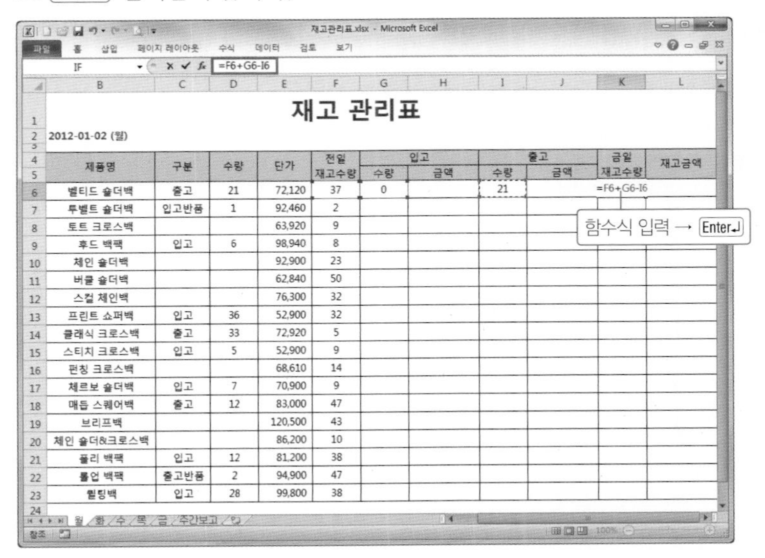

4 입고 금액과 출고 금액, 금일 재고 금액을 한꺼번에 구하기 위해 ❶ H6셀을 선택하고 ❷ Ctrl을 누른 상태에서 J6셀을 선택합니다. ❸ Ctrl을 누른 상태에서 L6셀을 선택하고 ❹ '=$E6*K6'을 입력한 후 선택한 J6셀과 L6셀에도 수식이 입력되도록 Ctrl+Enter↵ 글쇠를 누릅니다.

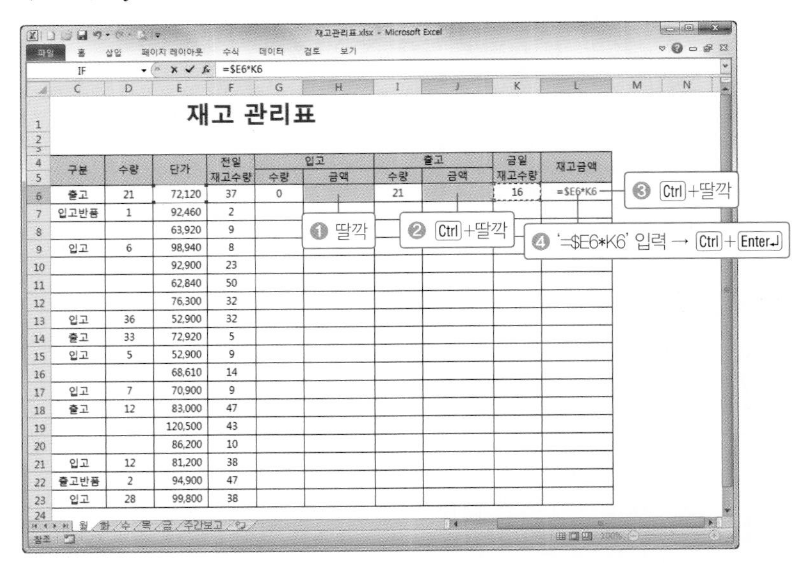

5 ❶ **4**에서 입력한 수식을 아래쪽 셀에 복사하기 위해 G6:L6 범위를 지정하고 ❷ L6셀의 자동 채우기 핸들[+]을 더블클릭합니다.

재고관리표.xlsx - Microsoft Excel

G6 =IF(C6="입고",D6,IF(C6="입고반품",-D6,0))

재고 관리표

	구분	수량	단가	전일 재고수량	입고 수량	입고 금액	출고 수량	출고 금액	금일 재고수량	재고금액
6	출고	21	72,120	37	0	-	21	1,514,520	16	1,153,920
7	입고반품	1	92,460	2	-1	- 92,460	0	-	1	92,460
8			63,920	9	0	-		-	9	575,280
9	입고	6	98,940	8	6	593,640		-	14	1,385,160
10			92,900	23	0	-	0	-	23	2,136,700
11			62,840	50	0	-	0	-	50	3,142,000
12			76,300	32	0	-	0	-	32	2,441,600
13	입고	36	52,900	32	36	1,904,400	0	-	68	3,597,200
14	출고	33	72,920	5	0	-	33	2,406,360	-28	- 2,041,760
15	입고	5	52,900	9	5	264,500	0	-	14	740,600
16			68,610	14	0	-	0	-	14	960,540
17	입고	7	70,900	9	7	496,300	0	-	16	1,134,400
18	출고	12	83,000	47	0	-	12	996,000	35	2,905,000
19			120,500	43	0	-	0	-	43	5,181,500
20			86,200	10	0	-	0	-	10	862,000
21	입고	12	81,200	38	12	974,400	0	-	50	4,060,000
22	출고반품	2	94,900	47	0	-	-2	- 189,800	49	4,650,100
23	입고	28	99,800	38	28	2,794,400	0	-	66	6,586,800

❶ 드래그

❷ 딸깍딸깍

평균: 474318.5093 개수: 108 합계: 51226399

6 G6:L23 범위의 셀에 입력된 숫자를 오른쪽에 정렬하고 음수의 경우 빨간색으로 표시한 후 숫자 앞에 △ 기호가 들어가도록 서식을 지정하겠습니다. G6:L23 범위를 지정한 상태에서 ❶ [홈] 탭 → '표시 형식' 그룹 → 대화상자 표시 단추[⌟]를 클릭합니다. ❷ '셀 서식' 대화상자가 열리면 [표시 형식] 탭의 '사용자 지정'을 선택한 후 ❸ '형식'에 '* #,### ;[빨강]△* #,###'을 입력하고 ❹ 〈확인〉을 클릭합니다.

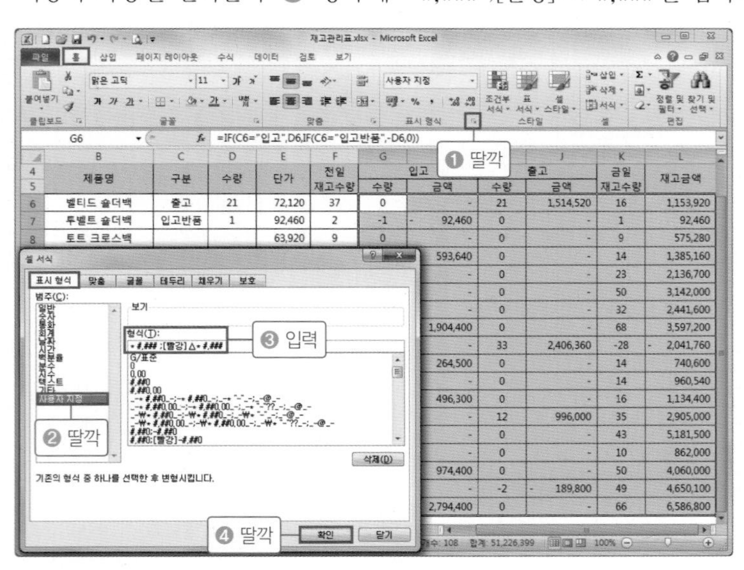

잠깐만요 **사용자 지정 표시 형식 '* #,### ;[빨강]△* #,###' 이해하기**

- **양수 서식** – 숫자 왼쪽을 공백으로 채우고, 천 단위 구분 기호를 표시하며, 0은 표시하지 않은 상태에서 숫자 뒤에 하나의 공백을 채웁니다.
- **음수 서식** – 빨간색으로 표시하며 숫자 앞에 △ 기호를 넣습니다. △ 기호와 숫자 사이에 공백을 넣고, 천 단위 구분 기호를 표시하며, 0은 표시하지 않은 상태에서 숫자 뒤에 하나의 공백을 채웁니다. 양수, 음수, 색상 및 조건에 따른 사용자 지정 서식 코드는 104쪽의 [도전! 한 걸음 더]에서 자세히 다룹니다.

7 금일 재고 수량이 10 이하일 경우 해당 행의 색을 분홍색으로 표시하기 위해 ❶ A6:L23 범위를 지정하고 ❷ [홈] 탭 → '스타일' 그룹 → '조건부 서식' → '새 규칙'을 선택합니다. ❸ '새 서식 규칙' 대화상자가 열리면 '규칙 유형 선택'에서 '수식을 사용하여 서식을 지정할 셀 결정'을 선택하고 ❹ '규칙 설명 편집'에 '=$K6<=10'을 입력한 후 ❺ 〈서식〉을 클릭합니다. ❻ '셀 서식' 대화상자가 열리면 [채우기] 탭에서 '빨강, 강조 2, 80% 더 밝게'를 선택하고 ❼ 〈확인〉을 클릭합니다. ❽ '새 서식 규칙' 대화상자로 되돌아오면 〈확인〉을 클릭합니다.

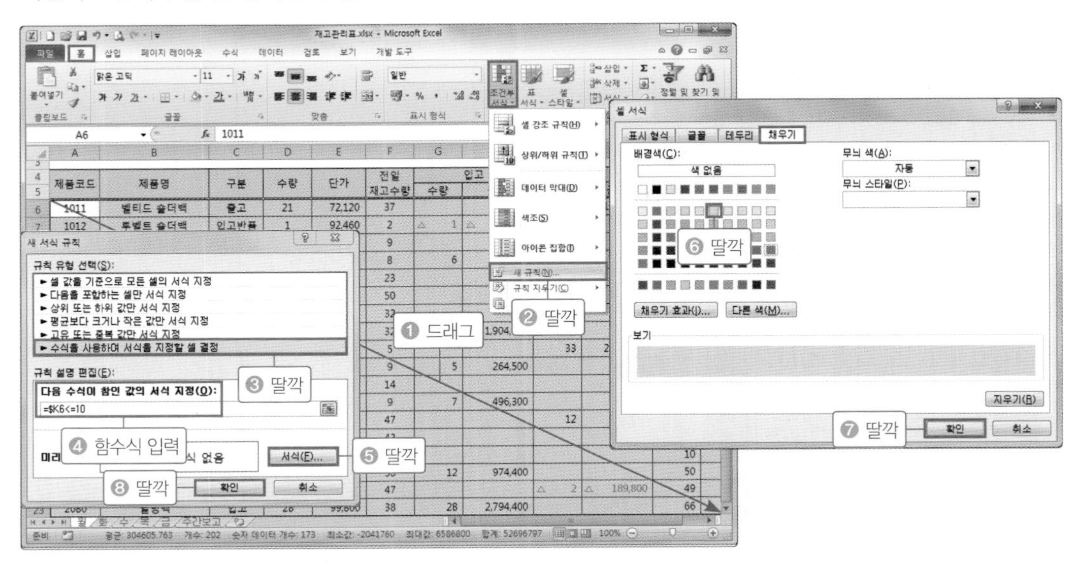

8 서식이 지정된 K14셀의 금일 재고 수량이 음수로 표시됩니다. 재고 수량이 음수일 수는 없으므로 ❶ C14셀을 선택하고 목록 단추▾를 클릭한 후 ❷ '입고'를 선택합니다. 입고란으로 수량이 옮겨지면 음수 표시도 없어지며, 금일 재고 수량도 바뀌고, 행 색상도 없어집니다.

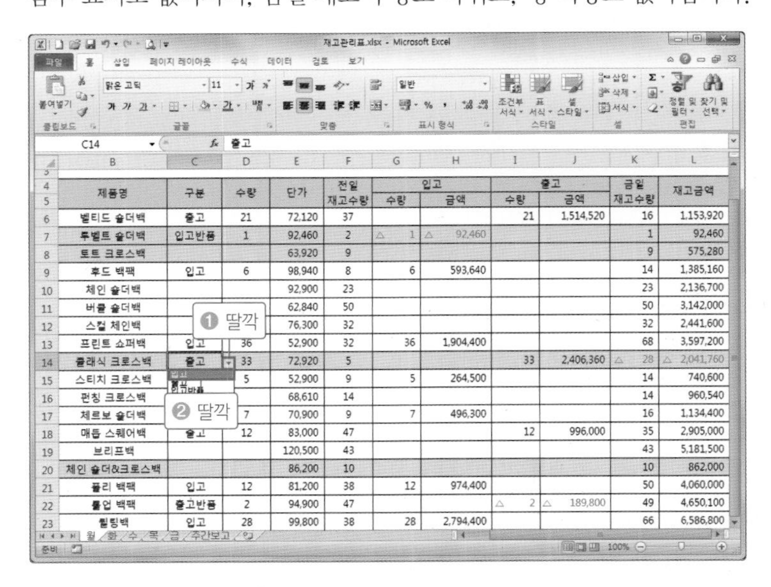

전일 시트의 재고 금액 연결하기

1 ❶ [월] 시트에서 [수식] 탭 → '정의된 이름' 그룹 → '이름 정의'를 클릭합니다. ❷ '새 이름' 대화상자가 열리면 '이름'에는 '시트목록'을, ❸ '참조 대상'에는 '=GET.WORKBOOK(1)'을 입력하고 ❹ 〈확인〉을 클릭합니다.

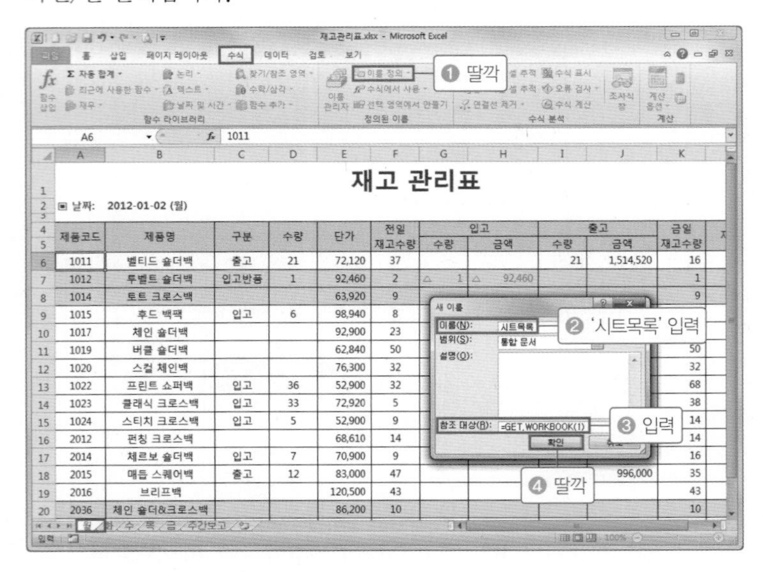

'시트목록' 이름에는 월부터 금까지의 5개의 시트 이름이 들어갑니다.

2 ❶ [수식] 탭 → '정의된 이름' 그룹 → '이름 정의'를 클릭합니다. ❷ '새 이름' 대화상자가 열리면 '이름'에는 '현재시트'를, ❸ '참조 대상'에는 '=GET.WORKBOOK(3)'을 입력하고 ❹ 〈확인〉을 클릭합니다.

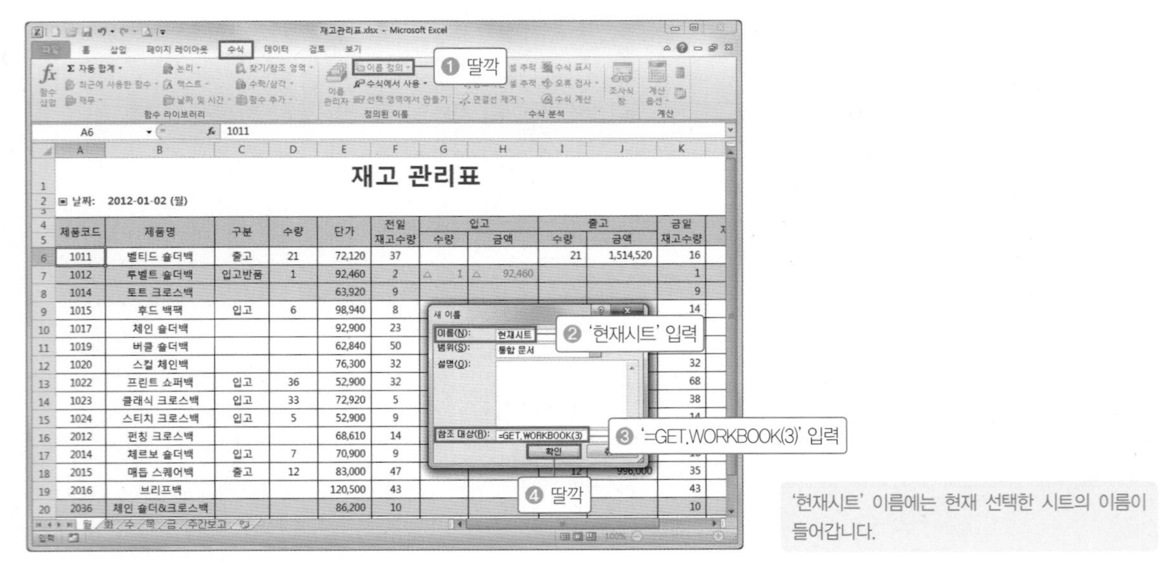

'현재시트' 이름에는 현재 선택한 시트의 이름이 들어갑니다.

3 ❶ [수식] 탭 → '정의된 이름' 그룹 → '이름 정의'를 클릭합니다. ❷ '새 이름' 대화상자가 열리면 '이름'에는 '시트번호'를, ❸ '참조 대상'에는 '=GET.DOCUMENT(87)'을 입력하고 ❹ 〈확인〉을 클릭합니다.

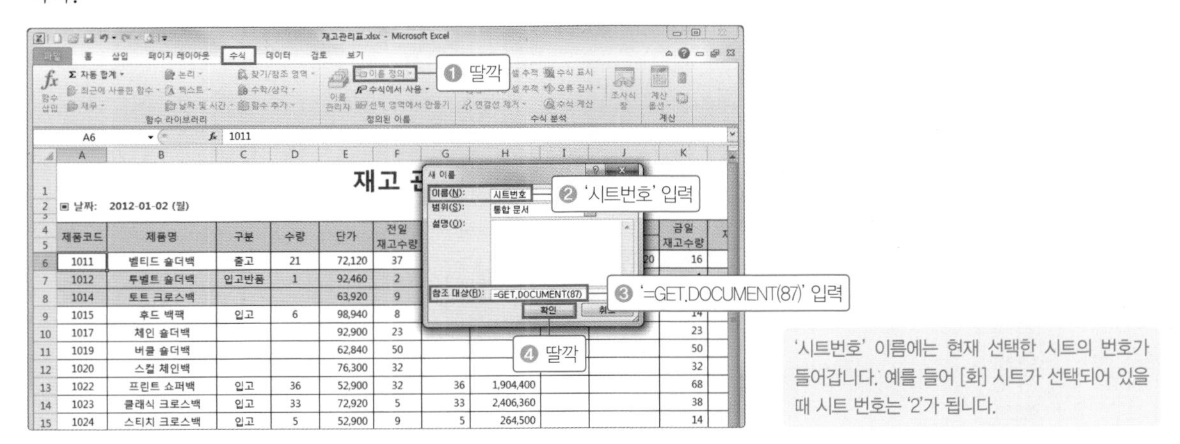

'시트번호' 이름에는 현재 선택한 시트의 번호가 들어갑니다. 예를 들어 [화] 시트가 선택되어 있을 때 시트 번호는 '2'가 됩니다.

잠깐만요 GET.WORKBOOK, GET.DOCUMENT 함수 제대로 알기

GET.WORKBOOK 함수는 통합 문서에 관한 정보를 반환하고, GET.DOCUMENT 함수는 시트에 관한 정보를 반환하는 매크로 함수입니다. 셀에 직접 사용할 수는 없으며, 이름을 정의하여 정의한 이름을 수식에 참조하여 사용할 수 있습니다. GET.WORKBOOK 함수의 구문은 다음과 같습니다.

=GET.WORKBOOK(type_number,name_text)

- type_number – 통합 문서 정보의 유형을 지정하는 번호로 1~38 중에서 지정할 수 있습니다.
- name_text – 열려있는 통합 문서의 이름으로, 생략하면 현재 열려있는 활성 통합 문서가 지정됩니다.

주로 사용할 수 있는 type_number 유형별 결과는 다음과 같습니다.

type_number	결과
1	통합 문서에 있는 모든 시트의 이름 반환
3	통합 문서에서 현재 선택된 시트들의 이름 반환
4	통합 문서에 있는 시트 수 반환
38	활성 워크시트의 이름 반환

GET.DOCUMENT 함수의 구문은 다음과 같습니다.

=GET.DOCUMENT(type_number,name_text)

- type_number – 시트 정보의 유형을 지정하는 번호로, 1~88 중에서 지정할 수 있습니다.
- name_text – 열려있는 통합 문서의 이름으로, 생략하면 현재 열려있는 활성 통합 문서가 지정됩니다.

주로 사용할 수 있는 type_number 유형별 결과는 다음과 같습니다.

type_number	결과
1	• 통합 문서에 시트가 둘 이상 있는 경우 시트 이름을 '[Book1]Sheet1' 형태로 반환 • 시트가 하나만 있는 경우 파일명만 반환
76	'[Book1]Sheet1' 형태로 된 활성 시트의 이름 반환
87	시트의 위치 번호 반환(숨겨진 시트도 포함)
88	활성 통합 문서의 이름을 'Book1' 형태로 반환

4 조건부 서식을 다른 시트에 복사하기 위해 지정된 조건부 서식을 수정합니다. ❶ A6:L23 범위를 지정하고 ❷ [홈] 탭 → '스타일' 그룹 → '조건부 서식' → '규칙 관리'를 클릭하여 ❸ '조건부 서식 규칙 관리자' 대화상자를 열고 〈규칙 편집〉을 클릭합니다. ❹ '서식 규칙 편집' 대화상자가 열리면 '규칙 설명 편집'에 입력된 '$K6'을 'INDIRECT(현재시트&"!K"&ROW())'로 수정하고 ❺ 〈확인〉을 클릭합니다. ❻ '조건부 서식 규칙 관리자' 대화상자로 되돌아오면 〈확인〉을 클릭합니다.

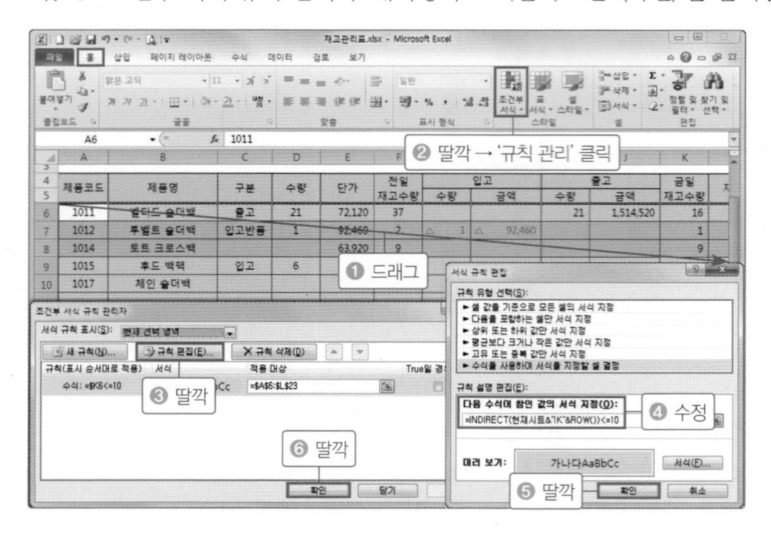

잠깐만요 **=INDIRECT(현재시트&"!K"&ROW())<=10 함수식 제대로 알기**

조건부 서식 규칙인 '$K6<=10'을 다른 시트에 복사하면 다른 시트에서도 [월] 시트의 셀만 참조하여 조건부 서식이 지정되기 때문에 현재 시트의 이름 정보와 행 번호를 참조한 규칙을 작성해야 합니다. '현재시트'라는 이름에 'GET.WORKBOOK(3)' 함수식을 작성했으므로 [월] 시트의 6행은 '월!K6'이 참조가 되고, [화] 시트의 10행은 '화!K10'이 참조가 됩니다. INDIRECT 함수는 텍스트를 셀 참조로 인식하도록 입력한 것입니다.

5 월요일부터 금요일까지 모두 선택하기 위해 ❶ [월] 시트 탭을 선택한 후 ❷ Shift 글쇠를 누른 상태에서 [금] 시트 탭을 클릭합니다. ❸ G6:L23 범위를 지정하고 ❹ [홈] 탭 → '편집' 그룹 → '채우기' → '시트 그룹'을 클릭합니다. ❺ '시트 그룹 채우기' 대화상자가 열리면 '내용'을 선택한 후 ❻ 〈확인〉을 클릭합니다.

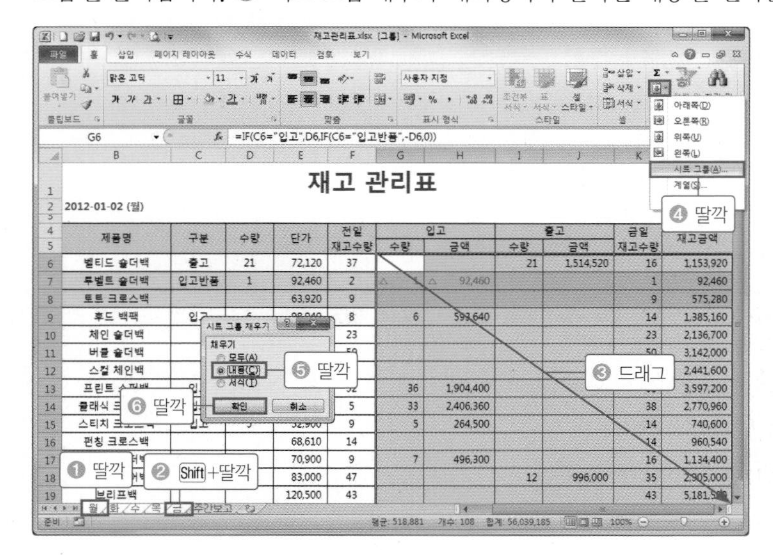

6 ❶ A6:L23 범위를 지정하고 ❷ [홈] 탭 → '편집' 그룹 → '채우기' → '시트 그룹'을 클릭합니다. ❸ '시트 그룹 채우기' 대화상자가 열리면 '서식'을 선택한 후 ❹ 〈확인〉을 클릭합니다.

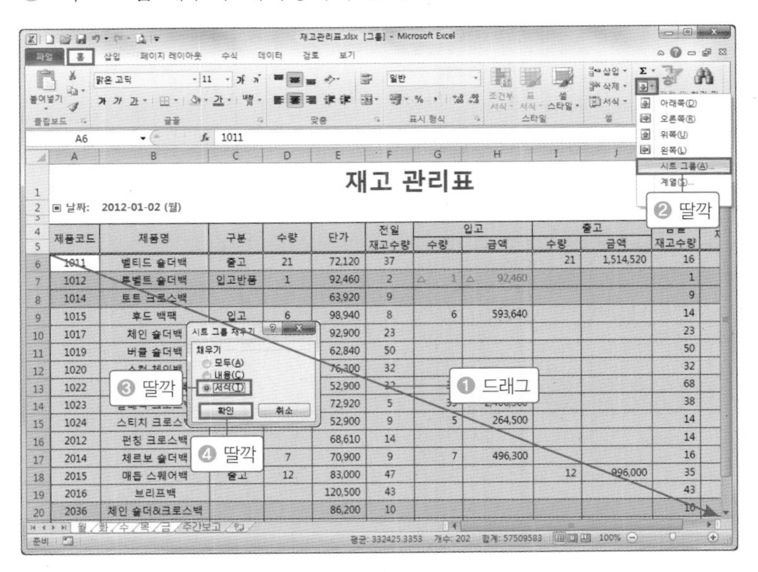

7 선택한 범위를 해제하기 위해 ❶ B2셀을 선택하고 ❷ 시트 그룹에 해당되지 않는 [주간보고] 시트 탭을 선택해 시트 그룹을 해제합니다. ❸ [화] 시트 탭을 선택하고 ❹ Shift 글쇠를 누른 상태에서 [금] 시트 탭을 클릭합니다. ❺ B2셀에 '=INDIRECT(INDEX(시트목록,시트번호-1)&"!B2")+1'을 입력하고 Enter↵ 글쇠를 누릅니다.

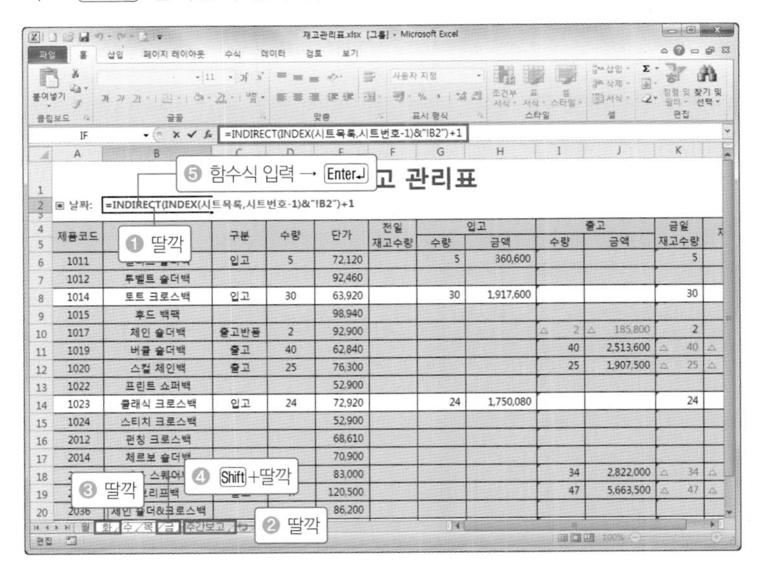

잠깐만요 **=INDIRECT(INDEX(시트목록,시트번호-1)&"!B2")+1 함수식 제대로 알기**

- INDEX(시트목록,시트번호-1) : 시트 목록에서 '현재 시트번호-1'을 추출합니다. 즉 현재 시트에서 전 시트의 이름 추출을 의미합니다.
- INDIRECT(INDEX결과&"!B2") : 이 이름에 "!B2"(예 : 월!B2)를 연결한 셀 참조를 생성합니다.
- INDIRECT 결과+1 : 이 날짜에 +1을 하여 현재 날짜를 표시합니다.

8 ❶ F6셀에 '=INDIRECT(INDEX(시트목록,시트번호-1)&"!K"&ROW())'를 입력하고 Enter 글쇠를 누릅니다. ❷ F6셀을 다시 선택하고 ❸ F6셀의 자동 채우기 핸들을 더블클릭하여 함수식을 복사합니다.

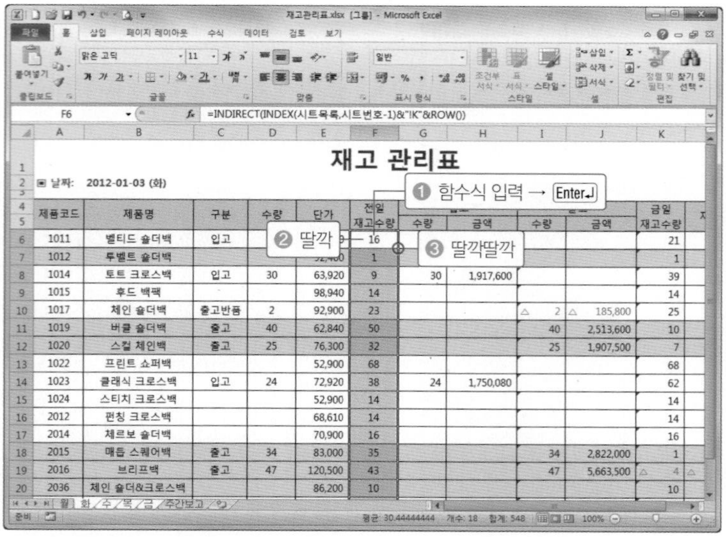

F6 =INDIRECT(INDEX(시트목록,시트번호-1)&"!K"&ROW())

재고 관리표

■ 날짜: 2012-01-03 (화)

제품코드	제품명	구분	수량	단가	전일 재고수량	수량	금액	수량	금액	금일 재고수량
1011	벨티드 숄더백	입고	[illegible]	[illegible]	16					21
1012	투벨트 숄더백			[illegible]	1					1
1014	토트 크로스백	입고	30	63,920	9	30	1,917,600			39
1015	후드 백팩			98,940	14					14
1017	체인 숄더백	출고반품	2	92,900	23			△ 2	△ 185,800	25
1019	버클 숄더백	출고	40	62,840	50			40	2,513,600	10
1020	스컬 체인백	출고	25	76,300	32			25	1,907,500	7
1022	프린트 쇼퍼백			52,900	68					68
1023	클래식 크로스백	입고	24	72,920	38	24	1,750,080			62
1024	스티치 크로스백			52,900	14					14
2012	펀칭 크로스백			68,610	14					14
2014	체르보 숄더백			70,900	16					16
2015	매듭 스퀘어백	출고	34	83,000	35			34	2,822,000	1
2016	브리프백	출고	47	120,500	43			47	5,663,500	△ 4
2036	체인 숄더&크로스백			86,200	10					10

월 / 화 / 수 / 목 / 금 / 주간보고

평균: 30.44444444 개수: 18 합계: 548

잠깐만요 =INDIRECT(INDEX결과&"!K"&ROW( )) 함수식 제대로 알기

INDEX 함수식의 결과인 이 이름에 "!K"열, 현재 행 번호를 연결한 셀을 참조하여 생성합니다. 함수식을 아래로 복사할 경우에는 행 번호가 변해야 하므로 ROW 함수를 사용합니다.

9 선택한 범위를 해제하기 위해 ❶ C19셀을 선택하고 ❷ 시트 그룹에 해당하지 않는 [월] 시트 탭을 선택해 시트 그룹을 해제합니다. ❸ 다시 [화] 시트 탭을 클릭하여 K19셀을 확인하면 금일 재고 수량이 음수로 표시됩니다. 이것은 구분을 잘못 선택한 것이므로 ❹ C19셀의 목록 단추를 클릭하여 ❺ '입고'를 선택합니다.

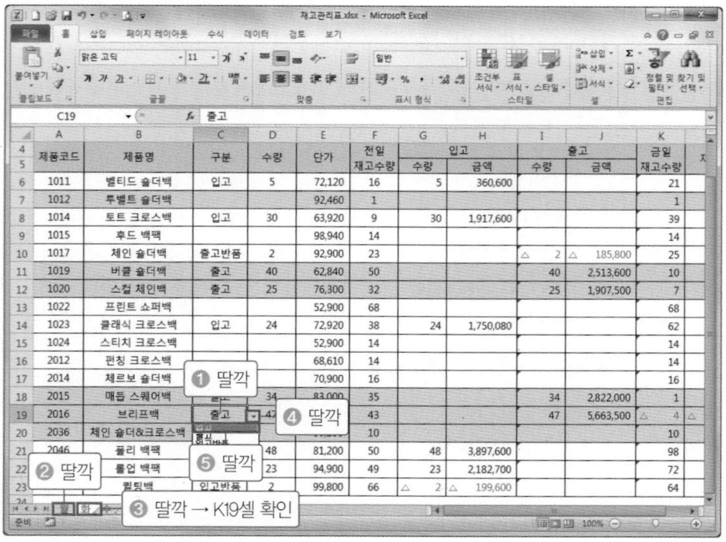

C19 출고

제품코드	제품명	구분	수량	단가	전일 재고수량	입고 수량	입고 금액	출고 수량	출고 금액	금일 재고수량
1011	벨티드 숄더백	입고	5	72,120	16	5	360,600			21
1012	투벨트 숄더백			92,460	1					1
1014	토트 크로스백	입고	30	63,920	9	30	1,917,600			39
1015	후드 백팩			98,940	14					14
1017	체인 숄더백	출고반품	2	92,900	23			△ 2	△ 185,800	25
1019	버클 숄더백	출고	40	62,840	50			40	2,513,600	10
1020	스컬 체인백	출고	25	76,300	32			25	1,907,500	7
1022	프린트 쇼퍼백			52,900	68					68
1023	클래식 크로스백	입고	24	72,920	38	24	1,750,080			62
1024	스티치 크로스백			52,900	14					14
2012	펀칭 크로스백			68,610	14					14
2014	체르보 숄더백			70,900	16					16
2015	매듭 스퀘어백	[illegible]	34	83,000	35			34	2,822,000	1
2016	브리프백	출고	[illegible]	[illegible]	43			47	5,663,500	△ 4
2036	체인 숄더&크로스백			[illegible]	10					10
2046	폴리 백팩	[illegible]	48	81,200	50	48	3,897,600			98
[illegible]	롤업 백팩	[illegible]	23	94,900	49	23	2,182,700			72
[illegible]	퀼팅백	입고반품	2	99,800	66	△ 2	△ 199,600			64

STEP 03 주간 재고 현황표 작성하기

1 [주간보고] 시트에서 B2셀에 '=TEXT(월!B2,"mm월 dd일")&" ~ "&TEXT(금!B2,"mm월 dd일")' 입력하고 Enter↵ 글쇠를 누릅니다.

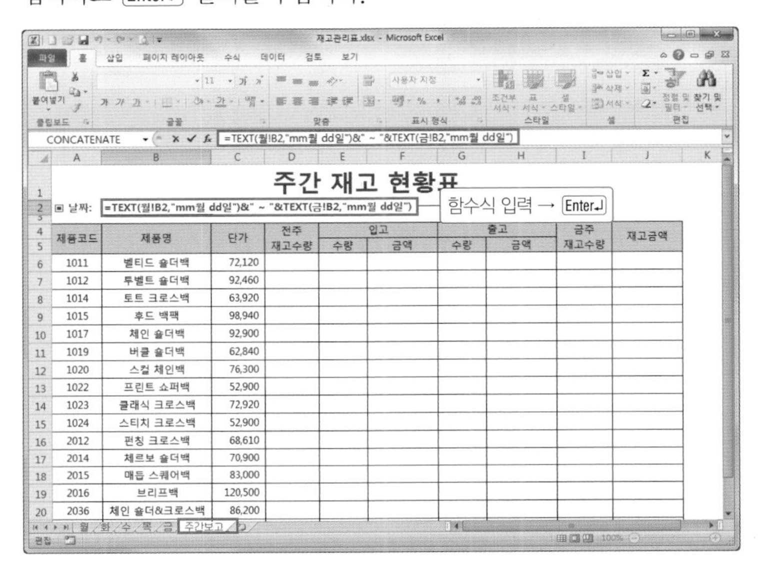

TEXT 함수를 사용하지 않고 '=월!B2&"~"&금!B2' 함수식만 작성하면 날짜 서식으로 표시되지 않고 일련번호로 나타나기 때문에 TEXT 함수를 사용하여 날짜 표시 형식을 지정하면서 두 개의 날짜를 한 셀에 가져오도록 했습니다.

2 ❶ [월] 시트 탭을 클릭한 후 ❷ F6:F23 범위를 지정하고 ❸ [홈] 탭 → '클립보드' 그룹 → '복사'를 클릭합니다.

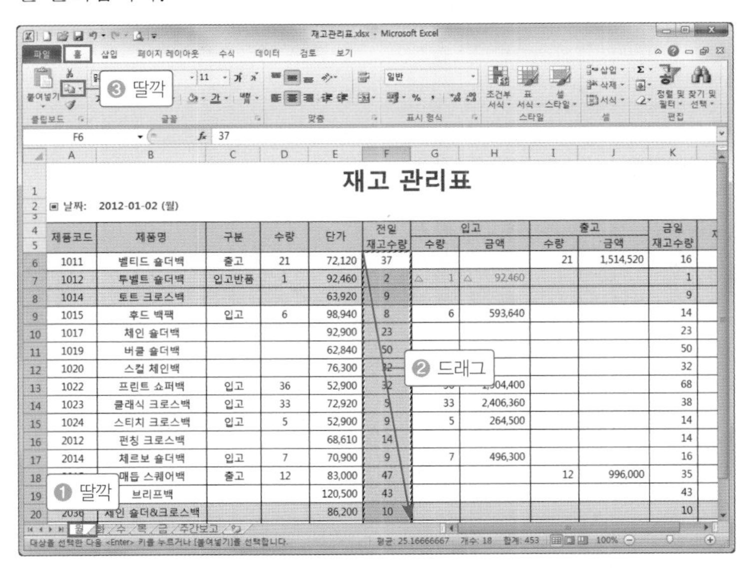

3 ❶ [주간보고] 시트 탭을 클릭한 후 ❷ D6셀을 선택하고 ❸ [홈] 탭 → '클립보드' 그룹 → '붙여넣기' → '기타 붙여넣기 옵션'에서 '연결하여 붙여넣기'를 클릭합니다.

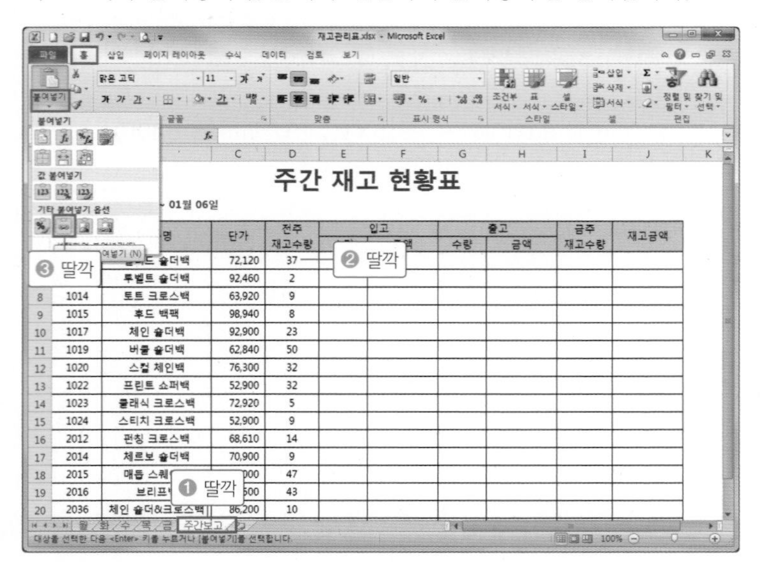

4 월요일에서 금요일까지의 입고 수량과 출고 수량의 합계를 구하기 위해 ❶ E6셀에는 '=SUM(월:금!G6)'을, ❷ G6셀에는 '=SUM(월:금!I6)'을 입력하고 Enter↵ 글쇠를 누릅니다.

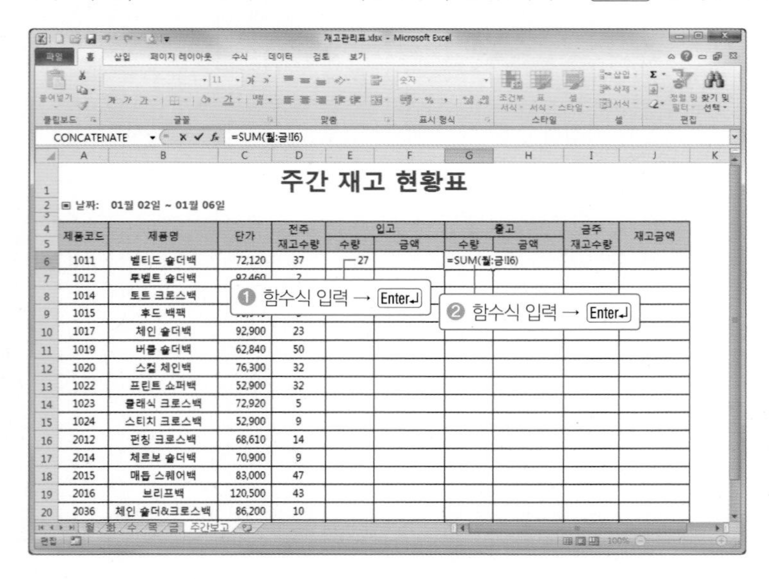

함수식을 일일이 입력할 필요 없이 '=SUM(' 까지만 입력한 후 [월] 시트의 셀을 선택하고 Shift 글쇠를 누른 상태에서 [금] 시트를 클릭한 후 ')'를 입력하고 Enter↵ 글쇠를 눌러도 됩니다.

5 I6셀에 '=D6+E6−G6'을 입력하고 Enter↵ 글쇠를 누릅니다.

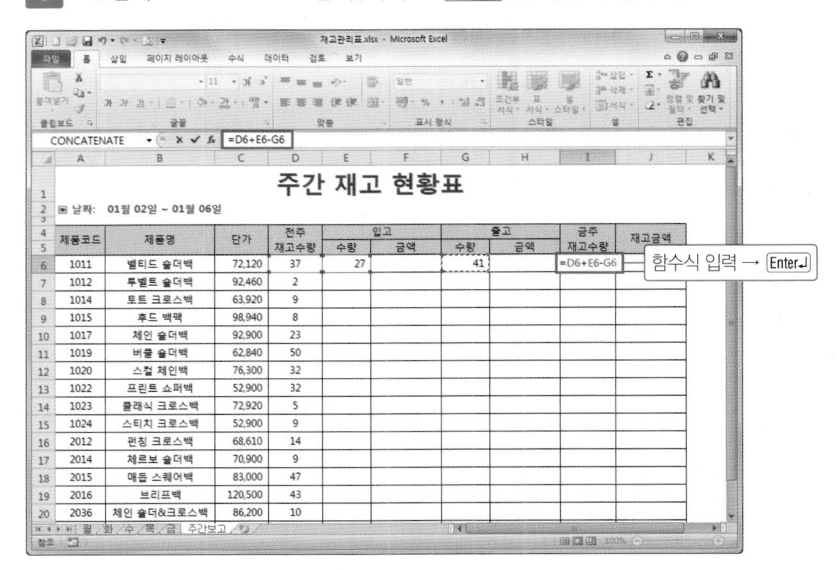

6 ❶ F6셀을 선택하고 ❷ Ctrl 글쇠를 누른 상태에서 H6셀과 J6셀을 선택하여 모두 선택한 상태에서 ❸ '=I6*$C6'을 입력한 후 Ctrl+Enter↵ 글쇠를 누릅니다.

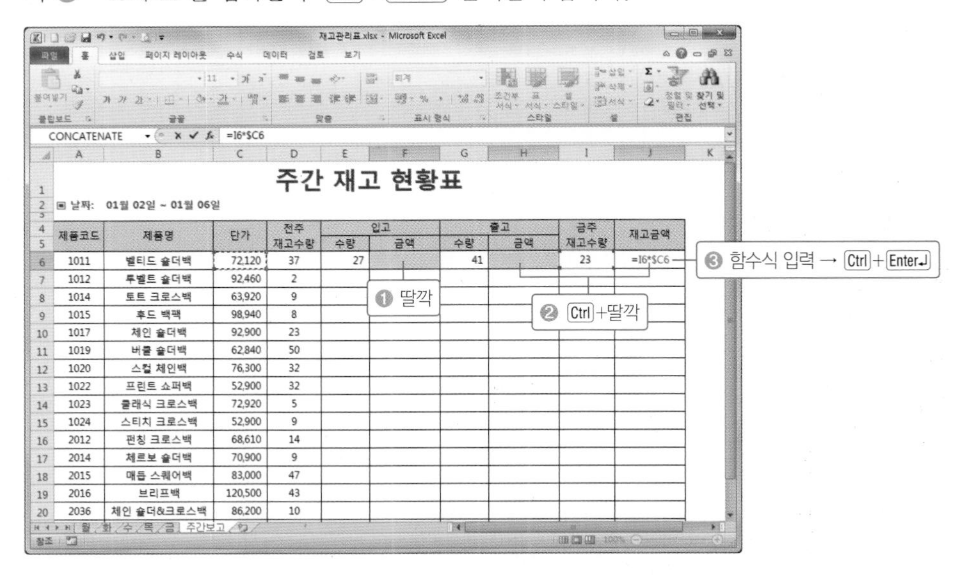

7 ❶ E6:J6 범위를 지정한 후 ❷ 자동 채우기 핸들[+]을 더블클릭하여 수식을 복사합니다.

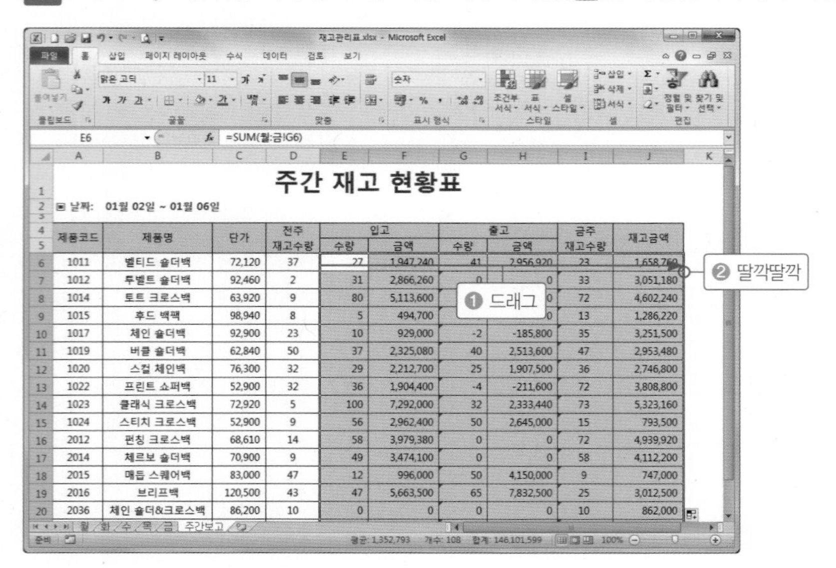

8 금주 재고 수량의 많고 적음을 데이터 막대로 시각화하여 표현하기 위해 ❶ I6:I23 범위를 지정한 후 ❷ [홈] 탭 → '스타일' 그룹 → '조건부 서식' → '데이터 막대' → '그라데이션 채우기'에서 '주황 데이터 막대'를 클릭합니다.

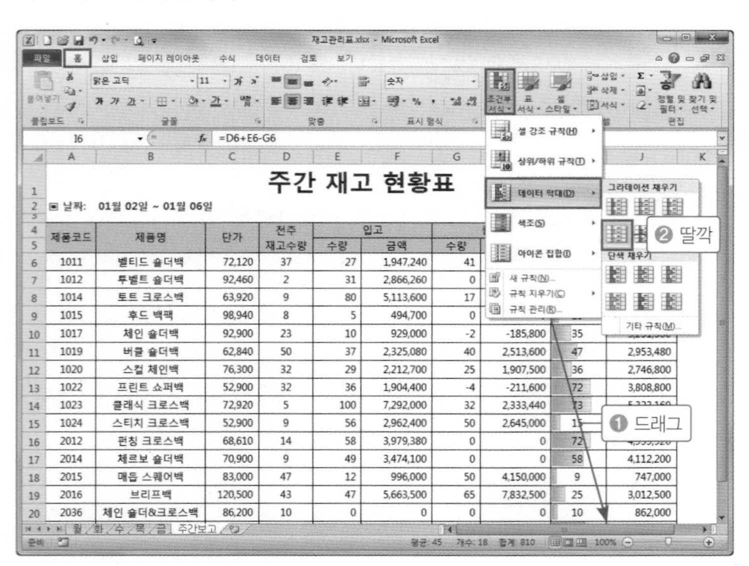

잠깐만요 매크로 사용 통합 문서로 저장하기

GET.WORKBOOK, GET.DOCUMENT 함수와 같은 매크로 함수를 이름으로 정의하고 사용한 통합 문서는 매크로 사용 통합 문서(*.xlsm)로 저장해야 합니다. 그냥 저장하면 다음과 같은 알림 메시지가 표시됩니다.

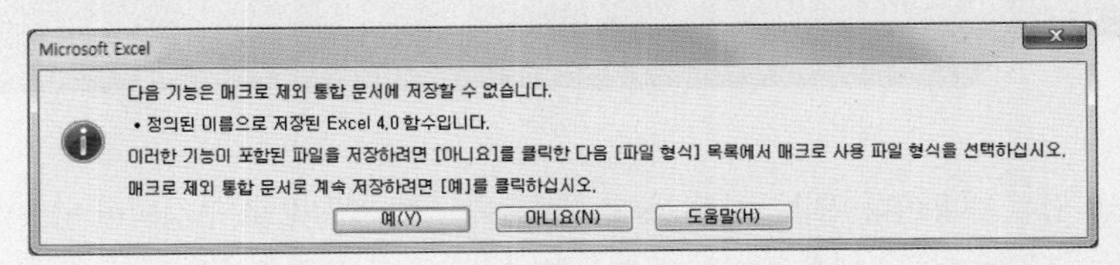

- 메시지 상자에서 〈예〉를 클릭하면 매크로 함수로 정의한 이름이 모두 없어지면서 저장됩니다.
- 매크로 사용 통합 문서로 저장하려면 〈아니요〉를 클릭하고, '다른 이름으로 저장' 대화상자에서 '파일 형식'을 'Excel 매크로 사용 통합 문서'로 선택한 후 저장하면 됩니다.

매크로 사용 통합 문서를 처음 열면 다음과 같이 리본 메뉴의 아래에 보안 경고 메시지 표시줄이 나타납니다. 여기에서 〈콘텐츠 사용〉을 클릭해야 매크로 함수를 사용할 수 있습니다.

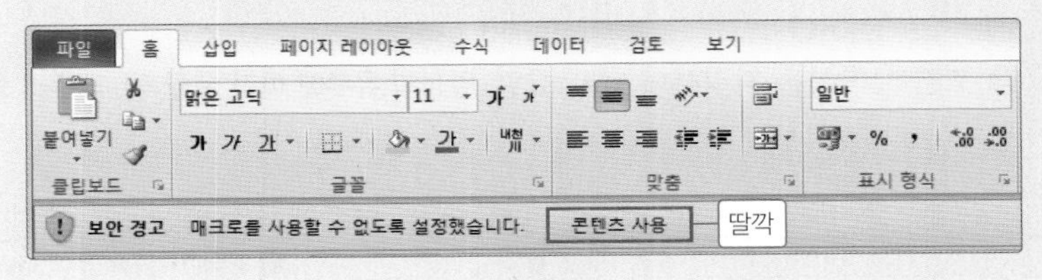

03 업무 스케줄 관리를 위한 월간 일정표 만들기

| 예제 파일 | 현장실습01\월간일정표.xlsx | 완성 파일 | 현장실습01\완성\월간일정표완성.xlsx

월간 일정표는 한 달의 날짜별 업무 내용이나 약속, 계획 등의 스케줄에 관한 항목으로 구성되어 있습니다. 월간 일정표를 작성하면 한 달 동안의 스케줄을 한눈에 파악할 수 있어 업무 효율성을 높일 수 있습니다.

월간 일정표는 목록형과 달력형으로 만든 후 목록형 일정표에서 연도와 월을 선택하면 ❶ 함수를 사용하여 **해당 월의 날짜와 요일이 자동으로 입력**되도록 할 수 있습니다. ❷ 또한 일정을 입력하면 **다른 시트에 있는 달력형 일정표에 일정이 자동으로 입력**되도록 합니다.

일정을 보기 좋게 하기 위해 ❸ 조건부 서식을 지정하여 **날짜, 요일, 일정의 유무에 따라 글꼴 색, 테두리 등을 표시**할 수 있습니다.

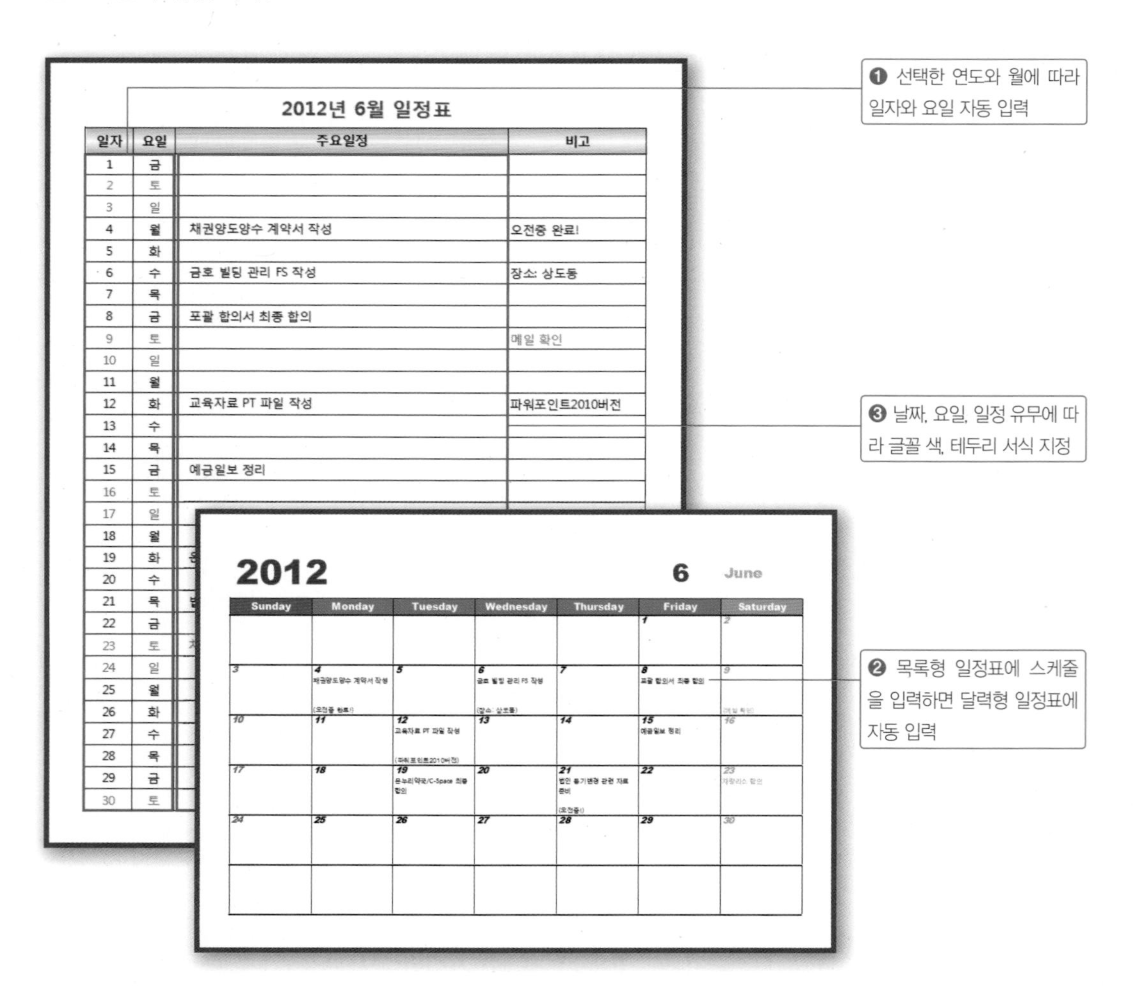

Step 01 목록형 일정표 작성하기

① 목록형 일정표에 스핀 단추를 삽입하고 입력된 연도와 월에 따라 & 연산자를 사용하여 일정표 제목을 입력하는 수식을 작성합니다.

② 일정표의 제목행에 그라데이션 채우기 효과를 지정합니다.

③ DATE 함수를 사용하여 입력된 년도와 월에 따른 일자와 요일을 입력합니다.

Step 02 컨트롤 서식, 조건부 서식 지정하기

① 컨트롤 서식을 사용하여 스핀 단추에 입력 값을 지정합니다.

② 조건부 서식을 사용하여 선택된 년도와 월에 해당되는 일자의 행에만 테두리와 글꼴이 표시되게 하고, 토요일은 파란색, 일요일은 빨간색으로 글꼴 색을 지정합니다.

③ 연도와 월 선택 행은 인쇄되지 않도록 인쇄 영역을 설정합니다.

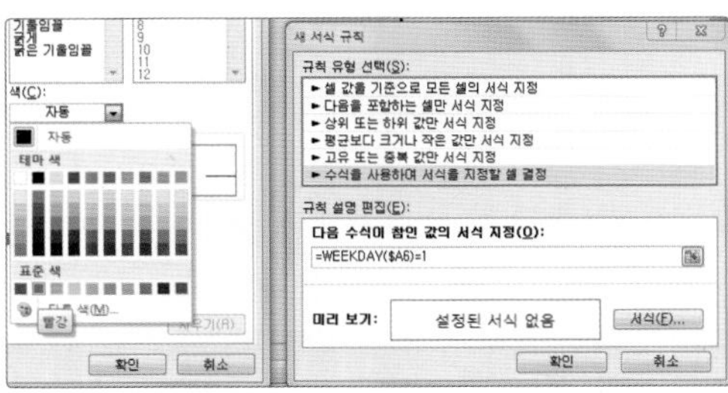

Step 03 달력형 일정표 작성하기

① WEEKDAY 함수를 사용하여 첫 번째 칸의 날짜를 구하고, 나머지 셀에는 1일씩을 더하여 날짜를 구합니다. VLOOKUP 함수를 사용하여 목록형 일정표에서 작성한 연도, 월, 일정, 비고를 그대로 [달력형] 시트에 입력되도록 수식을 작성합니다.

② 조건부 서식을 사용하여 일정이 없어 오류 표시된 셀과 선택된 연도와 월에 해당되지 않은 셀의 글꼴은 표시되지 않게 합니다.

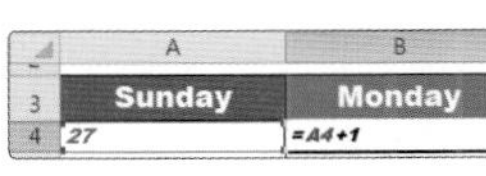

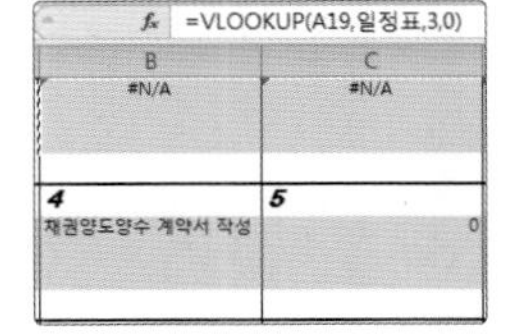

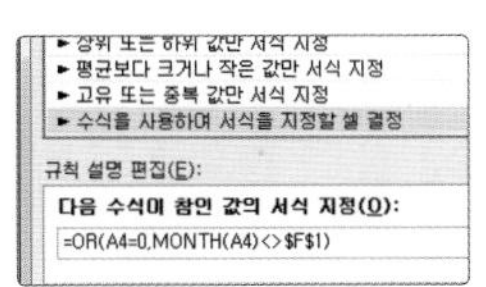

③ 작성된 셀의 수식을 감추고, 변경하지 못하도록 시트 보호 설정을 한 후 인쇄를 위해 자동으로 축소 배율이 적용되도록 페이지 레이아웃을 설정합니다.

STEP 01

목록형 일정표 작성하기

1 ❶ [목록형] 시트에서 1행부터 3행까지의 행 머리글을 드래그하여 범위로 지정한 후 ❷ [홈] 탭 → '글꼴' 그룹 → '채우기 색' → '테마 색'의 '흰색, 배경 1, 35% 더 어둡게'를 선택합니다.

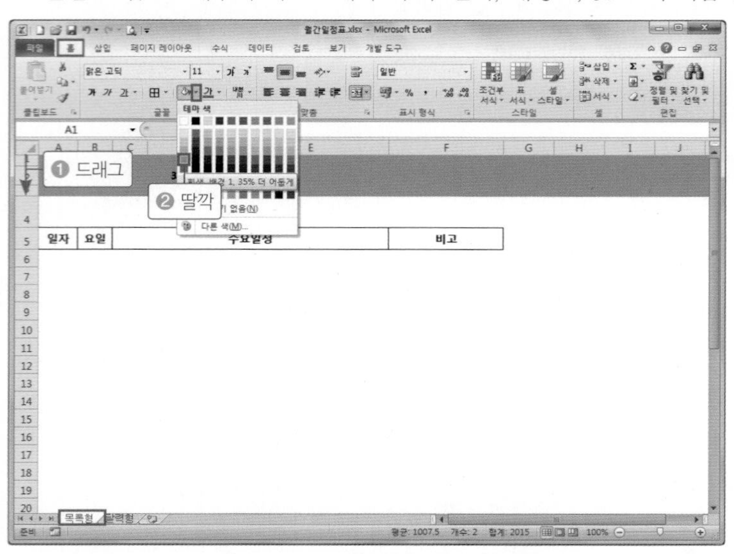

2 ❶ A2셀을 선택하고 ❷ Ctrl 글쇠를 선택한 상태에서 D2셀을 선택합니다. ❸ [홈] 탭 → '글꼴' 그룹 → '채우기 색' → '테마 색'의 '흰색, 배경 1'을 선택합니다.

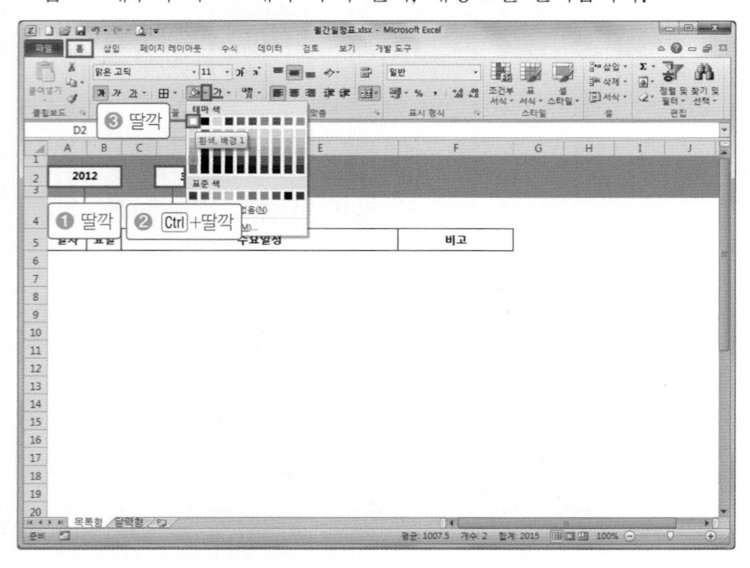

3 ❶ [개발 도구] 탭 → '컨트롤' 그룹 → '삽입' → '양식 컨트롤'의 '스핀 단추(양식 컨트롤)'를 클릭한 후 ❷ A2셀 옆에서 드래그하여 스핀 단추를 그립니다. ❸ 이와 같은 방법으로 스핀 단추(양식 컨트롤)를 선택하여 ❹ D2셀 옆에 드래그하여 그립니다.

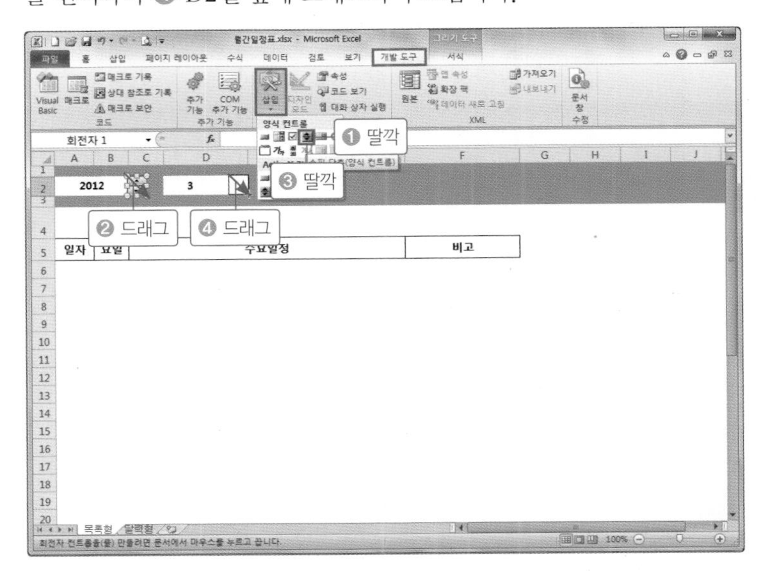

리본 메뉴에 [개발 도구] 탭이 없다면 리본 메뉴에서 마우스 오른쪽 단추를 클릭한 후 바로 가기 메뉴에서 '리본 메뉴 사용자 지정'을 선택하고 'Excel 옵션' 대화상자의 '기본 탭' 목록에서 '개발 도구' 탭에 ✔ 표시한 후 〈확인〉을 클릭합니다.

4 ❶ A4셀에 '=A2&"년 "&D2&"월 일정표"'를 입력하고 Enter↵ 글쇠를 누릅니다. ❷ 다시 A4셀을 선택하고 ❸ [홈] 탭 → '스타일' 그룹 → '셀 스타일' → '제목 및 머리글'에서 '제목'을 클릭합니다.

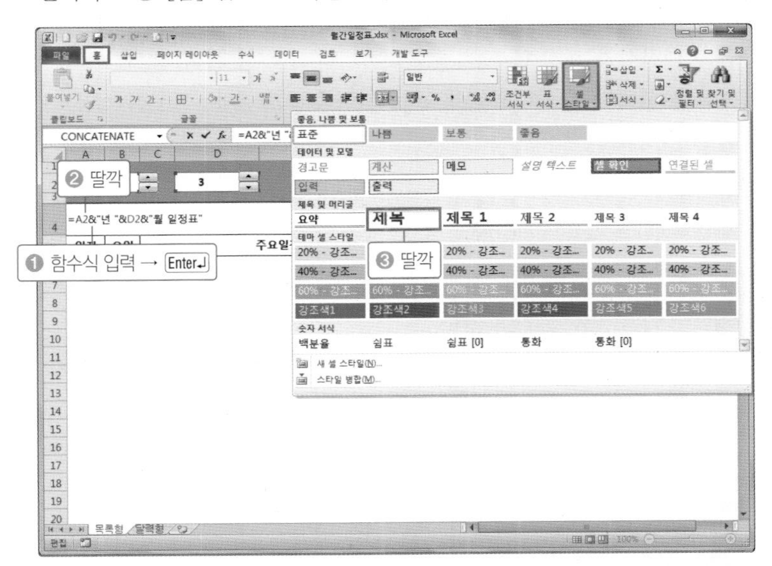

5 ❶ A5:F5 범위를 지정한 후 ❷ [홈] 탭 → '글꼴' 그룹 → 대화상자 표시 단추를 클릭하여 ❸ '셀 서식' 대화상자를 열고 [채우기] 탭에서 〈채우기 효과〉를 클릭합니다. ❹ '채우기 효과' 대화상자의 '색 1'에서는 '바다색, 강조5, 40% 더 밝게'를, '색 2'에서는 '흰색, 배경 1'을 선택하고 ❺ '음영 스타일'의 '가로'에서 세 번째 유형을 선택한 후 ❻ 〈확인〉을 클릭합니다. ❼ '셀 서식' 대화상자로 되돌아오면 〈확인〉을 클릭합니다.

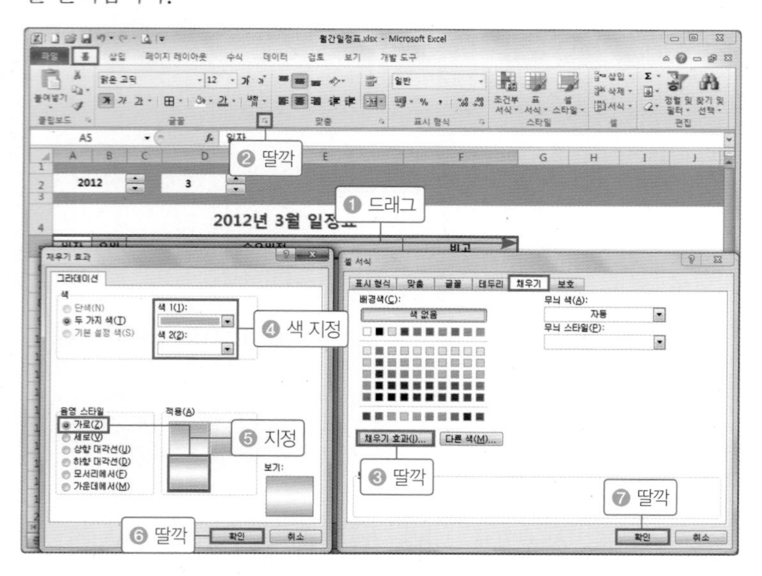

6 ❶ A6셀에 '=DATE($A$2,$D$2,ROW( )−5)'를 입력하고 Enter↵ 글쇠를 누릅니다. ❷ 다시 A6셀을 선택한 후 ❸ [홈] 탭 → '표시 형식' 그룹 → 대화상자 표시 단추를 클릭합니다. ❹ '셀 서식' 대화상자가 열리면 '표시 형식' 탭에서 '사용자 지정'을 선택한 후 ❺ '형식'에 'd'를 입력하고 ❻ 〈확인〉을 클릭합니다.

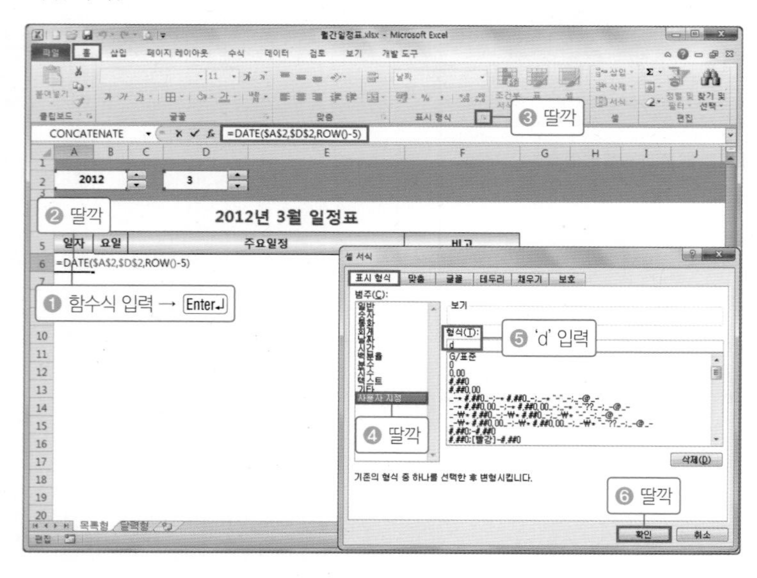

잠깐만요 **=DATE($A$2,$D$2,ROW( )-5) 함수식 제대로 알기**

DATE 함수는 년, 월, 일을 원하는 대로 지정하여 날짜를 작성하는 함수입니다. DATE 함수 구문은 =DATE(년,월,일)입니다.

- 년 – A2셀에 입력하는 값을 연도로 지정합니다. 수식을 복사할 때 셀 주소가 변하지 않도록 절대 참조 형식 인 '$A$2'로 입력합니다.
- 월 – D2셀에 입력하는 값을 월로 지정합니다. 수식을 복사할 때 셀 주소가 변하지 않도록 절대 참조 형식인 '$D$2'로 입력합니다.
- 일 – 현재 셀에서는 1일이 되고, 아래로 복사할수록 1일씩 증가해야 하므로 현재 셀의 행 번호가 입력되는 ROW 함수를 사용합니다. 'ROW( )–5'를 입력하면 현재 행 6에서 위의 5행을 빼므로 1일이 됩니다.

7 ❶ B6셀에 '=A6'을 입력하고 Enter 글쇠를 누릅니다. ❷ 다시 B6셀을 선택한 후 ❸ [홈] 탭 → '표시 형식' 그룹 → 대화상자 표시 단추를 클릭합니다. ❹ '셀 서식' 대화상자가 열리면 [표시 형식] 탭에서 '사용자 지정'을 선택한 후 ❺ '형식'에 'aaa'를 입력하고 ❻ 〈확인〉을 클릭합니다.

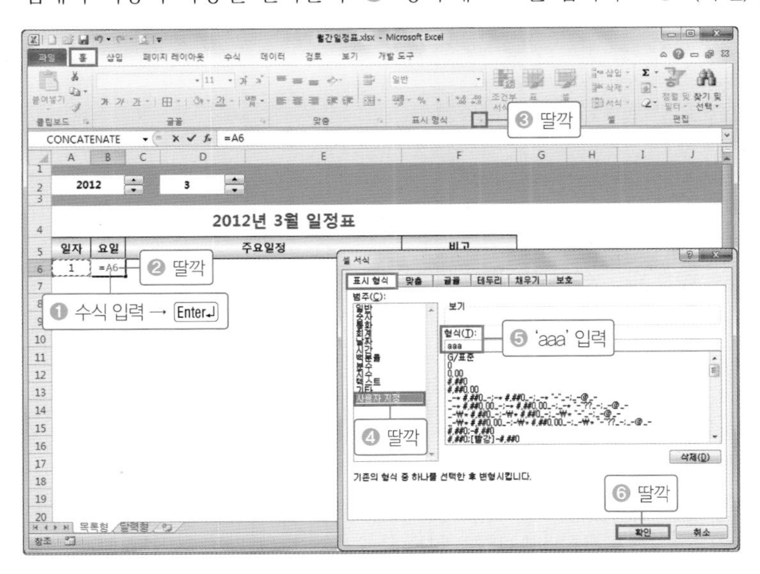

8 ❶ A6:B6 범위를 지정한 후 ❷ B6셀의 자동 채우기 핸들을 36행까지 드래그하여 함수식을 복사합니다.

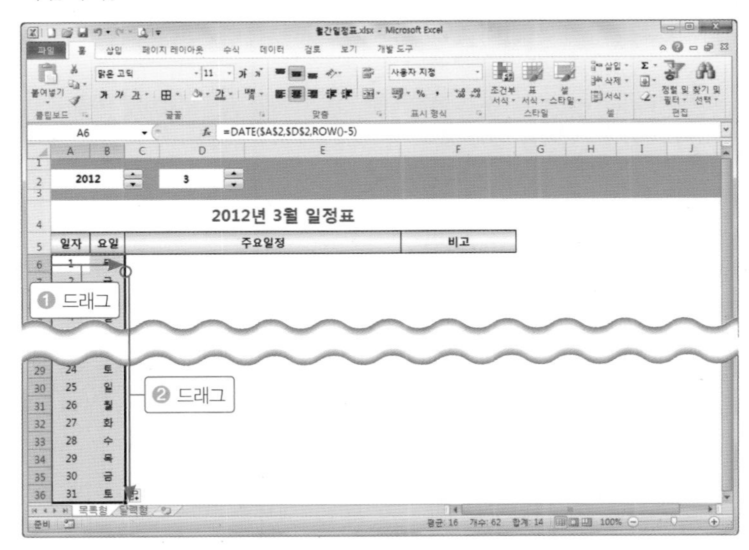

STEP 02

컨트롤 서식, 조건부 서식 지정하기

1 ❶ [목록형] 시트에서 연도 옆의 스핀 단추를 마우스 오른쪽 단추로 클릭하고 ❷ 바로 가기 메뉴에서 '컨트롤 서식'을 선택합니다. ❸ '컨트롤 서식' 대화상자가 열리면 [컨트롤] 탭에서 '현재값'에는 '2012'를, '최소값'에는 '1900'을, '최대값'에는 '9999'를, '증분 변경값'에는 '1'을 입력하고, '셀 연결'을 '$A$2'로 지정한 후 ❹ 〈확인〉을 클릭합니다.

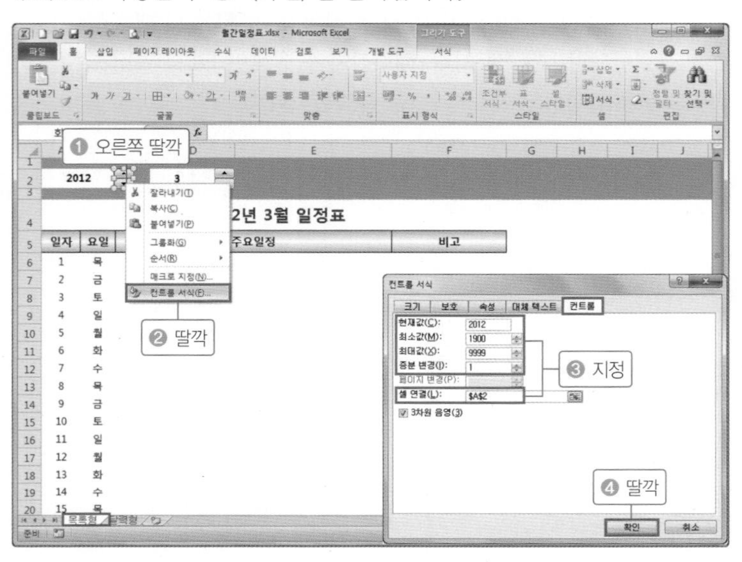

2 ❶ 월 옆의 스핀 단추를 마우스 오른쪽 단추로 클릭한 후 ❷ 바로 가기 메뉴에서 '컨트롤 서식'을 선택합니다. ❸ '컨트롤 서식' 대화상자가 열리면 [컨트롤] 탭에서 '현재값'에는 '3'을, '최소값'에는 '1'을, '최대값'에는 '12'를, '증분 변경값'에는 '1'을 입력하고, '셀 연결'을 '$D$2'로 지정한 후 ❹ 〈확인〉을 클릭합니다.

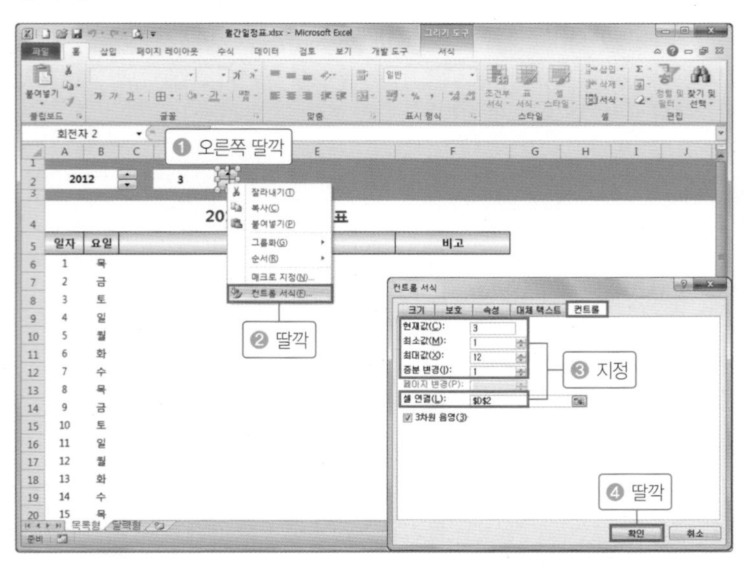

3 ❶ A6:F36 범위를 지정한 후 ❷ [홈] 탭 → '스타일' 그룹 → '조건부 서식' → '새 규칙'을 선택합니다. ❸ '새 서식 규칙' 대화상자가 열리면 '규칙 유형 선택'에서 '수식을 사용하여 서식을 지정할 셀 결정'을 선택하고 ❹ '규칙 설명 편집'에 '=WEEKDAY($A6)=1'을 입력한 후 ❺ 〈서식〉을 클릭합니다. ❻ '셀 서식' 대화상자가 열리면 [글꼴] 탭의 '색'에서 '표준 색'의 '빨강'을 선택하고 ❼ 〈확인〉을 클릭한 후 ❽ '새 서식 규칙' 대화상자로 되돌아오면 〈확인〉을 클릭합니다.

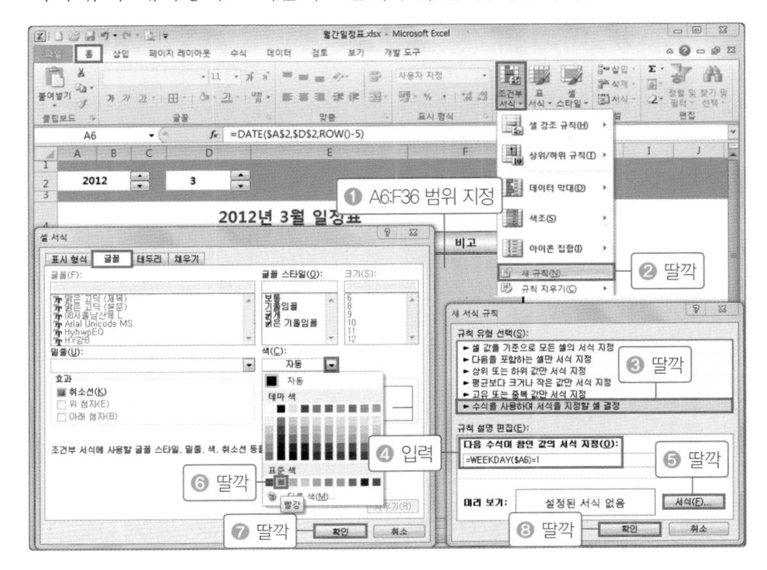

WEEKDAY 함수는 지정된 날짜의 요일을 번호로 반환하는 함수로, 일요일~토요일을 1~7의 숫자로 반환합니다.

4 ❶ [홈] 탭 → '스타일' 그룹 → '조건부 서식' → '새 규칙'을 선택합니다. ❷ '새 서식 규칙' 대화상자가 열리면 '규칙 유형 선택'에서 '수식을 사용하여 서식을 지정할 셀 결정'을 선택하고 ❸ '규칙 설명 편집'에 '=WEEKDAY($A6)=7'을 입력한 후 ❹ 〈서식〉을 클릭합니다. ❺ '셀 서식' 대화상자가 열리면 [글꼴] 탭의 '색'에서 '표준 색'의 '파랑'을 선택하고 ❻ 〈확인〉을 클릭한 후 ❼ '새 서식 규칙' 대화상자로 되돌아오면 〈확인〉을 클릭합니다.

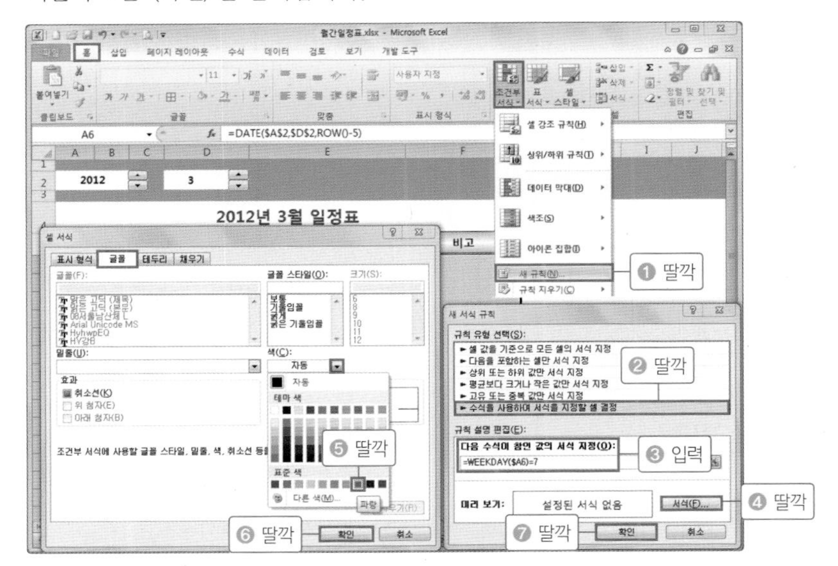

5 ❶ [홈] 탭 → '스타일' 그룹 → '조건부 서식' → '새 규칙'을 선택합니다. ❷ '새 서식 규칙' 대화상자가 열리면 '규칙 유형 선택'에서 '수식을 사용하여 서식을 지정할 셀 결정'을 선택하고 ❸ '규칙 설명 편집'에 '=MONTH($A6)=$D$2'를 입력한 후 ❹ 〈서식〉을 클릭합니다. ❺ '셀 서식' 대화상자가 열리면 [테두리] 탭의 '윤곽선'을 선택하고 ❻ 〈확인〉을 클릭한 후 ❼ '새 서식 규칙' 대화상자로 되돌아오면 〈확인〉을 클릭합니다.

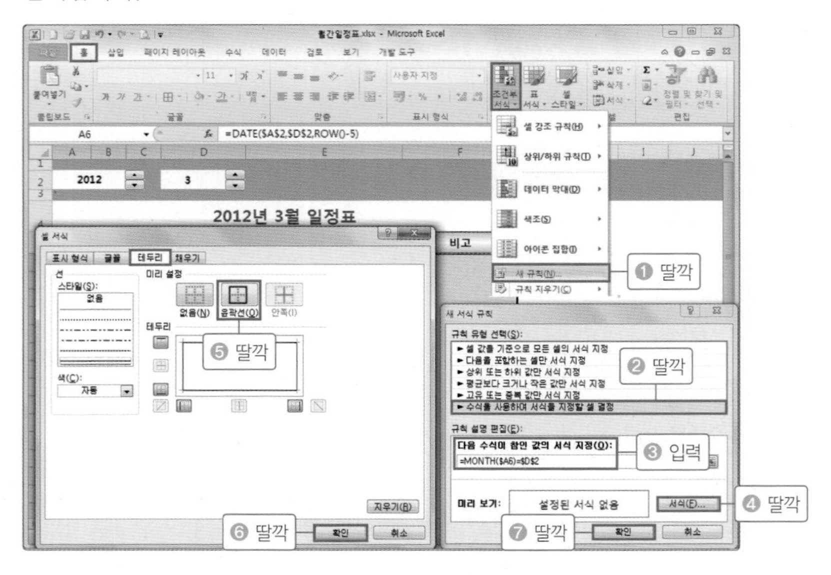

6 ❶ [홈] 탭 → '스타일' 그룹 → '조건부 서식' → '새 규칙'을 선택합니다. ❷ '새 서식 규칙' 대화상자가 열리면 '규칙 유형 선택'에서 '수식을 사용하여 서식을 지정할 셀 결정'을 선택하고 ❸ '규칙 설명 편집'에 '=MONTH($A6)〈 〉$D$2'를 입력한 후 ❹ 〈서식〉을 클릭합니다. ❺ '셀 서식' 대화상자가 열리면 [글꼴] 탭의 '색'에서 '테마 색'의 '흰색, 배경1'을 선택하고 ❻ 〈확인〉을 클릭한 후 ❼ '새 서식 규칙' 대화상자로 되돌아오면 〈확인〉을 클릭합니다.

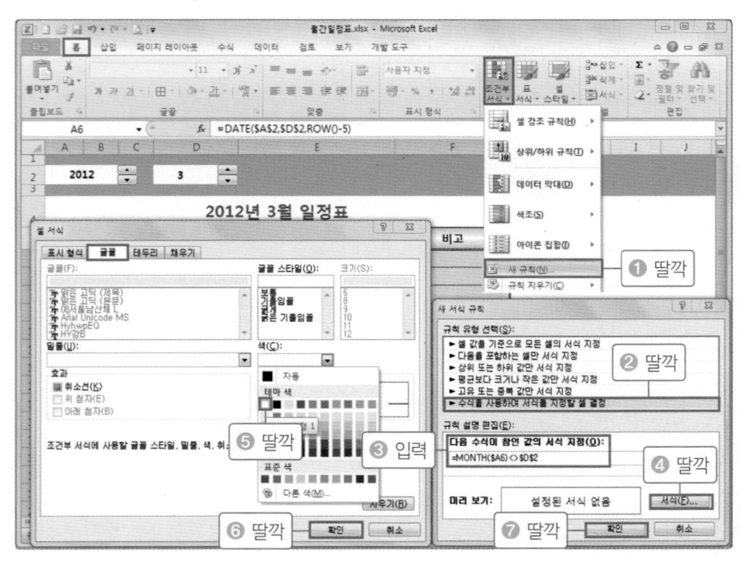

같은 범위에 여러 가지 규칙의 조건부 서식이 지정된 경우 나중에 지정하는 규칙이 우선으로 적용됩니다. 따라서 가장 우선되어야 하는 규칙일수록 뒤에 추가하는 것이 좋습니다.

7 ❶ 월 옆에 있는 스핀 단추의 위쪽 화살표를 클릭해서 '6월'을 선택하고 제목과 일, 요일이 변경되는 것을 확인합니다. ❷ A6셀을 선택하고 ❸ [보기] 탭 → '창' 그룹 → '틀 고정' → '틀 고정'을 선택합니다.

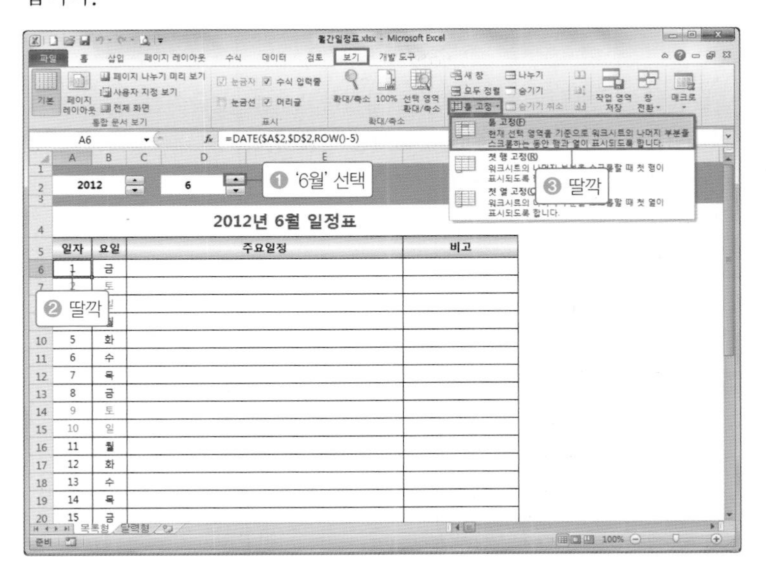

8 인쇄할 때 1행부터 3행까지는 제외하고 다른 월을 선택했을 때 일과 요일이 표시되는 36행은 인쇄 영역에 포함시키기 위해 ❶ A4:F36 범위를 지정하고 ❷ [페이지 레이아웃] 탭 → '페이지 설정' 그룹 → '인쇄 영역' → '인쇄 영역 설정'을 선택합니다.

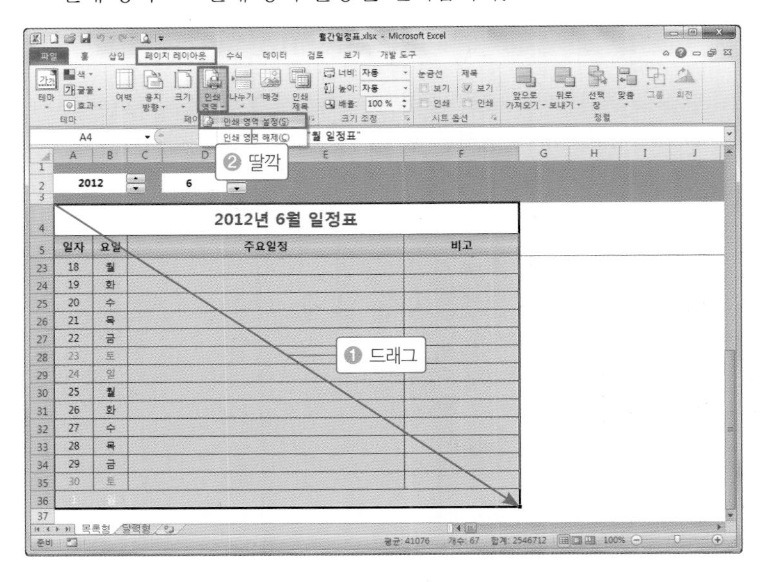

STEP 03

달력형 일정표 작성하기

1 연도를 표시하기 위해 [달력형] 시트에서 ❶ A1셀에 '=목록형!A2'를 입력하고 Enter↵ 글쇠를 누릅니다. ❷ 월을 표시하기 위해 F1셀에 '=목록형!D2'를 입력하고 Enter↵ 글쇠를 누릅니다.

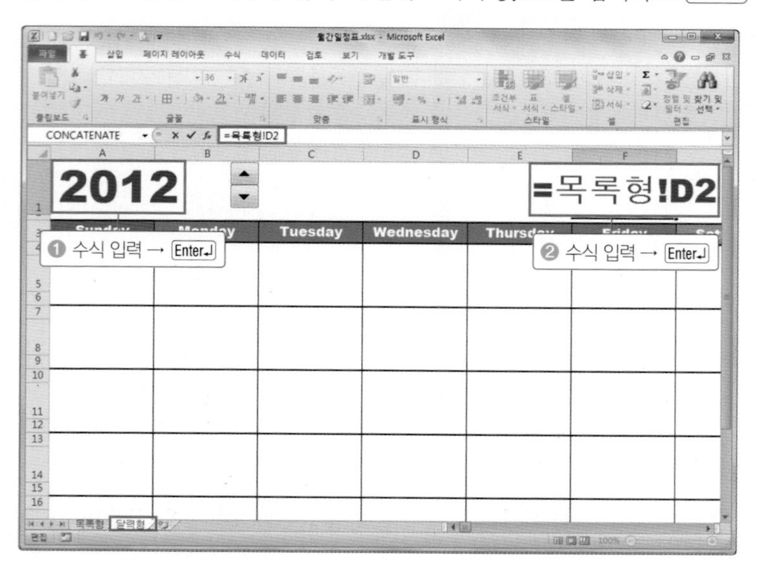

2 ❶ G1셀에 '=DATE(A1,F1,1)'을 입력하고 Enter↵ 글쇠를 누른 후 ❷ 다시 G1셀을 선택하고 ❸ [홈] 탭 → '표시 형식' 그룹 → 대화상자 표시 단추를 클릭합니다. ❹ '셀 서식' 대화상자가 열리면 [표시 형식] 탭에서 '사용자 지정'을 선택하고 ❺ '형식'에 'mmmm'을 입력한 후 ❻ [맞춤] 탭을 클릭합니다. ❼ '텍스트 조정'의 '셀에 맞춤'에 ✔ 표시하고 ❽ 〈확인〉을 클릭합니다.

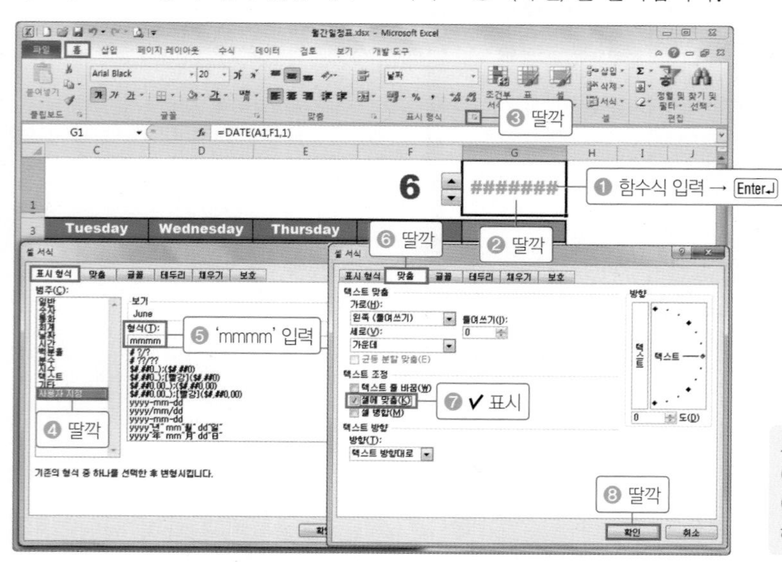

사용자 지정 서식 코드 'mmmm'을 입력하면 월이 영문으로 표시됩니다. 또한 열 너비가 좁아 월이 '######'으로 표시되므로 '셀에 맞춤'에 ✔ 표시해서 크기가 자동으로 작아지도록 조정합니다.

3 ❶ A4셀에 '=$G$1-WEEKDAY($G$1)+1'을 입력하고 Enter↵ 글쇠를 누른 후 ❷ B4셀에 '=A4+1'을 입력하고 Enter↵ 글쇠를 누릅니다. ❸ 다시 B4셀을 선택하고 ❹ 자동 채우기 핸들을 G4 셀까지 드래그하여 수식을 복사한 후 ❺ '자동 채우기 옵션' 단추를 클릭하고 ❻ '서식 없이 채우기'를 선택합니다.

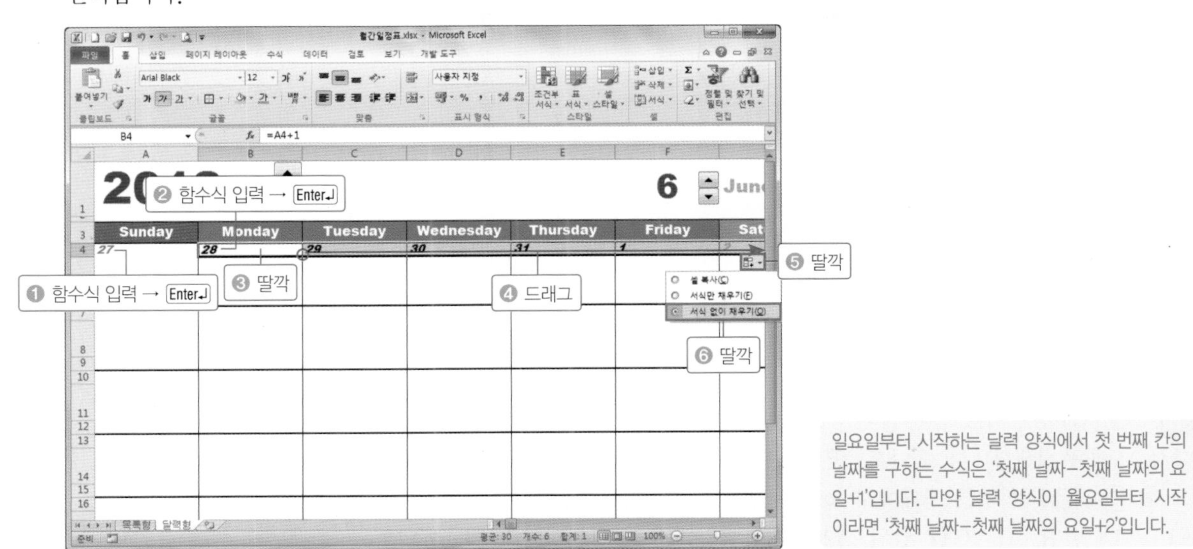

일요일부터 시작하는 달력 양식에서 첫 번째 칸의 날짜를 구하는 수식은 '첫째 날짜-첫째 날짜의 요일+1'입니다. 만약 달력 양식이 월요일부터 시작이라면 '첫째 날짜-첫째 날짜의 요일+2'입니다.

4 ❶ A7셀에 '=A4+7'을 입력하고 Enter↵ 글쇠를 누른 후 ❷ 다시 A7셀을 선택하고 ❸ [홈] 탭 → '클립보드' 그룹 → '복사'를 클릭합니다. ❹ B7:G7 범위를 지정하고 ❺ Ctrl 글쇠를 누른 상태에서 A10:G10 범위를 지정한 후 ❻ 이와 같은 방법으로 A13:G13 범위와 A16:G16 범위, A19:G19 범위를 추가로 지정합니다. ❼ [홈] 탭 → '클립보드' 그룹 → '붙여넣기' → '붙여넣기'의 '수식'을 클릭합니다.

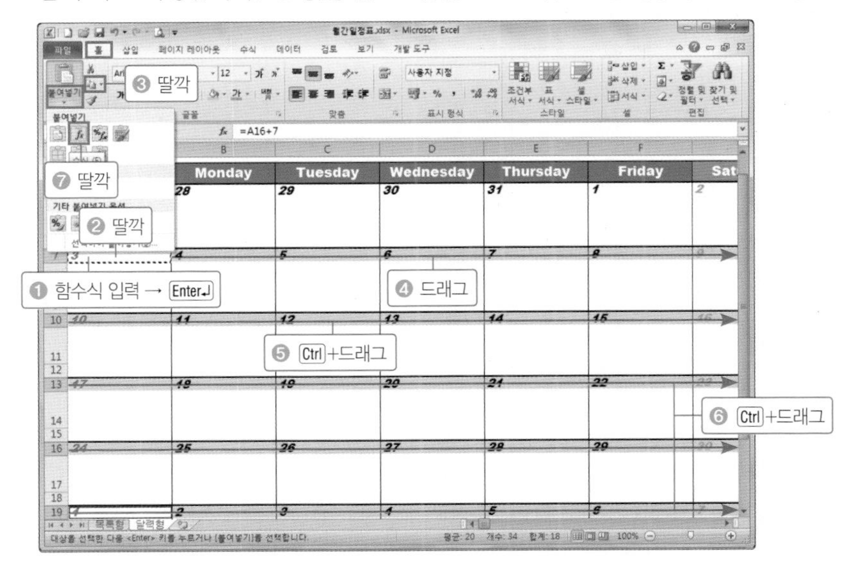

5 ❶ [목록형] 시트의 '주요일정'과 '비고'란에 다음의 그림과 같이 내용을 입력합니다. ❷ A6:F36 범위를 지정한 후 ❸ 이름 상자에 '일정표'라고 입력하고 Enter↵ 글쇠를 누릅니다.

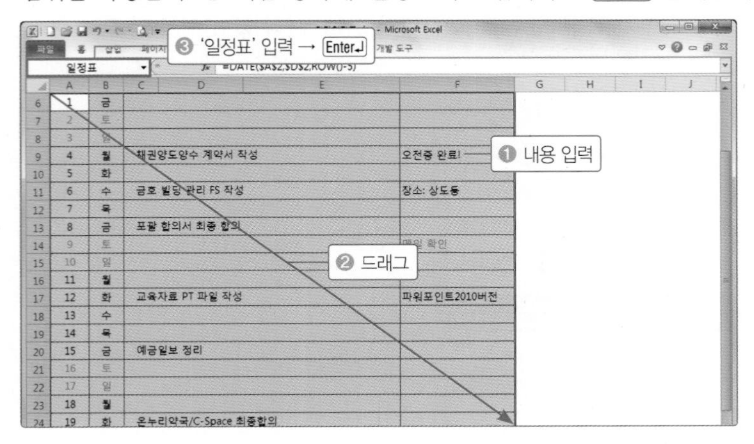

6 ❶ [달력형] 시트의 A5셀에 '=VLOOKUP(A4,일정표,3,0)'을 입력하고 Enter↵ 글쇠를 누른 후 ❷ 다시 A5셀을 선택합니다. ❸ [홈] 탭 → '클립보드' 그룹 → '복사'를 클릭한 후 ❹ B5:G5 범위를 지정하고 ❺ Ctrl 글쇠를 누른 상태에서 A8:G8 범위를 지정합니다. ❻ 이와 같은 방법으로 A11:G11 범위, A14:G14 범위, A17:G17 범위, A20:G20 범위를 추가로 지정하고 ❼ [홈] 탭 → '클립보드' 그룹 → '붙여넣기' → '붙여넣기'의 '수식'을 클릭합니다.

잠깐만요 **VLOOKUP 함수 제대로 알기**

VLOOKUP 함수는 지정된 범위에서 값을 찾아 지정된 열의 값을 가져오는 함수로, 함수 구문은 =VLOOKUP(찾는 값,찾을 범위,가져올 열 번호,찾을 옵션)입니다. 예제에서는 A4셀의 날짜를 일정표 범위에서 찾아 주요 일정을 가져올 것이므로 각 인수를 다음과 같이 지정하면 됩니다.

- 찾는 값 : 찾는 값을 A4셀로 지정합니다.
- 찾을 범위 : [목록형] 시트의 A6:F36 범위를 '일정표'라는 이름으로 정의했으므로 '일정표'를 지정합니다.
- 가져올 열 번호 : 가져올 값은 주요 일정이고, 주요 일정은 일정표에서 세 번째 열에 있으므로 '3'을 입력합니다.
- 찾을 옵션 : 찾는 값인 A4셀과 정확히 일치하는 것을 찾을 것이므로 '0'을 입력합니다.

7 ❶ A6셀에 '=VLOOKUP(A4,일정표,6,0)'을 입력하고 Enter↵ 글쇠를 누른 후 ❷ 다시 A6셀을 선택하고 ❸ [홈] 탭 → '클립보드' 그룹 → '복사'를 클릭합니다. ❹ B6:G6 범위를 지정한 후 ❺ Ctrl 글쇠를 누른 상태에서 A9:G9 범위를 지정하고 ❻ 이와 같은 방법으로 A12:G12 범위, A15:G15 범위, A18:G18 범위, A21:G21 범위를 추가로 지정합니다. ❼ [홈] 탭 → '클립보드' 그룹 → '붙여넣기' → '수식'을 클릭하고 ❽ [홈] 탭 → '표시 형식' 그룹 → 대화상자 표시 단추를 클릭합니다. ❾ '셀 서식' 대화상자가 열리면 [표시 형식] 탭에서 '사용자 지정'을 선택하고 ❿ '형식'에 '(@)'를 입력한 후 ⓫ 〈확인〉을 클릭합니다.

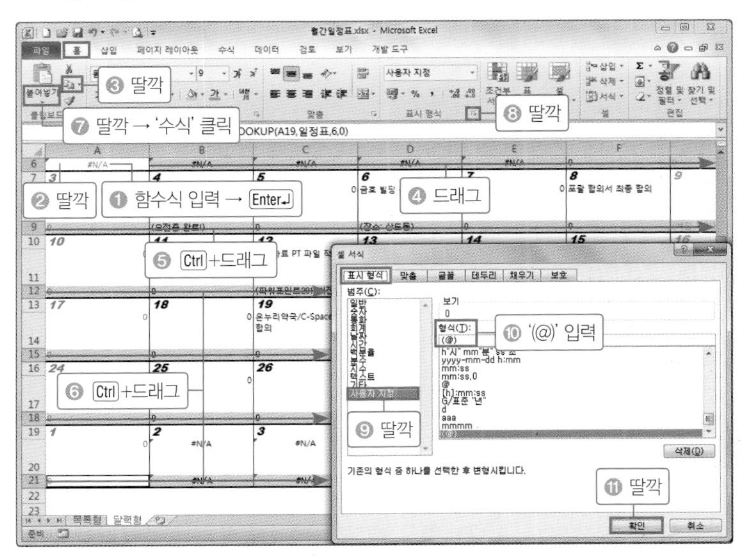

[목록형] 시트의 일정표에서 C, D, E열이 병합되어 있기 때문에 비고란은 6열입니다. 비고란의 내용을 가져올 것이므로 VLOOKUP 함수에서 가져올 열 번호를 '6'으로 지정한 것입니다.

8 ❶ A4:G21 범위를 지정하고 ❷ [홈] 탭 → '스타일' 그룹 → '조건부 서식' → '새 규칙'을 선택합니다. ❸ '새 서식 규칙' 대화상자가 열리면 '규칙 유형 선택'에서 '수식을 사용하여 서식을 지정할 셀 결정'을 선택하고 ❹ '수식'에 '=OR(A4=0,MONTH(A4)<>$F$1)'을 입력한 후 ❺ 〈서식〉을 클릭합니다. ❻ '셀 서식' 대화상자가 열리면 [글꼴] 탭의 '색'에서 '테마 색'의 '흰색, 배경 1'을 선택하고 ❼ 〈확인〉을 클릭한 후 ❽ '새 서식 규칙' 대화상자로 되돌아오면 〈확인〉을 클릭합니다.

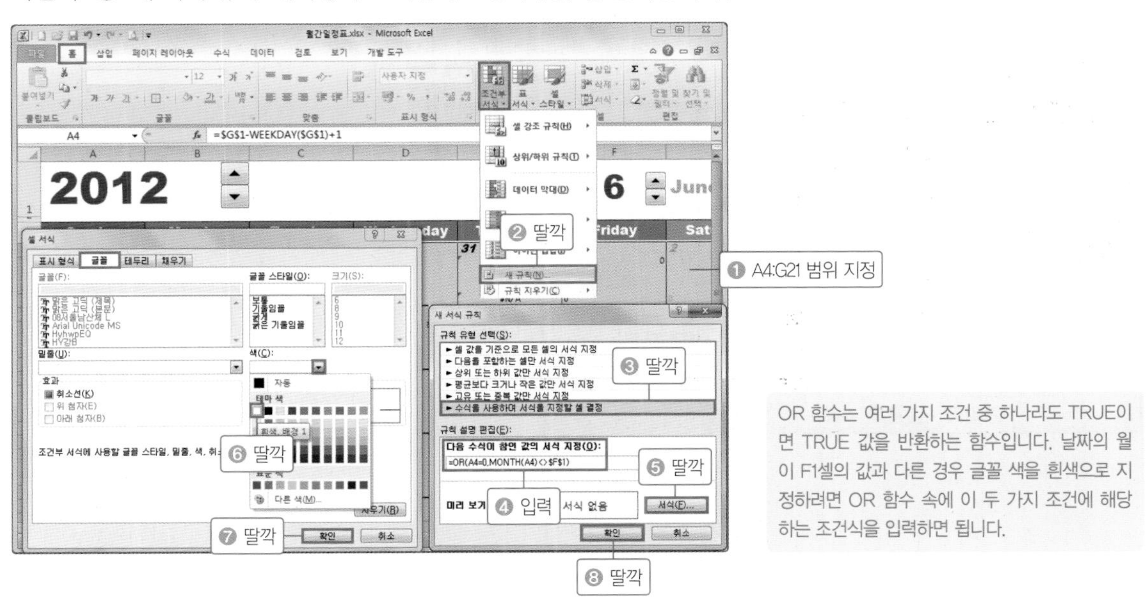

OR 함수는 여러 가지 조건 중 하나라도 TRUE이면 TRUE 값을 반환하는 함수입니다. 날짜의 월이 F1셀의 값과 다른 경우 글꼴 색을 흰색으로 지정하려면 OR 함수 속에 이 두 가지 조건에 해당하는 조건식을 입력하면 됩니다.

9 ❶ [홈] 탭 → '스타일' 그룹 → '조건부 서식' → '새 규칙'을 선택합니다. ❷ '새 서식 규칙' 대화상자가 열리면 '규칙 유형 선택'에서 '수식을 사용하여 서식을 지정할 셀 결정'을 선택하고, ❸ '수식'에 '=ISERROR(A4)'를 입력한 후 ❹ 〈서식〉을 클릭합니다. ❺ '셀 서식' 대화상자가 열리면 [글꼴] 탭의 '색'에서 '테마 색'의 '흰색, 배경 1'을 선택하고 ❻ 〈확인〉을 클릭한 후 ❼ '새 서식 규칙' 대화상자로 되돌아오면 〈확인〉을 클릭합니다.

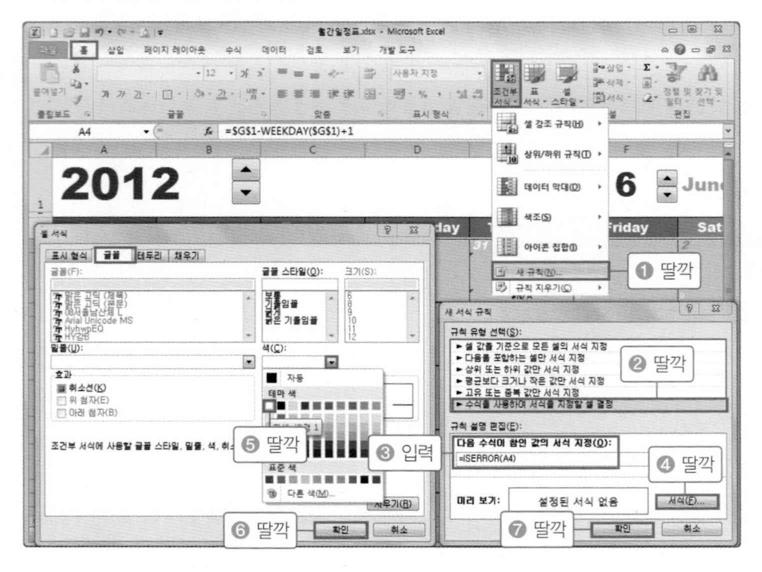

10 인쇄할 때 스핀 단추가 인쇄되지 않도록 ❶ 연도 옆의 스핀 단추를 선택하고 ❷ Shift 글쇠를 누른 상태에서 월 옆의 스핀 단추도 선택한 후 ❸ 마우스 오른쪽 단추를 클릭하고 ❹ 바로 가기 메뉴에서 '개체 서식'을 선택합니다. ❺ '컨트롤 서식' 대화상자가 열리면 [속성] 탭의 '개체 인쇄'에서 ✔ 표시를 해제한 후 ❻ 〈확인〉을 클릭합니다.

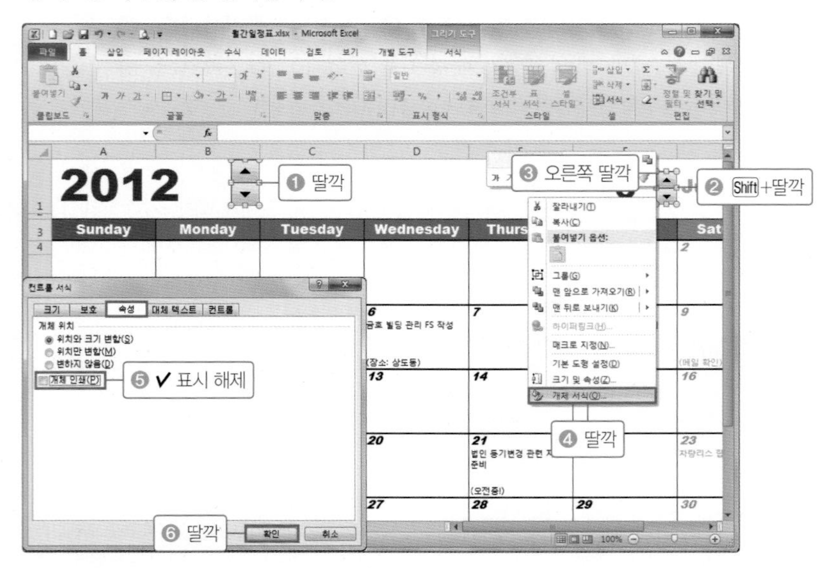

11 ❶ A1:G21 범위를 지정하고 ❷ 단축 글쇠 Ctrl+1을 눌러 ❸ '셀 서식' 대화상자를 열고 [보호] 탭에서 '잠금', '숨김'에 모두 ✔ 표시하고 ❹ 〈확인〉을 클릭합니다. ❺ [검토] 탭 → '변경 내용' 그룹 → '시트 보호'를 클릭하고 ❻ '시트 보호' 대화상자가 열리면 '시트 보호 해제 암호'에 암호를 입력한 후 ❼ 〈확인〉을 클릭합니다. ❽ '암호 확인' 대화상자가 열리면 같은 암호를 입력하고 ❾ 〈확인〉을 클릭합니다.

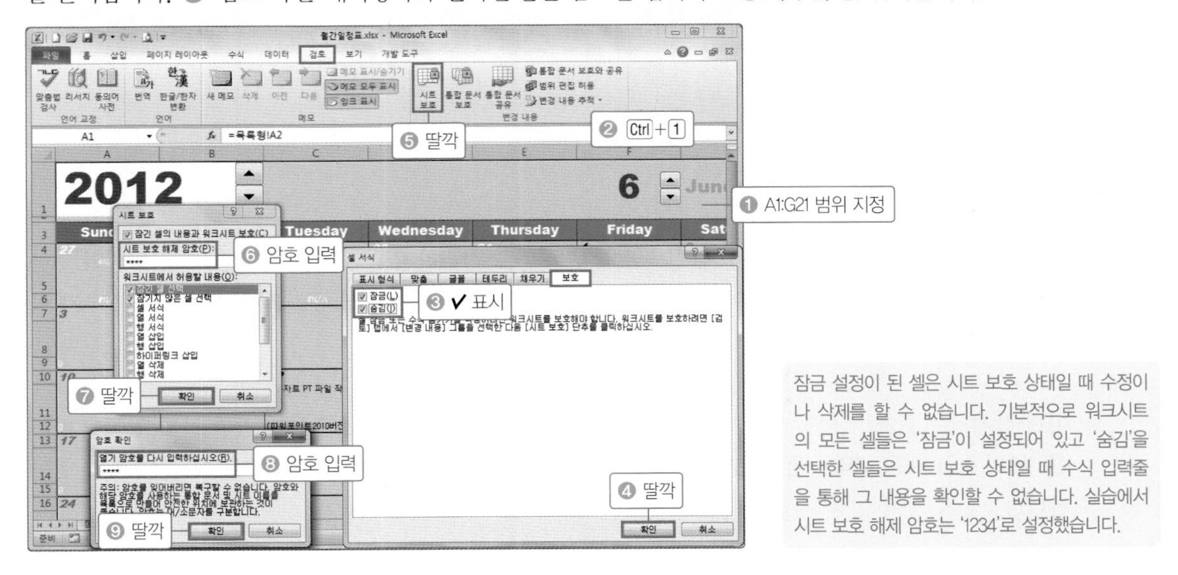

잠금 설정이 된 셀은 시트 보호 상태일 때 수정이나 삭제를 할 수 없습니다. 기본적으로 워크시트의 모든 셀들은 '잠금'이 설정되어 있고 '숨김'을 선택한 셀들은 시트 보호 상태일 때 수식 입력줄을 통해 그 내용을 확인할 수 없습니다. 실습에서 시트 보호 해제 암호는 '1234'로 설정했습니다.

12 ❶ A1셀을 선택하고 수식 입력줄을 보면 아무 것도 표시되지 않는데 ❷ Delete 글쇠를 누르면 시트 보호에 관한 경고 메시지가 표시되면서 셀 내용을 수정/삭제할 수 없는 것을 알 수 있습니다. ❸ 〈확인〉을 클릭합니다.

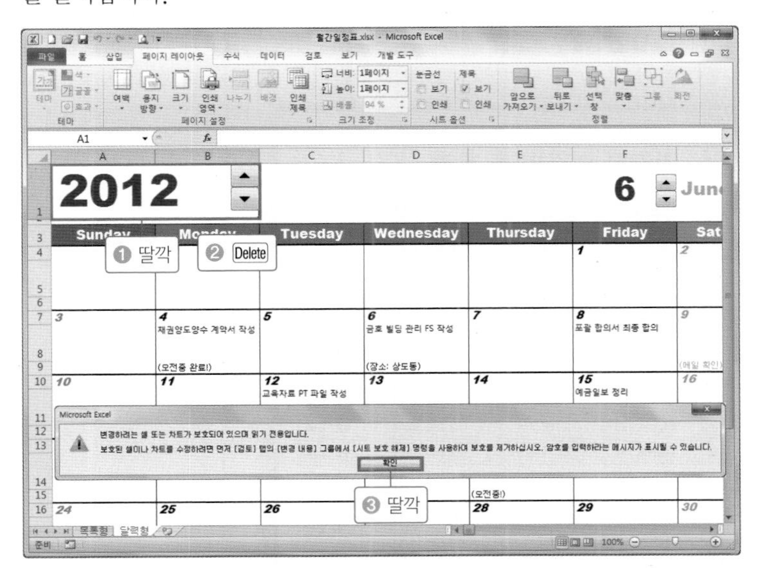

04 금전출납 간편 장부 만들기

| 예제 파일 | 현장실습01\금전출납간편장부.xlsx | 완성 파일 | 현장실습01\완성\금전출납간편장부완성.xlsx

회사의 관리 장부인 금전출납부에는 수입과 비용에 관한 내용이 일목요연하게 정리되어 있어 추후 거래 내역을 확인할 때 유용하게 이용됩니다.

매출액이 작은 개인 사업자의 경우 금전출납 장부를 따로 정리하지 않는 경우가 많습니다. 하지만 매출액이 커지면 소득세 신고 등의 세무 신고와 거래처, 외상 대금 지불 내역 등을 확인해야 하는 경우가 많으므로 금전출납부를 간편 장부로 작성하여 관리하는 것이 좋습니다.

이번 장에서는 현재 국세청에서 개인 사업자의 소득 금액 계산을 위해 요구하는 간편 장부 형식에 따라 ❶ **1년의 수입, 비용 내역을 월(4사분기)별로 구분**하고 ❷ 항목에 따라 **부가세를 자동으로 계산**하도록 만들어 봅니다.

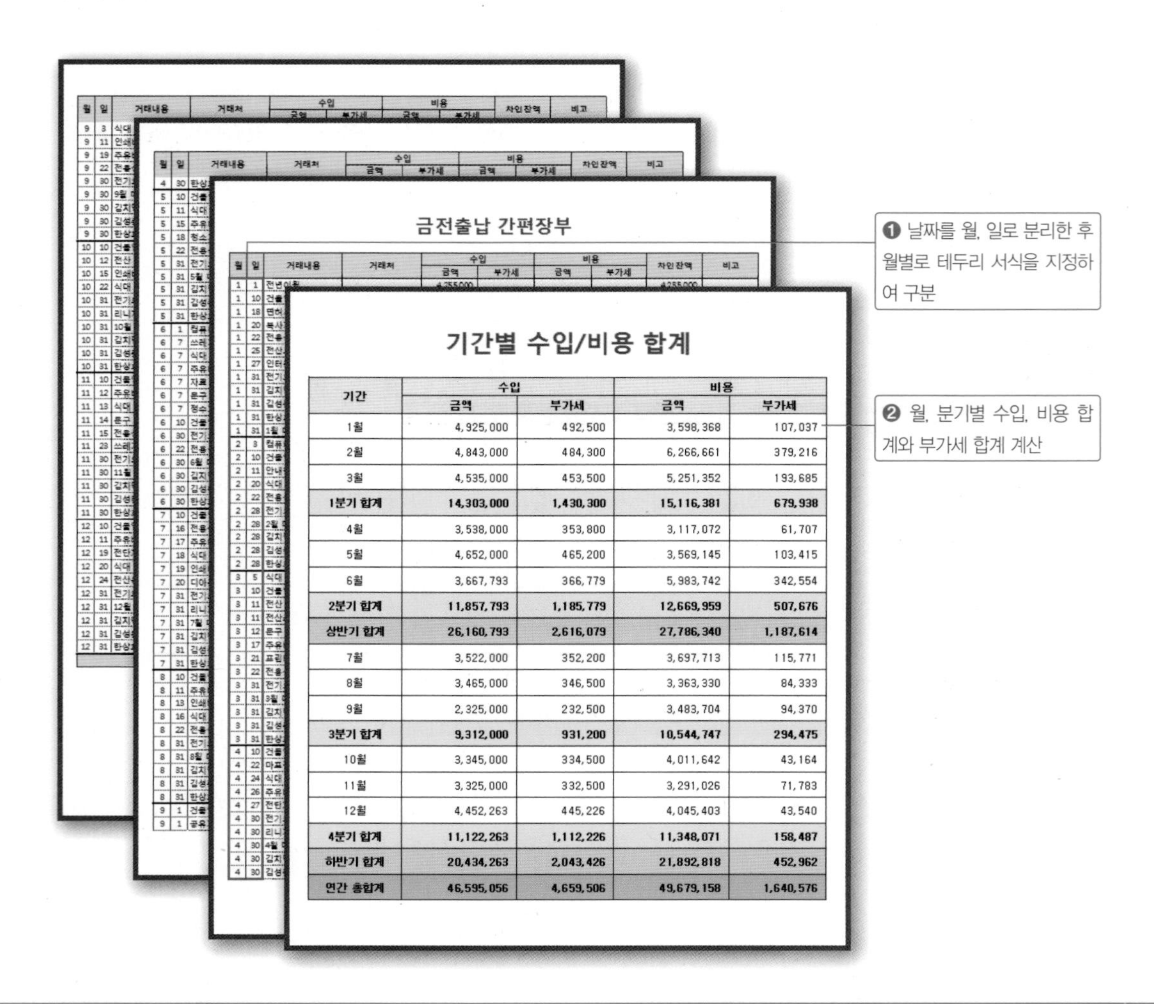

기간별 수입/비용 합계

기간	수입		비용	
	금액	부가세	금액	부가세
1월	4,925,000	492,500	3,598,368	107,037
2월	4,843,000	484,300	6,266,661	379,216
3월	4,535,000	453,500	5,251,352	193,685
1분기 합계	14,303,000	1,430,300	15,116,381	679,938
4월	3,538,000	353,800	3,117,072	61,707
5월	4,652,000	465,200	3,569,145	103,415
6월	3,667,793	366,779	5,983,742	342,554
2분기 합계	11,857,793	1,185,779	12,669,959	507,676
상반기 합계	26,160,793	2,616,079	27,786,340	1,187,614
7월	3,522,000	352,200	3,697,713	115,771
8월	3,465,000	346,500	3,363,330	84,333
9월	2,325,000	232,500	3,483,704	94,370
3분기 합계	9,312,000	931,200	10,544,747	294,475
10월	3,345,000	334,500	4,011,642	43,164
11월	3,325,000	332,500	3,291,026	71,783
12월	4,452,263	445,226	4,045,403	43,540
4분기 합계	11,122,263	1,112,226	11,348,071	158,487
하반기 합계	20,434,263	2,043,426	21,892,818	452,962
연간 총합계	46,595,056	4,659,506	49,679,158	1,640,576

Step 01 부가세와 차인 잔액 구하기

① [간편장부] 시트에는 1년 간의 수입, 비용 내역이 입력되어 있으며, 월별로 구분되어 보이게 하기 위해 빈 행이 1~3행씩 삽입되어 있습니다. 이동 옵션과 시트 행 삭제를 사용하여 빈 행들을 일괄적으로 삭제합니다.

② 텍스트 나누기를 사용하여 날짜에서 월, 일을 나누어 표시하고, 조건부 서식을 사용하여 월별로 구분되는 굵은 테두리를 설정합니다.

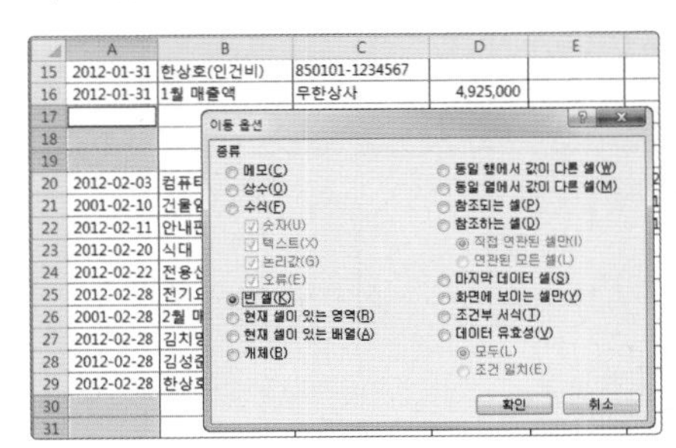

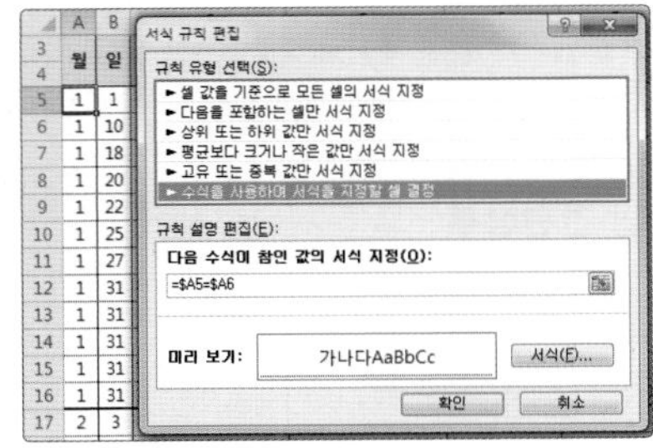

③ IF, OR 함수를 사용하여 비고란의 내용이 세금계산서나 매출보조장이면 부가세를 계산하여 넣습니다.

④ '전일 잔액+수입 금액+수입 부가세−비용 금액−비용 부가세' 수식으로 차인 잔액을 구하고, 조건부 서식을 사용하여 잔액이 100만원 미만인 경우 빨간 신호등을 표시합니다.

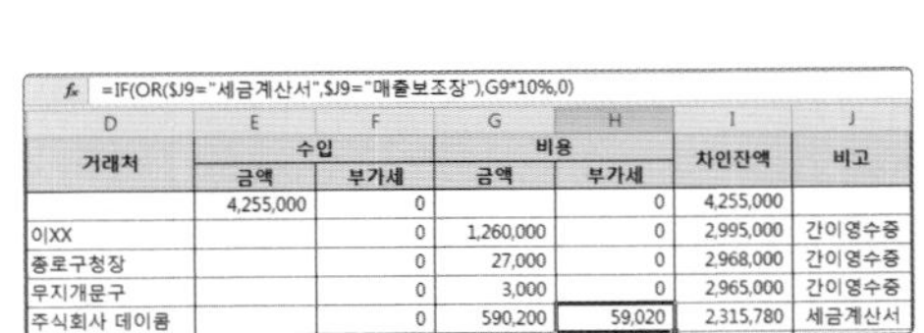

=IF(OR($J9="세금계산서",$J9="매출보조장"),G9*10%,0)

거래처	수입 금액	수입 부가세	비용 금액	비용 부가세	차인잔액	비고
	4,255,000	0		0	4,255,000	
이XX		0	1,260,000	0	2,995,000	간이영수증
종로구청장		0	27,000	0	2,968,000	간이영수증
무지개문구		0	3,000	0	2,965,000	간이영수증
주식회사 데이콤		0	590,200	59,020	2,315,780	세금계산서

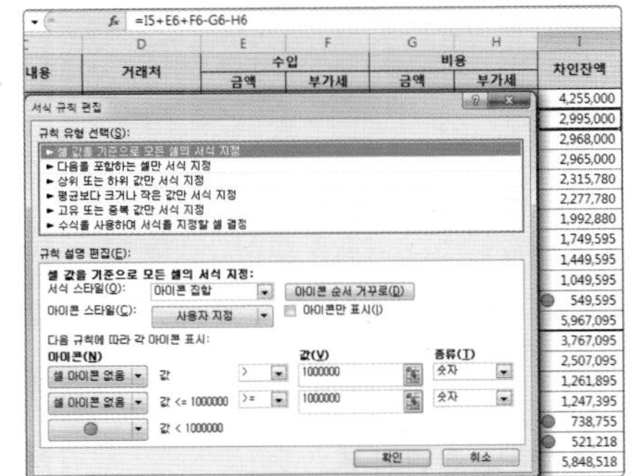

Step 기간별 통계표 작성하기

[간편장부] 시트의 월 범위와 금액 범위를 이름 정의한 후 SUMIF 함수를 사용하여 [통계] 시트에 월별, 분기별 합계 수식을 입력하여 계산합니다.

B6 =SUMIF(월,$A6,금액)

기간	수입 금액	수입 부가세	비용 금액	비용 부가세
1월	4,925,000	492,500	3,598,368	107,037
2월	4,843,000	484,300	6,266,661	379,216
3월	4,535,000	453,500	5,251,352	193,685
1분기 합계	14,303,000	1,430,300	15,116,381	679,938

STEP 01 부가세와 차인 잔액 구하기

1 [간편장부] 시트에서 빈 행을 한꺼번에 삭제하기 위해 ❶ A5:A162 범위를 지정한 후 ❷ [홈] 탭 → '편집' 그룹 → '찾기 및 선택' → '이동 옵션'을 선택합니다. ❸ '이동 옵션' 대화상자가 열리면 '빈 셀'을 선택하고 ❹ 〈확인〉을 클릭합니다.

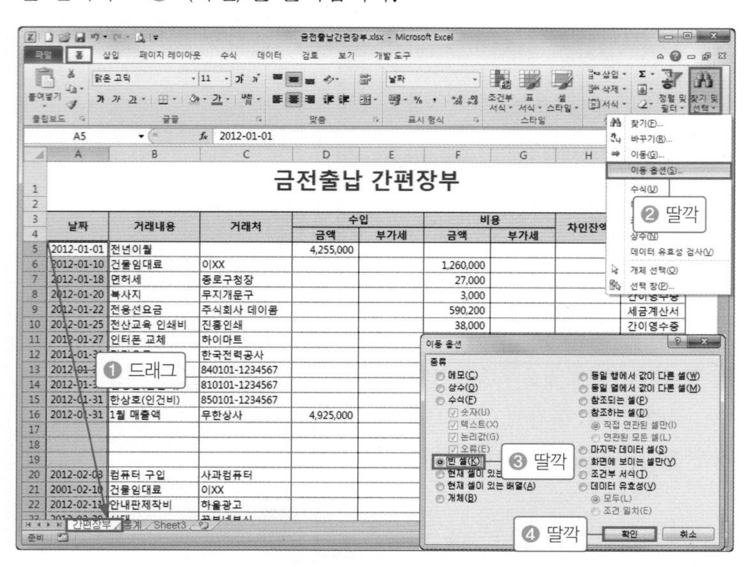

2 [홈] 탭 → '셀' 그룹 → '삭제' → '시트 행 삭제'를 선택합니다.

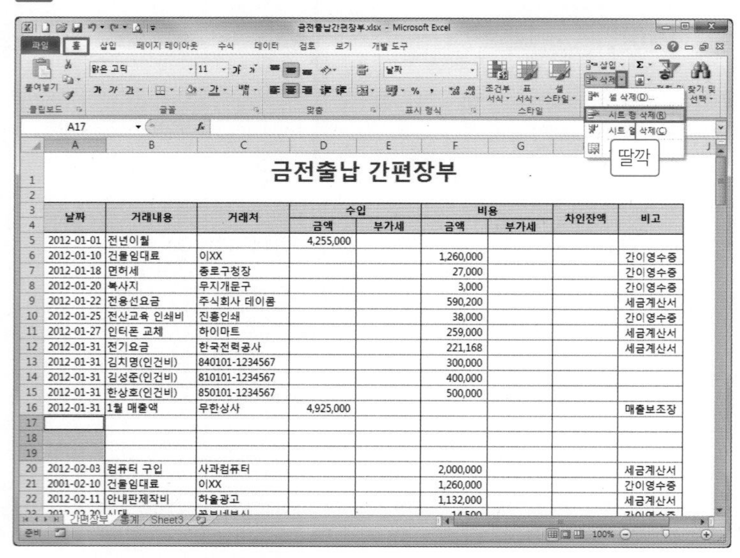

3 입력된 날짜를 월과 일로 구분하기 위해 ❶ B열 머리글을 클릭하여 B열 전체를 선택한 후 ❷ [홈] 탭 → '셀' 그룹 → '삽입'을 클릭합니다.

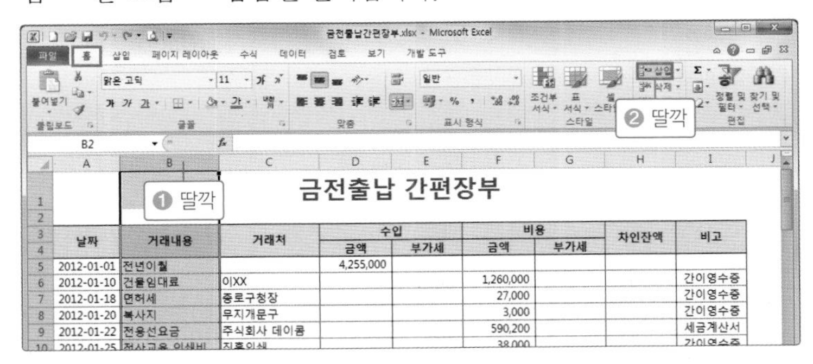

4 ❶ A5:A138 범위를 지정한 후 ❷ [데이터] 탭 → '데이터 도구' 그룹 → '텍스트 나누기'를 클릭합니다. ❸ '텍스트 마법사' 대화상자가 열리면 '구분 기호로 분리됨'을 선택하고 ❹ 〈다음〉을 클릭합니다.

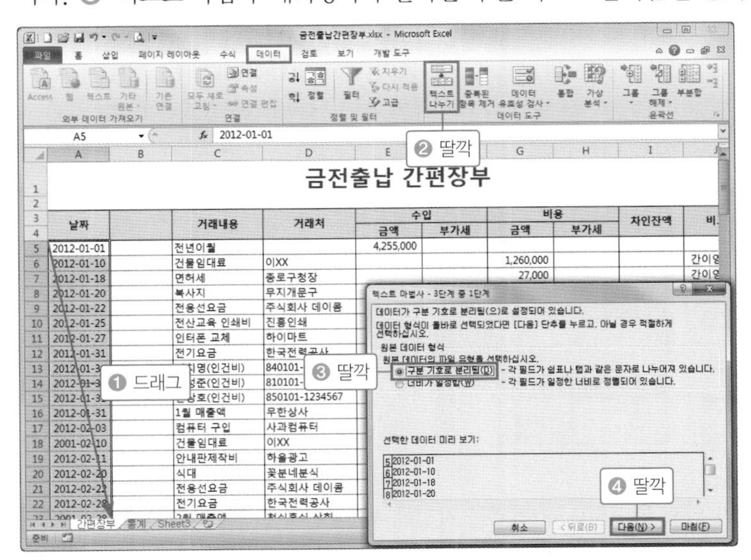

5 ❶ '구분 기호'의 '기타'에 ✔ 표시하고 '–'을 입력한 후 ❷ 〈다음〉을 클릭합니다.

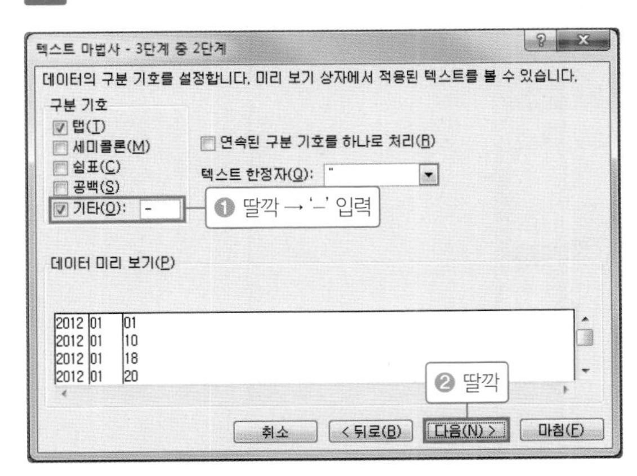

6 ❶ '데이터 미리 보기'에서 연도 열을 선택하고 ❷ '열 데이터 서식'에서 '열 가져오지 않음(건너뜀)'을 선택한 후 ❸ 〈마침〉을 클릭합니다. ❹ 확인 메시지 창에서 〈확인〉을 클릭합니다.

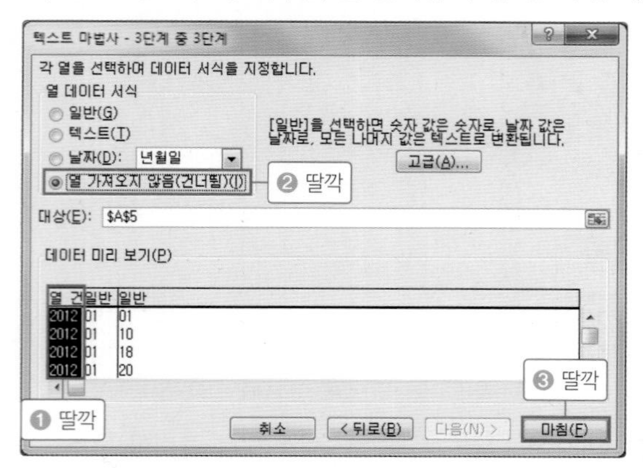

7 ❶ A3셀에는 '월', B3셀에는 '일'을 입력한 후 ❷ A3:A4 범위를 지정하고 ❸ [홈] 탭 → '맞춤' 그룹 → '병합하고 가운데 맞춤'을 클릭합니다. ❹ 이와 같은 방법으로 B3:B4 범위도 병합합니다. ❺ A:B 열을 범위 지정한 후 ❻ [홈] 탭 → '표시 형식' 그룹 → '표시 형식' → '일반'을 선택하고 ❼ A열과 B열 사이의 경계선을 더블클릭하여 열 너비를 자동으로 맞춥니다.

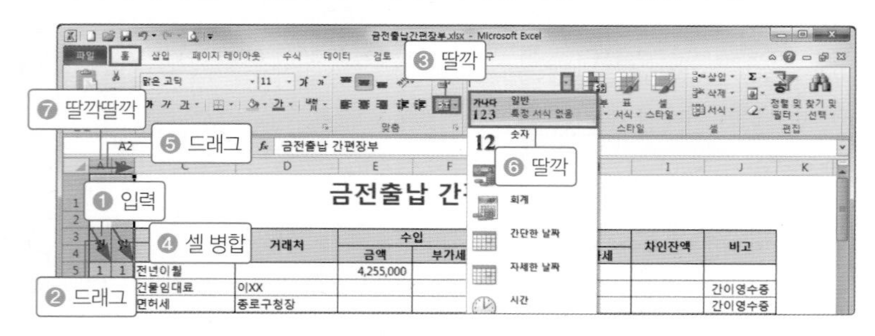

8 월별로 굵은 아래쪽 테두리를 표시하기 위해 ❶ A5:J138 범위를 지정한 후 ❷ 단축 글쇠 Ctrl+1을 누릅니다. ❸ '셀 서식' 대화상자가 열리면 [테두리] 탭에서 '선'의 2열 5행에 위치한 '굵은 실선'과 ❹ '테두리'의 가로와 아래쪽을 선택하고 ❺ 〈확인〉을 클릭합니다.

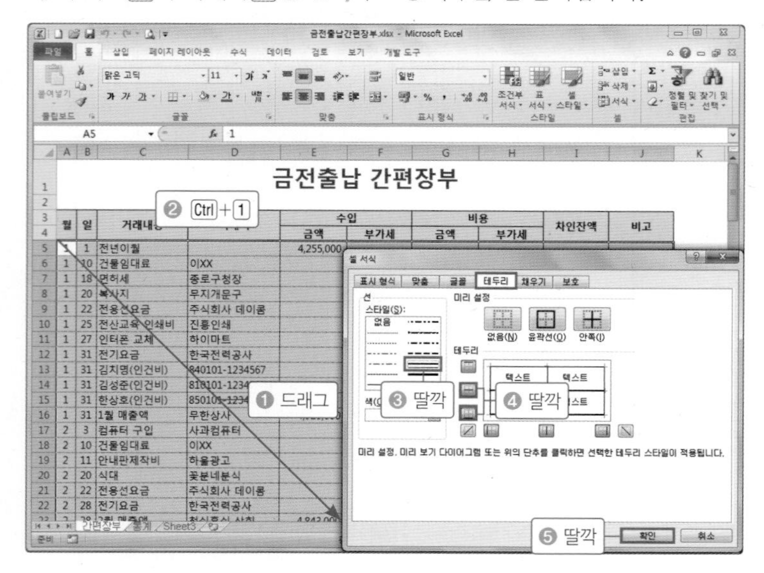

9 ❶ [홈] 탭 → '스타일' 그룹 → '조건부 서식' → '새 규칙'을 선택합니다. ❷ '새 서식 규칙' 대화상자가 열리면 '규칙 유형 선택'에서 '수식을 사용하여 서식을 지정할 셀 결정'을 선택하고 ❸ '규칙 설명 편집'에 '=$A5=$A6'을 입력한 후 ❹ 〈서식〉을 클릭합니다. ❺ '셀 서식' 대화상자가 열리면 [테두리] 탭에서 '선'의 첫 번째에 위치한 '점선'과 ❻ '테두리'의 아래쪽▢을 선택하고 ❼ 〈확인〉을 클릭한 후 ❽ '새 서식 규칙' 대화상자로 되돌아오면 〈확인〉을 클릭합니다.

조건부 서식에서는 테두리 스타일 중 굵은 선을 선택할 수 없으므로 미리 모든 셀에 굵은 테두리를 지정한 후 조건부 서식에서 원하는 조건과 반대되는 경우에 테두리를 얇은 점선으로 표시하도록 설정합니다.

10 조건에 따른 부가세 계산을 위해 ❶ F5셀에 '=IF(OR($J5="세금계산서",$J5="매출보조장"),E5*10%,0)'을 입력하고 Enter↵ 글쇠를 누릅니다. ❷ F5셀을 다시 선택하고 ❸ F5셀의 자동 채우기 핸들✚을 더블클릭하여 아래쪽으로 함수식을 복사합니다.

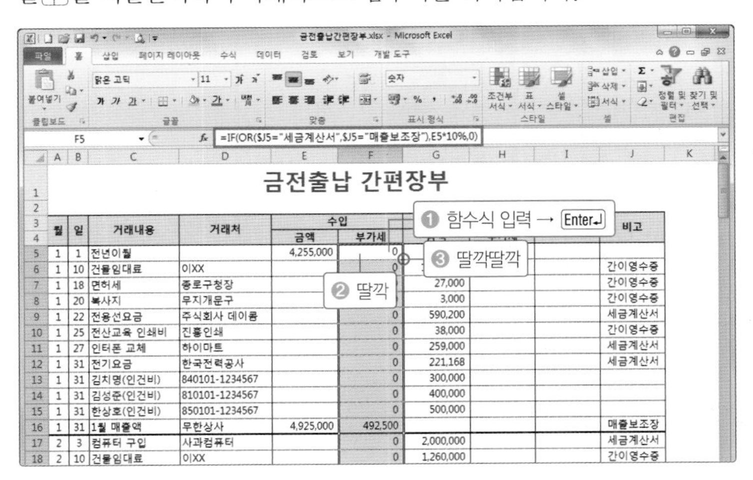

잠깐만요 IF와 OR 함수 제대로 알기

비고 값이 '세금계산서'이거나 '매출보조장'이면 '금액*10%'를 계산하고, 아니면 '0'을 입력합니다.

- 조건식 : OR($J5="세금계산서",$J5="매출보조장") – J5셀 값이 '세금계산서'이거나 '매출보조장'인 경우 TRUE를 되돌려줍니다. 비용의 부가세에 복사할 때 J열은 변경되지 않게 '$J5'를 입력합니다.
- 조건이 참일 때 : E5*10% – 금액이 입력된 E5셀에 10%를 곱합니다.
- 조건이 거짓일 때 : 0 – '0'을 입력합니다.

11 범위를 지정한 상태에서 ❶ [홈] 탭 → '클립보드' 그룹 → '복사'를 클릭한 후 ❷ H5셀을 선택하고 ❸ [홈] 탭 → '클립보드' 그룹 → '붙여넣기'를 클릭합니다.

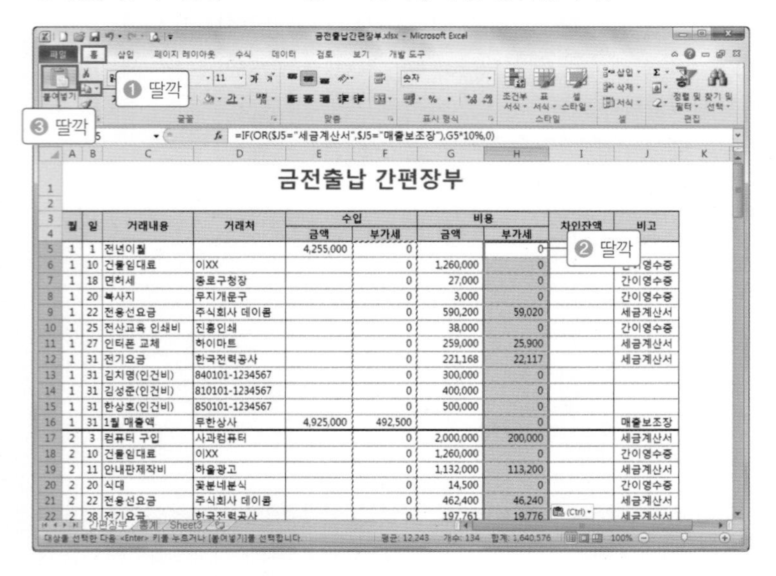

12 차인 잔액을 계산하기 위해 ❶ I5셀에 '=E5+F5−G5−H5'를 입력하고 Enter↵ 글쇠를 누릅니다. ❷ I6셀에 '=I5+E6+F6−G6−H6'을 입력하고 Enter↵ 글쇠를 누릅니다. ❸ 다시 I6셀을 선택하고 ❹ 자동 채우기 핸들[+]을 더블클릭하여 아래쪽으로 함수식을 복사합니다.

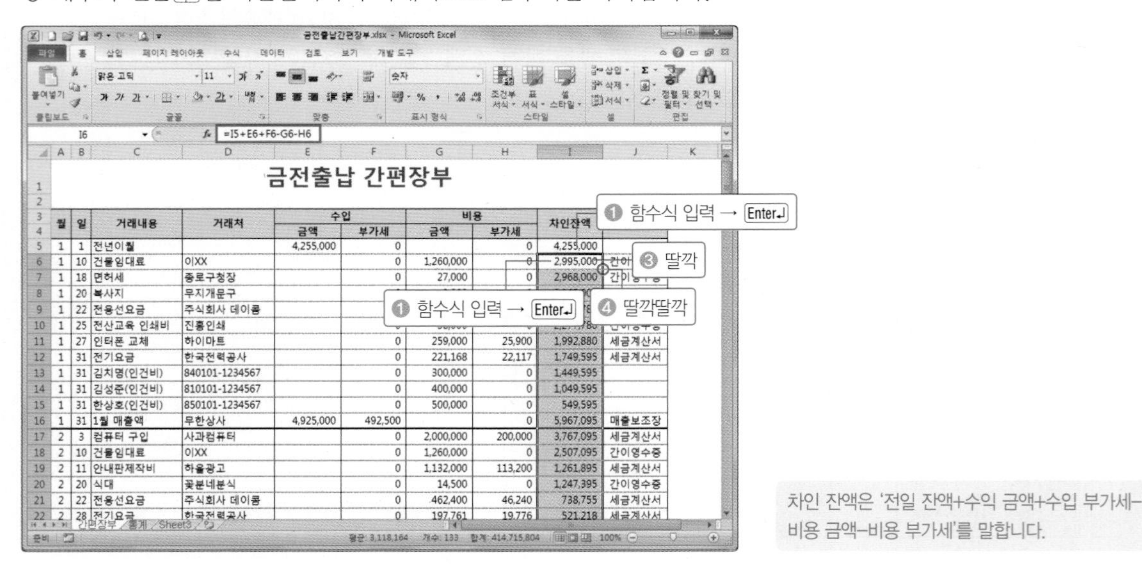

차인 잔액은 '전일 잔액+수익 금액+수입 부가세−비용 금액−비용 부가세'를 말합니다.

13 잔액이 100만 원 미만인 경우에만 셀 아이콘을 표시하기 위해 ❶ I5:I138 범위를 지정하고 ❷ [홈] 탭 → '스타일' 그룹 → '조건부 서식' → '새 규칙'을 선택합니다.

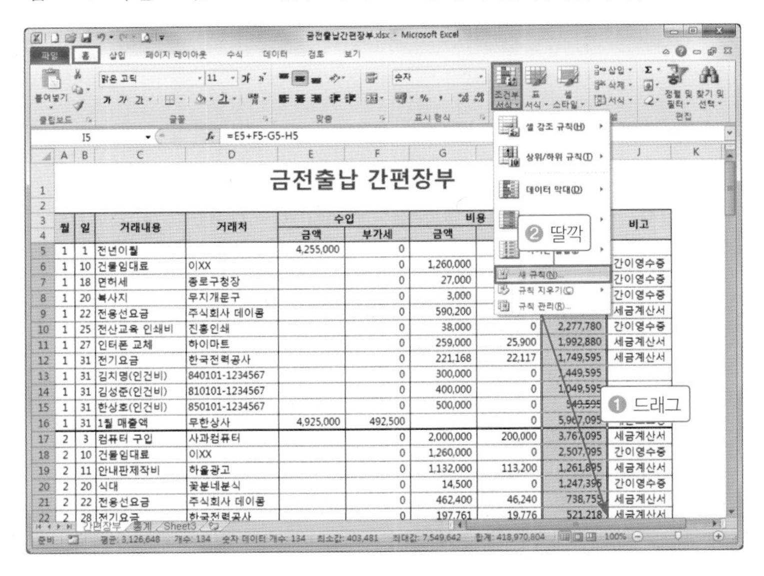

14 ❶ '새 서식 규칙' 대화상자가 열리면 '서식 스타일'에서 '아이콘 집합'을 선택하고 ❷ 아이콘의 첫 번째에는 '셀 아이콘 없음'을 선택한 후 '종류'는 '숫자'로, '비교 연산자'는 '>'를, '값'은 '1000000'을 입력합니다. ❸ 두 번째 아이콘도 '셀 아이콘 없음'을 선택하고 '종류'는 '숫자'로, '비교 연산자'는 '>='로, '값'은 '1000000'을 입력합니다. ❹ 세 번째 아이콘은 '빨간 신호등'을 선택하고 ❺ <확인>을 클릭합니다.

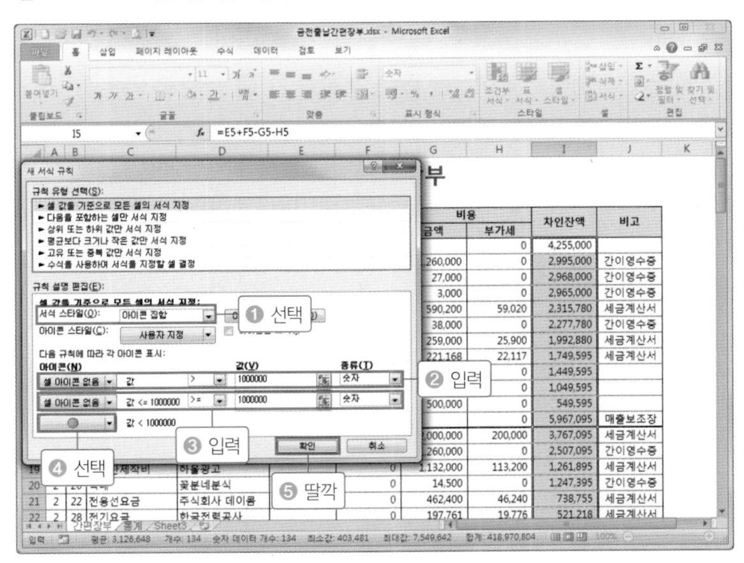

STEP 02 기간별 통계표 작성하기

1 [간편장부] 시트에서 인쇄 제목 행을 설정하기 위해 ❶ [페이지 레이아웃] 탭 → '페이지 설정' 그룹 → '인쇄 제목'을 클릭합니다. ❷ '페이지 설정' 대화상자가 열리면 [시트] 탭에서 '반복할 행'의 입력 상자를 클릭하여 커서를 올려놓고 ❸ 3:4행 머리글 행을 드래그하여 지정한 후 ❹ 〈확인〉을 클릭합니다.

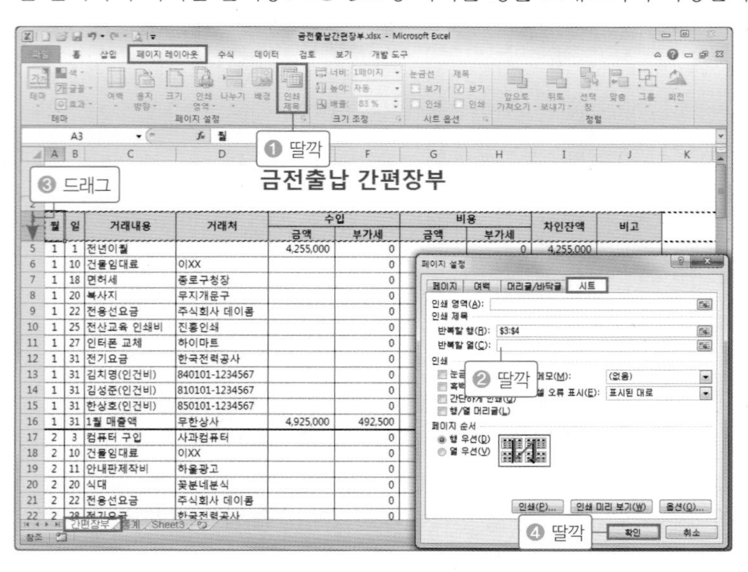

2 페이지 번호를 매기기 위해 ❶ 상태 표시줄에서 '페이지 레이아웃'을 클릭한 후 ❷ 바닥글 가운데 영역을 클릭합니다. ❸ [머리글/바닥글] 도구 → [디자인] 탭 → '머리글/바닥글 요소' 그룹 → '페이지 번호'를 클릭한 후 ❹ 슬래시(/)를 입력하고 ❺ [머리글/바닥글] 도구 → [디자인] 탭 → '머리글/바닥글 요소' 그룹 → '페이지 수'를 클릭합니다. ❻ 워크시트에 있는 하나의 셀을 선택하여 머리글/바닥글 편집 모드를 해제합니다.

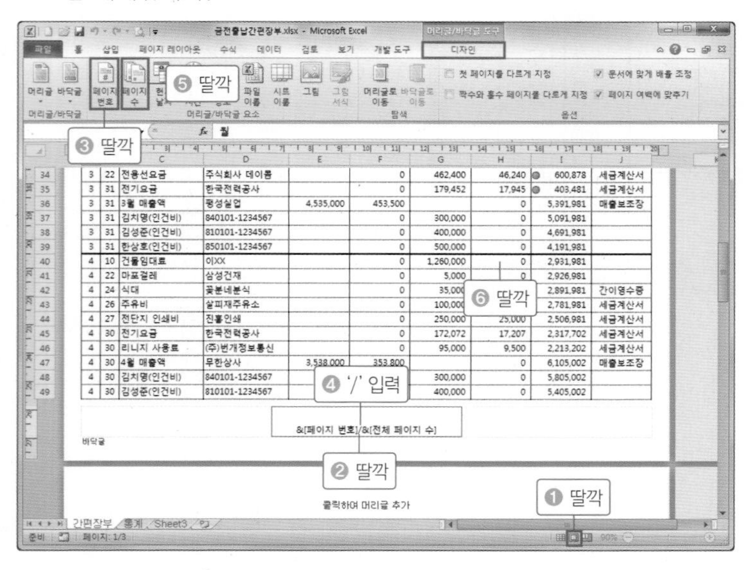

3 ❶ 빠른 실행 도구 모음의 '인쇄 미리 보기 및 인쇄'를 클릭하고 ❷ 미리 보기 화면의 왼쪽 아래에 있는 '다음 페이지'▶를 클릭하면 ❸ 매 페이지마다 인쇄 제목과 페이지 번호가 표시되는 것을 확인할 수 있습니다.

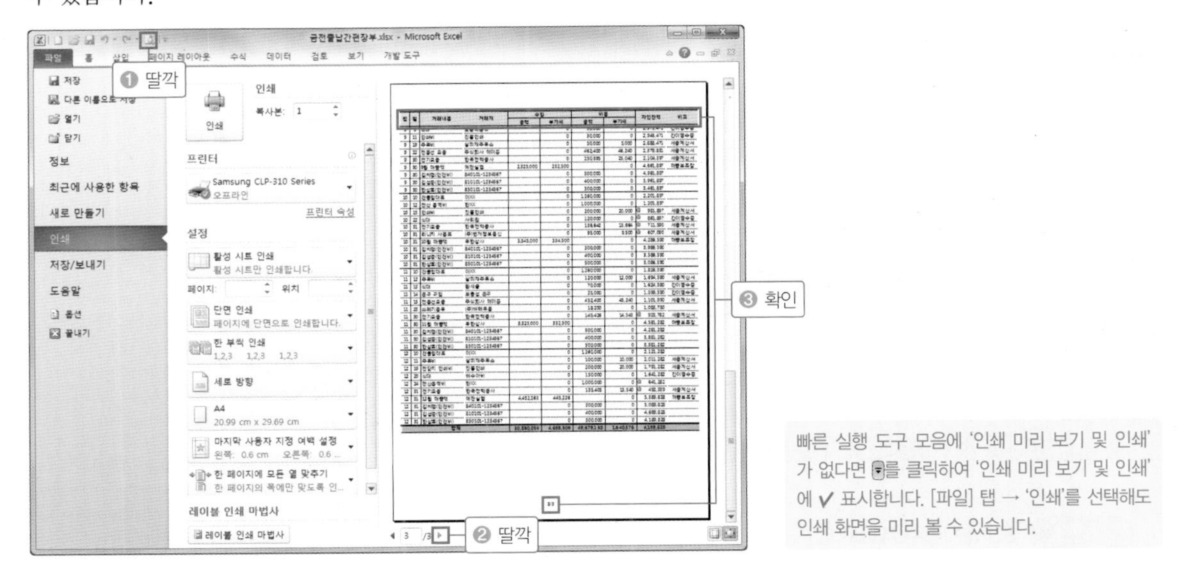

빠른 실행 도구 모음에 '인쇄 미리 보기 및 인쇄'가 없다면 ▼를 클릭하여 '인쇄 미리 보기 및 인쇄'에 ✔ 표시합니다. [파일] 탭 → '인쇄'를 선택해도 인쇄 화면을 미리 볼 수 있습니다.

4 이름 정의를 위해 ❶ A5:A138 범위를 지정한 후 ❷ 이름 상자에 '월'을 입력하고 Enter↵ 글쇠를 누릅니다.

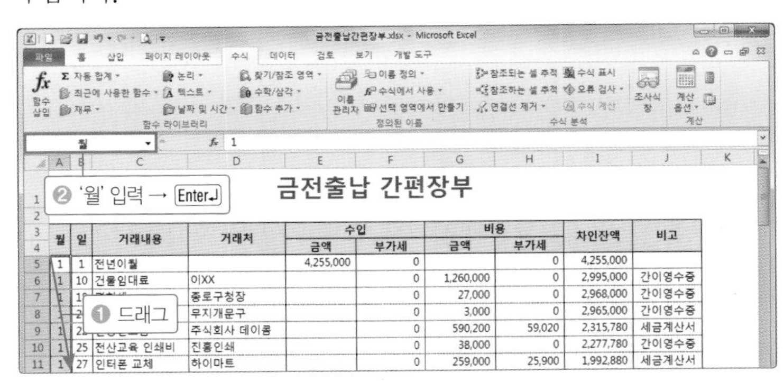

5 ❶ B5셀을 선택한 후 ❷ [수식] 탭 → '정의된 이름' 그룹 → '이름 정의'를 클릭합니다. ❸ '새 이름' 대화상자가 열리면 '이름'에는 '금액'을, ❹ '참조 대상'에는 '=간편장부!E$5:E$138'을 입력한 후 ❺ 〈확인〉을 클릭합니다.

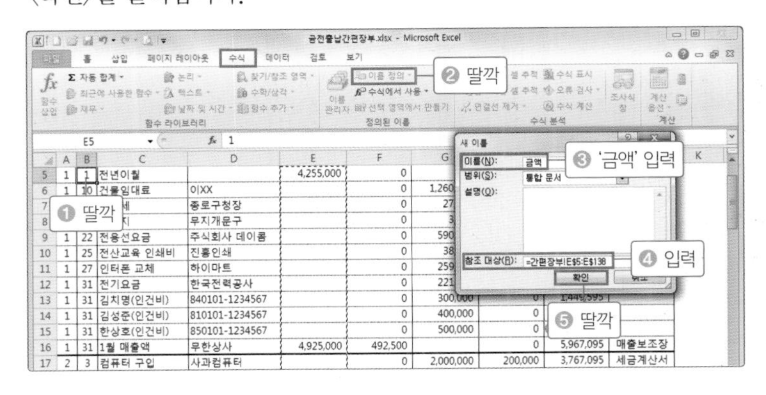

[통계] 시트의 B열부터 합계를 계산하고 수식을 오른쪽으로 복사할 것이므로 B5셀을 선택한 상태에서 금액 범위를 정의해야 합니다. 금액 범위가 한 열씩 상대적으로 변경되도록 열 상대, 행 절대 참조 형태인 'E$5:E$138'의 혼합 참조로 지정합니다.

6 월별 합계를 계산하기 위해 ❶ [통계] 시트의 B5셀에 '=SUMIF(월,$A5,금액)'을 입력하고 Enter 글쇠를 누른 후 ❷ B5셀을 다시 선택합니다. ❸ B5셀의 자동 채우기 핸들+을 E5셀까지 드래그한 후 ❹ 다시 E5셀의 자동 채우기 핸들+을 E7셀까지 드래그하여 함수식을 복사합니다.

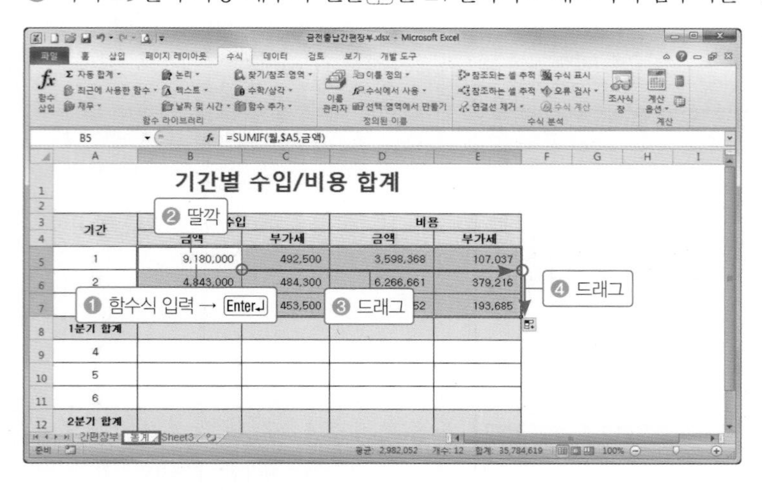

잠깐만요 SUMIF 함수 제대로 알기

SUMIF 함수는 지정한 범위 중 조건에 맞는 셀들의 합계를 구하는 함수입니다. 함수 구문은 =SUMIF(조건 범위,조건,합계 범위)입니다.

- 조건 범위 : 월 – [간편장부] 시트의 A5:A138 범위의 이름인 '월'을 지정합니다.
- 조건 : $A5 – 월 범위 중 A5셀의 값에 해당하는 월의 조건입니다. 수식을 복사할 때 열은 변경되지 않도록 열 절대 참조로 입력합니다.
- 합계 범위 : 금액 – [간편장부] 시트의 E5:E138 범위 중 위의 조건 범위에서 조건에 맞는 행의 금액만 합계를 구합니다.

7 범위를 지정한 상태에서 ❶ [홈] 탭 → '클립보드' 그룹 → '복사'를 클릭한 후 ❷ B9:E11 범위를 지정하고 ❸ Ctrl 글쇠를 누른 상태에서 B14:E16 범위를 지정합니다. ❹ 이와 같은 방법으로 B18:E20 범위도 지정하고 ❺ [홈] 탭 → '클립보드' 그룹 → '붙여넣기'를 클릭합니다.

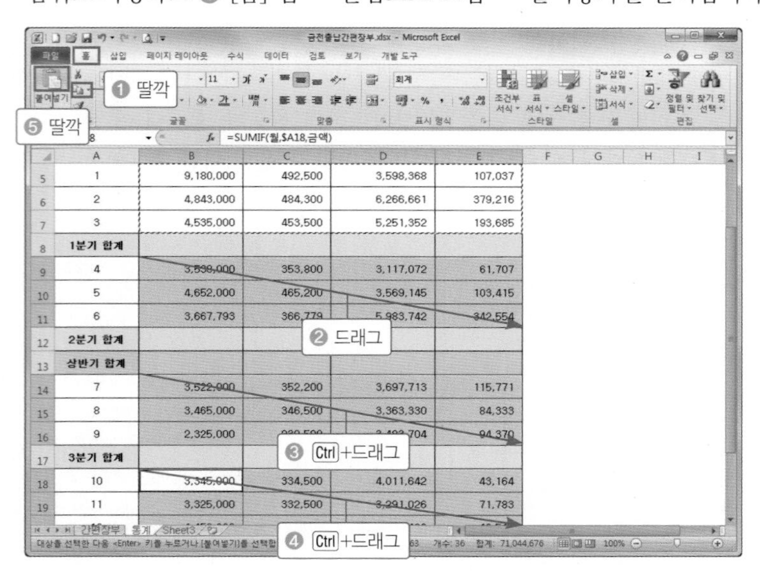

8 분기 및 반기, 연간 합계를 구하기 위해 ❶ B5:E8 범위를 지정하고 ❷ Ctrl 글쇠를 누른 상태에서 B9:E12 범위를 지정합니다. ❸ 이와 같은 방법으로 B14:E17 범위와 B18:E21 범위를 지정하고 ❹ [수식] 탭 → '함수 라이브러리' 그룹 → '자동 합계'를 클릭합니다.

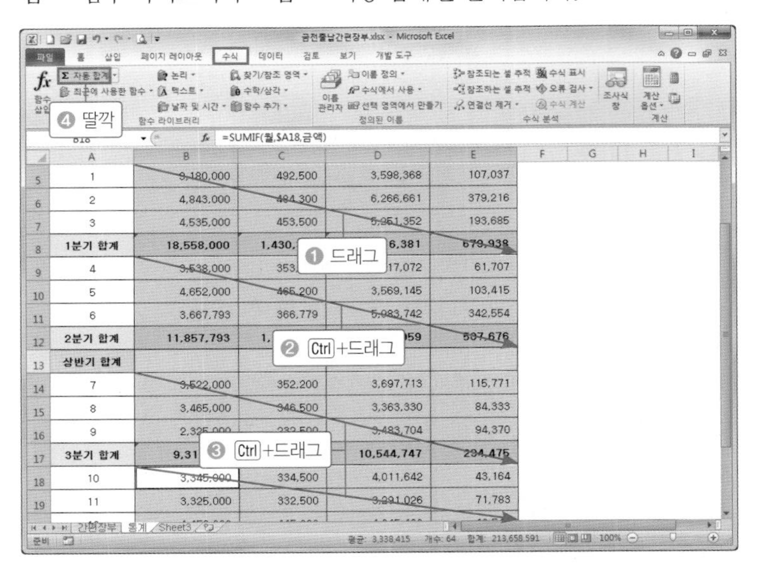

9 ❶ B5:E13 범위를 지정하고 ❷ Ctrl 글쇠를 누른 상태에서 B14:E22 범위를 지정하고 ❸ [수식] 탭 → '함수 라이브러리' 그룹 → '자동 합계'를 클릭합니다.

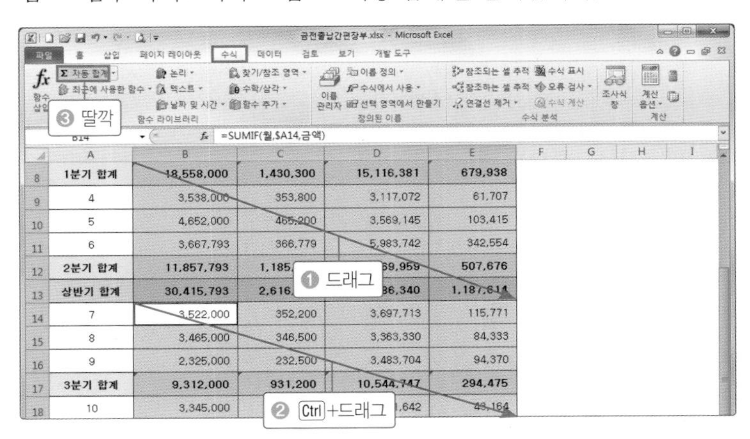

10 ❶ B23:E23 범위를 지정한 후 ❷ [수식] 탭 → '함수 라이브러리' 그룹 → '자동 합계'를 클릭합니다.

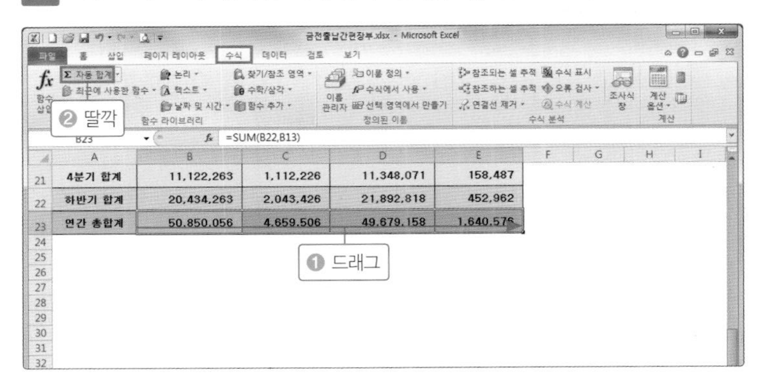

11 ❶ A5:A20 범위를 지정한 후 ❷ [홈] 탭 → '표시 형식' 그룹 → 대화상자 표시 단추를 클릭합니다. ❸ '셀 서식' 대화상자가 열리면 [표시 형식] 탭에서 '사용자 지정'을 선택하고 ❹ '형식'에 '0월'이라고 입력한 후 ❺ 〈확인〉을 클릭합니다.

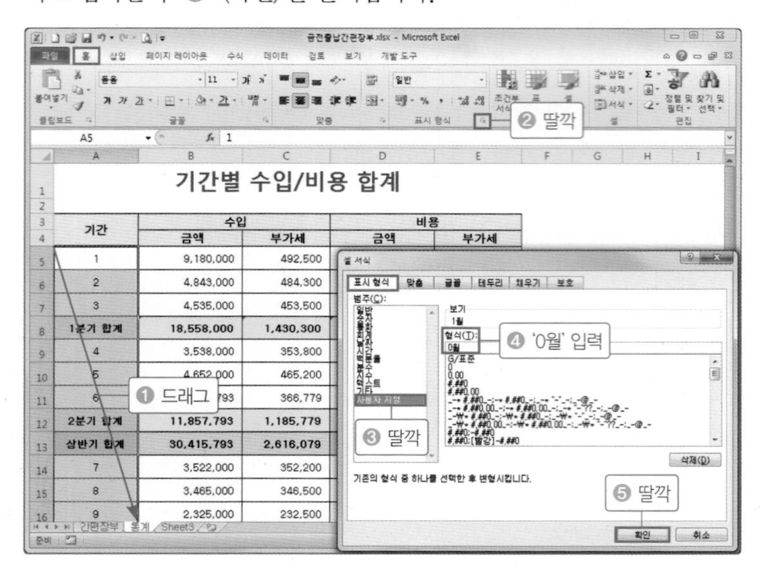

12 1월의 수입 중 전년 이월 금액은 올해의 수입이라고 할 수 없으므로 1월 수입에서 빼겠습니다. ❶ B5 셀을 더블클릭하여 커서를 나타내고 ❷ 함수식 뒤에 '–간편장부!E5'를 추가 입력한 후 Enter↵ 글쇠를 누릅니다.

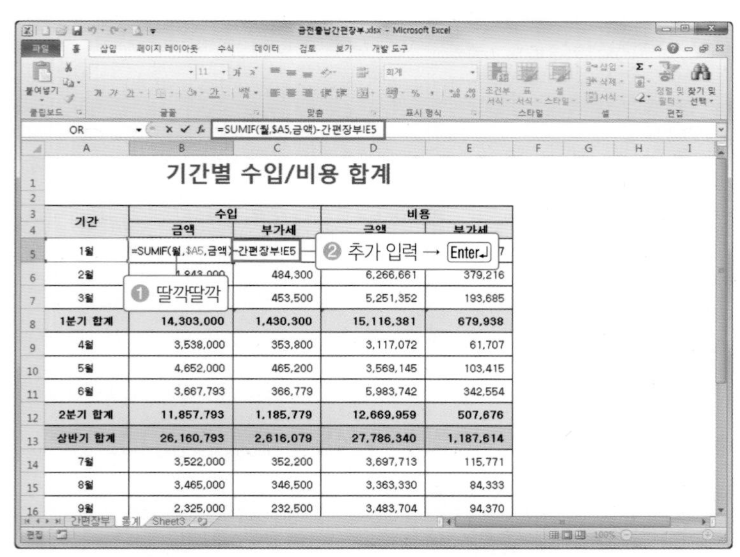

01 동적 범위 정의하기

데이터가 계속 추가되는 목록의 범위를 대상으로 작업해야 할 경우에는 해당 목록의 범위를 동적 범위로 정의해야 합니다. 동적 범위로 정의하려면 이름 정의와 OFFSET 함수를 사용해야 합니다.

1 [업체목록] 시트에서 [수식] 탭 → '정의된 이름' 그룹 → '이름 정의'를 클릭합니다. ❶ '새 이름' 대화상자가 열리면 '이름'에는 '업체목록'을 ❷ '참조 대상'에는 '=OFFSET(업체목록!$A$1,0,0,COUNTA(업체목록!$A:$A),5)'를 입력하고 ❸ 〈확인〉을 클릭합니다.

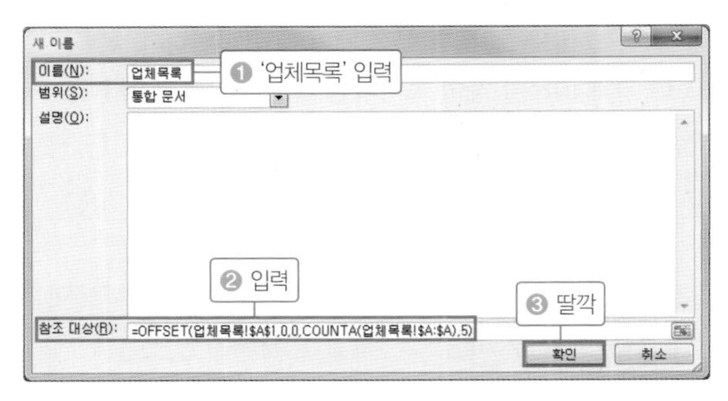

= OFFSET(기준 셀,이동 행 수,이동 열 수,범위 행 수,범위 열 수)

- 기준 셀 : 업체목록!$A$1 – [업체목록] 시트의 A1셀을 절대 기준으로 합니다.
- 이동 행 수, 이동 열 수 : 0 – A1셀부터 바로 범위를 지정할 것이므로 모두 '0'으로 지정합니다.
- 범위 행 수 : COUNTA(업체목록!$A:$A) – [업체목록] 시트의 A열 데이터 셀 개수만큼 범위를 지정합니다.
- 범위 열 수 : 5 – '업체목록' 범위의 열 수 5개를 모두 범위로 지정할 것이므로 '5'를 입력합니다.

2 목록의 마지막 행에 추가로 다음과 같이 ❶ 회사명과 담당자명을 입력한 후 ❷ 이름 상자에 '업체목록'을 입력하고 Enter↵ 글쇠를 누르면 추가된 행까지 범위가 지정됩니다.

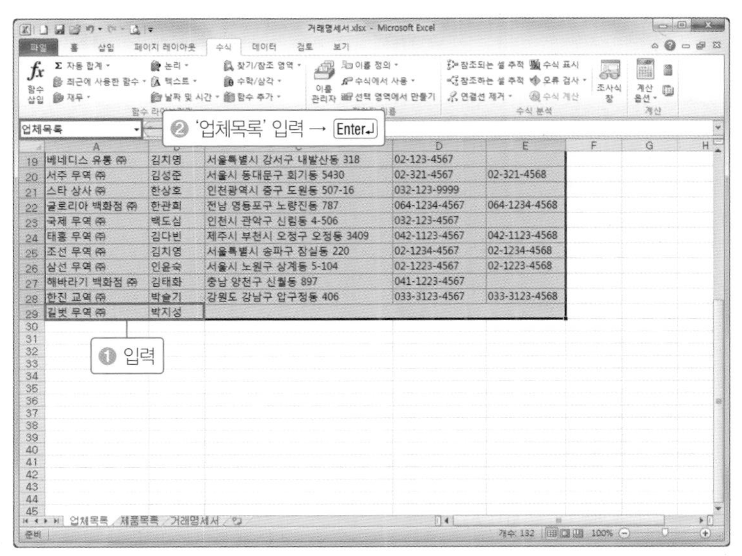

| 예제 파일 | 현장실습01\거래명세서.xlsx

02 고유 목록 추출하기

엑셀에서 특정 데이터를 목록으로부터 추출하는 세 가지 방법을 배워보겠습니다.

방법 01 목록 복사 후 중복 항목 제거하기

1 ❶ [제품목록] 시트에서 '제품명' 목록인 A2:A25 범위를 지정하고 ❷ [홈] 탭 → '클립보드' 그룹 → '복사'를 클릭합니다. ❸ E2셀을 선택하고 ❹ [홈] 탭 → '클립보드' 그룹 → '붙여넣기'를 클릭합니다.

2 ❶ E2셀을 선택한 후 ❷ [데이터] 탭 → '데이터 도구' 그룹 → '중복된 항목 제거'를 클릭합니다. ❸ '중복된 항목 제거' 대화상자가 열리면 〈확인〉을 클릭하고 ❹ 결과 메시지 창이 표시되면 〈확인〉을 클릭합니다.

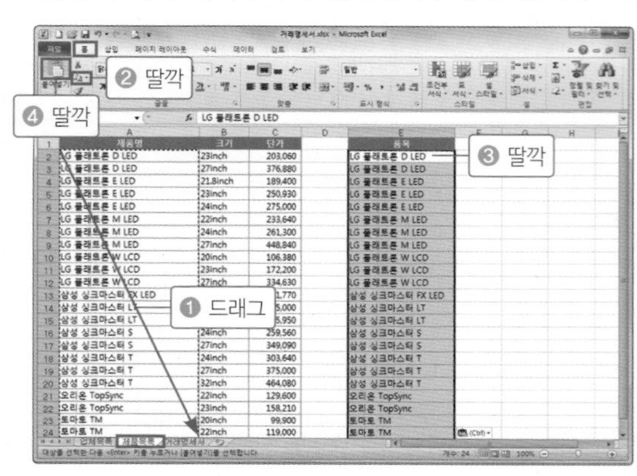

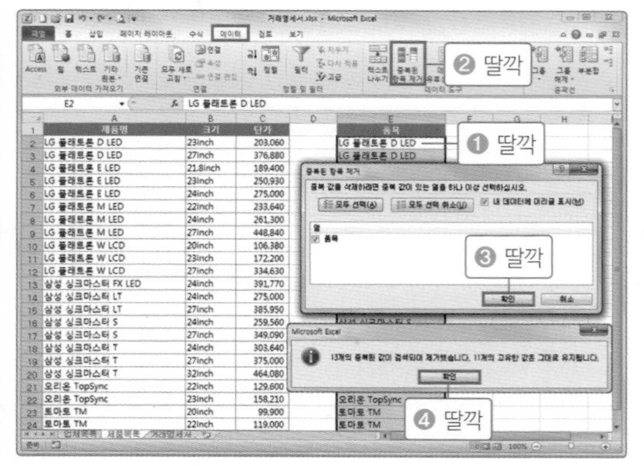

방법 02 고급필터 사용하기

1 ❶ [제품목록] 시트에서 A1:A25 범위를 지정한 후 ❷ [데이터] 탭 → '정렬 및 필터' 그룹 → '고급'을 클릭합니다. ❸ '고급 필터' 대화상자가 열리면 '다른 장소에 복사'를 선택하고 ❹ '목록 범위'는 '$A$1:$A$25'로, '복사 위치'는 '$E$1'로 지정합니다. ❺ '동일한 레코드는 하나만'에 ✔ 표시하고 ❻ 〈확인〉을 클릭합니다. 단 E1 셀은 비어 있어야 합니다.

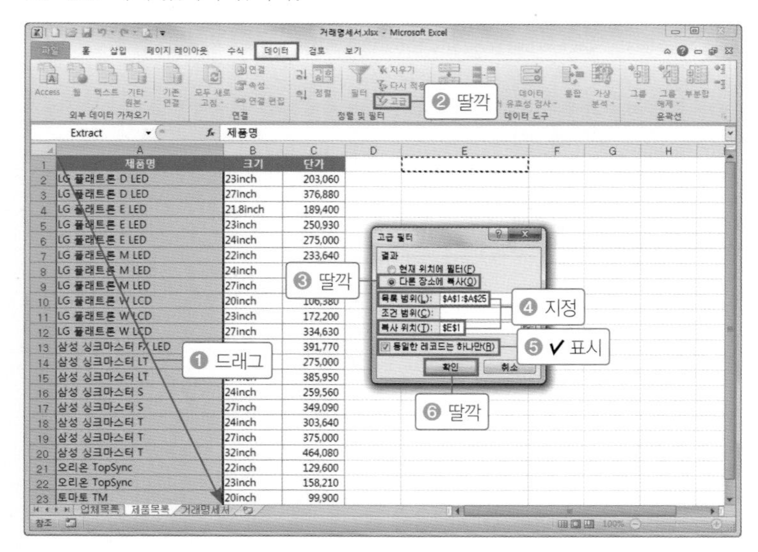

방법 03 함수 사용하기

1 [제품목록] 시트에서 목록을 추출할 첫 번째 셀인 E2셀에는 '제품명' 목록의 첫 번째 셀만 참조하기 위해 '=A2'를 입력합니다.

2 ❶ E3셀에 COUNTIF 함수에서 제품명 배열이 참조된 배열 수식 '=INDEX(제품명,MATCH(0,COUNTIF($E$2:E2,제품명),0))'을 입력하고 ❷ 단축 글쇠 Ctrl + Shift + Enter↵ 를 누릅니다.

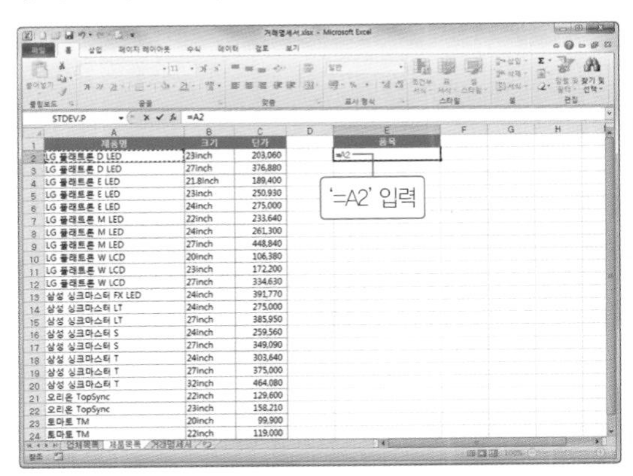

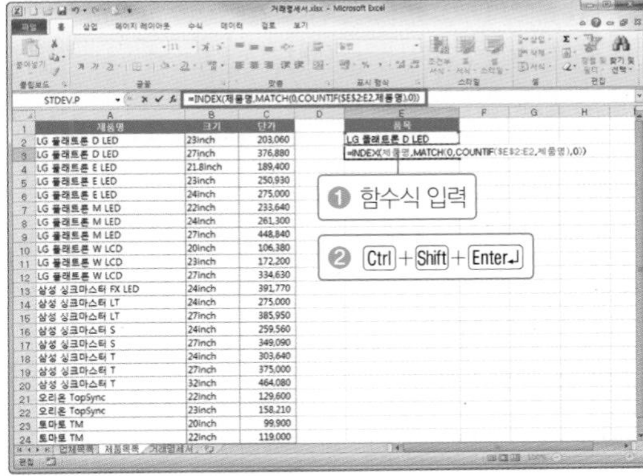

INDEX 함수는 지정한 범위에서 지정한 행 번호, 열 번호 위치에 있는 값을 찾아오는 함수로, INDEX 함수의 구문은 **=INDEX(범위,행 번호,열 번호)**입니다.

- **범위 : 제품명** – 값을 찾아올 범위로, A2:A25 범위의 이름인 '제품명'을 지정합니다.
- **행 번호 : MATCH(0,COUNTIF($E$2:E2,제품명),0)** – 함수식 COUNTIF($E$2:E2,제품명)로, 이미 추출한 고유값 목록 범위($E$2:E2)에 제품명 범위(제품명)의 각 값이 몇 개인지를 카운트한 결과값 목록(1, 1, 0, …)을 만듭니다. 이 목록에서 0 값을 찾게 하므로 이미 윗줄에서 고유 목록으로 추출된 것을 제외한 다음 값의 위치 번호를 가지고 옵니다.
- **열 번호** : 행 번호만 참조할 것이므로 열 번호는 생략합니다.

3 ❶ E3셀의 자동 채우기 핸들을 아래쪽으로 드래그하여 오류가 나오는 셀이 있을 때까지 함수식을 복사합니다. ❷ 오류가 생긴 셀을 선택하고 오류 메시지를 삭제하세요.

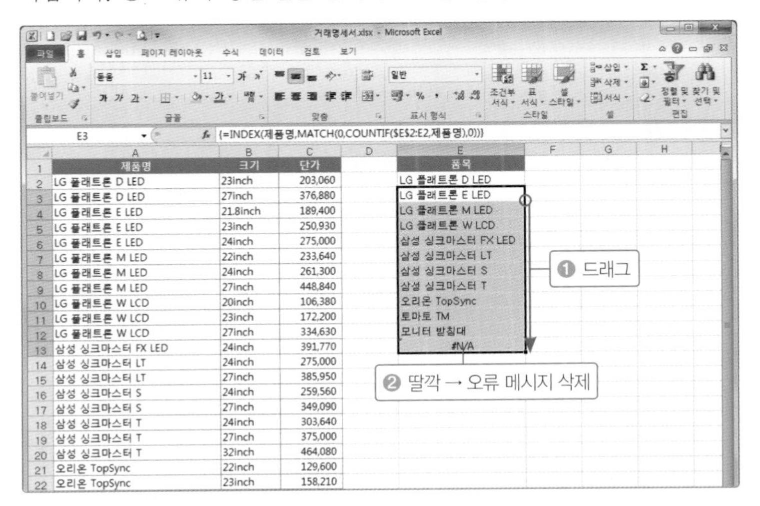

함수를 사용한 방법은 데이터 목록이 너무 많은 경우 엑셀의 재계산 속도가 떨어지므로 102쪽의 [방법 1]이나 [방법 2]를 사용하는 것이 좋습니다.

03 양수, 음수, 색상 및 조건에 따른 사용자 지정 코드 알아보기

사용자 지정 서식 코드는 양수, 음수, 0, 문자의 순서로 최대 네 개의 섹션으로 구성되는데, 각 섹션은 세미콜론(;) 기호로 구분합니다.

서식 코드	양수 서식	음수 서식	0 서식	문자 서식
	#,##0 ;	-#,##0 ;	- ;	(@)
입력 데이터	1200	-1200	0	미정
표시 데이터	1,200	-1,200	-	(미정)

네 개의 섹션에 모두 코드를 지정할 필요는 없습니다. 두 개의 섹션에만 코드를 지정한 경우 첫 번째 섹션은 양수 및 0에 적용되고, 두 번째 섹션은 음수에 적용됩니다. 또한 한 개의 섹션에만 코드를 지정하면 이 섹션은 양수, 음수, 0에 대한 서식으로 적용됩니다.

색 및 조건 지정하기

서식의 특정 섹션에 색을 지정하려면 다음의 여덟 가지 색 이름을 사용할 수 있습니다. 이 경우 색 이름을 대괄호([ ])로 묶어 섹션에서 가장 앞에 입력하면 됩니다.

[검정], [녹색], [흰색], [파랑], [자홍], [노랑], [녹청], [빨강]

예 1 **[빨강]▲#,##0;[파랑]▼#,##0**

천 단위 구분 기호를 표시하며, 양수는 빨간색으로 ▲ 기호를 넣고, 음수는 파란색으로 ▼ 기호를 넣어 표시합니다.

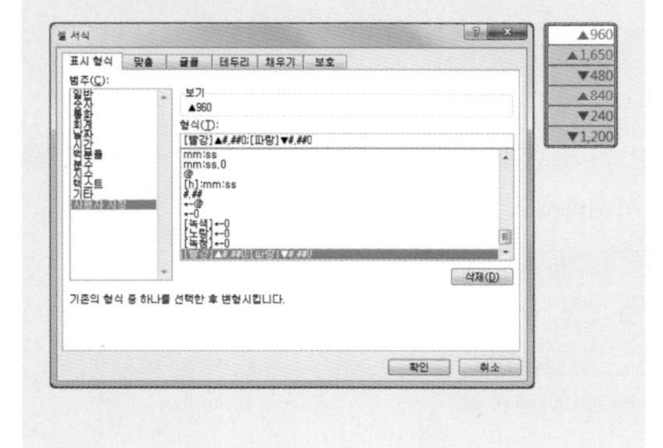

예 2 **[파랑][>=30000]#,##0;[빨강][<1000]#,##0;#,##0**

30,000 이상은 파란색으로, 1,000 미만은 빨간색으로 표시하고, 그 외의 숫자는 색상을 지정하지 않으며 모두 천 단위 구분 기호를 표시합니다.

조건에 따라 서식을 지정하려면 조건도 대괄호([ ]) 안에 입력하면 됩니다. 조건은 비교 연산자와 값으로 구성되며, 색상과 조건을 함께 사용하는 경우 색상을 먼저 입력합니다.

연습 문제

프로젝트 일정표 작성하기

동 영 상 확인하기

프로젝트 작업 일정을 표시할 때 흔히 사용하는 일정표 양식입니다. 시작일과 종료일을 입력하면 토요일과 일요일을 제외한 기간이 입력되게 하고, 조건부 서식을 사용하여 해당 날짜 셀에 색이 채워지도록 설정하여 간트 차트(Gantt chart) 형식으로 표시되는 프로젝트 일정표를 작성해 보겠습니다.

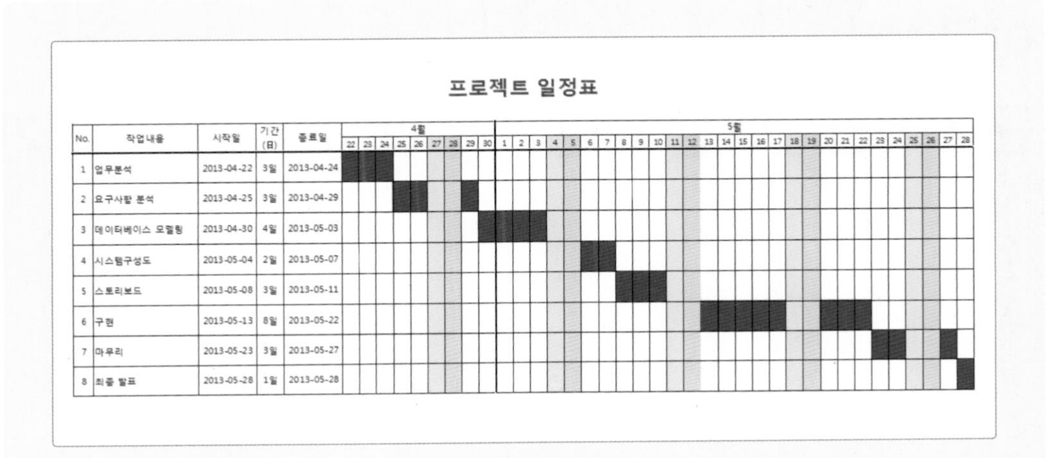

프로젝트 일정표

No.	작업내용	시작일	기간(日)	종료일	4월									5월																											
					22	23	24	25	26	27	28	29	30	1	2	3	4	5	6	7	8	9	10	11	12	13	14	15	16	17	18	19	20	21	22	23	24	25	26	27	28
1	업무분석	2013-04-22	3일	2013-04-24																																					
2	요구사항 분석	2013-04-25	3일	2013-04-29																																					
3	데이터베이스 모델링	2013-04-30	4일	2013-05-03																																					
4	시스템구성도	2013-05-04	2일	2013-05-07																																					
5	스토리보드	2013-05-08	3일	2013-05-11																																					
6	구현	2013-05-13	8일	2013-05-22																																					
7	마무리	2013-05-23	3일	2013-05-27																																					
8	최종 발표	2013-05-28	1일	2013-05-28																																					

지시 사항

1. F4셀의 자동 채우기 핸들[+]을 AP4셀까지 드래그하여 '2013-5-28'까지 입력합니다.

2. F4:AP4 범위에 사용자 지정 표시 형식을 사용하여 일자만 표시되게(서식 코드 'd' 사용) 지정하고, 열 너비를 줄입니다.

3. F3:N3 범위, O3:AP3 범위를 병합하고 가운데 맞춤한 후 '4월', '5월'을 입력합니다.

4. D5셀에 '=NETWORKDAYS(C5,E5)'를 입력하고 나머지 아래쪽 셀에 함수식을 복사합니다.
(NETWORKDAYS 함수는 두 날짜 사이에서 주말을 제외한 날짜 수를 구하는 함수입니다.)

5. D5:D12 범위에 사용자 지정 표시 형식을 사용하여 숫자 뒤에 '일'을 붙입니다(서식 코드 '0일' 사용).

6. F5:AP12 범위에 조건부 서식을 사용하여 해당 셀의 날짜가 시작일보다 크거나 같고, 종료일보다 작거나 같은 경우 셀 색을 진한 파란색으로 채웁니다(수식 =AND(F$4>=$C5,F$4<=$E5) 사용).

7. F4:AP12 범위에 조건부 서식을 사용하여 토요일인 경우(=WEEKDAY(F$4)=7)에는 열에 '바다색 강조 5, 80% 밝게'를, 일요일인 경우(=WEEKDAY(F$4)=1)에는 열에 '빨강 강조 2, 80% 밝게'를 채웁니다.

현장실습

02

야근 No!
근무 시간 단축을 위한 계산 및 함수 활용 익히기

01 재직 여부에 따른 재직·경력증명서 만들기

02 고객별 매출 내역을 모두 추출한 영수증 만들기

03 급여 계산 및 급여 지급 명세서 만들기

04 조건별 매출집계표 만들기

| 직장인을 위한 실무 |

엑셀

E X C E L

엑셀에서 사용할 수 있는 함수 개수는 버전과 추가 기능 설치 여부에 따라 300~700여 개 정도 됩니다. 물론 이렇게 많은 함수를 모두 다 알고 있을 필요는 없지만 업무에 꼭 필요한 유용한 함수를 적재적소에 활용할 수 있다면 많은 시간과 에너지를 투자해야 하는 일도 간단하게 해결할 수 있습니다. 또한 엑셀 함수는 단순한 수치 계산뿐만 아니라 데이터 가공, 조회, 요약, 추출 업무까지 손쉽게 할 수 있도록 도와줍니다.

이번 장에서는 재직·경력증명서, 영수증, 급여 지급 명세서, 매출집계표, 인사고과 분석표 등을 작성해 보면서 업무에서 많이 활용되는 함수들을 중심으로 살펴보겠습니다. 어떤 경우에, 어떤 함수를, 어떻게 활용하는지 경험해 보면서 실제 업무에서 사용하는 문서에 적용해서 다른 방법으로도 응용해 볼 수 있습니다.

01 재직 여부에 따라 재직 · 경력증명서 만들기

| 예제 파일 | 현장실습02\재직경력증명서.xlsx | 완성 파일 | 현장실습02\완성\재직경력증명서완성.xlsx

재직·경력증명서는 근로기준법 39조에 의거, 근로자가 재직중일 때는 물론 퇴직한 후에라도 직위, 기간, 임금 등의 증명서를 청구하면 반드시 내 주어야 하는 문서입니다. 회사마다 양식은 조금씩 다르지만 재직·경력증명서에는 성명, 주민등록번호, 주소, 회사명, 부서, 직위, 입사일, 근무 기간 등을 기록합니다.

❶ 직원명부에 입력한 **기초 데이터로부터 생년월일, 나이, 성별, 주소 등을 입력**하고 ❷ 재직·경력증명서에서는 **유효성 검사 기능을 사용하여 주민번호를 선택**한 후 ❸ **'재직', '경력' 사항을 문서 제목**으로 입력합니다. ❹ 주민번호를 선택하면 별도의 시트에 있는 **직원명부 목록에서 성명, 부서, 직위, 주소 등의 데이터를 추출**하도록 작성합니다.

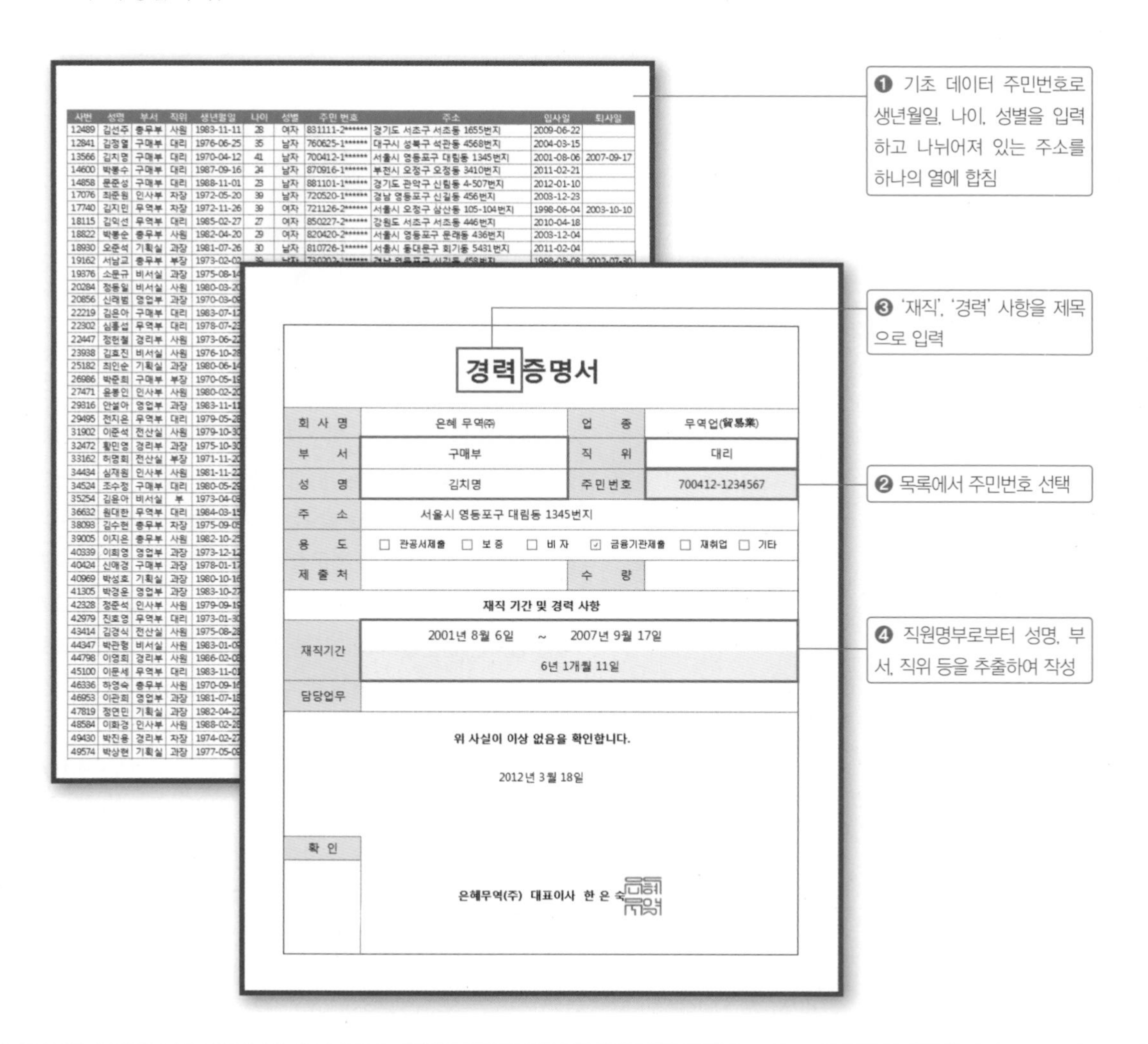

사번	성명	부서	직위	생년월일	나이	성별	주민 번호	주소	입사일	퇴사일
12489	김선주	총무부	사원	1983-11-11	28	여자	831111-2******	경기도 서초구 서초동 1655번지	2009-06-22	
12841	김정열	구매부	대리	1976-06-25	35	남자	760625-1******	대구시 성북구 석관동 4568번지	2004-03-15	
13566	김치명	구매부	대리	1970-04-12	41	남자	700412-1******	서울시 영등포구 대림동 1345번지	2001-08-06	2007-09-17
14600	박봉수	구매부	대리	1987-09-16	24	남자	870916-1******	부천시 오정구 오정동 3410번지	2011-02-21	
14858	문준성	구매부	대리	1988-11-01	23	남자	881101-1******	경기도 관악구 신림동 4-507번지	2012-01-10	
17076	최준원	인사부	차장	1972-05-20	39	남자	720520-1******	경남 영등포구 신길동 456번지	2003-12-23	
17740	김지민	무역부	차장	1972-11-26	39	여자	721126-2******	서울시 오정구 삼산동 105-104번지	1998-06-04	2003-10-10
18115	김익선	무역부	대리	1985-02-27	27	여자	850227-2******	강원도 서초구 서초동 446번지	2010-04-18	
18822	박봉순	총무부	사원	1982-04-20	29	여자	820420-2******	서울시 영등포구 문래동 436번지	2003-12-04	
18930	오준석	기획실	과장	1981-07-26	30	남자	810726-1******	서울시 동대문구 회기동 5431번지	2011-02-04	
19162	서남교	총무부	부장	1973-02-02						
19376	소문규	비서실	과장	1975-08-14						
20284	정동일	비서실	사원	1980-03-20						
20856	신래범	영업부	과장	1970-03-09						
22219	김은아	구매부	대리	1983-07-12						
22302	심통섭	무역부	대리	1978-07-23						
22447	정현철	경리부	사원	1973-06-22						
23938	김효진	비서실	사원	1976-10-28						
25182	최인순	기획실	과장	1980-06-14						
26986	박준희	구매부	부장	1970-05-19						
27471	윤봉인	인사부	사원	1980-02-20						
29316	안설아	영업부	과장	1983-11-11						
29495	전지은	무역부	대리	1979-05-28						
31902	이준석	전산실	사원	1979-10-30						
32472	황민영	경리부	과장	1975-10-30						
33162	허명회	전산실	부장	1971-11-20						
34434	심재원	인사부	사원	1981-11-22						
34524	조수정	구매부	대리	1980-05-29						
35254	김윤아	비서실	부	1973-04-03						
36632	원대한	무역부	대리	1984-03-15						
38093	김수현	총무부	차장	1975-09-05						
39005	이지은	총무부	사원	1982-10-25						
40339	이희영	영업부	과장	1973-12-12						
40424	신애경	구매부	과장	1978-01-17						
40969	박성호	기획실	과장	1980-10-16						
41305	박경운	영업부	과장	1983-10-27						
42328	정준석	인사부	사원	1979-09-19						
42979	진호영	무역부	대리	1973-01-30						
43414	김경식	전산실	사원	1975-08-28						
44347	박관형	비서실	사원	1983-01-09						
44798	이영희	경리부	사원	1986-02-08						
45100	이문세	무역부	대리	1983-11-01						
46336	하영숙	총무부	사원	1970-09-16						
46953	이관희	영업부	과장	1981-07-18						
47819	정연민	기획실	과장	1982-04-22						
48584	이화경	인사부	사원	1988-02-28						
49430	박진용	경리부	차장	1974-02-27						
49574	박상현	기획실	과장	1977-05-09						

경력증명서

회 사 명	은혜 무역㈜	업 종	무역업(貿易業)
부 서	구매부	직 위	대리
성 명	김치명	주민번호	700412-1234567
주 소	서울시 영등포구 대림동 1345번지		
용 도	☐ 관공서제출 ☐ 보 증 ☐ 비 자 ☑ 금융기관제출 ☐ 재취업 ☐ 기타		
제 출 처		수 량	

재직 기간 및 경력 사항

재직기간	2001년 8월 6일 ~ 2007년 9월 17일
	6년 1개월 11일
담당업무	

위 사실이 이상 없음을 확인합니다.

2012년 3월 18일

확 인

은혜무역(주) 대표이사 한 은 숙

Step 01 직원명부 데이터 가공하기

① DATE, LEFT, MID 함수를 사용하여 주민번호로부터 생년월일을, YEAR, TODAY, IF, TEXT 함수를 사용하여 나이를, IF, MOD, MID 함수를 사용하여 성별을 입력하고, REPLACE, TEXT 함수를 사용하여 주민번호 뒷자리를 숨깁니다.

② CONCATENATE 함수를 사용하여 시/도, 구, 동, 번지가 나누어 입력되어 있는 주소를 하나로 합칩니다.

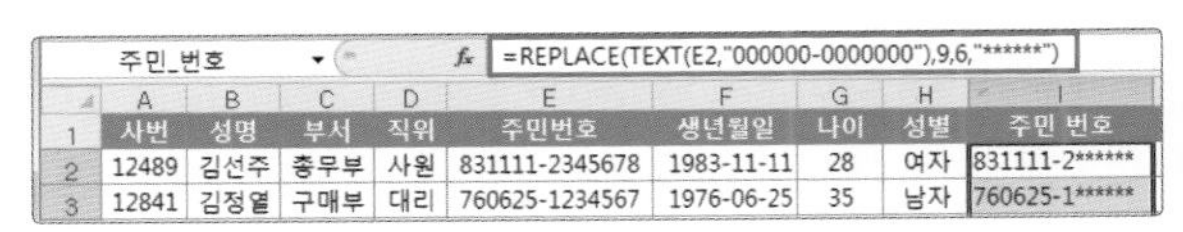

주민_번호 =REPLACE(TEXT(E2,"000000-0000000"),9,6,"******")

	A	B	C	D	E	F	G	H	I
1	사번	성명	부서	직위	주민번호	생년월일	나이	성별	주민 번호
2	12489	김선주	총무부	사원	831111-2345678	1983-11-11	28	여자	831111-2******
3	12841	김정열	구매부	대리	760625-1234567	1976-06-25	35	남자	760625-1******

=CONCATENATE(K2," ",L2," ",M2," ",N2,"번지")

J	K	L	M	N
주소	시/도	구	동	번지
경기도 서초구 서초동 1655번지	경기도	서초구	서초동	1655
대구시 성북구 석관동 4568번지	대구시	성북구	석관동	4568

Step 02 재직·경력 증명서 작성하기

① 증명서 양식에서 주민번호를 선택하면 직원명부의 재직 여부에 따라 IF, LOOKUP 함수를 사용하여 제목이 입력되게 합니다.

② LOOKUP, INDIRECT 함수를 사용하여 부서, 직위, 성명, 주소가 자동으로 입력되게 수식을 작성합니다.

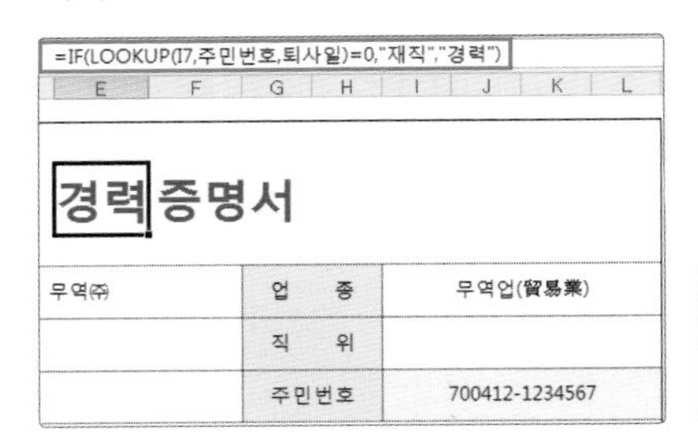

부 서	=LOOKUP($I$7,주민번호,INDIRECT(A6))	직 위	
성 명		주민번호	700412-1234567
주 소			

③ IF, LOOKUP, TODAY 함수를 사용하여 재직 날짜를 구하고 DATEDIF 함수를 사용하여 재직 기간을 구합니다.

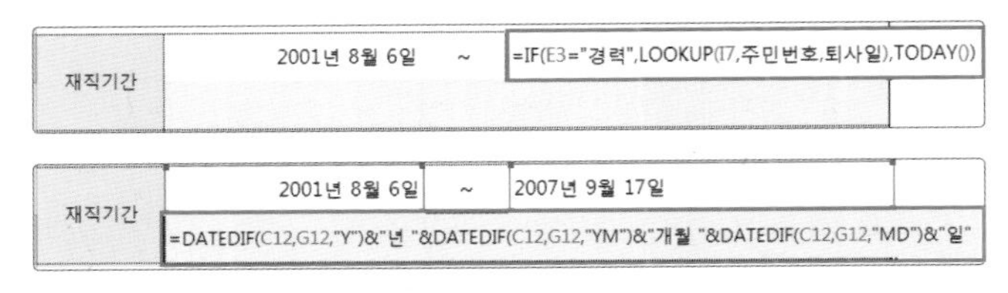

STEP 01

직원명부 데이터 가공하기

1 주민번호에 하이픈(–)을 표시하기 위해 ❶ [직원명부] 시트를 선택하고 ❷ E2:E101 범위를 지정한 후 ❸ [홈] 탭 → '표시 형식' 그룹 → 대화상자 표시 단추를 클릭합니다. ❹ '셀 서식' 대화상자가 열리면 [표시 형식] 탭에서 '기타'를 선택한 후 ❺ '형식'에서 '주민등록번호'를 선택하고 ❻ 〈확인〉을 클릭합니다.

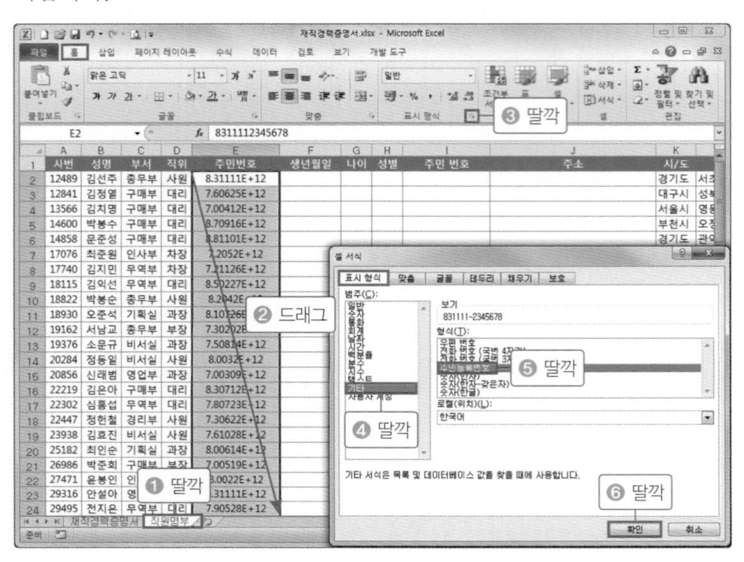

2 생년월일을 추출하기 위해 ❶ F2셀에 '=DATE(LEFT(E2,2),MID(E2,3,2),MID(E2,5,2))'를 입력하고 Enter 글쇠를 누릅니다. ❷ 다시 F2셀을 선택하고 ❸ F2셀의 자동 채우기 핸들을 더블클릭하여 함수식을 복사합니다.

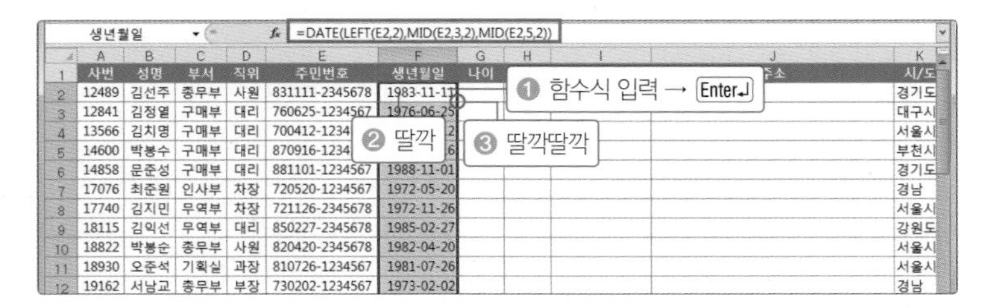

잠깐만요 DATE, LEFT, MID 함수 제대로 알기

DATE 함수는 년, 월, 일을 지정하여 날짜 데이터로 만드는 함수이고, LEFT 함수는 텍스트의 왼쪽에서 지정한 글자 수만큼 추출하는 함수이며, MID 함수는 지정한 시작 위치에서 지정한 글자 수만큼 텍스트를 추출하는 함수입니다. DATE, LEFT, MID 함수의 구문은 다음과 같습니다.

=DATE(년,월,일) / =LEFT(텍스트,글자 수) / =MID(텍스트,시작 위치,글자 수)

- 년 : LEFT(E2,2) – 주민번호(E2셀)의 왼쪽에서 두 글자를 추출하여 연도를 지정합니다.
- 월 : MID(E2,3,2) – 주민번호(E2셀)의 세 번째 글자부터 두 글자를 추출하여 월로 지정합니다.
- 일 : MID(E2,5,2) – 주민번호(E2셀)의 다섯 번째 글자부터 두 글자를 추출하여 일로 지정합니다.

3 생일에 따른 만 나이를 입력하기 위해 ❶ G2셀에 '=YEAR(TODAY())−YEAR(F2)−IF(TEXT(F2,"mm−dd")〈=TEXT(TODAY(),"mm−dd"),0,1)'을 입력하고 Enter↵ 글쇠를 누릅니다. ❷ 왼쪽 열의 날짜 서식이 복사되므로 G2셀을 다시 선택하고 ❸ [홈] 탭 → '표시 형식' 그룹 → '표시 형식'에서 '일반'을 선택한 후 ❹ G2셀의 자동 채우기 핸들✚을 더블클릭하여 함수식을 복사합니다.

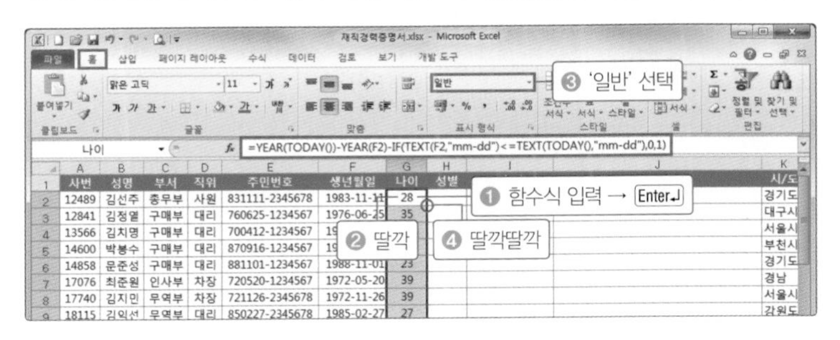

잠깐만요 YEAR, TODAY, IF, TEXT 함수 제대로 알기

만 나이는 올해 연도에서 생년월일의 연도를 빼서(생일이 지나지 않았으면 1을 더 빼서) 계산합니다. YEAR 함수는 날짜로부터 연도만 추출하며, TODAY 함수는 오늘 날짜를 입력합니다. IF 함수는 조건에 따른 값을 지정하며, TEXT 함수는 지정한 값을 지정한 서식으로 입력합니다. 각 함수의 구문은 다음과 같습니다.

=YEAR(날짜) / =TODAY( ) / =IF(조건,TRUE 값,FALSE 값) / =TEXT(값,"서식 코드")

- YEAR(TODAY( )) : 오늘 날짜로부터 연도만 추출합니다.
- −YEAR(F2) : 생년월일의 연도를 뺍니다.
- −IF(TEXT(F2,"mm−dd")〈=TEXT(TODAY( ),"mm−dd"),0,1) : 생년월일(F2셀)의 월−일("mm−dd")만 추출한 결과가 오늘 날짜(TODAY( ))의 월−일("mm−dd")만 추출한 결과보다 작거나 같으면 0을 빼고, 그렇지 않으면 1을 뺍니다.

4 짝, 홀수별로 성별을 입력하기 위해 ❶ H2셀에 '=IF(MOD(MID(E2,7,1),2)=0,"여자","남자")'를 입력하고 Enter↵ 글쇠를 누릅니다. ❷ 다시 H2셀을 선택하고 ❸ H2셀의 자동 채우기 핸들✚을 더블클릭하여 함수식을 복사합니다.

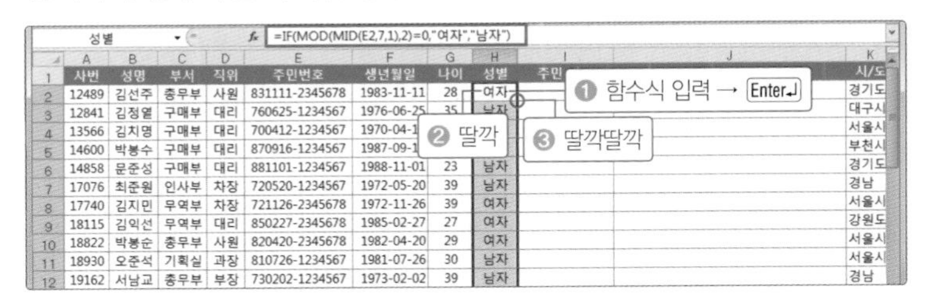

잠깐만요 IF, MOD, MID 함수 제대로 알기

주민번호 뒷자리가 홀수로 시작하면 남자, 짝수이면 여자입니다. MOD 함수는 값을 원하는 수로 나눈 후 나머지를 구하는 함수입니다. MID 함수로 주민번호의 일곱 번째 숫자를 추출한 후 MOD 함수를 사용하여 2로 나눈 나머지가 0이면 짝수이므로 '여자'가, 아니면 '남자'가 입력되도록 IF 함수식을 작성합니다.

- MID(E2,7,1) : E2셀의 일곱 번째 문자 한 개를 추출합니다. 주민번호에서 하이픈(−)은 실제로 입력된 값이 아니라 표시 형식에서 지정된 서식이므로 성별을 나타내는 숫자는 일곱 번째 문자입니다.
- 조건 : MOD(MID(E2,7,1),2)=0 − MID 함수로 추출한 결과를 2로 나눈 나머지가 0인지 판단합니다.
- 참 값 : "여자" − 위의 조건이 참이면 '여자'라고 입력합니다.
- 거짓 값 : "남자" − 위의 조건이 거짓이면 '남자'라고 입력합니다.

5 주민번호 뒷자리를 숨기기 위해 ❶ I2셀에 '=REPLACE(TEXT(E2,"000000-0000000"),9,6,"******")'을 입력하고 Enter 글쇠를 누릅니다. ❷ 다시 I2셀을 선택하고 ❸ I2셀의 자동 채우기 핸들을 더블클릭하여 함수식을 복사합니다.

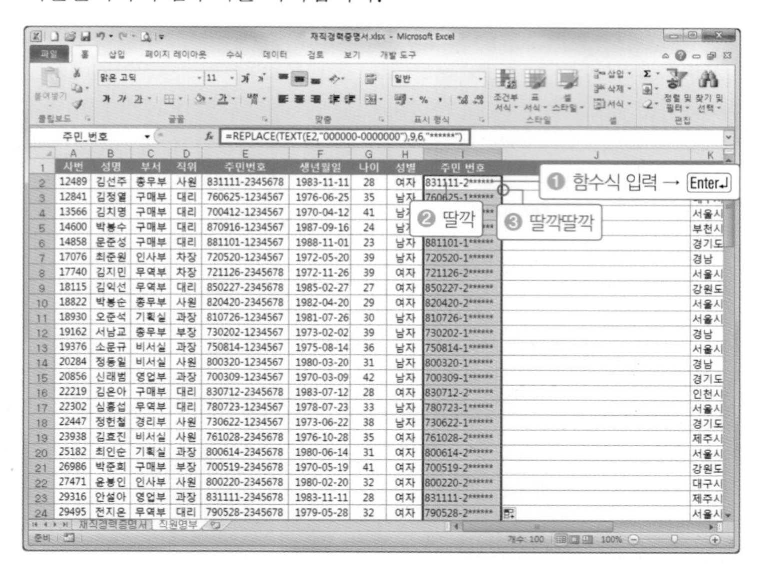

잠깐만요 REPLACE, TEXT 함수 제대로 알기

REPLACE 함수는 텍스트를 지정한 위치에서 지정한 글자 수만큼 원하는 문자로 대체할 수 있으며, TEXT 함수는 지정한 값을 지정한 표시 형식으로 입력할 수 있습니다. REPLACE, TEXT 함수의 구문은 다음과 같습니다.

=REPLACE(텍스트,시작 위치,바꿀 글자 수,대체 텍스트) / =TEXT(값,"서식 코드")

E2셀의 주민번호는 실제로는 하이픈(-) 없이 입력되어 있으므로 TEXT 함수로 하이픈을 표시하면서 입력된 텍스트로 만든 후 하이픈 뒤의 숫자 다음부터 '******'로 대체합니다.

- 텍스트 : TEXT(E2,"000000-0000000") – E2셀 값을 '000000-0000000' 형식으로 입력합니다.
- 시작 위치 : 9 – TEXT 함수로 지정된 텍스트의 아홉 번째 글자부터 대체합니다. 즉 성별을 나타내는 숫자 뒷자리부터 대체합니다.
- 바꿀 글자 수 : 6 – 여섯 글자를 대체합니다.
- 대체 텍스트 : "******" – 주민번호의 성별을 나타내는 숫자 뒷자리부터 여섯 글자를 '******'로 대체합니다.

잠깐만요 표시 형식으로 주민번호 뒷자리 숨기기

'셀 서식' 대화상자의 [표시 형식] 탭에서 사용자 지정 서식 코드로 '000000-0,,"******"'를 입력해도 주민번호 뒷자리를 숨길 수 있지만 주민번호에서 성별을 나타내는 숫자 뒷자리가 5 이상인 경우 반올림되어 표시되는 단점이 있습니다.

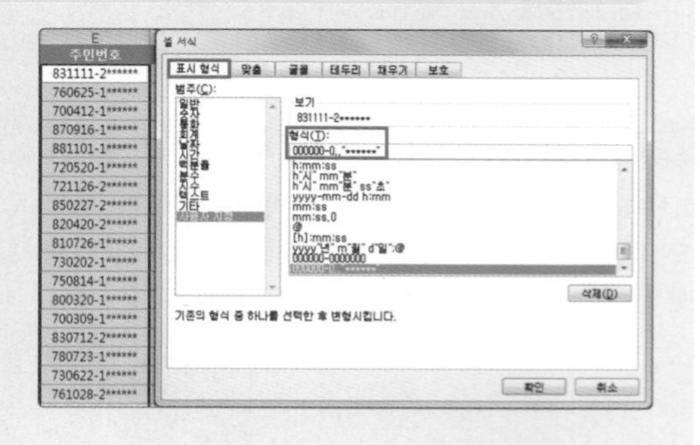

6 주소를 한 셀에 합치기 위해 ① J2셀에 '=CONCATENATE(K2," ",L2," ",M2," ",N2,"번지")'를 입력하고 Enter↵ 글쇠를 누릅니다. ② 다시 J2셀을 선택하고 ③ J2셀의 자동 채우기 핸들[+]을 더블클릭하여 함수식을 복사합니다.

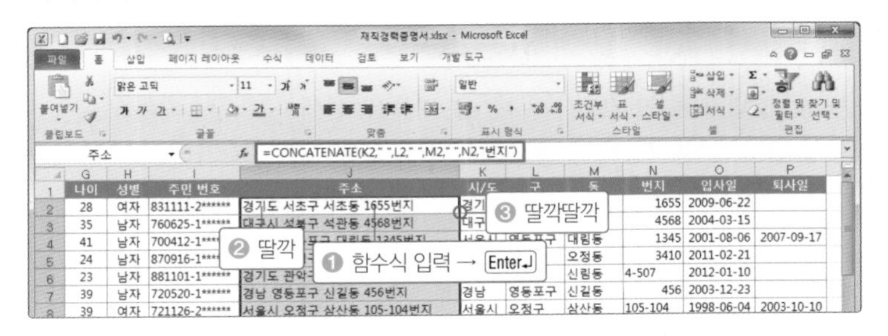

잠깐만요 **CONCATENATE 함수 제대로 알기**

CONCATENATE 함수는 인수로 지정한 문자들을 모두 모아주는 함수입니다. CONCATENATE 함수 대신 & 연산자를 사용할 수도 있지만, 합쳐야 할 항목이 많은 경우 CONCATENATE 함수를 사용하는 것이 더 편리합니다. 여기서는 시/도, 구, 동, 번지의 사이사이에 공백을 삽입하여 합치고 번지인 숫자 뒤에 '번지'를 붙였습니다.

7 필드명으로 이름을 정의하기 위해 ① 단축 글쇠 Ctrl+A를 눌러 표 전체 범위를 지정하고 ② [수식] 탭 → '정의된 이름' 그룹 → '선택 영역에서 만들기'를 클릭합니다. ③ '선택 영역에서 이름 만들기' 대화상자가 열리면 '첫 행'에 ✔ 표시하고 ④ 〈확인〉을 클릭합니다.

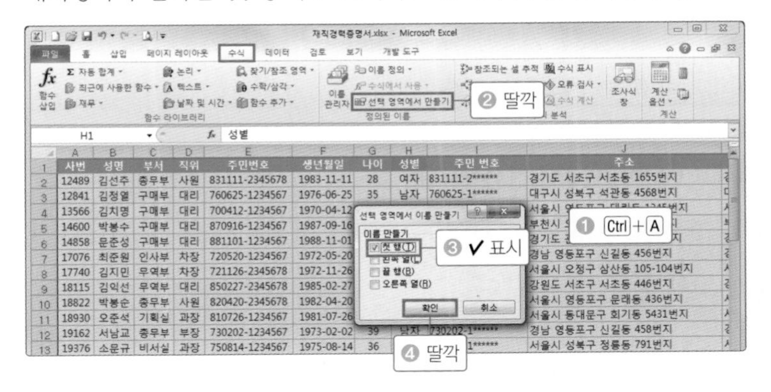

1행의 필드명이 아래쪽 열 범위 이름으로 정의됩니다. 즉 A2:A101 범위는 '사번'이라는 이름으로 정의됩니다. 이름에는 공백이나 특수 문자를 사용할 수 없으므로 특수 문자나 공백이 있던 자리에 언더바(_)가 들어갑니다. I열의 '주민번호'는 '주민_번호'로, K열의 '시/도'는 '시_도'로 이름이 정의됩니다.

8 열을 숨기기 위해 ① E열 머리글 행을 클릭하고 ② Ctrl 글쇠를 누른 상태에서 K열 머리글 행부터 N열 머리글 행을 드래그합니다. 열 머리글 행을 선택한 상태에서 ③ 마우스 오른쪽 단추를 클릭한 후 ④ 바로 가기 메뉴에서 '숨기기'를 선택합니다.

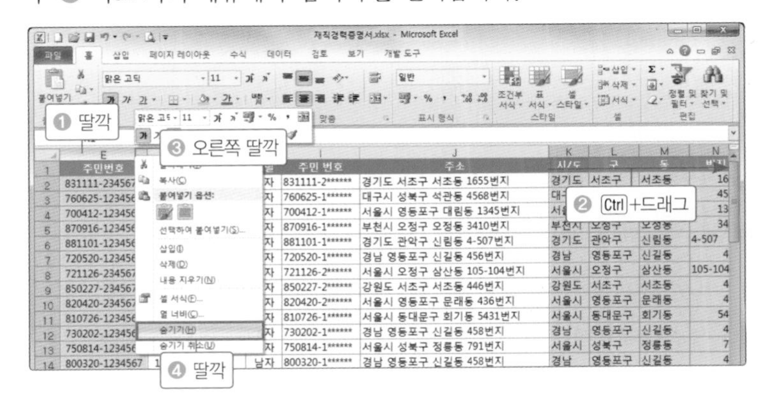

STEP 02 재직 · 경력증명서 작성하기

1 [재직경력증명서] 시트에서 직원명부의 주민번호를 연결하기 위해 ❶ I7셀을 선택하고 ❷ [데이터] 탭 → '데이터 도구' 그룹 → '데이터 유효성 검사'를 클릭합니다. ❸ '데이터 유효성' 대화상자가 열리면 [설정] 탭의 '제한 대상'에서 '목록'을 선택하고 ❹ '원본'에 '=주민번호'를 입력한 후 ❺ 〈확인〉을 클릭합니다.

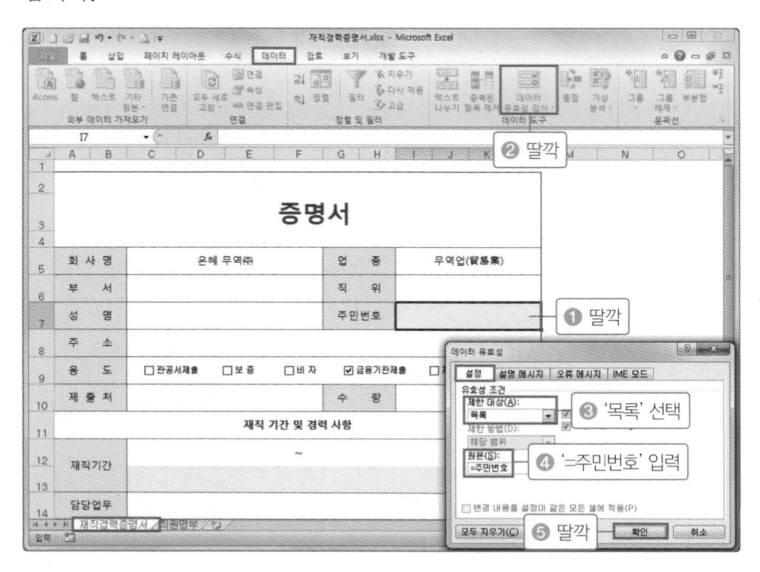

2 ❶ I7셀에 생긴 목록 단추[▾]를 클릭하고 ❷ 주민번호를 선택합니다.

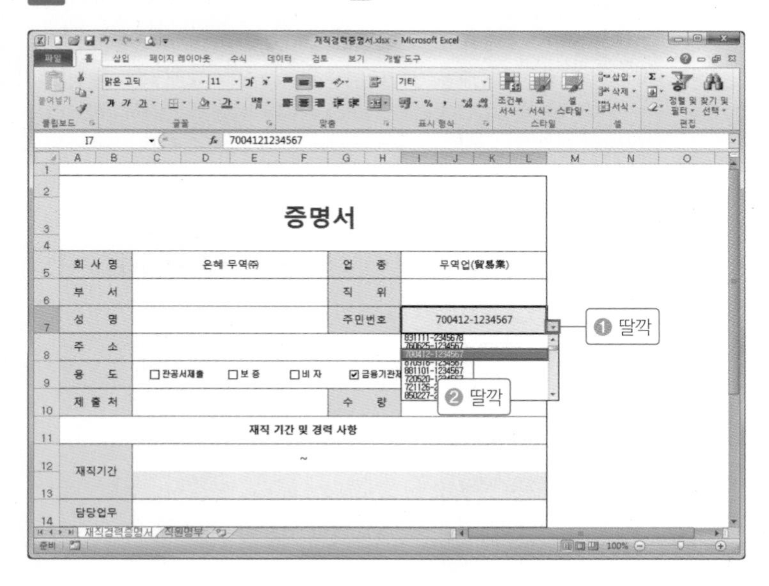

3 주민번호에 따라 데이터가 입력되도록 E3셀에 '=IF(LOOKUP(I7,주민번호,퇴사일)=0,"재직","경력")'을 입력한 후 [Enter↵] 글쇠를 누릅니다.

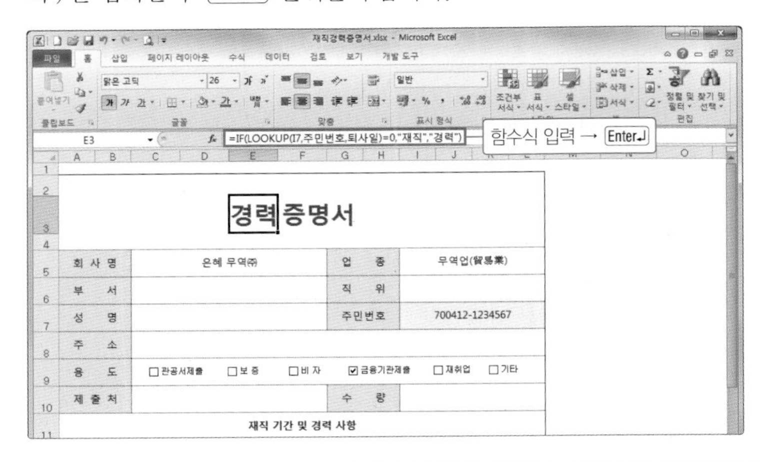

잠깐만요 **IF, LOOKUP 함수 제대로 알기**

주민번호로 선택한 사람의 퇴사일이 비어 있으면 '재직'이, 퇴사일이 입력되면 '경력'이 입력되도록 합니다. LOOKUP 함수는 지정된 값을 지정된 범위에서 찾은 후 결과 범위에서 같은 위치에 있는 값을 되돌려주는 함수입니다. VLOOKUP 함수나 HLOOKUP 함수는 반드시 찾는 값이 찾는 범위의 첫 번째 열이나 첫 번째 행에 있어야 하지만, LOOKUP 함수는 그에 상관없이 데이터를 가져올 수 있습니다. LOOKUP 함수의 구문은 =LOOKUP(찾는 값,찾을 범위,결과 범위)입니다.

- 조건 : LOOKUP(I7,주민번호,퇴사일)=0 – I7셀의 주민번호를 [직원명부] 시트의 '주민번호' 범위에서 찾은 후 퇴사일' 범위에서 같은 위치의 값을 가져옵니다. 퇴사일이 비어 있는 경우 결과가 '0'이 되는데, LOOKUP 함수식의 결과가 0인지 판단합니다.
- 참값 : "재직" – 위의 조건이 참이면, 즉 퇴사일이 비어 있으면 재직 상태이므로 '재직'을 입력합니다.
- 거짓값 : "경력" – 위의 조건이 거짓이면, 즉 퇴사일이 입력되면 '경력'을 입력합니다.

4 ❶ C8셀을 선택하고 ❷ [Ctrl] 글쇠를 누른 상태에서 I6셀과 ❸ C6:C7 범위를 선택합니다. ❹ 범위를 지정한 상태에서 '=LOOKUP($I$7,주민번호,INDIRECT(A6))'을 입력하고 ❺ 단축 글쇠인 [Ctrl]+[Enter↵]를 눌러 함수식을 한꺼번에 입력합니다.

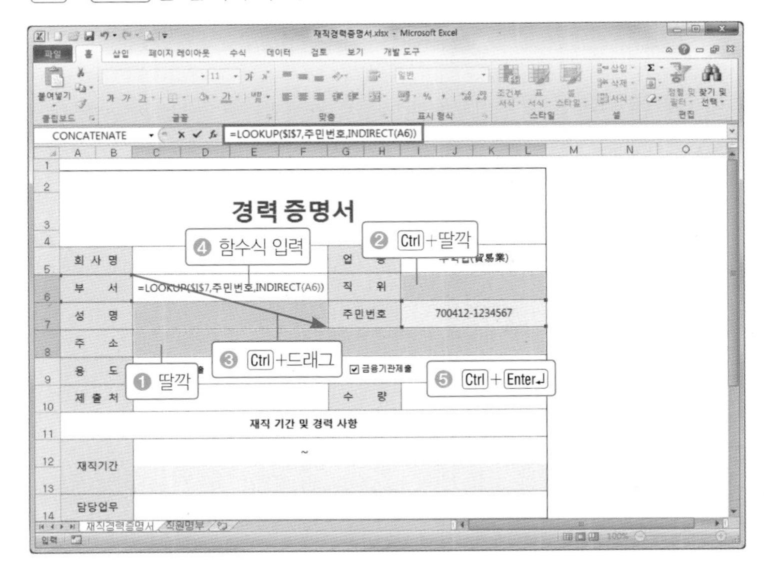

잠깐만요 LOOKUP, INDIRECT 함수 제대로 알기

LOOKUP 함수에서 범위 이름을 직접 입력하지 않고 범위 이름이 입력되어 있는 셀을 참조해야 할 때는 INDIRECT 함수를 사용해야 합니다. INDIRECT 함수는 셀 안의 문자를 범위 이름으로 참조하게 해 주는 함수입니다.

- 찾는 값 : $I$7 – I7셀의 주민번호를 찾습니다. 다른 셀에서도 I7셀만 참조해야 하므로 절대 참조로 작성합니다.
- 찾을 범위 : 주민번호 – I7셀의 주민번호를 찾을 범위로, [직원명부] 시트의 '주민번호'라는 이름으로 정의된 범위입니다.
- 결과 범위 : INDIRECT(A6) – 입력할 값을 찾아 올 결과 범위로, A6셀의 '부서'라는 이름으로 정의된 범위입니다. A6셀의 텍스트를 범위 이름으로 참조하기 위해 'INDIRECT(A6)'을 입력합니다. A6셀은 상대 참조로 작성되며, I6셀은 '직위', C7셀은 '성명', C8셀은 '주소'라는 이름의 범위를 참조합니다.

5 C12셀에 '=LOOKUP(I7,주민번호,입사일)'을 입력하고 Enter 글쇠를 누릅니다.

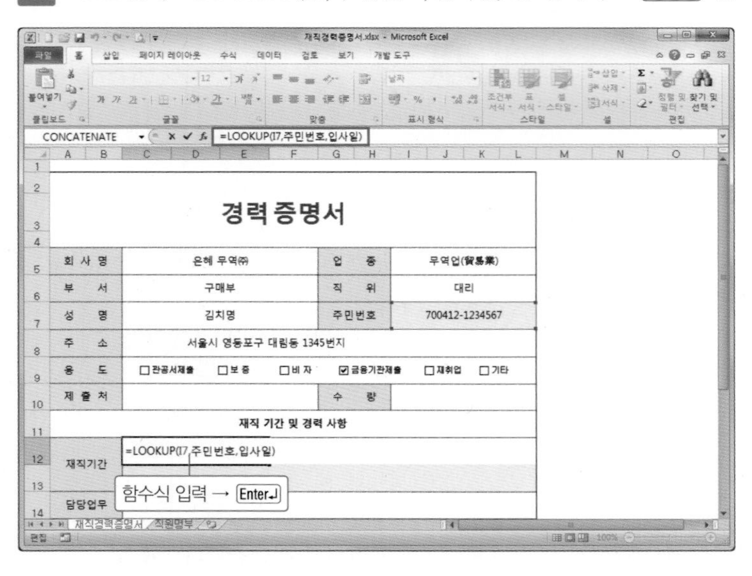

6 G12셀에 '=IF(E3="경력",LOOKUP(I7,주민번호,퇴사일),TODAY())'를 입력하고 Enter 글쇠를 누릅니다.

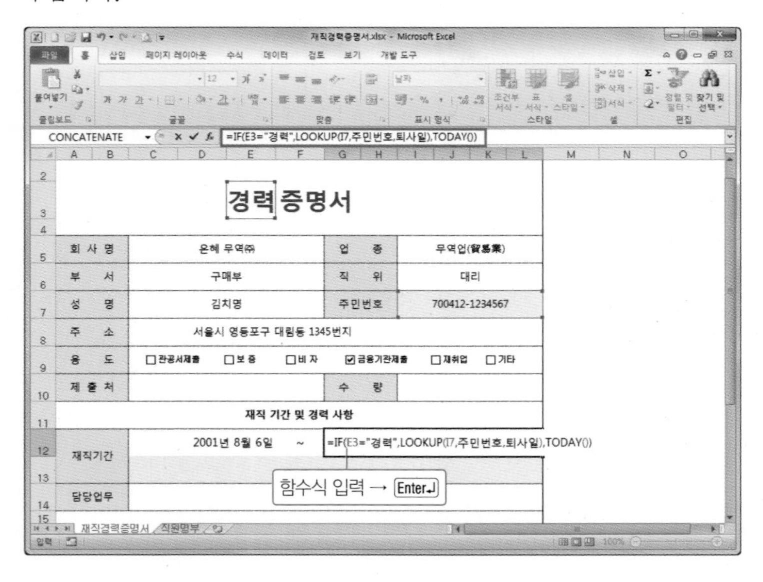

E3셀의 문자가 '경력'이면 LOOKUP 함수로 퇴사일을 가져와 입력하고, 아니면 오늘 날짜를 입력합니다.

7 재직 기간을 구하기 위해 C13셀에 '=DATEDIF(C12,G12,"Y")&"년 "&DATEDIF(C12,G12,"YM")&"개월 "&DATEDIF(C12,G12,"MD")&"일"'을 입력하고 Enter↵ 글쇠를 누릅니다.

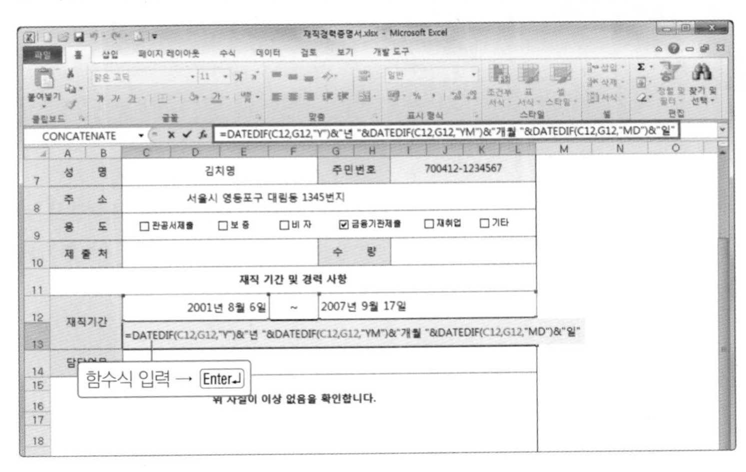

잠깐만요 DATEDIF 함수 제대로 알기

DATEDIF 함수는 시작 날짜와 종료 날짜 사이의 경과 기간을 구하는 함수로, 함수 라이브러리에는 없지만 직접 입력하여 사용할 수 있습니다. DATEDIF 함수로 재직 기간의 두 날짜 사이의 경과 연도, 나머지 개월 수와 일수를 구하는 식을 작성하면서 & 연산자로 각 함수식 사이에 '년', '개월', '일' 이라는 문자를 연결합니다. DATEDIF 함수 구문은 =DATEDIF(시작 날짜,종료 날짜,기간 종류)입니다. 이때 기간 종류는 두 날짜 사이의 경과 연도를 구할 것인지, 개월 수, 일 수를 구할 것인지를 입력하고 기간 종류별로 입력할 문자는 다음과 같습니다.

- "Y" : 두 날짜 사이의 경과 연도 수
- "M" : 두 날짜 사이의 총 경과 개월 수
- "D" : 두 날짜 사이의 총 경과 일수
- "YM" : 경과 연도 수를 뺀 나머지 개월 수
- "MD" : 경과 연도와 나머지 개월 수를 뺀 나머지 일 수

8 A18셀에 '=TODAY()'를 입력하고 Enter↵ 글쇠를 누릅니다.

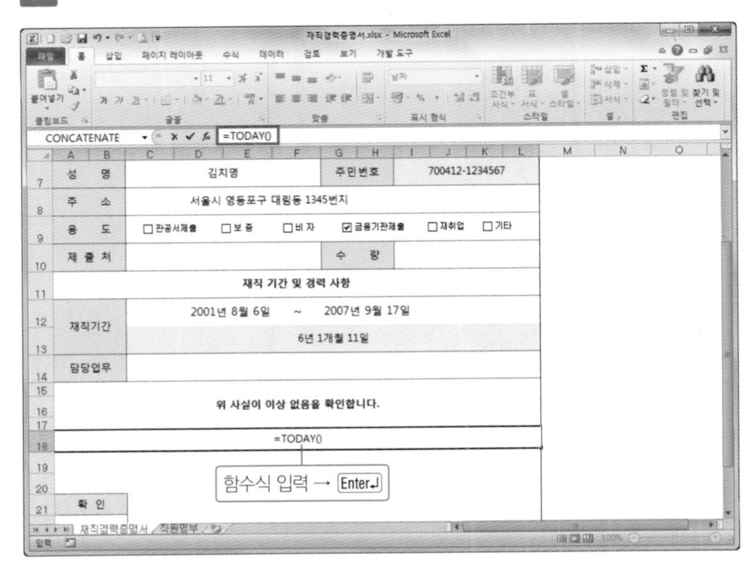

02 고객별 매출 내역을 모두 추출한 영수증 만들기

| 예제 파일 | 현장실습02\영수증.xlsx | 완성 파일 | 현장실습02\완성\영수증완성.xlsx

영수증을 발행해야 하는 사업자라면 기본 간이영수증을 모두 사용합니다. 자주 거래하는 ❶ **고객별로 날짜, 품목, 수량, 단가 등을 기록한 매출 내역을 만들어 놓으면** 영수증을 간편하게 발행할 수 있으며, ❷ **부가세 포함, 부가세 별도, 영세율의 발행 종류에 따라 금액과 세액을 자동으로 계산**할 수 있습니다.

여기서는 찾는 값에 일치하는 한 가지 데이터만 가져올 수 있는 LOOKUP 함수나 VLOOKUP, HLOOKUP, INDEX 등의 찾기/참조 영역 함수 외에 ❸ **찾는 값에 일치하는 여러 개의 데이터를 모두 가져올 수 있는 함수식**이 무엇인지 알아보겠습니다.

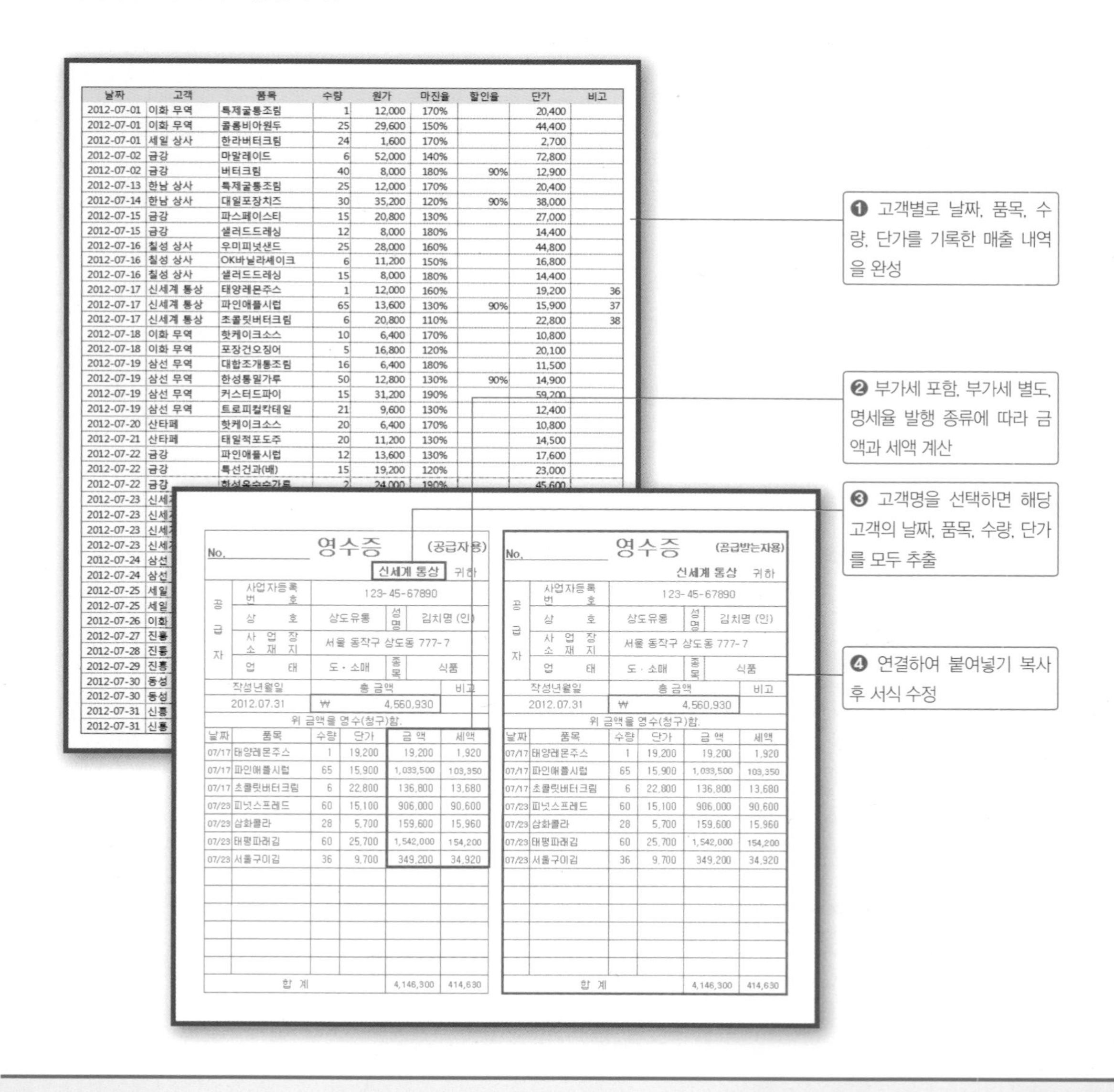

Step 01 매출 내역 목록 완성하기

① VLOOKUP 함수를 사용하여 품목별 마진율을 계산하고 IF 함수를 사용하여 수량에 따른 할인율을 계산하는 수식을 입력합니다.

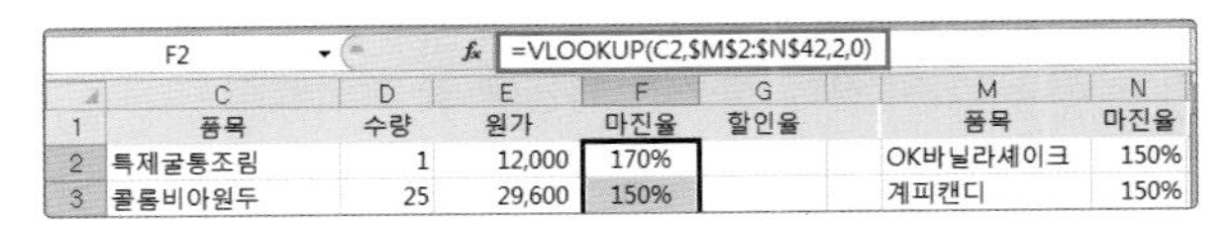

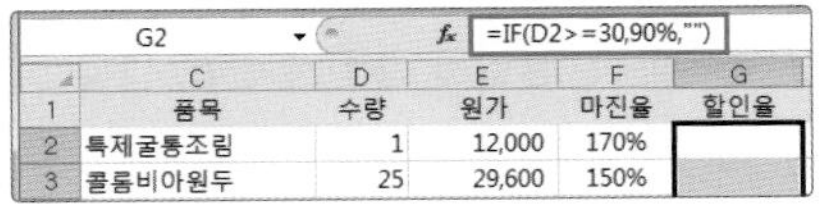

② ROUNDDOWN, PRODUCT 함수를 사용하여 '원가*마진율*할인율'을 계산한 후, 백 원 단위를 절삭하는 수식을 입력합니다.

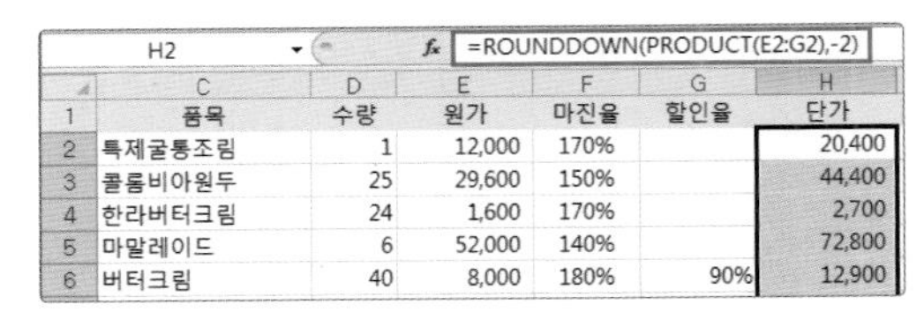

Step 02 영수증 작성하기

① 데이터 유효성 검사 설정을 사용하여 발행 종류를 '부가세포함', '부가세별도', '영세율' 중에서 선택할 수 있게 하고 고객명을 선택할 수 있게 합니다.

② IF, COUNT, ROW, INDEX, INDIRECT, SMALL 함수를 사용하여 선택한 고객명에 따라 날짜, 품목, 수량, 단가가 입력되도록 수식을 작성합니다.

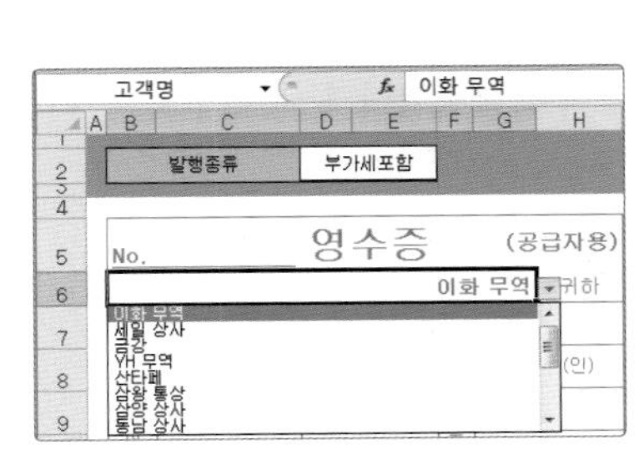

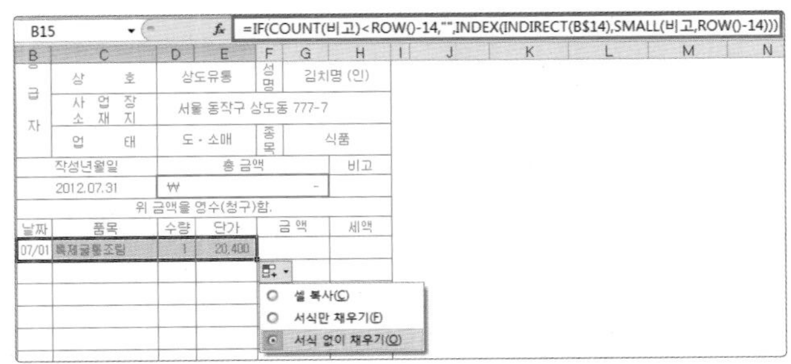

③ IF 함수를 사용하여 선택한 발행 종류에 따라 금액과 세액이 계산되도록 수식을 작성합니다.

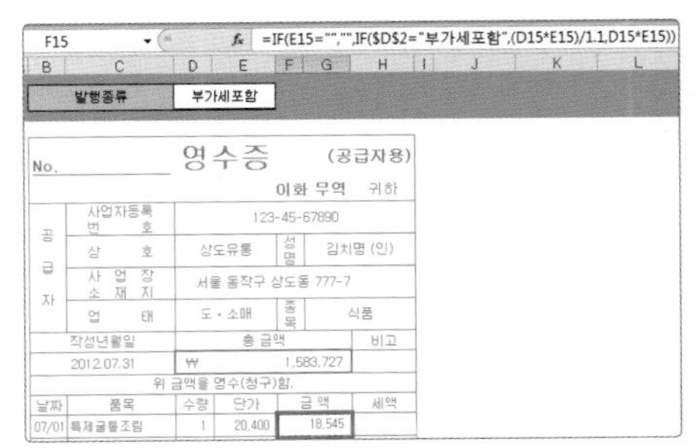

STEP 01 매출 내역 목록 완성하기

1 [매출내역] 시트에서 마진율을 구하기 위해 ❶ F2셀에 '=VLOOKUP(C2,$M$2:$N$42,2,0)'을 입력하고 Enter↵ 글쇠를 누릅니다. ❷ 다시 F2셀을 선택하고 ❸ F2셀의 자동 채우기 핸들[+]을 더블클릭하여 함수식을 복사합니다.

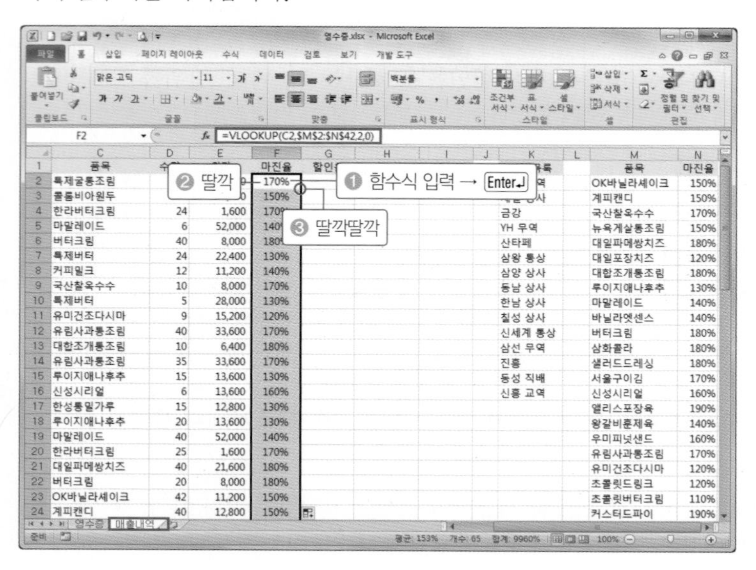

VLOOKUP 함수를 사용하면 C2셀의 품목을 품목별 마진율 목록 범위($M$2:$N$42)에서 찾아 찾은 행의 두 번째 열에서 정확히 일치하는 값(0)을 가져옵니다.

2 할인율을 구하기 위해 ❶ G2셀에 '=IF(D2>=30,90%,"")'를 입력하고 Enter↵ 글쇠를 누릅니다. ❷ 다시 G2셀을 선택하고 ❸ G2셀의 자동 채우기 핸들[+]을 더블클릭하여 수식을 복사합니다.

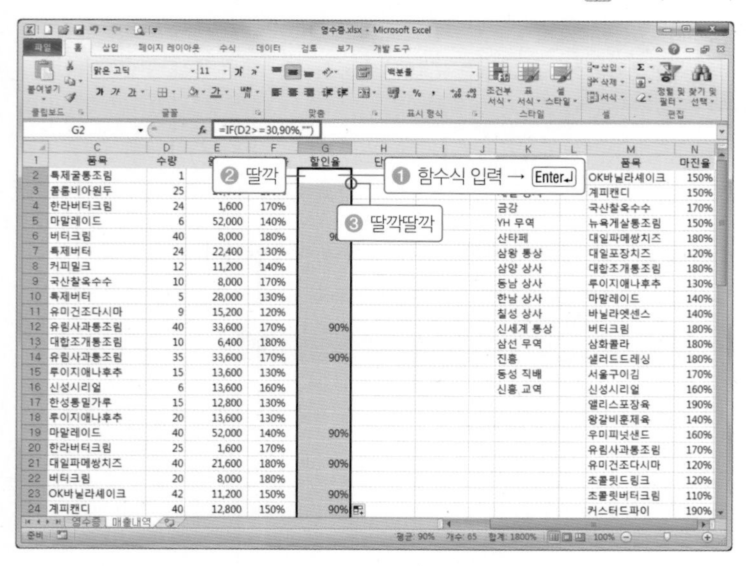

IF 함수를 사용하여 D2셀의 수량이 30 이상이면 '90%'를, 나머지는 공백("")으로 입력합니다.

3 단가를 구하기 위해 ❶ H2셀에 '=ROUNDDOWN(PRODUCT(E2:G2),−2)'를 입력하고 Enter 글쇠를 누릅니다. ❷ 다시 H2셀을 선택하고 ❸ H2셀의 자동 채우기 핸들을 더블클릭하여 수식을 복사합니다.

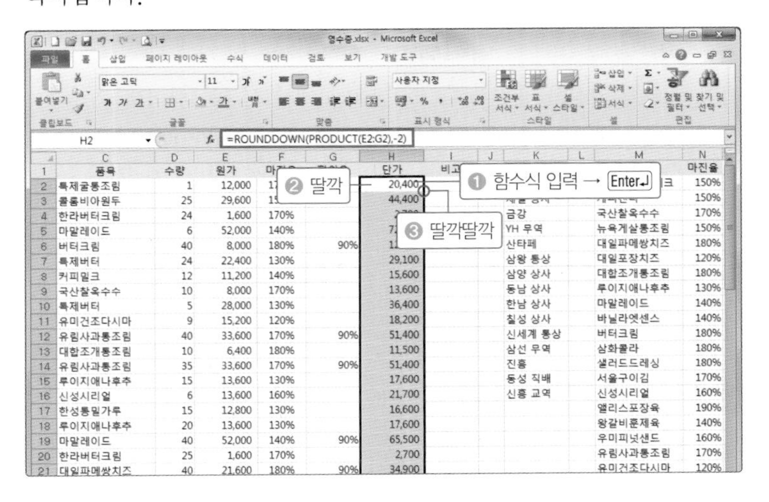

잠깐만요 ROUNDDOWN, PRODUCT 함수 제대로 알기

ROUNDDOWN 함수는 지정된 값의 지정된 자릿수 이하를 0으로 내리는 함수입니다. PRODUCT 함수는 지정된 범위의 숫자들을 모두 곱하며, 빈 셀이 있는 경우 건너뛰고 곱합니다. ROUNDDOWN 함수와 PRODUCT 함수의 구문은 =ROUNDDOWN(값, 자릿수) / =PRODUCT(범위)입니다.

- 값 : PRODUCT(E2:G2) – E2셀에서 G2셀까지의 원가, 마진율, 할인율을 모두 곱합니다. 빈 셀이 있는 경우 무시하고 곱합니다.
- 자리수 : –2 – PRODUCT 함수 결과값의 정수 부분에서 두 번째 자리 이하를 0으로 내립니다.

4 이름을 정의하기 위해 ❶ A1셀을 선택하고 단축 글쇠 Ctrl+A를 눌러서 표 전체 범위를 지정한 후 ❷ Ctrl 글쇠를 누른 상태에서 K1:K16 범위를 지정하고 ❸ [수식] 탭 → '정의된 이름' 그룹 → '선택 영역에서 만들기'를 클릭합니다. ❹ '선택 영역에서 이름 만들기' 대화상자가 열리면 '첫 행'에만 ✔ 표시하고 ❺ 〈확인〉을 클릭합니다.

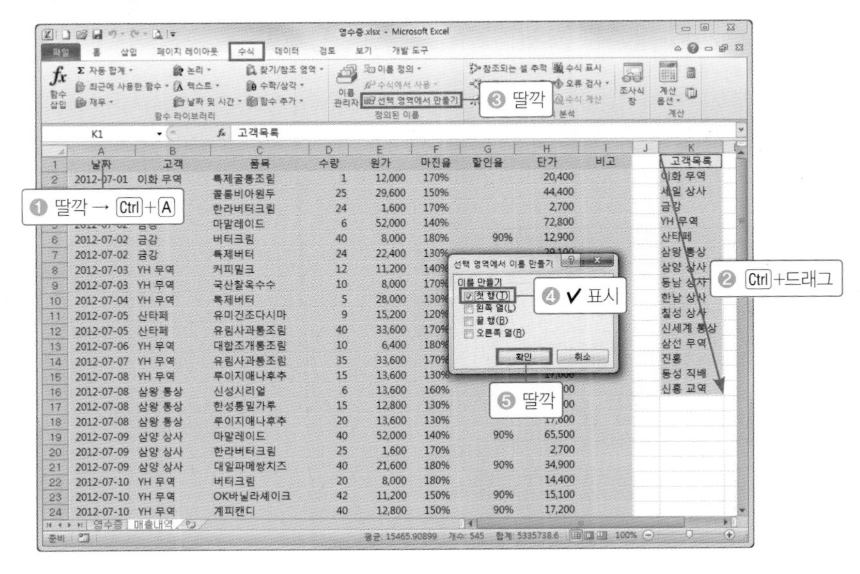

STEP 02 영수증 작성하기

1 [영수증] 시트에서 발행 종류 및 고객명 목록을 설정하기 위해 ❶ D2셀을 선택하고, ❷ [데이터] 탭 → '데이터 도구' 그룹 → '데이터 유효성 검사'를 클릭합니다. ❸ '데이터 유효성' 대화상자가 열리면 [설정] 탭의 '제한 대상'에서 '목록'을 선택하고 ❹ '원본에' '부가세포함,부가세별도,영세율'을 입력한 후 ❺ 〈확인〉을 클릭합니다.

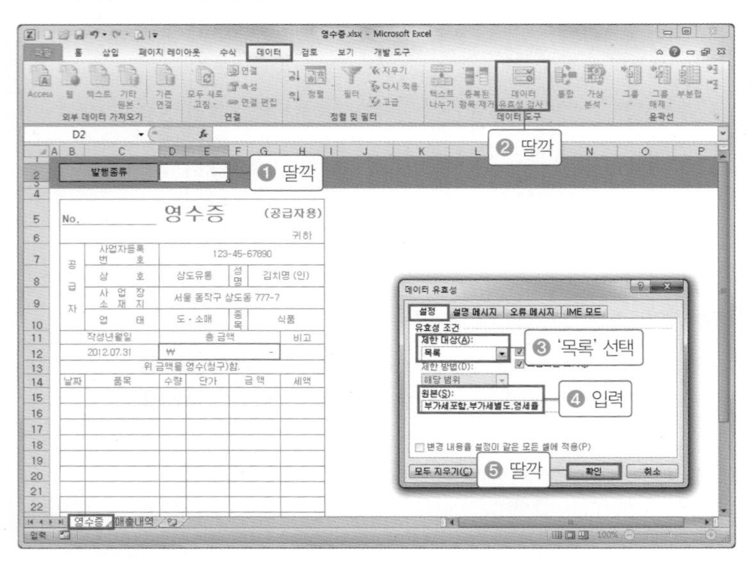

2 ❶ B6셀을 선택하고 ❷ [데이터] 탭 → '데이터 도구' 그룹 → '데이터 유효성 검사'를 클릭합니다. ❸ '데이터 유효성' 대화상자가 열리면 [설정] 탭의 '제한 대상'에서 '목록'을 선택하고 ❹ '원본'에 '=고객목록'을 입력한 후 ❺ 〈확인〉을 클릭합니다.

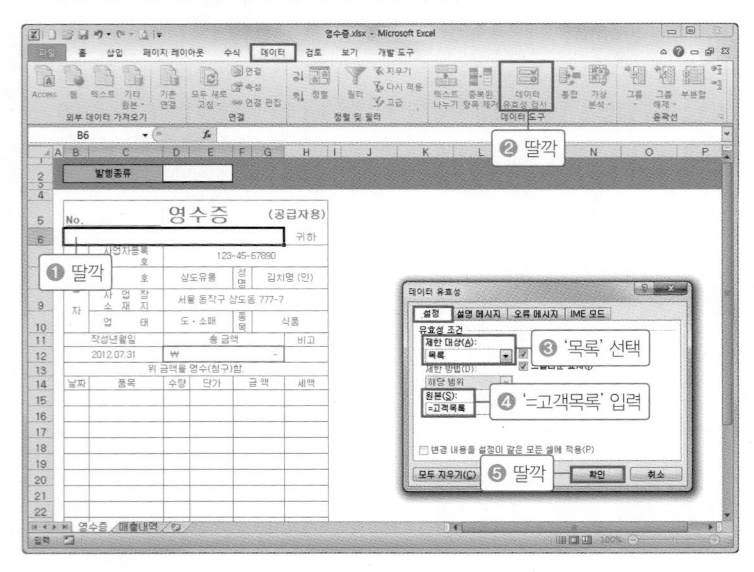

3 ❶ D2셀에서 '부가세포함'을 선택하고 ❷ B6셀의 목록 단추[▼]를 클릭한 후 ❸ '이화 무역'을 선택합니다. ❹ B6셀을 선택한 상태에서 이름 상자에 '고객명'을 입력하고 Enter↵ 글쇠를 누릅니다.

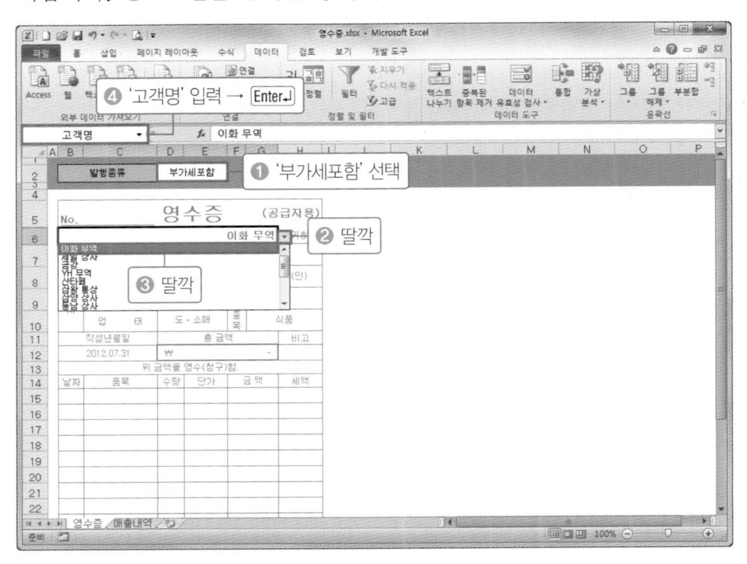

4 [영수증] 시트의 B6셀에서 선택된 고객의 행 번호들을 [매출내역] 시트의 비고란에 입력하면 영수증에 날짜, 품목, 수량, 단가를 추출할 수 있습니다. ❶ [매출내역] 시트의 I2셀에 '=IF(B2=고객명,ROW()−1,"")'을 입력하고 Enter↵ 글쇠를 누릅니다. ❷ 다시 I2셀을 선택하고 ❸ I2셀의 자동 채우기 핸들[+]을 더블클릭하여 함수식을 복사합니다.

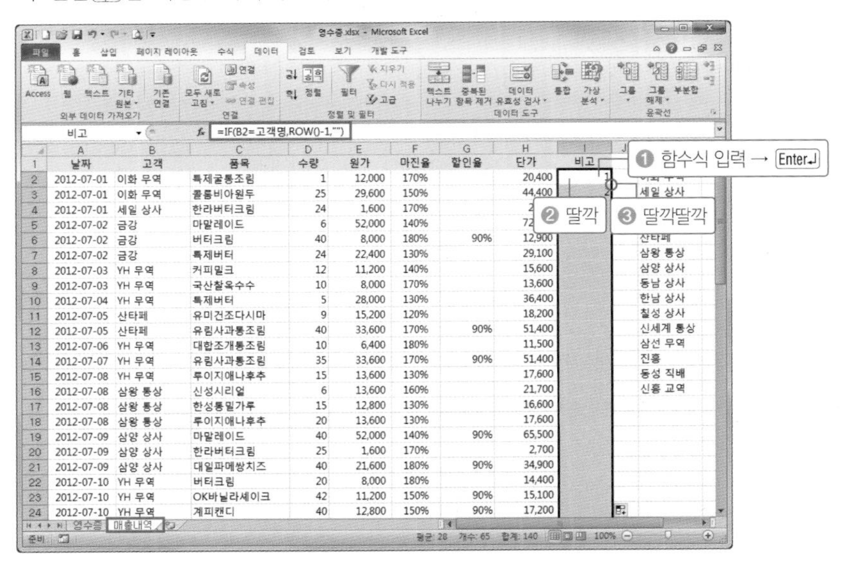

잠깐만요 IF, ROW 함수 제대로 알기

ROW 함수를 인수 없이 입력하면 현재 셀의 행 번호를 되돌려줍니다.

- 조건 : B2=고객명 – B2셀의 데이터가 '고객명' 셀입니다. 즉 [영수증] 시트의 B6셀의 값과 같은지 판단합니다.
- 참 값 : ROW()-1 – 조건이 참이면, 즉 영수증에서 선택한 고객명이면 제목 행 수에서 1을 빼고 순서대로 행 번호를 입력합니다.
- 거짓 값 : " " – 조건이 거짓이면 공백으로 처리합니다.

5 날짜, 품목, 수량, 단가를 추출하기 위해 ❶ B15셀에 '=IF(COUNT(비고)〈ROW()−14,"",INDEX(INDIRECT(B$14),SMALL(비고,ROW()−14)))'를 입력하고 Enter↵ 글쇠를 누릅니다. ❷ B15셀을 다시 선택하고 ❸ B15셀의 자동 채우기 핸들을 E15셀까지 드래그한 후 ❹ '자동 채우기 옵션' 단추를 클릭하고 ❺ '서식 없이 채우기'를 선택합니다.

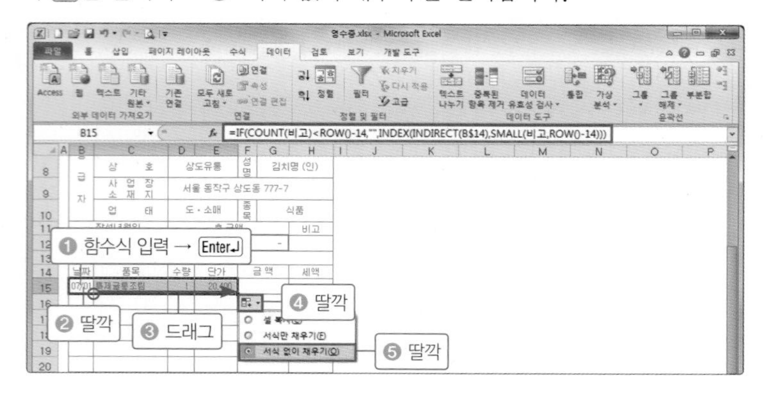

잠깐만요 IF, COUNT, ROW, INDEX, INDIRECT, SMALL 함수 제대로 알기

[매출내역] 시트의 '비고' 범위에 있는 데이터 셀 개수만큼의 목록만 입력하면 되므로 현재 셀의 순번이 COUNT 함수의 결과보다 크면 더 이상 목록이 없는 것이므로 공백으로 처리합니다. 그 전까지는 INDEX 함수로 해당 필드명에 맞는 범위에서 지정된 행 번호 순서에 맞는 값을 가져오면 됩니다.

- 조건 : COUNT(비고)〈ROW( )–14 – '비고' 범위의 숫자 셀 개수가 현재 행의 순번보다 작은지 판단합니다. B15셀이 목록에서 첫 번째 행이므로 ROW( ) 함수 뒤에 위의 행 14를 뺍니다.
- 참값 : " " – 위의 조건이 참인 경우 공백으로 처리합니다. 즉 '이화 무역'을 선택한 경우 이화 무역은 '비고' 범위의 5개 셀에 행 번호가 입력되어 있으므로 영수증 목록에서 여섯 번째 행부터는 공백으로 처리됩니다.
- 거짓값 : INDEX(INDIRECT(B$14),SMALL(비고,ROW( )–14)) – 위의 조건이 거짓인 경우 '필드명' 범위(INDIRECT(B$14)로부터 SMALL(비고,ROW( )–14) 결과값 번째 데이터를 가져옵니다.

SMALL 함수는 지정된 범위에서 지정된 순번으로 작은 수를 가져옵니다. 함수 구문은 =SMALL(범위,순번)입니다.

- SMALL(비고,ROW( )–14) : '비고'에서 현재 행의 순번 숫자로 '이화 무역'을 선택한 경우 B15셀에서는 1, B16셀에서는 2, B17셀에서는 39, B18셀에서는 40, B19셀에서는 58이 됩니다.

6 E15셀의 자동 채우기 핸들을 E27셀까지 드래그하여 수식을 복사합니다.

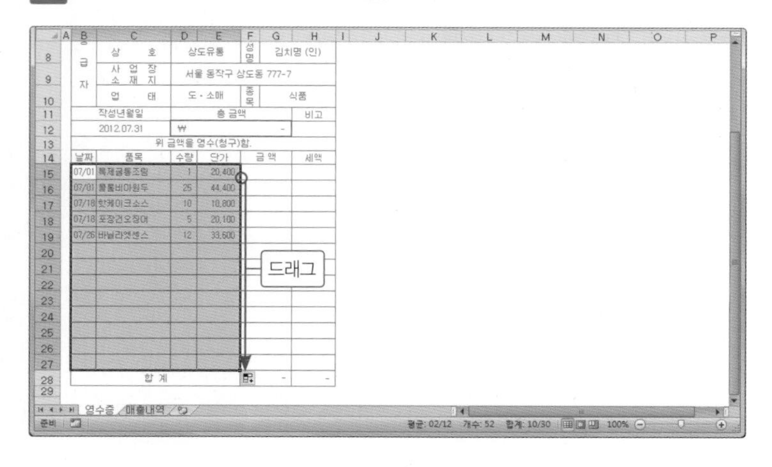

7 발행 종류별 금액과 세액을 구하기 위해 ❶ F15셀에 '=IF(E15="","",IF($D$2="부가세포함",(D15*E15)/1.1,D15*E15))'를 입력하고 Enter↵ 글쇠를 누릅니다. ❷ 다시 F15셀을 선택하고 ❸ F15셀의 자동 채우기 핸들[+]을 더블클릭하여 함수식을 복사합니다.

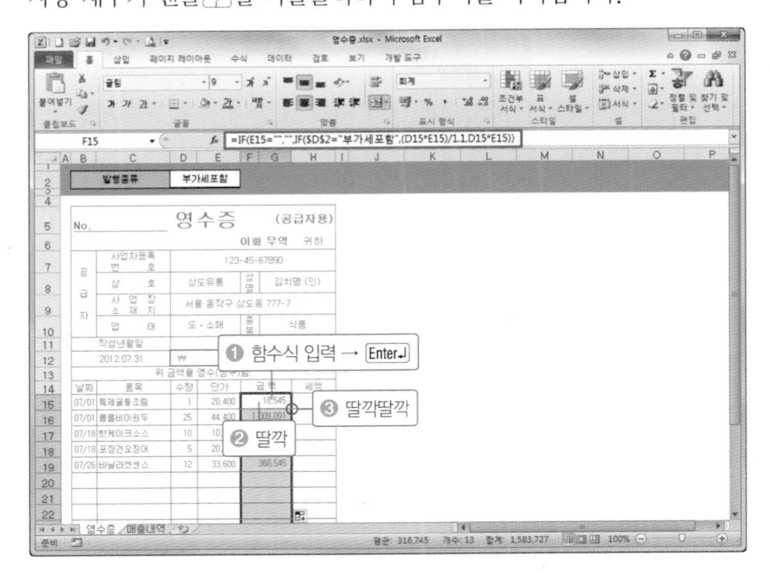

IF 함수를 사용하여 단가인 E15셀이 비어 있으면 공백으로 처리하고, D2셀이 '부가세포함'이면 '(수량*단가)/1.1'을, 나머지는 '수량*단가'를 계산합니다.

8 ❶ H15셀에 '=IF(E15="","",IF($D$2="부가세별도",F15*10%,IF($D$2="부가세포함",D15*E15-F15,IF($D$2="영세율",0,""))))'을 입력하고 Enter↵ 글쇠를 누릅니다. ❷ 다시 H15셀을 선택하고 ❸ H15셀의 자동 채우기 핸들[+]을 더블클릭하여 함수식을 복사합니다.

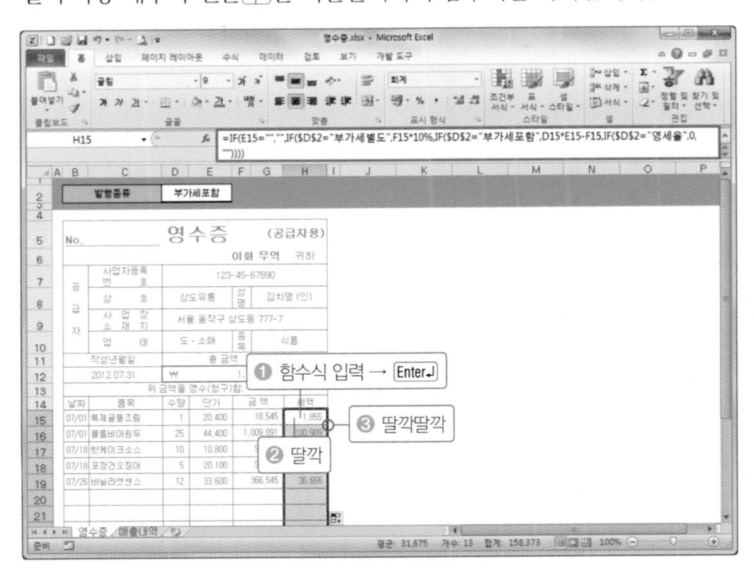

IF 함수를 사용하여 단가 E15셀이 비어 있으면 공백으로 처리하고, D2셀이 '부가세별도'이면 '금액*10%'를, '부가세포함'이면 '수량*단가-금액'을 계산합니다. D2셀이 '영세율'이면 0을 입력하고 나머지는 공백으로 처리합니다.

9 공급자용 영수증의 열 너비를 유지 및 연결하여 복사하기 위해 ❶ B5:H28 범위를 지정하고 ❷ [홈] 탭 → '클립보드' 그룹 → '복사'를 클릭합니다. ❸ J5셀을 선택하고 ❹ [홈] 탭 → '클립보드' 그룹 → '붙여넣기' → '붙여넣기'의 '원본 열 너비 유지'를 클릭합니다. ❺ 다시 '붙여넣기' → '기타 붙여넣기 옵션'의 '연결하여 붙여넣기'를 클릭합니다.

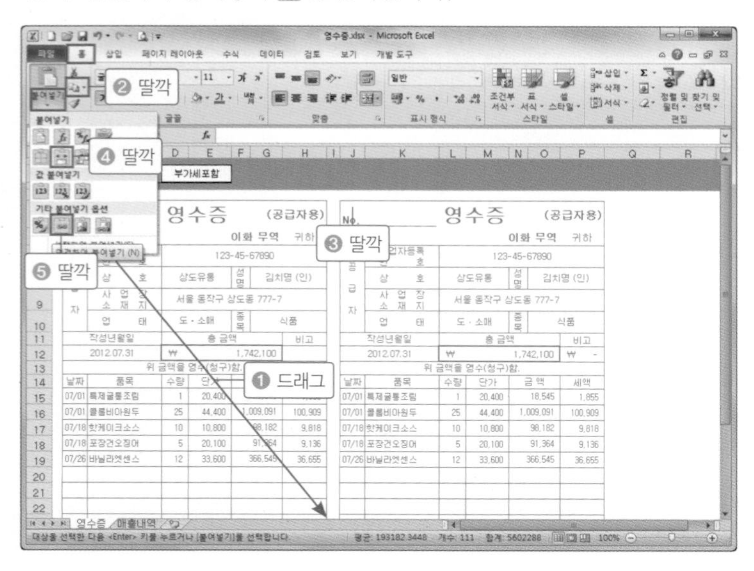

10 ❶ O5셀에 '(공급받는자용)'으로 수정하여 입력합니다. ❷ J5:P28 범위를 지정하고 ❸ [홈] 탭 → '글꼴' 그룹 → '글꼴 색' 목록에서 '테마 색'의 '파랑, 강조 1'을 선택한 후 ❹ 단축 글쇠 Ctrl+1을 누릅니다. ❺ '셀 서식' 대화상자가 열리면 [테두리] 탭에서 '선 스타일'은 '실선'을, ❻ '색'은 '테마 색'의 '파랑, 강조 1'로, ❼ '미리 설정'에서 '윤곽선'과 '안쪽'으로 선택한 후 ❽ 〈확인〉을 클릭합니다.

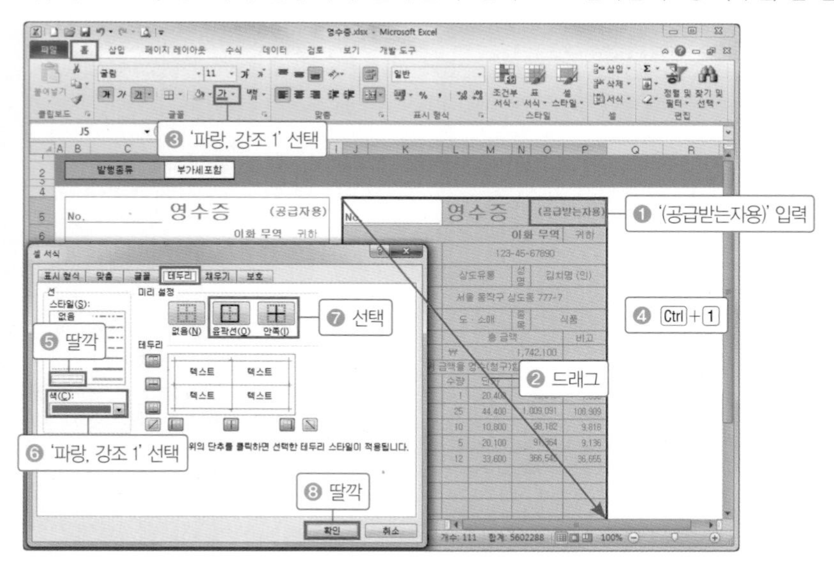

11 ❶ J5:P6 범위를 지정하고 단축 글쇠 Ctrl+1을 누릅니다. ❷ '셀 서식' 대화상자가 열리면 [테두리] 탭에서 '선 스타일'은 '없음'을, ❸ '미리 설정'은 '안쪽'을 선택한 후 ❹ 〈확인〉을 클릭합니다. ❺ D2 셀에서 '부가세별도'를 선택하고 ❻ B6셀의 목록 단추▼를 클릭한 후 ❼ '신세계 통상'을 선택하면 목록과 금액, 세액이 다시 바뀝니다.

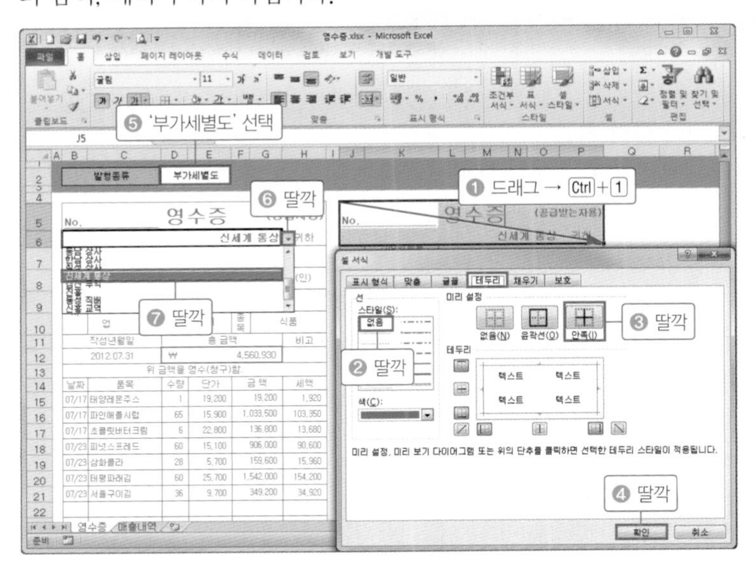

03 급여 계산 및 급여 지급 명세서 만들기

| 예제 파일 | 현장실습02\급여지급명세서.xlsx | 완성 파일 | 현장실습02\완성\급여지급명세서완성.xlsx

매달 급여를 지급할 때마다 회사에서는 급여 지급 명세서를 직원에게 메일이나 우편으로 보냅니다. 회사마다 지급 기준과 항목은 조금씩 다르겠지만, 급여 계산과 명세서 작성은 경리/회계부에서 엑셀을 활용하여 작성할 수 있는 기본 문서입니다.

여기서는 ❶ 급호봉표와 간이세액표를 참조한 함수식을 만들어 **급여대장에 급여액과 공제액을 자동으로 계산**하겠습니다. 또한 ❷ 급여 지급 명세서에서 **사번만 선택하면 해당 사원의 급여 내역과 공제 내역이 함께 입력되는 함수식**을 작성해 보겠습니다.

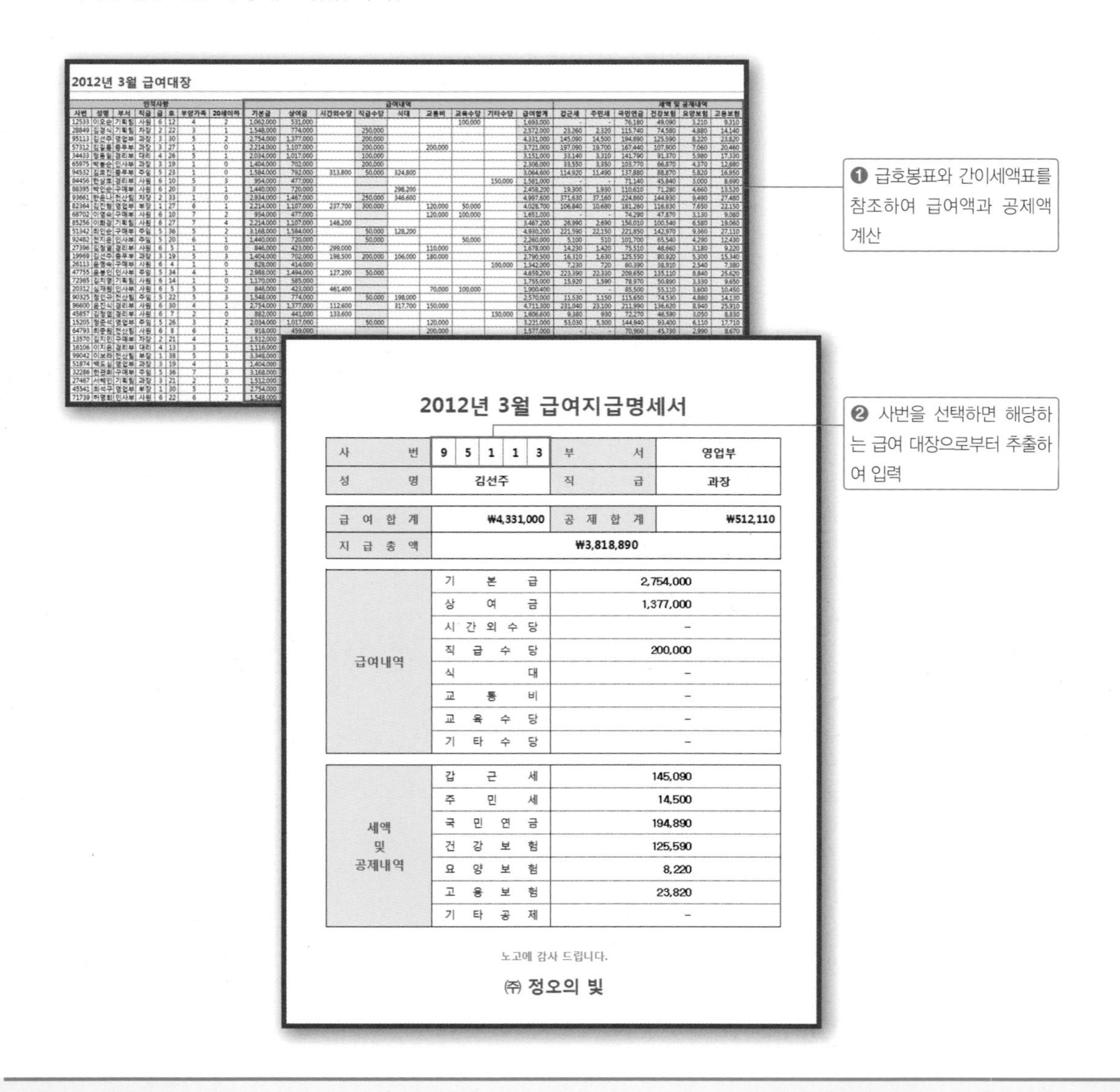

2012년 3월 급여지급명세서

사 번	9 5 1 1 3	부 서	영업부
성 명	김선주	직 급	과장

급 여 합 계	₩4,331,000	공 제 합 계	₩512,110
지 급 총 액	₩3,818,890		

급여내역	기 본 급	2,754,000
	상 여 금	1,377,000
	시 간 외 수 당	-
	직 급 수 당	200,000
	식 대	-
	교 통 비	-
	교 육 수 당	-
	기 타 수 당	-
세액 및 공제내역	갑 근 세	145,090
	주 민 세	14,500
	국 민 연 금	194,890
	건 강 보 험	125,590
	요 양 보 험	8,220
	고 용 보 험	23,820
	기 타 공 제	-

노고에 감사 드립니다.

㈜ 정오의 빛

Step 01 급여대장에 급여 및 공제액 계산하기

① INDEX 함수를 사용하여 호봉표로부터 급과 호에 따라 기본급을 추출합니다.

② IF, MOD, MONTH 함수를 사용하여 홀수 달인 경우에 상여금을 계산하여 입력합니다.

③ IFERROR, HLOOKUP 함수를 사용하여 직급에 따른 수당을 입력합니다.

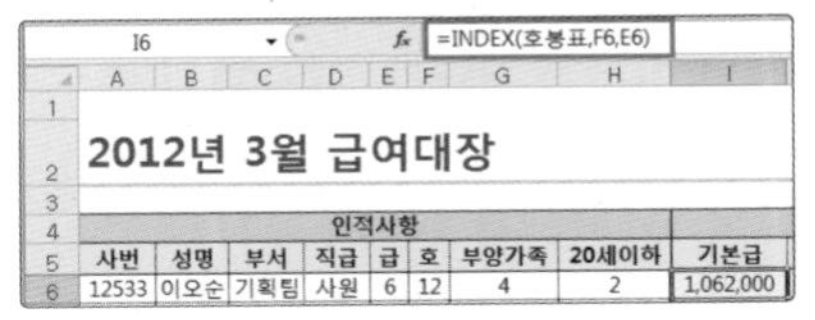

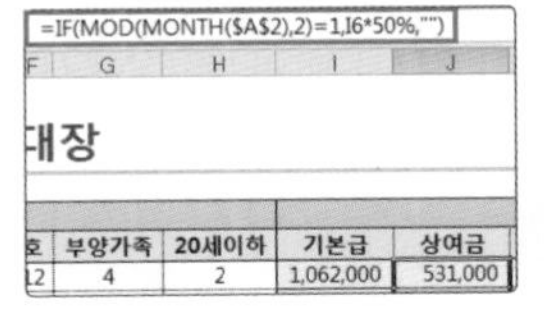

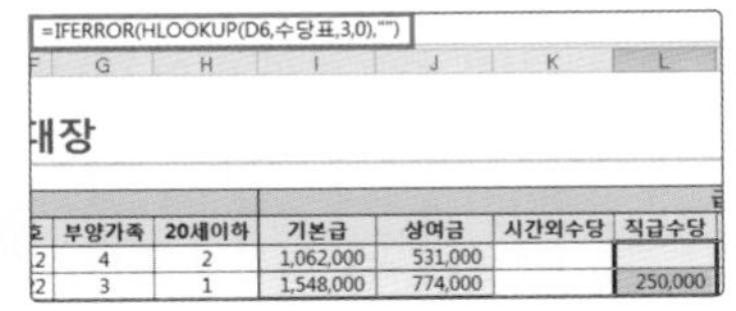

④ INDEX, MATCH, IF 함수를 사용하여 부양 가족 수에 따라 간이세액표 범위로부터 갑근세를 가져와 입력합니다.

⑤ TRUNC 함수를 사용하여 정해진 세율과 요율에 따른 주민세, 국민연금, 건강보험, 요양보험, 고용보험 금액을 계산합니다.

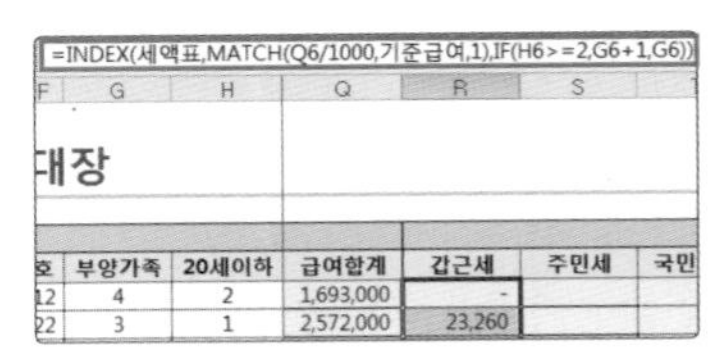

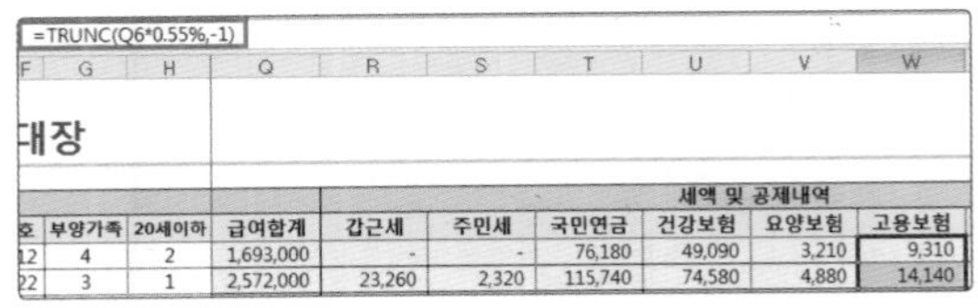

Step 02 사번 선택해 급여 지급 명세서 완성하기

① 콤보 상자를 사용하여 사번을 선택할 수 있도록 목록 상자를 만들고, MID, INDEX, COLUMN 함수를 사용하여 목록에서 선택한 사번을 한 셀에 한 개씩 표시합니다.

② INDEX, INDIRECT 함수를 사용하여 선택한 사번에 해당되는 데이터들을 추출하여 입력합니다.

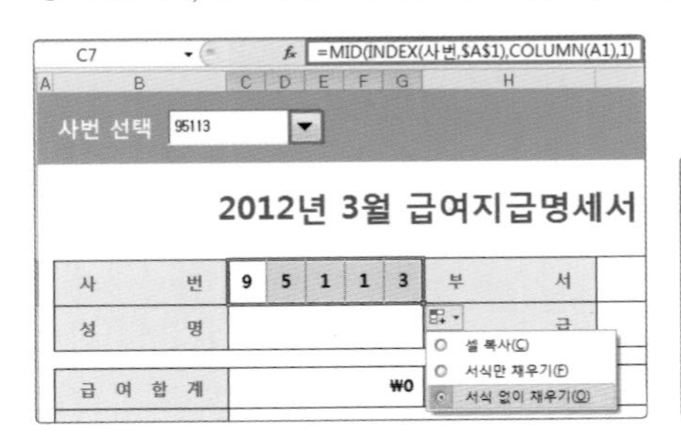

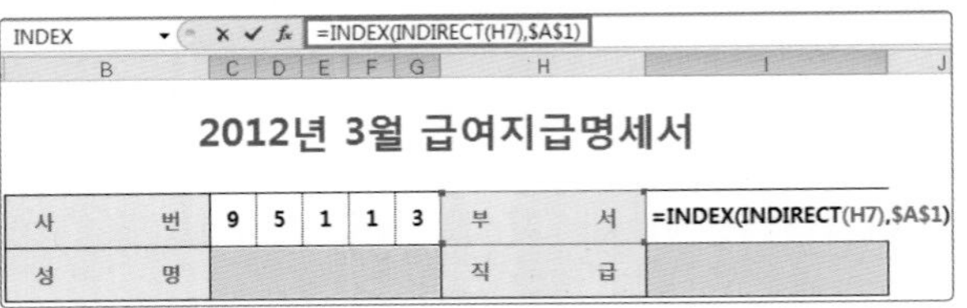

STEP 01 급여대장에 급여 및 공제액 계산하기

1 [급여대장] 시트에서 급여 지급 월을 입력하기 위해 ❶ A2셀에 '=TODAY()'를 입력하고 Enter↵ 글쇠를 누릅니다. ❷ 다시 A2셀을 선택하고 ❸ [홈] 탭 → '표시 형식' 그룹의 대화상자 표시 단추를 클릭합니다. ❹ '셀 서식' 대화상자가 열리면 [표시 형식] 탭의 '범주'에서 '사용자 지정'을 선택하고 ❺ '형식'에 'yyyy년 m월 급여대장'을 입력한 후 ❻ 〈확인〉을 클릭합니다.

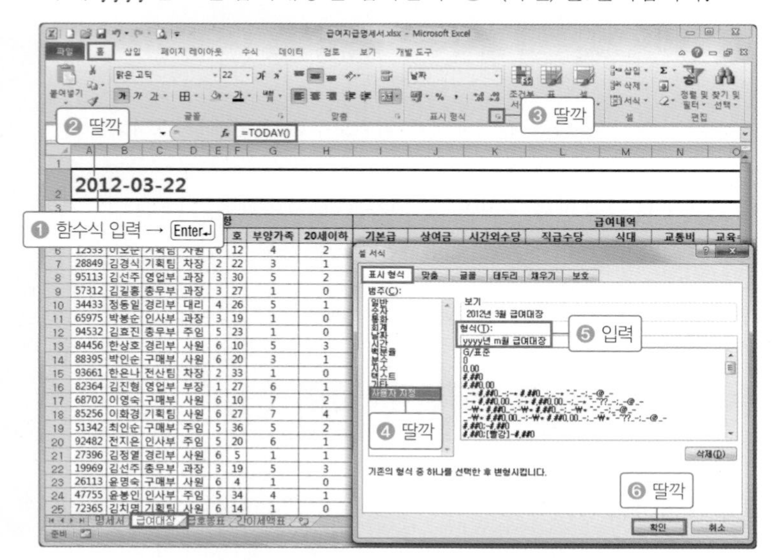

2 ❶ [급호봉표] 시트를 선택합니다. ❷ B1:F3 범위를 지정하고 ❸ 이름 상자에 '수당표'를 입력한 후 Enter↵ 글쇠를 누릅니다.

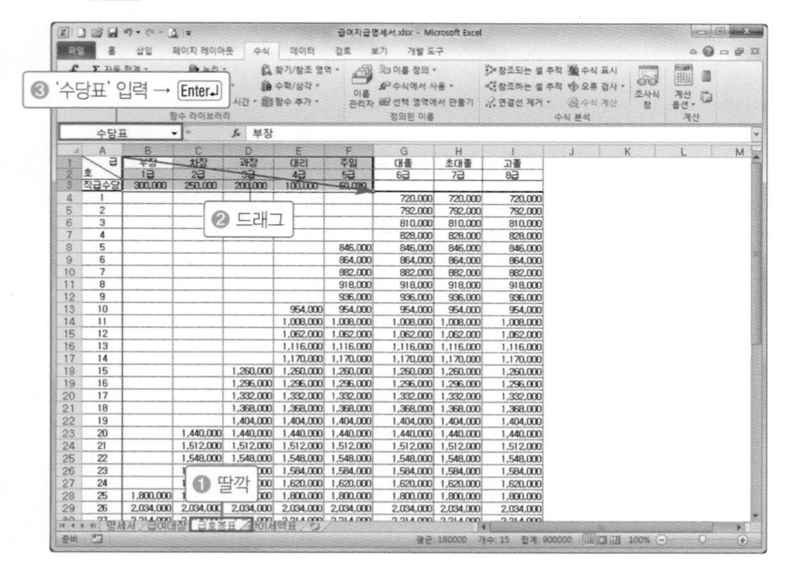

3 ❶ B4:I53 범위를 지정하고 ❷ 이름 상자에 '호봉표'를 입력한 후 Enter↵ 글쇠를 누릅니다.

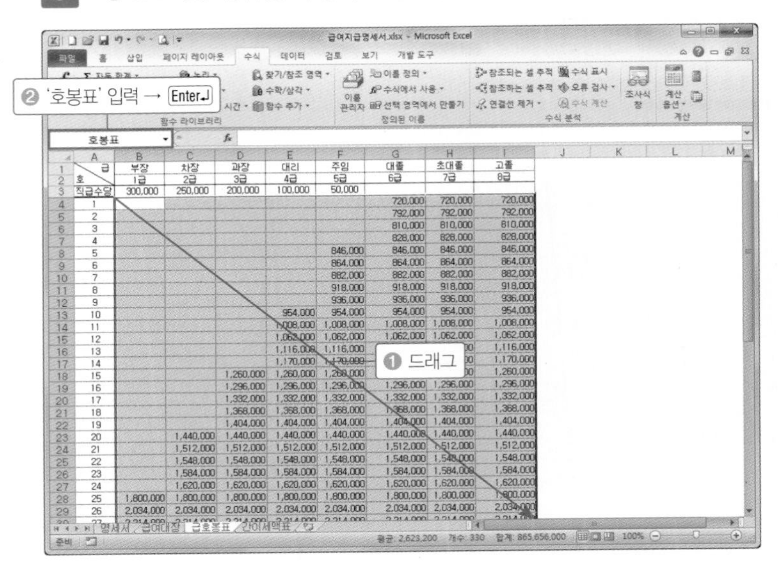

4 ❶ [간이세액표] 시트를 선택한 후 ❷ A6셀을 선택하고 단축 글쇠 Ctrl+Shift+↓를 눌러 A652셀까지 범위를 지정합니다. ❸ 이름 상자에 '기준급여'를 입력하고 Enter↵ 글쇠를 누릅니다.

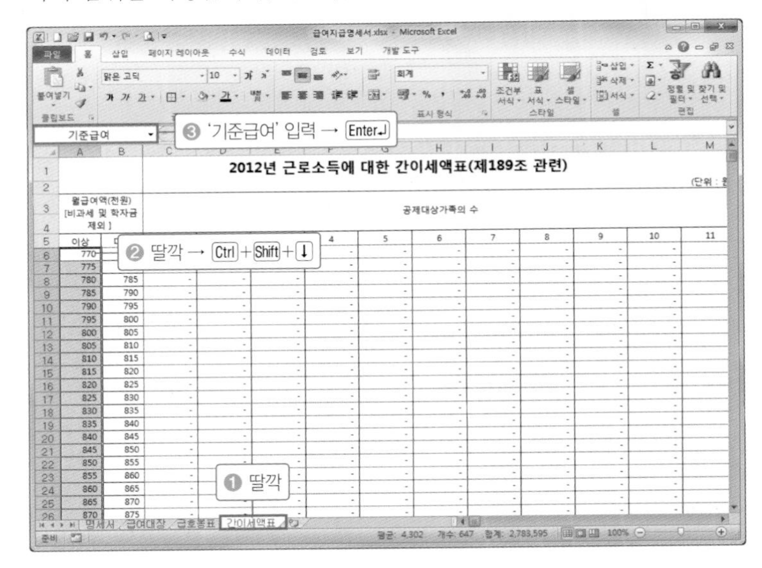

5 ❶ C6셀을 선택하고 단축 글쇠 Ctrl+Shift+↓+→를 눌러 M652셀까지 범위를 지정합니다. ❷ 이름 상자에 '세액표'를 입력하고 Enter↵ 글쇠를 누릅니다.

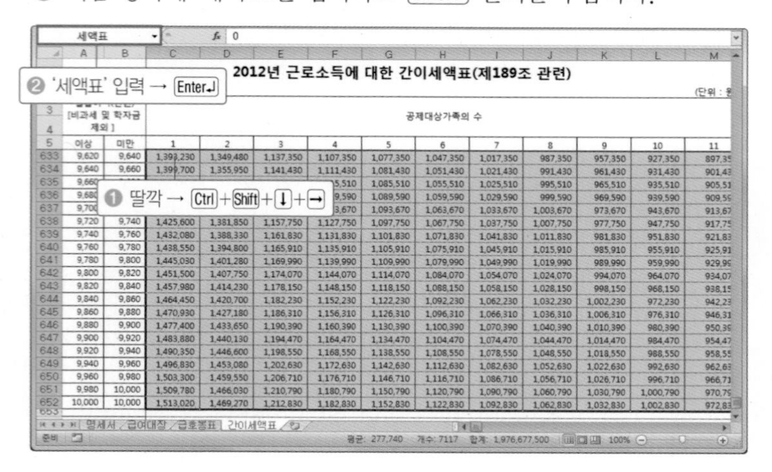

6 ❶ [급여대장] 시트를 선택한 후 ❷ I6셀에 '=INDEX(호봉표,F6,E6)'을 입력하고 Enter↵ 글쇠를 누릅니다. ❸ 다시 I6셀을 선택하고 ❹ I6셀의 자동 채우기 핸들(+)을 더블클릭하여 함수식을 복사합니다.

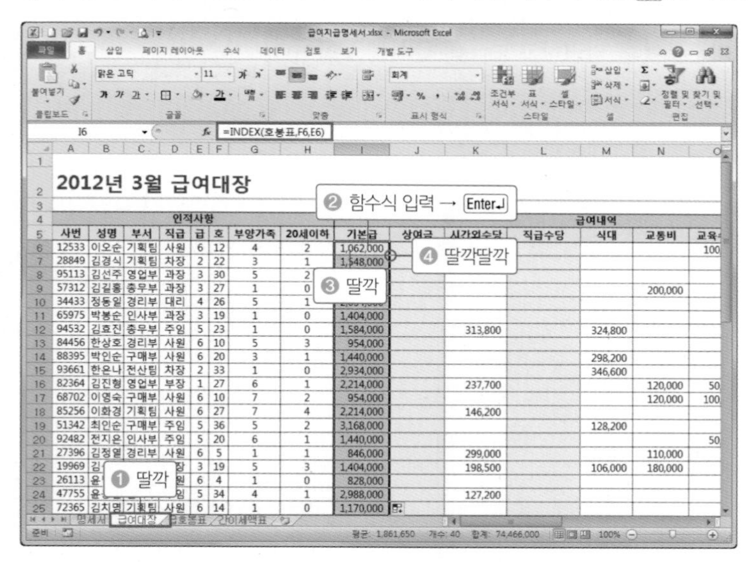

잠깐만요 **INDEX 함수 제대로 알기**

[급호봉표] 시트의 '호봉표' 범위인 B4:I53에서 급(E6)과 호(F6)에 맞는 기본급을 입력하기 위해 지정한 범위에서 지정한 행 위치, 열 위치에 해당하는 데이터를 가져오는 INDEX 함수를 사용합니다. INDEX 함수 구문은 =INDEX(범위,행 위치,열 위치)입니다.

- 범위 : 호봉표 – [급호봉표] 시트에서 B4:I53 범위의 이름입니다.
- 행 위치 : F6 – 기본급을 찾을 '호'. 호봉표 범위에 호가 행 방향에 있으므로 먼저 지정합니다. F6셀에 12가 입력되어 있으므로 호봉표 범위에서 열두 번째 행의 값을 찾아줍니다.
- 열 위치 : E6 – 기본급을 찾을 '급'. 호봉표 범위에 급이 열 방향에 있으므로 뒤에 지정합니다. E6셀에 6이 입력되어 있으므로 호봉표 범위에서 여섯 번째 열의 값을 찾아줍니다.

7 ❶ J6셀에 '=IF(MOD(MONTH($A$2),2)=1,I6*50%,"")'를 입력하고 Enter↵ 글쇠를 누릅니다. ❷ 다시 J6셀을 선택하고 ❸ J6셀의 자동 채우기 핸들을 더블클릭하여 함수식을 복사합니다.

J6 =IF(MOD(MONTH($A$2),2)=1,I6*50%,"")

2012년 3월 급여대장

❶ 함수식 입력 → Enter↵

❷ 딸깍

❸ 딸깍딸깍

인적사항								급여내역						
사번	성명	부서	직급	급	호	부양가족	20세이하	기본급	상여금	시간외수당	직급수당	식대	교통비	교육
12533	이오순	기획팀	사원	6	12	4	2	1,062,000	531,000					100
28849	김경식	기획팀	차장	2	22	3	1	1,548,000	774,000					
95113	김선주	영업부	과장	3	30	5	2	2,754,00	[illegible]					
57312	김길홍	총무부	과장	3	27	1	0	2,214,00	[illegible]				200,000	
34433	정동일	경리부	대리	4	26	5	1	2,034,000	[illegible]					
65975	박봉순	인사부	과장	3	19	1	0	1,404,000	702,000					
94532	김효진	총무부	주임	5	23	1	0	1,584,000	792,000	313,800		324,800		
84456	한상호	경리부	사원	6	10	5	3	954,000	477,000					
88395	박인순	구매부	사원	6	20	3	1	1,440,000	720,000			298,200		
93661	한은나	전산팀	차장	2	33	1	0	2,934,000	1,467,000			346,600		
82364	김진형	영업부	부장	1	27	6	1	2,214,000	1,107,000	237,700			120,000	50
68702	이영숙	구매부	사원	6	10	7	2	954,000	477,000				120,000	100
85256	이화경	기획팀	사원	6	27	7	4	2,214,000	1,107,000	146,200				

잠깐만요 IF, MOD, MONTH 함수 제대로 알기

상여금은 홀수 달에 기본급의 50%가 지급됩니다. A2셀 날짜의 월이 홀수이면 기본급에 50%를 곱하고, 아니면 공백으로 처리합니다.

- 조건 : MOD(MONTH($A$2),2)=1 – A2셀 날짜의 월 (MONTH($A$2))를 2로 나눈 나머지가 1인지 판단합니다.
- 참 값 : I6*50% – 위의 조건이 참이면 홀수 월이므로 기본급(I6)에 50%를 곱합니다.
- 거짓 값 : "" – 위의 조건이 거짓이면 짝수 월이므로 공백으로 처리합니다.

8 ❶ L6셀에 '=IFERROR(HLOOKUP(D6,수당표,3,0),"")'을 입력하고 Enter↵ 글쇠를 누릅니다. ❷ 다시 L6셀을 선택하고 ❸ L6셀의 자동 채우기 핸들을 더블클릭하여 함수식을 복사합니다.

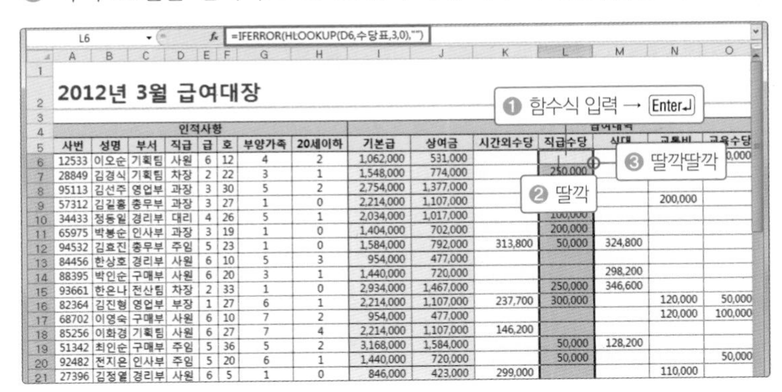

L6 =IFERROR(HLOOKUP(D6,수당표,3,0),"")

2012년 3월 급여대장

인적사항								급여내역						
사번	성명	부서	직급	급	호	부양가족	20세이하	기본급	상여금	시간외수당	직급수당	식대	교통비	교육수당
12533	이오순	기획팀	사원	6	12	4	2	1,062,000	531,000					0,000
28849	김경식	기획팀	차장	2	22	3	1	1,548,000	774,000		250,000			
95113	김선주	영업부	과장	3	30	5	2	2,754,000	1,377,000		[illegible]			
57312	김길홍	총무부	과장	3	27	1	0	2,214,000	1,107,000		[illegible]		200,000	
34433	정동일	경리부	대리	4	26	5	1	2,034,000	1,017,000		100,000			
65975	박봉순	인사부	과장	3	19	1	0	1,404,000	702,000		200,000			
94532	김효진	총무부	주임	5	23	1	0	1,584,000	792,000	313,800	50,000	324,800		
84456	한상호	경리부	사원	6	10	5	3	954,000	477,000					
88395	박인순	구매부	사원	6	20	3	1	1,440,000	720,000			298,200		
93661	한은나	전산팀	차장	2	33	1	0	2,934,000	1,467,000		250,000	346,600		
82364	김진형	영업부	부장	1	27	6	1	2,214,000	1,107,000	237,700	300,000		120,000	50,000
68702	이영숙	구매부	사원	6	10	7	2	954,000	477,000				120,000	100,000
85256	이화경	기획팀	사원	6	27	7	4	2,214,000	1,107,000	146,200				
51342	최인순	구매부	주임	5	36	5	2	3,168,000	1,584,000		50,000	128,200		
92482	전지은	인사부	주임	5	20	6	1	1,440,000	720,000		50,000			50,000
27396	김정열	경리부	사원	6	5	1	0	846,000	423,000	299,000			110,000	

잠깐만요 IFERROR, HLOOKUP 함수 제대로 알기

D6셀의 직급을 [급호봉표] 시트의 '수당표' 범위에서 찾아 해당 위치의 세 번째 행에 있는 금액을 가져와야 합니다. HLOOKUP 함수는 가로 방향의 목록 범위에서 값을 찾아올 때 사용하는 함수입니다. HLOOKUP 함수 구문은 =HLOOKUP(찾는 값,범위,행 번호,찾을 유형)입니다.

'수당표' 범위에 '사원'이 없으므로 직급이 사원인 경우 오류가 생깁니다. 결과값에 오류가 생긴 경우 공백으로 처리하기 위해 IFERROR 함수 안에 결과값으로 HLOOKUP 함수식을 넣습니다. IFERROR 함수는 값이 오류인 경우 지정한 값을 입력하고, 오류가 아닌 경우에만 값을 입력하는 함수입니다. IFERROR 함수의 함수 구문은 =IFERROR(값,오류인 경우 값)입니다.

- 값 : HLOOKUP(D6,수당표,3,0) – 직급(D6)을 '수당표' 범위에서 찾아 세 번째 행에 있는 값을 찾아옵니다. 정확히 일치하는 값을 찾아야 하므로 찾을 유형에 '0'을 입력합니다.
- 오류인 경우 값 : "" – HLOOKUP 함수식의 결과가 오류인 경우 공백으로 처리합니다. 즉 직급이 사원인 경우는 공백 처리됩니다.

9 20세 이하 부양가족 수에 따라 갑근세가 달라집니다. 20세 이하 부양가족 수는 부양가족 수보다 작아야 하는데, 잘못 입력되어 있는 데이터가 있는지 확인해 보겠습니다. ❶ H6:H45 범위를 지정한 후 ❷ [데이터] 탭 → '데이터 도구' 그룹 → '데이터 유효성 검사'를 클릭합니다. ❸ '데이터 유효성' 대화상자가 열리면 [설정] 탭의 '제한 대상'에서 '정수'를 선택하고 '제한 방법'에서 '<' 기호를 선택한 후 '최대값'에 '=G6'을 입력합니다. ❹ [오류 메시지] 탭을 클릭하고 ❺ '제목'과 '오류 메시지'에 다음의 그림과 같이 입력한 후 ❻ 〈확인〉을 클릭합니다.

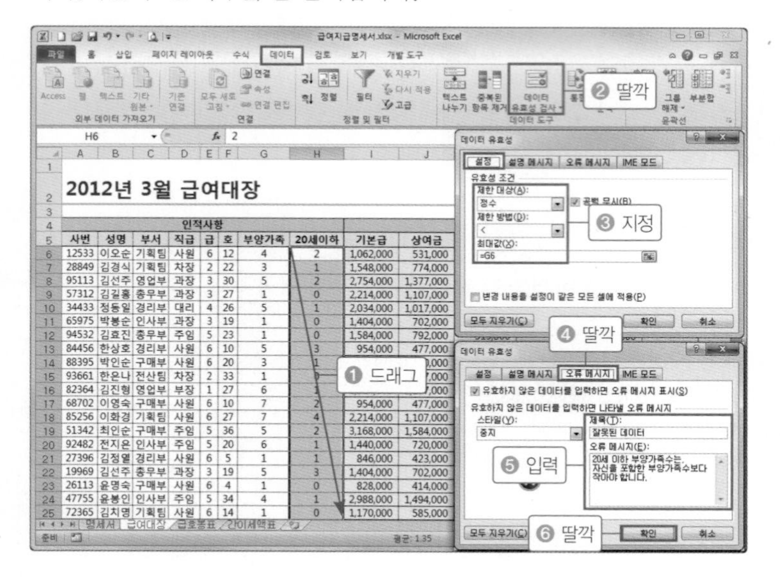

H열에 G열의 부양가족 수 이상의 숫자를 입력하면 다음과 같이 오류 메시지 창이 열립니다.

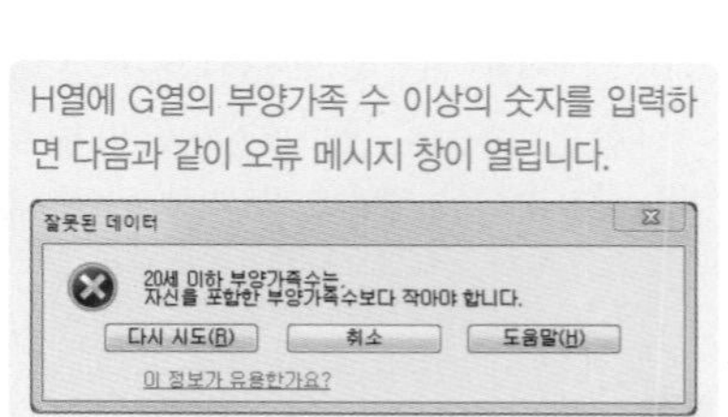

10 ❶ [데이터] 탭 → '데이터 도구' 그룹 → '데이터 유효성 검사' → '잘못된 데이터'를 선택합니다. 부양가족 수와 같은 1로 입력되어 있는 H21셀에 잘못되었다는 표시가 나타나면 ❷ H21셀을 선택하고 '0'으로 수정합니다.

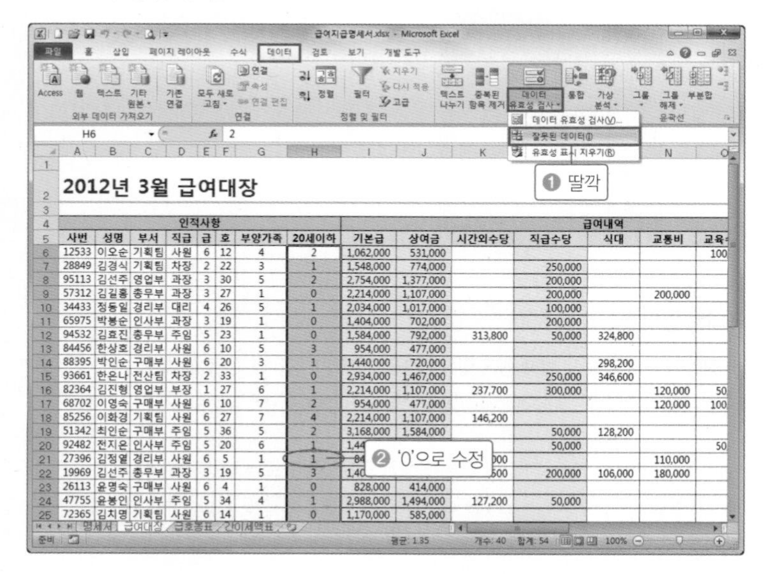

11 H열까지와 5행까지를 화면에 고정시키기 위해 ❶ I6셀을 선택하고 ❷ [보기] 탭 → '창' 그룹 → '틀 고정' → '틀 고정'을 선택합니다.

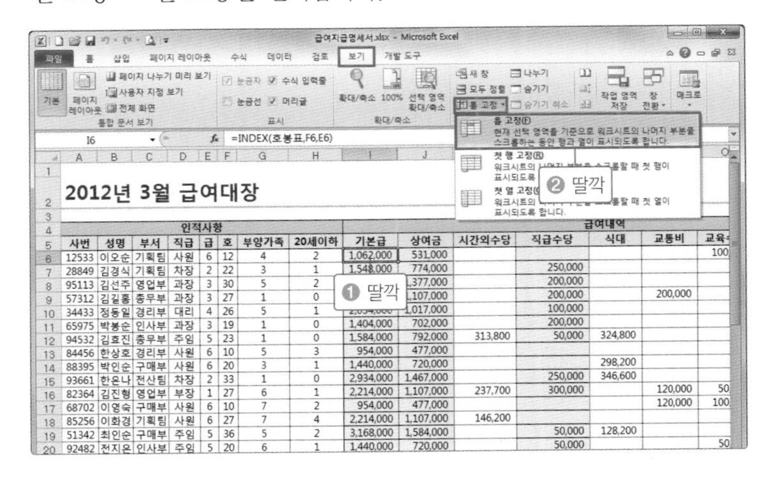

12 ❶ R6셀에 '=INDEX(세액표,MATCH(Q6/1000,기준급여,1),IF(H6>=2,G6+1,G6))'을 입력하고, Enter↲ 글쇠를 누릅니다. ❷ 다시 R6셀을 선택하고 ❸ R6셀의 자동 채우기 핸들 + 을 더블클릭하여 수식을 복사합니다.

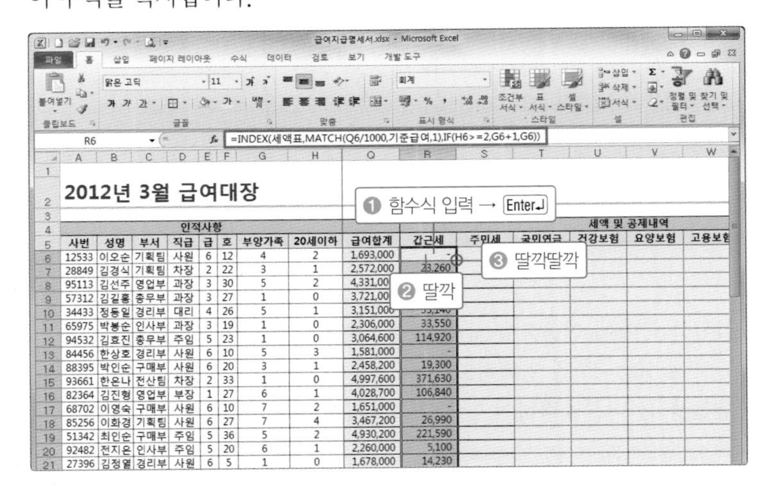

잠깐만요 INDEX, MATCH, IF 함수 제대로 알기

간이세액표 범위에서 행 방향으로 입력되어 있는 월 급여의 위치를 찾고, 열 방향으로 입력되어 있는 부양가족 수를 찾아 그 위치에 해당하는 갑근세액을 가져와야 합니다. 갑근세는 20세 이하 부양가족이 2인 이상이면 다자녀 공제가 되므로 20세 이하 가족 수가 2 이상이면 '부양가족 수+1'로 처리하여 갑근세를 가져옵니다.

MATCH 함수는 값을 지정된 범위에서 찾아 해당 값의 위치 번호를 가져오는 함수로, MATCH 함수의 구문은 =MATCH (찾을 값,범위,찾을 유형)입니다. 찾을 값이 숫자이고, 범위 목록이 오름차순으로 정렬된 경우에는 찾을 유형을 1로 지정하고, 범위 목록이 내림차순으로 정렬된 경우에는 찾을 유형을 -1로 지정합니다. 찾을 값이 문자인 경우에는 정확히 일치하는 값을 찾아야 하므로 0을 지정합니다.

- 찾을 값 : Q6/1000 – 월 급여(Q6셀)를 찾아야 하는데, 간이세액표에는 천 단위가 생략되어 입력되어 있으므로 Q6/1000 값을 찾아야 합니다.
- 범위 : 기준 급여 – [간이세액표] 시트의 A6:A652 범위의 이름으로, '기준급여' 범위에서 찾습니다.
- 찾을 유형 : 1 – '기준급여' 범위 목록이 숫자이며 오름차순으로 정렬되어 있으므로 '1'을 입력합니다.

13 주민세는 갑근세의 10%인데, 1원 단위는 절삭하기 위해 ❶ S6셀에 '=TRUNC(R6*10%,-1)'을 입력하고 Enter↵ 글쇠를 누릅니다. ❷ 다시 S6셀을 선택하고 ❸ S6셀의 자동 채우기 핸들을 더블클릭하여 함수식을 복사합니다.

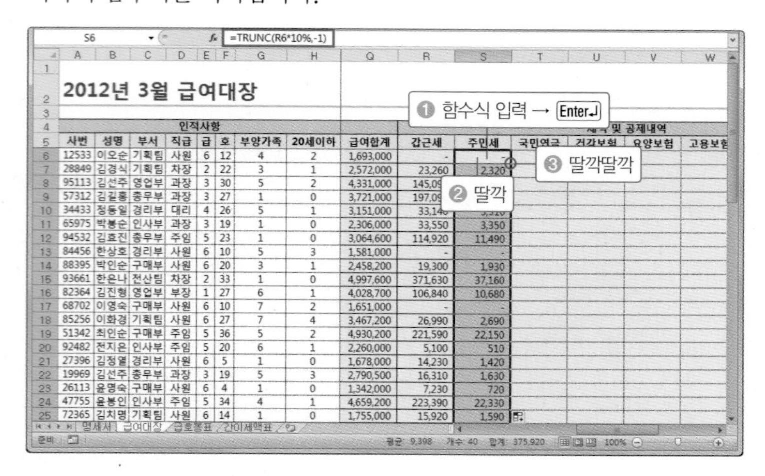

잠깐만요 TRUNC 함수 제대로 알기

TRUNC 함수는 ROUNDDOWN 함수와 같이 숫자의 지정한 자릿수를 절삭할 때 주로 사용하는 함수입니다. 두 개의 함수 중 어느 것을 사용해도 상관없지만, 두 함수의 사용 목적이 다릅니다. ROUNDDOWN 함수는 숫자를 0에 가까운 방향으로 내리는 것이 목적이며, TRUNC 함수는 소수점 이하를 버리고 정수를 구하는 것이 목적입니다. TRUNC 함수 구문은 =TRUNC (숫자, 자릿수)입니다. 자릿수를 양수로 지정하면 소수점 아래 지정한 자리를 절삭하고, 0이면 소수점 이하만 버리고 절삭하며, 음수로 지정하면 소수점 왼쪽의 지정한 자리를 절삭합니다.

- 숫자 : R6*10% – 갑근세(R6)에 10%를 곱한 값입니다.
- 자릿수 : -1 – 음수로 지정하였으므로 구한 결과 값의 소수점 왼쪽의 첫 번째 자리를 절삭합니다. 즉 일 원 단위가 0이 됩니다.

14 국민연금은 월급여의 백 원 단위를 절삭한 금액에 연금요율 4.5%를 곱하고 일 원 단위를 절삭합니다. ❶ T6셀에 '=TRUNC(TRUNC(Q6,-3)*4.5%,-1)'을 입력하고 Enter↵ 글쇠를 누른 후 ❷ 다시 T6셀을 선택하고 ❸ T6셀의 자동 채우기 핸들을 더블클릭하여 함수식을 복사합니다.

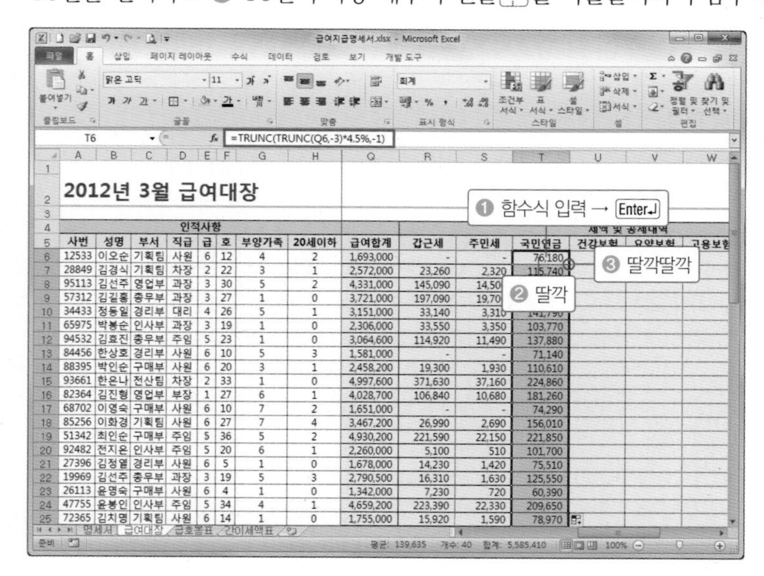

15 건강보험은 월급여액에 보험요율 2.9%를 곱하고 일 원 단위를 절삭합니다. ❶ U6셀에 '=TRUNC(Q6*2.9%,-1)'을 입력하고 Enter↵ 글쇠를 누른 후 ❷ 다시 U6셀을 선택하고 ❸ U6셀의 자동 채우기 핸들[+]을 더블클릭하여 함수식을 복사합니다.

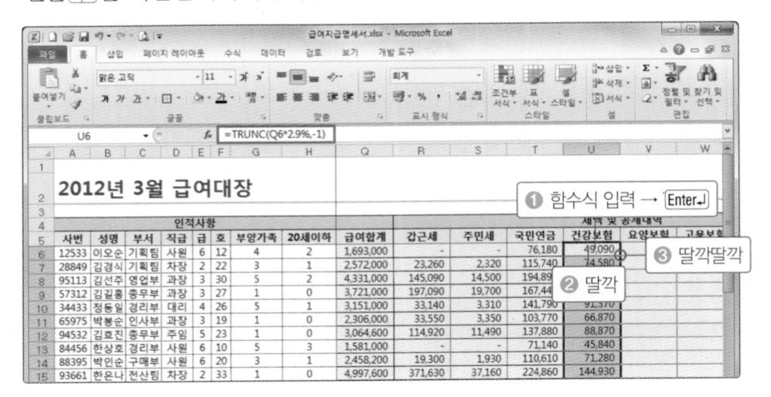

16 요양보험은 건강보험 금액에 보험요율 6.55%를 곱하고 일 원 단위를 절삭합니다. ❶ V6셀에 '=TRUNC(U6*6.55%,-1)'을 입력하고 Enter↵ 글쇠를 누른 후 ❷ 다시 V6셀을 선택하고 ❸ V6셀의 자동 채우기 핸들[+]을 더블클릭하여 함수식을 복사합니다.

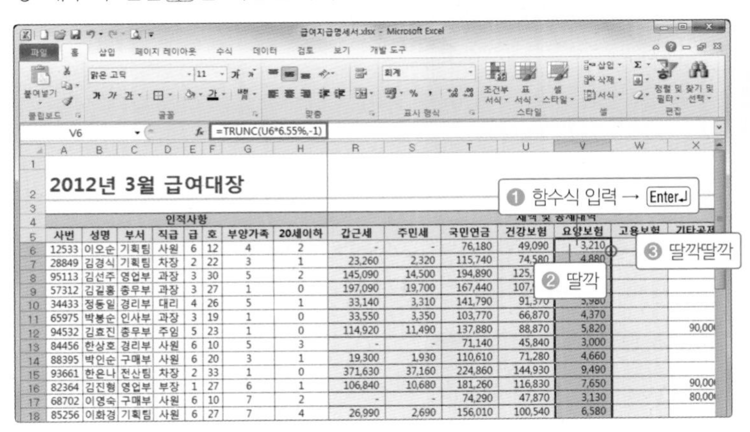

17 고용보험은 월급여액에 보험요율 0.55%를 곱하고 일 원 단위를 절삭합니다. ❶ W6셀에 '=TRUNC(Q6*0.55%,-1)'을 입력하고 Enter↵ 글쇠를 누른 후 ❷ 다시 W6셀을 선택하고 ❸ W6셀의 자동 채우기 핸들[+]을 더블클릭하여 함수식을 복사합니다.

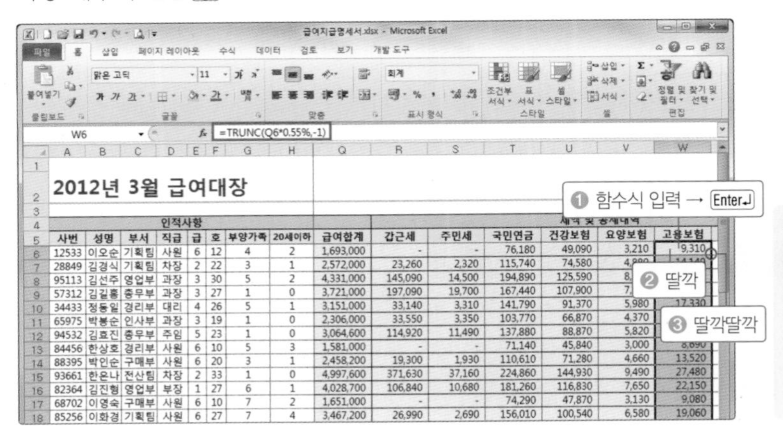

근로소득에 대한 간이세액표는 국세청(www.nts.go.kr)의 '조회 · 계산' 메뉴에서 다운받을 수 있으며 자신의 월 급여를 입력하여 갑근세를 계산할 수도 있습니다. 4대 보험 요율은 4대사회보험 정보연계센터(www.4insure.or.kr)의 '자료실' 메뉴에서 찾아볼 수 있으며, 역시 자신의 월 급여를 입력하여 모의 계산을 할 수 있습니다.

STEP 02

사번 선택해 급여 지급 명세서 완성하기

1 ❶ [급여대장] 시트에서 A5셀을 선택하고, 단축 글쇠 Ctrl+Shift+↓+→를 눌러 Z45셀까지 범위를 지정한 후 ❷ [수식] 탭 → '정의된 이름' 그룹 → '선택 영역에서 만들기'를 클릭합니다. ❸ '선택 영역에서 이름 만들기' 대화상자가 열리면 '첫 행'에만 ✔ 표시하고 ❹ 〈확인〉을 클릭합니다.

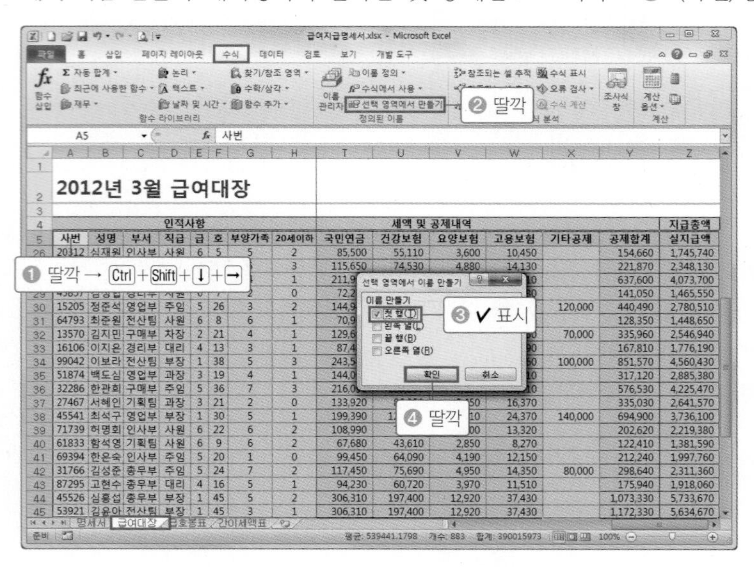

2 ❶ [명세서] 시트를 클릭하고 ❷ [개발 도구] 탭 → '컨트롤' 그룹 → '삽입'에서 '양식 컨트롤'의 '콤보 상자(양식 컨트롤)'를 선택한 후 ❸ '사번 선택' 글자의 옆에서 드래그하여 사각형을 그립니다.

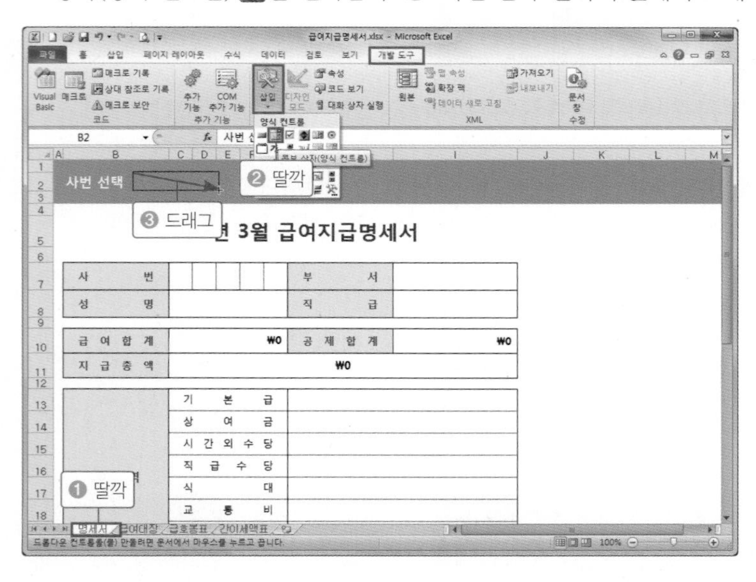

3 ❶ 삽입한 콤보 상자를 마우스 오른쪽 단추로 클릭한 후 ❷ 바로 가기 메뉴에서 '컨트롤 서식'을 선택합니다. ❸ '컨트롤 서식' 대화상자가 열리면 [컨트롤] 탭에서 '입력 범위'에는 '사번'을, '셀 연결'에는 '$A$1', '목록 표시 줄 수'에는 '20'을 입력하고 ❹ '3차원 음영'에 ✔ 표시한 후 ❺ 〈확인〉을 클릭합니다.

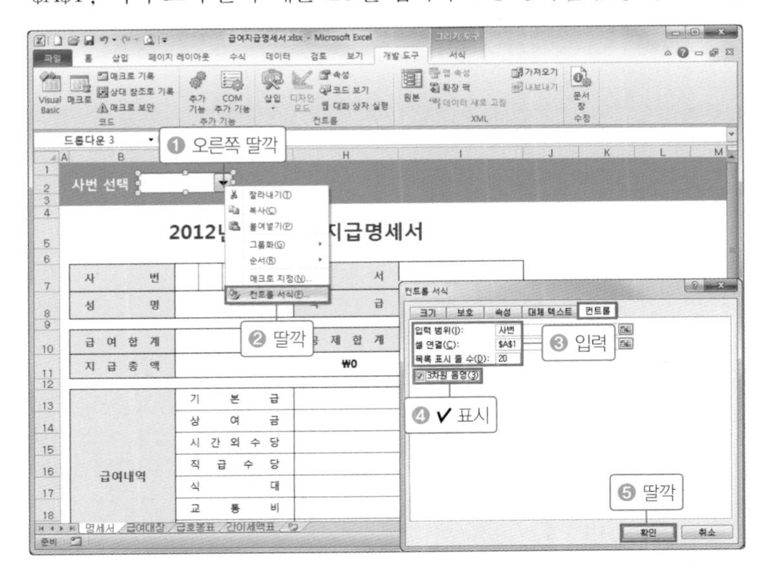

입력 범위의 목록을 콤보 상자에 표시하며, 콤보 상자에서 선택한 항목이 범위 중 몇 번째 위치에 있는지 위치 번호가 $A$1셀에 입력됩니다.

4 ❶ C7셀에 '=MID(INDEX(사번,$A$1),COLUMN(A1),1)'을 입력하고 Enter↵ 글쇠를 누릅니다. ❷ 다시 C7셀을 선택하고 ❸ C7셀의 자동 채우기 핸들을 G7셀까지 드래그한 후 ❹ '자동 채우기 옵션' 단추를 클릭하고 ❺ '서식 없이 채우기'를 선택합니다.

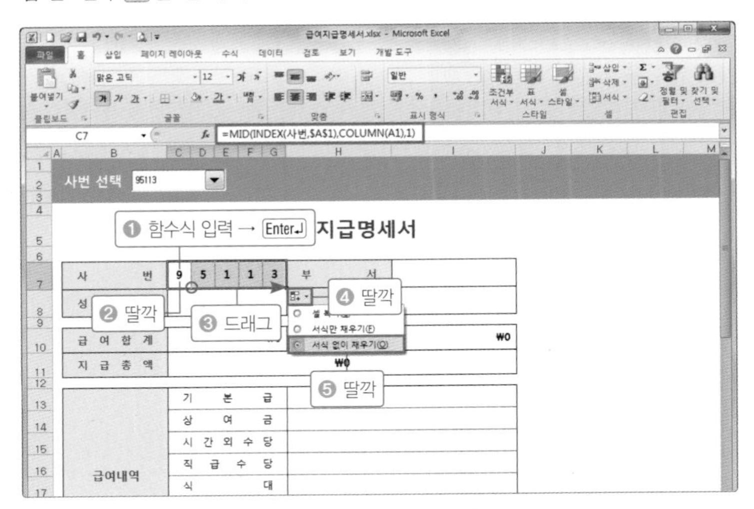

잠깐만요 MID, INDEX, COLUMN 함수 제대로 알기

선택한 사번의 첫 번째 글자부터 순서대로 1개씩만 가져오기 위해 지정한 텍스트의 지정한 위치로부터 지정한 개수만큼의 문자를 가져오는 MID 함수를 사용합니다. MID 함수의 함수 구문은 =MID(문자,시작 위치,개수)입니다.

- 문자 : INDEX(사번,$A$1) – 사번 범위, 즉 [급여대장] 시트의 A6:A45 범위 중 $A$1셀에 입력된 위치 번호에 해당하는 문자입니다.
- 시작 위치 : COLUMN(A1) – C7셀에서는 시작 위치가 1이 되고, 옆으로 수식을 복사하면, 2, 3, 4, 5가 됩니다.
- 개수 : 1 – 가져올 글자 개수는 1개씩이므로 '1'을 입력합니다.

5 ❶ C8셀을 선택한 후 ❷ Ctrl 글쇠를 누른 상태에서 I7:I8 범위를 지정하고 ❸ '=INDEX(INDIRECT(H7),$A$1)'을 입력한 후 단축 글쇠 Ctrl + Enter↵를 누릅니다.

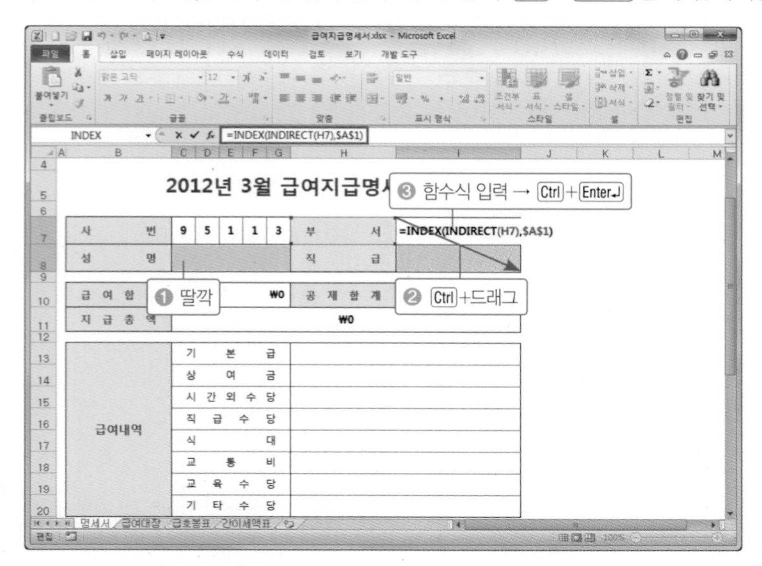

H7셀의 문자에 해당하는 범위에서 $A$1셀에 입력된 위치 번호에 해당하는 값을 가져옵니다. INDEX 함수에서 한 가지 방향의 범위를 지정하면 하나의 위치 번호만 지정해도 됩니다.

6 ❶ H13:I20 범위를 드래그한 후 ❷ Ctrl 글쇠를 누른 상태에서 H22:I28 범위를 지정합니다. ❸ 범위를 모두 선택한 상태에서 '=INDEX(INDIRECT(C22),$A$1)'을 입력하고 단축 글쇠 Ctrl + Enter↵를 누릅니다.

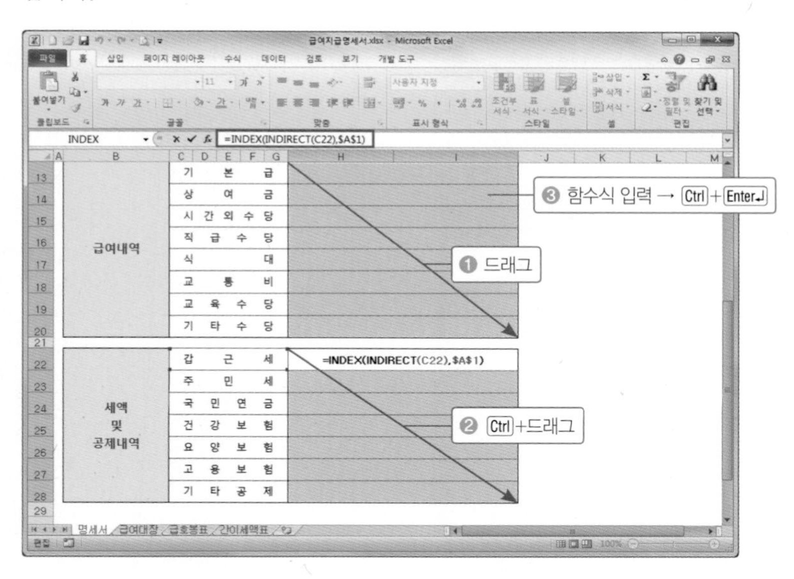

7 숫자를 가운데 정렬하면서도 일 원 단위 위치를 기준으로 정렬하도록 사용자 지정 표시 형식을 설정하겠습니다. ❶ [홈] 탭 → '표시 형식' 그룹 → 대화상자 표시 단추를 클릭합니다. ❷ '셀 서식' 대화상자가 열리면 [표시 형식] 탭의 '범주'에서 '사용자 지정'을 선택하고 ❸ '형식'에 '?,???,???;-?,???,???;???,???-'를 입력한 후 ❹ 〈확인〉을 클릭합니다.

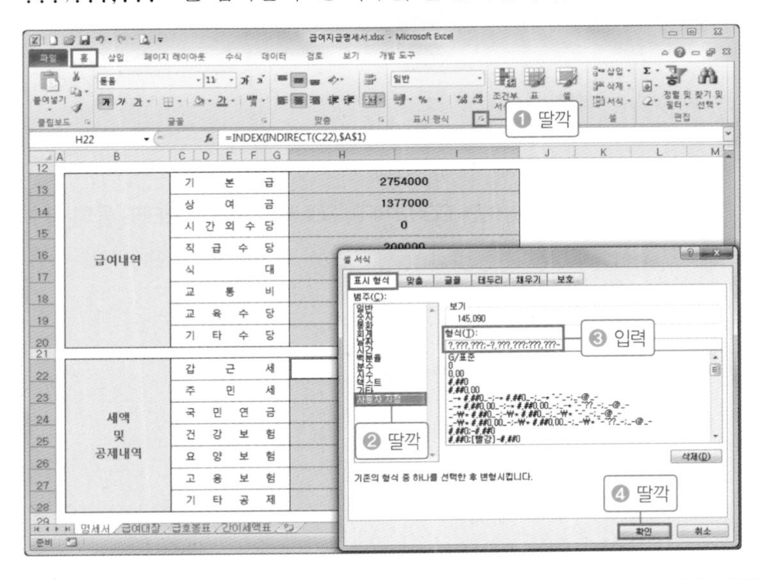

잠깐만요 **?,???,???;-?,???,???;???,??? - 서식 코드 이해하기**

? 서식 코드는 숫자의 자리수를 지정하되, 지정한 자리에 숫자가 없는 경우 해당 자리를 공백으로 채우는 코드입니다. 지정한 범위에서 가장 긴 숫자는 백 만 원 단위이므로 그에 맞추어 콤마도 표시되도록 ?,???,???로 지정합니다. 음수인 경우는 마이너스 기호(-)를 앞에 표시하도록 -?,???,???로 지정하고, 0인 경우에는 하이픈 기호가 끝에 표시되도록 ???,???- 로 지정했습니다.

8 사번 선택 영역을 제외시키고 인쇄하기 위해 ❶ B4:I31 범위를 지정한 후 ❷ [페이지 레이아웃] 탭 → '페이지 설정' 그룹 → '인쇄 영역' → '인쇄 영역 설정'을 선택하면 출력할 부분이 영역으로 지정됩니다.

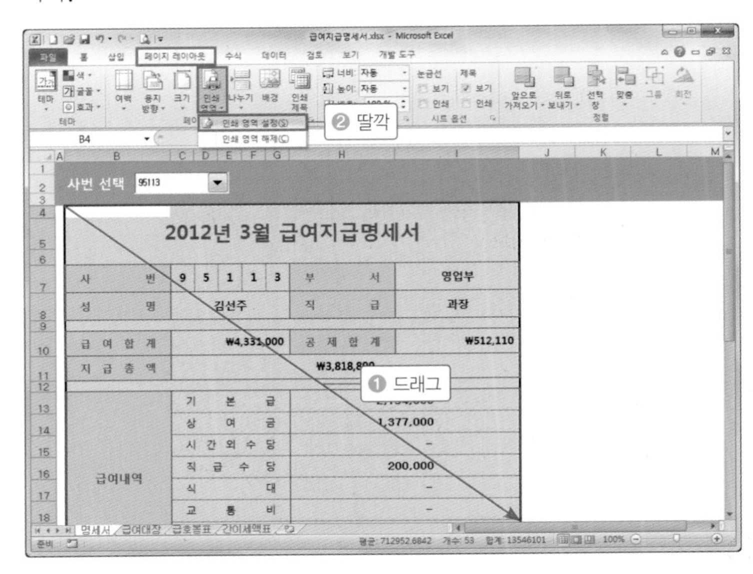

04 조건별 매출집계표 만들기

I 예제 파일 I 현장실습02\매출집계표.xlsx　　I 완성 파일 I 현장실습02\완성\매출집계표완성.xlsx

날짜별로 지점, 담당, 제품명, 거래처, 단가, 수량 등이 수집된 매출 내역으로 원하는 조건에 따른 집계표를 작성해 보겠습니다.

❶ **복수 조건에 따라 계산**하려는 경우 **엑셀 2007 버전 이상이면 COUNTIFS, SUMIFS, AVERAGEIFS 등의 함수**를 사용하고, **하위 버전에서는 배열 함수식을 사용**합니다. ❷ 여기서는 조건부 계산과 배열 함수식을 사용하면서 **함수식을 이름으로 정의하는 방법**도 살펴보겠습니다.

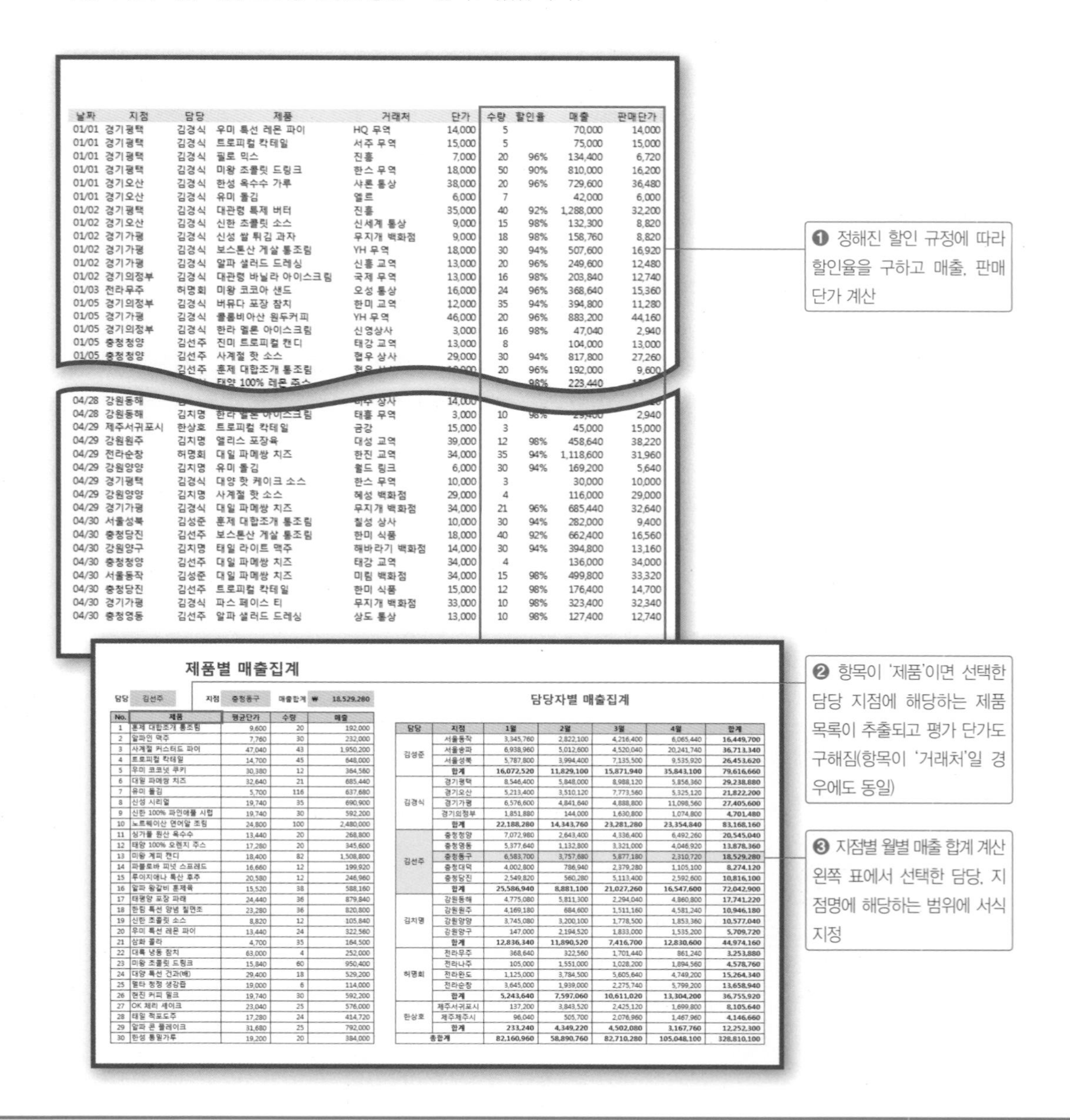

날짜	지점	담당	제품	거래처	단가	수량	할인율	매출	판매단가
01/01	경기평택	김경식	우미 특선 레몬 파이	HQ 무역	14,000	5		70,000	14,000
01/01	경기평택	김경식	트로피컬 칵테일	서주 무역	15,000	5		75,000	15,000
01/01	경기평택	김경식	필로 믹스	진흥	7,000	20	96%	134,400	6,720
01/01	경기평택	김경식	미왕 초콜릿 드링크	한스 무역	18,000	50	90%	810,000	16,200
01/01	경기오산	김경식	한성 옥수수 가루	샤론 통상	38,000	20	96%	729,600	36,480
01/01	경기오산	김경식	유미 돌김	엘르	6,000	7		42,000	6,000
01/02	경기평택	김경식	대관령 특제 버터	진흥	35,000	40	92%	1,288,000	32,200
01/02	경기오산	김경식	신한 초콜릿 소스	신세계 통상	9,000	15	98%	132,300	8,820
01/02	경기가평	김경식	신성 쌀 튀김 과자	무지개 백화점	9,000	18	98%	158,760	8,820
01/02	경기가평	김경식	보스톤산 게살 통조림	YH 무역	18,000	30	94%	507,600	16,920
01/02	경기가평	김경식	알파 샐러드 드레싱	신흥 교역	13,000	20	96%	249,600	12,480
01/02	경기의정부	김경식	대관령 바닐라 아이스크림	국제 무역	13,000	16	98%	203,840	12,740
01/03	전라무주	허명회	미왕 코코아 샌드	오성 통상	16,000	24	96%	368,640	15,360
01/05	경기의정부	김경식	버뮤다 포장 참치	한미 교역	12,000	35	94%	394,800	11,280
01/05	경기가평	김경식	콜롬비아산 원두커피	YH 무역	46,000	20	96%	883,200	44,160
01/05	경기의정부	김경식	한라 멜론 아이스크림	신영상사	3,000	16	98%	47,040	2,940
01/05	충청청양	김선주	진미 트로피컬 캔디	태강 교역	13,000	8		104,000	13,000
01/05	충청청양	김선주	사계절 핫 소스	협우 상사	29,000	30	94%	817,800	27,260
		김선주	훈제 대합조개 통조림			20	96%	192,000	9,600
			태양 100% 레몬 주스				98%	223,440	
04/28	강원동해				14,000				
04/28	강원동해	김치명	한라 멜론 아이스크림	태흥 무역	3,000	10			2,940
04/29	제주서귀포시	한상호	트로피컬 칵테일	금강	15,000	3		45,000	15,000
04/29	강원원주	김치명	앨리스 포장육	대성 교역	39,000	12	98%	458,640	38,220
04/29	전라순창	허명회	대일 파메쌍 치즈	한진 교역	34,000	35	94%	1,118,600	31,960
04/29	강원양양	김치명	유미 돌김	월드 링크	6,000	30	94%	169,200	5,640
04/29	경기평택	김경식	대양 핫 케이크 소스	한스 무역	10,000	3		30,000	10,000
04/29	강원양양	김치명	사계절 핫 소스	혜성 백화점	29,000	4		116,000	29,000
04/29	경기가평	김경식	대일 파메쌍 치즈	무지개 백화점	34,000	21	96%	685,440	32,640
04/30	서울성북	김성준	훈제 대합조개 통조림	칠성 상사	10,000	30	94%	282,000	9,400
04/30	충청당진	김선주	보스톤산 게살 통조림	한미 식품	18,000	40	92%	662,400	16,560
04/30	강원양구	김치명	태일 라이트 맥주	해바라기 백화점	14,000	30	94%	394,800	13,160
04/30	충청청양	김선주	대일 파메쌍 치즈	태강 교역	34,000	4		136,000	34,000
04/30	서울동작	김성준	대일 파메쌍 치즈	미림 백화점	34,000	15	98%	499,800	33,320
04/30	충청당진	김선주	트로피컬 칵테일	한미 식품	15,000	12	98%	176,400	14,700
04/30	경기가평	김경식	파스 페이스 티	무지개 백화점	33,000	10	98%	323,400	32,340
04/30	충청영동	김선주	알파 샐러드 드레싱	상도 통상	13,000	10	98%	127,400	12,740

제품별 매출집계

담당 김선주　지점 충청동구　매출합계 ₩ 18,529,280

No.	제품	평균단가	수량	매출
1	훈제 대합조개 통조림	9,600	20	192,000
2	알파인 맥주	7,760	30	232,000
3	사계절 커스터드 파이	47,040	43	1,950,200
4	트로피컬 칵테일	14,700	45	648,000
5	우미 코코넛 쿠키	30,380	12	364,560
6	대일 파메쌍 치즈	32,640	21	685,440
7	유미 돌김	5,700	116	637,680
8	신성 시리얼	19,740	35	690,900
9	신한 100% 파인애플 시럽	19,740	30	592,200
10	노르웨이산 연어알 조림	24,800	100	2,480,000
11	싱가폴 원산 옥수수	13,440	20	268,800
12	태양 100% 오렌지 주스	17,280	20	345,600
13	미왕 계피 캔디	18,400	82	1,508,800
14	파블로바 피넛 스프레드	16,660	12	199,920
15	루이지애나 특산 후추	20,580	12	246,960
16	알파 왕갈비 훈제육	15,520	38	588,160
17	태평양 포장 파래	24,440	36	879,840
18	한림 특선 양념 칠면조	23,280	36	820,800
19	신한 초콜릿 소스	8,820	12	105,840
20	우미 특선 레몬 파이	13,440	24	322,560
21	삼화 콜라	4,700	35	164,500
22	대륙 냉동 참치	63,000	4	252,000
23	미왕 초콜릿 드링크	15,840	60	950,400
24	대양 특선 건과(배)	29,400	18	529,200
25	멜타 청정 생강즙	19,000	6	114,000
26	현진 커피 밀크	19,740	30	592,200
27	OK 체리 셰이크	23,040	25	576,000
28	태일 적포도주	17,280	24	414,720
29	알파 콘 플레이크	31,680	25	792,000
30	한성 통밀가루	19,200	20	384,000

담당자별 매출집계

담당	지점	1월	2월	3월	4월	합계
김성준	서울동작	3,345,760	2,822,100	4,216,400	6,065,440	16,449,700
	서울송파	6,938,960	5,012,600	4,520,040	20,241,740	36,713,340
	서울성북	5,787,800	3,994,400	7,135,500	9,535,920	26,453,620
	합계	16,072,520	11,829,100	15,871,940	35,843,100	79,616,660
김경식	경기평택	8,546,400	5,848,000	8,988,120	5,856,360	29,238,880
	경기오산	5,213,400	3,510,120	7,773,560	5,325,120	21,822,200
	경기가평	6,576,600	4,841,640	4,888,800	11,098,560	27,405,600
	경기의정부	1,851,880	144,000	1,630,800	1,074,800	4,701,480
	합계	22,188,280	14,343,760	23,281,280	23,354,840	83,168,160
김선주	충청청양	7,072,980	2,643,400	4,336,400	6,492,260	20,545,040
	충청영동	5,377,640	1,132,800	3,321,000	4,046,920	13,878,360
	충청동구	6,583,700	3,757,680	5,877,180	2,310,720	18,529,280
	충청대덕	4,002,800	786,940	2,379,280	1,105,100	8,274,120
	충청당진	2,549,820	560,280	5,113,400	2,592,600	10,816,100
	합계	25,586,940	8,881,100	21,027,260	16,547,600	72,042,900
김치명	강원동해	4,775,080	5,811,300	2,294,040	4,860,800	17,741,220
	강원원주	4,169,180	684,600	1,511,160	4,581,240	10,946,180
	강원양양	3,745,080	3,200,100	1,778,500	1,853,360	10,577,040
	강원양구	147,000	2,194,520	1,833,000	1,535,200	5,709,720
	합계	12,836,340	11,890,520	7,416,700	12,830,600	44,974,160
허명회	전라무주	368,640	322,560	1,701,440	861,240	3,253,880
	전라나주	105,000	1,551,000	1,028,200	1,894,560	4,578,760
	전라완도	1,125,000	3,784,500	5,605,640	4,749,200	15,264,340
	전라순창	3,645,000	1,939,000	2,275,740	5,799,200	13,658,940
	합계	5,243,640	7,597,060	10,611,020	13,304,200	36,755,920
한상호	제주서귀포시	137,200	3,843,520	2,425,120	1,699,800	8,105,640
	제주제주시	96,040	505,700	2,076,960	1,467,960	4,146,660
	합계	233,240	4,349,220	4,502,080	3,167,760	12,252,300
총합계		82,160,960	58,890,760	82,710,280	105,048,100	328,810,100

Step 01 매출 내역 완성하기

① IFERROR, VLOOKUP 함수를 사용하여 할인 규정 표로부터 수량에 따른 할인율을 가져와서 입력합니다. PRODUCT 함수를 사용하여 '단가*수량*할인율'을 계산합니다.

② '매출/수량' 수식으로 판매 단가를 계산합니다.

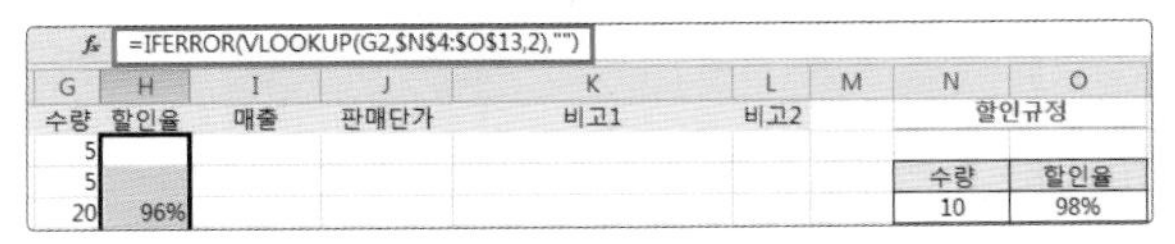

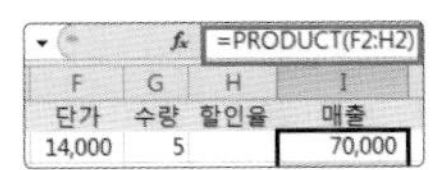

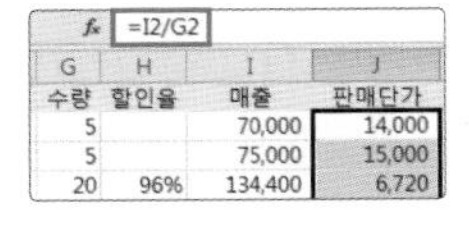

Step 02 여러 항목의 조건별로 매출 집계하기

① 데이터 유효성 검사 설정으로 '제품', '거래처' 항목을 지정한 후 선택된 항목명이 제목으로 표시되도록 수식을 입력하고 사용자 지정 표시 형식을 지정합니다.

② 데이터 유효성 검사 설정으로 담당 목록을 지정하고, 선택한 담당자의 지점 목록이 표시되도록 INDIRECT 함수로 데이터 유효성 검사 목록을 지정합니다.

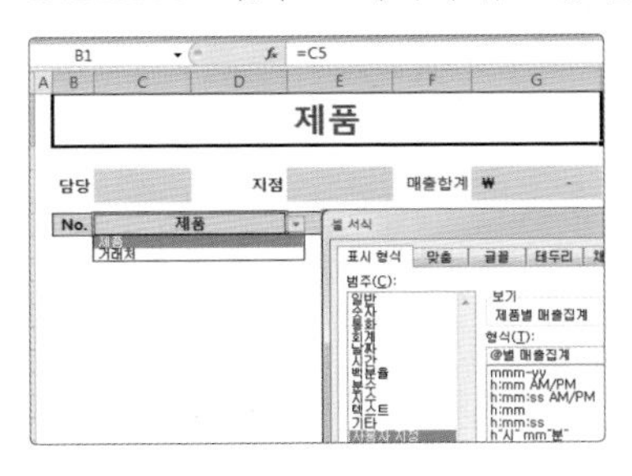

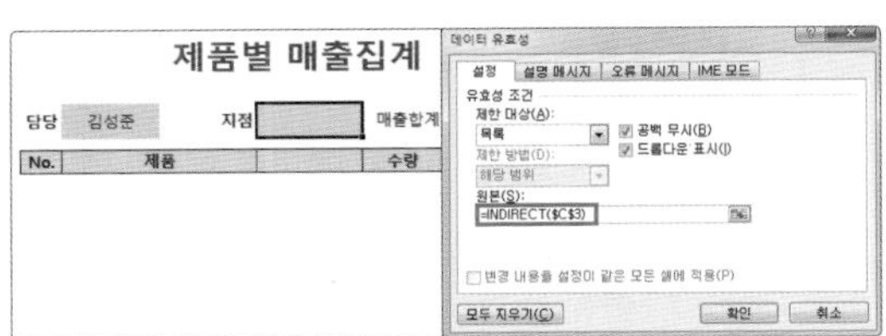

③ IF 함수를 사용하여 항목 선택에 따라 필드명이 '평균단가', '거래건수'로 입력되게 수식을 입력합니다.

④ IF, COUNT, ROW, INDEX, SMALL함수를 사용하여 선택한 담당과 지점에 대한 목록을 가져옵니다. [매출내역] 시트의 비고 범위의 데이터 셀 개수 만큼 목록을 가져오게 합니다.

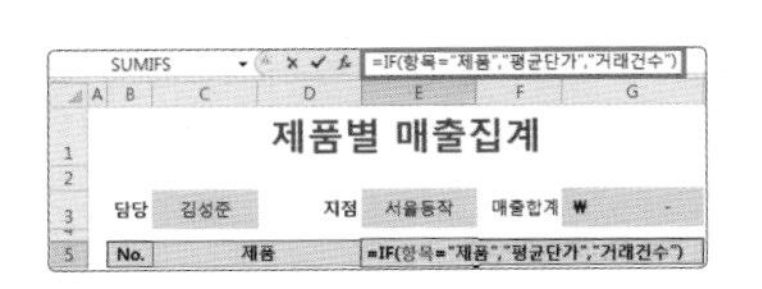

⑤ AVERAGEIFS 함수를 사용하여 평균 단가를, COUNTIFS 함수를 사용하여 거래건수를 구하는 함수식을 이름으로 지정한 후 IF 함수를 사용하여 필드명 선택에 따라 결과가 입력되게 수식을 입력합니다.

⑥ SUMIFS, INDIRECT 함수를 사용하여 수량과 매출 합계를 계산합니다.

⑦ 항목에서 '거래처'를 선택하면 목이 바뀌고 평균 단가가 아닌 거래건수가 구해집니다.

Step 03 배열 함수식으로 지점별, 월별 합계 구하기

① SUM, MONTH 함수를 사용한 배열 함수식으로 지점별, 월별 매출의 합계를 계산합니다.

② 제품 또는 거래처별 매출 집계표에서 선택된 담당자명과 지점명에 해당되는 범위에 색이 채워지도록 조건부 서식을 지정합니다.

STEP 01 매출 내역 완성하기

1 ❶ [매출내역] 시트에서 H2셀에 '=IFERROR(VLOOKUP(G2,$N$4:$O$13,2),"")'를 입력하고 Enter↵ 글쇠를 누릅니다. ❷ 다시 H2셀을 선택하고 ❸ H2셀의 자동 채우기 핸들을 더블클릭하여 함수식을 복사합니다.

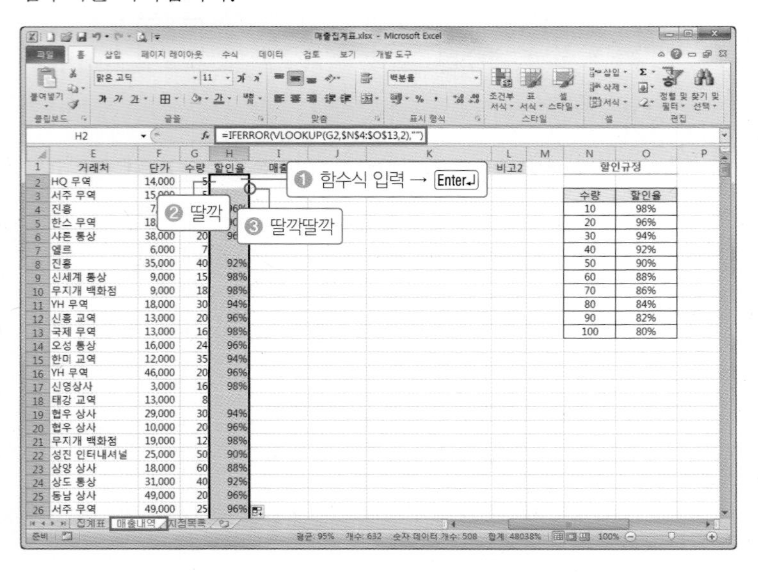

잠깐만요 **IFERROR, VLOOKUP 함수 제대로 알기**

VLOOKUP 함수로 수량에 따라 할인율을 구합니다. 찾을 범위(N4:O13)에 10 미만의 수량이 없고 수량이 10 미만인 경우 오류가 생기므로 IFERROR 함수 안에 VLOOKUP 함수를 작성하고, 오류인 경우의 값으로는 공백 문자를 지정합니다.

2 ❶ I2셀에 '=PRODUCT(F2:H2)'를 입력하고 Enter↵ 글쇠를 누릅니다. ❷ 다시 I2셀을 선택하고 ❸ I2셀의 자동 채우기 핸들을 더블클릭하여 함수식을 복사합니다.

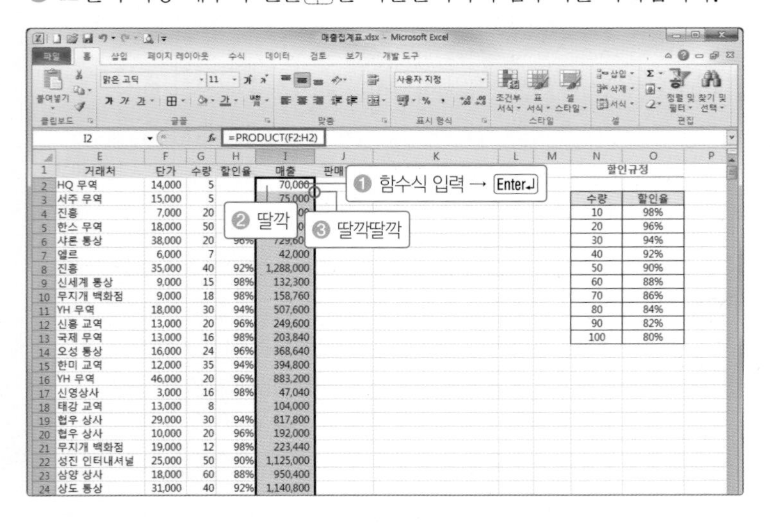

단가, 수량, 할인율을 곱해 매출 금액을 구할 때 곱하기 연산자를 입력하면 할인율이 공백으로 된 셀은 매출이 0으로 표시되므로 빈 셀은 건너뛰고 곱하는 PRODUCT 함수를 사용하여 인수로 F2:H2를 지정합니다.

3 ❶ J2셀에 '=I2/G2'를 입력하고 [Enter↵] 글쇠를 누릅니다. ❷ 다시 J2셀을 선택하고 ❸ J2셀의 자동 채우기 핸들[+]을 더블클릭하여 함수식을 복사합니다.

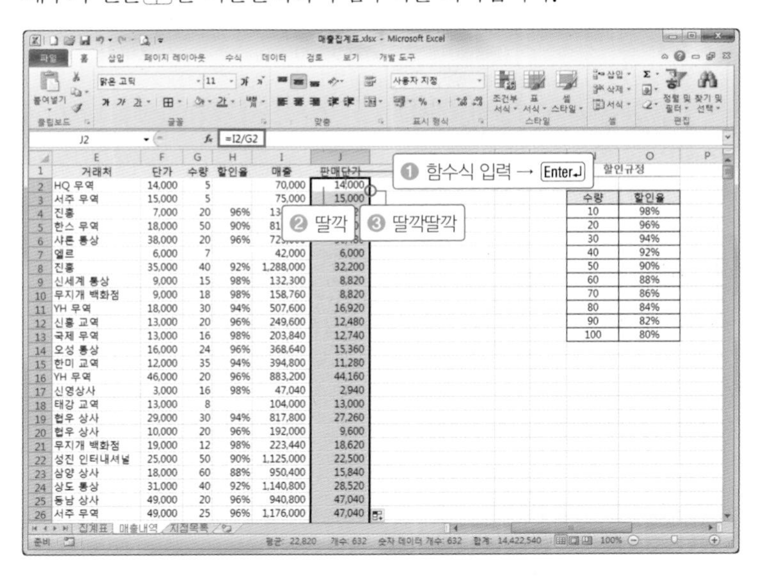

4 ❶ 단축 글쇠 [Ctrl]+[A]를 눌러 표 범위 전체를 지정한 후 ❷ [수식] 탭 → '정의된 이름' 그룹 → '선택 영역에서 만들기'를 클릭합니다. ❸ '선택 영역에서 이름 만들기' 대화상자가 열리면 '첫 행'에만 ✔ 표시한 후 ❹ 〈확인〉을 클릭합니다.

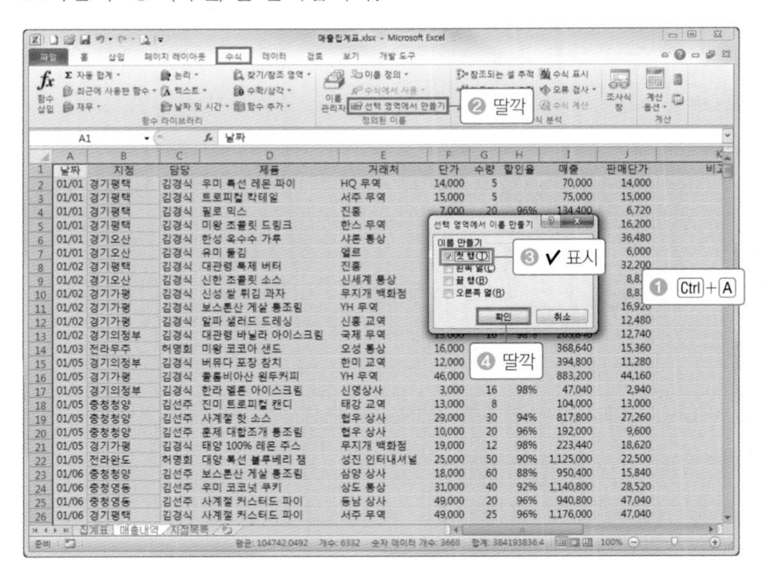

5 ❶ [지점목록] 시트에서 B3:G8 범위를 지정하고 ❷ [홈] 탭 → '편집' 그룹 → '찾기 및 선택' → '이동 옵션'을 선택합니다. ❸ '이동 옵션' 대화상자가 열리면 '종류'를 '상수'로 선택하고 ❹ 〈확인〉을 클릭합니다.

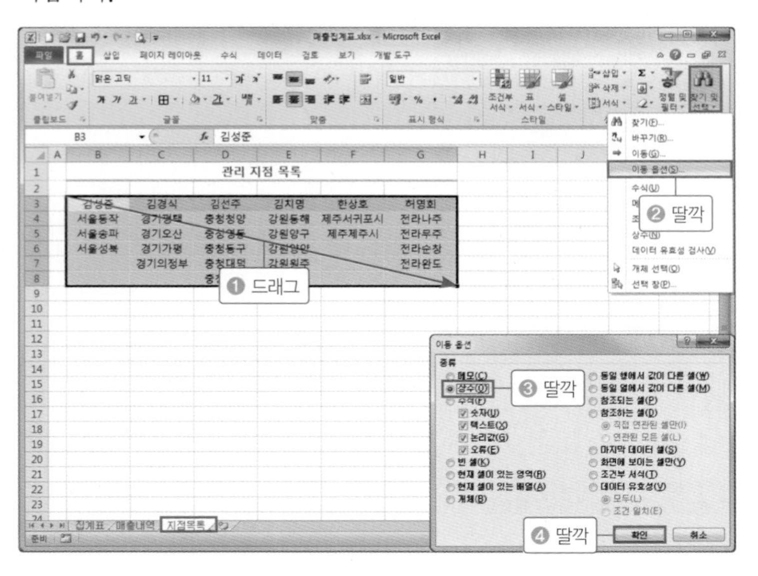

6 ❶ [수식] 탭 → '정의된 이름' 그룹 → '선택 영역에서 만들기'를 클릭합니다. ❷ '선택 영역에서 이름 만들기' 대화상자가 열리면 '첫 행'에 ✔ 표시하고 ❸ 〈확인〉을 클릭합니다.

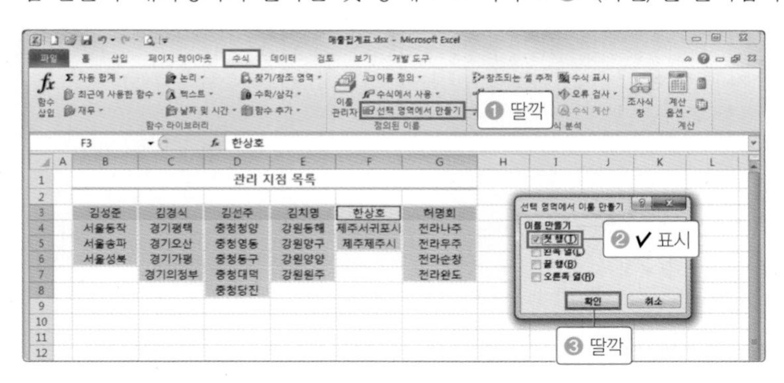

7 ❶ B3:G3 범위를 지정하고 ❷ 이름 상자에 '담당목록'을 입력한 후 Enter↵ 글쇠를 누릅니다.

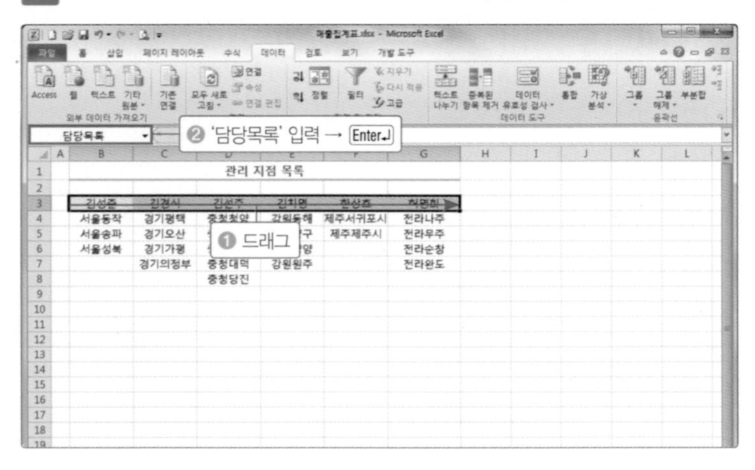

STEP 02 여러 항목의 조건별로 매출 집계하기

1 ❶ [집계표] 시트에서 C5셀을 선택하고 ❷ [데이터] 탭 → '데이터 도구' 그룹 → '데이터 유효성 검사'를 클릭합니다. ❸ '데이터 유효성' 대화상자가 열리면 [설정] 탭에서 '제한 대상'을 '목록'으로 선택하고 ❹ '원본'에 '제품,거래처'를 입력한 후 ❺ 〈확인〉을 클릭합니다.

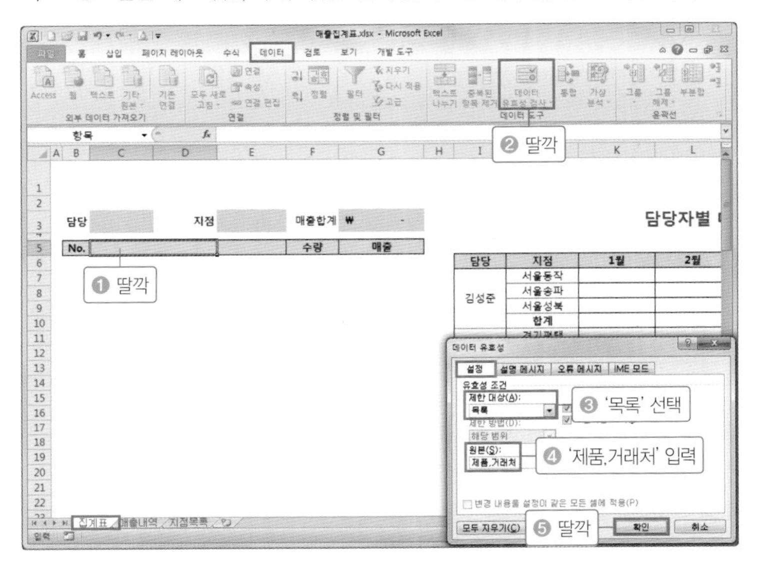

2 ❶ C5셀의 목록에서 '제품'을 선택하고 ❷ B1셀에 '=C5'를 입력한 후 Enter↵ 글쇠를 누릅니다. ❸ 다시 B1셀을 선택하고 ❹ [홈] 탭 → '표시 형식' 그룹 → 대화상자 표시 단추를 클릭합니다. ❺ '셀 서식' 대화상자가 열리면 [표시 형식] 탭의 '사용자 지정'에서 ❻ '형식'에 '@별 매출집계'를 입력하고 ❼ 〈확인〉을 클릭합니다.

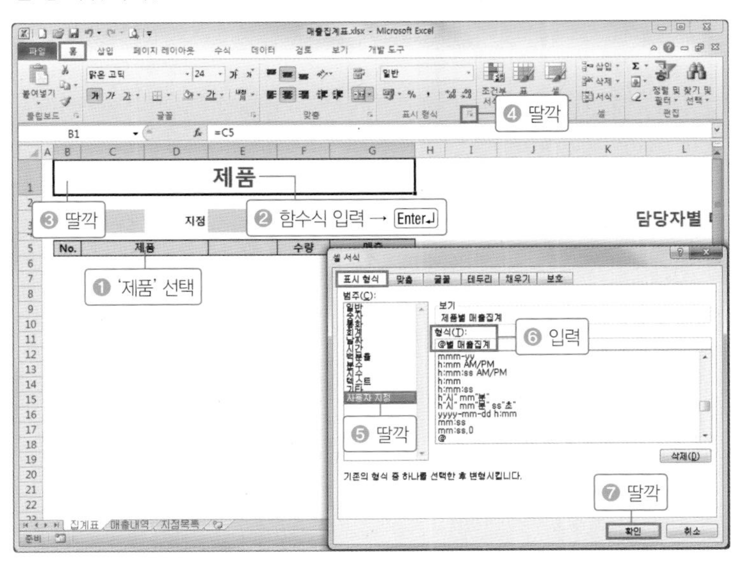

3 ❶ C3셀을 선택하고 ❷ [데이터] 탭 → '데이터 도구' 그룹 → '데이터 유효성 검사'를 클릭합니다. ❸ '데이터 유효성' 대화상자가 열리면 [설정] 탭의 '제한 대상'에서 '목록'을 선택한 후 ❹ '원본'에 '=담당목록'을 입력하고 ❺ 〈확인〉을 클릭합니다.

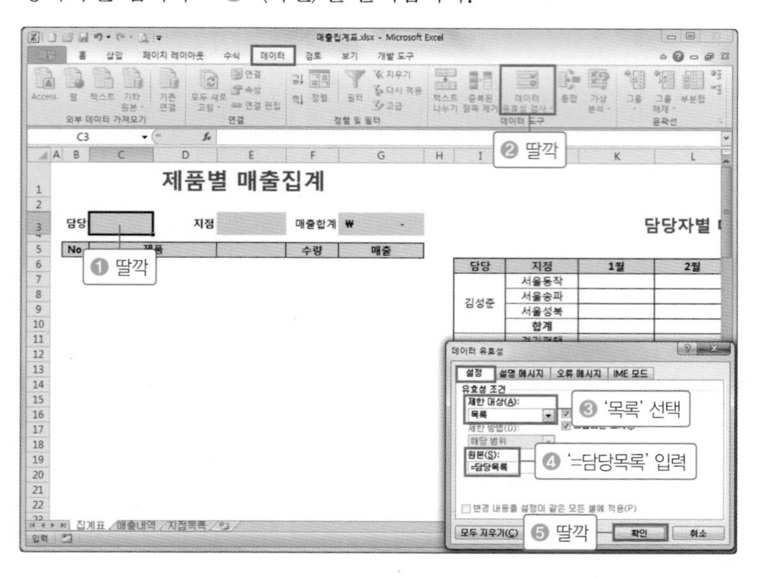

4 ❶ C3셀에서 '김성준'을 선택한 후 ❷ E3셀을 선택하고 ❸ [데이터] 탭 → '데이터 도구' 그룹 → '데이터 유효성 검사'를 클릭합니다. ❹ '데이터 유효성' 대화상자가 열리면 [설정] 탭의 '제한 대상'에서 '목록'을 선택하고 ❺ '원본'에 '=INDIRECT($C$3)'을 입력한 후 ❻ 〈확인〉을 클릭합니다.

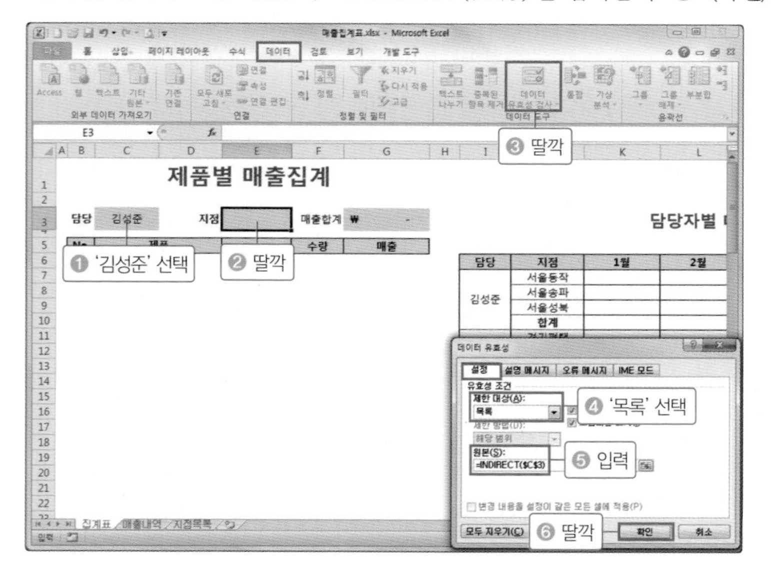

C3셀에 입력된 이름에 해당하는 범위를 참조하여 목록을 지정합니다. 담당자에 대한 지점 목록은 앞 과정에서 [지점목록] 시트의 범위를 이름으로 지정했습니다.

5 ❶ C3셀을 선택하고 이름 상자에 '담당선택'이라고 입력하고 Enter↵ 글쇠를 누릅니다. ❷ C5셀을 선택하고 이름 상자에 '항목'이라고 입력하고 Enter↵ 글쇠를 누릅니다. ❸ E3셀을 선택하고 ❹ 이름 상자에 '지점선택'을 입력한 후 Enter↵ 글쇠를 누르고 ❺ E3셀 목록에서 '서울동작'을 선택합니다.

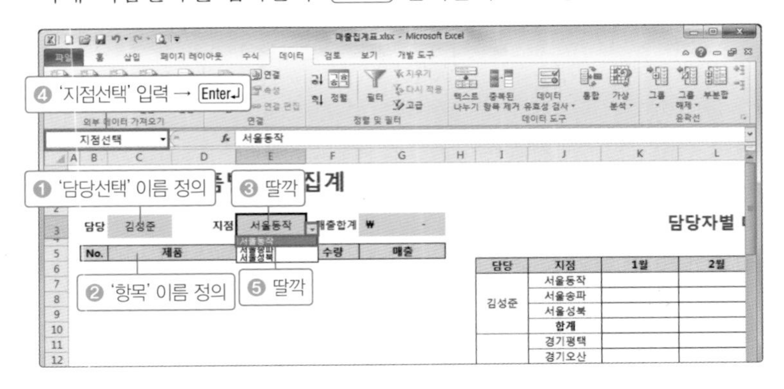

6 E5셀에 '=IF(항목="제품","평균단가","거래건수")'를 입력하고 Enter↵ 글쇠를 누릅니다.

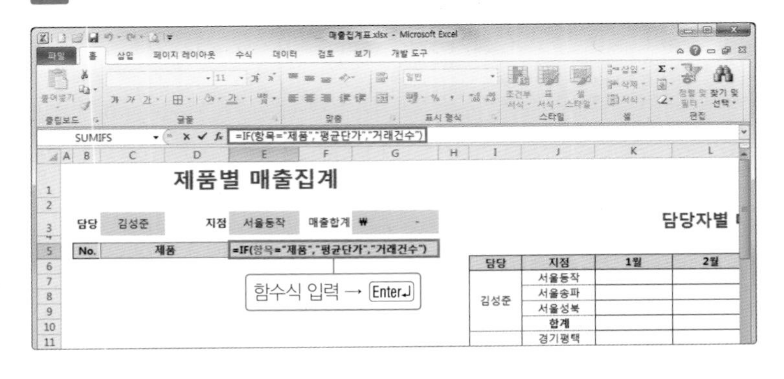

항목인 C5셀에서는 '제품', '거래처' 두 개의 목록을 선택하게 됩니다. 항목이 '제품'이면 '평균단가'가 입력되고 다른 값, 즉 '거래처'면 '거래건수'가 입력됩니다.

7 ❶ [매출내역] 시트에서 K2셀에 '=IF(OR(AND(담당선택=C2,지점선택=B2),AND(담당선택="",지점선택=B2),AND(담당선택=C2,지점선택=""),AND(담당선택="",지점선택="")),INDIRECT(항목),"")'을 입력하고 Enter↵ 글쇠를 누릅니다. ❷ 다시 K2셀을 선택하고 ❸ K2셀의 자동 채우기 핸들 ✚ 을 더블클릭하여 함수식을 복사합니다.

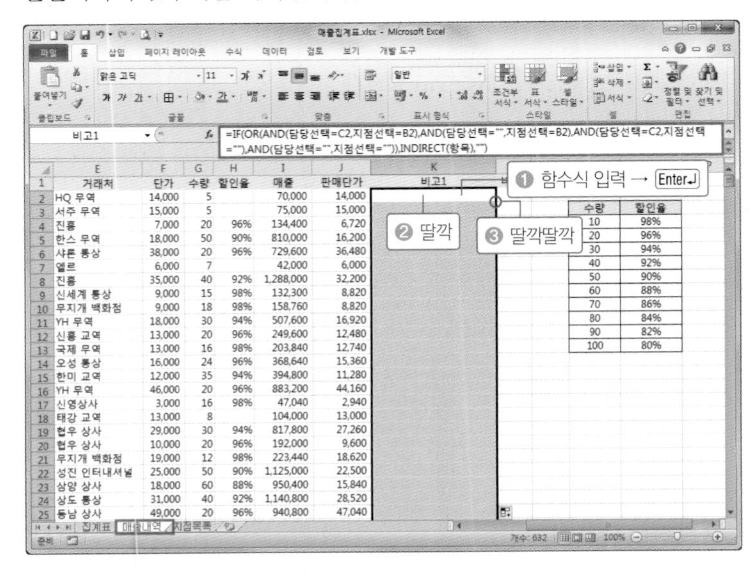

잠깐만요 IF, OR, AND, INDIRECT 함수 제대로 알기

[집계표] 시트의 담당 선택, 지점 선택, 항목 셀에서 선택한 값에 따라 목록을 추출하려고 합니다. 담당 선택과 지점 선택 셀이 선택되는 경우의 수는 다음과 같이 네 가지입니다. 이 네 가지 경우에 해당될 때 '항목'에서 선택한 이름에 해당하는 범위의 값이 입력되게 하고, 아닌 경우에는 공백을 입력합니다. 네 가지 경우의 조건을 OR, AND 함수식으로 작성하고, 조건이 참인 경우 입력할 값으로 INDIRECT(항목)을 지정하였습니다.

① 담당 선택에서 담당이 선택되고 지점 선택에서 지점이 선택됐거나 ② 담당 선택이 공백이고 지점 선택에서 지점이 선택됐거나 ③ 담당 선택에서 담당이 선택되고 지점 선택이 공백이거나 ④ 담당 선택이 공백이고 지점 선택이 공백인 경우입니다.

즉 다음과 같이 [집계표] 시트의 항목에서 '제품'이 선택되고, '담당'은 '김경식', '지점'은 '경기가평'으로 선택되면, 김경식의 경기가평 지점의 제품명이 입력됩니다.

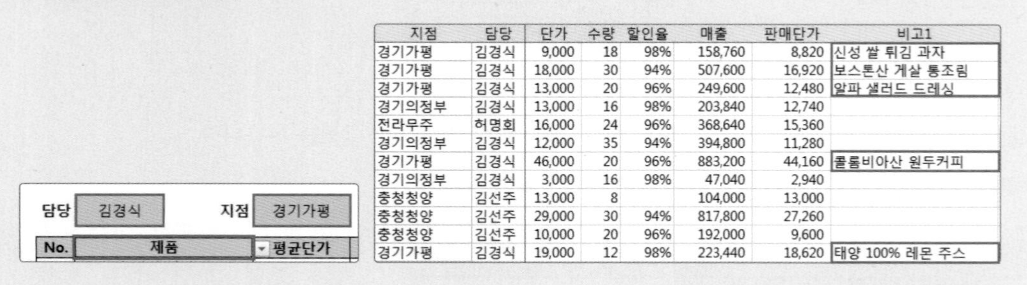

담당 김경식 지점 경기가평
No. 제품 평균단가

지점	담당	단가	수량	할인율	매출	판매단가	비고1
경기가평	김경식	9,000	18	98%	158,760	8,820	신성 쌀 튀김 과자
경기가평	김경식	18,000	30	94%	507,600	16,920	보스톤산 게살 통조림
경기가평	김경식	13,000	20	96%	249,600	12,480	알파 샐러드 드레싱
경기의정부	김경식	13,000	16	98%	203,840	12,740	
전라무주	허명회	16,000	24	96%	368,640	15,360	
경기의정부	김경식	12,000	35	94%	394,800	11,280	
경기가평	김경식	46,000	20	96%	883,200	44,160	콜롬비아산 원두커피
경기의정부	김경식	3,000	16	98%	47,040	2,940	
충청청양	김선주	13,000	8		104,000	13,000	
충청청양	김선주	29,000	30	94%	817,800	27,260	
충청청양	김선주	10,000	20	96%	192,000	9,600	
경기가평	김경식	19,000	12	98%	223,440	18,620	태양 100% 레몬 주스

항목에서 '거래처'가 선택되고, 담당이 김경식, 지점이 공백이 되면 김경식의 모든 거래처가 입력됩니다.

담당 김경식 지점
No. 거래처 거래건수

지점	담당	단가	수량	할인율	매출	판매단가	비고1
경기평택	김경식	14,000	5		70,000	14,000	HQ 무역
경기평택	김경식	15,000	5		75,000	15,000	서주 무역
경기평택	김경식	7,000	20	96%	134,400	6,720	진흥
경기평택	김경식	18,000	50	90%	810,000	16,200	한스 무역
경기오산	김경식	38,000	20	96%	729,600	36,480	샤론 통상
경기오산	김경식	6,000	7		42,000	6,000	엘르
경기평택	김경식	35,000	40	92%	1,288,000	32,200	진흥
경기오산	김경식	9,000	15	98%	132,300	8,820	신세계 통상
경기가평	김경식	9,000	18	98%	158,760	8,820	무지개 백화점
경기가평	김경식	18,000	30	94%	507,600	16,920	YH 무역
경기가평	김경식	13,000	20	96%	249,600	12,480	신흥 교역
경기의정부	김경식	13,000	16	98%	203,840	12,740	국제 무역
전라무주	허명회	16,000	24	96%	368,640	15,360	
경기의정부	김경식	12,000	35	94%	394,800	11,280	한미 교역
경기가평	김경식	46,000	20	96%	883,200	44,160	YH 무역
경기의정부	김경식	3,000	16	98%	47,040	2,940	신영상사

8 ❶ L2셀에 '=IF(K2="","",IF(COUNTIF($K$2:K2,K2)>1,"",ROW()-1))'을 입력하고 Enter 글쇠를 누릅니다. ❷ 다시 L2셀을 선택하고 ❸ L2셀의 자동 채우기 핸들(+)을 더블클릭하여 함수식을 복사합니다.

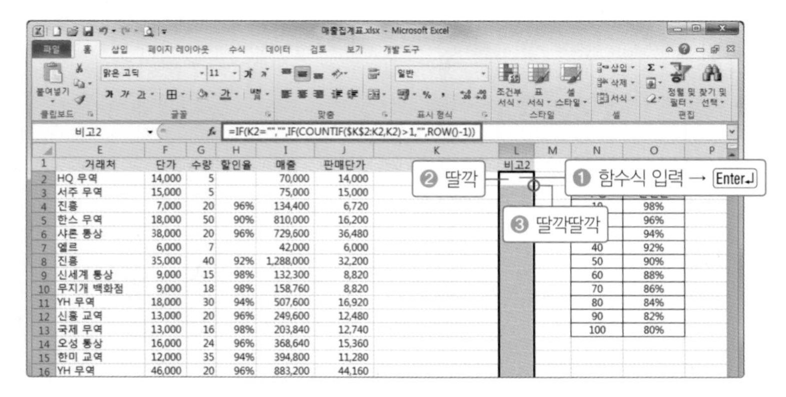

잠깐만요 IF, COUNTIF, ROW 함수 제대로 알기

'비고1'에 데이터가 있는 경우 행 번호를 입력하되, 중복되는 데이터의 행 번호는 입력하지 않도록 합니다. '비고1'에 입력된 행 번호를 이용해 [집계표] 시트에 데이터를 추출합니다.

'COUNTIF($K$2:K2,K2)>1'은 현재 셀의 값(K2)이 범위($K$2:K2)에 중복된 값이 있는지 판단하는 조건식입니다. 즉 다음과 같이 '담당'에서 '김경식'을 선택하고 '지점'을 공백으로 지정한 후 항목으로 '거래처'로 선택했을 때 중복되는 거래처인 경우에는 행 번호가 입력되지 않습니다.

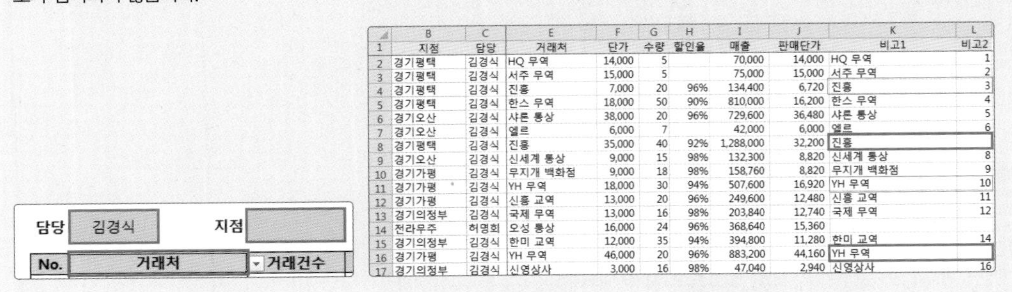

	B	C	E	F	G	H	I	J	K	L
1	지점	담당	거래처	단가	수량	할인율	매출	판매단가	비고1	비고2
2	경기평택	김경식	HQ 무역	14,000	5		70,000	14,000	HQ 무역	1
3	경기평택	김경식	서주 무역	15,000	5		75,000	15,000	서주 무역	2
4	경기평택	김경식	진홍	7,000	20	96%	134,400	6,720	진홍	3
5	경기평택	김경식	한스 무역	18,000	50	90%	810,000	16,200	한스 무역	4
6	경기오산	김경식	샤론 통상	38,000	20	96%	729,600	36,480	샤론 통상	5
7	경기오산	김경식	엘르	6,000	7		42,000	6,000	엘르	6
8	경기평택	김경식	진홍	35,000	40	92%	1,288,000	32,200	진홍	
9	경기오산	김경식	신세계 통상	9,000	15	98%	132,300	8,820	신세계 통상	8
10	경기가평	김경식	무지개 백화점	9,000	18	98%	158,760	8,820	무지개 백화점	9
11	경기가평	김경식	YH 무역	18,000	30	94%	507,600	16,920	YH 무역	10
12	경기가평	김경식	신흥 교역	13,000	20	96%	249,600	12,480	신흥 교역	11
13	경기의정부	김경식	국제 무역	13,000	16	98%	203,840	12,740	국제 무역	12
14	전라무주	허명회	오성 통상	16,000	24	96%	368,640	15,360		
15	경기의정부	김경식	한미 교역	12,000	35	94%	394,800	11,280	한미 교역	14
16	경기가평	김경식	YH 무역	46,000	20	96%	883,200	44,160	YH 무역	
17	경기의정부	김경식	신영상사	3,000	16	98%	47,040	2,940	신영상사	16

9 ❶ [집계표] 시트에서 C6셀에 '=IF(COUNT(비고2)<ROW()-5,"",INDEX(비고1,SMALL(비고2,ROW()-5)))'를 입력하고 Enter 글쇠를 누릅니다. ❷ 다시 C6셀을 선택하고 ❸ C6셀의 자동 채우기 핸들(+)을 C86셀까지 드래그하여 함수식을 복사합니다.

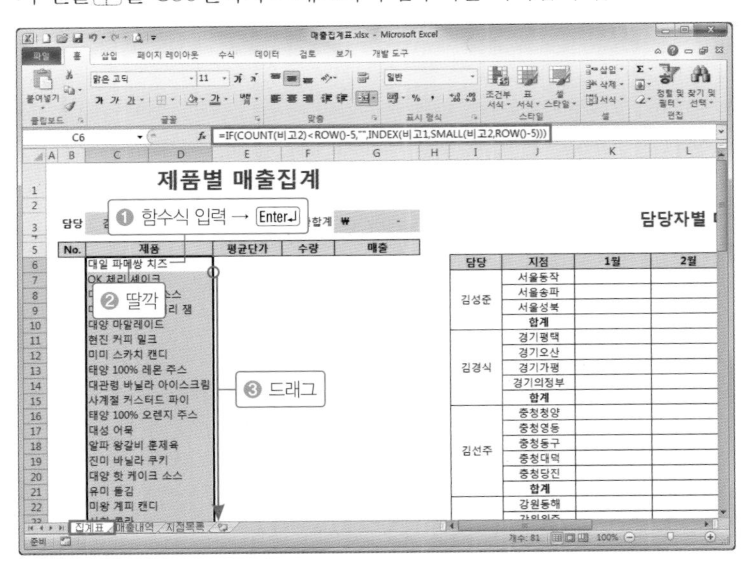

'담당'과 '지점'을 공백으로 하고, 항목을 '거래처'로 하는 경우 가장 많은 데이터가 추출되는 경우가 81개이므로 C86셀까지 함수식을 복사해 놓습니다.

잠깐만요 IF, COUNT, ROW, INDEX, SMALL 함수 제대로 알기

[매출내역] 시트의 '비고2' 범위에 데이터가 있는 셀 개수만큼의 목록만 입력하면 됩니다. 따라서 현재 셀의 순번이 COUNT 함수의 결과보다 크면 더 이상 목록이 없는 것이므로 공백으로 처리하고, 그 전까지는 INDEX 함수로 '비고1' 범위에서 지정된 행 번호에 맞는 값을 가져오면 됩니다.

- 조건 : COUNT(비고2)<ROW()-5 – '비고2' 범위의 숫자 셀 개수가 현재 행의 순번보다 작은지 판단합니다.
- 참 값 : "" – 위의 조건이 참인 경우 공백으로 처리합니다.
- 거짓 값 : INDEX(비고1,SMALL(비고2,ROW()-5)) – 위의 조건이 거짓인 경우 '비고1' 범위로부터, SMALL(비고2,ROW()-5) 결과값 데이터를 가져옵니다.

10 E5셀이 '평균단가'인 경우 평균 단가를 구해야 하는데, 평균 단가를 구하기 위한 함수식을 셀에 직접 입력하지 않고 이름으로 정의해 보겠습니다. E5셀의 값은 C5셀의 값에 따라 '평균단가' 또는 '거래건수'가 될 수도 있기 때문입니다. ❶ E6셀을 선택하고 ❷ [수식] 탭 → '정의된 이름' 그룹 → '이름 정의'를 클릭합니다. ❸ '새 이름' 대화상자가 열리면 '이름'에는 '평균단가'를, ❹ '참조 대상'에는 '=AVERAGEIFS(판매단가,제품,C6,담당,담당선택&"*",지점,지점선택&"*")'을 입력하고 ❺ 〈확인〉을 클릭합니다.

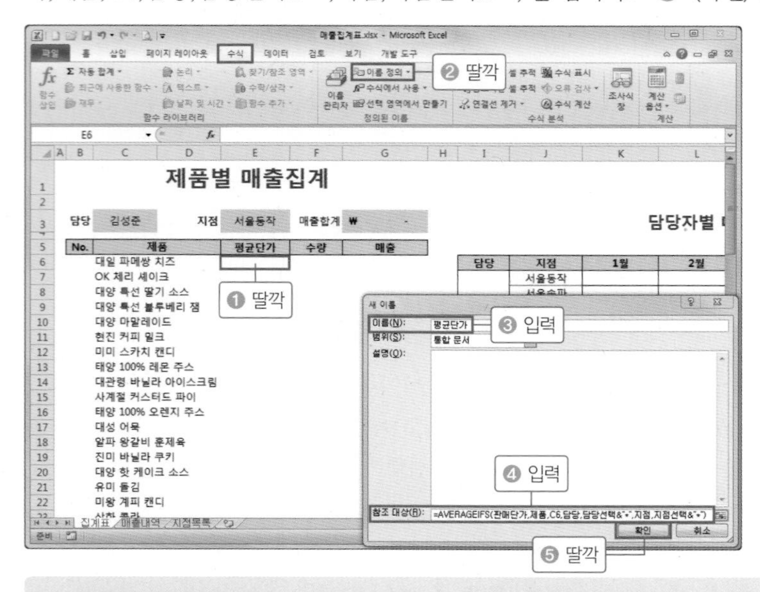

잠깐만요 **AVERAGEIFS 함수 제대로 알기**

10에서는 선택한 제품명, 담당자, 지점명에 해당되는 판매 단가 범위의 평균을 구해야 합니다. AVERAGEIFS 함수는 엑셀 2007 버전 이후로 새로 추가된 함수로, 여러 조건에 맞는 평균을 계산하는 함수입니다. AVERAGEIFS 함수의 구문은 =AVERAGEIFS(평균 범위,조건 범위 1,조건 1,조건 범위 2,조건 2,…,조건 범위 n,조건 n)입니다.

- 평균 범위 : 판매단가 – [매출내역] 시트의 '판매단가'라는 이름으로 정의한 범위입니다.
- 조건 범위 1 : 제품 – [매출내역] 시트의 '제품'이라는 이름으로 정의한 범위입니다.
- 조건 1 : C6 – C6셀의 제품명입니다.
- 조건 범위 2 : 담당 – [매출내역] 시트의 '담당'이라는 이름으로 정의한 범위입니다.
- 조건 2 : 담당선택&"*" – 담당선택(C3) 셀의 값에 대표 문자 *을 연결하여 C3셀이 빈 셀인 경우에는 모든 문자가 조건이 되게 합니다.
- 조건 범위 3 : 지점 – [매출내역] 시트의 '지점'이라는 이름으로 정의한 범위입니다.
- 조건 3 : 지점선택&"*" – 지점선택(E3)셀의 값에 대표 문자 *을 연결하여 E3셀이 빈 셀인 경우에는 모든 문자가 조건이 되게 합니다.

11 C5셀에 '거래처'가 선택되어 E5셀이 '거래건수'인 경우 구해야 할 거래건수에 대한 함수식의 이름을 정의해야 합니다. ❶ E6셀을 선택한 상태에서 [수식] 탭 → '정의된 이름' 그룹 → '이름 정의'를 클릭합니다. ❷ '새 이름' 대화상자가 열리면 '이름'에는 '거래건수'를, ❸ '참조 대상'에는 '=COUNTIFS(거래처,C6,담당,담당선택&"*",지점,지점선택&"*")'을 입력하고 ❹ 〈확인〉을 클릭합니다.

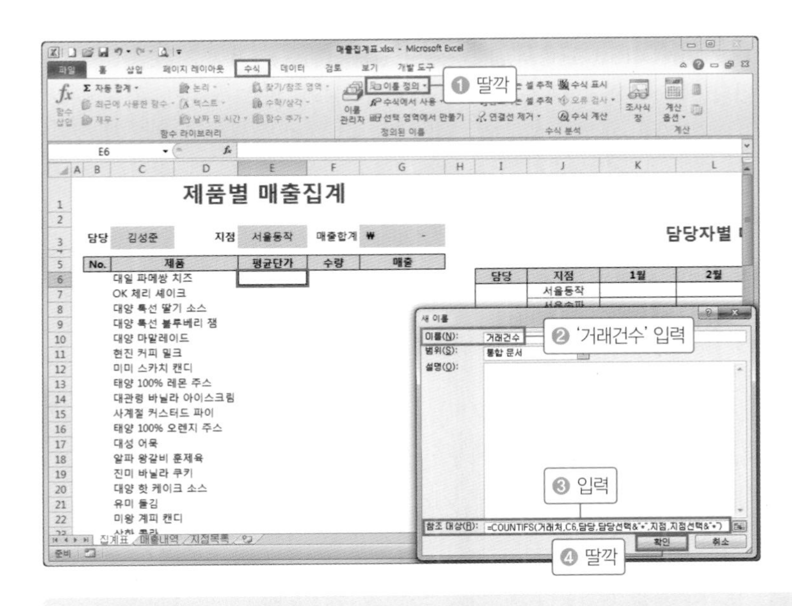

잠깐만요 **COUNTIFS 함수 제대로 알기**

11에서는 선택한 거래처, 담당자, 지점 조건을 모두 만족하는 경우의 개수를 구해야 합니다. COUNTIFS 함수도 엑셀 2007 버전 이후로 새로 추가된 함수로, 여러 조건에 맞는 개수를 구하는 함수입니다. COUNTIFS 함수 구문은 =COUNTIFS(조건 범위1,조건 1,조건 범위 2,조건 2,…,조건 범위 n,조건 n)입니다.

- 조건 범위 1 : 거래처 – [매출내역] 시트의 '거래처'라는 이름으로 정의한 범위입니다.
- 조건 1 : C6 – C6셀의 거래처입니다.
- 조건 범위 2 : 담당 – [매출내역] 시트의 '담당'이라는 이름으로 정의한 범위입니다.
- 조건 2 : 담당선택&"*" – 담당선택(C3) 셀의 값에 대표 문자 *을 연결하여 C3셀이 빈 셀인 경우에는 모든 문자가 조건이 되게 합니다.
- 조건 범위 3 : 지점 – [매출내역] 시트의 '지점'이라는 이름으로 정의한 범위입니다.
- 조건 3 : 지점선택&"*" – 지점선택(E3) 셀의 값에 대표 문자 *을 연결하여 E3셀이 빈 셀인 경우에는 모든 문자가 조건이 되게 합니다.

12 ❶ E6셀에 '=IF($E$5="평균단가",평균단가,거래건수)'를 입력하고 Enter 글쇠를 누릅니다. ❷ 다시 E6셀을 선택하고 ❸ E6셀의 자동 채우기 핸들을 더블클릭하여 수식을 복사합니다.

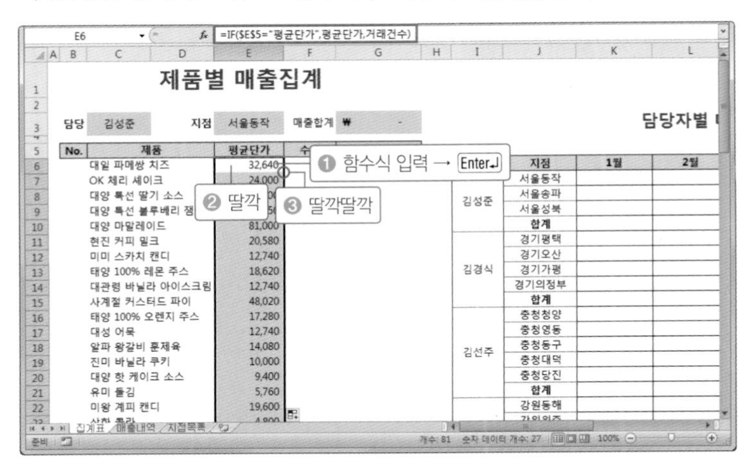

E5셀의 값이 '평균단가'이면 '평균단가'라는 이름으로 정의된 함수식의 계산 결과를 입력하고, 아닌 경우에는 '거래건수'라는 이름으로 정의된 함수식의 계산 결과를 입력합니다.

13 ❶ F6셀에 '=SUMIFS(INDIRECT(F$5),INDIRECT(항목),$C6,담당,담당선택&"*",지점,지점선택&"*")'을 입력하고 Enter↵ 글쇠를 누릅니다. ❷ 다시 F6셀을 선택하고 ❸ F6셀의 자동 채우기 핸들[+]을 G6셀까지 드래그한 후 ❹ 다시 G6셀의 자동 채우기 핸들을 더블클릭하여 나머지 셀들에 함수식을 복사합니다.

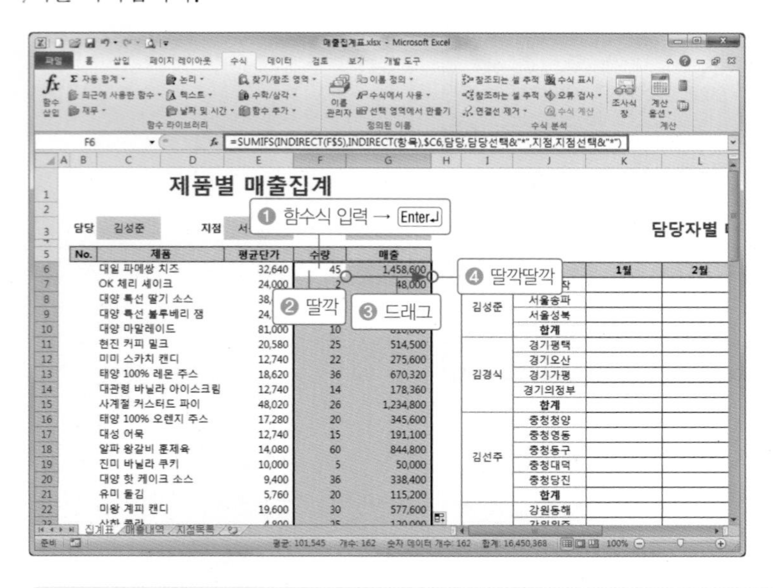

잠깐만요 SUMIFS, INDIRECT 함수 제대로 알기

13에서는 선택한 항목(제품 또는 거래처), 담당자, 지점에 해당되는 수량범위와 매출범위의 합계를 구합니다. SUMIFS 함수는 엑셀 2007 버전 이후로 새로 추가된 함수로, 여러 조건에 맞는 합계를 계산하는 함수입니다. SUMIFS 함수 구문은 =SUMIFS(합계 범위,조건 범위 1,조건 1,조건 범위 2,조건 2,…,조건 범위 n,조건 n)입니다.

- 합계 범위 : INDIRECT(F$5) – F5셀의 이름이 참조하는 범위, 즉 [매출내역] 시트의 '수량'이라는 이름으로 정의된 범위입니다. 수식을 오른쪽으로 복사할 때 INDIRECT(G$5)로 변하여 '매출' 범위가 됩니다.
- 조건 범위 1 : INDIRECT(항목) – 항목(C5) 셀에 선택된 이름에 해당하는 범위, 즉 지금은 제품 범위입니다.
- 조건 1 : $C6 – C6셀의 제품명입니다.
- 조건 범위 2 : 담당 – [매출내역] 시트의 '담당'이라는 이름으로 정의한 범위입니다.
- 조건 2 : 담당선택&"*" – 담당선택(C3) 셀의 값에 대표 문자 *을 연결하여 C3셀이 빈 셀인 경우에는 모든 문자가 조건이 되게 합니다.
- 조건 범위 3 : 지점 – [매출내역] 시트의 '지점'이라는 이름으로 정의한 범위입니다.
- 조건 3 : 지점선택&"*" – 지점선택(E3) 셀의 값에 대표 문자 *을 연결하여 E3셀이 빈 셀인 경우에는 모든 문자가 조건이 되게 합니다.

14 추출된 제품 목록까지만 일련번호를 입력하기 위해 ❶ B6셀에 '=IF(C6="","",COUNTA($C$6:C6))'을 입력하고 Enter↵ 글쇠를 누릅니다. ❷ 다시 B6셀을 선택하고 ❸ B6셀의 자동 채우기 핸들[+]을 더블클릭하여 함수식을 복사합니다.

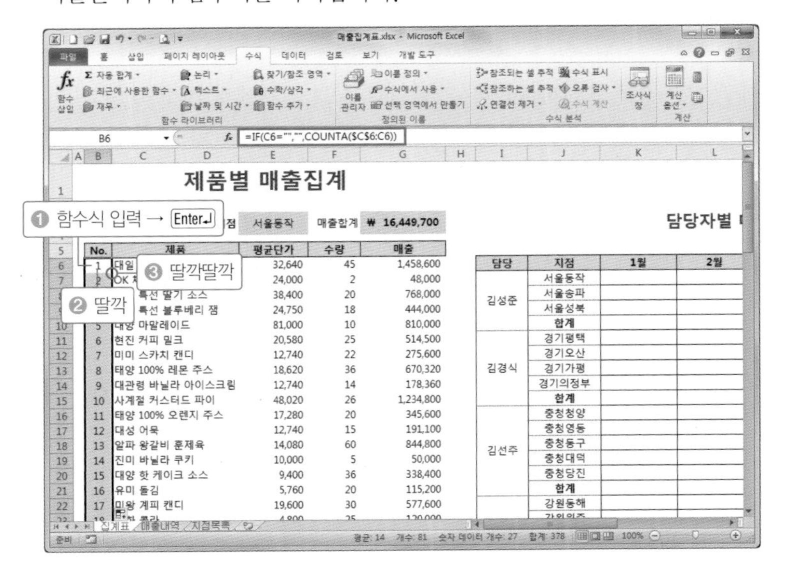

잠깐만요 IF, COUNTA 함수 제대로 알기

COUNTA 함수는 비어 있지 않은 셀의 개수를 구하는 함수입니다. 범위를 지정할 때 첫 번째 셀만 절대 참조로 하면 함수식을 복사할 때 범위가 한 셀씩 확장되어 일련번호가 매겨집니다.

- 조건 : C6="" – C6셀이 비어 있는지 판단합니다.
- 참 값 : "" – 위의 조건이 참이면, 즉 C6셀이 비어 있으면 공백을 입력합니다.
- 거짓 값 : COUNTA($C$6:C6) – 위의 조건이 거짓이면, 즉 C6셀이 비어 있지 않으면 개수를 구합니다.

15 ❶ E3셀을 선택하고 Delete 글쇠를 누른 후 ❷ C5셀의 목록 단추[▼]를 눌러 ❸ '거래처'를 선택하면 C1셀의 제목이 '거래처별 매출집계'로 변경되고 집계표에 김성준의 모든 거래처가 추출됩니다. 또한 E5셀의 제목이 '거래건수'로 바뀌고 거래건수가 계산됩니다.

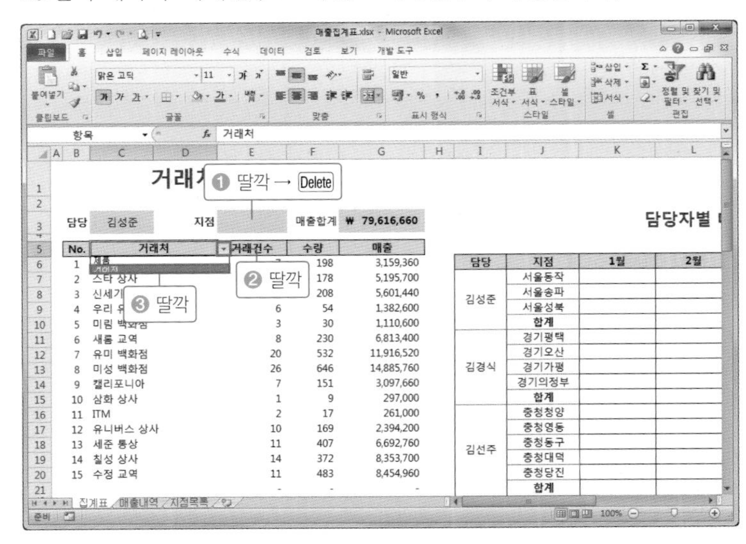

STEP 03 배열 함수식으로 지점별, 월별 합계 구하기

1 선택한 조건에 따라 추출되는 목록에만 테두리를 표시하겠습니다. ❶ [집계표] 시트에서 B6:G6 범위를 드래그하고 ❷ 단축 글쇠 Ctrl+Shift+↓를 눌러 범위를 지정합니다. ❸ [홈] 탭 → '스타일' 그룹 → '조건부 서식' → '새 규칙'을 선택합니다. ❹ '셀 서식 규칙' 대화상자가 열리면 '규칙 유형 선택'에서 '수식을 사용하여 서식을 지정할 셀 결정'을 선택하고 ❺ '규칙 설명 편집'에 '=$B6<>""'을 입력한 후 ❻ 〈서식〉을 클릭합니다.

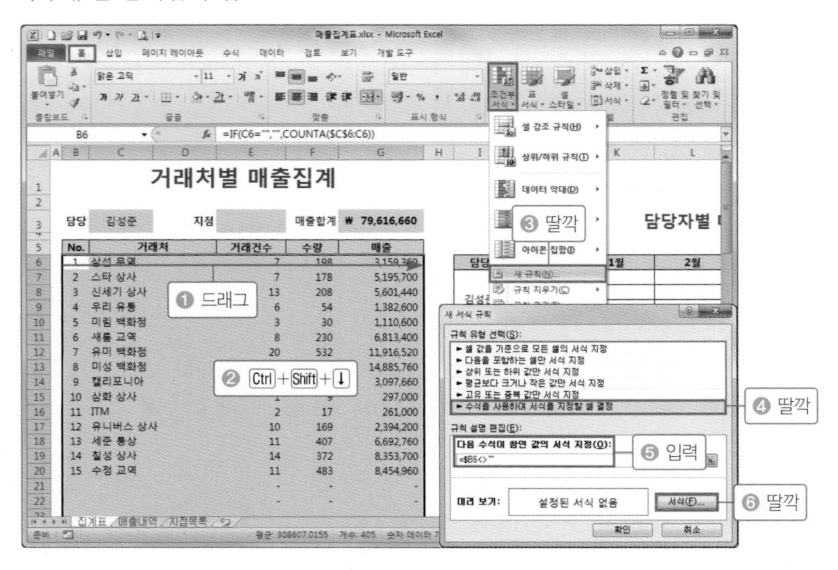

2 ❶ '셀 서식' 대화상자가 열리면 [테두리] 탭에서 '윤곽선'을 선택한 후 ❷ 〈확인〉을 클릭하고 ❸ '새 서식 규칙' 대화상자로 되돌아오면 〈확인〉을 클릭합니다.

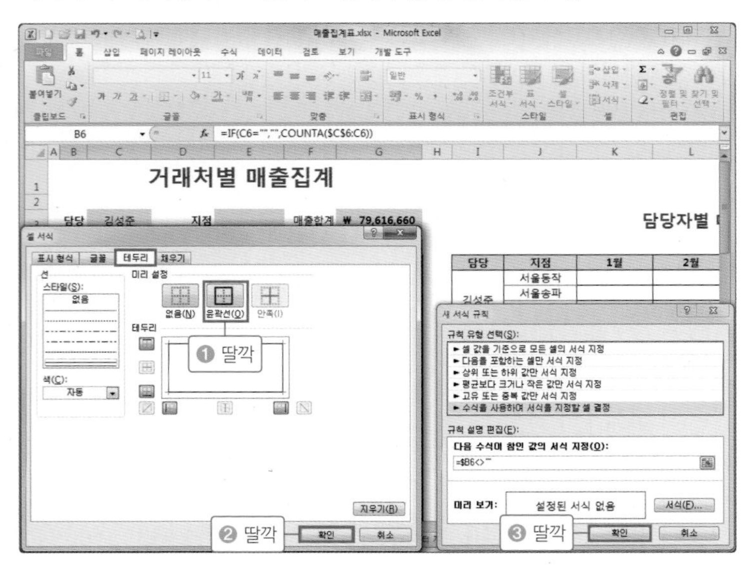

3 ❶ 다시 [홈] 탭 → '스타일' 그룹 → '조건부 서식' → '새 규칙'을 클릭합니다. ❷ '셀 서식 규칙' 대화상자가 열리면 '규칙 유형 선택'에서 '수식을 사용하여 서식을 지정할 셀 결정'을 선택하고 ❸ '규칙 설명 편집'에 '=ISERROR(B6)'을 입력한 후 ❹ 〈서식〉을 클릭합니다. ❺ '셀 서식' 대화상자가 열리면 [글꼴] 탭의 '색'에서 '테마 색'의 '흰색, 배경 1'을 선택한 후 ❻ 〈확인〉을 클릭하고 ❼ '새 서식 규칙' 대화상자로 되돌아오면 〈확인〉을 클릭합니다.

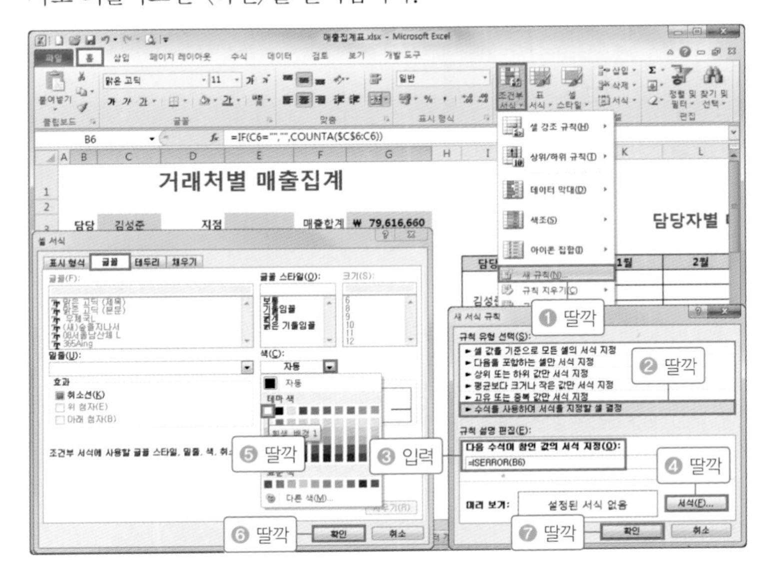

집계표에서 제품별 평균 단가를 구하는 경우 제품명이 추출되지 않은 셀 옆의 평균 단가는 오류가 발생합니다. ISERROR 함수는 지정된 셀 값이 오류인지 판단하여 TRUE 값을 되돌려주는 함수입니다. B6셀이 오류이면 글꼴 색을 흰색으로 지정하여 숨깁니다. B6셀은 상대 참조로 하여 지정된 범위의 모든 셀이 서식 대상이 되게 합니다.

4 거래처가 추출되지 않은 행에서는 거래건수, 수량, 매출이 0이 되는데, 셀 값이 0인 경우 표시되지 않도록 합니다. ❶ E6:G6 범위를 드래그한 후 ❷ 단축 글쇠 Ctrl+Shift+↓를 눌러 범위를 지정합니다. ❸ [홈] 탭 → '표시 형식' 그룹 → 대화상자 표시 단추를 클릭합니다. ❹ '셀 서식' 대화상자가 열리면 [표시 형식] 탭에서 '사용자 지정'을 선택하고 ❺ '형식'에 '#,###'을 입력한 후 ❻ 〈확인〉을 클릭합니다.

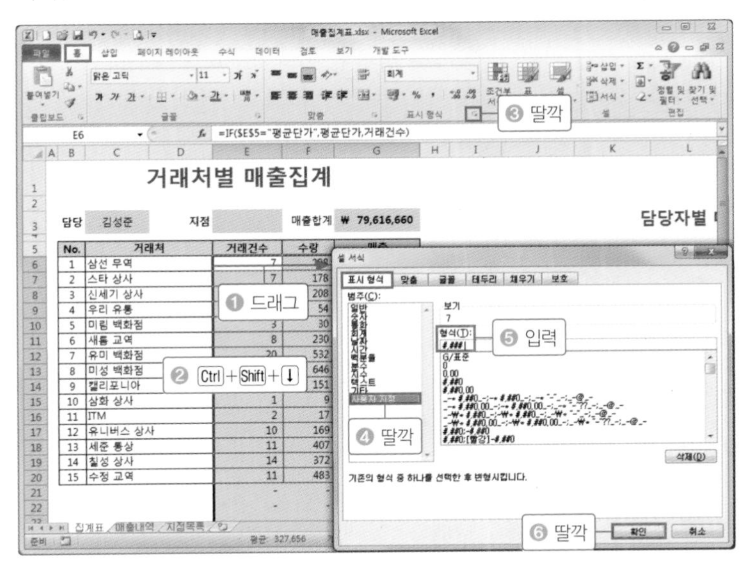

5 ❶ K7셀에 '=SUM((지점=$J7)*(MONTH(날짜)=K$6)*매출)'을 입력하고 단축 글쇠 Ctrl+Shift+Enter↵를 누릅니다. ❷ 다시 K7셀을 선택하고 ❸ K7셀의 자동 채우기 핸들을 N7셀까지 드래그한 후 ❹ 다시 N7셀의 자동 채우기 핸들을 더블클릭하여 나머지 셀에 함수식을 복사합니다.

잠깐만요 SUM 배열 함수 제대로 알기

각 셀의 지점과 월에 해당하는 매출 합계를 구해야 합니다. SUM 함수를 배열식으로 작성하면 조건에 따른 합계를 구할 수 있습니다. 배열 함수식에서는 조건과 조건을 *로 연결하면 AND 조건으로, +로 연결하면 OR 조건으로 판단합니다. 배열 수식을 작성 후에는 반드시 단축 글쇠 Ctrl+Shift+Enter↵를 눌러서 끝내야 합니다. 배열 함수식으로서의 SUM 함수 구문은 다음과 같습니다.

- 여러 조건별 개수를 구할 때 : =SUM((조건 1)*(조건 2)*(조건 n))
- 여러 조건별 합계를 구할 때 : =SUM((조건 1)*(조건 2)*(조건 n)*합계 범위)

- 조건 1 : 지점=$J7 – 지점 범위의 값 중에 J7셀의 값과 같습니다.
- 조건 2 : MONTH(날짜)=K$6 – 날짜 범위의 값에서 월을 추출한 결과 중 K6셀 값과 같습니다. (K6:N6 범위의 월은 숫자만 입력되어 있고 사용자 지정 서식으로 '월'이 표시되어 있습니다.)
- 합계 범위 : 매출 – 매출 범위 중 위의 조건에 맞는 항목의 합계를 구합니다.

6 ❶ K7:O10 범위를 지정하고 ❷ Ctrl 글쇠를 누른 상태에서 K11:O15 범위를 드래그합니다. ❸ 이와 같은 방법으로 K16:O21 범위, K22:O26 범위, K27:O31 범위, K32:O34 범위를 모두 지정하고 ❹ [홈] 탭 → '편집' 그룹 → '자동 합계'를 클릭합니다.

7 ❶ K7:O35 범위를 다시 지정한 후 ❷ [홈] 탭 → '편집' 그룹 → '자동 합계'를 클릭합니다.

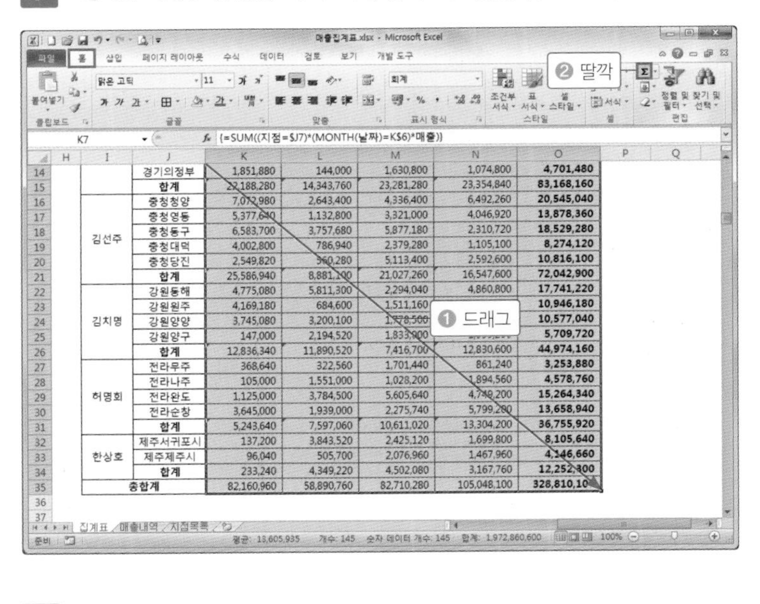

8 ❶ I7:I34 범위를 지정한 후 ❷ [홈] 탭 → '스타일' 그룹 → '조건부 서식' → '새 규칙'을 선택합니다. ❸ '셀 서식 규칙' 대화상자가 열리면 '규칙 유형 선택'에서 '수식을 사용하여 서식을 지정할 셀 결정'을 선택하고 ❹ '규칙 설명 편집'에 '=$C$3=I7'을 입력한 후 ❺ 〈서식〉을 클릭합니다.

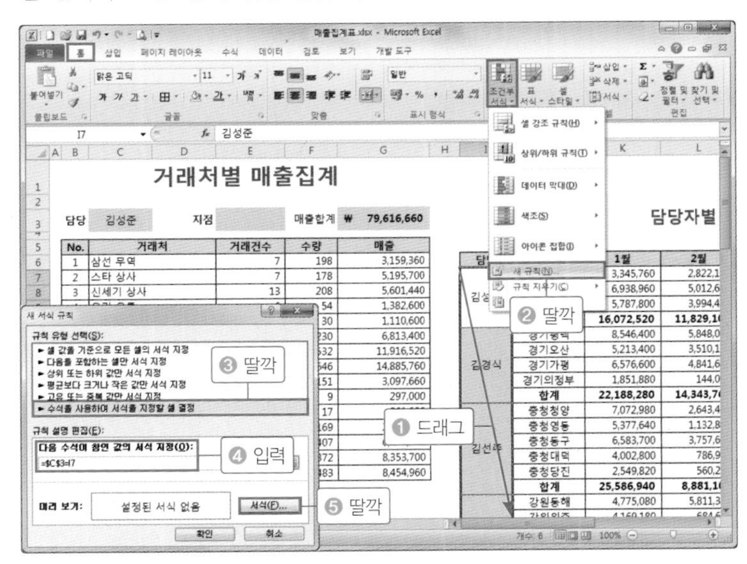

9 ❶ '셀 서식' 대화상자가 열리면 [채우기] 탭에서 '바다색 강조 5, 80% 더 밝게'를 선택하고 ❷ 〈확인〉을 클릭한 후 ❸ '새 서식 규칙' 대화상자로 되돌아오면 〈확인〉을 클릭합니다.

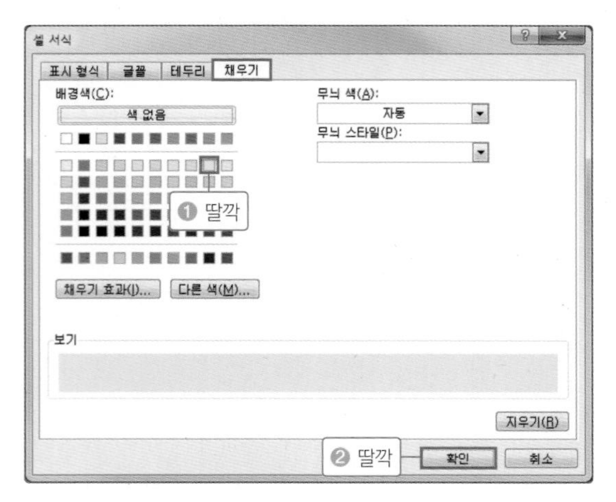

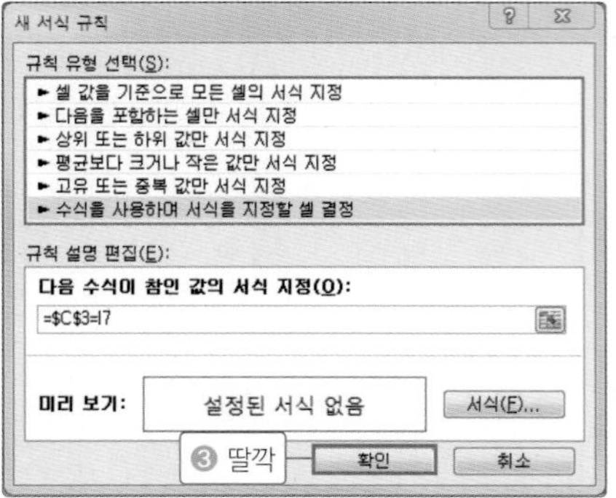

10 ❶ J7:O35 범위를 지정한 후 ❷ [홈] 탭 → '스타일' 그룹 → '조건부 서식' → '새 규칙'을 선택합니다. ❸ '셀 서식 규칙' 대화상자가 열리면 '규칙 유형 선택'에서 '수식을 사용하여 서식을 지정할 셀 결정'을 선택하고 ❹ '규칙 설명 편집'에 '=$G$3=$O7'을 입력한 후 ❺ 〈서식〉을 클릭합니다.

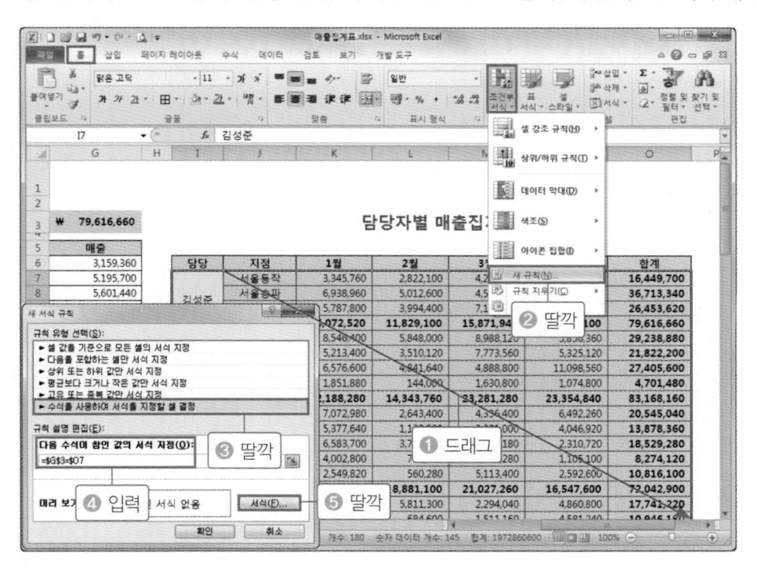

11 ❶ '셀 서식' 대화상자가 열리면 [채우기] 탭에서 '바다색 강조 5, 80% 더 밝게'를 선택하고 ❷ 〈확인〉을 클릭한 후 ❸ '새 서식 규칙' 대화상자로 되돌아오면 〈확인〉을 클릭합니다.

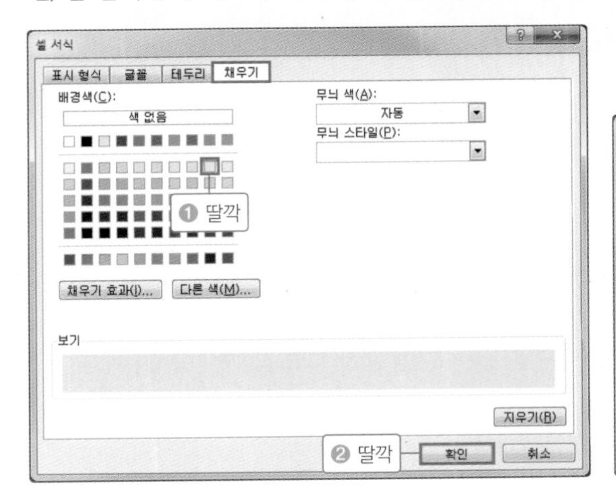

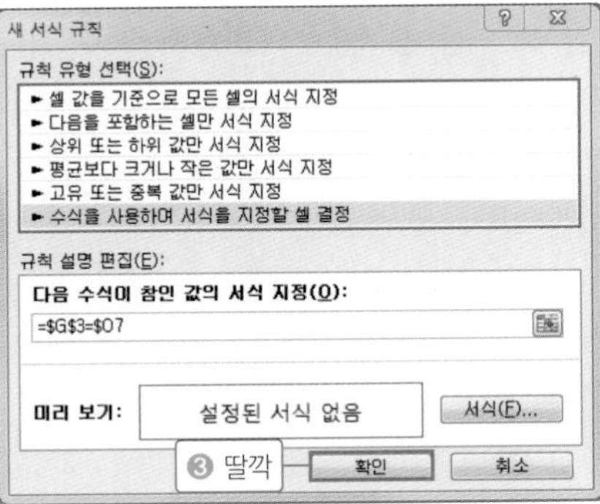

12 ❶ C3셀에서 '김선주'를 선택하고 ❷ C5셀에서 '제품'을 선택하면 그에 따라 값이 바뀌고 지점, 월별 매출 집계표의 해당 위치에 색이 표시됩니다. 목록이 긴 경우 인쇄했을 때 다음 페이지에도 필드명이 인쇄되도록 ❸ [페이지 레이아웃] 탭 → '페이지 설정' 그룹 → '인쇄 제목'을 클릭합니다. ❹ '페이지 설정' 대화상자가 열리면 [시트] 탭에서 '인쇄 제목'의 '반복할 행'에 '$5:$5'를 입력하고 ❺ 〈확인〉을 클릭합니다.

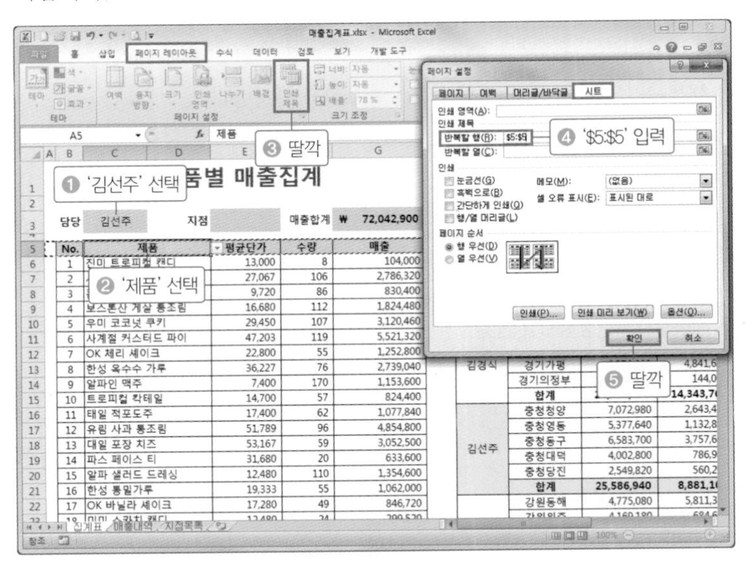

| 예제 파일 | 현장실습02\매출평균.xlsx

01 배열 함수식으로 여러 조건에 대한 평균 구하기

여러 조건에 대한 평균을 구하기 위해 AVERAGEIFS 함수를 사용할 수도 있지만, 엑셀 하위 버전과의 호환해야 한다면 AVERAGE 함수와 IF 함수를 사용한 배열 함수식을 사용하는 것이 좋습니다. 여러 조건에 대한 평균을 구하는 AVERAGE 함수와 IF 함수의 구문은 다음과 같습니다.

- **AND 조건인 경우** : =AVERAGE(IF((조건 1)*(조건 2)*(조건 n),평균범위)) → 모든 조건이 참일 때 평균 범위의 평균을 구합니다.
- **OR 조건인 경우** : =AVERAGE(IF((조건 1)+(조건 2)+(조건 n),평균범위)) → 조건들 중 하나라도 참이면 평균 범위의 평균을 구합니다.

조건을 지정할 때 조건은 항상 괄호로 묶는 것이 좋습니다. 조건을 연결할 때 * 기호를 사용하면 AND 조건으로 계산하며, + 기호를 사용하면 OR 조건으로 계산하고 함수식을 작성한 후에는 단축 글쇠 Ctrl+Shift+Enter를 눌러 완료해야 합니다.

이번에는 매출 내역표에 대한 거래처, 담당별 수량과 금액 평균을 AVERAGE 함수와 IF 함수의 배열 함수식으로 작성해 보겠습니다. 매출 내역표의 담당, 거래처, 수량, 금액 범위는 모두 미리 이름이 정의된 상태입니다.

1 ❶ [Sheet1] 시트에서 H5셀에 '=AVERAGE(IF((거래처=$G5)*(담당=H$4),수량))'을 입력하고 단축 글쇠 Ctrl+Shift+Enter를 누릅니다. ❷ 다시 H5셀을 선택하고 ❸ H5셀의 자동 채우기 핸들을 I5셀까지 드래그한 후 ❹ 다시 I5셀의 자동 채우기 핸들을 I10셀까지 드래그하여 함수식을 복사합니다.

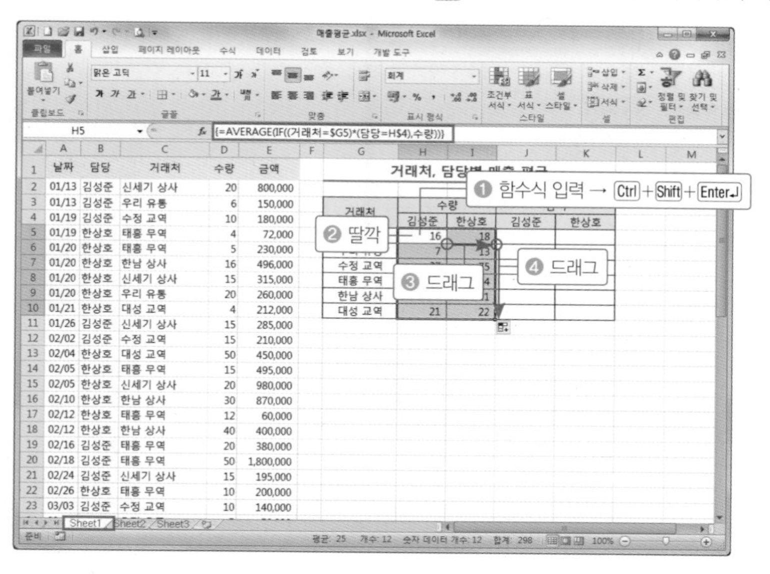

AVERAGE 함수, IF 함수 제대로 알기

- **조건 1 : (거래처=$G5)** – '거래처' 범위(C2:C52)의 각 셀들이 G5셀의 값과 같음
- **조건 2 : (담당=H$4)** – '담당' 범위(B2:B52)의 각 셀들이 H4셀의 값과 같음
- **평균 범위 : 수량** – '수량' 범위(D2:D52) 중에서 위의 조건에 맞는 위치에 있는 값의 평균을 구합니다.

거래처가 G5셀의 값과 같고 담당이 H4셀의 값과 같은지 값을 비교한 후 같으면 TRUE, 다르면 FALSE가 IF 함수 안에 남습니다. 따라서 조건의 결과가 TRUE인 경우에 해당하는 수량만 남게 되므로 이의 평균이 구해집니다. [수식] 탭 → '수식 분석' 그룹 → '수식 계산'을 선택하여 '수식 계산' 대화상자를 열고 〈계산〉을 계속 클릭하면 수식이 더 자세하게 계산되는 과정을 확인할 수 있습니다.

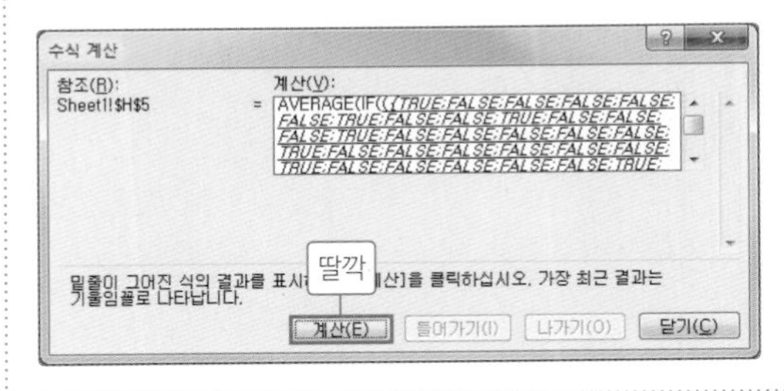

2 ❶ J5셀에 '=AVERAGE(IF((거래처=$G5)*(담당=J$4),금액))'을 입력하고 단축 글쇠 Ctrl+Shift+Enter를 누릅니다. ❷ 다시 J5셀을 선택하고 ❸ J5셀의 자동 채우기 핸들을 K5셀까지 드래그한 후 ❹ 다시 K5셀의 자동 채우기 핸들을 K10셀까지 드래그하여 함수식을 복사합니다.

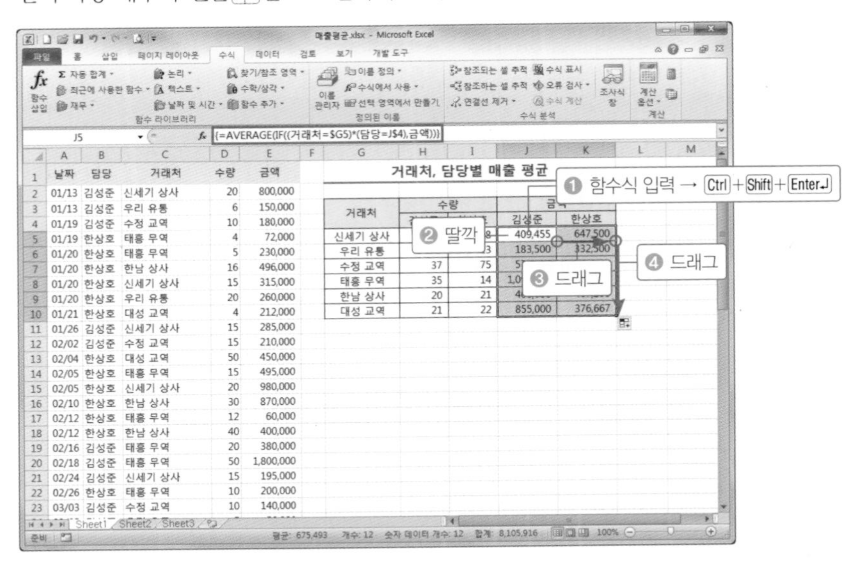

02 문자가 입력된 셀의 개수만 구하기

숫자와 문자가 섞여 있는 범위 중에서 문자가 입력된 셀의 개수만 구해야 한다면 조건을 어떤 식으로 입력해야 할까요? 조건에 따른 개수를 구하는 것이므로 일단 COUNTIF 함수를 사용하면 됩니다. 조건으로 해당 셀이 문자인지, 숫자인지를 판단하는 함수를 중첩할 수도 있겠지만, 의외로 간단하게 조건을 지정할 수 있습니다. 다음과 같이 숫자와 여러 문자가 섞여 있는 범위에서 문자가 입력되어 있는 셀의 개수를 구하기 위한 함수식으로 =COUNTIF(B2:B16,"*")를 입력합니다.

E3 | fx =COUNTIF(B2:B16,"*")

	A	B	C	D	E	F	G
1		3번문항					
2		예산부족					
3		807		기타항목:	6		
4		내년이월					
5		940					
6		980					
7		675					
8		예산증가					
9		790					
10		720					
11		280					
12		내년이월					
13		650					
14		예산부족					
15		800					
16		예산증가					

와일드카드(대표 문자) 알아보기

텍스트 조건을 지정할 때 일부 문자열과 함께 사용할 수 있다.

와일드카드	찾는 텍스트
*(별표)	문자 개수에 상관 없이 모든 문자를 찾습니다.
?(물음표)	? 한 개당 한 문자를 의미합니다. (예 : ??를 입력하면 두 글자 문자만 찾습니다.
~(물결표) 뒤에 ? 또는 * 또는 ~	*, ?, ~ 문자 자체를 찾아야 할 때 물결표(~) 뒤에 찾는 문자를 입력하여 찾습니다. (예 : "~*")

E3 | fx =COUNTIF(B2:B16,"~*")

	A	B	C	D	E	F	G
1		3번문항					
2		예산부족					
3		807		* 개수	5		
4		내년이월					
5		940					
6		*					
7		675					
8		*					
9		790					
10		*					
11		280					
12		*					
13		650					
14		예산부족					
15		*					
16		예산증가					

03 여러 시트의 범위에서 전체 순위 구하기

순위를 구할 때는 대부분 RANK 함수를 사용하지만, COUNTIF 함수를 사용해도 같은 결과를 얻을 수 있습니다. COUNTIF 함수에서 조건으로 자신의 숫자보다 큰 숫자가 몇 개인지 지정하여 개수를 구하고 여기에 1을 더하면 순위가 됩니다.

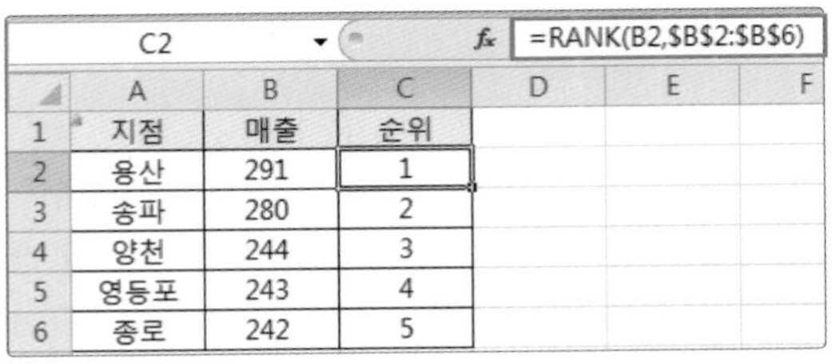

C2 =RANK(B2,$B$2:$B$6)

	A	B	C	D	E	F
1	지점	매출	순위			
2	용산	291	1			
3	송파	280	2			
4	양천	244	3			
5	영등포	243	4			
6	종로	242	5			

▲ RANK 함수로 순위 구하기

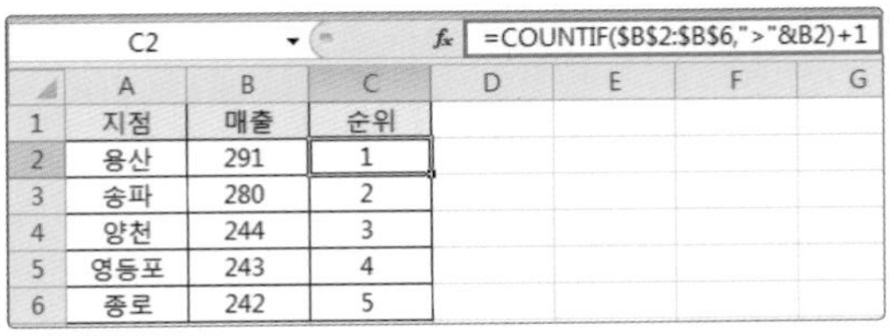

C2 =COUNTIF($B$2:$B$6,">"&B2)+1

	A	B	C	D	E	F	G
1	지점	매출	순위				
2	용산	291	1				
3	송파	280	2				
4	양천	244	3				
5	영등포	243	4				
6	종로	242	5				

▲ COUNTIF 함수로 순위 구하기

RANK 함수 제대로 알기

RANK 함수는 지정된 숫자가 지정된 범위에서 몇 번째 크기인지 구하는 함수입니다. RANK 함수의 구문은 =RANK(숫자,범위,유형)과 같습니다.

- 숫자 : B2 – B2셀 값의 순위를 구합니다.
- 범위 : $B$2:$B$6 – B2:B6 범위의 숫자입니다. 중 B2셀 값의 크기 순위를 구합니다.
- 유형 : 생략 – 생략하면 가장 큰 숫자가 1위. 1로 지정하면 가장 작은 숫자가 1위입니다.

COUNTIF 함수 제대로 알기

COUNTIF 함수는 지정한 범위에서 지정한 조건에 맞는 셀의 개수를 구하는 함수입니다. COUNTIF 함수의 구문은 =COUNTIF(범위,조건)과 같습니다.

- 범위 : $B$2:$B$6 – B2:B6 범위의 숫자 중 조건에 맞는 셀의 개수를 구합니다.
- 조건 : ">"&B2 – B2셀의 값보다 큰 숫자가 몇 개인지 구합니다.

순위가 1위인 숫자인 경우 자신보다 큰 숫자는 없으므로 결과가 0이 되므로 COUNTIF 함수식 뒤에 +1을 추가합니다.

여러 시트에 나누어져 있고 목록의 개수가 각각 다른 여러 숫자 범위에서 순위를 구해야 하는 경우 흔히 사용하는 RANK 함수로는 구하기가 어렵습니다.

다음의 3개의 지역 시트에 있는 매출실적표에 COUNTIF 함수를 활용하여 전국 순위를 구해 보겠습니다. 각 시트의 매출 범위는 지역으로 미리 이름이 정의되어 있습니다. 즉 [서울] 시트의 C4:C15 범위는 '서울', [대전] 시트의 C4:C10 범위는 '대전', [대구] 시트의 C4:C18 범위는 '대구'라는 이름으로 정의되어 있습니다.

1 ❶ [서울] 시트의 E4셀에 '=COUNTIF(서울,">"&C4)+COUNTIF(대전,">"&C4)+COUNTIF(대구,">"&C4)+1'을 입력하고 Enter 글쇠를 누릅니다. ❷ 다시 E4셀을 선택하고 ❸ E4셀의 자동 채우기 핸들을 더블클릭하여 함수식을 복사합니다. ❹ E4셀을 선택하고 ❺ [홈] 탭 → '클립보드' 그룹 → '복사'를 클릭합니다.

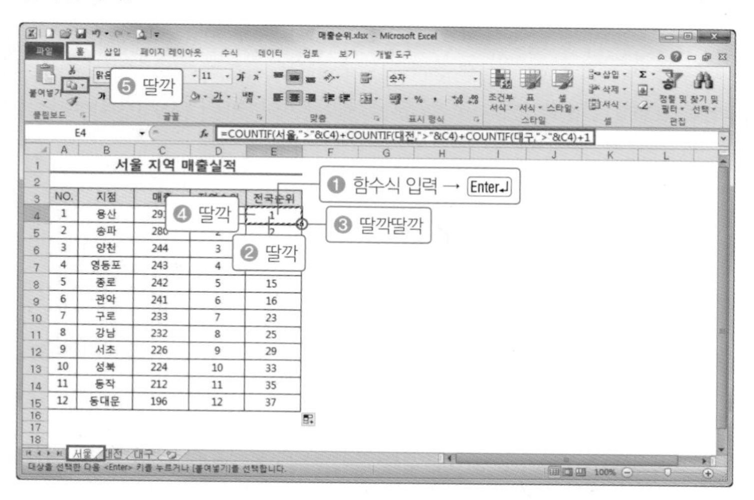

서울 매출 범위 중 현재 셀보다 큰 값 개수+대전 매출 범위 중 현재 셀보다 큰 값 개수 + 대구 매출 범위 중 현재 셀보다 큰 값 개수에 1을 더합니다.

2 ❶ [대전] 시트에서 E4:E13 범위를 지정하고 ❷ [홈] 탭 → '클립보드' 그룹 → '붙여넣기'를 클릭합니다.

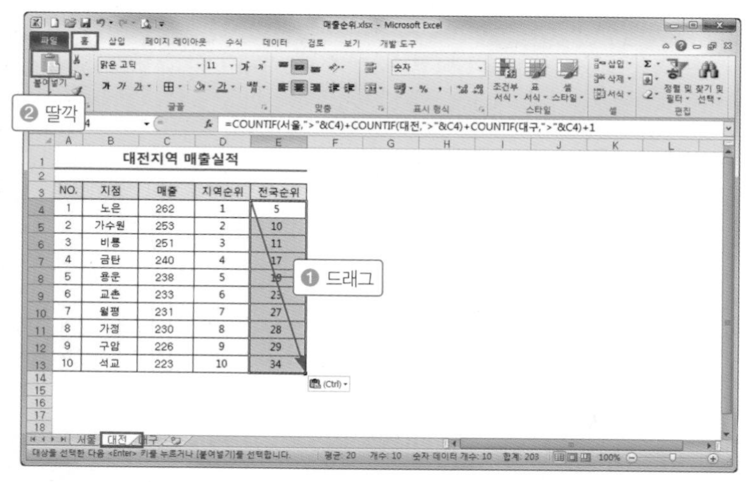

3 ❶ [대구] 시트에서 E4:E18 범위를 지정하고 ❷ [홈] 탭 → '클립보드' 그룹 → '붙여넣기'를 클릭합니다.

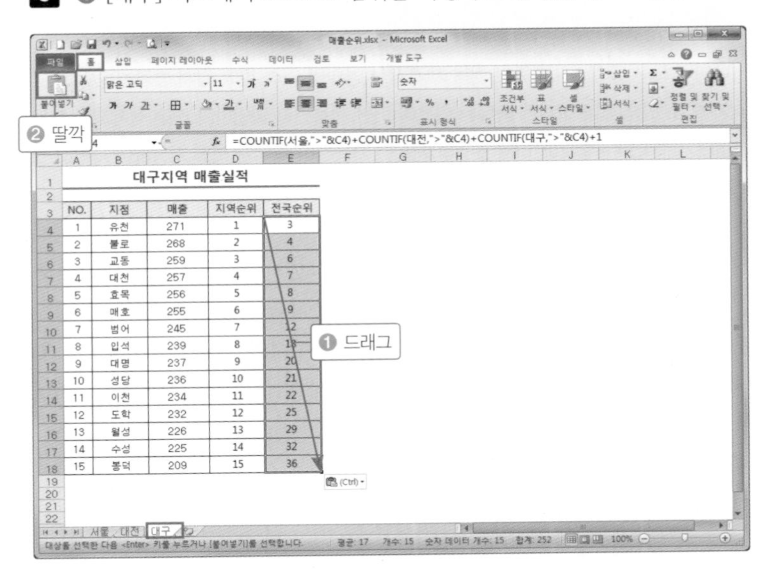

I 예제 파일 I 현장실습02\매출순위2.xlsx

04 동점인 경우의 순위 구하기

RANK 함수로 순위를 구하면 숫자가 동점인 경우 동일 순위가 부여되고, 다음 순위는 한 단계 뛰어 넘어 부여됩니다. 동점이어서 다른 값에 따라 순위를 부여해야 하는 경우에는 RANK 함수식 뒤에 동점인 경우에 대한 조건을 SUM 함수의 배열 함수식으로 지정하여 더하면 됩니다.

다음의 표를 보면 매출 금액으로 순위를 구하되 매출 금액이 같은 경우 수량이 많은 쪽을 상위로 처리했습니다.

❶ D2셀에 '=RANK(C2, 매출)+SUM((매출=C2)*(수량〉B2))'를 입력하고 단축 글쇠 Ctrl + Shift + Enter↵를 누릅니다. ❷ 다시 D2셀을 선택하고 ❸ D2셀의 자동 채우기 핸들을 더블클릭하여 함수식을 복사합니다.

D2 {=RANK(C2,매출)+SUM((매출=C2)*(수량>B2))}

	A	B	C	D
1	지점	수량	매출	순위
2	종로	135	2,836,350	1
3	영등포	55	2,684,000	
4	송파	46	1,060,30	
5	양천	27	889,650	4
6	관악	12	889,650	5
7	용산	24	309,840	6
8				

❶ 함수식 입력 → Enter↵
❷ 딸깍
❸ 딸깍딸깍

매출 금액이 같은 양천, 관악 중에서 수량이 더 많은 양천이 더 높은 순위로 매겨집니다. 즉 함수식 SUM((매출=C2)*(수량〉B2))에 의해 매출이 같고, 수량이 크면 TRUE 값으로 1이 더해지므로 관악 지점의 경우 RANK 함수의 결과는 4이지만 조건에 부합되므로 1이 더해져서 5위로 입력됩니다.

05 여러 조건이 중복된 항목 표시하기

엑셀 2007 버전 이후에는 [데이터] 탭 → '데이터 도구' 그룹 → '중복된 항목 제거'를 사용하면 여러 열에 걸쳐 중복된 항목이 있을 경우에는 한꺼번에 중복된 항목들을 삭제할 수 있습니다. 하지만 중복된 항목이 어떤 항목인지 확인하기 전에 삭제되기 때문에 좀 불안할 수도 있습니다. 여러 열의 데이터가 중복되는 항목에 대해 조건부 서식을 사용하여 채우기 색을 지정하여 확인해 보겠습니다. '사번', '성명', '부서', '직위' 필드의 범위는 각각 해당 이름으로 정의되어 있습니다.

1 ❶ [Sheet1] 시트에서 A2:D16 범위를 지정한 후 ❷ [홈] 탭 → '스타일' 그룹 → '조건부 서식' → '새 규칙'을 선택합니다. ❸ '새 서식 규칙' 대화상자가 열리면 '규칙 유형 선택'에서 '수식을 사용하여 서식을 지정할 셀 결정'을 선택하고 ❹ '규칙 설명 편집'에 '=COUNTIFS(사번,$A2,성명,$B2,부서,$C2,직위,$D2)>1'을 입력한 후 ❺ 〈서식〉을 클릭합니다. ❻ '셀 서식' 대화상자가 열리면 [채우기] 탭에서 색을 선택하고 ❼ 〈확인〉을 클릭한 후 ❽ '새 서식 규칙' 대화상자로 되돌아오면 〈확인〉을 클릭합니다.

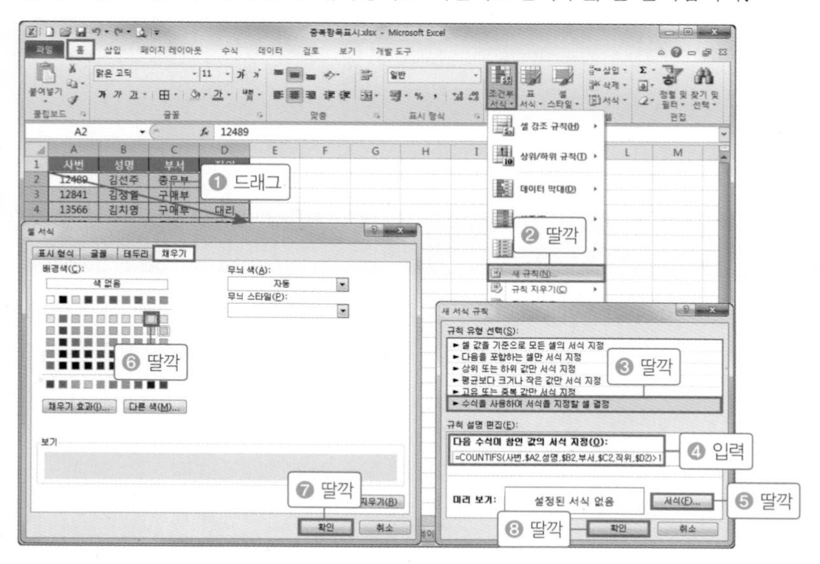

COUNTIFS 함수는 여러 조건에 해당하는 셀의 개수를 개수를 구합니다. COUNTIFS 함수 구문은 **=COUNTIFS(조건 범위 1,조건 1,조건 범위 2,조건 2,조건 범위 n,조건 n)**입니다. '사번' 범위(A2:A16)에 사번(A2)값과 같고, '성명' 범위(B2:B16)에 성명(B2) 값과 같고, '부서' 범위(C2:C16)에 부서(C2) 값과 같고, '직위' 범위(D2:D16)에 직위(D2) 값과 같은 경우가 1보다 큰 경우 서식을 지정합니다.

2 다음과 같이 모든 항목이 중복되는 경우의 행에 색이 채워집니다.

	A	B	C	D
1	사번	성명	부서	직위
2	12489	김선주	총무부	사원
3	12841	김정열	구매부	대리
4	13566	김치명	구매부	대리
5	14600	박봉수	구매부	대리
6	14858	문준성	구매부	대리
7	17076	최준원	인사부	차장
8	17740	김지민	무역부	차장
9	18115	김익선	무역부	대리
10	18822	박봉순	총무부	사원
11	18930	오준석	기획실	과장
12	19162	서남교	총무부	부장
13	19376	소문규	비서실	과장
14	20284	정동일	비서실	사원
15	12841	김정열	구매부	대리
16	22219	김은아	구매부	대리
17				

엑셀 2003 이하 버전에서는 COUNTIFS 함수를 사용할 수 없으므로 하위 버전과의 호환성을 위해서는 SUMPRODUCT 함수를 사용하여 다음과 같은 조건식을 입력해야 합니다.

=SUMPRODUCT((사번=$A2)*(성명=$B2)*(부서=$C2)*(직위=$D2))>1

SUMPRODUCT 함수는 SUM 함수의 배열 수식에서 조건을 * 또는 + 기호로 연결하여 여러 조건에 맞는 개수나 합계를 구하는 것과 같은 방식으로 여러 조건을 지정하여 개수나 합계를 구할 수 있습니다. 조건 사이를 *로 연결하면 AND 조건으로, +로 연결하면 OR 조건으로 판단하여 계산하며, SUMPRODUCT 함수의 구문은 다음과 같습니다.

- 여러 조건별 개수를 구할 때 : =SUMPRODUCT((조건 1)*(조건 2)*(조건 n))
- 여러 조건별 합계를 구할 때 : =SUMPRODUCT((조건 1)*(조건 2)*(조건 n),합계 범위)

SUMPRODUCT 함수 자체가 배열을 인수로 취급하는 함수이기 때문에 함수식을 완료할 때 따로 단축 글쇠 Ctrl+Shift+Enter를 누를 필요가 없습니다.

| 예제 파일 | 현장실습02\영수증2.xlsx

06 복수 범위에서 값 찾아오기

VLOOKUP 함수로 값을 찾아올 때 찾을 범위가 여러 시트에 나누어져 있을 경우는 어떻게 해야 할까요? 이런 경우에는 VLOOKUP 함수만으로는 값을 찾아올 수 없기 때문에 IF, COUNTIF 함수와 함께 VLOOKUP 함수식을 작성하여 해결할 수 있습니다.

다음의 영수증 양식에 입력되어 있는 품목명을 [서울] 시트 또는 [부산] 시트의 제품 목록표에서 찾아 단가를 입력해 보겠습니다. [서울] 시트의 A4:B10 범위는 '서울', [부산] 시트의 A4:B8 범위는 '부산'이라는 이름으로 정의되어 있습니다.

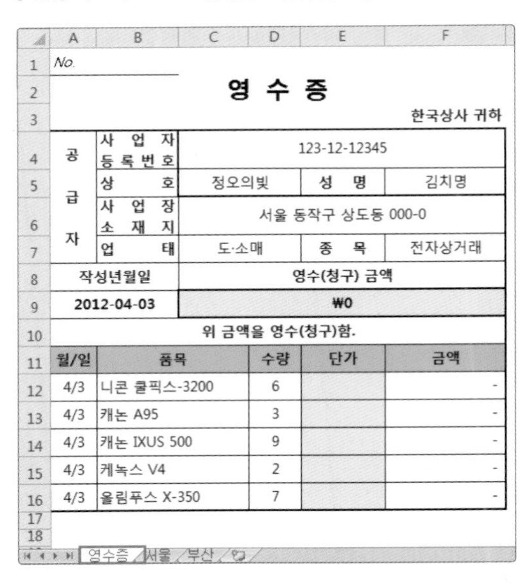
No.

영 수 증

한국상사 귀하

공급자	사업자등록번호	123-12-12345		
	상호	정오의빛	성명	김치명
	사업장소재지	서울 동작구 상도동 000-0		
	업태	도·소매	종목	전자상거래

작성년월일	영수(청구) 금액
2012-04-03	₩0

위 금액을 영수(청구)함.

월/일	품목	수량	단가	금액
4/3	니콘 쿨픽스-3200	6		-
4/3	캐논 A95	3		-
4/3	캐논 IXUS 500	9		-
4/3	케녹스 V4	2		-
4/3	올림푸스 X-350	7		-

영수증 / 서울 / 부산

서울대리점 보유 제품

품명	단가
리코 Caplio GX	579,000
니콘 쿨픽스-3200	345,000
올림푸스 뮤410	469,000
올림푸스 X-350	246,000
캐논 A95	584,000
소니 T1	615,000
캐논 IXY-L	389,000

영수증 / 서울 / 부산

부산대리점 보유제품

품명	단가
코닥 CX-7300	164,000
소니 DSC-W1	642,000
캐논 IXUS 500	635,000
니콘 쿨픽스-4100	495,000
케녹스 V4	388,000

영수증 / 서울 / 부산

❶ E12셀에 '=IF(COUNTIF(서울,B12),VLOOKUP(B12,서울,2,0),VLOOKUP(B12,부산,2,0))'을 입력하고 Enter↵ 글쇠를 누릅니다. ❷ 다시 E12셀을 선택하고 ❸ E12셀의 자동 채우기 핸들[+]을 더블클릭합니다.

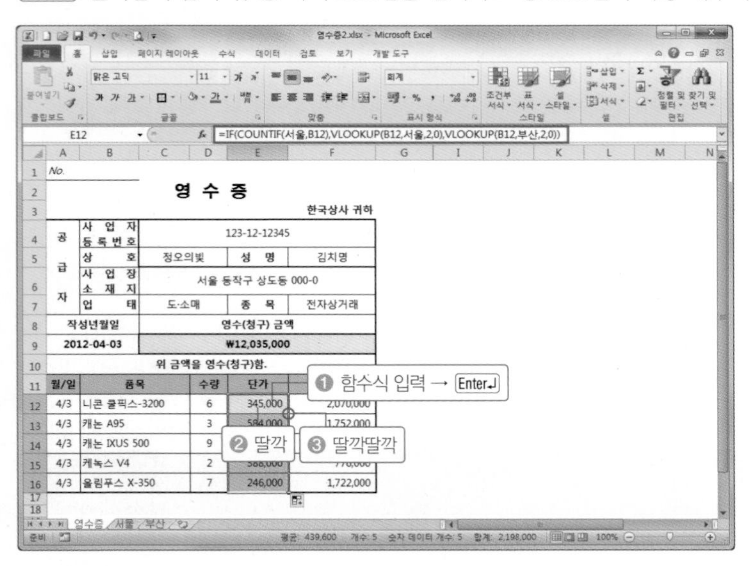

IF 함수의 조건으로 COUNTIF 함수식을 넣어, '서울' 범위에 B12셀 값이 있으면 '서울' 범위에서 값을 찾아오고, 없으면 '부산' 범위에서 값을 찾아옵니다.

- **조건 : COUNTIF(서울,B12)** – '서울' 범위([서울] 시트의 A4:B10 범위)에 B12셀 값이 몇 개인지 개수를 구합니다. 각 제품 목록에 품목이 있다면 1개씩만 있는 것이므로 값이 있으면 1, 없으면 0이 구해져서 값이 있으면 TRUE, 없으면 FALSE가 됩니다.
- **참값 : VLOOKUP(B12,서울,2,0)** – 위의 조건 결과가 TRUE이면 B12셀 값을 '서울' 범위에서 찾아 두 번째 열의 값을 정확하게 일치하는 것으로 가져옵니다.
- **거짓값 : VLOOKUP(B12,부산,2,0)** – 위의 조건 결과가 FALSE이면 B12셀 값을 '부산' 범위에서 찾아 두 번째 열의 값을 정확하게 일치하는 것으로 가져옵니다.

만약 찾을 범위가 하나 더 있고 범위 이름이 '대전'이라면, IF 함수를 중첩하여 =IF(COUNTIF(서울,B12),VLOOKUP(B12,서울,2,0),IF(COUNTIF(부산,B12),VLOOKUP(B12,부산,2,0),VLOOKUP(B12,대전,2,0)))와 같이 작성하면 됩니다.

07 여러 열에 있는 데이터를 하나의 열에 배열하기

다른 프로그램에서 작성된 데이터 목록을 엑셀로 불러와 작업할 때 원하는 형태로 다시 재배열해야 하는 경우가 많이 생깁니다. 다음과 같이 3개의 열에 나누어 입력되어 있는 표를 하나의 열로 재배열하려면 어떻게 해야 할까요?

이름		
김치명	김성준	한상호
백도심	한관희	김선주
허명회	김길홍	김윤아
윤진식	김지민	서혜인
정준석	고현수	조유민

→

이름
김치명
김성준
한상호
백도심
한관희
김선주
허명회
김길홍
김윤아
윤진식
김지민
서혜인
정준석
고현수
조유민

목록이 몇 개 되지 않는다면 복사, 붙여넣기를 할 수도 있겠지만, 목록이 많은 경우 시간이 많이 걸리는 노동이 될 것입니다. 매크로를 만들어서 작업할 수도 있지만, 함수를 사용해서 해결할 수 있습니다.

가로 방향 순서로 데이터 가져오기

❶ [Sheet1] 시트에서 E2셀에 '=INDEX($A$2:$C$6,INT(ROW(A3)/3),COLUMN(A1)+MOD(ROW(A3),3))'을 입력하고 Enter↲ 글쇠를 누릅니다. ❷ 다시 E2셀을 선택하고 ❸ E2셀의 자동 채우기 핸들(+)을 아래쪽으로 드래그하여 데이터를 모두 가져옵니다.

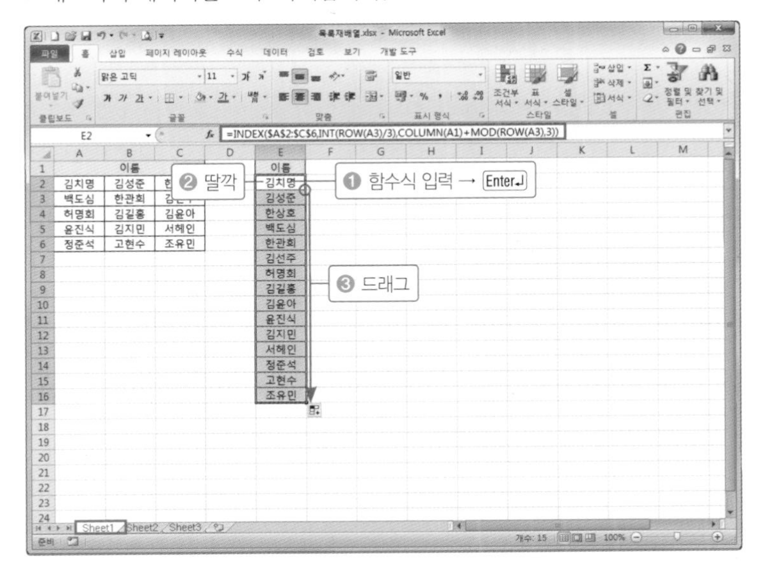

3개의 열로 되어 있는 표의 A2:C6 범위에서 1행 1열, 1행 2열, 1행 3열, 2행 1열, 2행 2열, 2행 3열과 같은 순서로 데이터를 가져와야 합니다. 함수식을 아래로 복사할 때 INDEX 함수 내에서 행 번호와 열 번호가 이 순서대로 변하도록 하기 위해 ROW, COLUMN, MOD 함수를 사용했습니다.

- **행 번호 : INT(ROW(A3)/3)** – 표의 열이 3개이므로 ROW(A3)을 3으로 나눈 숫자를 INT 함수로 정수로 만듭니다. 1부터 시작하여 함수식을 아래쪽으로 복사하면 1,1,1,2,2,2,3,3,3,4,4,4와 같은 순서로 만들어집니다.
- **열 번호 : COLUMN(A1)+MOD(ROW(A3),3))** – 1,2,3,1,2,3,1,2,3과 같이 계속 반복되어야 합니다. ROW(A3)을 3으로 나눈 나머지가 0이므로 MOD(ROW(A3),3) 값에 1부터 차례대로 더해지도록 COLUMN(A1)을 더합니다.

세로 방향 순서로 데이터 가져오기

❶ [Sheet1] 시트에서 G2셀에 '=INDEX($A$2:$C$6,COLUMN(A1)+MOD(ROW(A5),5),INT(ROW(A5)/5))'를 입력하고 Enter 글쇠를 누릅니다. ❷ 다시 G2셀을 선택하고 ❸ G2셀의 자동 채우기 핸들을 아래쪽으로 드래그하여 데이터를 가져옵니다.

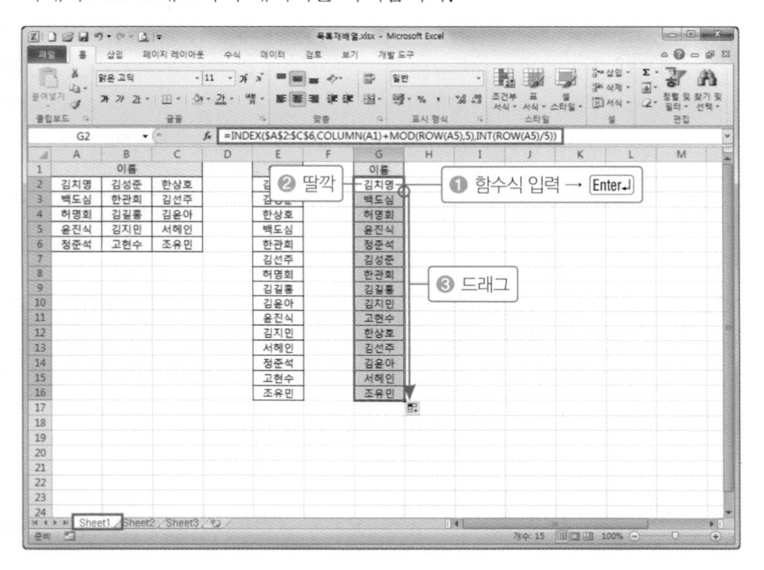

5개의 행에 입력되어 있는 A2:C6 범위에서 1행 1열, 2행 1열, 3행 1열, 4행 1열, 5행 1열, 1행 2열, 2행 2열, 3행 2열, 4행 2열, 5행 2열과 같이 순서로 데이터를 가져와야 합니다. 함수식을 아래로 복사할 때 INDEX 함수에서 행 번호와 열 번호가 이 순서대로 변하도록 하기 위해 이전에 사용했던 것과 반대로 행 번호와 열 번호를 지정합니다.

- **행 번호 : COLUMN(A1)+MOD(ROW(A5),5))** – 1,2,3,4,5,1,2,3,4,5와 같이 계속 반복되어야 합니다. ROW(A5)를 5로 나눈 나머지가 0이므로 MOD(ROW(A5),5) 값에 1부터 차례대로 더해지도록 COLUMN(A1)을 더합니다.
- **열 번호 : INT(ROW(A5)/5)** – 표의 행이 5개이므로 ROW(A5)를 5로 나눈 숫자를 INT 함수를 이용해 정수로 만듭니다. 1부터 시작하여 함수식을 아래쪽으로 복사하면 1,1,1,1,1,2,2,2,2,2,3,3,3,3,3,4,4,4,4,4,5,5,5,5,5와 같은 순서로 만들어집니다.

08 목록에서 사진 찾아오기

사진이 포함되어 있는 데이터 목록에서 찾는 값에 따라 연관된 사진을 가져오려면 INDEX 함수를 사용하면 됩니다. 다만 일반 텍스트나 숫자를 가져오는 방법과 다르게 이름 정의를 사용하여 연결해야 합니다. [제품상세] 시트의 표에서 상품 코드를 선택하면 [제품목록] 시트에서 해당 상품 코드를 찾아 그에 맞는 제품 정보를 가져옵니다.

1 ❶ [제품목록] 시트에서 A1:F5 범위를 지정하고 ❷ [수식] 탭 → '정의된 이름' 그룹 → '선택 영역에서 만들기'를 클릭합니다. ❸ '선택 영역에서 이름 만들기' 대화상자가 열리면 '첫 행'에 ✔ 표시하고 ❹ 〈확인〉을 클릭합니다.

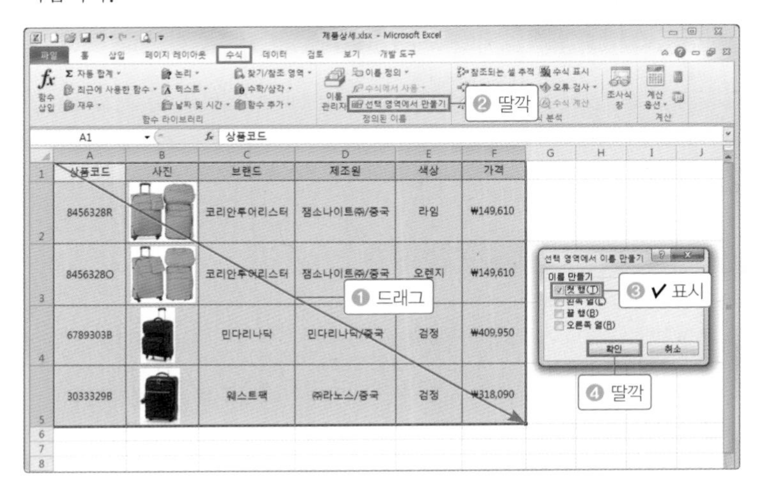

2 ❶ [제품상세] 시트에서 C4셀을 선택하고 ❷ [데이터] 탭 → '데이터 도구' 그룹 → '데이터 유효성 검사'를 클릭합니다. ❸ '데이터 유효성' 대화상자가 열리면 '설정' 탭의 '제한 대상'에서 '목록'을 선택하고 ❹ '원본'에 '=상품코드'를 입력한 후 ❺ 〈확인〉을 클릭합니다.

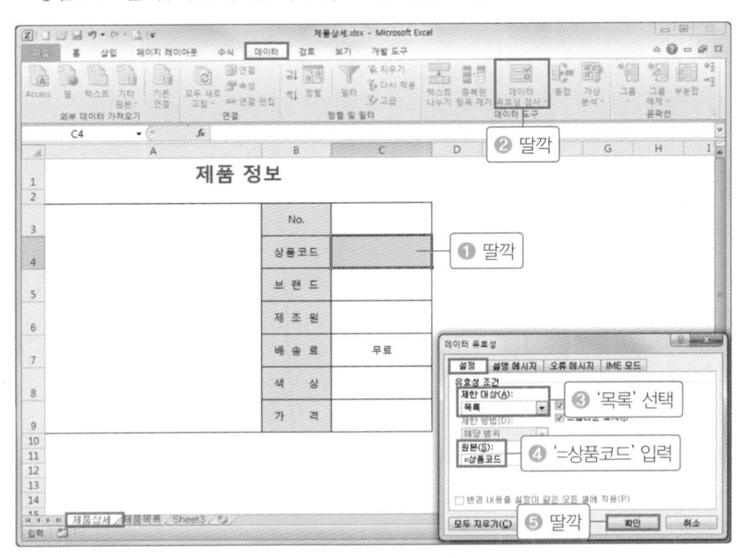

3 ❶ C4셀에서 상품 코드를 선택한 후 ❷ C3셀에 '=MATCH($C$4,상품코드,0)'을 입력하고 [Enter↵] 글쇠를 누릅니다.

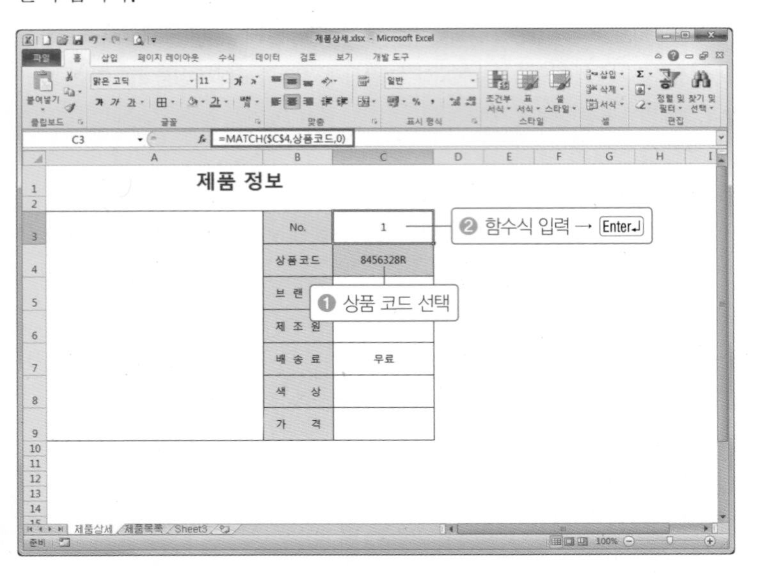

C4셀의 코드를 '상품코드' 범위에서 정확하게 일치하는 것을 찾아 해당 위치 번호를 입력합니다.

4 ❶ C8:C9 범위를 드래그하고 ❷ [Ctrl] 글쇠를 누른 상태에서 C5:C6 범위를 드래그합니다. ❸ '=INDEX(INDIRECT(B5),$C$3)'을 입력하고 단축 글쇠 [Ctrl]+[Enter↵]를 누릅니다.

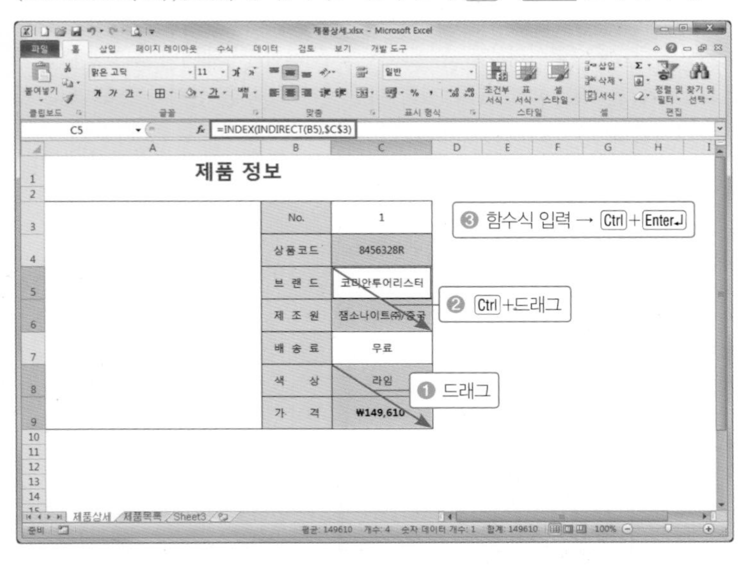

B5셀의 이름에 해당하는 범위에서 C3셀의 번호에 해당되는 위치의 값을 가져옵니다.

5 ❶ [수식] 탭 → '정의된 이름' 그룹 → '이름 정의'를 클릭합니다. ❷ '새 이름' 대화상자가 열리면 '이름'에 '제품사진'을 입력하고 ❸ '참조 대상'에 '=INDEX(사진,$C$3)'을 입력한 후 ❹ 〈확인〉을 클릭합니다.

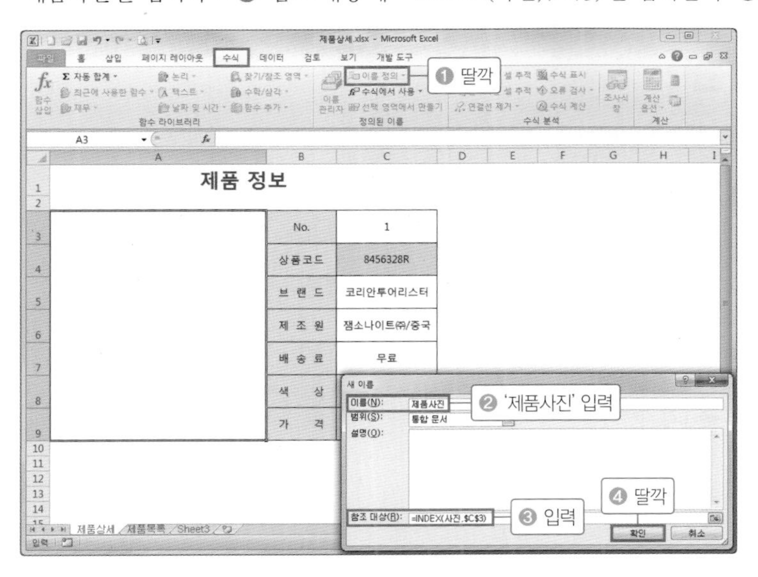

사진 범위에서 C3셀의 번호에 해당되는 위치의 사진을 가져옵니다.

6 ❶ A3셀을 선택하고 ❷ [홈] 탭 → '클립보드' 그룹 → '복사'를 클릭한 후 ❸ [홈] 탭 → '클립보드' 그룹 → '붙여넣기' → '기타 붙여넣기 옵션'의 '연결된 그림'을 클릭합니다.

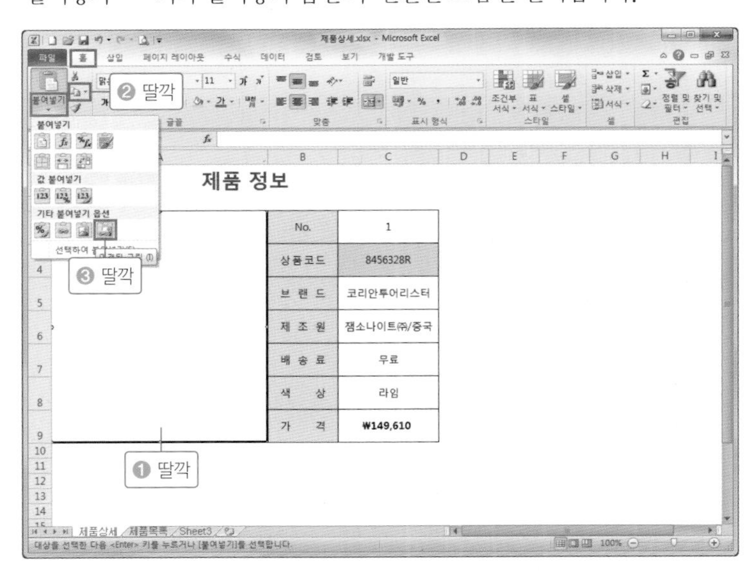

7 선택된 셀 크기의 빈 사각형 그림을 선택한 상태에서 수식 입력줄을 클릭한 후 기존에 입력되어 있는 '=$A$3'을 지우고 '=제품사진'을 입력한 후 Enter↵ 글쇠를 누릅니다.

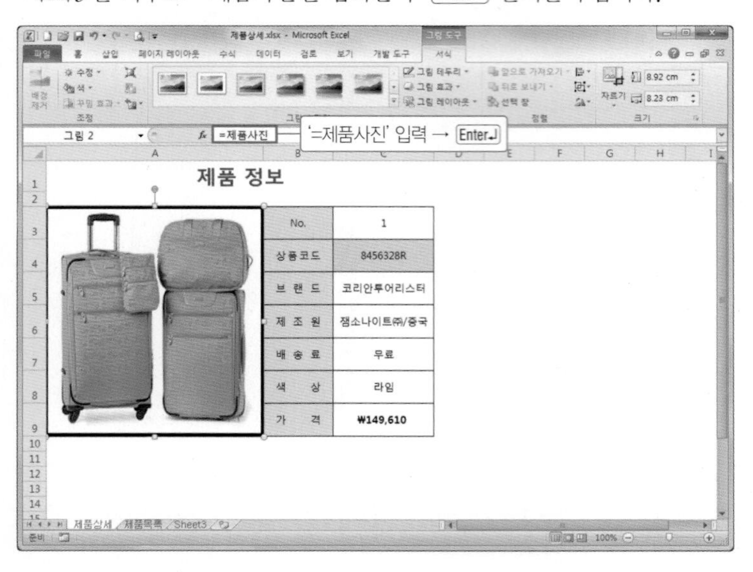

연결된 그림 개체에 '제품사진'이라는 이름에 정의되어 있는 INDEX 함수식을 연결한 것입니다.

8 ❶ C4셀의 목록 단추▾를 클릭해 '상품코드' 목록에서 ❷ 다른 상품 코드를 선택하면 그림과 제품 정보가 바뀝니다.

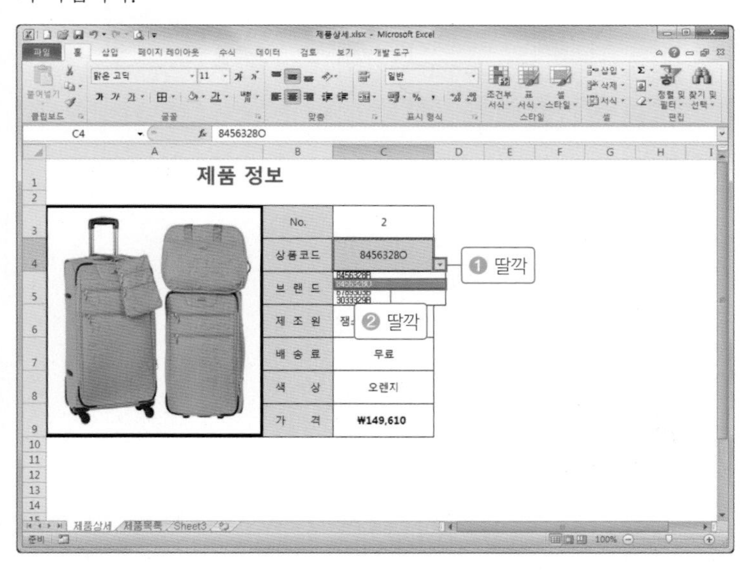

연습 문제

신청자 정보, 거리별 금액이 입력되는 여비·교통비 작성하기

동 영 상 확인하기

거리를 입력하면 금액이 자동으로 입력되는 여비 · 교통비 양식입니다. 사번을 입력하면 신청자 정보가 자동으로 입력되고, 거리를 입력하면 금액의 숫자가 양식의 한 칸에 한 개씩 입력되도록 다음의 지시 사항에 따라 함수식을 작성해 보겠습니다.

여비·교통비 지불증

■ 신 청 일 : 2012년 5월 31일

취급	기안	부장

사번	신청자	부서	직위	전화
12841	김정열	구매부	대리	767-0000

일금 삼십칠만육천팔백원정 (₩ 376,800)

NO.	일자	출장목적	행선지	거리(km)	금액
1	04월 11일	교육 참석	천안	24.4	8 4 0 0
2	04월 18일	거래처 미팅	서울	107.4	6 0 0 0 0
3	04월 25일	거래처 미팅	성남	93.2	6 0 0 0 0
4	05월 02일	교육 참석	수원	75.1	6 0 0 0 0
5	05월 09일	세미나 진행	예산	23.5	8 4 0 0
6	05월 11일	세미나 진행	수원	82.2	6 0 0 0 0
7	05월 21일	전시회 참석	수원	202.8	1 2 0 0 0 0

지시 사항

1. [목록] 시트의 B4:H5 범위는 '지급기준', A10:A59 범위는 '사번' A10:E59 범위는 '사원목록'이라고 이름을 정의합니다.

2. [지불증] 시트에서 A10셀에 데이터 유효성 검사 설정으로 '사번' 목록을 연결합니다.

3. C10, D10, E10, F10셀에 VLOOKUP, COLUMN 함수를 사용하여 A10셀의 사번을 사원 목록에서 찾아 각 값을 가져오도록 입력합니다.

4. A15:A30 범위에 일자 셀이 빈 셀인 경우에는 공백(" ")을, 아닌 경우에는 행 번호-14가 입력되도록 IF, ROW 함수를 사용하여 입력합니다.

5. N15:N30 범위에 E15셀의 거리를 '지급기준' 범위에서 찾아 금액을 가져오게 하고, 일곱 자리로 맞추어 숫자가 없는 부분은 공백으로 채워지도록 '???????' 서식으로 입력되게 합니다. 데이터가 없는 경우 오류가 발생하므로 오류인 경우 0이 되도록 하는데, TEXT, IFERROR, HLOOKUP 함수를 사용합니다.

6. F15:L30 범위에는 N15:N30 범위에 입력된 금액을 한 셀에 한 개씩 가져오게 합니다. 이때 MID, COLUMN 함수를 사용합니다.

7. E12셀에 N15:N30 범위에 있는 금액의 합계를 구합니다. SUM, IFERROR, VALUE 함수를 사용하고 배열 수식으로 작성한 후 N열은 숨깁니다. A12셀에 E12셀을 연결하면 문서가 완성됩니다.

현장실습

03

한눈에 번쩍!
상사의 눈을 사로잡는 폼나는 차트 만들기

01 실린더형 매출 실적 차트 만들기

02 매출, 비용, 이윤이 나타난 혼합 동적 차트 만들기

03 비교 데이터를 선택하는 대칭 차트 만들기

04 거품형 차트로 제품 포트폴리오 분석하기

직장인을 위한 실무

엑셀

E X C E L

숫자와 문자만 가득한 문서보다 문서의 내용을 도형이나 이미지로 시각화하여 나타낸 문서가 훨씬 더 효과적으로 전달할 수 있습니다. 그래픽 개체인 차트를 사용하면 수치 데이터의 양뿐만 아니라 날짜 데이터의 기간별 변화 등을 다양한 종류의 도형이나 이미지로 표현할 수 있습니다.

이번 장에서는 데이터를 표현하고 분석하려는 의도와 방향에 맞는 차트 종류를 삽입한 후 디자인과 레이아웃을 설정하여 엑셀 문서를 더욱 빛나게 만들어 보겠습니다.

01 실린더형 매출 실적 차트 만들기

| 예제 파일 | 현장실습03\목표대비실적표.xlsx | 완성 파일 | 현장실습03\완성\목표대비실적표완성.xlsx

판매량 상승 및 전년 대비 매출 상승 비율 등의 실적 관련 데이터는 실린더형 차트를 통해 수치로 나타내는 것이 좋습니다. 이 경우 월별 또는 연도별로 상승 및 하락폭을 파악하기 쉽고 한 번에 여러 데이터를 비교해서 나열할 수 있다는 장점이 있습니다.

이번 장에서는 1월~6월까지의 상반기 지점별 매출 목표와 매출 실적이 입력되어 있는 표에서 ❶ 각 **월별 데이터를 다른 시트에 추출**한 후 ❷ **목표 대비 매출 실적을 나타내는 차트**를 만들어 보겠습니다. ❸ **월을 선택하면 해당 월의 데이터만 추출**한 후 ❹ **목표를 달성하지 못한 부분은 투명하게 표시**하고 ❺ **목표를 초과한 부분은 더 진한 색으로 표시**되는 실린더형 차트를 만들어 보겠습니다.

상반기 목표대비 매출 실적표

지점	1월		2월		3월		4월		5월		6월	
	목표	실적	목표	실적	목표	실적	목표	실적	목표	실적	목표	실적
명동	5,500,000	5,123,000	5,000,000	6,245,000	1,500,000	2,442,000	3,500,000	5,140,000	5,000,000	3,465,000	1,500,000	1,980,000
종로	1,650,000	1,470,000	3,000,000	2,443,000	2,000,000	1,950,000	2,000,000	1,690,000	5,000,000	6,290,000	2,000,000	2,667,000
목동	3,500,000	3,990,000	2,500,000	3,385,000	3,500,000	1,872,000	2,000,000	1,897,000	5,000,000	7,620,000	3,500,000	1,240,000
반포	5,000,000	4,511,000	2,500,000	1,740,000	1,500,000	1,562,000	3,500,000	4,770,000	2,000,000	1,050,000	5,000,000	7,421,000
사당	4,000,000	6,934,000	4,500,000	5,629,000	5,500,000	5,214,000	3,500,000	2,002,000	1,500,000	1,384,000	7,000,000	5,680,000
강남	4,500,000	5,572,000	5,000,000	3,646,000	5,500,000	8,157,000	3,500,000	5,830,000	2,000,000	4,050,000	7,000,000	7,533,000
대방	2,000,000	1,897,000	3,500,000	2,440,000	2,000,000	1,710,000	1,500,000	1,120,000	2,000,000	1,250,000	2,000,000	3,899,000
여의도	7,500,000	9,138,000	5,000,000	6,414,000	7,000,000	9,632,000	5,000,000	6,256,000	1,500,000	1,400,000	5,000,000	2,430,000

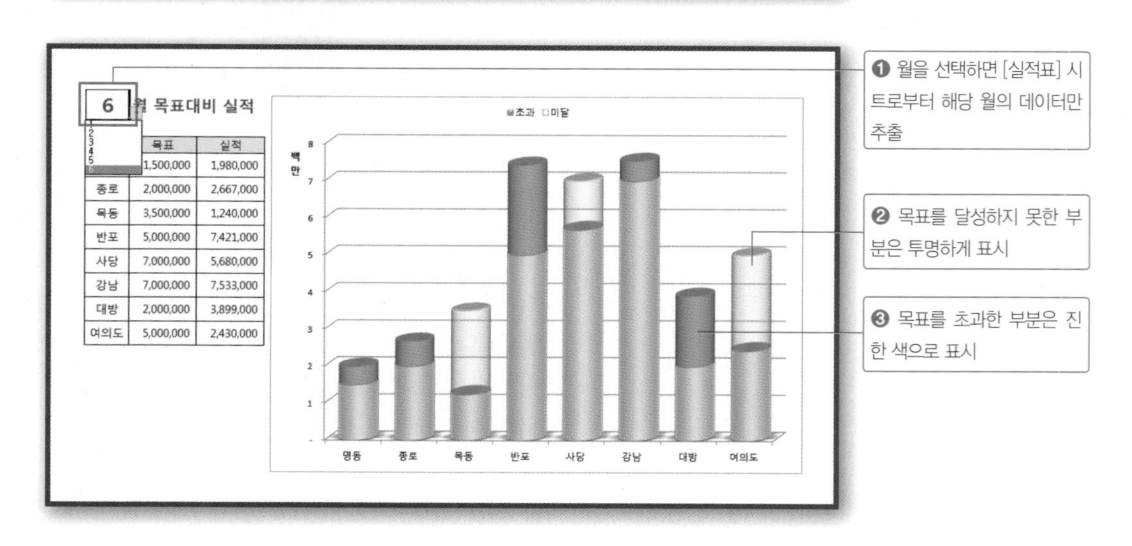

Step 01 차트의 원본 데이터 만들기

① VLOOKUP 함수를 사용하여 선택한 월에 해당하는 지점의 매출 목표와 매출 실적을 추출하여 입력합니다.

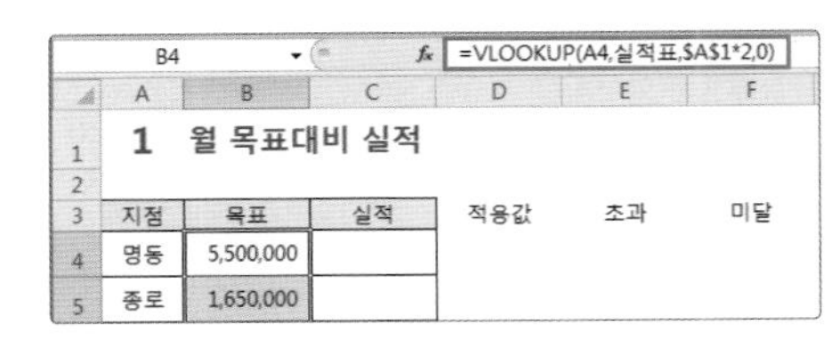

C4
=VLOOKUP(A4,실적표,$A$1*2+1,0)

지점	목표	실적	적용값	초과	미달
명동	5,500,000	5,123,000			
종로	1,650,000	1,470,000			

② MIN 함수를 사용하여 목표값과 실적값 중 작은 값을 입력합니다.

③ IF 함수를 사용하여 목표 초과값과 미달값을 입력합니다.

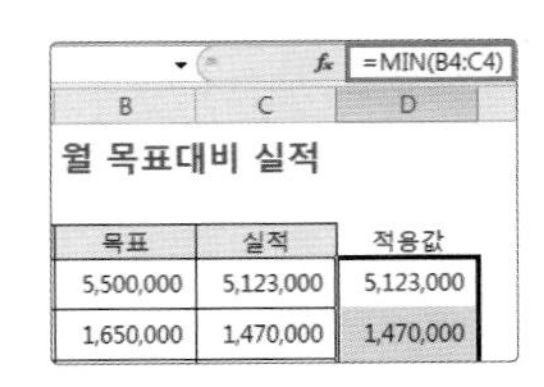

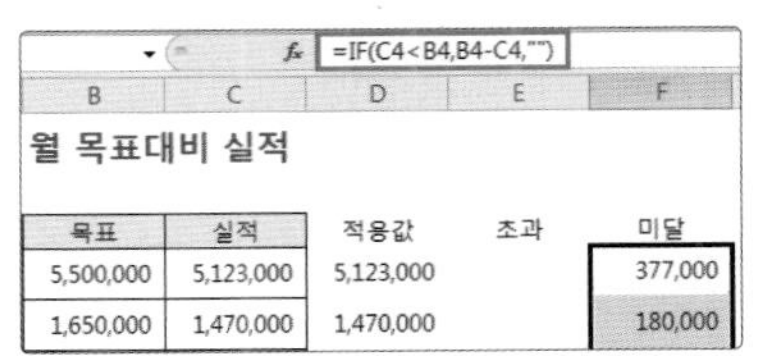

Step 02 실린더형 차트 만들기

① 지점명 범위와 적용값, 초과, 미달값 범위를 사용하여 누적 원통형 차트를 작성하고 스타일을 지정합니다.

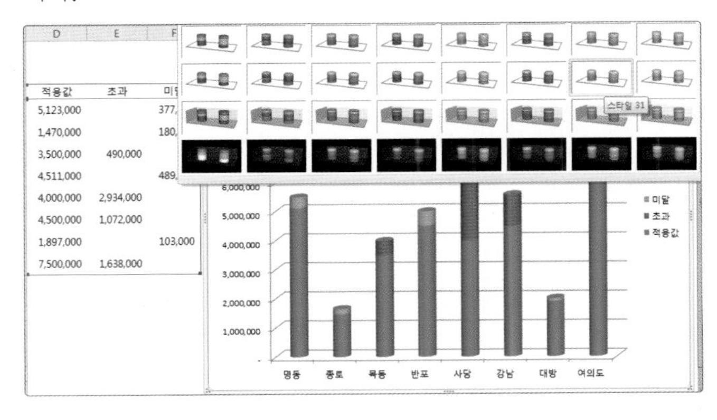

② 데이터 계열 서식을 사용하여 미달값 데이터 계열은 투명하게, 적용값 데이터 계열은 파우더 형태로 반투명하게 표시합니다.

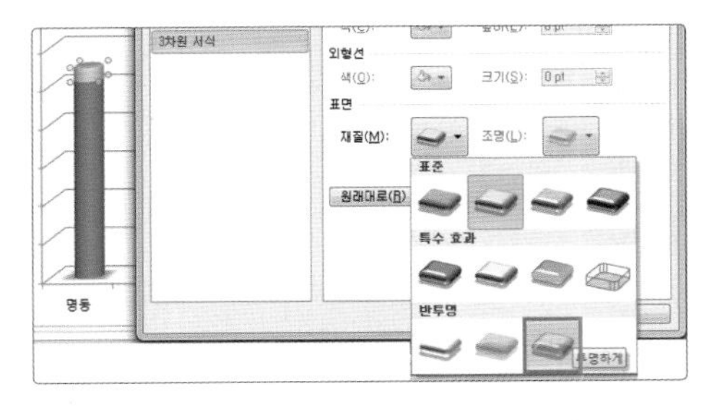

STEP 01 차트의 원본 데이터 만들기

1 ❶ [실적표] 시트에서 A5:M12 범위를 지정한 후 ❷ 이름 상자에 '실적표'를 입력하고 Enter↵ 글쇠를 누릅니다.

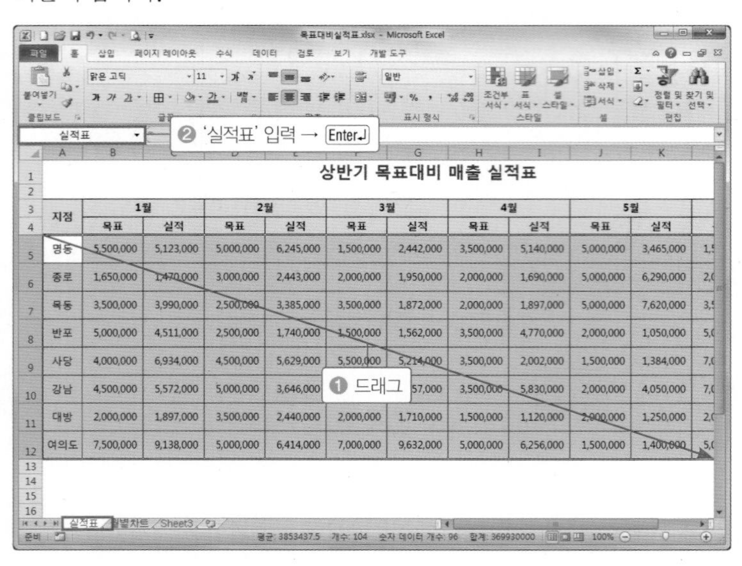

2 ❶ [월별차트] 시트에서 A1셀을 선택하고 ❷ [데이터] 탭 → '데이터 도구' 그룹 → '데이터 유효성 검사'를 클릭합니다. ❸ '데이터 유효성' 대화상자가 열리면 [설정] 탭에서 '제한 대상'을 '목록'으로 선택하고 ❹ '원본'에 '1,2,3,4,5,6'을 입력한 후 ❺ 〈확인〉을 클릭합니다.

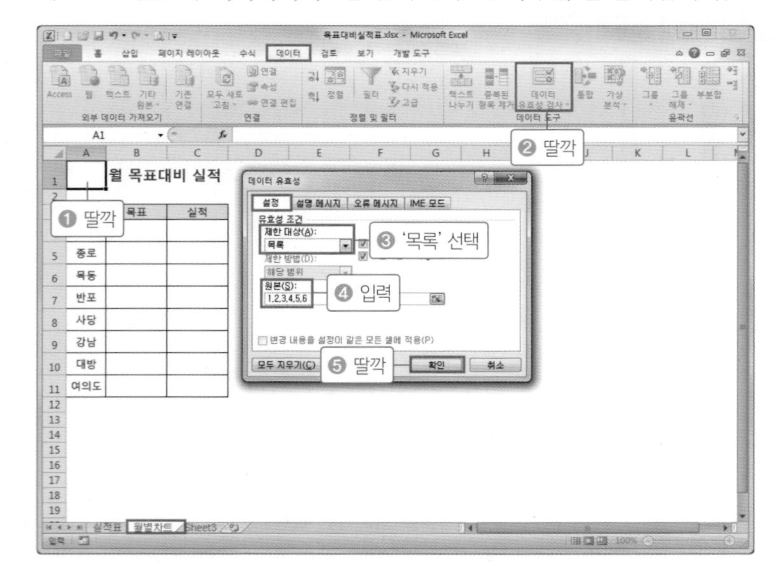

3 ❶ A1셀의 목록 단추[▼]를 클릭해서 '1'을 선택한 후 ❷ B4셀에 '=VLOOKUP(A4,실적표,$A$1*2,0)'을 입력하고 Enter 글쇠를 누릅니다. ❸ 다시 B4셀을 선택하고 ❹ B4셀의 자동 채우기 핸들[+]을 더블클릭합니다.

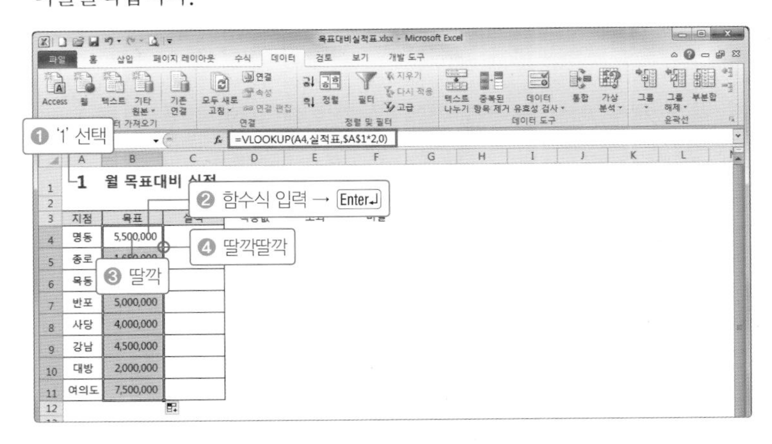

A4셀의 지점 이름을 실적표 범위([실적표] 시트의 A5:M12 범위)에서 찾은 후 'A1셀*2' 번째 열의 값(목표가 1월부터 2열 단위로 위치해 있으므로)을 정확하게 일치하는 값으로 가져옵니다.

4 ❶ C4셀에 '=VLOOKUP(A4,실적표,$A$1*2+1,0)'을 입력하고 Enter 글쇠를 누릅니다. ❷ 다시 C4셀을 선택하고 ❸ C4셀의 자동 채우기 핸들[+]을 더블클릭합니다.

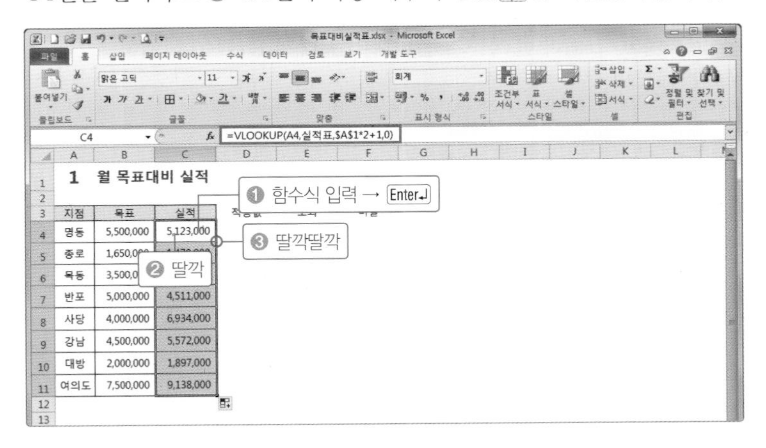

A4셀의 지점 이름을 실적표 범위([실적표] 시트의 A5:M12 범위)에서 찾은 후 'A1셀*2+1' 번째 열의 값을 정확하게 일치하는 값으로 가져옵니다.

5 ❶ D4셀에 '=MIN(B4:C4)'를 입력하고 Enter 글쇠를 누릅니다. ❷ 다시 D4셀을 선택하고 ❸ D4셀의 자동 채우기 핸들[+]을 더블클릭합니다.

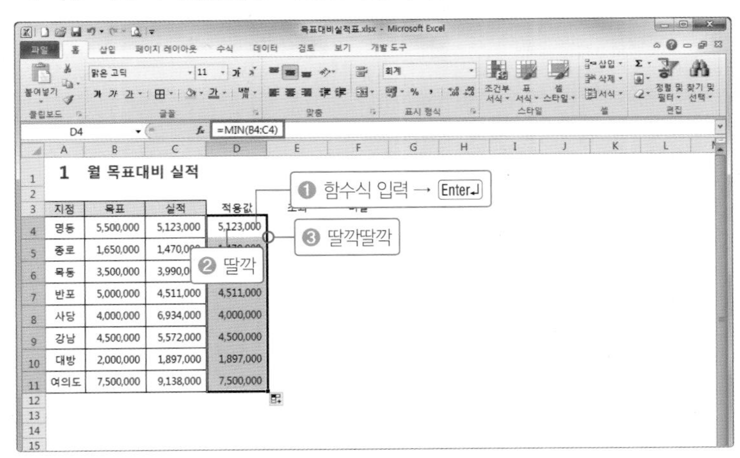

적용값과 초과, 미달값이 합해진 크기만큼의 차트 막대 길이가 표시되기 때문에 적용값에는 목표나 실적 중 더 작은 값이 와야 합니다. MIN 함수는 지정된 범위 중 가장 작은 값을 입력하는 함수이므로 두 범위 중 더 작은 값이 입력됩니다.

6 ❶ E4셀에 '=IF(C4>B4,C4−B4,"")'를 입력하고 Enter↵ 글쇠를 누릅니다. ❷ 다시 E4셀을 선택하고 ❸ E4셀의 자동 채우기 핸들[+]을 더블클릭합니다.

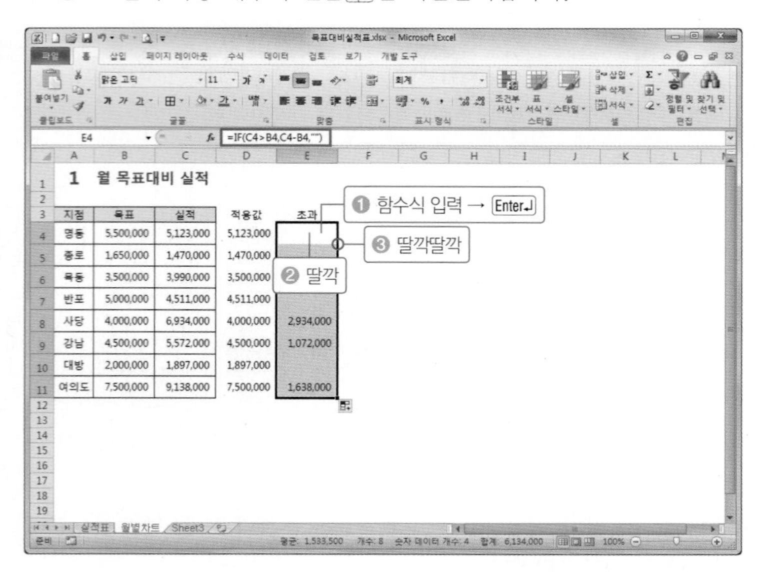

실적(C4)이 목표(B4)보다 크면 목표 초과한 값(C4−B4)을 입력하고, 그 외에는 공백 처리("")합니다.

7 ❶ F4셀에 '=IF(C4<B4,B4−C4,"")'를 입력하고 Enter↵ 글쇠를 누릅니다. ❷ 다시 F4셀을 선택하고 ❸ F4셀의 자동 채우기 핸들[+]을 더블클릭합니다.

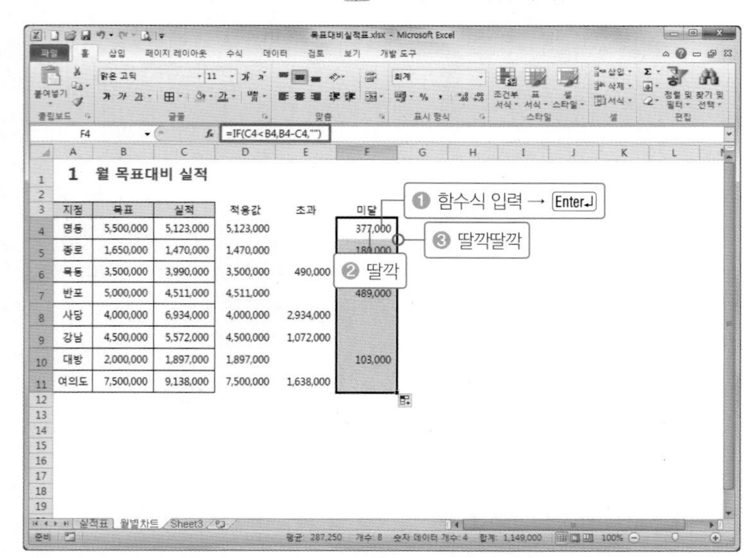

실적(C4)이 목표(B4)보다 작으면 목표 미달된 값(B4−C4)을 입력하고, 그 외에는 공백 처리("")합니다.

STEP 02 실린더형 차트 만들기

1 ❶ [월별차트] 시트에서 A3:A11 범위를 드래그한 후 ❷ Ctrl 글쇠를 눌러 D3:F11 범위를 드래그합니다. ❸ [삽입] 탭 → '차트' 그룹 → '세로 막대형'에서 '원통형'에서 '누적 원통형'을 클릭합니다.

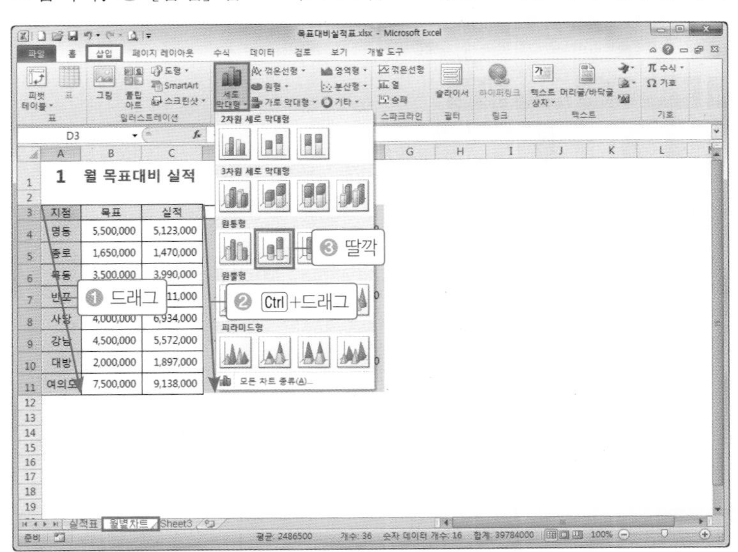

누적형 차트는 여러 데이터 계열을 하나의 항목에 누적하여 표시하는 유형의 차트입니다. 즉 누적 원통형 차트는 지점의 매출을 하나의 원통으로 표시하면서 하나의 원통 안에 적용값과 초과, 미달 값의 색만 다르게 표시합니다.

2 ❶ 화면의 가운데 삽입된 차트에서 차트 영역 부분을 표 옆으로 드래그하여 위치를 이동하고 ❷ 차트 영역에서 테두리의 크기 조절점을 드래그하여 크기를 조절합니다.

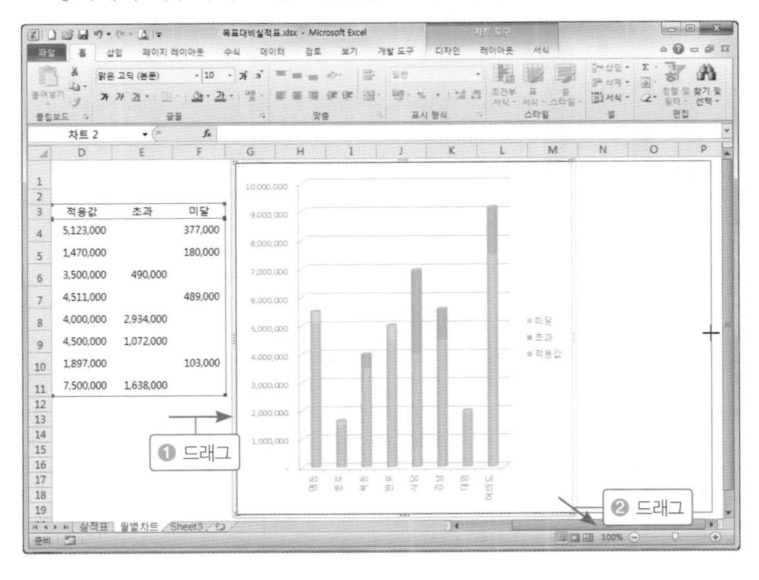

3 차트를 선택한 상태에서 ❶ [디자인] 탭 → '차트 스타일' 그룹 → '자세히' 단추를 클릭한 후 ❷ '스타일 31'을 선택합니다.

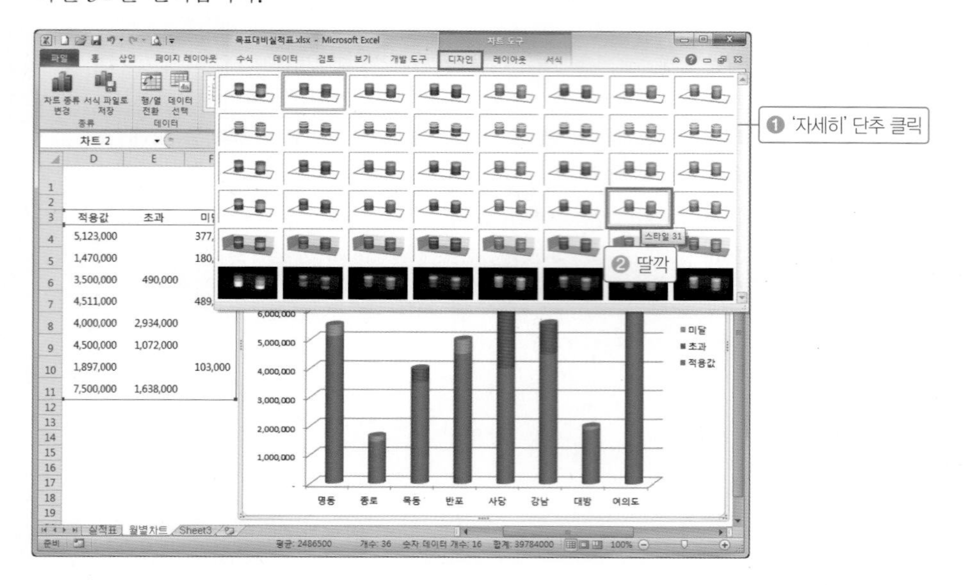

4 차트의 가로 길이를 좀 더 넓게 표시하기 위해 범례 위치를 위로 옮기겠습니다. [레이아웃] 탭 → '레이블' 그룹 → '범례' → '위쪽에 범례 표시'를 선택합니다.

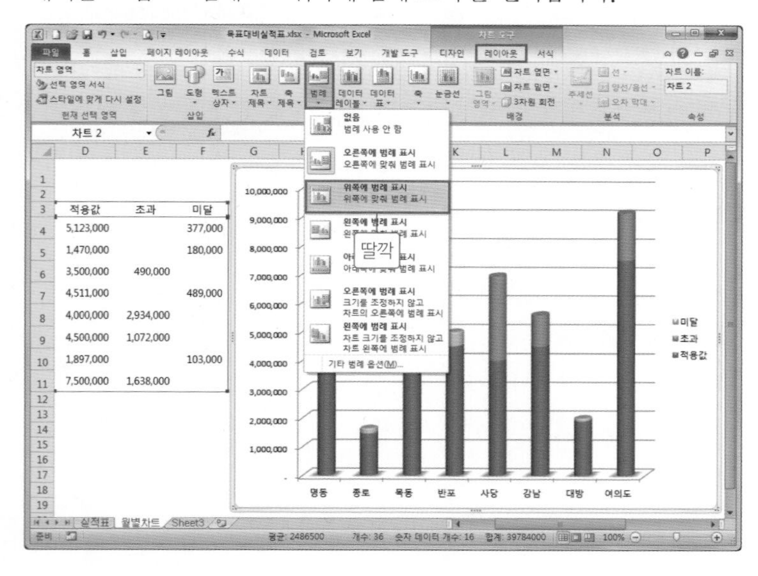

5 범례 항목 중 '적용값'을 삭제하기 위해 ❶ 위쪽으로 이동한 범례 상자를 클릭한 후 ❷ 다시 한 번 범례 항목인 '적용값'을 클릭하고 ❸ Delete 글쇠를 눌러서 삭제합니다.

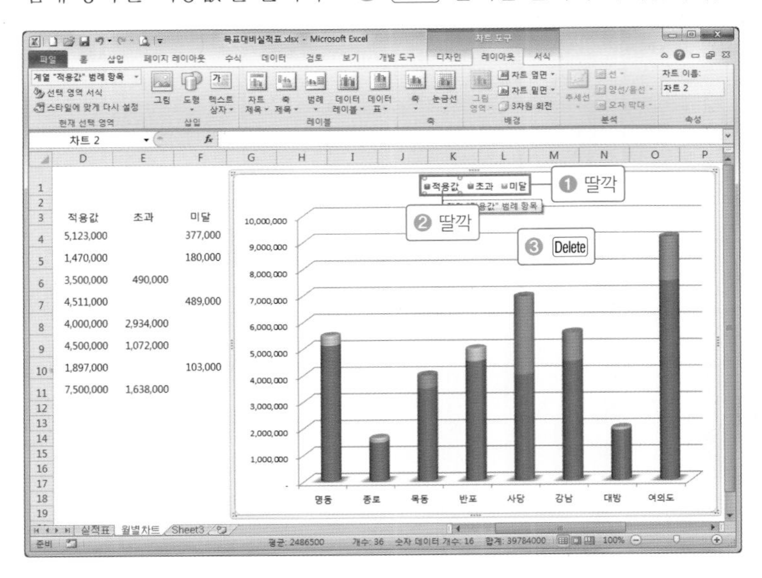

6 세로 축의 값 단위가 길어 자리를 많이 차지하므로 단위를 생략하여 표시하겠습니다. [레이아웃] 탭 → '축' 그룹 → '축'→ '기본 세로 축' → '백만 단위로 축 표시'를 선택합니다.

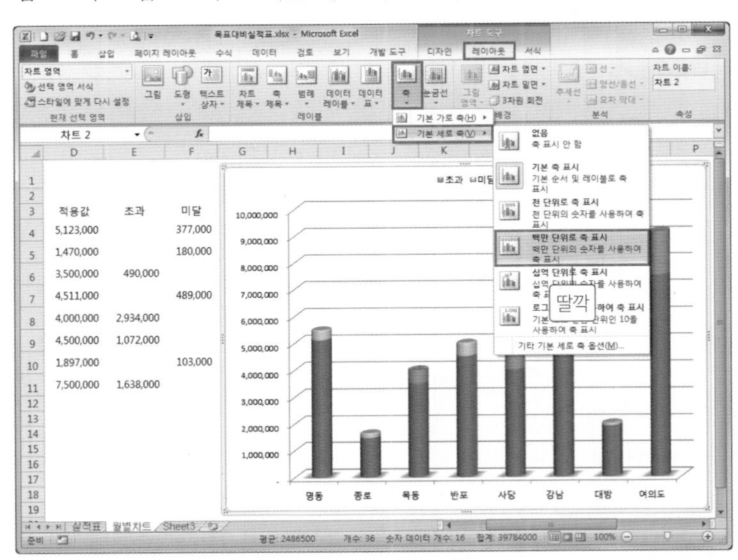

7 ❶ 세로 축에 표시된 '백만' 단위 레이블을 클릭한 후 ❷ [홈] 탭 → '맞춤' 그룹 → '방향' → '세로 쓰기'를 선택합니다.

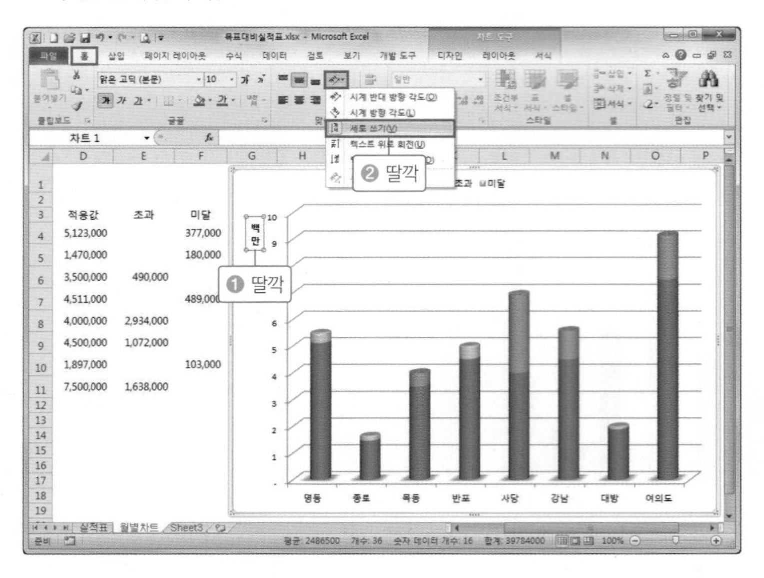

8 ❶ 차트의 원통 데이터 계열 중 '미달' 부분을 클릭한 후 ❷ [서식] 탭 → '현재 선택 영역' 그룹 → '선택 영역 서식'을 클릭합니다. ❸ '데이터 계열 서식' 대화상자가 열리면 '3차원 서식'을 선택하고 ❹ '재질'을 '반투명'의 '투명하게'로 지정합니다.

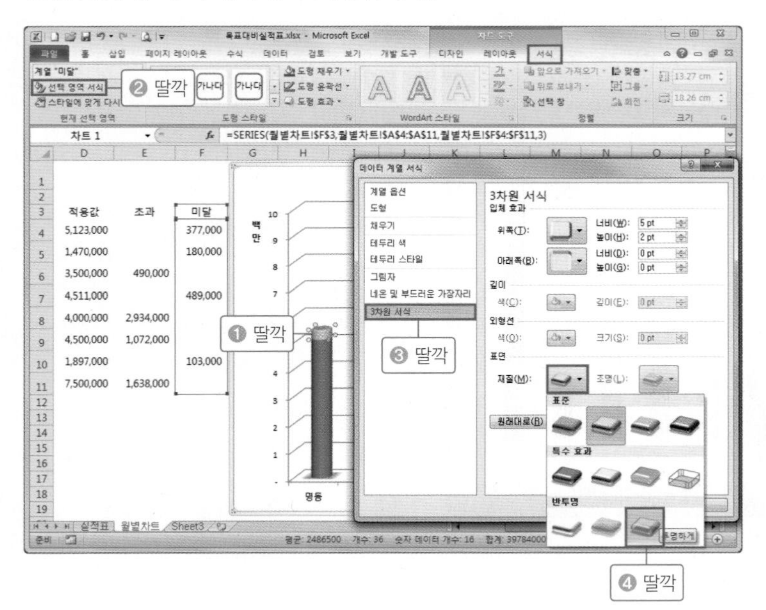

차트에서 데이터 계열을 선택하기 어려운 경우 [서식] 탭 → '현재 선택 영역' 그룹 → '차트 요소'를 클릭하고 차트 요소 목록에서 '계열 "미달"'을 선택해도 됩니다. '차트 요소 서식' 대화상자는 차트에서 차트 요소 부분을 더블클릭해도 열립니다.

9 '데이터 계열 서식' 대화상자가 열려있는 상태에서 ❶ 차트의 데이터 계열 중 '적용값' 부분을 클릭합니다. ❷ '데이터 계열 서식' 대화상자가 열리면 '3차원 서식'을 클릭하고 ❸ '재질'을 '반투명'의 '파우더'로 지정합니다.

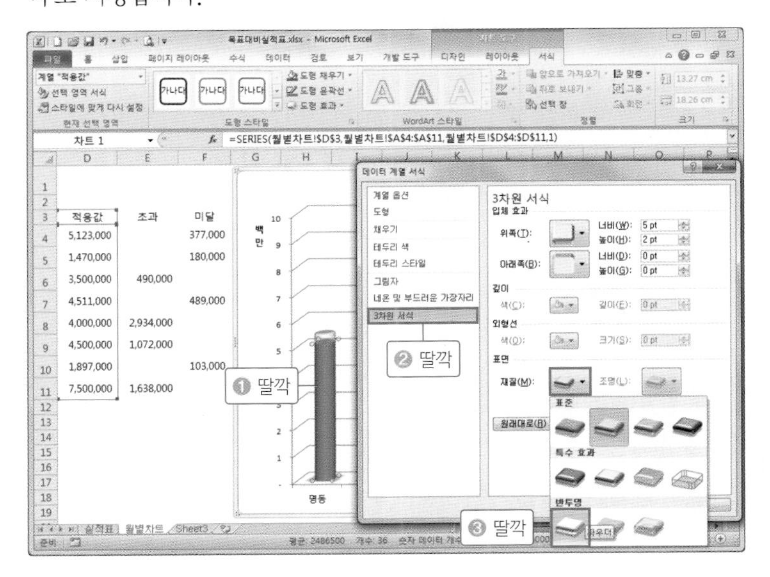

'데이터 계열 서식' 대화상자가 열려있는 상태에서 [서식] 탭 → '현재 선택 영역' 그룹 → '차트 요소'를 클릭한 후 차트 요소 목록에서 '계열 '적용값'을 선택해도 됩니다.

10 ❶ '데이터 계열 서식' 대화상자에서 '테두리 색'을 선택하고 ❷ '실선'을 선택합니다.

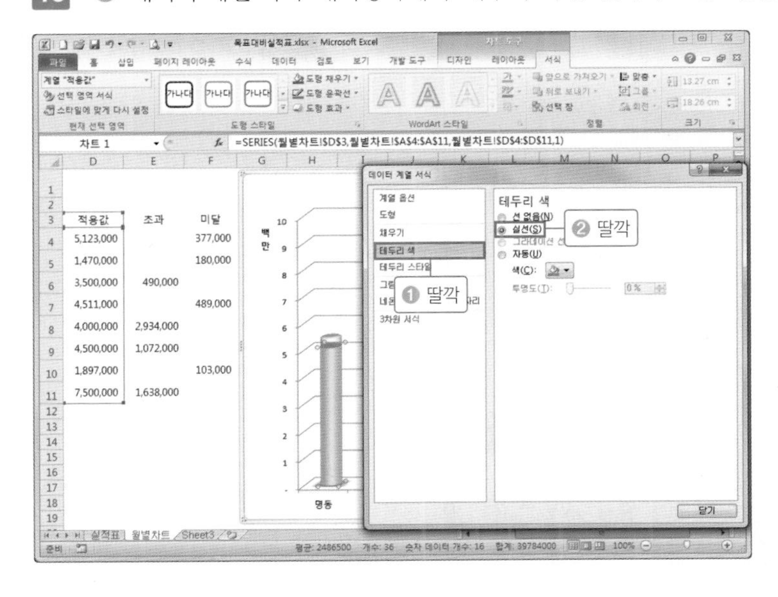

11 ❶ '데이터 계열 서식' 대화상자의 '계열 옵션'을 선택하고 ❷ '간격 깊이'는 '0%'로, ❸ '간격 너비'는 '50%'로 지정한 후 ❹ 〈닫기〉를 클릭합니다.

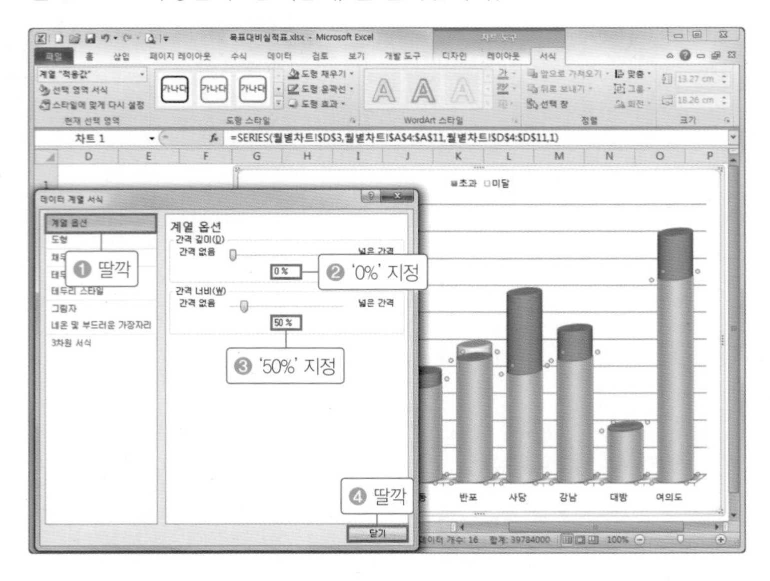

데이터 계열인 원통 막대들 사이의 간격을 줄여서 원통 크기를 크게 키울 수 있습니다. 간격 깊이를 줄이면 차트의 옆면과 밑면이 좁아지고, 간격 너비를 줄이면 원통 막대들 사이의 간격이 좁아집니다.

12 ❶ [디자인] 탭 → '데이터' 그룹 → '데이터 선택'을 클릭하고 ❷ '데이터 원본 선택' 대화상자가 열리면 〈숨겨진 셀/빈 셀〉을 클릭합니다. ❸ '숨겨진 셀/빈 셀 설정' 대화상자가 열리면 '숨겨진 행 및 열에 데이터 표시'에 ✔ 표시하고 ❹ 〈확인〉을 클릭합니다. ❺ '데이터 원본 선택' 대화상자로 되돌아오면 〈확인〉을 클릭합니다.

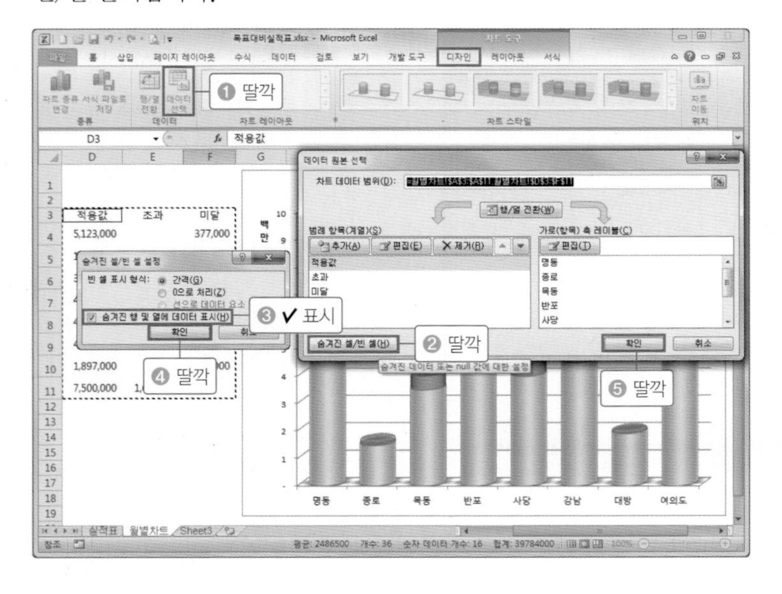

문서에서는 지점별 목표와 실적만 표시하고 차트에 적용된 원본 데이터는 숨깁니다. 차트 원본 데이터를 숨기면 차트 요소들도 숨겨지기 때문에 숨겨진 열에 대한 표시 옵션을 선택해 놓아야 합니다.

13 ❶ D:F 열범위를 지정한 후 ❷ 마우스 오른쪽 단추를 클릭하고 ❸ 바로 가기 메뉴에서 '숨기기'를 선택합니다.

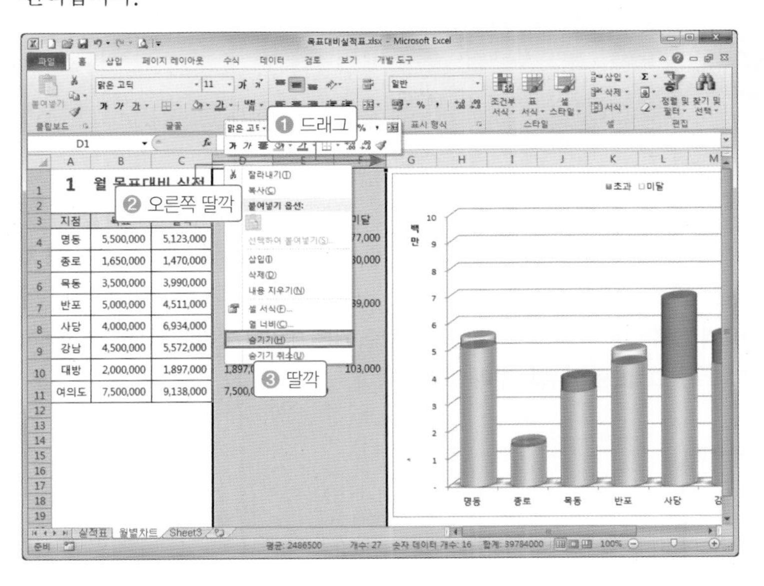

14 ❶ A1셀의 목록 단추[▼]를 클릭한 후 ❷ '6'을 선택하여 6월의 데이터와 차트로 변경합니다.

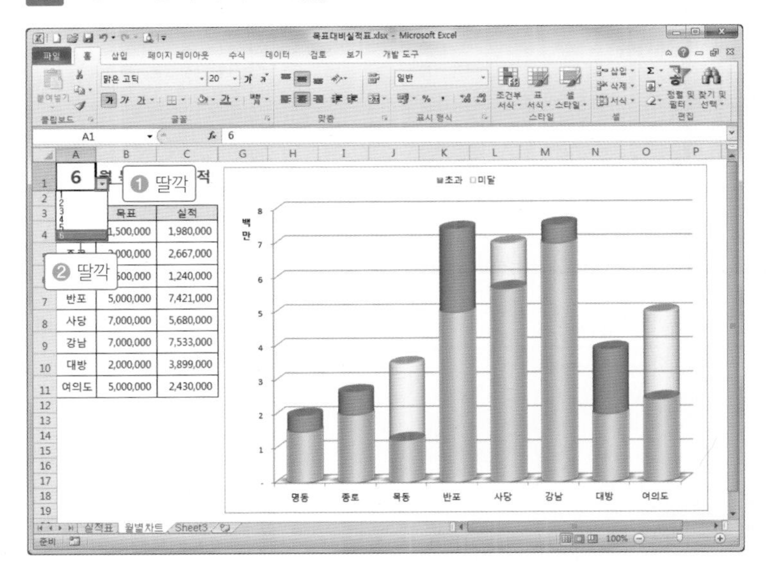

02 매출, 비용, 이윤이 나타난 혼합 동적 차트 만들기

| 예제 파일 | 현장실습03\혼합차트.xlsx **| 완성 파일 |** 현장실습03\완성\혼합차트완성.xlsx

다양한 데이터를 차트에 동시에 표현해야 할 때는 혼합 동적 차트를 만드는 것이 좋습니다. 4월 한 달간의 매출, 비용, 이윤이 집계되어 있는 데이터 목록을 이용해 하나의 차트 영역에 ❶ **매출은 꺾은선형 차트** ❷ **비용은 막대형 차트** ❸ **이윤은 영역형 차트로 표시한 혼합 차트**를 만들어 보겠습니다. 또한 데이터 양이 너무 많으므로 ❹ **5~15일 자료씩 선택**하여 차트로 표현되도록 **차트 원본 데이터 범위를 동적으로 선택**하겠습니다. ❺ **막대 차트와 영역형 차트는 그림으로 채워서 꾸며** 보겠습니다.

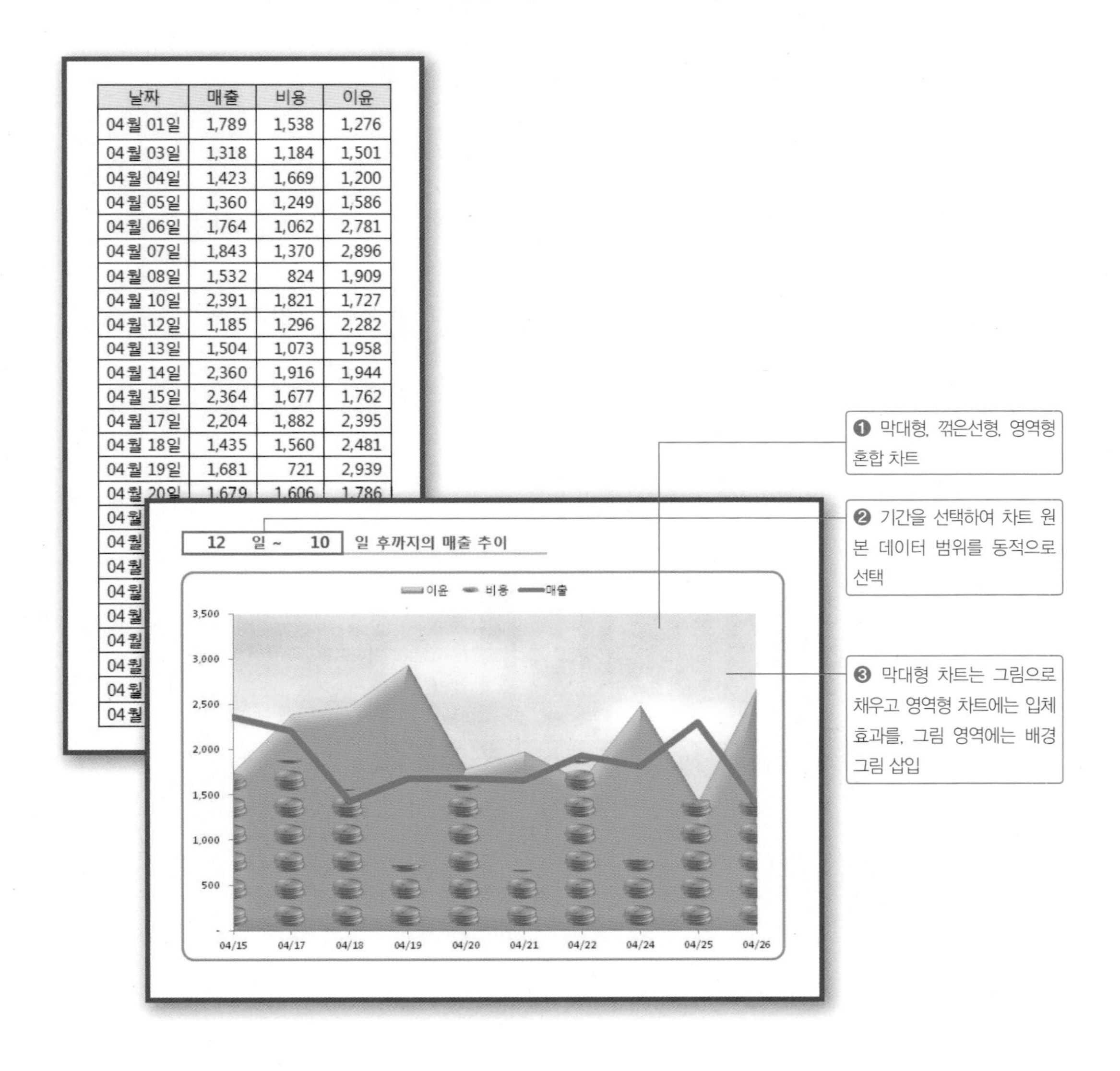

날짜	매출	비용	이윤
04월 01일	1,789	1,538	1,276
04월 03일	1,318	1,184	1,501
04월 04일	1,423	1,669	1,200
04월 05일	1,360	1,249	1,586
04월 06일	1,764	1,062	2,781
04월 07일	1,843	1,370	2,896
04월 08일	1,532	824	1,909
04월 10일	2,391	1,821	1,727
04월 12일	1,185	1,296	2,282
04월 13일	1,504	1,073	1,958
04월 14일	2,360	1,916	1,944
04월 15일	2,364	1,677	1,762
04월 17일	2,204	1,882	2,395
04월 18일	1,435	1,560	2,481
04월 19일	1,681	721	2,939
04월 20일	1,679	1,606	1,786

Step 01 동적 데이터 범위 정의하기

① OFFSET 함수를 사용하여 선택하는 기간에 따라 범위가 달라지도록 범위 이름을 정의합니다. 데이터 계열과 항목 범위로 지정하기 위해 하나의 열씩 따로 지정해야 합니다.

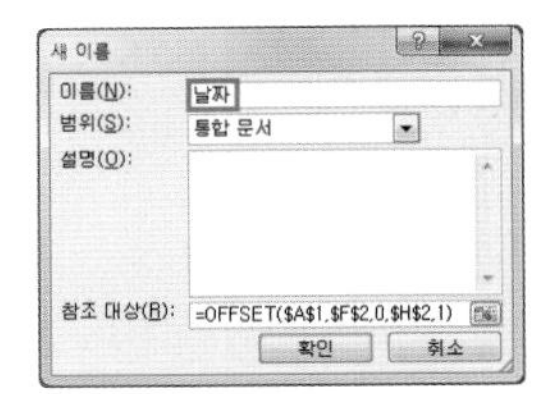
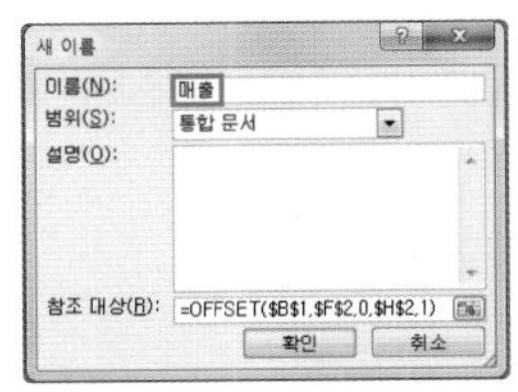
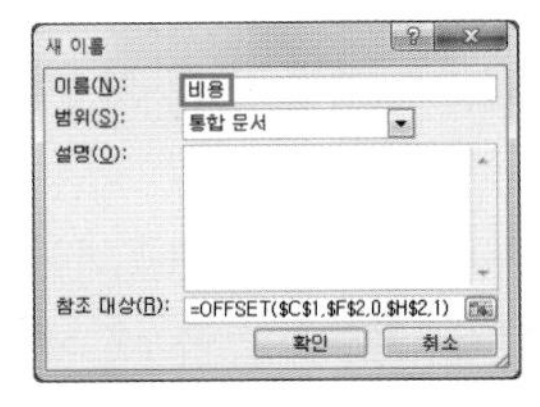
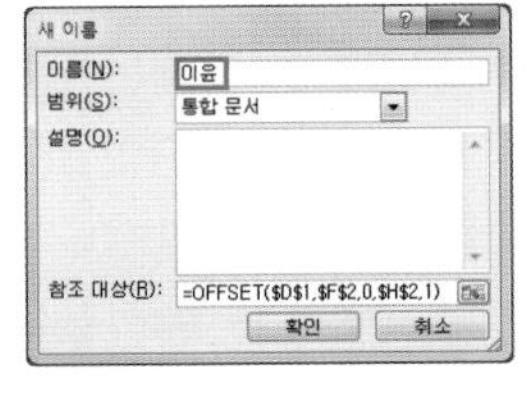

② 기간에 해당되는 숫자를 선택하는 스핀 단추를 작성하고 컨트롤 서식을 지정합니다.

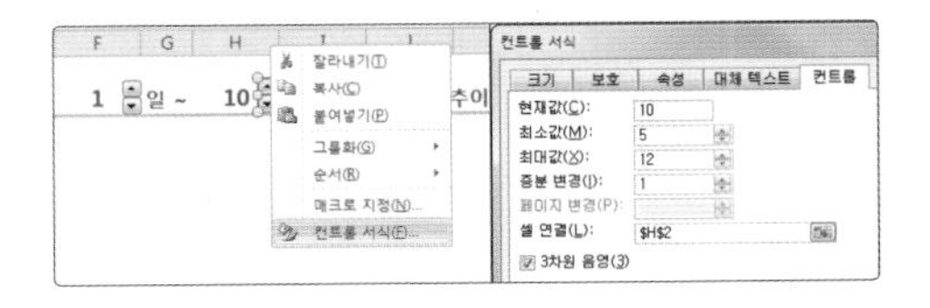

Step 02 막대형, 꺾은선형, 영역형 혼합 동적 차트 만들기

① 묶은 세로 막대형 차트를 작성한 후 '이윤' 계열은 영역형, '매출' 계열은 꺾은선형으로 차트의 종류를 변경합니다.

② 데이터 원본 선택에서 범례 항목(계열)과 가로(항목) 축 레이블의 범위를 OFFSET 함수로 지정한 이름으로 편집합니다.

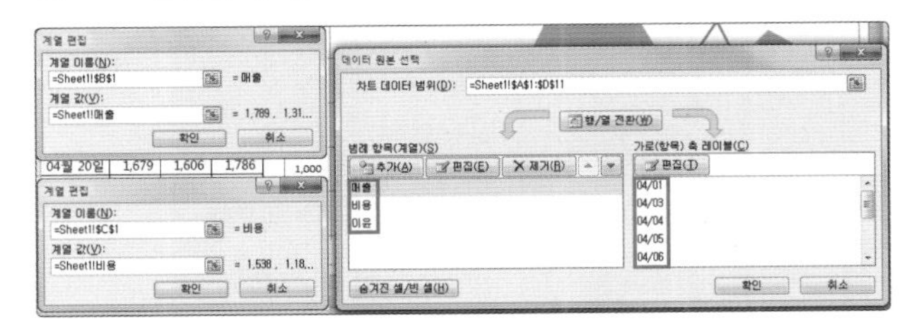

Step 03 차트 꾸미기

① 데이터 계열 서식의 채우기 서식에서 클립 아트를 삽입하여 막대 차트를 동전 모양으로 채웁니다.

② 꺾은선형 차트의 선 스타일의 너비를 지정하고, 영역형 차트의 도형 효과에 입체 효과를 지정한 후 차트의 그림 영역에 배경 그림을 삽입하여 차트를 꾸밉니다.

STEP 01 동적 데이터 범위 정의하기

1 ❶ [Sheet1] 시트에서 [수식] 탭→ '정의된 이름' 그룹 → '이름 정의'를 클릭합니다. ❷ '새 이름' 대화상자가 열리면 '이름'에는 '날짜'를, ❸ '참조 대상'에는 '=OFFSET($A$1,$F$2,0,$H$2,1)'을 입력하고 ❹ 〈확인〉을 클릭합니다.

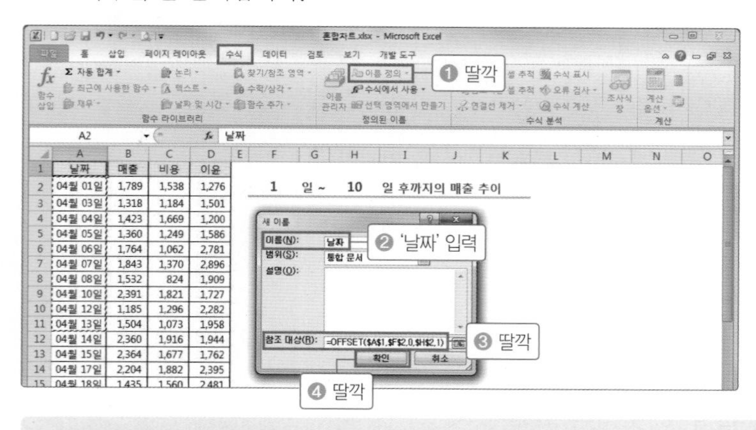

잠깐만요 OFFSET 함수 제대로 알기

OFFSET 함수는 참조 범위를 지정할 때 사용하는 함수로, 주로 동적 범위를 지정하기 위해 사용합니다. OFFSET 함수의 구문은 =OFFSET (기준 셀,이동 행 수,이동 열 수,범위 행 수,범위 열 수)와 같습니다.

- 기준 셀 : $A$1 – A1셀을 기준으로 범위 지정합니다.
- 이동 행 수 : $F$2 – F2셀의 숫자만큼 아래로 이동합니다.
- 이동 열 수 : 0 – 오른쪽으로는 이동하지 않습니다.
- 범위 행 수 : $H$2 – H2셀의 숫자만큼 아래로 범위 지정합니다.
- 범위 열 수 : 1 – 하나의 열만 범위 지정합니다.

F2셀에는 =$21, H2셀에는 10이 입력되어 있으므로 A1셀을 기준으로 아래로 1행 이동한 후 10개의 행을 범위 지정합니다. 즉 현재 상태에서는 A2:A11 범위가 지정됩니다.

2 ❶ [수식] 탭 → '정의된 이름' 그룹 → '이름 정의'를 클릭합니다. ❷ '새 이름' 대화상자가 열리면 '이름'에는 '매출'을, ❸ '참조 대상'에는 '=OFFSET($B$1,$F$2,0,$H$2,1)'을 입력하고 ❹ 〈확인〉을 클릭합니다.

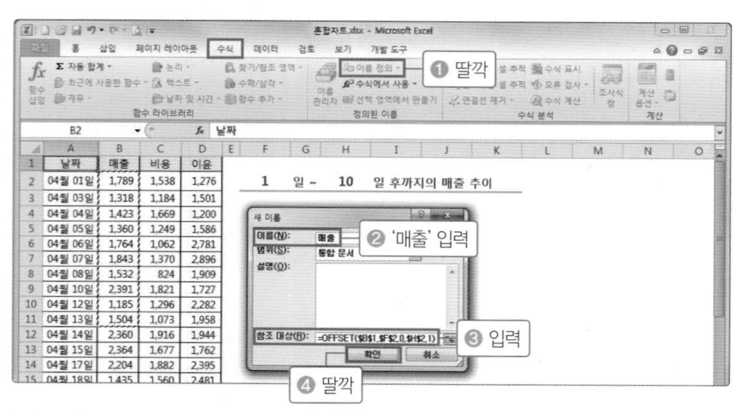

B1셀을 기준으로 아래로 1행 이동한 후 10개의 행을 범위 지정합니다. 즉 B2:B11 범위가 지정됩니다.

3 ❶ [수식] 탭 → '정의된 이름' 그룹 → '이름 정의'를 클릭합니다. ❷ '새 이름' 대화상자가 열리면 '이름'에는 '비용'을, ❸ '참조 대상'에는 '=OFFSET($C$1,$F$2,0,$H$2,1)'을 입력하고 ❹ 〈확인〉을 클릭합니다.

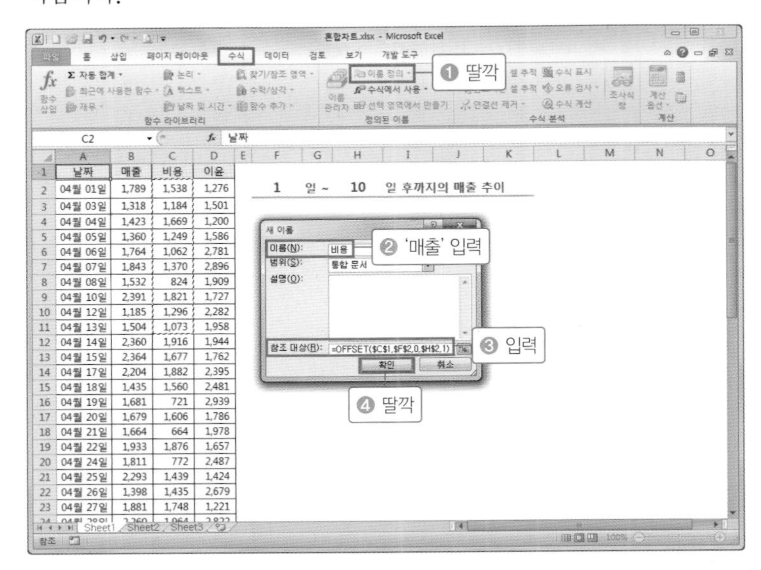

C1셀을 기준으로 아래로 1행 이동한 후 10개의 행을 범위 지정합니다. 즉 C2:C11 범위가 지정됩니다.

4 ❶ [수식] 탭 → '정의된 이름' 그룹 → '이름 정의'를 클릭합니다. ❷ '새 이름' 대화상자가 열리면 '이름'에는 '이윤'을, ❸ '참조 대상'에는 '=OFFSET($D$1,$F$2,0,$H$2,1)'을 입력하고 ❹ 〈확인〉을 클릭합니다.

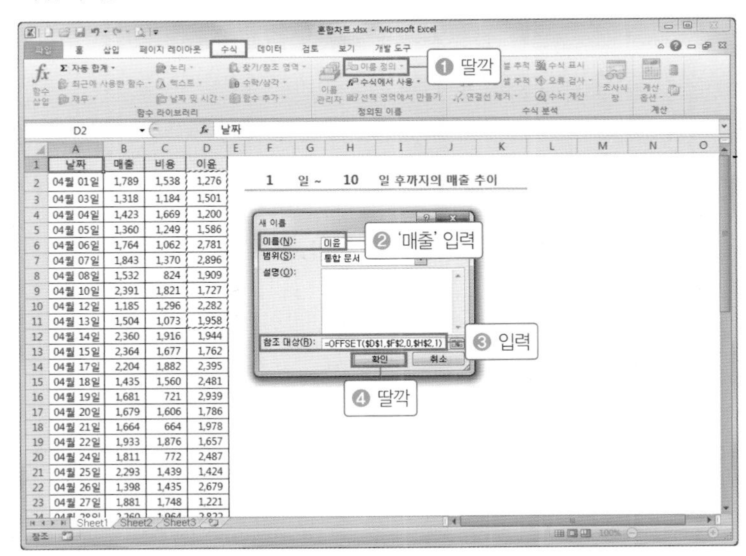

D1셀을 기준으로 아래로 1행 이동한 후 10개의 행을 범위 지정합니다. 즉 D2:D11 범위가 지정됩니다.

5 F2셀과 H2셀의 숫자를 변경하기 편하도록 양식을 삽입하겠습니다. [개발 도구] 탭 → '컨트롤' 그룹 → '삽입' → '양식 컨트롤' → '스핀 단추(양식 컨트롤)'를 클릭합니다.

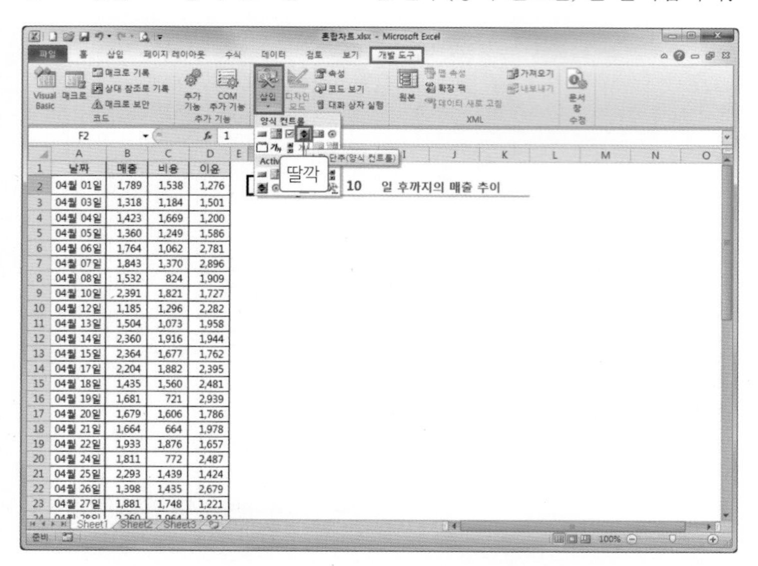

기본 메뉴에 [개발 도구] 탭이 보이지 않는다면 [파일] 탭 → '옵션'을 선택하고 'Excel 옵션' 대화 상자의 '기본 사용자 지정'에서 '개발 도구'에 ✔ 표시합니다.

6 ❶ F2셀에 적당한 크기로 드래그하여 스핀 단추를 그린 후 ❷ 단축 글쇠 Ctrl+D를 눌러 복제합니다. ❸ 복제한 스핀 단추를 H2셀로 드래그하여 이동합니다.

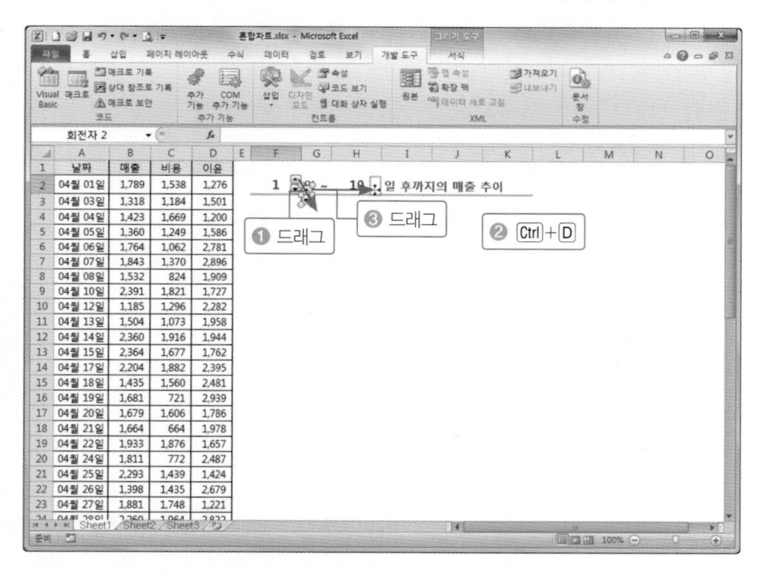

7 ❶ F2셀의 스핀 단추를 마우스 오른쪽 단추로 클릭하고 ❷ 바로 가기 메뉴에서 '컨트롤 서식'을 선택합니다. ❸ '컨트롤 서식' 대화상자가 열리면 [컨트롤] 탭에서 '현재값'에는 '1'을, '최소값'에는 '1'을, '최대값'에는 '15'를, '증분 변경'에는 '1'을, '셀 연결'에는 '$F$2'를 입력합니다. ❹ [속성] 탭을 클릭하고 ❺ '개체 인쇄'의 ✔ 표시를 해제한 후 ❻ 〈확인〉을 클릭합니다.

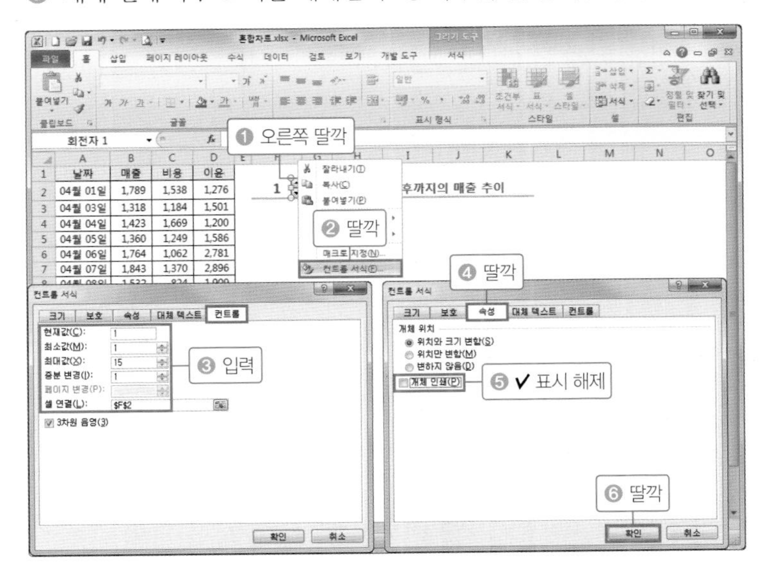

'개체 인쇄'의 ✔ 표시를 해제하면 스핀 단추가 화면에서만 표시되며, 인쇄되지 않습니다.

8 ❶ H2셀의 스핀 단추를 마우스 오른쪽 단추로 클릭하고 ❷ 바로 가기 메뉴에서 '컨트롤 서식'을 선택합니다. ❸ '컨트롤 서식' 대화상자가 열리면 [컨트롤] 탭에서 '현재값'에는 '10'을, '최소값'에는 '5'를, '최대값'에는 '12'를 '증분 변경'에는 '1'을, '셀 연결'에는 '$H$2'를 입력합니다. ❹ [속성] 탭을 클릭하고 ❺ '개체 인쇄'의 ✔ 표시를 해제한 후 ❻ 〈확인〉을 클릭합니다.

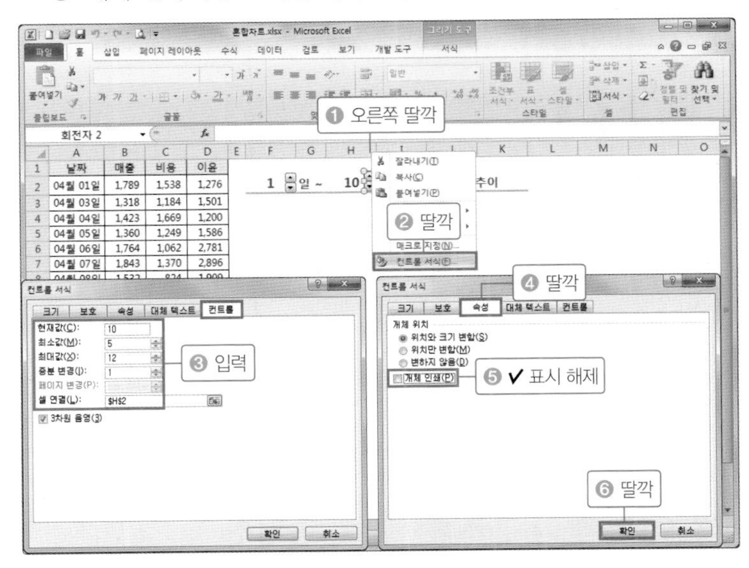

STEP 02 막대형, 꺾은선형, 영역형 혼합 동적 차트 만들기

1 ❶ [Sheet1] 시트에서 A1:D11 범위를 지정한 후 ❷ [삽입] 탭 → '차트' 그룹 → '세로 막대형' → '2차원 세로 막대형'에서 '묶은 세로 막대형'을 클릭합니다.

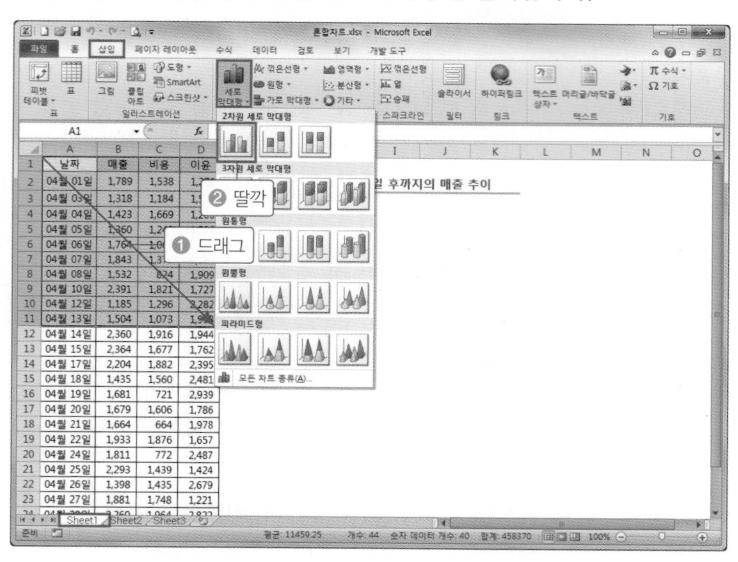

2 ❶ 삽입된 차트의 차트 영역 부분을 드래그하여 위치를 이동하고 ❷ 오른쪽 아래의 크기 조절점을 오른쪽 아래로 드래그하여 차트의 크기를 조절합니다.

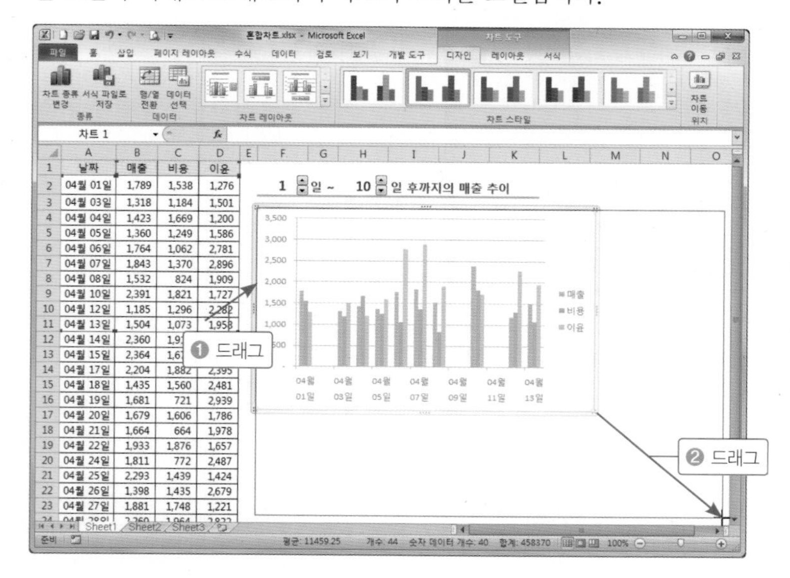

3 ❶ 가로(항목) 축을 더블클릭한 후 ❷ '축 서식' 대화상자가 열리면 '축 옵션'에서 '축 종류'를 '텍스트 축'으로 선택합니다.

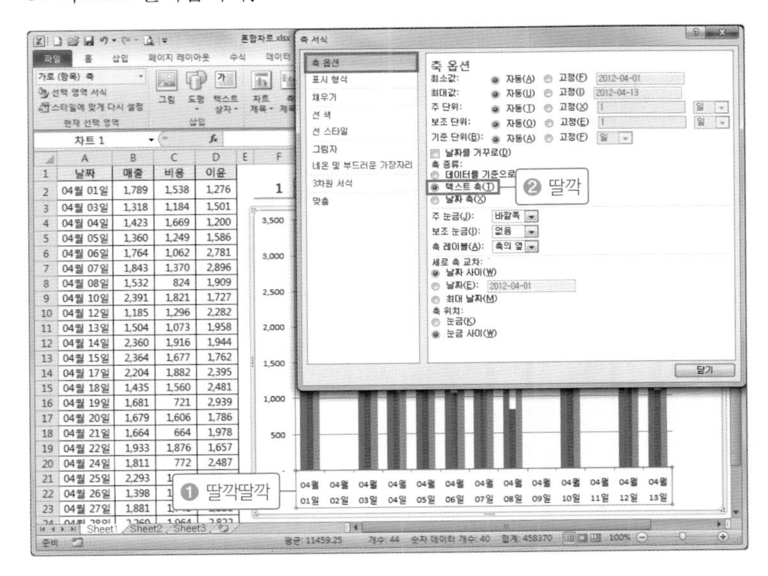

기본적으로 날짜 항목의 경우 축 종류가 '날짜 축'으로 설정되기 때문에 목록 중 건너뛴 날짜까지도 차트의 가로 축에 빈 항목으로 표시됩니다. 차트에서도 날짜를 건너뛰게 하려면 축 종류를 '텍스트 축'으로 설정해야 합니다.

4 ❶ '축 서식' 대화상자에서 '표시 형식'을 선택하고 ❷ '서식 코드'에 'mm/dd'를 입력한 후 ❸ 〈추가〉를 클릭하고 ❹ 〈닫기〉를 누르세요.

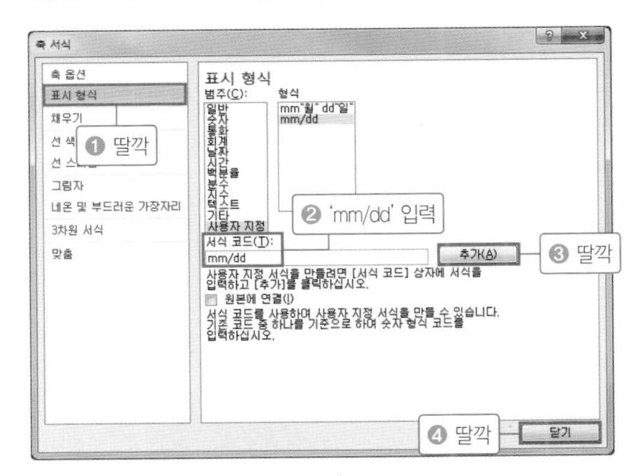

5 [레이아웃] 탭 → '레이블' 그룹 → '범례' → '위쪽에 범례 표시'를 선택합니다.

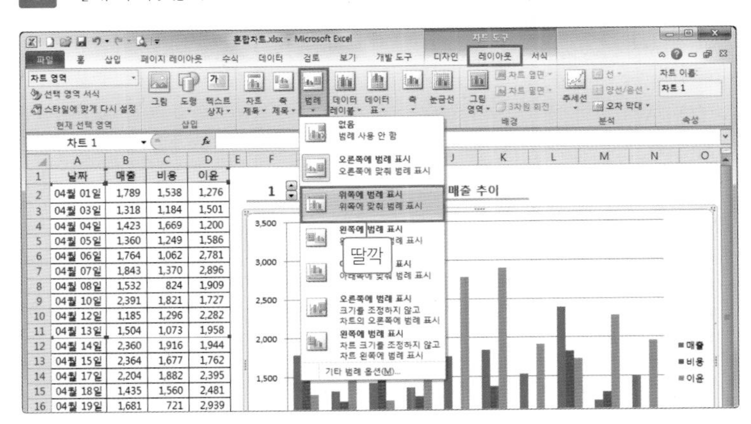

6 ❶ 차트에서 계열 '이윤'(녹색 막대)을 클릭한 후 ❷ [삽입] 탭 → '차트' 그룹 → '영역형' → '2차원 영역형'에서 '영역형'을 클릭합니다.

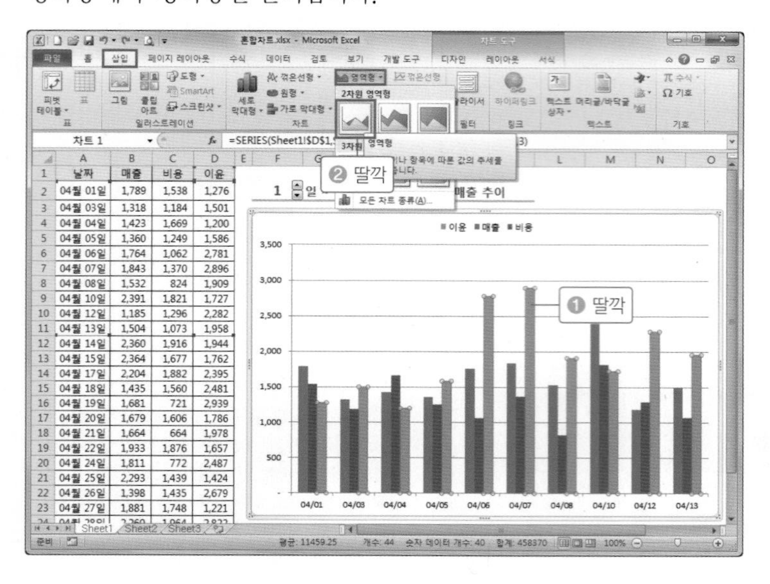

7 ❶ 차트에서 계열 '매출'(파란색 막대)을 클릭한 후 ❷ [삽입] 탭 → '차트' 그룹 → '꺾은선형' → '2차원 꺾은선형'에서 '꺾은선형'을 클릭합니다.

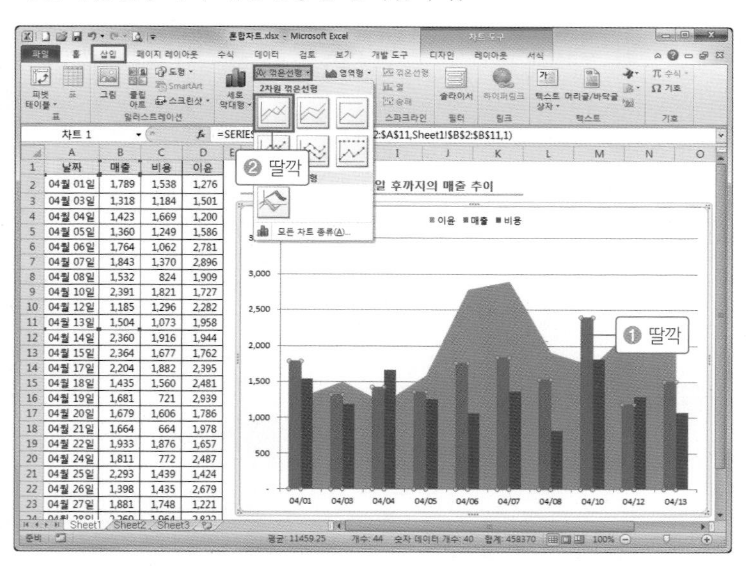

8 ❶ [디자인] 탭 → '데이터' 그룹 → '데이터 선택'을 클릭합니다. ❷ '데이터 원본 선택' 대화상자가 열리면 '범례 항목(계열)'에서 '매출'을 선택하고 ❸ 〈편집〉을 클릭합니다. ❹ '계열 편집' 대화상자가 열리면 '계열 값'의 '$B$2:$B$11'을 '매출'로 수정한 후 ❺ 〈확인〉을 클릭합니다. ❻ '계열 편집' 대화상자로 되돌아오면 다시 '범례 항목(계열)'의 '비용'을 선택하고 ❼ 〈편집〉을 클릭합니다. ❽ '계열 편집' 대화상자가 열리면 '계열 값'의 '$C$2:$C$11'을 '비용'으로 수정한 후 ❾ 〈확인〉을 클릭합니다.

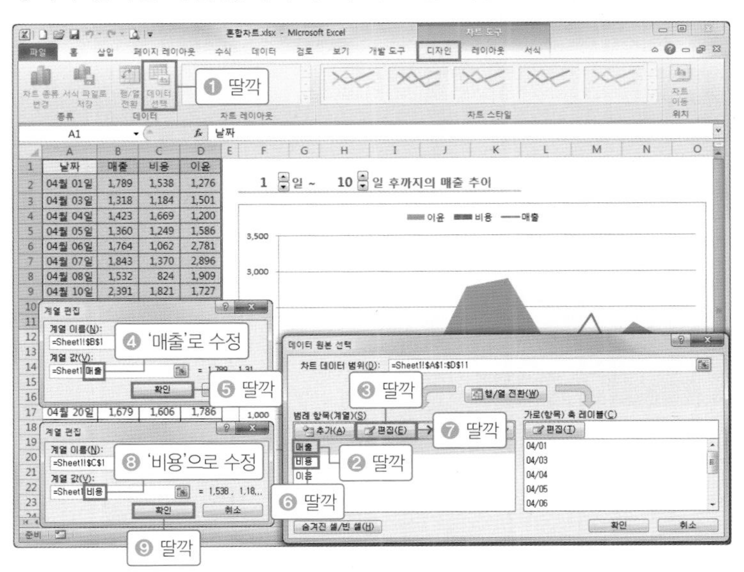

9 ❶ '데이터 원본 선택' 대화상자의 '범례 항목(계열)'에서 '이윤'을 선택하고 ❷ 〈편집〉을 클릭합니다. ❸ '계열 편집' 대화상자가 열리면 '계열 값'의 '$D$2:$D$11'을 '이윤'으로 수정한 후 ❹ 〈확인〉을 클릭합니다. ❺ '데이터 원본 선택' 대화상자에서 '가로(항목) 축 레이블'의 〈편집〉을 클릭하고 ❻ '축 레이블' 대화상자가 열리면 '축 레이블 범위'의 '$A$2:$A$11'을 '날짜'로 수정한 후 ❼ 〈확인〉을 클릭하고 ❽ '데이터 원본 선택' 대화상자로 되돌아오면 〈확인〉을 클릭합니다.

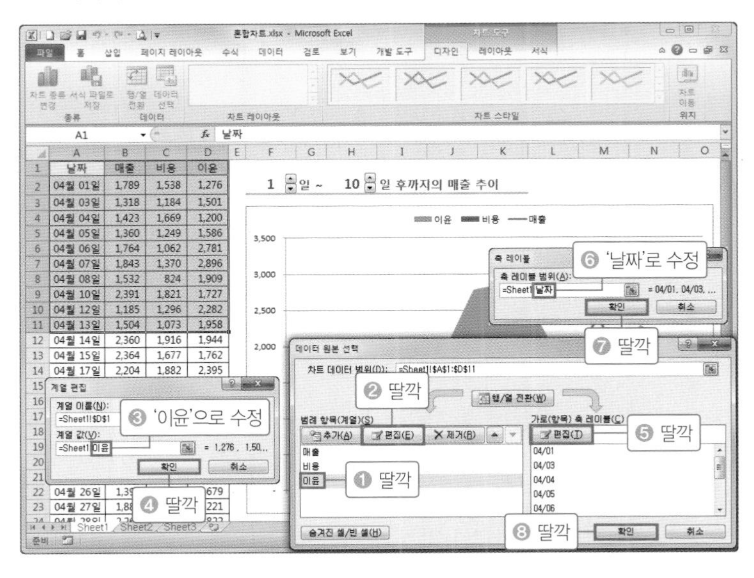

10 ❶ F2셀의 스핀 단추의 위쪽 화살표 단추[▲]를 클릭하여 F2셀의 값을 '7'로 변경하고 ❷ H2셀의 스핀 단추의 위쪽 화살표 단추[▲]를 클릭하여 H2셀의 값을 '12'로 변경합니다. 스핀 단추를 각각 클릭할 때마다 1씩 증가되면서 차트가 변경되는 것을 확인할 수 있습니다.

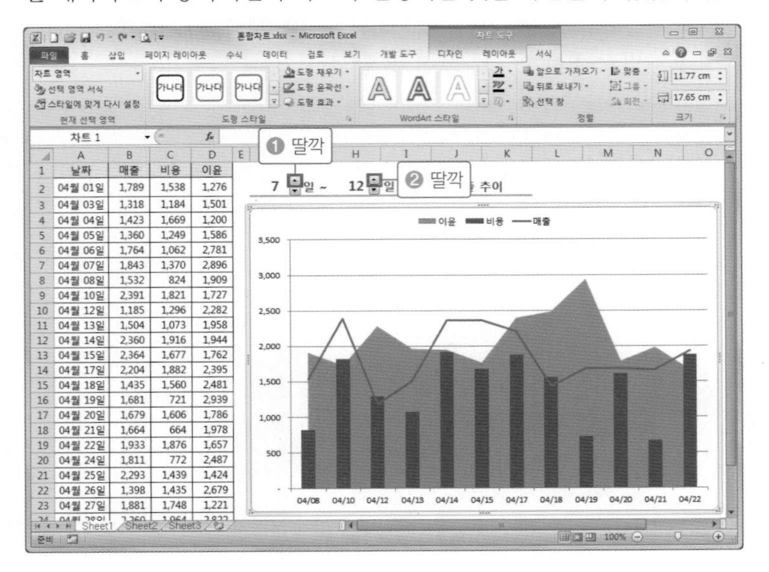

STEP 03 차트 꾸미기

1 ❶ [Sheet1] 시트에서 계열 '비용'(빨간색 막대)을 더블클릭한 후 ❷ '데이터 계열 서식' 대화상자가 열리면 '채우기'에서 ❸ '그림 또는 질감 채우기'를 클릭하고 ❹ 〈클립 아트〉를 클릭합니다. ❺ '그림 선택' 대화상자가 열리면 '텍스트 검색'에 '동전'을 입력하고 Enter↵ 글쇠를 누른 후 ❻ 검색된 항목 중 원하는 그림을 선택하고 ❼ 〈확인〉을 클릭합니다.

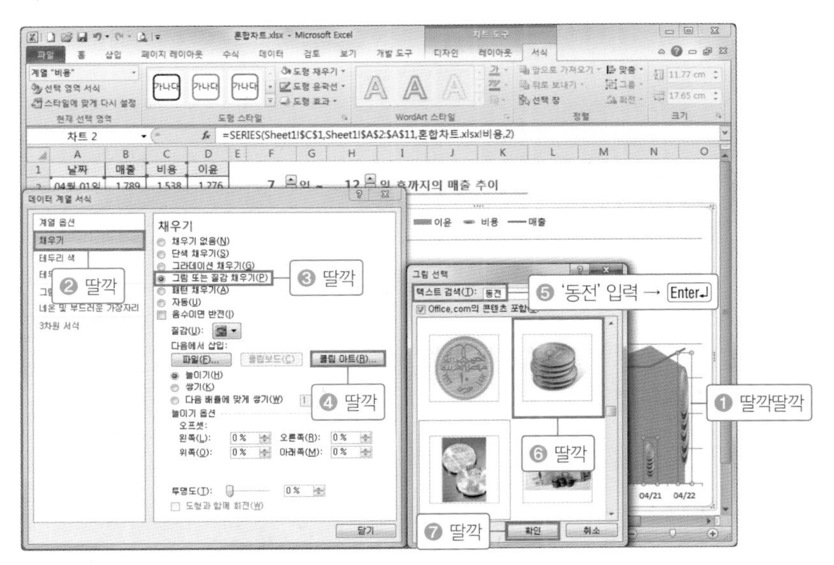

2 '데이터 계열 서식' 대화상자로 되돌아오면 '다음 배율에 맞게 쌓기'를 선택하고 단위에 '300'을 입력합니다.

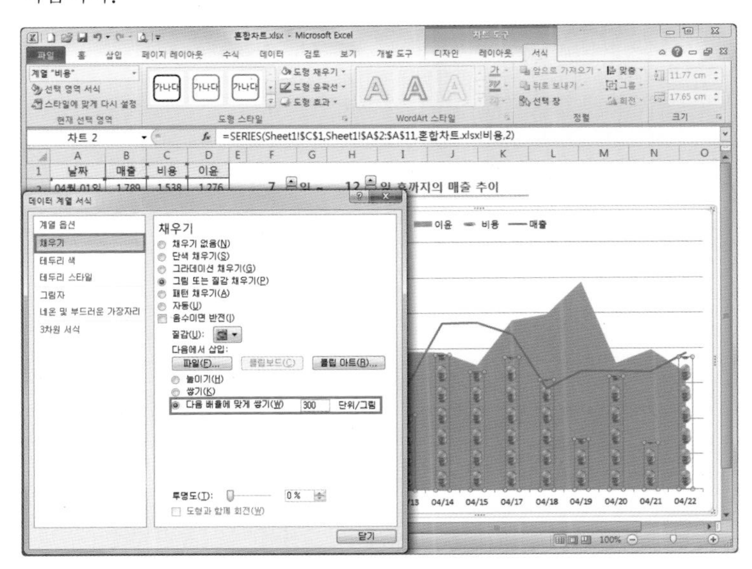

3 ❶ '데이터 계열 서식' 대화상자에서 '계열 옵션'을 클릭하고 ❷ '간격 너비'를 '30%'로 지정합니다.

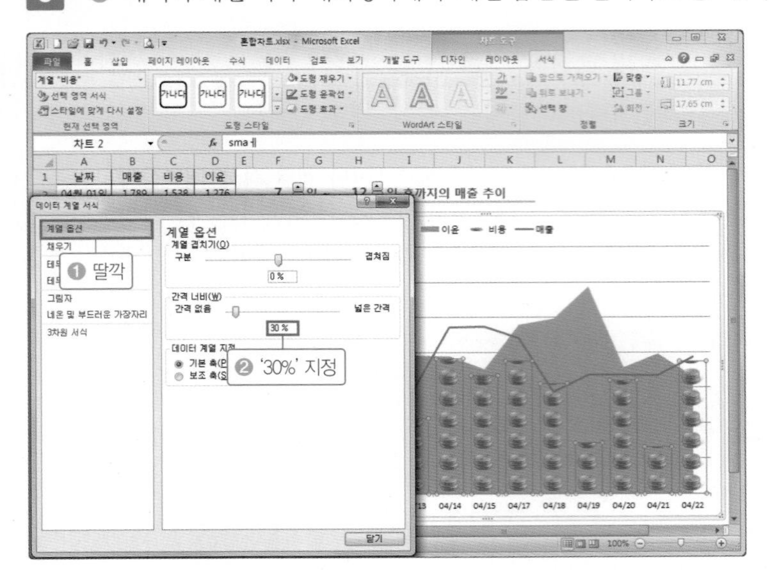

4 '데이터 계열 서식' 대화상자가 열려있는 상태에서 ❶ 계열 '매출'(파란색 꺾은선)을 클릭한 후 ❷ '데이터 계열 서식' 대화상자에서 '선 스타일'을 클릭하고 ❸ '너비'를 '6pt'로 지정합니다.

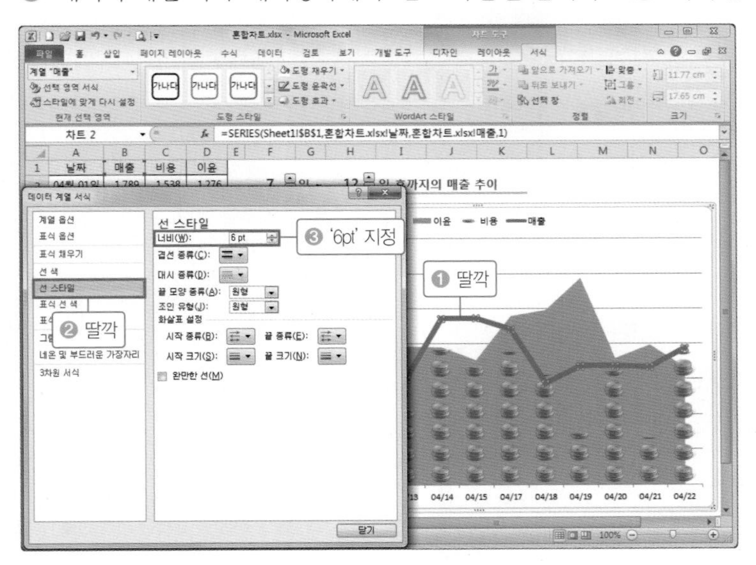

5 '데이터 계열 서식' 대화상자가 열려있는 상태에서 ❶ 가로(항목) 축을 클릭한 후 ❷ '축 서식' 대화상자에서 '축 옵션'을 클릭하고 ❸ '축 위치'의 '눈금'을 선택합니다.

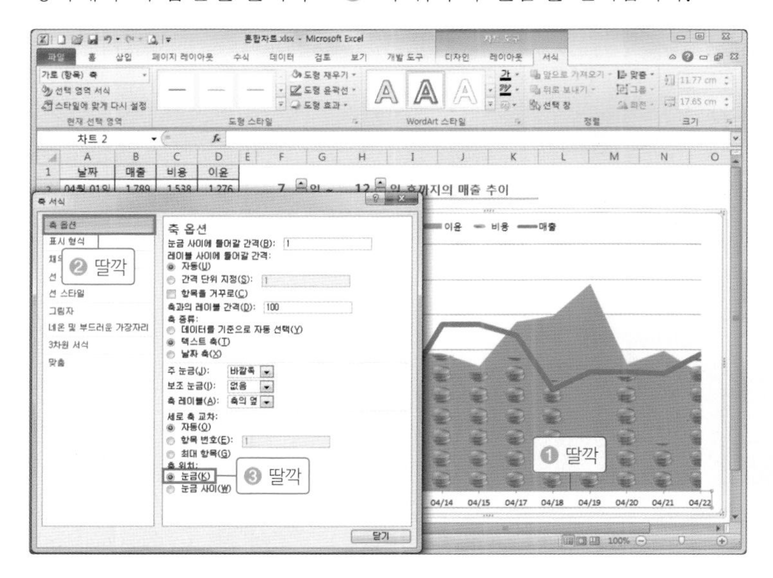

가로(항목) 축 위치를 '눈금'으로 선택하면 그림 영역의 왼쪽, 오른쪽 끝에 데이터 계열이 꽉 채워집니다.

6 '축 서식' 대화상자가 열려있는 상태에서 ❶ 차트 영역을 클릭한 후 ❷ '차트 영역 서식' 대화상자의 '테두리 스타일'을 클릭합니다. ❸ '너비'를 '2pt'로 지정하고 ❹ '둥근 모서리'에 ✔ 표시한 후 ❺ 〈닫기〉를 클릭합니다.

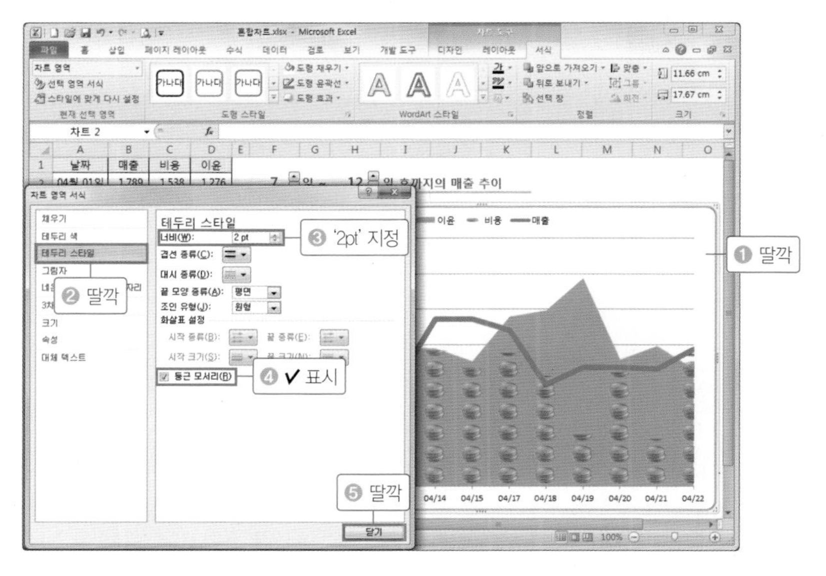

7 ❶ 계열 '이윤'(녹색 영역)을 클릭하고 ❷ [서식] 탭→ '도형 스타일' 그룹 → '도형 효과' → '기본 설정' → '미리 설정'에서 '기본 설정 2'를 클릭합니다.

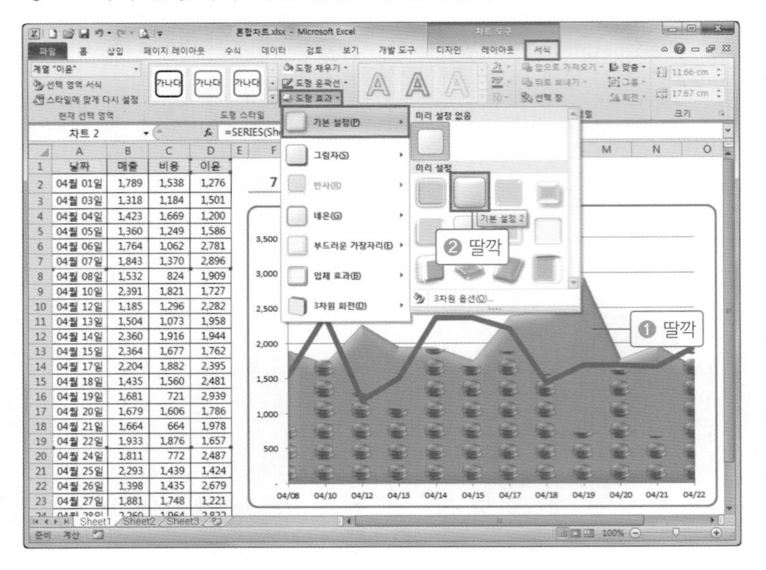

8 ❶ 그림 영역을 클릭한 후 ❷ [서식] 탭 → '도형 스타일' 그룹 → '도형 채우기' → '그림'을 선택합니다. ❸ '그림 삽입' 대화상자가 열리면 부록 CD의 '현장실습03' 폴더의 'sky.jpg' 파일을 선택한 후 ❹ 〈삽입〉을 클릭합니다.

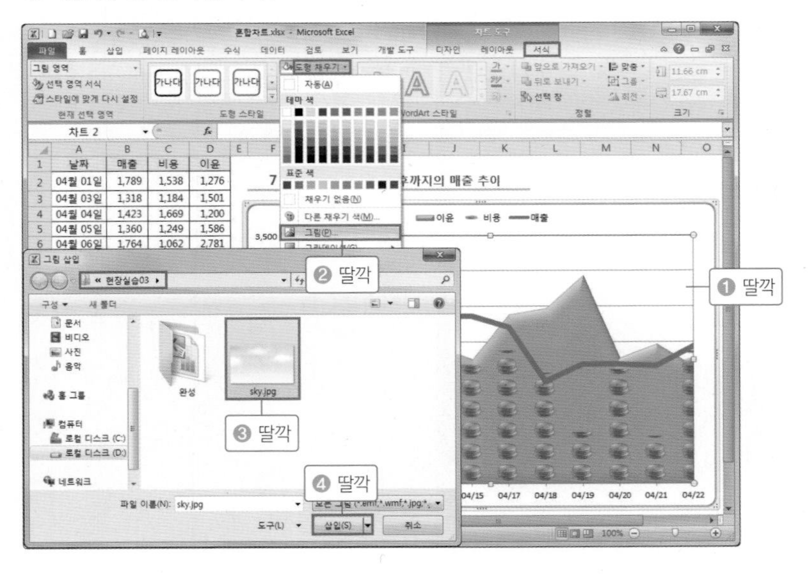

9 ❶ 세로(값) 축의 주 눈금선을 클릭한 후 ❷ Delete 글쇠를 눌러 삭제합니다.

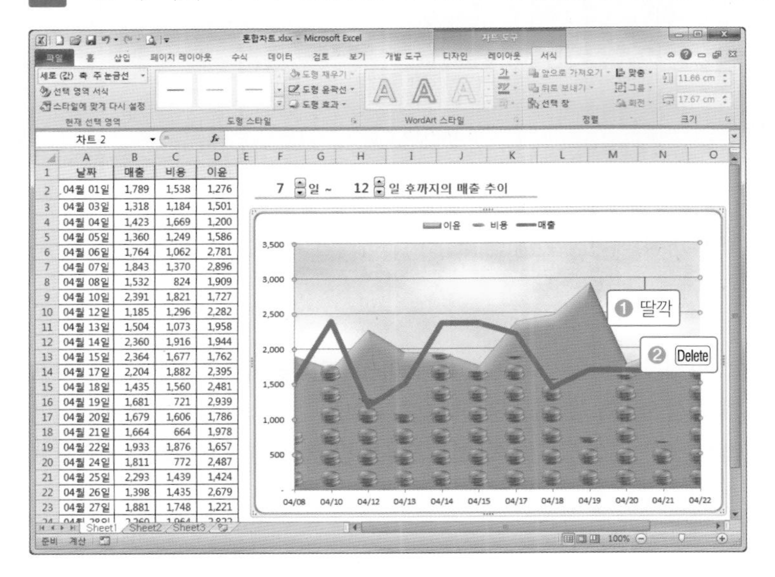

10 ❶ F2셀의 스핀 단추의 위쪽 화살표 단추▲를 클릭하여 F2셀의 값을 '12'로 변경하고 ❷ H2셀의 스핀 단추의 아래쪽 화살표 단추▼를 클릭하여 H2셀의 값을 '10'으로 변경하여 차트 구성 요소의 변화를 확인합니다.

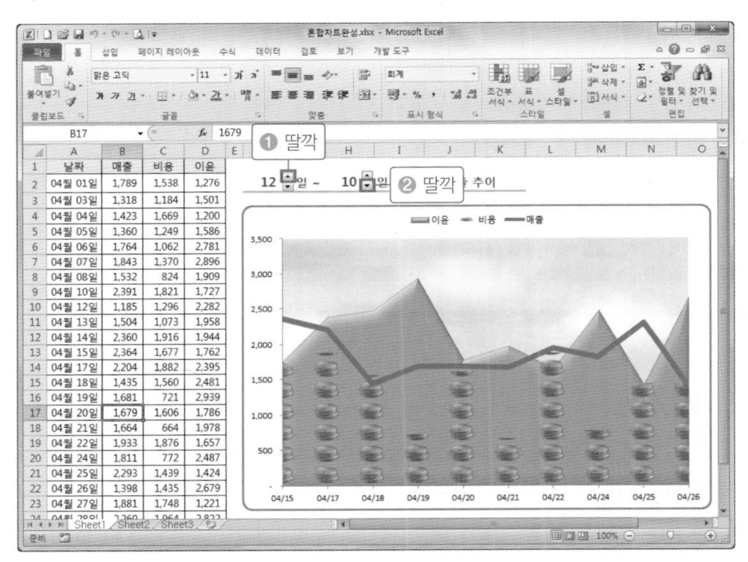

03 비교 데이터를 선택하는 대칭 차트 만들기

| 예제 파일 | 현장실습03\매출비교표.xlsx **| 완성 파일 |** 현장실습03\완성\매출비교표완성.xlsx

지역별 대리점 매출 실적을 집계하여 경쟁 대리점 판매 금액을 비교하려면 항목별로 좌우 대칭되는 차트를 사용하여 데이터를 나타내는 것이 좋습니다.

하지만 엑셀에서는 좌우 대칭 차트를 제공하지 않기 때문에 ❶ **데이터의 일부를 음수**로 만든 후 ❷ **누적 가로 막대형 차트를 먼저 작성**하고 ❸ **구성 요소와 서식을 변경하여 대칭 차트**를 만들어야 합니다. 또한 지역별 대리점을 선택하여 경쟁 대리점을 선택할 수 있도록 ❹ **옵션 단추를 만들어 해당 데이터와 연결**해 보겠습니다.

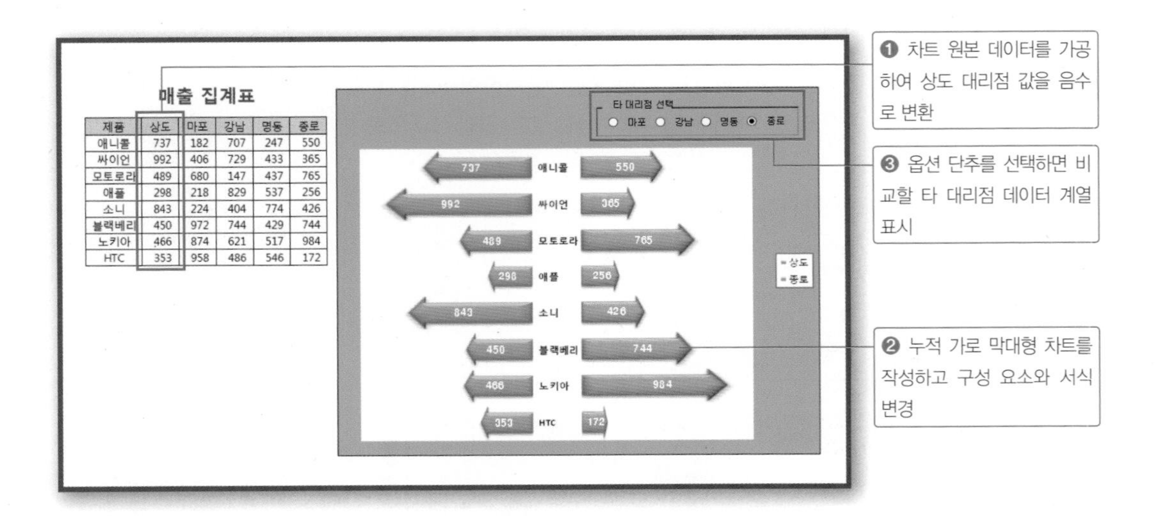

매출 집계표

제품	상도	마포	강남	명동	종로
애니콜	737	182	707	247	550
싸이언	992	406	729	433	365
모토로라	489	680	147	437	765
애플	298	218	829	537	256
소니	843	224	404	774	426
블랙베리	450	972	744	429	744
노키아	466	874	621	517	984
HTC	353	958	486	546	172

Step 01 차트의 원본 데이터 가공하기

① 원본 데이터 아래에 상도 대리점 데이터를 복사하고 타 대리점 선택 옵션 단추를 삽입한 후 컨트롤 서식을 지정하고 선택 값이 A14셀에 연결되도록 설정합니다.

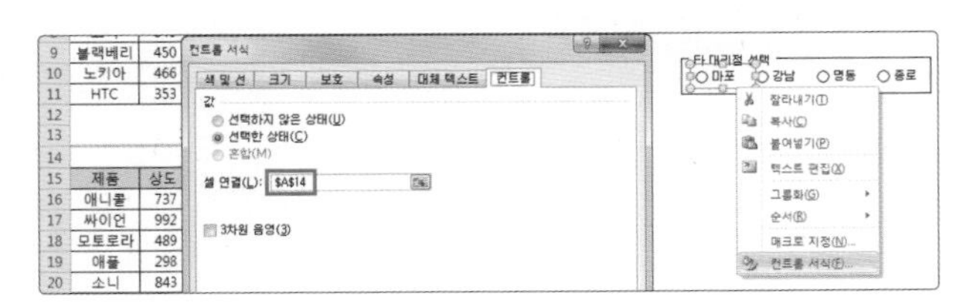

② CHOOSE 함수를 사용하여 타 대리점 선택에서 선택한 대리점 데이터를 추출하도록 수식을 입력합니다.

③ 선택하여 붙여넣기를 사용하여 상도 대리점의 데이터를 음수로 만듭니다.

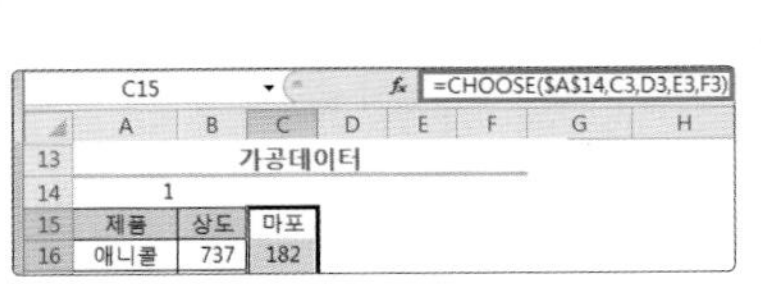

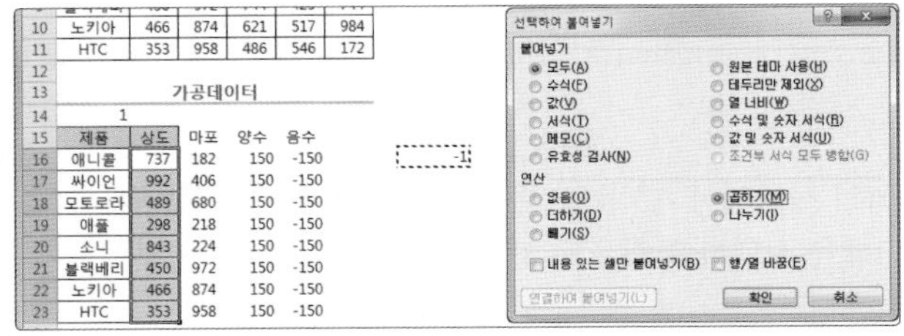

Step 02 좌우 대칭 차트 만들기

① 가공 데이터 범위를 사용하여 누적 가로 막대형 차트를 작성한 후 양수, 음수 항목을 막대의 가운데 부분으로 이동시키기 위해 데이터 원본 선택 범례 항목에서 위로 이동합니다.

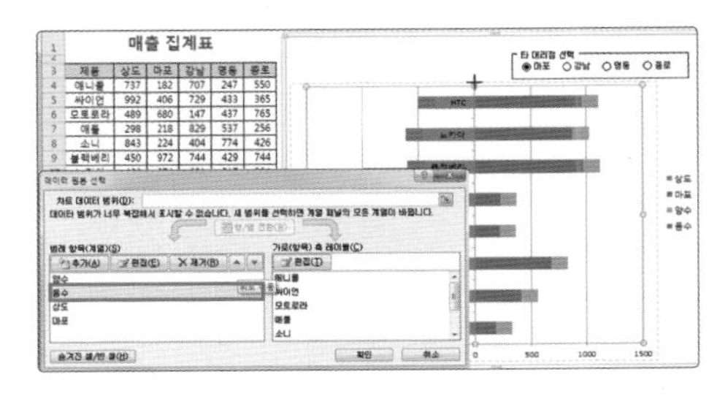

② 양수, 음수 계열의 채우기 색을 없애고 가운데 부분에 제품명이 들어갈 자리를 만든 후 데이터 계열의 간격 너비를 붙입니다. 막대에 데이터 레이블을 표시하고, 표시 형식을 지정하여 음수라도 마이너스 부호가 표시되지 않게 합니다.

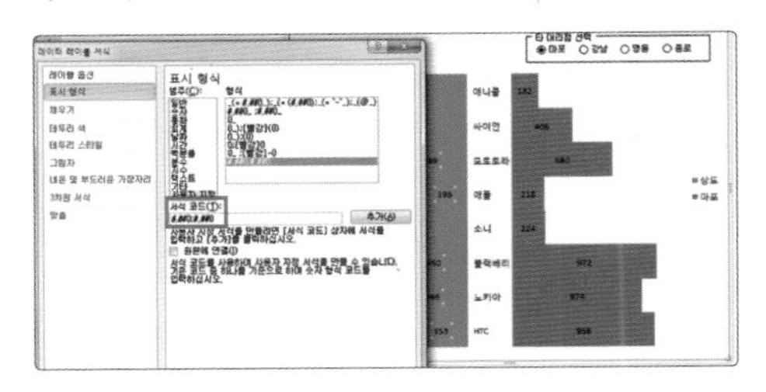

Step 03 도형으로 데이터 계열 꾸미기

① 화살표 도형을 삽입한 후 서식을 지정하고 복사합니다. 데이터 계열을 선택하고 붙여넣기하는 방식으로 데이터 계열을 도형으로 만듭니다.

② 데이터 계열 늘이기 값을 지정하고 그림 영역과 차트 영역의 채우기 색상을 지정합니다.

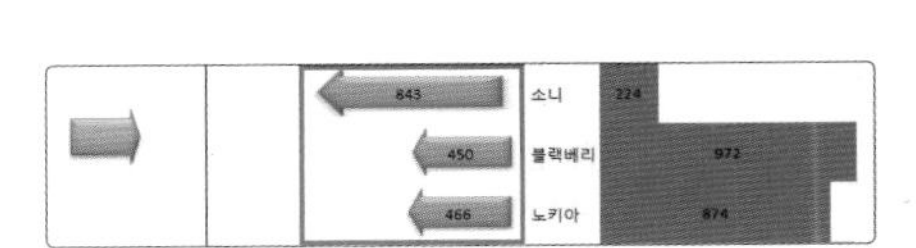

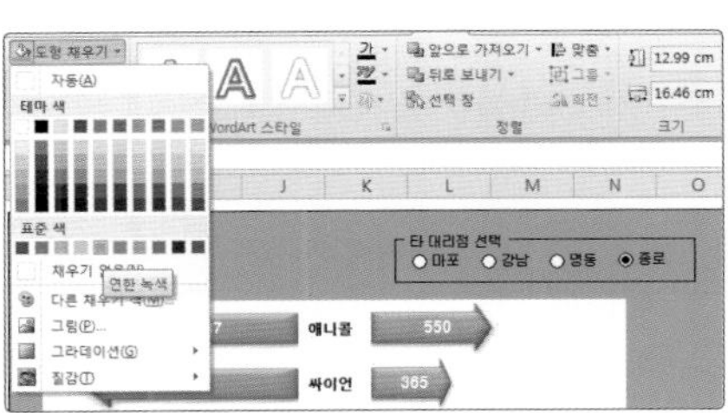

STEP 01 차트의 원본 데이터 가공하기

1 ❶ [Sheet1] 시트에서 A3:B11 범위를 지정한 후 ❷ [홈] 탭 → '클립보드' 그룹 → '복사'를 클릭합니다. ❸ A15셀을 선택하고 ❹ [홈] 탭 → '클립보드' 그룹 → '붙여넣기'를 클릭합니다.

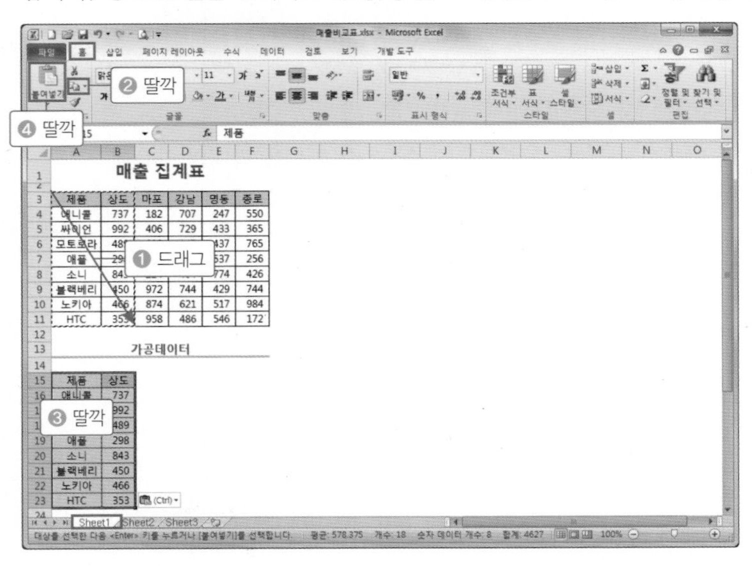

2 ❶ [개발 도구] 탭 → '컨트롤' 그룹 → '삽입' → '양식 컨트롤'에서 '옵션 단추(양식 컨트롤)'를 클릭합니다. ❷ L3셀의 위치에 드래그하여 옵션 단추를 삽입한 후 ❸ 옵션 단추 상자 안을 클릭해 텍스트를 '마포'로 수정합니다.

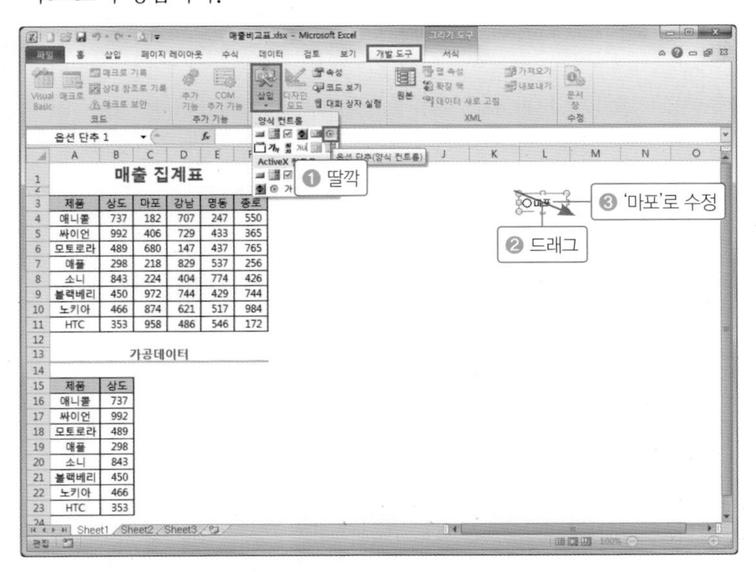

텍스트를 수정하기 전에 셀을 먼저 선택하여 옵션 단추 선택이 해제된 경우, 옵션 단추를 마우스 오른쪽 단추로 클릭한 후 바로 가기 메뉴에서 '텍스트 편집'을 선택합니다.

3 ❶ 옵션 단추를 선택한 상태에서 도형 복제 단축 글쇠 Ctrl+D를 3번 눌러 3개의 옵션 단추를 만들고 ❷ 마지막에 복제된 옵션 단추를 화면의 오른쪽 위로 드래그하여 위치를 이동합니다.

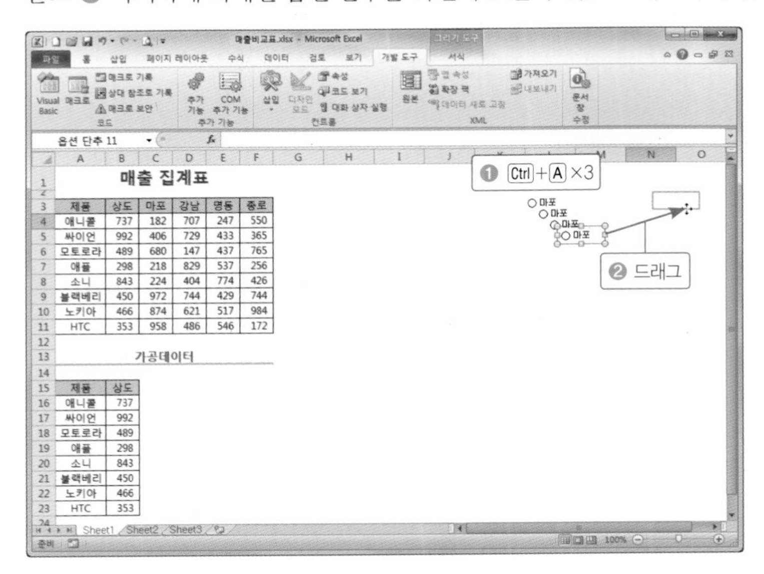

옵션 단추가 잘 선택되지 않을 때는 먼저 하나의 셀을 클릭하여 옵션 단추 선택을 해제한 후 Ctrl 글쇠를 누른 상태에서 옵션 단추를 선택하세요.

4 ❶ Ctrl 글쇠를 누른 상태에서 4개의 옵션 단추를 모두 선택하고 ❷ [서식] 탭 → '정렬' 그룹 → '맞춤' → '위쪽 맞춤'을 클릭한 후 ❸ [서식] 탭 → '정렬' 그룹 → '맞춤' → '가로 간격을 동일하게'를 클릭합니다.

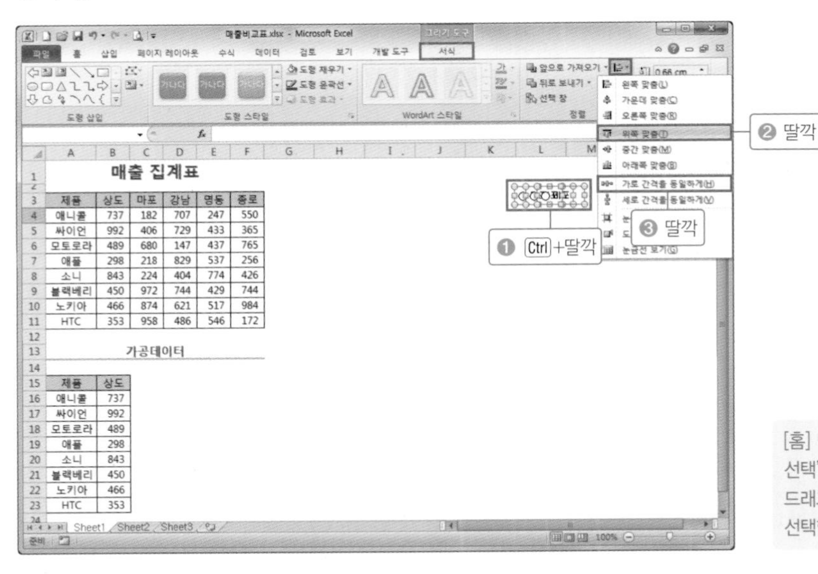

[홈] 탭 → '편집' 그룹 → '찾기 및 선택' → '개체 선택'을 클릭한 후 옵션 단추의 바깥쪽 위치에서 드래그하여 범위를 지정하면 개체들을 한꺼번에 선택할 수 있습니다.

5 ❶ 두 번째 옵션 단추부터 네 번째 옵션 단추까지 각각의 옵션 단추를 선택하고 마우스 오른쪽 단추를 클릭한 후 ❷ 바로 가기 메뉴에서 '텍스트 편집'을 선택하고 ❸ '강남', '명동', '종로'로 각각 수정합니다.

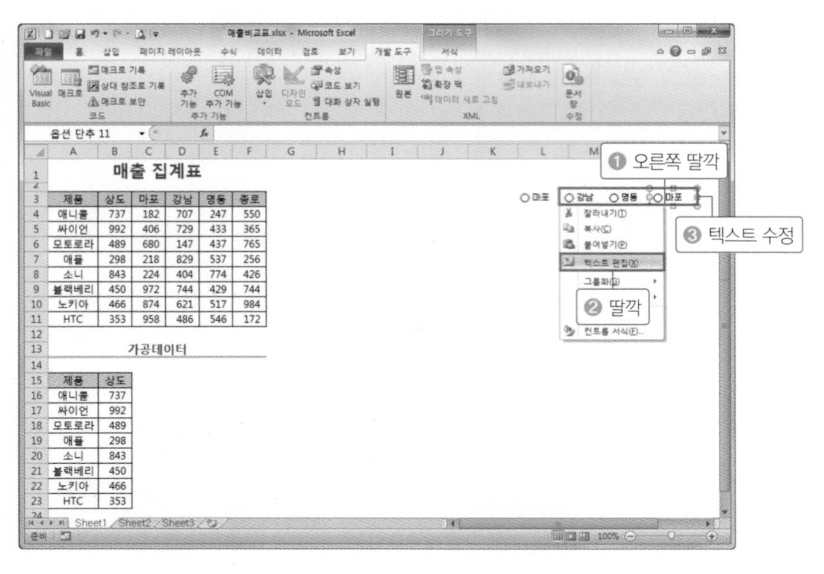

6 ❶ [개발 도구] 탭 → '컨트롤' 그룹 → '삽입' → '양식 컨트롤'에서 '그룹 상자(양식 컨트롤)'를 클릭하고 ❷ 옵션 단추를 모두 포함할 수 있는 크기로 드래그하여 그룹 상자를 작성한 후 ❸ '타 대리점 선택'으로 텍스트를 수정합니다.

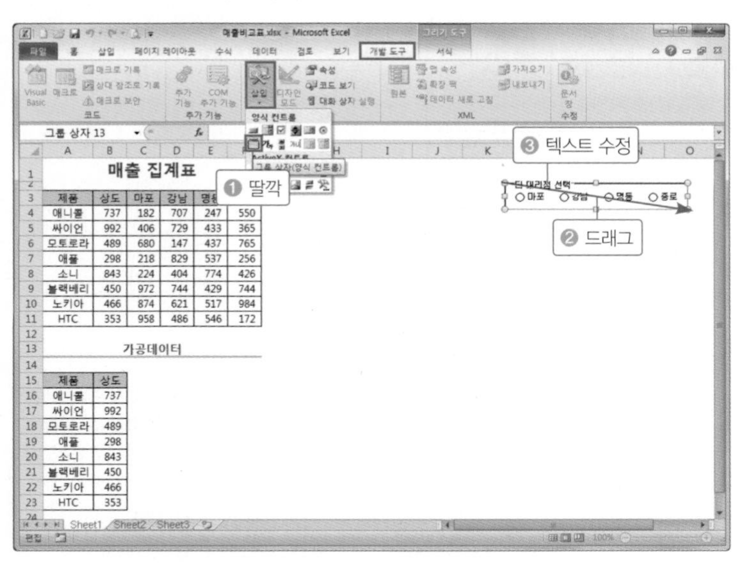

7 ❶ '마포' 옵션 단추에서 마우스 오른쪽 단추를 클릭한 후 ❷ 바로 가기 메뉴에서 '컨트롤 서식'을 선택합니다. ❸ '컨트롤 서식' 대화상자가 열리면 [컨트롤] 탭에서 '셀 연결'에 '$A$14'를 입력하고 ❹ 〈확인〉을 클릭합니다.

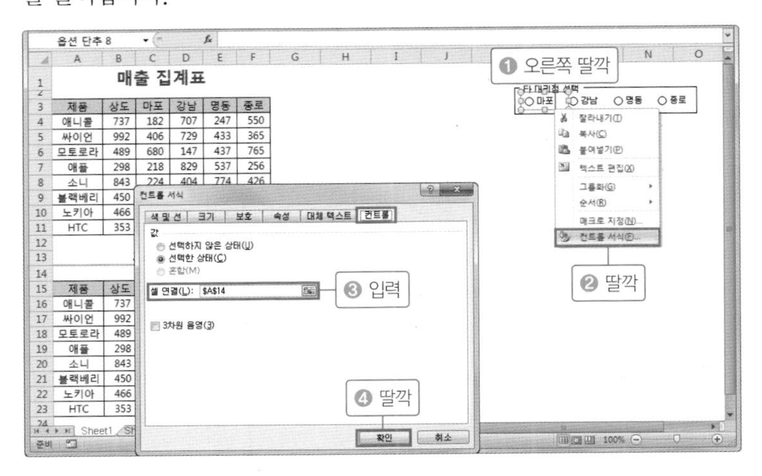

하나의 옵션 단추에 컨트롤 서식으로 연결 셀을 설정하면 나머지 옵션 단추에도 같은 셀이 연결됩니다. 옵션 단추가 작성된 순서대로 첫 번째 옵션 단추는 '1', 두 번째 옵션 단추는 '2'와 같이 해당 셀의 번호가 입력됩니다.

8 ❶ C15셀에 '=CHOOSE($A$14,C3,D3,E3,F3)'을 입력하고 Enter 글쇠를 누릅니다. ❷ 다시 C15셀을 선택하고 ❸ C15셀의 자동 채우기 핸들(+)을 더블클릭하여 함수식을 복사합니다.

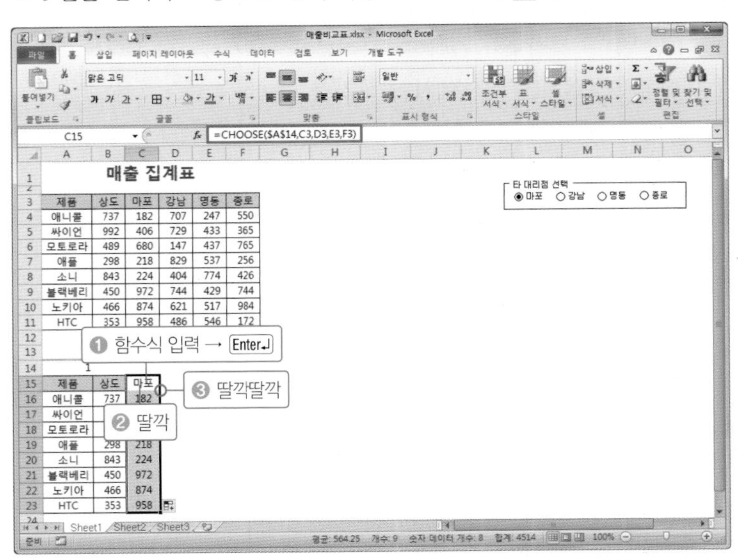

잠깐만요 CHOOSE 함수 제대로 알기

CHOOSE 함수는 지정된 값의 순번에 따라 목록을 가져오는 함수인데, 목록으로 254개까지 지정할 수 있습니다. CHOOSE 함수의 구문은 =CHOOSE(순번,첫 번째 값,두 번째 값,…,n번째 값)과 같습니다.

- 순번 : $A$14 – 옵션 단추를 선택했을 때 입력된 값입니다. 마포는 1, 강남은 2, 명동은 3, 종로는 4가 입력됩니다.
- 첫 번째 값 : C3 – 순번이 1일 때 지정할 값입니다. 순번이 1이면 마포이므로 C3셀을 지정합니다.
- 두 번째 값 : D3 – 순번이 2일 때 지정할 값입니다. 순번이 2이면 강남이므로 D3셀을 지정합니다.
- 세 번째 값 : E3 – 순번이 3일 때 지정할 값입니다. 순번이 3이면 명동이므로 E3셀을 지정합니다.
- 네 번째 값 : F3 – 순번이 4일 때 지정할 값입니다. 순번이 4이면 종로이므로 F3셀을 지정합니다.

9 ❶ D15셀에는 '양수'를, E15셀에는 '음수'를 입력하고 D16셀에 '150'을, E16셀에는 '−150'을 입력합니다. ❷ D16:E16 범위를 지정하고 ❸ E16셀의 자동 채우기 핸들[+]을 더블클릭합니다.

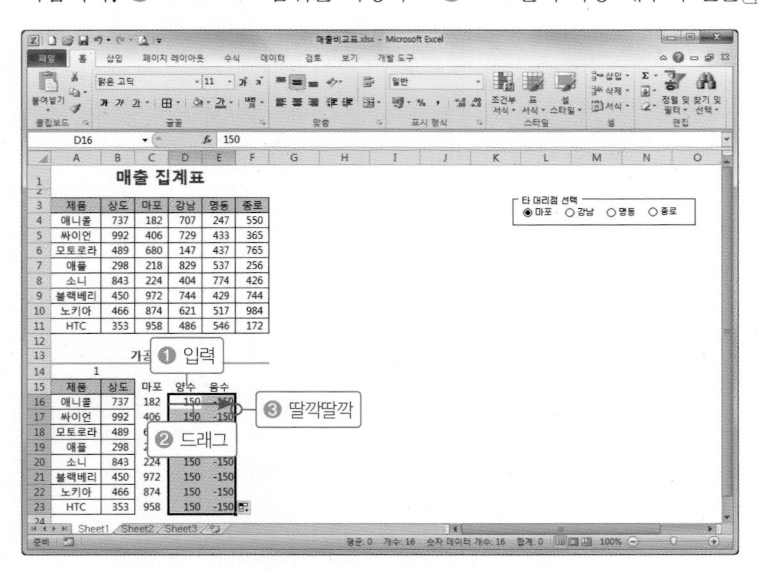

10 ❶ H16셀에 '−1'을 입력한 후 ❷ H16셀을 선택하고 ❸ [홈] 탭 → '클립보드' 그룹 → '복사'를 클릭합니다. ❹ B16:B23 범위를 지정한 후 ❺ [홈] 탭 → '클립보드' 그룹 → '붙여넣기' → '선택하여 붙여넣기'를 클릭합니다. ❻ '선택하여 붙여넣기' 대화상자가 열리면 '연산'에서 '곱하기'를 선택하고 ❼ 〈확인〉을 클릭합니다.

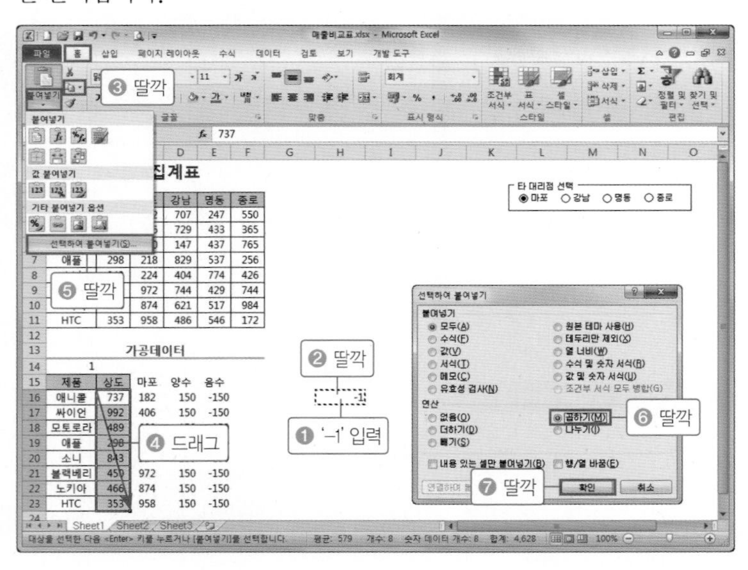

STEP 02 좌우 대칭 차트 만들기

1 ❶ [Sheet1] 시트에서 A15:E23 범위를 지정한 후 ❷ [삽입] 탭 → '차트' 그룹 → '가로 막대형' → '2차원 가로 막대형'에서 '누적 가로 막대형'을 클릭합니다.

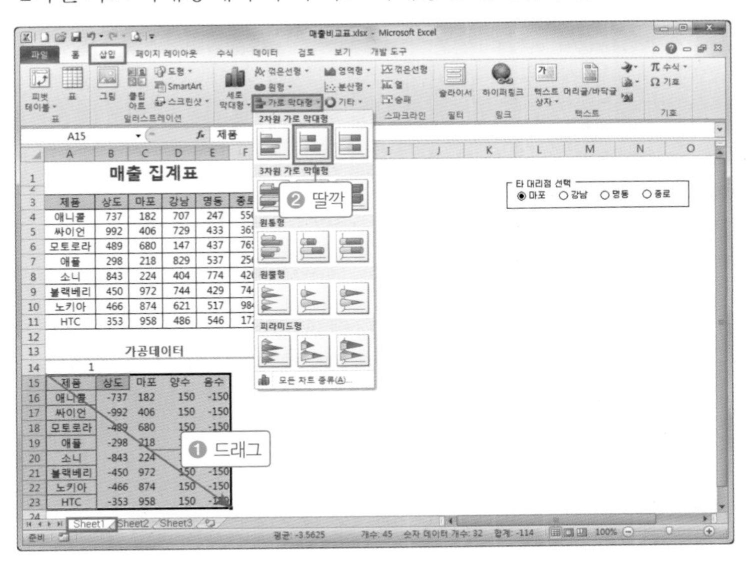

2 ❶ 삽입한 차트 영역을 화면의 오른쪽 위로 드래그하여 위치를 옮긴 후 ❷ 차트 영역에서 오른쪽 아래의 크기 조절점을 드래그하여 적당한 크기로 키웁니다. ❸ 차트 영역을 마우스 오른쪽 단추로 클릭한 후 ❹ 바로 가기 메뉴에서 '맨 뒤로 보내기'를 선택합니다.

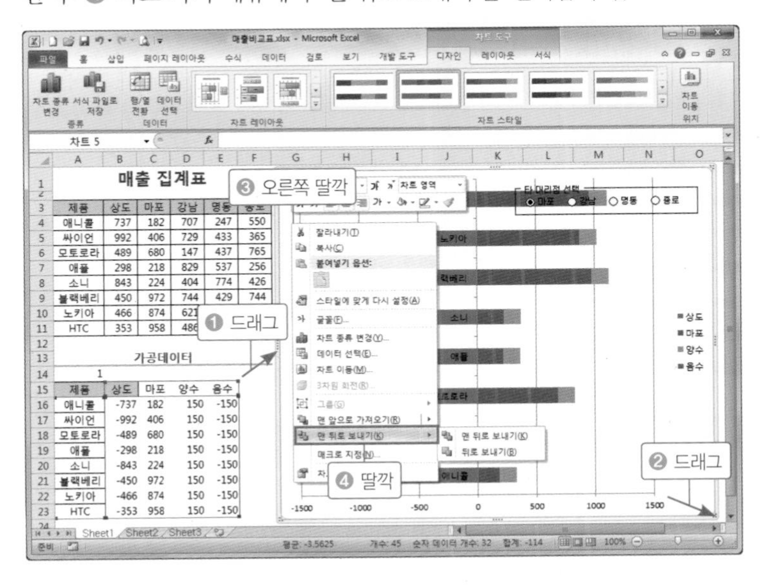

음수로 입력된 데이터 계열은 왼쪽에, 양수로 입력된 데이터 계열은 오른쪽에 표시됩니다.

3 ❶ 차트의 그림 영역을 클릭한 후 ❷ 위쪽 크기 조절점을 아래쪽으로 드래그하여 크기를 조절하고 ❸ [디자인] 탭 → '데이터' 그룹 → '데이터 선택'을 클릭합니다. ❹ '데이터 원본 선택' 대화상자가 열리면 '범례 항목(계열)'에서 '양수'를 선택하고 ❺ [▲]를 두 번 클릭합니다. ❻ '음수'를 선택하고 ❼ [▲]를 두 번 클릭한 후 ❽ 〈확인〉을 클릭합니다.

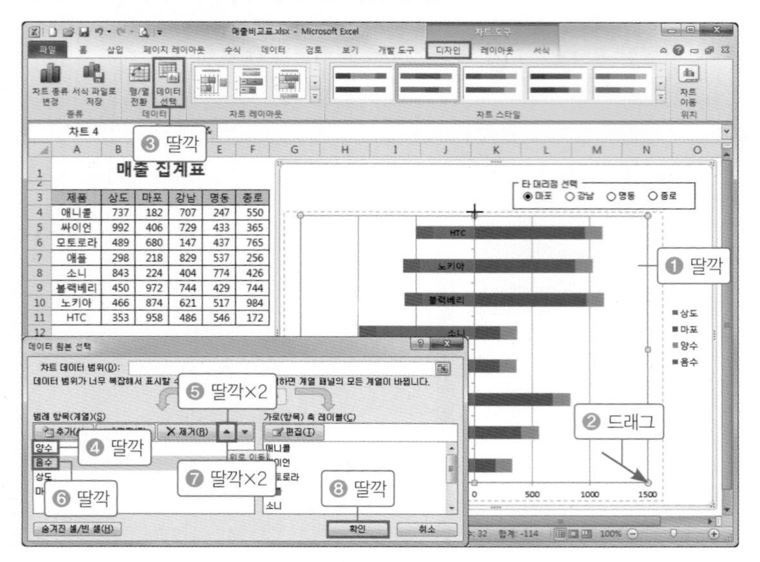

데이터 계열 '양수'와 '음수'에는 데이터 레이블을 표시하여 항목 축 대신 사용하므로 항목 축과 가깝게 위치를 이동해야 합니다. 범례 항목(계열) 목록에서 위쪽에 있을수록 축과 가까워집니다.

4 ❶ 차트에서 '음수' 계열을 클릭하고 ❷ [서식] 탭 → '도형 스타일' 그룹 → '도형 채우기' → '채우기 없음'을 선택합니다. ❸ 차트에서 '양수' 계열을 클릭하고 ❹ [서식] 탭 → '도형 채우기' 그룹 → '도형 채우기' → '채우기 없음'을 선택합니다.

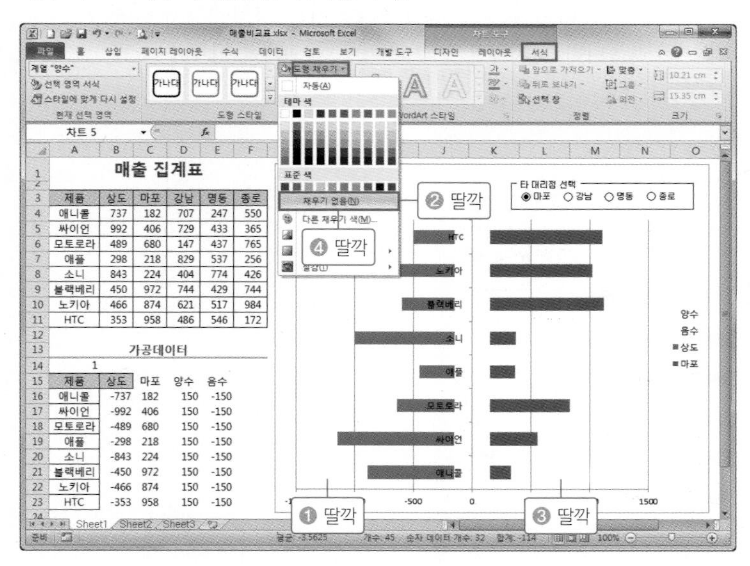

차트에서 직접 '음수' 계열과 '양수' 계열을 선택하기 어려우면 [서식] 탭 → '현재 선택 영역' 그룹 → '차트 요소' 목록에서 선택하세요.

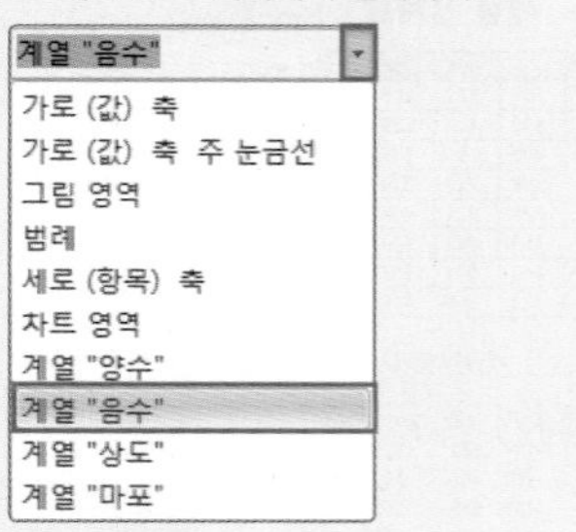

5 세로(항목) 축의 제품 목록을 표에 있는 제품 목록 순서와 같게 하기 위해 ❶ 세로(항목) 축을 더블클릭합니다. ❷ '축 서식' 대화상자가 열리면 '축 옵션'에서 '항목을 거꾸로'에 ✔ 표시하고 ❸ '축 레이블'은 '없음'으로 선택합니다.

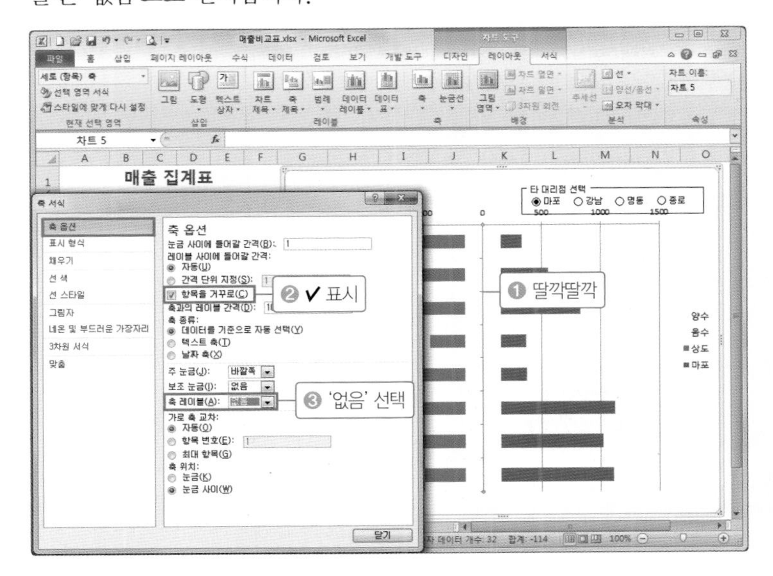

세로(항목) 축을 선택하기 힘들면 [서식] 탭 → '현재 선택 영역' 그룹 → '차트 요소' 목록에서 선택한 후 [서식] 탭 → '현재 선택 영역' → '선택 영역 서식'을 클릭하세요.

6 ❶ '축 서식' 대화상자가 열려있는 상태에서 차트의 가로(값) 축을 선택하고 ❷ '축 옵션'에서 '최소값'을 '고정'으로 선택한 후 '-1200'을 입력합니다. ❸ '최대값'을 '고정'으로 선택하고 '1200'을 입력합니다.

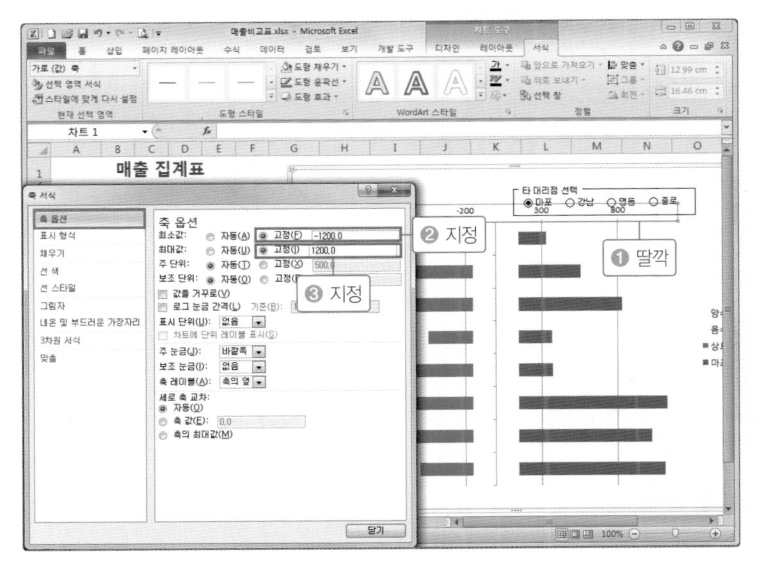

7 ❶ '축 서식' 대화상자가 열려있는 상태에서 차트의 계열 '상도'를 선택합니다. ❷ '데이터 계열 서식' 대화상자의 '계열 옵션'에서 '간격 너비'를 '0%'로 지정하고 ❸ 〈닫기〉를 클릭합니다.

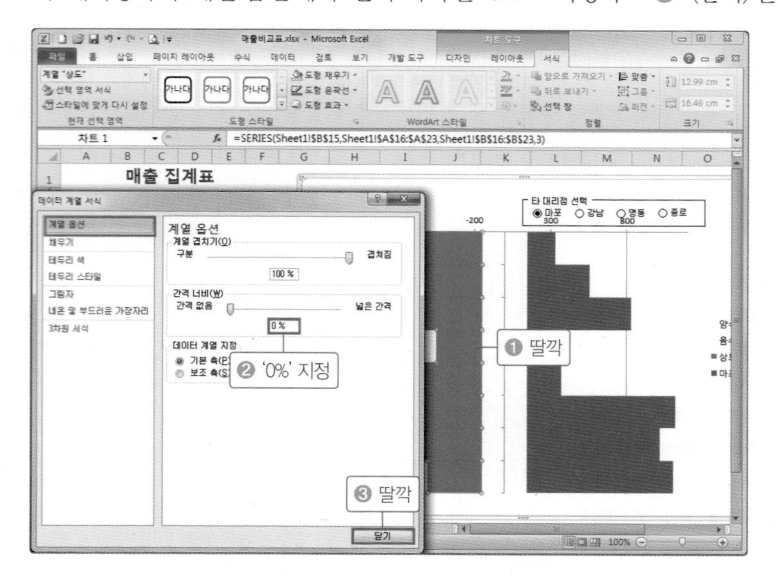

8 ❶ [레이아웃] 탭 → '축' 그룹 → '축' → '기본 가로 축' → '없음'을 선택하고 ❷ [레이아웃] 탭 → '축' 그룹 → '축' → '기본 세로 축' → '없음'도 선택합니다.

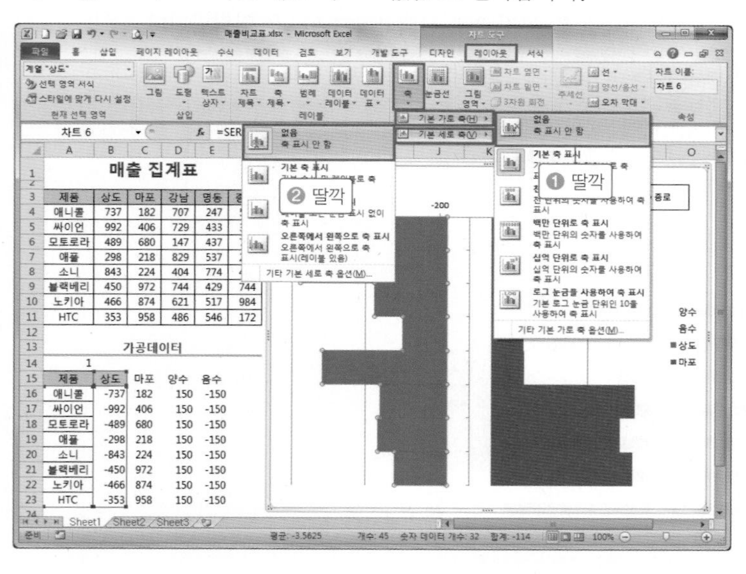

9 [레이아웃] 탭 → '축' 그룹 → '눈금선' → '기본 세로 눈금선' → '없음'을 선택합니다.

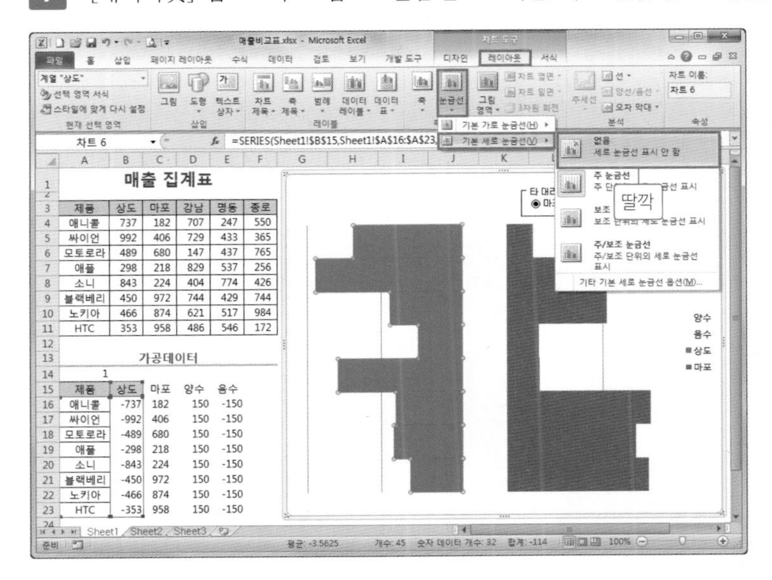

10 ❶ 차트에서 '음수' 계열을 선택하고 ❷ [레이아웃] 탭 → '레이블' 그룹 → '데이터 레이블' → '기타 데이터 레이블 옵션'을 선택합니다. ❸ '데이터 레이블 서식' 대화상자가 열리면 '레이블 옵션'에서 '레이블 내용'의 '항목 이름'에 ✔ 표시한 후 ❹ '레이블 위치'는 '축에 가깝게'로 선택하고 ❺ 〈닫기〉를 클릭합니다. ❻ 차트의 범례 항목 중 '양수', '음수'를 각각 클릭하고 Delete 글쇠를 눌러 삭제합니다.

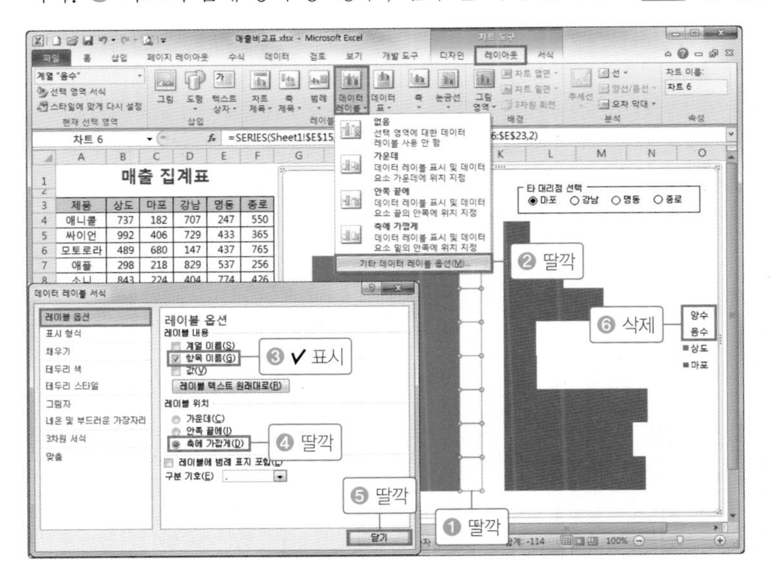

11 ❶ 차트에서 '상도' 계열을 선택하고 ❷ [레이아웃] 탭 → '레이블' 그룹 → '데이터 레이블'→ '가운데'를 선택합니다. ❸ 차트에서 '마포' 계열을 선택하고 ❹ [레이아웃] 탭 → '레이블' 그룹 → '데이터 레이블' → '가운데'를 선택합니다.

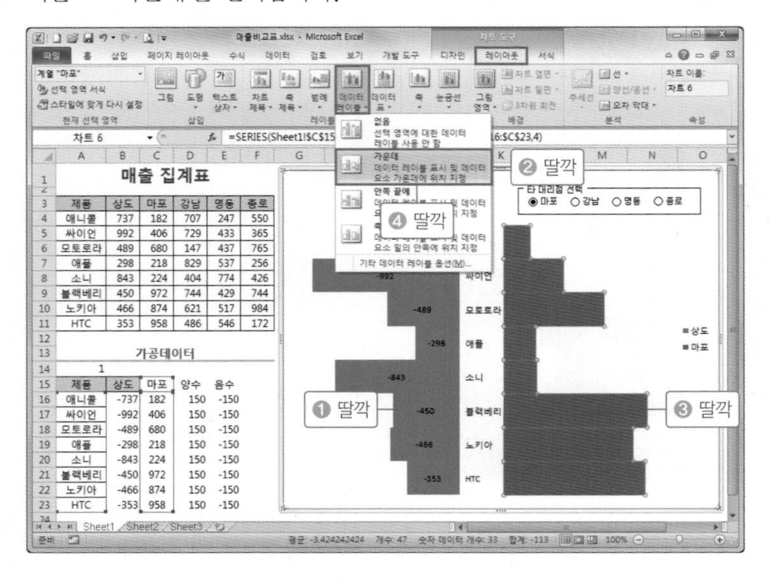

12 '상도' 데이터 계열에 음수로 표시된 데이터 레이블을 양수 형식으로 표시하기 위해 ❶ 차트에서 '상도' 계열의 데이터 레이블을 더블클릭합니다. ❷ '데이터 레이블 서식' 대화상자가 열리면 '표시 형식'에서 '범주'를 '사용자 지정'으로 선택하고 ❸ '서식 코드'에 '#,##0;#,##0'을 입력한 후 ❹ 〈추가〉를 클릭하고 ❺ 〈닫기〉를 클릭하세요.

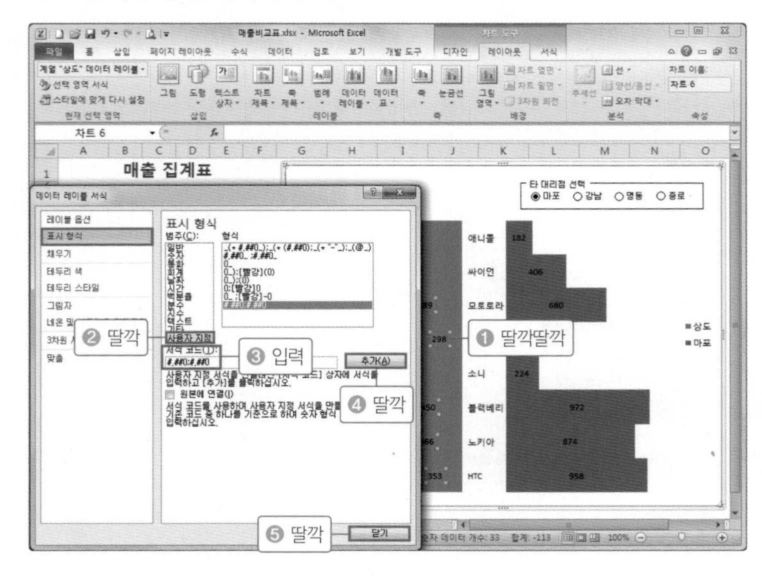

차트의 계열 '상도' 데이터 레이블을 더블클릭하지 않아도 [서식] 탭 → '현재 선택 영역' 그룹 → '차트 요소' 목록에서 계열 '상도' 데이터 레이블을 선택한 후 [서식] 탭 → '현재 선택 영역' → '선택 영역 서식'을 클릭해도 됩니다.

13 ❶ [디자인] 탭 → '데이터' 그룹 → '데이터 선택'을 클릭하여 ❷ '데이터 원본 선택' 대화상자를 열고 〈숨겨진 셀/빈 셀〉을 클릭합니다. ❸ '숨겨진 셀/빈 셀 설정' 대화상자가 열리면 '숨겨진 행 및 열에 데이터 표시'에 ✔ 표시하고 ❹ 〈확인〉을 클릭합니다. ❺ '데이터 원본 선택' 대화상자로 되돌아오면 〈확인〉을 클릭합니다.

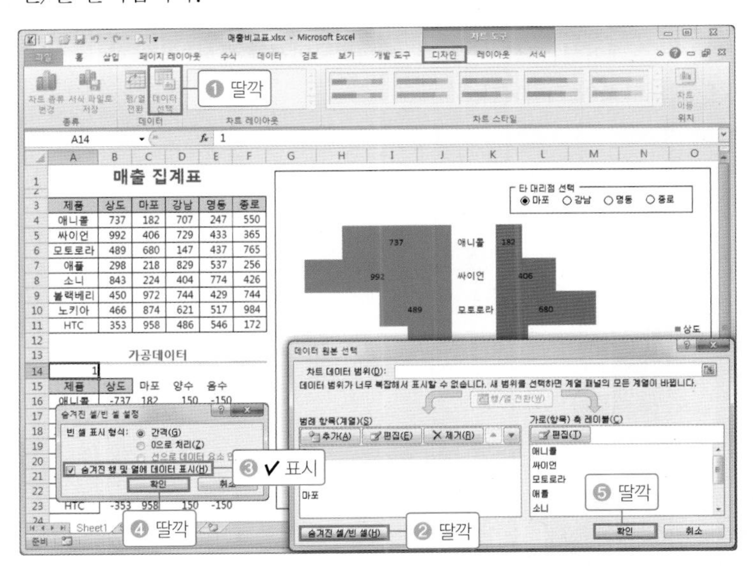

14 ❶ 13행부터 23행까지의 머리글 행을 드래그하여 범위로 지정한 후 ❷ 마우스 오른쪽 단추를 클릭하고 ❸ 바로 가기 메뉴에서 '숨기기'를 선택합니다. ❹ 차트의 크기가 줄어들면 차트 영역 아래쪽의 크기 조절점을 드래그하여 크기를 조절합니다.

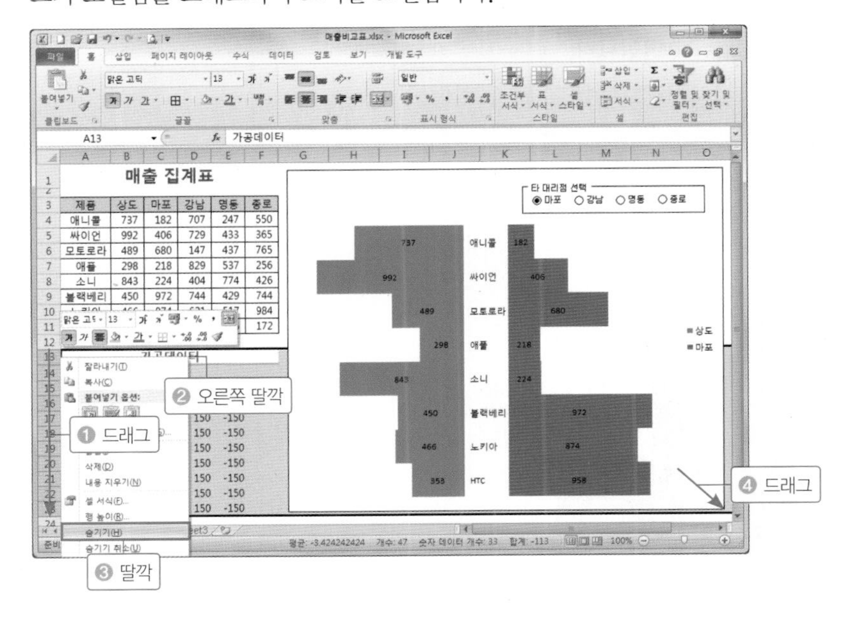

STEP 03 도형으로 데이터 계열 꾸미기

1 ❶ [Sheet1] 시트에서 [삽입] 탭 → '일러스트레이션' 그룹 → '도형' → '블록 화살표'에서 '왼쪽 화살표'를 클릭하고 ❷ 화면의 왼쪽에 화살표를 드래그하여 그립니다.

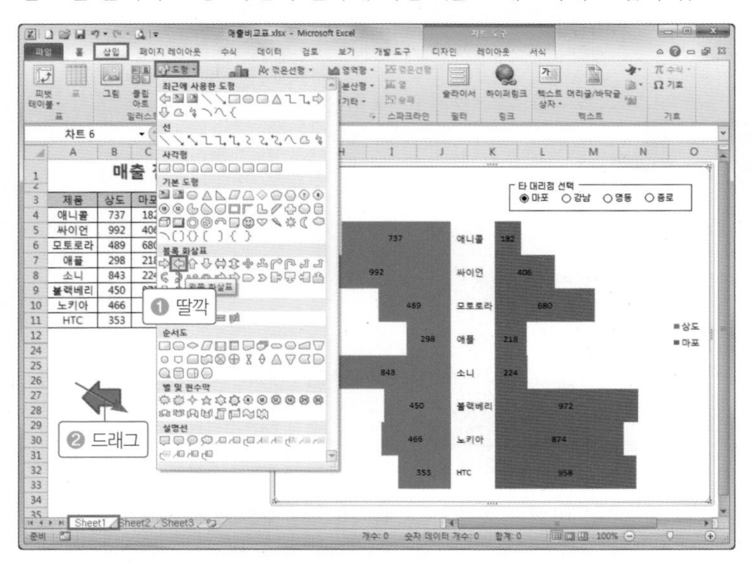

2 ❶ 화살 부분의 모양 조절점을 왼쪽으로 드래그하여 화살 부분은 줄이고 ❷ 막대 부분의 모양 조절점을 위쪽으로 드래그하여 두께를 두껍게 만듭니다.

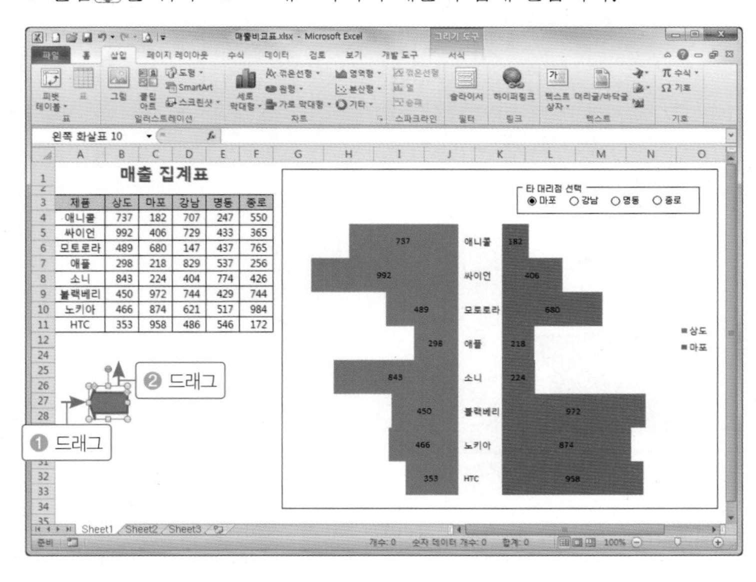

3 ❶ 작성한 왼쪽 화살표를 선택하고 ❷ [서식] 탭 → '도형 스타일' 그룹 → '자세히' 단추⊡를 클릭한 후 ❸ '강한 효과 – 바다색, 강조 5'를 선택합니다. ❹ 단축 글쇠 Ctrl+C를 눌러 왼쪽 화살표를 복사합니다.

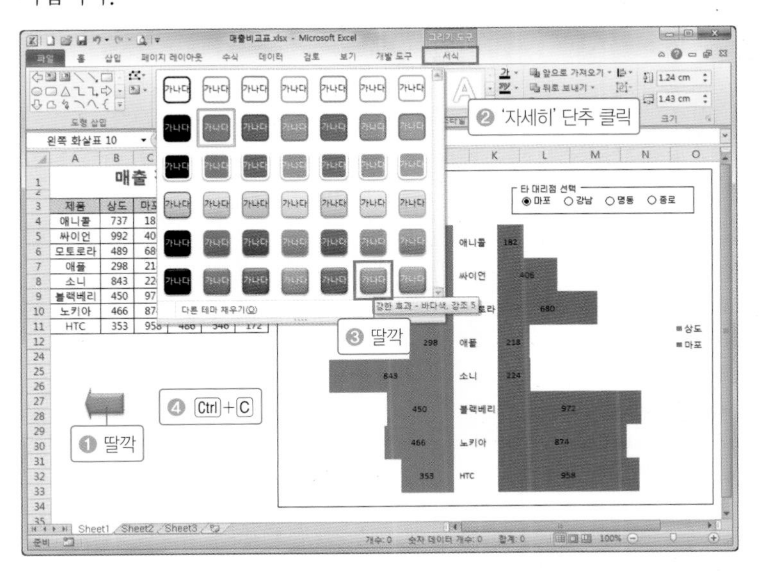

4 ❶ 차트에서 '상도' 계열을 클릭하고 단축 글쇠 Ctrl+V를 누릅니다. ❷ 왼쪽 화살표를 다시 클릭하고 ❸ [서식] 탭 → '도형 스타일' 그룹의 스타일 목록에서 '강한 효과 – 주황, 강조 6'을 선택합니다. ❹ [서식] 탭 → '정렬' 그룹 → '회전' → '좌우 대칭'을 클릭하고 ❺ 단축 글쇠 Ctrl+C를 눌러 화살표를 복사합니다.

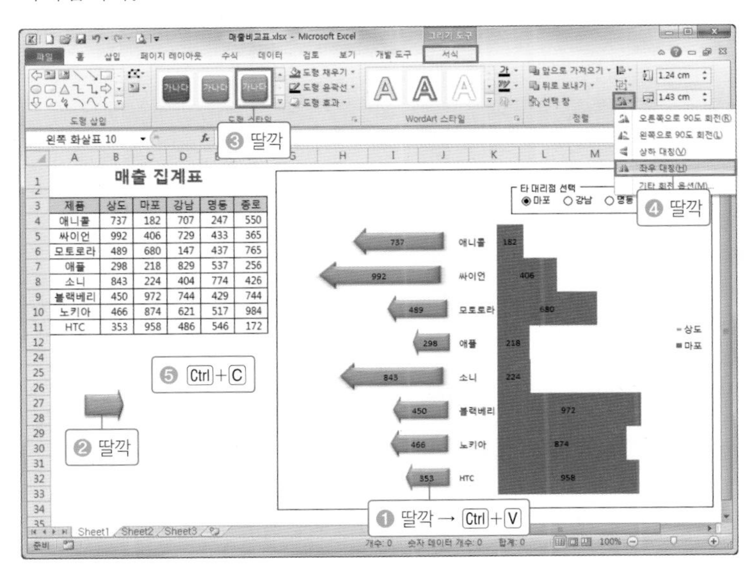

5 ❶ 차트에서 '마포' 계열을 클릭하고 단축 글쇠 Ctrl+V를 누른 후 ❷ 차트에서 '상도' 계열을 더블클릭합니다. ❸ '데이터 계열 서식' 대화상자가 열리면 '채우기'의 '늘이기 옵션'에서 '오른쪽'의 값을 '−10'으로 지정합니다.

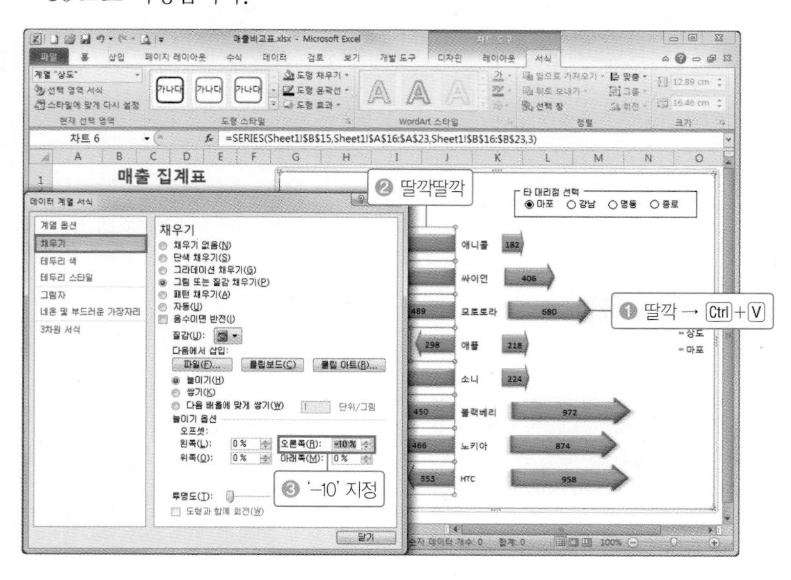

6 ❶ '데이터 계열 서식' 대화상자가 열려있는 상태에서 차트의 '마포' 계열을 선택하고 ❷ '채우기'의 '늘이기 옵션'에서 '왼쪽' 값을 '−10'으로 지정하고 ❸ 〈닫기〉를 누릅니다.

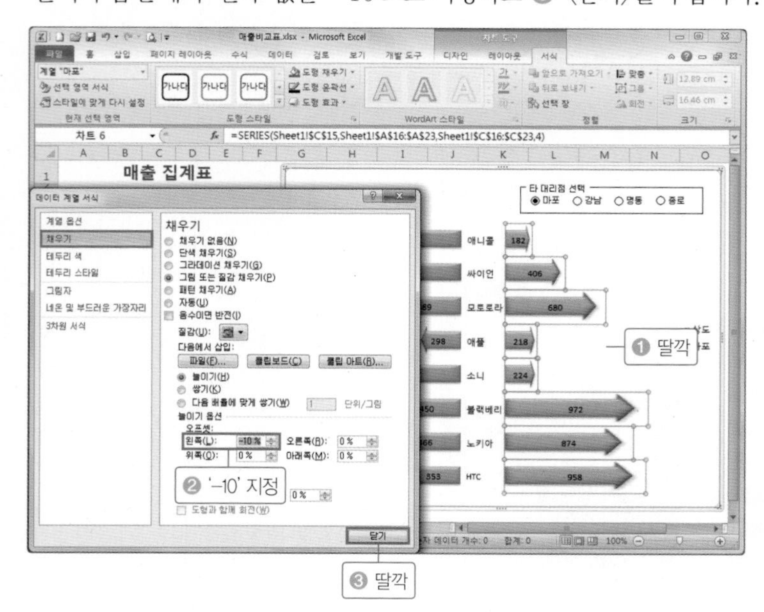

2 과정에서 화면의 왼쪽에 삽입했던 화살표를 다시 선택하고 Delete 글쇠를 눌러 삭제합니다.

7 ❶ 차트에서 '상도' 계열의 데이터 레이블을 선택하고 ❷ [홈] 탭 → '글꼴' 그룹 → '글꼴'을 'HY견고딕'으로 선택한 후 ❸ '글꼴 색'을 '테마 색'의 '흰색, 배경 1'로 지정합니다. ❹ 차트의 계열 '마포' 데이터 레이블을 선택하고 ❺ [홈] 탭 → '글꼴' 그룹 → '글꼴'을 'HY견고딕'으로 선택한 후 ❻ '글꼴 색'을 '테마 색'의 '흰색, 배경 1'으로 지정합니다.

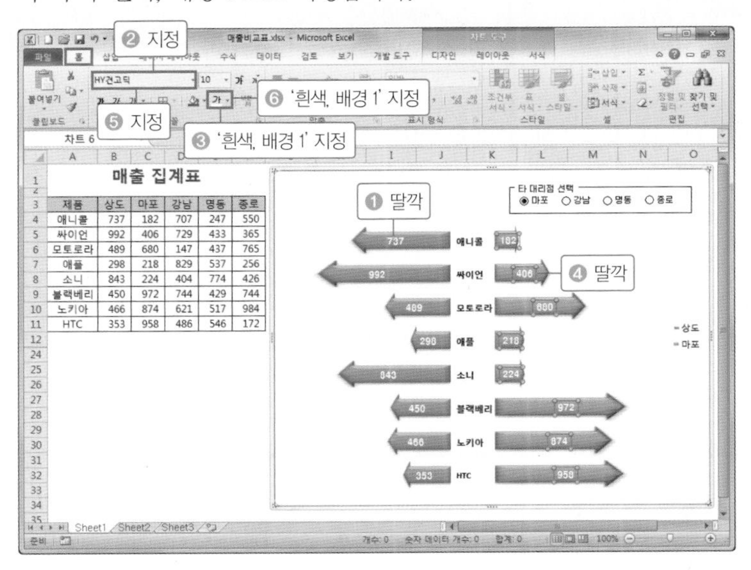

8 ❶ '종로' 옵션 단추를 클릭하면 차트 오른쪽의 데이터 계열이 바뀝니다. ❷ 범례 상자를 클릭하고 ❸ [서식] 탭 → '도형 스타일' 그룹 → '스타일 목록'에서 '색 윤곽선 – 파랑, 강조 1'을 선택합니다. ❹ 차트 영역을 클릭하고 ❺ [서식] 탭 → '도형 스타일' 그룹 → '도형 채우기' → '표준 색'의 '연한 녹색'을 클릭합니다.

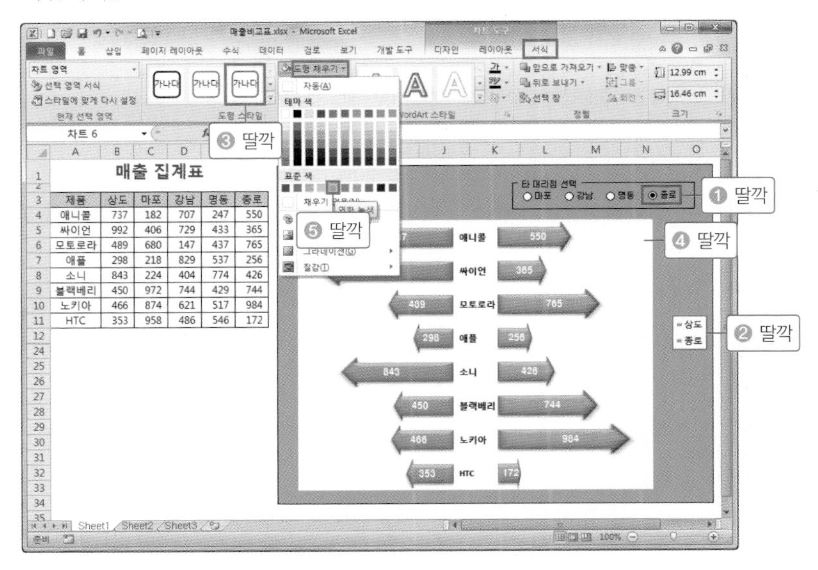

04 거품형 차트로 제품 포트폴리오 분석하기

| 예제 파일 | 현장실습03\포트폴리오.xlsx | 완성 파일 | 현장실습03\완성\포트폴리오완성.xlsx

제품 포트폴리오 관리(PPM : Product Portfolio Management)는 사업이나 제품에 대한 지원 결정 전략 포트폴리오(Portfolio Strategy) 중 분석을 위한 대표 모델입니다. 제품 포트폴리오 관리는 '성장률'과 '점유율'이라는 두 개의 축을 이용하여 전략적 강점과 약점을 분석한 후 시장에서의 제품의 위치와 경쟁력을 파악하는 마케팅 기법입니다.

여기서는 제품 포트폴리오 관리를 위해 ❶ 표에서 **선택한 제품만 차트에 표시되도록 확인란**을 만들어 ❷ **거품형 차트**에 나타내 보겠습니다.

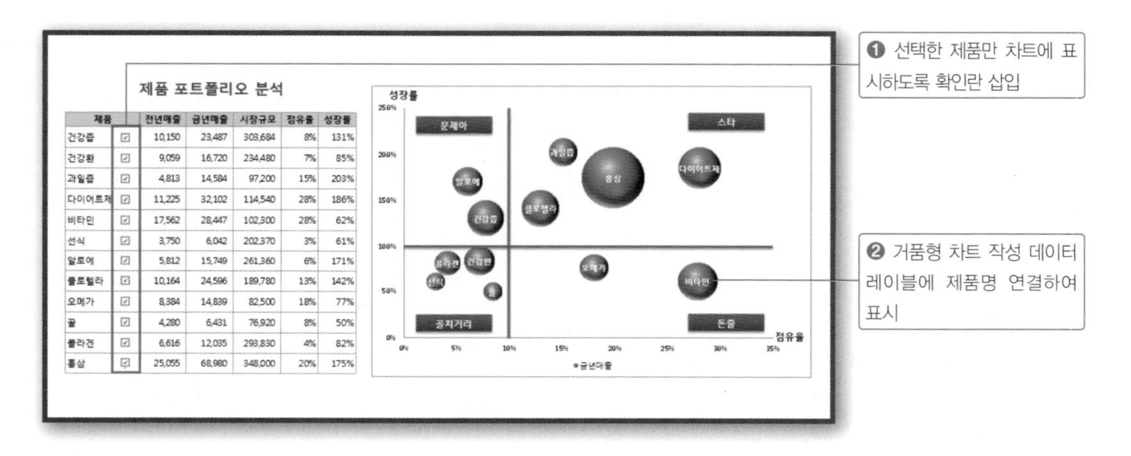
제품 포트폴리오 분석

제품		전년매출	금년매출	시장규모	점유율	성장률
건강즙	☑	10,150	23,487	303,684	8%	131%
건강환	☑	9,059	16,720	234,480	7%	85%
과일즙	☑	4,813	14,584	97,200	15%	203%
다이어트제	☑	11,225	32,102	114,540	28%	186%
비타민	☑	17,562	28,447	102,300	28%	62%
선식	☑	3,750	6,042	202,370	3%	61%
알로에	☑	5,812	15,749	261,360	6%	171%
클로렐라	☑	10,164	24,596	189,780	13%	142%
오메가	☑	8,384	14,839	82,500	18%	77%
꿀	☑	4,280	6,431	76,920	8%	50%
콜라겐	☑	6,616	12,035	298,830	4%	82%
홍삼	☑	25,055	68,980	348,000	20%	175%

Step 01 차트의 원본 데이터 만들기

'점유율'과 '성장률'을 수식을 사용하여 입력하고, 연결하여 붙여넣기를 사용하여 원본 데이터 표 아래에 입력한 후 IF 함수를 사용하여 확인란의 선택 여부에 따라 '금년매출'이 입력되게 합니다.

D18 =IF(A4,D4,"")

	A	B		C	D	E	F	G
3		제품		전년매출	금년매출	시장규모	점유율	성장률
4	TRUE	건강즙	☑	10,150	23,487	303,684	8%	131%
15	TRUE	홍삼	☑	25,055	68,980	348,000	20%	175%
16								
17		점유율		성장률	금년매출			
18			8%	131%	23,487			
19			7%	85%	16,720			

Step 02 거품형 차트 만들기

① 가공된 차트의 원본 데이터를 사용하여 3차원 효과의 거품형 차트를 작성하고, 차트에 도형을 삽입하여 구분선과 텍스트 상자를 표시합니다.

② 데이터 레이블을 표시한 후 레이블을 하나하나 선택하여 B4셀~B15셀의 제품명에 맞는 값으로 연결하여 표시합니다.

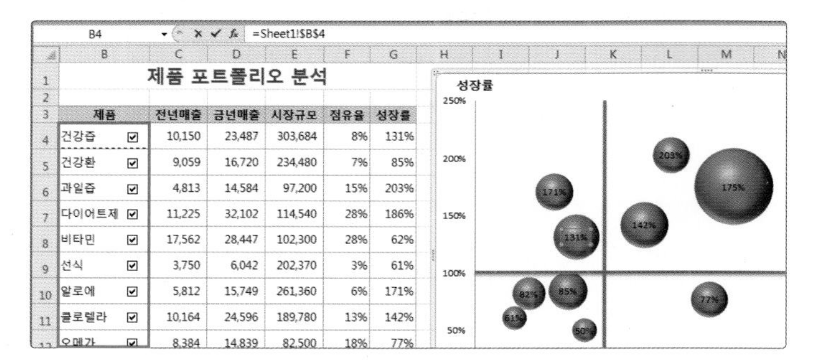

③ 제품 포트폴리오 분석 차트의 구성 요소와 의미에 대해 알아본 후 거품형 차트를 작성합니다.

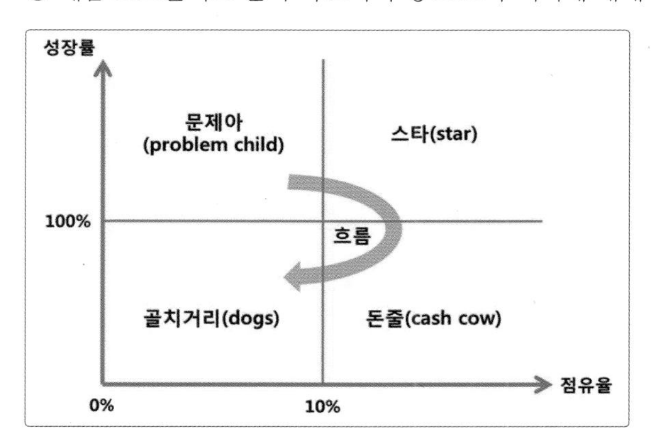

- '점유율'은 10%를 기준으로 구분하고, '성장률'은 100%를 기준으로 구분합니다.
- **문제아(problem child)** : 성장률은 높으나 시장 점유율은 낮은 제품입니다. 시장 점유율은 증가 및 유지하는 데 많은 자금이 소요됩니다. 따라서 자금과 마케팅을 집중적으로 투입하여 스타(star) 방향으로 이끌 것인지, 시장을 포기할 것인지 결정해야 합니다.
- **스타(star)** : 성장률이 높고 시장 점유율도 높은 제품입니다. 빠른 성장을 뒷받침하기 위해 많은 자금을 필요합니다. 성장률이 둔화되어 돈줄(cash cow)이 되면 다른 제품에 자금을 공급할 수 있습니다.
- **돈줄(cash cow)** : 성장률은 낮으나 시장 점유율이 높은 제품입니다. 경쟁에서 안정화 되어 적은 투자로 많은 수익을 올릴 수 있어 이 부분에 속하는 제품은 다른 제품의 필요 자금을 공급하는 역할도 합니다.
- **골칫거리(dogs)** : 성장률이나 시장 점유율이 모두 낮은 제품. 제품 자체에 필요한 자금은 어느 정도 조달할 수 있으나 산업이 성숙기나 쇠퇴기로 접어들었고 산업에서의 위치도 불리하므로 자금을 더 투입하지 않는 것이 좋습니다. 그러므로 시장에서 철수를 검토합니다.

STEP 01

차트의 원본 데이터 만들기

1 ❶ [Sheet1] 시트에서 ❷ F4셀에 '=D4/E4'를 입력하고 Enter↵ 글쇠를 누릅니다. ❸ G4셀에 '=(D4-C4)/C4'를 입력하고 Enter↵ 글쇠를 누릅니다. ❹ F4:G4 범위를 지정한 후 ❺ G4셀의 자동 채우기 핸들[+]을 더블클릭합니다.

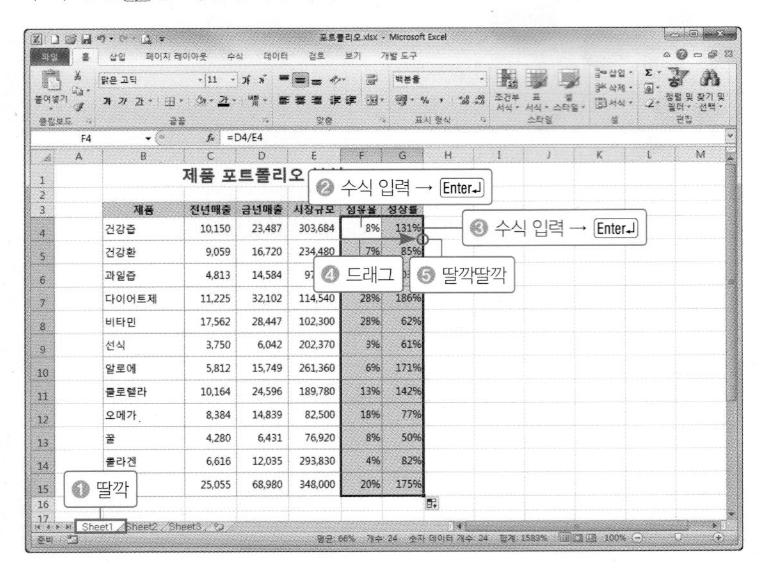

시장 점유율 = 금년매출/시장규모
성장률 = (금년매출-전년매출)/전년매출

2 ❶ F3:G15 범위를 지정한 후 ❷ [홈] 탭 → '클립보드' 그룹 → '복사'를 클릭합니다. ❸ B17셀을 선택한 후 ❹ [홈] 탭 → '클립보드' 그룹 → '붙여넣기' → '기타 붙여넣기 옵션'에서 '연결하여 붙여넣기'를 클릭합니다.

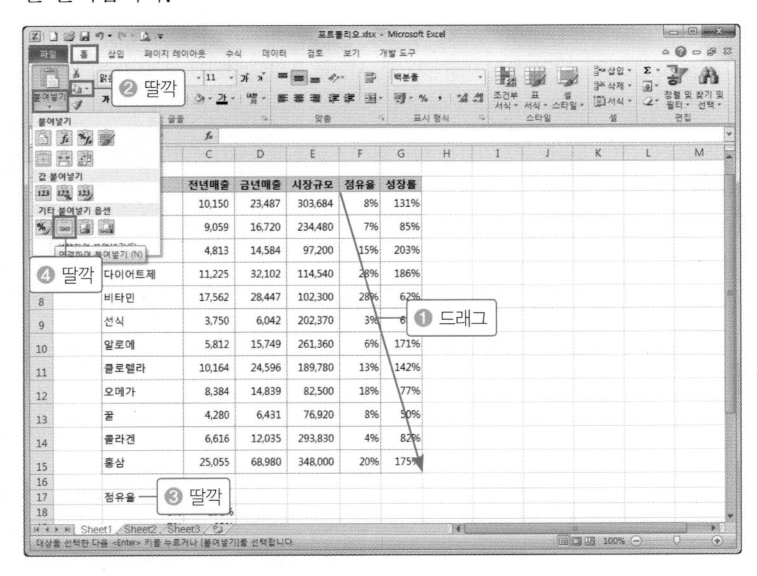

3 ❶ [개발 도구] 탭 → '컨트롤' 그룹 → '삽입' → '양식 컨트롤'에서 '확인란(양식 컨트롤)'을 클릭한 후 ❷ B4셀의 오른쪽에서 드래그하여 확인란을 작성합니다. ❸ 작성한 확인란의 텍스트는 삭제합니다.

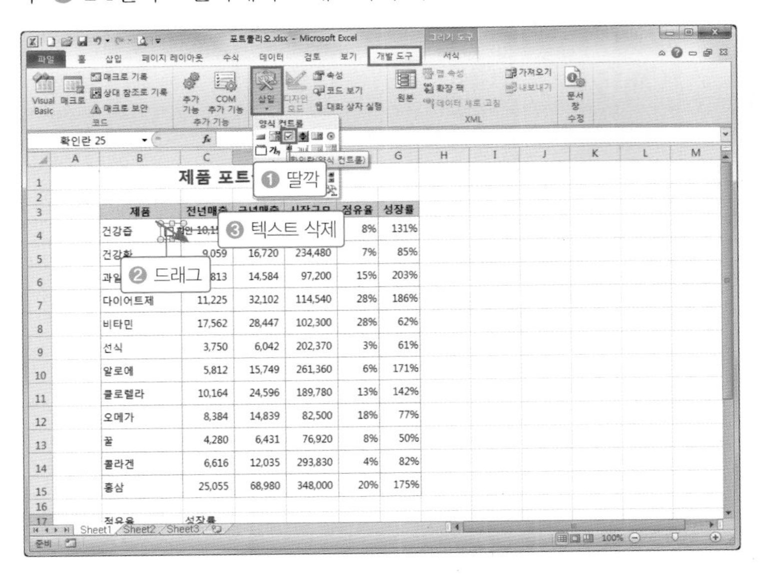

4 ❶ 다른 셀을 클릭한 후 ❷ 다시 확인란을 클릭하여 ✔ 표시합니다. ❸ ✔ 표시된 확인란을 Ctrl 글쇠를 누른 상태에서 선택하고 ❹ 단축 글쇠 Ctrl+D를 11번 눌러 복제합니다. ❺ 마지막에 복제된 확인란을 B15셀로 이동합니다.

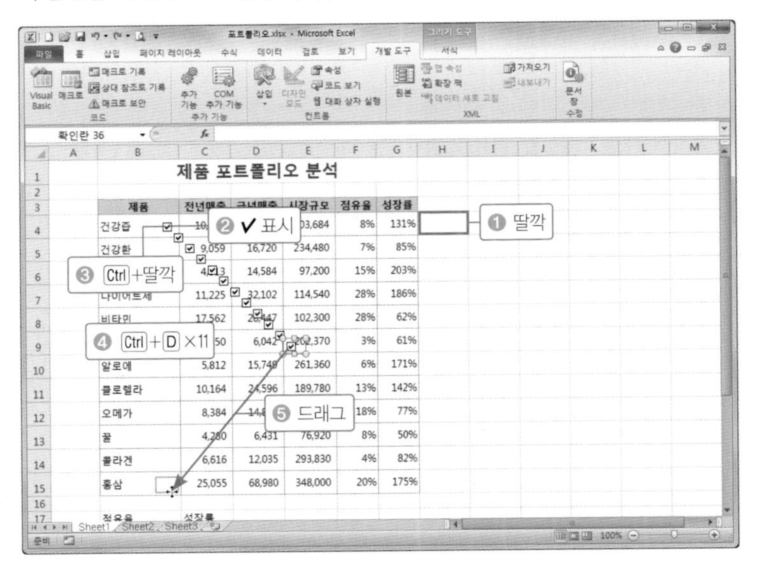

5 ❶ [홈] 탭 → '편집' 그룹 → '찾기 및 선택' → '개체 선택'을 클릭합니다. ❷ 복제된 확인란의 주변을 드래그하여 모두 선택합니다.

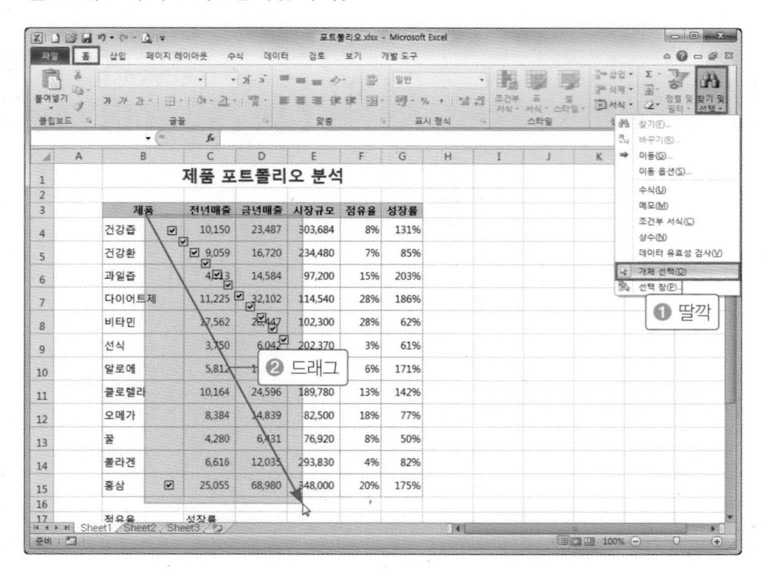

6 ❶ [서식] 탭 → '정렬' 그룹 → '맞춤' → '왼쪽 맞춤'을 선택한 후 ❷ '맞춤' → '세로 간격을 동일하게'를 선택합니다.

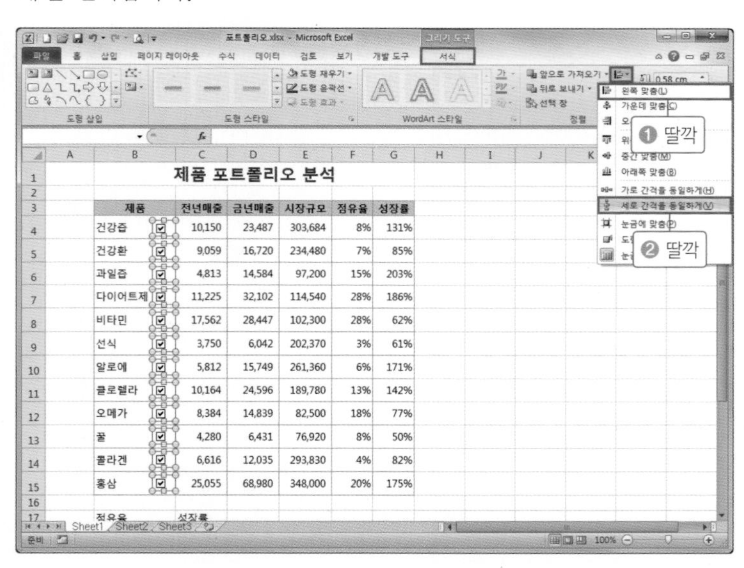

7 ❶ 첫 번째 확인란을 마우스 오른쪽 단추로 클릭하고 ❷ 바로 가기 메뉴에서 '컨트롤 서식'을 선택합니다. ❸ '컨트롤 서식' 대화상자가 열리면 [컨트롤] 탭의 '셀 연결'에서 A4셀을 선택하여 '$A$4'를 입력한 후 ❹ 〈확인〉을 클릭합니다. ❺ 이와 같은 과정을 반복하여 두 번째 확인란에는 A5셀을, 세 번째 확인란에는 A6셀을 지정하다가 열두 번째 확인란에는 A15셀을 연결 셀로 지정합니다.

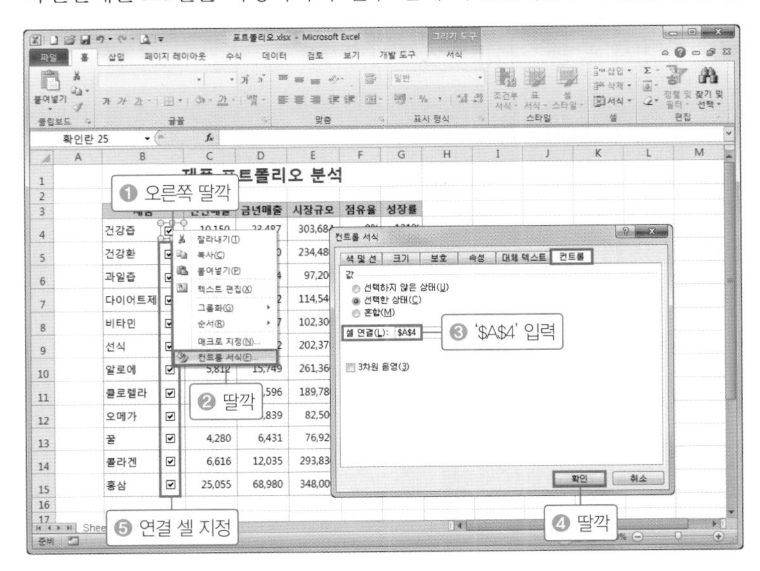

개체 선택 상태에서는 셀이 선택되지 않으므로 Esc 글쇠를 누르거나 셀을 더블클릭하여 개체 모드 상태를 해제합니다.

8 ❶ D17셀에 '금년매출'을 입력하고 Enter 글쇠를 누릅니다. ❷ D18셀에 '=IF(A4,D4,"")'를 입력하고 Enter 글쇠를 누릅니다. ❸ 다시 D18셀을 선택하고 ❹ 자동 채우기 핸들(+)을 더블클릭하여 수식을 복사합니다.

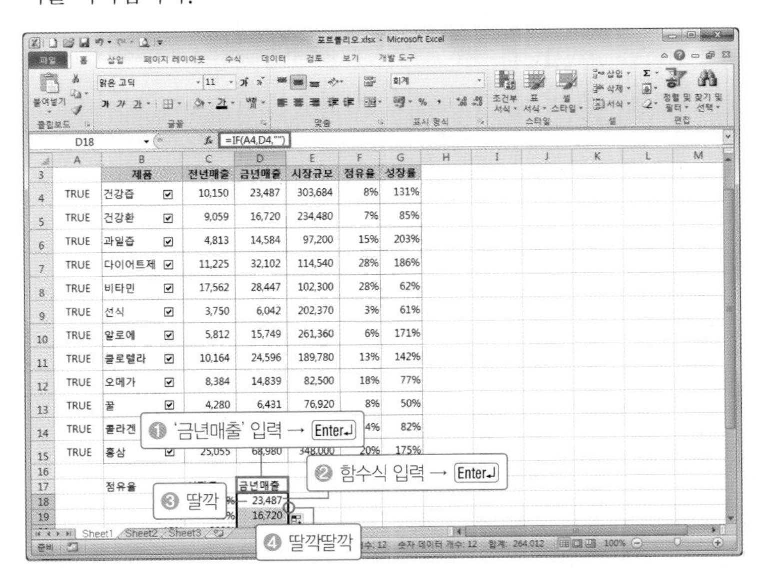

A4셀의 값이 TRUE이면 D4셀의 값을 입력하고, FALSE이면 공백을 입력합니다.

STEP 02

거품형 차트 만들기

1 ❶ [Sheet1] 시트에서 B18:D29 범위를 지정한 후 ❷ [삽입] 탭 → '차트' 그룹 → '기타' → '거품형'에서 '3차원 효과의 거품형'을 선택합니다.

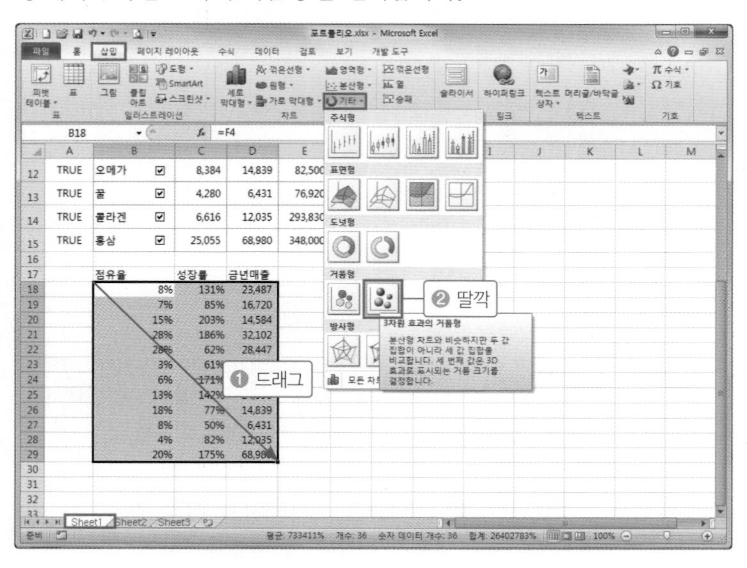

2 ❶ 삽입한 차트를 화면의 오른쪽 위로 이동한 후 크기 조절점을 드래그하여 크기를 적당하게 만들고 ❷ [디자인] 탭 → '데이터' 그룹 → '데이터 선택'을 클릭합니다. ❸ '데이터 원본 선택' 대화상자가 열리면 '범례 항목(계열)'의 〈편집〉을 클릭하여 ❹ '계열 편집' 대화상자를 연 후 '계열 이름'을 클릭하고 [Sheet1] 시트의 D17셀을 선택한 후 ❺ 〈확인〉을 클릭합니다. ❻ '숨겨진 셀/빈 셀 설정' 대화상자에서 '숨겨진 행 및 열에 데이터 표시'에 ✔ 표시하고 ❼ 〈확인〉을 클릭한 후 ❽ '데이터 원본 선택' 대화상자로 되돌아오면 〈확인〉을 클릭합니다.

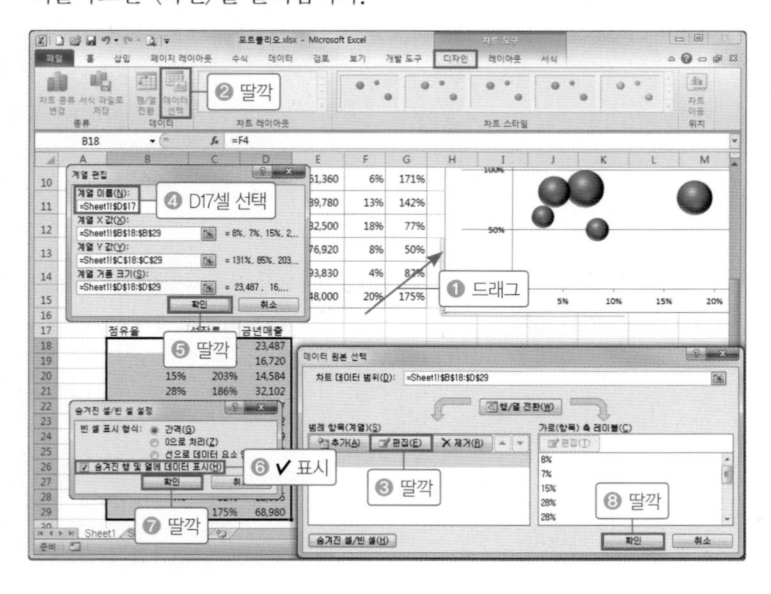

거품형 차트는 하나의 계열에 대한 값으로 X축 값, Y축 값, 거품 크기로 지정할 값의 범위가 들어가야 합니다. X, Y, 거품 크기 순서로 데이터 범위를 지정해야 순서대로 값이 지정되기 때문에 데이터 원본을 만들 때 점유율, 성장률, 금년 매출 순으로 작성한 것입니다. 즉 X축에는 점유율이, Y축에는 성장률이 적용되고, 거품 크기는 금년 매출의 크기에 따라 적용됩니다.

3 ❶ 17행부터 29행까지 머리글 행을 드래그하여 범위를 지정한 후 ❷ 마우스 오른쪽 단추를 클릭하고 ❸ 바로 가기 메뉴에서 '숨기기'를 선택합니다. ❹ 이와 같은 방법으로 A열을 마우스 오른쪽 단추를 클릭하고 바로 가기 메뉴에서 '숨기기'를 선택합니다.

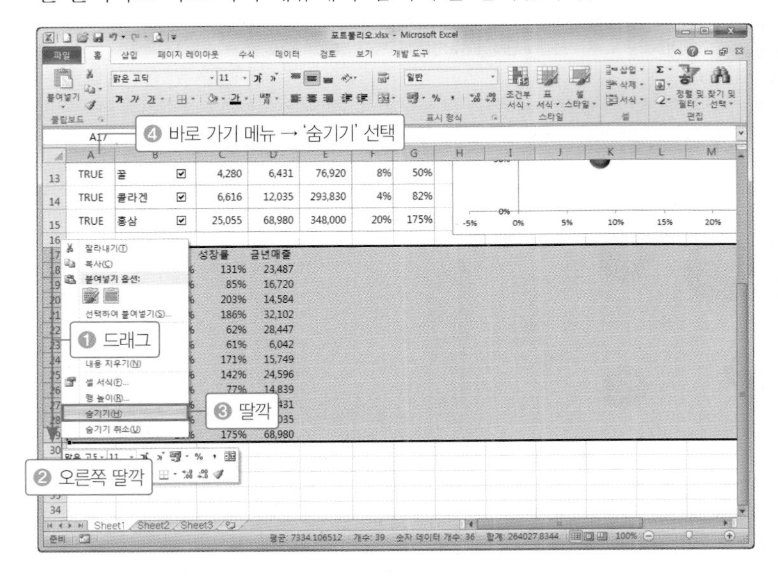

4 ❶ 차트를 선택하고 ❷ [디자인] 탭 → '차트 레이아웃' 그룹 → '레이아웃 4'를 선택한 후 ❸ 차트의 가로(값) 축을 더블클릭합니다. ❹ '축 서식' 대화상자가 열리면 '축 옵션'에서 '최소값'을 '고정'으로 선택하고 '0'을 입력한 후 ❺ 〈닫기〉를 클릭합니다.

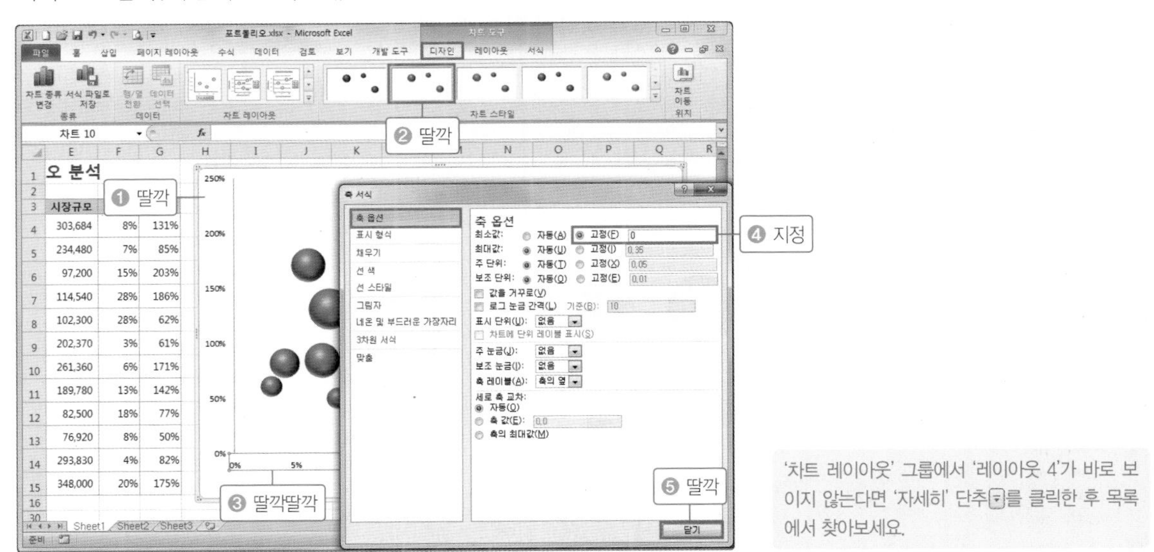

'차트 레이아웃' 그룹에서 '레이아웃 4'가 바로 보이지 않는다면 '자세히' 단추를 클릭한 후 목록에서 찾아보세요.

5 ❶ 차트의 그림 영역을 클릭한 후 ❷ 위쪽 크기 조절점을 아래로 드래그하여 크기를 줄이고 ❸ 오른쪽 크기 조절점을 왼쪽으로 드래그하여 크기를 줄입니다. ❹ [레이아웃] 탭 → '삽입' 그룹 → '텍스트 상자'를 클릭합니다.

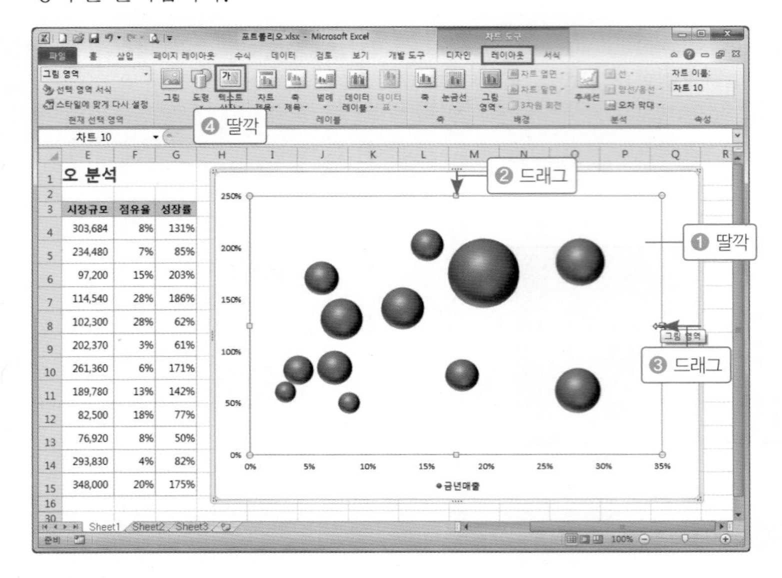

차트 안에 텍스트 상자나 도형을 삽입할 때는 [삽입] 탭이 아니라 [레이아웃] 탭 → '삽입' 그룹에서 선택하여 도형을 삽입해야 차트의 구성 요소로서 함께 이동되며, 차트 영역을 벗어나지 않게 다룰 수 있습니다.

6 ❶ 세로(값) 축 위에서 드래그해 텍스트 상자를 삽입하고 ❷ '성장률'을 입력합니다. ❸ [홈] 탭 → '글꼴' 그룹 → '굵게'를 클릭하고 ❹ [홈] 탭 → '맞춤' 그룹 → '가운데 맞춤'을 클릭합니다. ❺ Ctrl 글쇠를 누른 상태에서 '성장률' 텍스트 상자를 선택하고 ❻ 가로(값) 축의 오른쪽으로 드래그하여 복사합니다. ❼ 복사한 텍스트 상자에는 '점유율'로 텍스트를 수정하여 입력합니다.

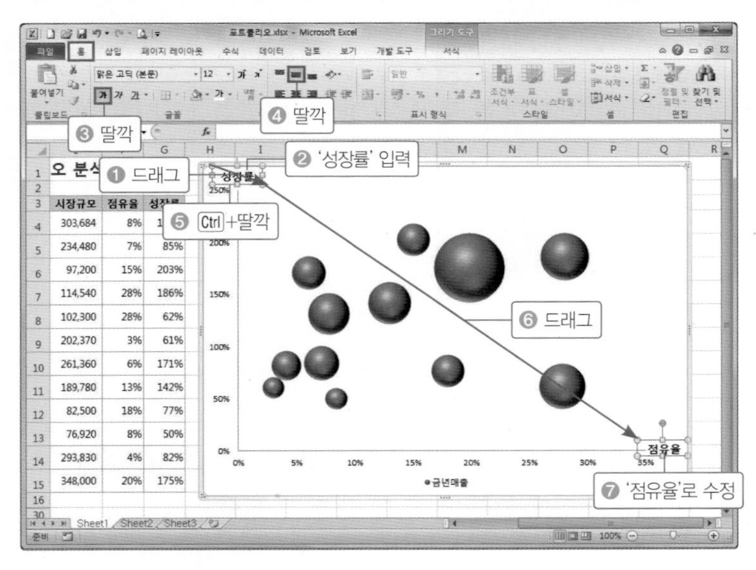

7 ❶ [레이아웃] 탭 → '삽입' 그룹 → '도형' → '선'에서 '선'을 선택하고 ❷ 삽입한 선을 Shift 글쇠를 누른 상태에서 드래그하여 가로(값) 축의 10% 위치부터 위쪽으로 가로 선을 그립니다. ❸ [레이아웃] 탭 → '삽입' 그룹 → '도형 '→ '선'에서 '선'을 선택하고 ❹ 삽입한 선을 Shift 글쇠를 누른 상태에서 드래그하여 세로(값) 축의 100% 위치부터 오른쪽으로 세로 선을 그립니다.

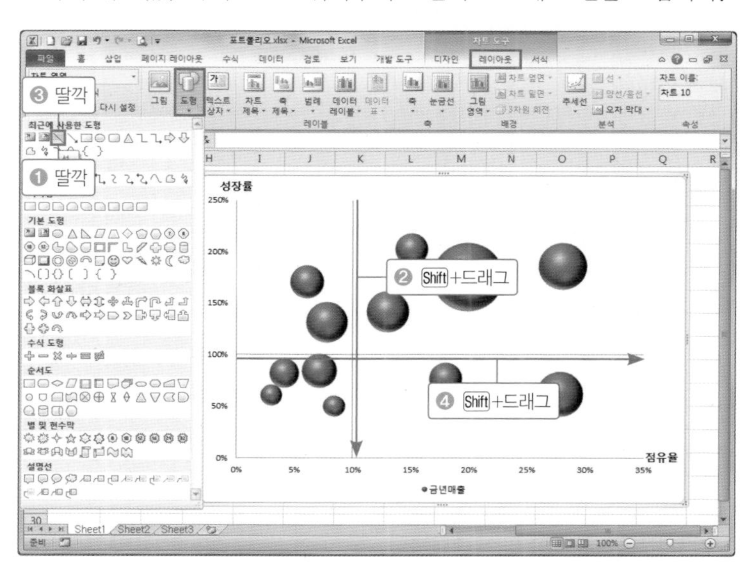

8 ❶ 가로 선을 클릭한 후 ❷ Shift 글쇠를 눌러 세로 선을 함께 선택하고 ❸ [서식] 탭 → '도형 스타일' 그룹 → '강한 선 – 강조 2'를 선택합니다.

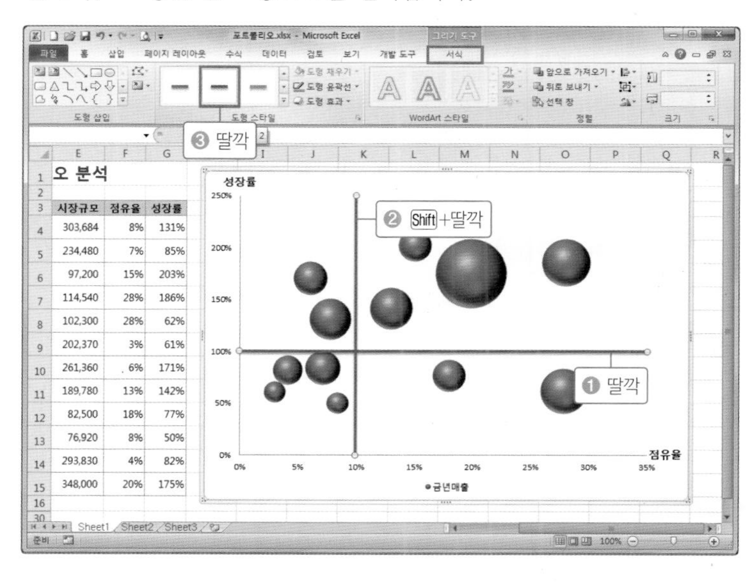

[서식] 탭 → '도형 스타일' 그룹 → '자세히' 단추를 클릭하면 '강한 선 – 강조 2'를 찾을 수 있습니다.

9 차트를 선택한 상태에서 [레이아웃] 탭 → '레이블' 그룹 → '데이터 레이블' → '가운데'를 선택합니다.

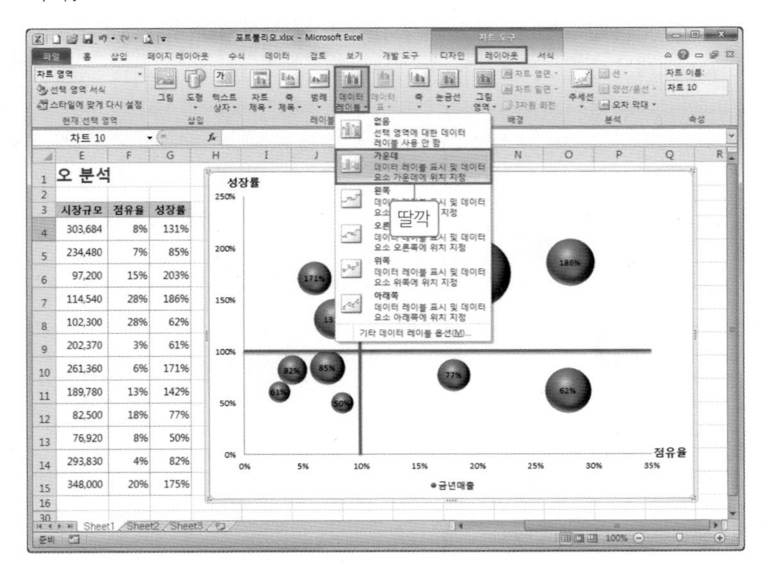

10 ❶ 삽입한 데이터 레이블 중에서 '131%'를 두 번 클릭하여 선택합니다. ❷ 수식 입력줄에 등호(=)를 입력하고 ❸ B4셀을 클릭한 후 Enter↵ 글쇠를 누릅니다. ❹ 이와 같은 방법으로 나머지 데이터 레이블의 값을 B5셀부터 B15셀까지의 맞는 값으로 연결합니다.

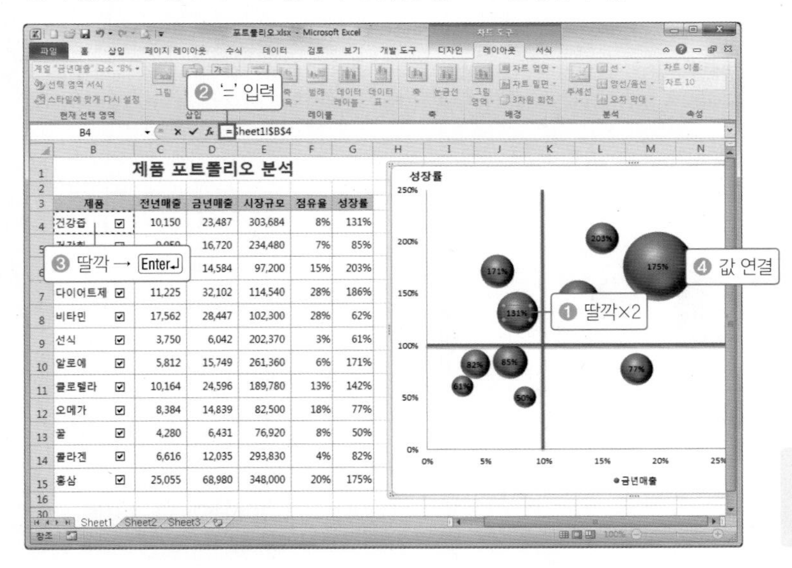

하나의 데이터 레이블을 선택하면 모든 데이터 레이블이 선택됩니다. 다시 '131%' 레이블을 선택하면 '131%' 레이블만 따로 선택됩니다.

11 ❶ 차트 영역을 선택한 후 ❷ 다시 하나의 데이터 레이블을 선택하여 모든 데이터 레이블을 선택합니다. ❸ [홈] 탭 → '글꼴' 그룹 → '굵게' 를 클릭하고 ❹ '글꼴 색' 목록에서 '테마 색'의 '흰색, 배경 1'을 선택합니다.

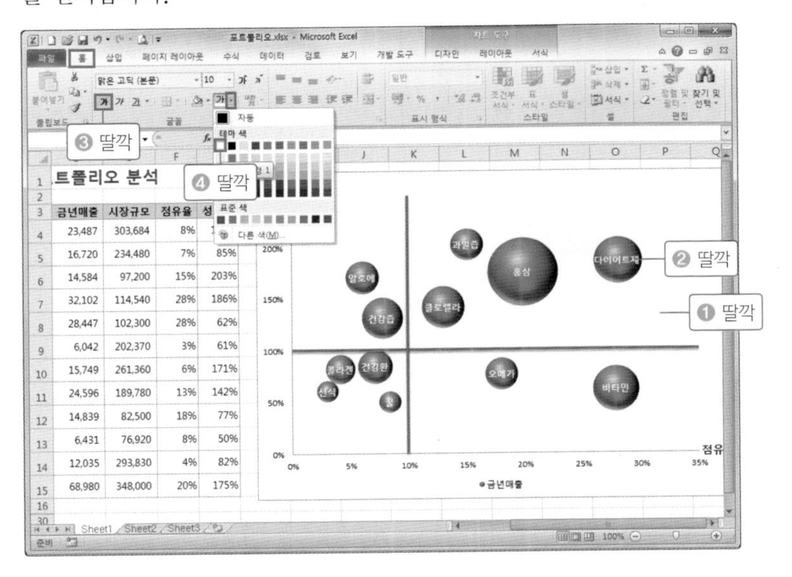

12 ❶ [레이아웃] 탭 → '삽입' 그룹 → '텍스트 상자'를 클릭하고 ❷ 차트의 왼쪽 위 영역에서 드래그한 후 ❸ 텍스트 상자에 '문제아'를 입력합니다.

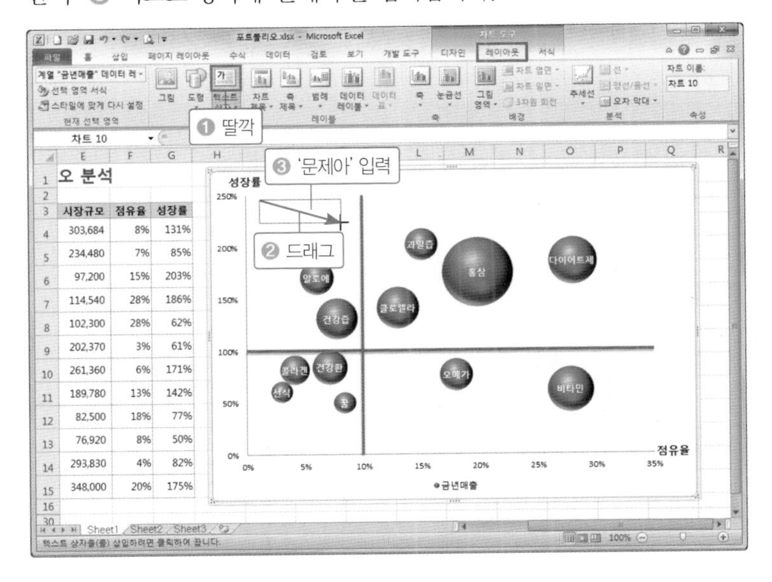

13 ❶ Ctrl 글쇠를 누른 상태에서 '문제아' 텍스트 상자를 차트의 오른쪽 위, 오른쪽 아래, 왼쪽 아래 영역에 각각 드래그해 복사하고 ❷ 복사한 각각의 텍스트 상자에 '스타', '돈줄', '골치거리'의 텍스트를 입력하여 수정합니다. ❸ Shift 글쇠를 누른 상태에서 4개의 텍스트 상자를 모두 선택하고 ❹ [서식] 탭 → '도형 스타일' 그룹 → '보통 효과 – 빨강, 강조 2'를 클릭합니다.

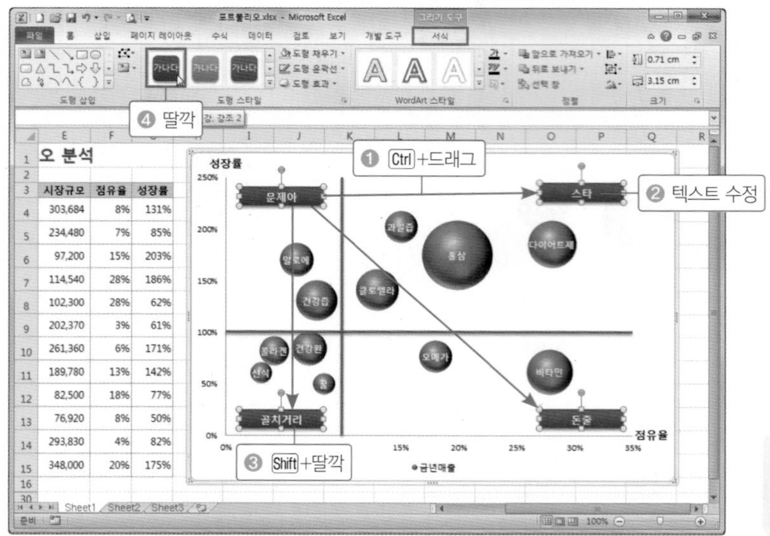

[서식] 탭 → '도형 스타일' 그룹의 '자세히' 단추를 클릭하면 '보통 효과 – 빨강, 강조 2'를 찾을 수 있습니다.

14 ❶ B5셀의 확인란을 클릭하여 ✔ 표시를 해제하고 ❷ B9셀의 확인란을 클릭하여 ✔ 표시를 해제하면 차트에서 '건강환'과 '선식' 거품이 사라집니다. 원하는 제품을 선택 또는 해제하여 차트에 나타내보세요.

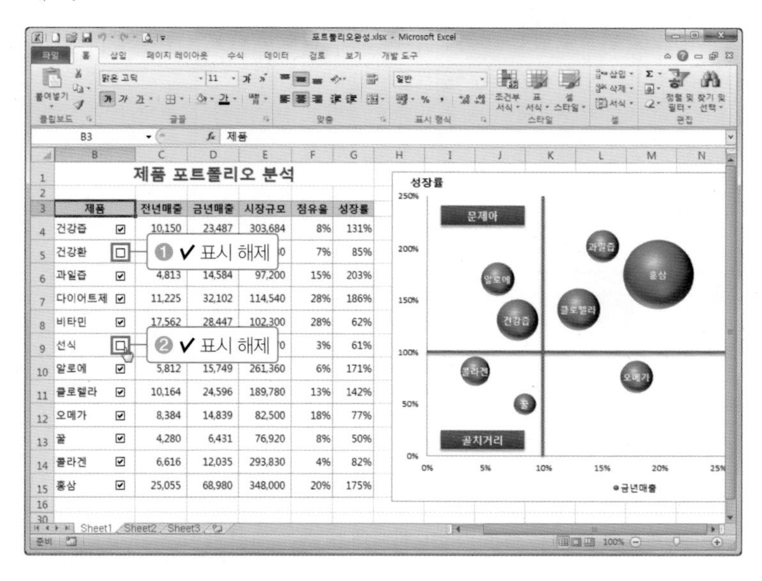

| 예제 파일 | 현장실습03\중간생략차트.xlsx

01 Y축 값이 중간 생략된 차트 만들기

값 차이가 큰 데이터를 차트로 만들 때는 Y축 중간 부분을 생략하고 표시하는 것이 좋습니다. 중간 부분을 생략하려면 차트를 복제한 후 각 차트의 Y축 값을 사용자 지정하는 것이 가장 좋은 방법입니다. 서울 지역의 매출 실적과 나머지 지역의 매출 실적이 너무 많이 차이나기 때문에 묶은 세로 막대 차트의 400,000~1,000,000까지 값을 Y축에서 생략하여 표시하는 것이 효과적입니다.

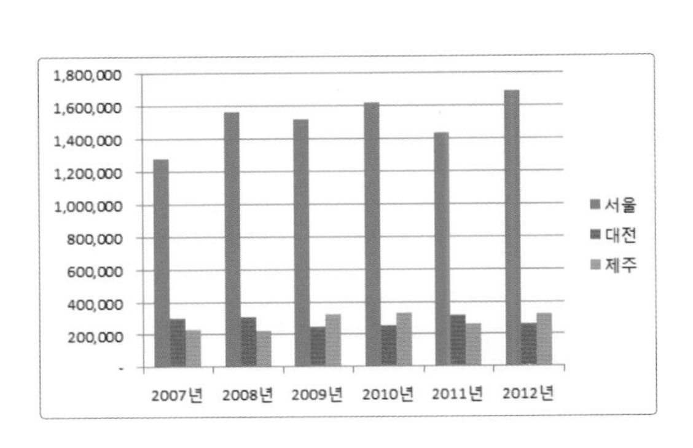

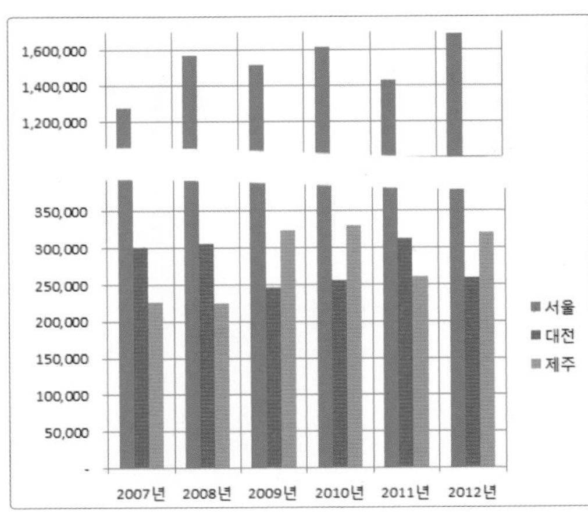

1 [Sheet1] 시트에서 차트를 복제한 후 세로 눈금선을 표시하여 두 개의 차트를 잘 맞추기 위해 ❶ 차트를 선택하고 ❷ [레이아웃] 탭 → '축' 그룹 → '눈금선' → '기본 세로 눈금선' → '주 눈금선'을 선택합니다.

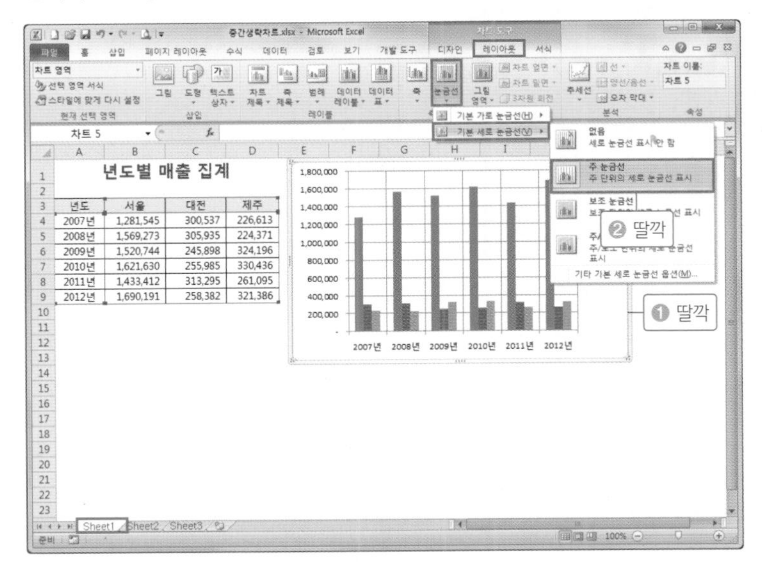

2 ❶ 단축 글쇠 Ctrl+D를 눌러 차트를 복제한 후 ❷ 복제된 차트를 아래쪽으로 드래그하여 위쪽 차트의 윗부분이 약간 보이도록 겹쳐놓습니다.

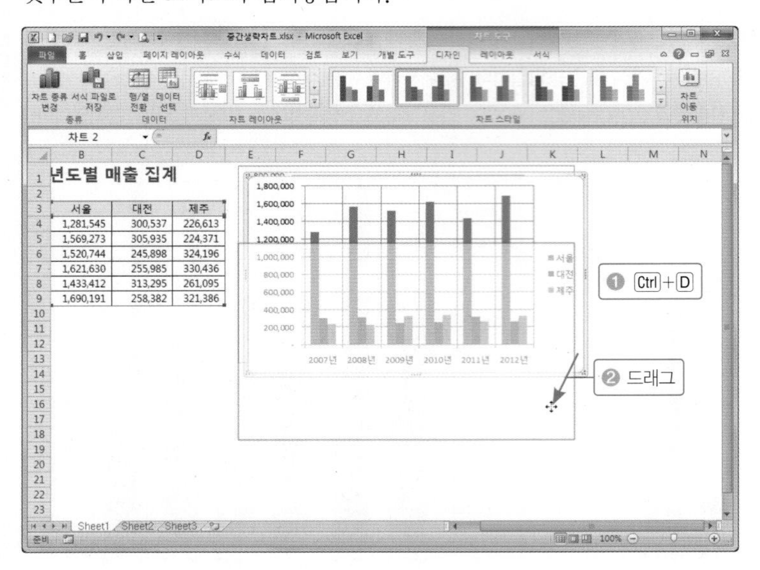

3 ❶ 위쪽 차트의 세로(값) 축을 더블클릭한 후 ❷ '축 서식' 대화상자가 열리면 '축 옵션'에서 '최소값'을 '1000000', '최대값'을 '1700000'으로 지정합니다.

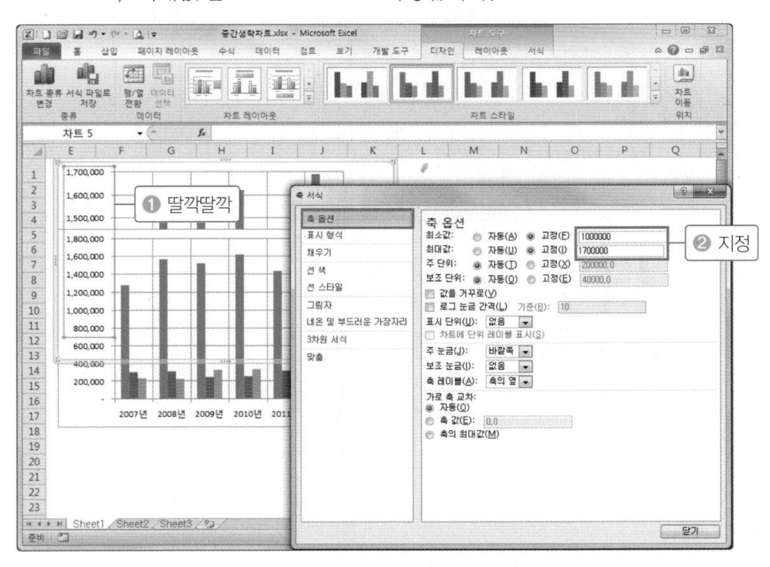

4 '축 서식' 대화상자가 열려있는 상태에서 ❶ 아래쪽 차트의 세로(값) 축을 선택하고 ❷ '축 옵션'의 '최소값'은 '0', '최대값'은 '400000'으로 지정한 후 ❸ 〈닫기〉를 클릭합니다.

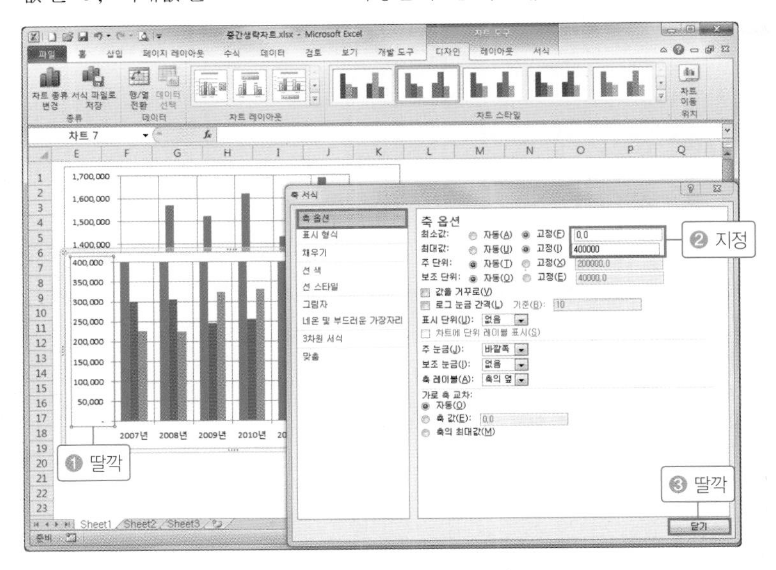

5 ❶ 위쪽 차트 영역에서 아래쪽 크기 조절점을 위쪽으로 드래그하여 아래쪽 차트의 윗선에 맞추고 ❷ 위쪽 차트에서 가로(항목) 축을 클릭한 후 Delete 글쇠를 눌러 삭제합니다. ❸ 위쪽 차트에서 범례 상자를 클릭하고, Delete 글쇠를 눌러 삭제합니다.

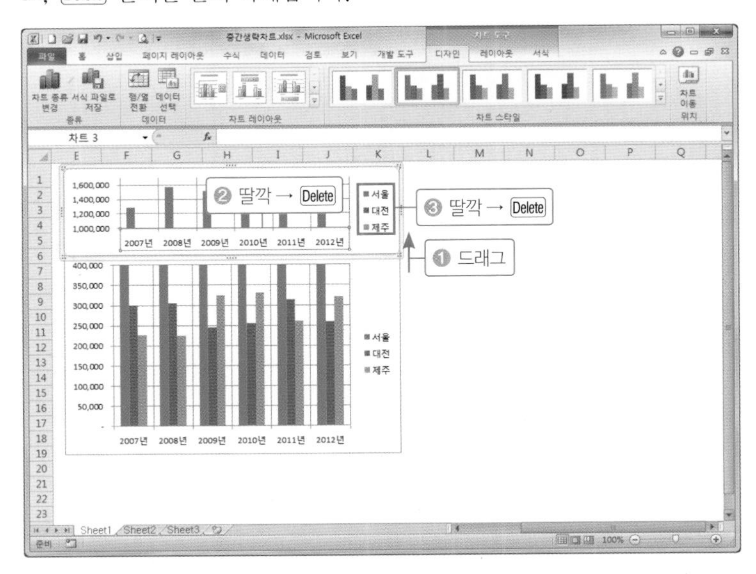

6 ❶ 위쪽 차트와 아래쪽 차트에서 그림 영역의 가로와 세로 너비를 각각 조절하여 맞추고 ❷ 다른 셀을 선택하여 차트의 선택 상태를 해제합니다. ❸ [삽입] 탭 → '일러스트레이션' 그룹 → '도형' → '별 및 현수막'에서 '물결'을 선택하고 ❹ 위쪽과 아래쪽 차트의 경계 부분에 드래그하여 물결 도형을 삽입합니다.

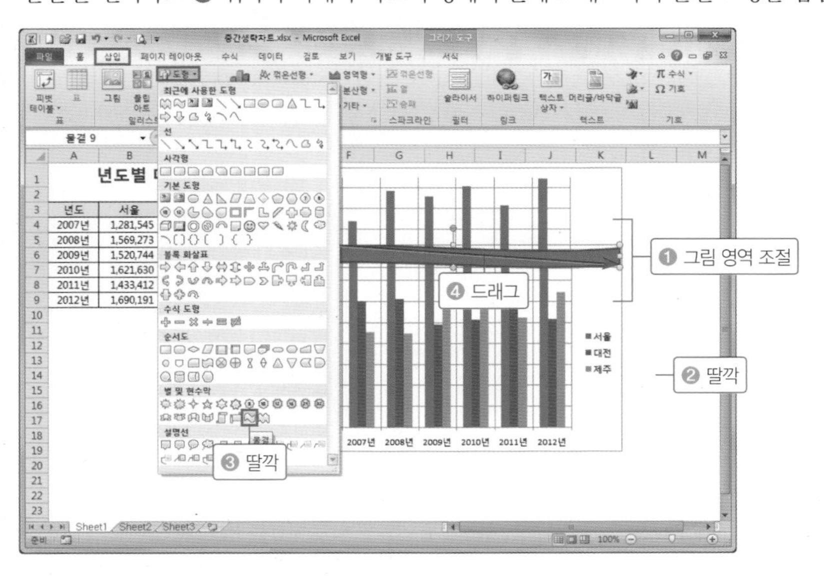

7 ❶ [서식] 탭 → '도형 스타일' 그룹 → '도형 채우기' → '테마 색'에서 '흰색, 배경 1'을 선택하고 ❷ [서식] 탭 → '도형 스타일' 그룹 → '도형 윤곽선' → '윤곽선 없음'을 선택합니다.

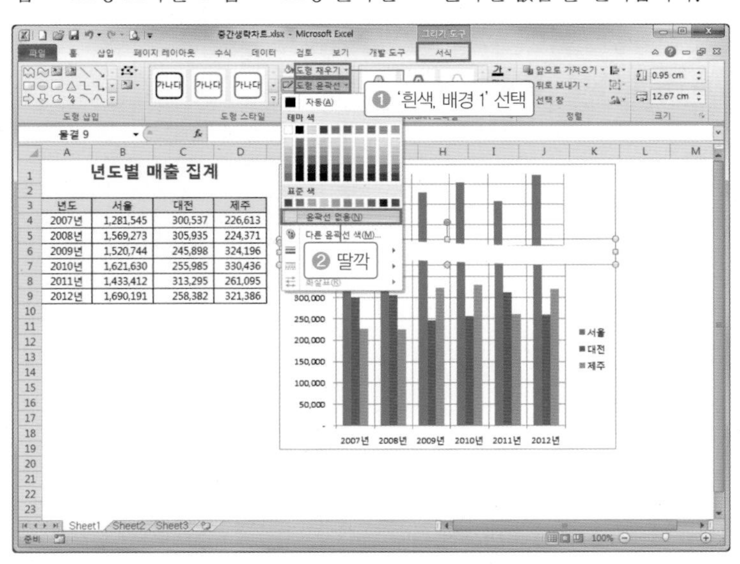

02 꺾은선형 차트 사이의 영역 채우기

두 개의 꺾은선형 차트 사이의 영역을 채우려면 어떻게 해야 할까요? 누적 영역형 차트를 혼합하여 사용하면 두 개의 꺾은선형 차트 사이의 겹치는 영역을 채울 수 있습니다.

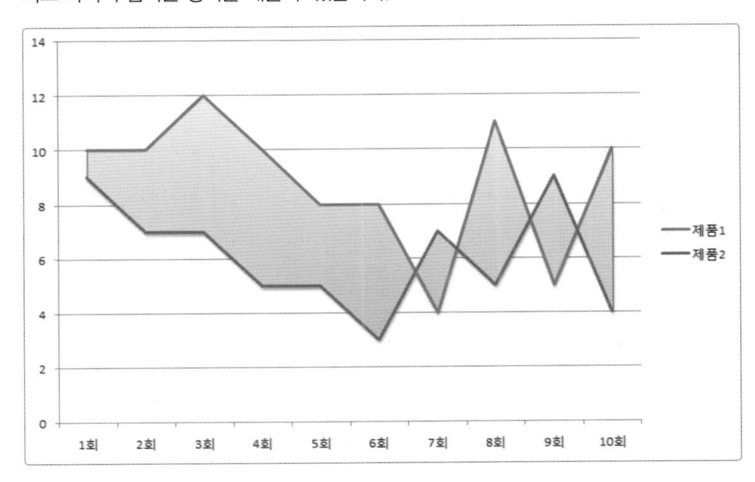

1 ❶ [Sheet1] 시트에서 D4셀에 '=C4-B4'를 입력한 후 Enter↵ 글쇠를 누르고 ❷ 자동 채우기 핸들+을 더블클릭하여 수식을 복사합니다.

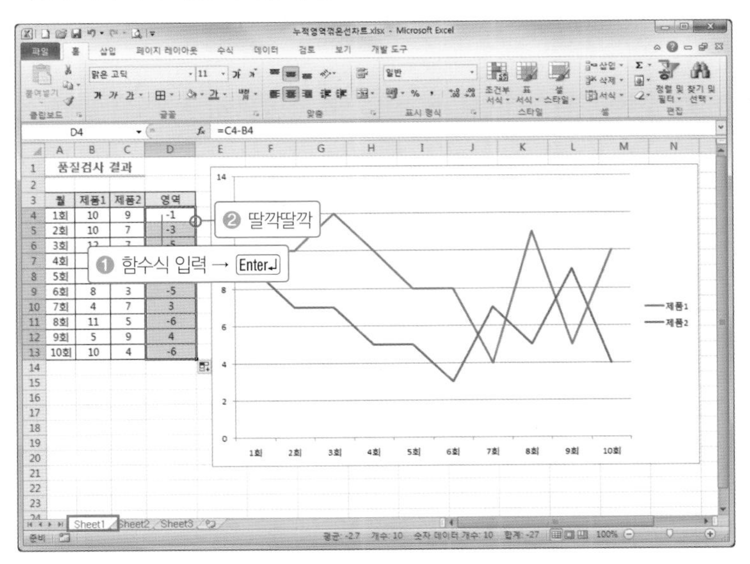

2 원본 데이터로 '제품1' 범위와 영역 범위를 추가하기 위해 ❶ 차트를 선택하고 ❷ [디자인] 탭 → '데이터' 그룹 → '데이터 선택'을 클릭합니다. ❸ '데이터 원본 선택' 대화상자가 열리면 〈추가〉를 클릭한 후 ❹ '계열 편집' 대화상자의 '계열 이름'에 B3셀을 지정하고 '계열 값'에 B4:B13 범위를 지정한 후 ❺ 〈확인〉을 클릭합니다. ❻ 다시 '데이터 원본 선택' 대화상자에서 〈추가〉를 클릭한 후 ❼ '계열 편집' 대화상자의 '계열 이름'에 D3 셀을 지정하고 '계열 값'에 D4:D13 범위를 지정한 후 ❽ 〈확인〉을 클릭합니다. ❾ '데이터 원본 선택' 대화상자로 되돌아오면 〈확인〉을 클릭합니다.

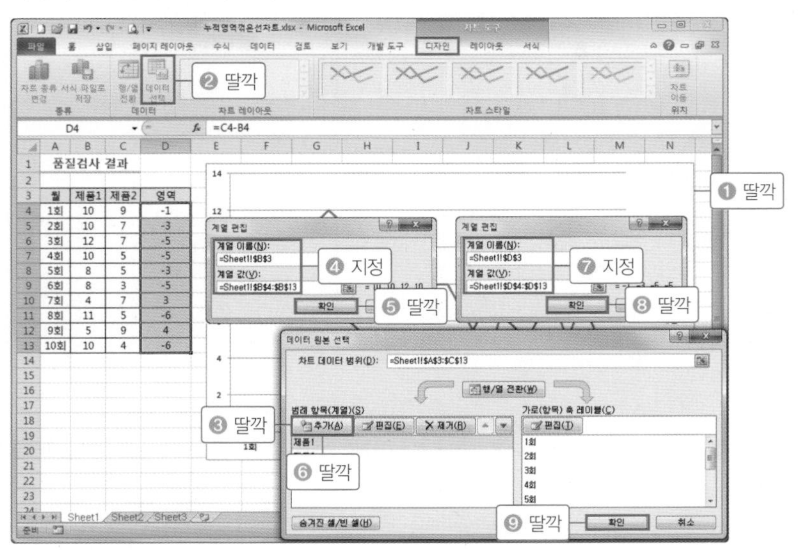

3 ❶ 차트의 계열 '영역'(보라색 선)을 선택하고 ❷ [삽입] 탭 → '차트' 그룹 → '영역형' → '2차원 영역형'에서 '누적 영역형'을 클릭합니다.

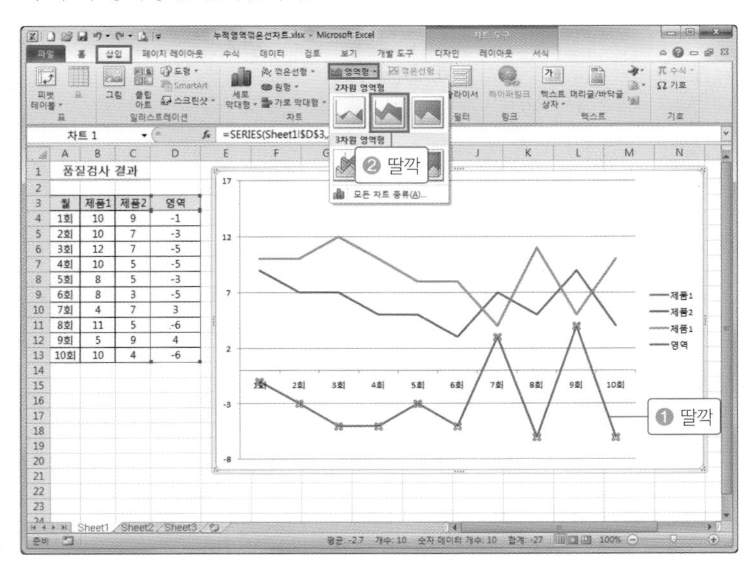

4 ❶ 차트에서 '제품1' 계열을 선택하고 ❷ [삽입] 탭 → '차트' 그룹 → '영역형' → '2차원 영역형'에서 '누적 영역형'을 클릭합니다.

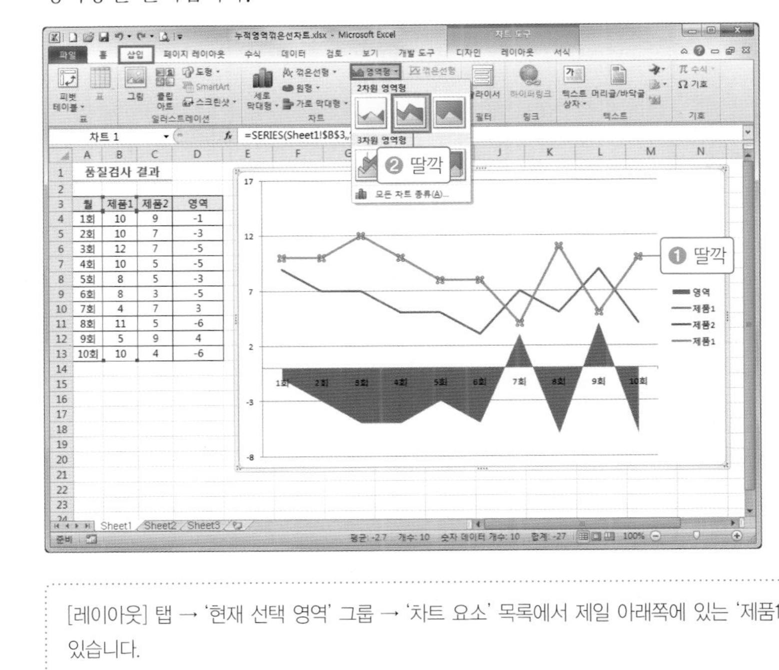

[레이아웃] 탭 → '현재 선택 영역' 그룹 → '차트 요소' 목록에서 제일 아래쪽에 있는 '제품1' 계열을 선택하면 정확히 선택할 수 있습니다.

5 ❶ 차트의 세로(값) 축을 더블클릭한 후 ❷ '축 서식' 대화상자가 열리면 '축 옵션'에서 '최소값'을 '0'으로 지정하고 ❸ 〈닫기〉를 클릭합니다.

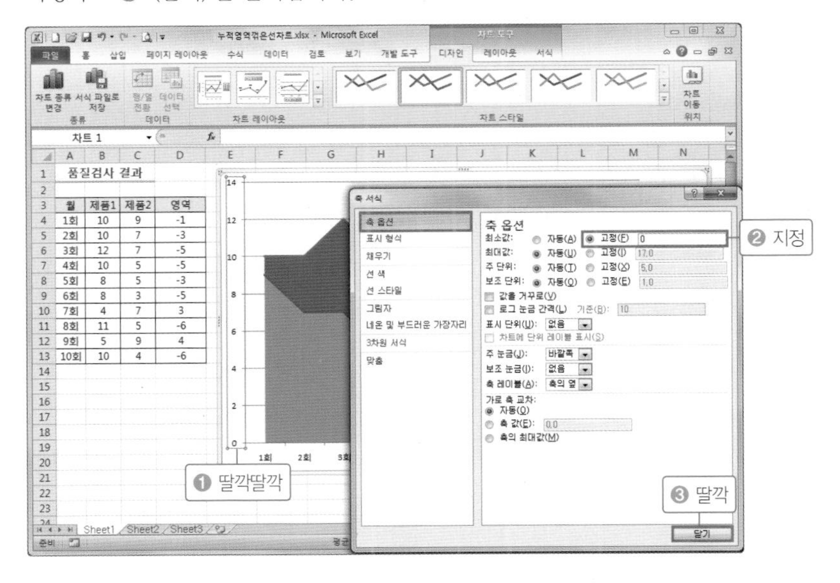

6 ❶ 누적 영역형으로 변경된 '제품1'(녹색 영역) 영역을 클릭하고 ❷ [서식] 탭 → '도형 스타일' 그룹 → '도형 채우기' → '채우기 없음'을 선택합니다.

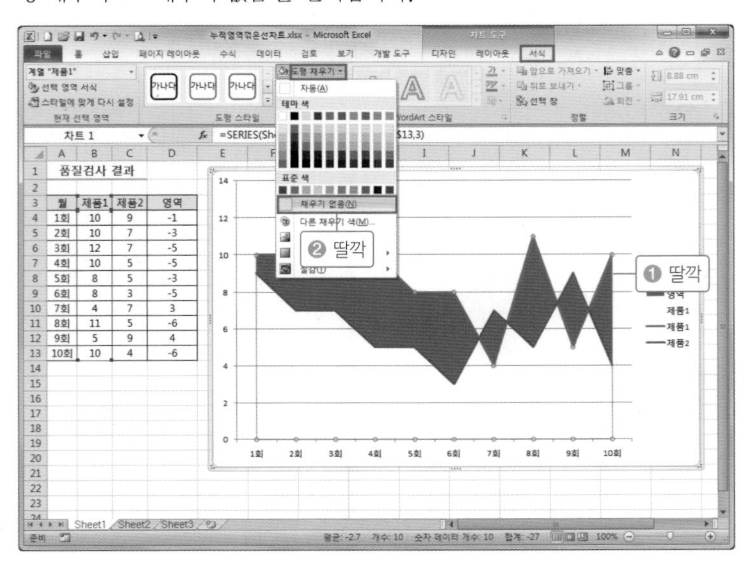

7 ❶ 차트의 '영역' 계열을 클릭하고 ❷ [서식] 탭 → '도형 스타일' 그룹 → '자세히' 단추를 클릭한 후 ❸ '미세 효과 – 자주, 강조 4'를 클릭합니다. ❹ 범례 상자를 클릭한 후 ❺ 다시 범례에서 '영역'을 클릭하여 Delete 글쇠를 누릅니다. ❻ 다시 범례에서 '제품1'을 클릭한 후 Delete 글쇠를 누릅니다.

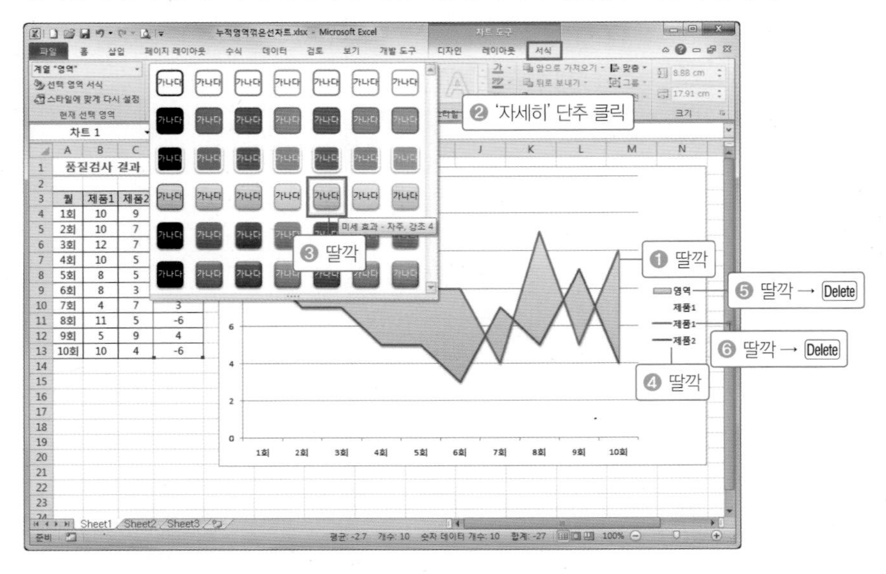

03 점선과 실선이 혼합된 꺾은선형 차트로 손익분기 표시하기

제품의 판매 수량으로 작성한 꺾은선형 차트에 이익이 양수가 되는 시점 전까지는 점선으로 표시하여 손익분기를 나타내 보겠습니다.

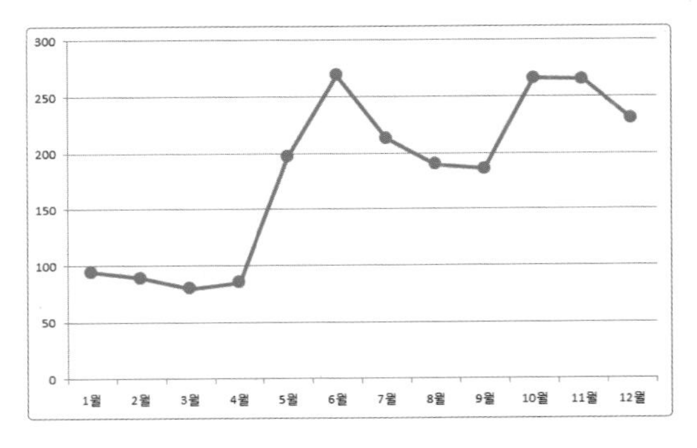

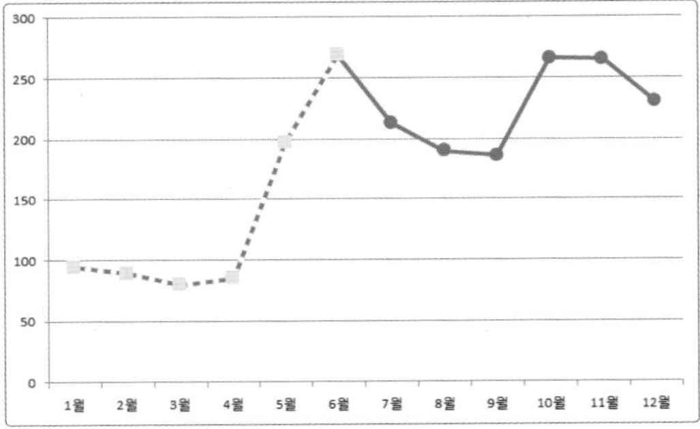

1 '금액=누적 수량*단가', '비용=변동 비용*누적 수량+고정 비용', '이익=금액−비용' 수식을 작성하고 손익 분기 표시를 위한 값을 입력하겠습니다. ❶ [Sheet1] 시트에서 C4셀에는 '=SUM($B$4:B4)'를, D4셀에는 '=C4*$F$17'을, E4셀에는 '=$F$18*C4+$F$19'를, F4셀에는 '=D4−f4'를, G4셀에는 '=IF(OR(F3〈0,F4〈0),B4,NA( ))'를 각각 입력하고 Enter↵ 글쇠를 누릅니다. ❷ C4:G4 범위를 지정한 후 ❸ G4셀의 자동 채우기 핸들을 [+]을 더블클릭합니다.

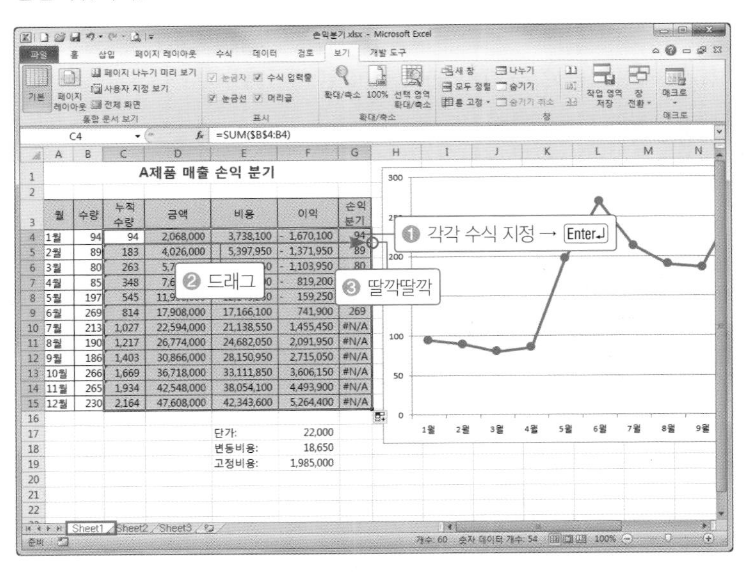

손익분기 부분 : F3셀이 음수이거나 F4셀이 음수이면(OR(F3〈0,F4〈0)), 즉 전월 값이나 당월 값이 음수이면 수량을 입력하고, 그렇지 않으면 NA( ) 함수로 #N/A 오류값을 입력합니다. #N/A 오류값은 꺾은선형 차트로 작성했을 때 선이 생기지 않습니다.

2 ❶ 차트를 선택하고 ❷ [디자인] 탭 → '데이터' 그룹 → '데이터 선택'을 클릭합니다. ❸ '데이터 원본 선택' 대화상자가 열리면 〈추가〉를 클릭하여 ❹ '계열 편집' 대화상자를 열고 '계열 값'에 G4:G15 범위를 지정한 후 ❺ 〈확인〉을 클릭합니다. ❻ '데이터 원본 선택' 대화상자로 되돌아오면 〈확인〉을 클릭합니다.

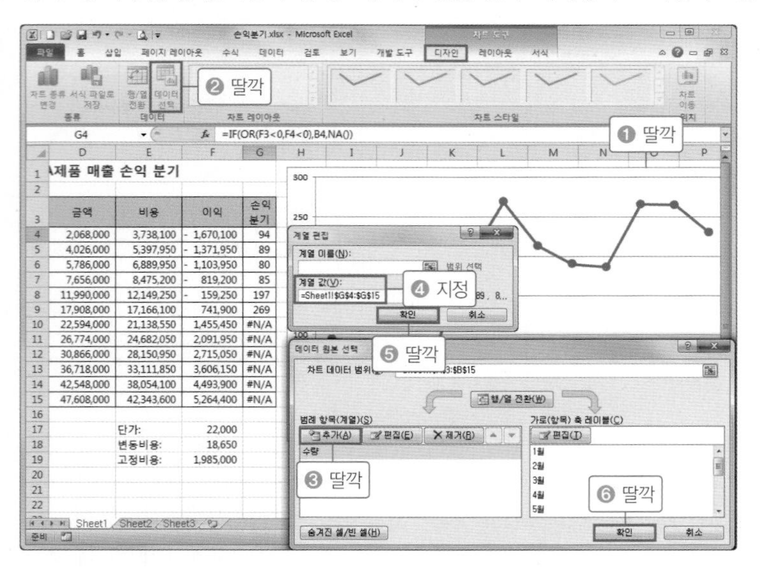

3 ❶ 차트에서 '2' 계열을 선택하고 ❷ [서식] 탭 → '도형 스타일' 그룹 → '도형 윤곽선' → '테마 색'에서 '흰색, 배경 1'을 선택합니다. ❸ [서식] 탭 → '도형 스타일' 그룹 → '도형 윤곽선' → '두께' → '4 1/2pt'를 선택하고 ❹ [서식] 탭 → '도형 스타일' 그룹 → '도형 윤곽선' → '대시' → '둥근 점선'을 선택합니다.

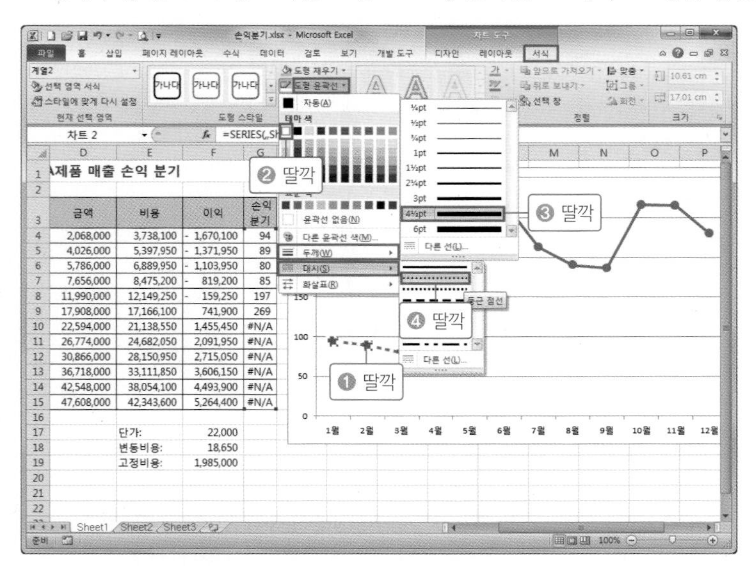

4 차트에서 '2' 계열을 선택한 상태에서 ❶ [서식] 탭 → '현재 선택 영역' 그룹 → '선택 영역 서식'을 클릭합니다. ❷ '데이터 계열 서식' 대화상자가 열리면 '표식 채우기'에서 ❸ '단색 채우기'를 선택하고 ❹ 채우기 색으로 '테마 색'의 '파랑, 강조 1, 80% 더 밝게'를 선택합니다.

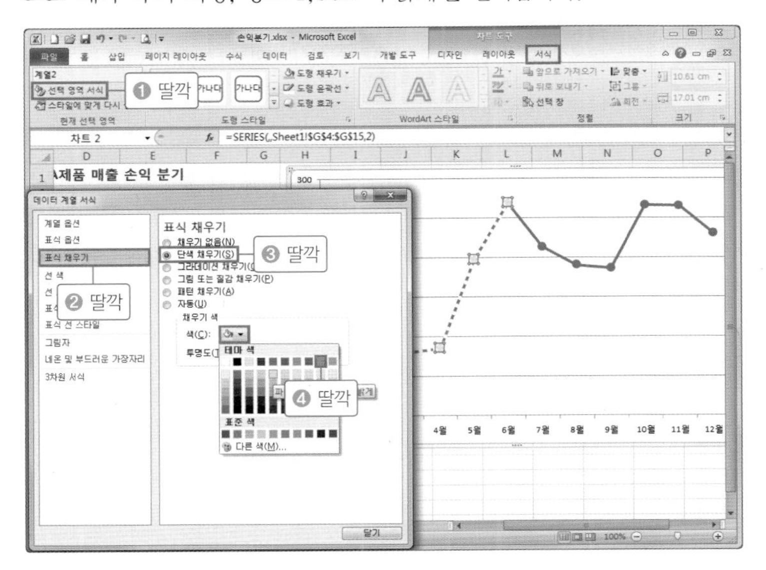

5 ❶ '데이터 계열 서식' 대화상자가 열린 상태에서 '표식 선 색'을 클릭하고 ❷ '선 없음'을 선택한 후 ❸ 〈닫기〉를 클릭합니다.

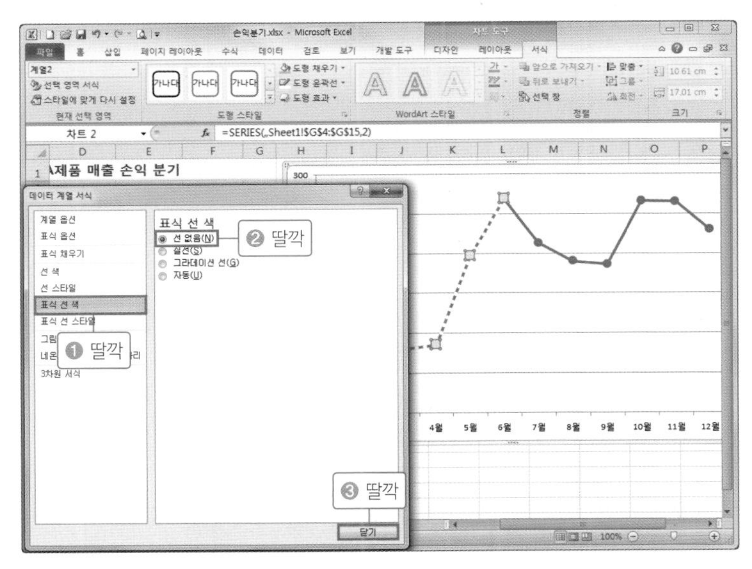

| 실습 파일 | 현장실습03\파레토차트.xlsx | 완성 파일 | 현장실습03\완성\파레토차트완성.xlsx

연습문제

파레토 차트 작성해 ABC 분석하기

동영상 확인하기

ABC 분석은 재고 관리, 품질 관리, 상품 관리, 고객 관리 등에 활용하기 위해 관리 대상을 A, B, C 세 개의 그룹으로 나누고 A 그룹을 중점 관리 대상으로 선택해 관리 효과를 높이는 분석 방법입니다. ABC 분석을 위해서는 관리 대상별 데이터 값과 구성 비율, 누적 구성 비율이 필요합니다.

파레토 차트는 X축에는 관리 대상을, Y축에는 누적 구성비를 표시하고 누적 구성비를 꺾은선형으로, 관리 대상의 데이터 값을 세로 막대형 차트로 표시한 후 누적 구성 비율이 70%까지는 A그룹, 90%까지는 B그룹, 그 이상은 C그룹으로 분류하여 표시하는 차트입니다. 상품 분류별 매출 실적이 작성되어 있는 표를 이용하여 지시 사항에 따라 구성비, 누적 구성비, A그룹 값, B그룹 값을 구한 후 세로 막대형 차트와 꺾은선형 차트의 혼합 차트를 작성하여 파레토 차트를 작성하고 중점적으로 관리할 상품 분류가 무엇인지 표시해 봅니다.

상품 분류별 매출실적

분류	매출실적	구성비	누적구성비	A그룹	B그룹
커피	50,380,800	17.3%	17.3%	70%	90%
면류	46,667,500	16.0%	33.3%	70%	90%
음료	40,483,500	13.9%	47.2%	70%	90%
유제품	36,934,400	12.7%	59.9%	70%	90%
해산물	32,624,100	11.2%	71.1%	0%	90%
가공식품	17,805,200	6.1%	77.2%	0%	90%
과자류	10,594,850	3.6%	80.8%	0%	90%
농산물	9,328,700	3.2%	84.0%	0%	90%
견과류	9,084,000	3.1%	87.1%	0%	90%
과일	8,981,700	3.1%	90.2%	0%	0%
통조림	7,223,900	2.5%	92.7%	0%	0%
빵류	6,379,600	2.2%	94.9%	0%	0%
건어물	5,601,400	1.9%	96.8%	0%	0%
곡류	4,567,400	1.6%	98.4%	0%	0%
육류	2,704,100	0.9%	99.3%	0%	0%
조미료	2,005,050	0.7%	100.0%	0%	0%
합계	291,366,200				

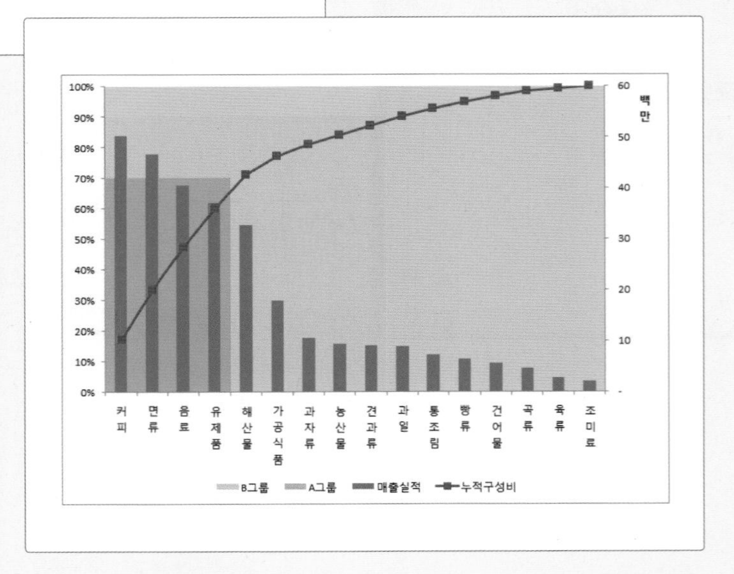

지시 사항

1. B4셀을 선택하고 [데이터] 탭 → '정렬 및 필터' 그룹 → '내림차순 정렬'을 선택하여 매출 실적별로 내림차순 정렬합니다.

2. B20셀에 매출 실적 합계인 '=SUM(B4:B19)'를 입력합니다.

3. C4셀에 '=B4/$B$20'을 입력하여 구성비를 구하고 나머지 아래쪽 셀에 함수식을 복사합니다.

4. D4셀에 '=SUM($C$4:C4)'를 입력하여 누적 구성비를 구하고 나머지 아래쪽 셀에 함수식을 복사합니다.

5. E4셀에 '=IF(D4〈=70%,70%,0)'을 입력하고 아래쪽 셀에 함수식을 복사합니다.

6. F4셀에 '=IF(D4〈=90%,90%,0)'을 입력하고 아래쪽 셀에 함수식을 복사합니다.

7. A3:B19 범위를 지정하고 Ctrl 글쇠를 누른 상태에서 D3:F19 범위를 지정한 후 묶은 세로 막대형 차트를 삽입합니다. 삽입한 차트는 표의 오른쪽에 이동한 후 적당한 크기로 조절합니다.

8. '매출 실적' 계열(파란색 막대)을 더블클릭한 후 계열 옵션에서 '보조 축'을 선택합니다.

9. 세로(값) 축을 더블클릭한 후 최소값은 '0', 최대값은 '1', 주 단위는 '0.1'로 지정합니다.

10. 누적 구성비 계열(빨간색 막대)을 선택하고 [디자인] 탭 → '종류' → '차트 종류 변경'을 선택한 후 '꺾은선형'의 '표식이 있는 꺾은선형'을 선택하여 차트의 종류를 변경합니다.

11. [레이아웃] 탭 → '현재 선택 영역' 그룹의 차트 요소 목록에서 'A그룹' 계열을 선택한 후 〈선택 영역 서식〉을 클릭하고 계열 옵션의 계열 겹치기는 '100%', 간격 너비는 '0%'로 지정합니다.

12. [디자인] 탭 → '데이터' 그룹 → '데이터 선택'을 클릭하고 범례 항목(계열)에서 B그룹을 선택한 후 ▲을 클릭하여 순서를 바꿉니다.

13. [레이아웃] 탭 → '레이블' 그룹 → '범례' → '아래쪽에 범례 표시'를 선택합니다.

14. [레이아웃] 탭 → '축' 그룹 → '축' → '보조 세로축' → '백만 단위로 축 표시'를 선택합니다.

15. [레이아웃] 탭 → '축' 그룹 → '눈금선' → '기본 가로 눈금선' → '없음'을 선택합니다.

16. 가로(항목) 축을 선택하고 [홈] 탭 → '맞춤' 그룹 → '방향' → '세로쓰기'를 선택합니다. 이와 같은 방법으로 보조(값) 축의 레이블 '백만'을 세로쓰기로 변경합니다.

17. 그림 영역을 선택하고 [서식] 탭 → '도형 스타일' 그룹 → '도형 채우기' → '테마 색'에서 '황록색, 강조 3, 60% 더 밝게'를 선택합니다.

18. 차트에서 'B그룹'을 선택하고 [서식] 탭 → '도형 스타일' 그룹 → '도형 채우기' → '테마 색'의 '바다색, 강조 5, 60% 더 밝게'를 선택합니다.

19. 차트에서 'A그룹' 계열을 선택하고 [서식] 탭 → '도형 스타일' 그룹 → '도형 채우기' → '표준 색'에서 '주황'을 선택합니다.

현 장 실 습

04

업무 능력 향상, 데이터 관리 및 분석 기술 익히기

01 거래 내역에서 자료 추출하고 통합하기

02 피벗 테이블로 매출 요약 분석하기

03 매출 추이 분석하기

04 광고 예산 인상에 따른 매출액 예측하기

직장인을 위한 실무 엑셀

E
X
C
E
L

엑셀은 방대한 양의 데이터를 효율적으로 관리하고 요약 및 분석까지 할 수 있는 프로그램입니다. 데이터 관리의 기본 기능인 정렬부터 필터, 부분합, 통합 기능까지 수행할 수 있고, 이러한 기능이 모두 포함된 피벗 테이블을 활용하여 복잡한 함수 없이도 다양한 형태로 데이터를 추출하고 요약 및 분석할 수 있습니다.
이번 장에서는 기본적인 데이터 관리 기능을 익히고 피벗 테이블 작성 기능을 활용해 데이터베이스 목록에서 원하는 자료를 추출하고 요약하는 방법에 대해 배워보겠습니다. 또한 요약한 데이터를 가지고 데이터를 분석하고 예측하는 문서까지 작성해 보겠습니다.

01 거래 내역에서 자료 추출하고 통합하기

| 예제 파일 | 현장실습04\거래내역.xlsx　| 완성 파일 | 현장실습04\완성\거래내역완성.xlsx

200행이 넘는 데이터 목록에서 ❶ **지정한 조건에 맞는 데이터만 추출**하여 ❷ **차트로 표시하고, 추출한 자료에 대한 합계**와 **일련번호가 매겨지도록 자동 필터 기능을 사용**해 보겠습니다. 자동 필터로 지정할 수 없는 복잡한 조건은 ❸ **고급 필터 기능으로 지정하여 원하는 조건에 맞는 데이터를 다른 시트에 추출**할 수 있습니다. 부분합 기능을 사용하여 ❹ **선택한 필드에 해당하는 소계를 구한 후 부분합 결과만 복사**하여 **별도의 표로 만들 것**입니다. 그리고 통합 기능으로 서로 다른 시트에 작성한 **7월과 8월 데이터를 통합**해 보겠습니다.

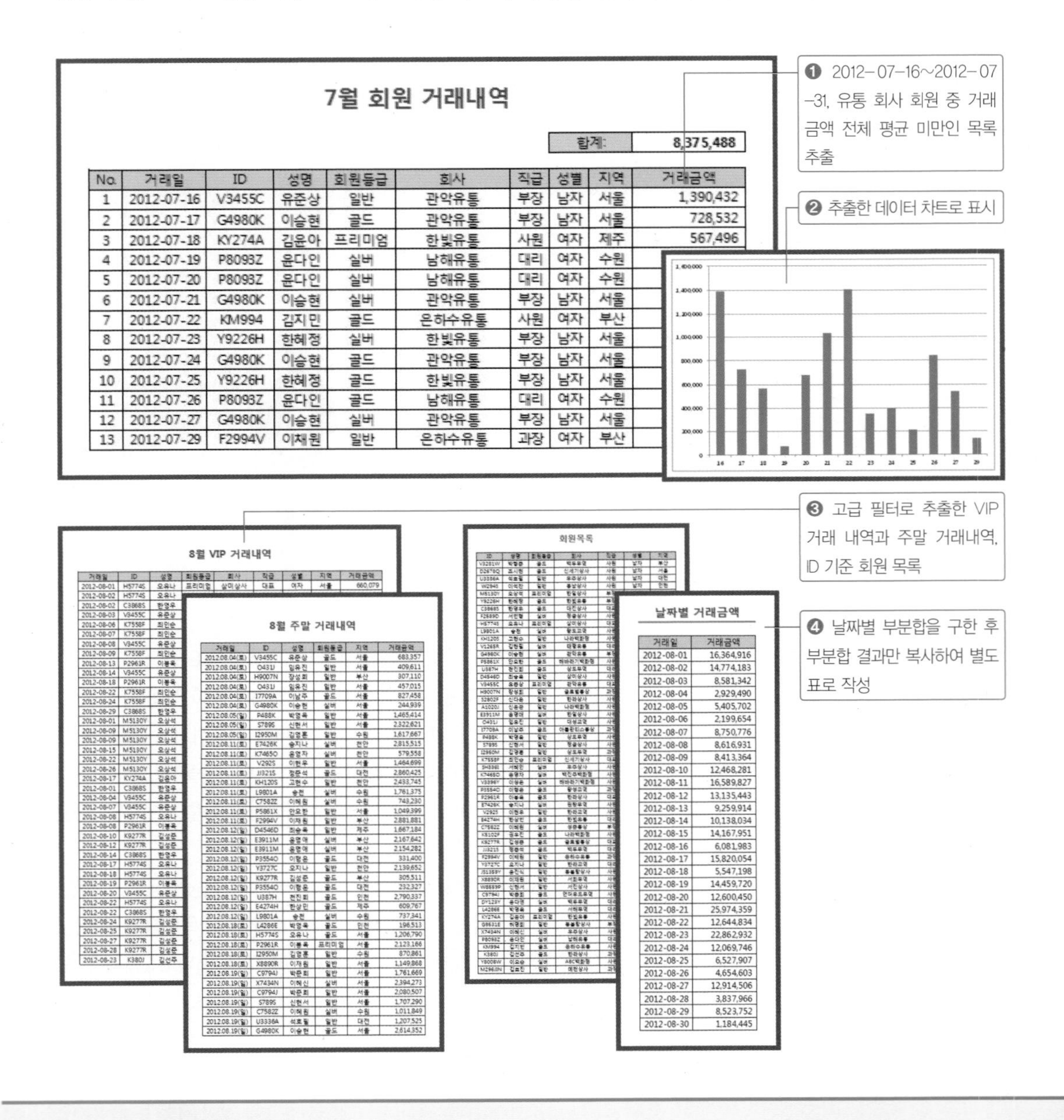

7월 회원 거래내역

합계:	8,375,488

No.	거래일	ID	성명	회원등급	회사	직급	성별	지역	거래금액
1	2012-07-16	V3455C	유준상	일반	관악유통	부장	남자	서울	1,390,432
2	2012-07-17	G4980K	이승현	골드	관악유통	부장	남자	서울	728,532
3	2012-07-18	KY274A	김윤아	프리미엄	한빛유통	사원	여자	제주	567,496
4	2012-07-19	P8093Z	윤다인	실버	남해유통	대리	여자	수원	
5	2012-07-20	P8093Z	윤다인	실버	남해유통	대리	여자	수원	
6	2012-07-21	G4980K	이승현	실버	관악유통	부장	남자	서울	
7	2012-07-22	KM994	김지민	골드	은하수유통	사원	여자	부산	
8	2012-07-23	Y9226H	한혜정	실버	한빛유통	부장	남자	서울	
9	2012-07-24	G4980K	이승현	골드	관악유통	부장	남자	서울	
10	2012-07-25	Y9226H	한혜정	골드	한빛유통	부장	남자	서울	
11	2012-07-26	P8093Z	윤다인	골드	남해유통	대리	여자	수원	
12	2012-07-27	G4980K	이승현	실버	관악유통	부장	남자	서울	
13	2012-07-29	F2994V	이채원	일반	은하수유통	과장	여자	부산	

날짜별 거래금액

거래일	거래금액
2012-08-01	16,364,916
2012-08-02	14,774,183
2012-08-03	8,581,342
2012-08-04	2,929,490
2012-08-05	5,405,702
2012-08-06	2,199,654
2012-08-07	8,750,776
2012-08-08	8,616,931
2012-08-09	8,413,364
2012-08-10	12,468,281
2012-08-11	16,589,827
2012-08-12	13,135,443
2012-08-13	9,259,914
2012-08-14	10,138,034
2012-08-15	14,167,951
2012-08-16	6,081,983
2012-08-17	15,820,054
2012-08-18	5,547,198
2012-08-19	14,459,720
2012-08-20	12,600,450
2012-08-21	25,974,359
2012-08-22	12,644,834
2012-08-23	22,862,932
2012-08-24	12,069,746
2012-08-25	6,527,907
2012-08-26	4,654,603
2012-08-27	12,914,506
2012-08-28	3,837,966
2012-08-29	8,523,752
2012-08-30	1,184,445

Step 01 자동 필터 결과 계산하고 동적 차트 만들기

① 중복된 항목 제거 기능을 사용하여 중복 데이터를 모두 삭제하고, 텍스트 나누기 기능으로 하이픈 없이 입력된 날짜를 날짜 데이터로 변환합니다.

② SUBTOTAL 함수를 사용하여 자동 필터로 필터한 결과에 대한 합계와 일련번호를 표시합니다.

③ 자동 필터한 결과 범위를 사용하여 차트를 작성합니다.

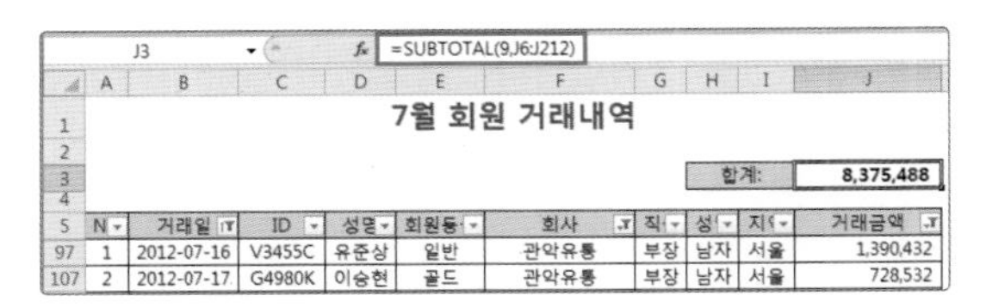

Step 02 고급 필터로 다른 시트에 데이터 추출하기

① 고급 필터를 사용하여 [8월거래내역] 시트의 목록으로부터 회원 등급이 프리미엄이거나 직급이 대표 또는 거래 금액이 300만 원 이상인 데이터를 [8월VIP거래내역] 시트에 추출합니다.

② WEEKDAY 함수를 사용한 조건식으로 [8월거래내역] 시트의 목록으로부터 주말 거래 내역을 [8월주말거래내역] 시트에 추출합니다.

회원등급	직급	거래금액
프리미엄		
	대표	
		>=3000000

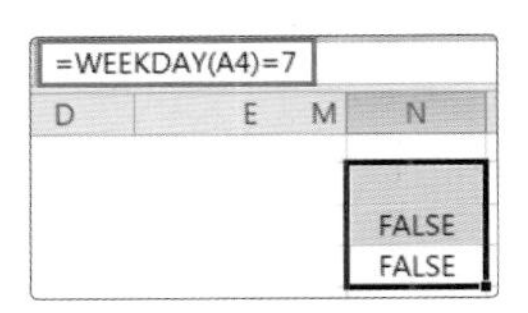

③ COUNTIF 함수를 사용한 조건식으로 회원 목록 한 개씩만 추출 및 1회 거래한 회원 목록을 추출합니다.

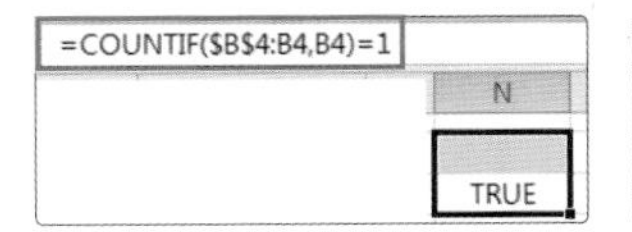

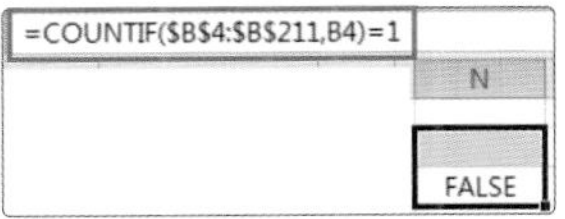

Step 03 부분합과 통합 기능으로 데이터 요약하기

① 부분합 기능을 사용하여 8월 거래 내역에서 날짜별 거래금액 목록을 만듭니다.

② 통합 기능을 사용하여 [7월거래내역] 시트와 [8월거래내역] 시트로부터 지역별 거래 금액의 합계를 통합합니다.

7, 8월 지역별 거래금액

지역	거래금액
천안	62,218,074
제주	56,841,157
부산	117,282,410
서울	228,360,273
대전	60,602,955
수원	55,897,902
인천	32,021,661

STEP 01 자동 필터 결과 계산하고 동적 차트 만들기

1 데이터베이스 시스템에서 자료를 수집하다 보면 중복 데이터가 생기게 됩니다. [7월 거래 내역] 시트에서 7월 회원 거래 내역에 섞여있는 중복 데이터를 삭제하기 위해 ❶ [데이터] 탭 → '데이터 도구' 그룹 → '중복된 항목 제거'를 클릭합니다. ❷ 모든 필드 항목을 선택한 상태에서 '중복된 항목 제거' 대화상자가 열리면 〈확인〉을 클릭하고 ❸ 확인 메시지 창이 나오면 〈확인〉을 클릭합니다.

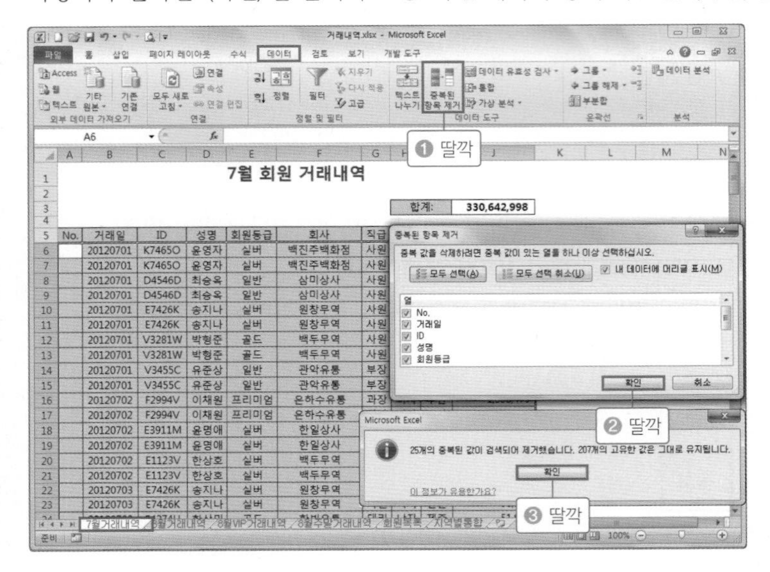

중복된 항목 제거를 하기 위해서는 반드시 데이터 범위 안에 있는 하나의 셀을 클릭한 후 진행해야 합니다. 예제에는 이미 셀이 선택되어 있습니다.

2 ❶ 거래일 하이픈(–)이 입력된 날짜 데이터로 바꾸기 위해 B6셀을 선택하고 단축 글쇠 Ctrl+Shift+↓를 눌러 범위를 지정한 후 ❷ [데이터] 탭 → '데이터 도구' 그룹 → '텍스트 나누기'를 클릭합니다. ❸ '텍스트 마법사' 대화상자에서 1, 2단계는 모두 〈다음〉을 클릭하고 ❹ 3단계의 '열 데이터 서식'에서 '날짜'를 선택한 후 ❺ 〈마침〉을 클릭합니다.

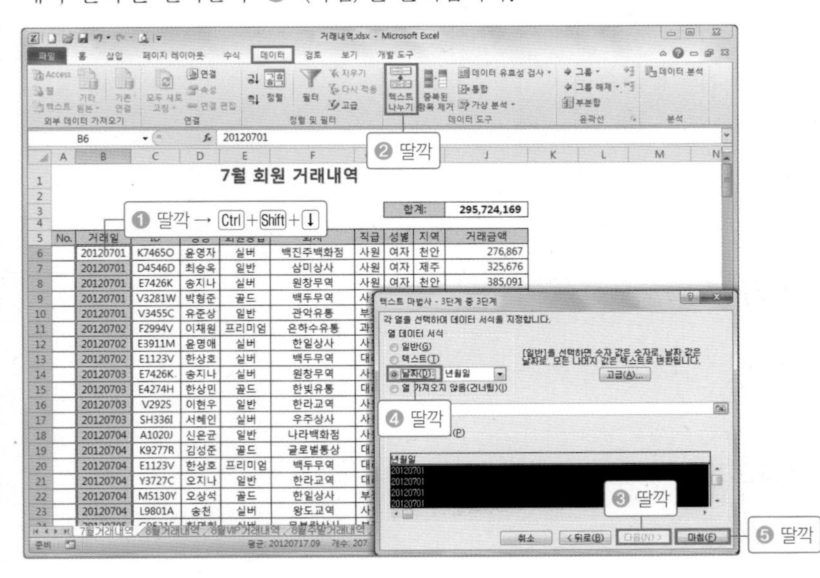

3 ❶ 자동 필터링한 결과에 대한 합계와 일련번호가 표시되도록 J3셀을 선택한 후 Delete 글쇠를 눌러 기존의 SUM 함수식을 삭제하고 '=SUBTOTAL(9,J6:J212)'를 입력한 후 Enter↵ 글쇠를 누릅니다. ❷ A6셀에 '=SUBTOTAL(3,$B$6:B6)'을 입력하고 Enter↵ 글쇠를 누른 후 ❸ 다시 A6셀을 선택하여 ❹ A6셀의 자동 채우기 핸들을 더블클릭합니다. ❺ A212셀의 자동 채우기 핸들을 A213셀까지 한 칸 더 드래그하여 복사하고 ❻ 213행 머리글을 클릭한 후 단축 글쇠 Ctrl+9를 눌러 행을 숨깁니다.

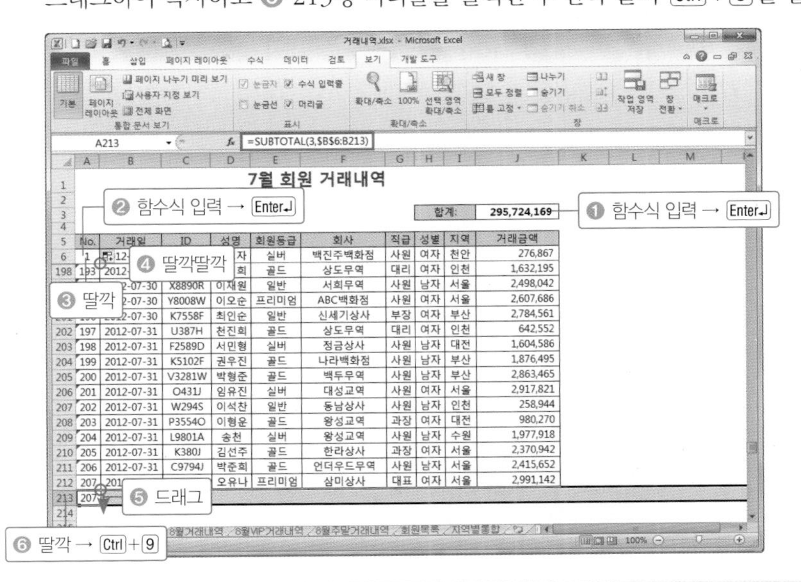

잠깐만요 SUBTOTAL 함수 제대로 알기

SUBTOTAL 함수의 첫 번째 인수로는 계산에 사용할 함수 번호를, 두 번째 인수로는 계산할 범위를 지정합니다. 함수 번호별 계산 함수는 아래 표와 같으며, 자동 필터 결과에서 함수 번호(숨겨진 값 포함)를 지정해도 자동 필터 때문에 숨겨진 행은 제외하고 계산됩니다.

함수 번호 (숨겨진 값 포함)	함수 번호 (숨겨진 값 제외)	함수	함수 번호 (숨겨진 값 포함)	함수 번호 (숨겨진 값 제외)	함수
1	101	AVERAGE	7	107	STDEV
2	102	COUNT	8	108	STDEVP
3	103	COUNTA	9	109	SUM
4	104	MAX	10	110	VAR
5	105	MIN	11	111	VARP
6	106	PRODUCT			

- =SUBTOTAL(9,J6:J212) : J6:J212 범위 중 자동 필터링할 때 숨겨진 행은 제외하고 합계를 구합니다.
- =SUBTOTAL(3,$B$6:B6) : $B$6:B6과 같이 앞의 셀은 절대 참조로, 뒤의 셀은 상대 참조로 지정하여 B6셀을 기준으로 한 칸씩 확장되는 범위의 셀 개수를 구합니다. 따라서 각 셀에 순서대로 일련번호가 입력되고, 자동 필터링으로 숨겨지는 행을 제외하고 구해집니다. 일련번호 범위에서 마지막 행 밑에 하나 더 수식을 복사하고 숨긴 이유는 자동 필터링할 때 SUBTOTAL 함수가 포함된 목록의 경우 마지막 행은 요약 행으로 인식하여 자동 필터 조건과 상관 없이 함께 추출되므로 마지막 빈 행에 SUBTOTAL 함수식을 복사하고 숨겨야 합니다.

4 ❶ B6셀을 선택한 후 단축 글쇠 Ctrl+Shift+↓를 눌러 범위를 지정하고 ❷ Ctrl 글쇠를 누른 상태에서 J6셀을 선택한 후 ❸ 단축 글쇠 Ctrl+Shift+↓를 눌러 추가 범위를 지정합니다. ❹ [삽입] 탭 → '차트' 그룹 → '세로 막대형' → '2차원 세로 막대형'에서 '묶은 세로 막대형'을 클릭합니다.

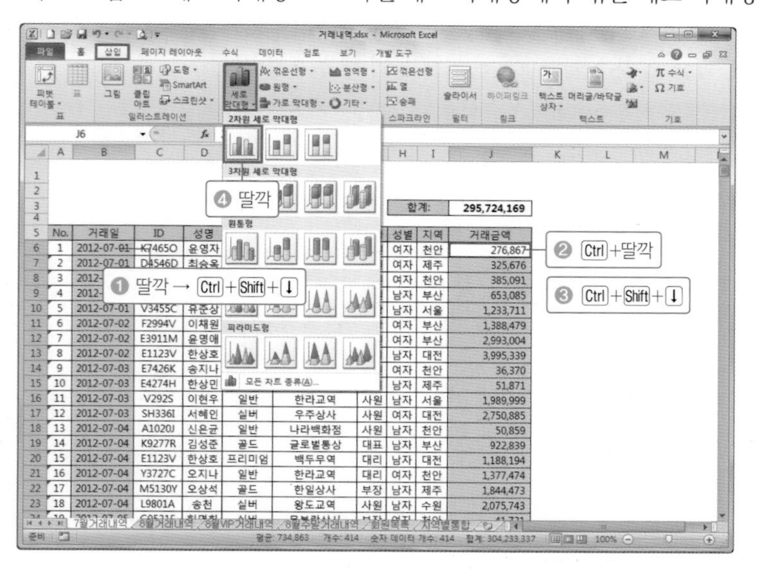

5 ❶ 삽입한 차트를 표의 오른쪽 위로 이동하고 크기를 조절한 후 ❷ [레이아웃] 탭 → '레이블' 그룹 → '범례' → '없음'을 선택하고 ❸ 차트에서 가로(항목) 축을 더블클릭합니다. ❹ '축 서식' 대화상자가 열리면 '축 옵션'에서 '축 종류'를 '텍스트 축'으로 선택합니다. ❺ '표시 형식'을 클릭하고 ❻ '범주'에서 '사용자 지정'을 선택한 후 ❼ '서식 코드'에 'dd'를 입력하고 ❽ 〈추가〉를 클릭합니다.

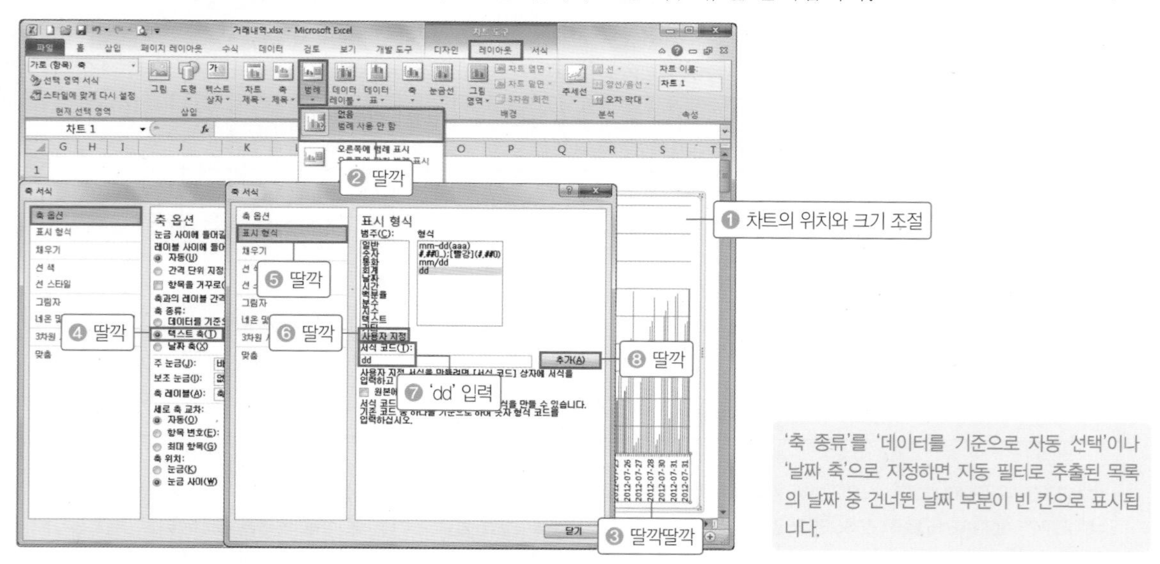

'축 종류'를 '데이터를 기준으로 자동 선택'이나 '날짜 축'으로 지정하면 자동 필터로 추출된 목록의 날짜 중 건너뛴 날짜 부분이 빈 칸으로 표시됩니다.

6 ❶ 대화상자가 열려있는 상태에서 차트 영역을 클릭합니다. ❷ '차트 영역 서식' 대화상자의 '속성'을 클릭하고 ❸ '개체 위치 지정'에서 '변하지 않음'을 선택한 후 ❹ 〈닫기〉를 클릭하세요.

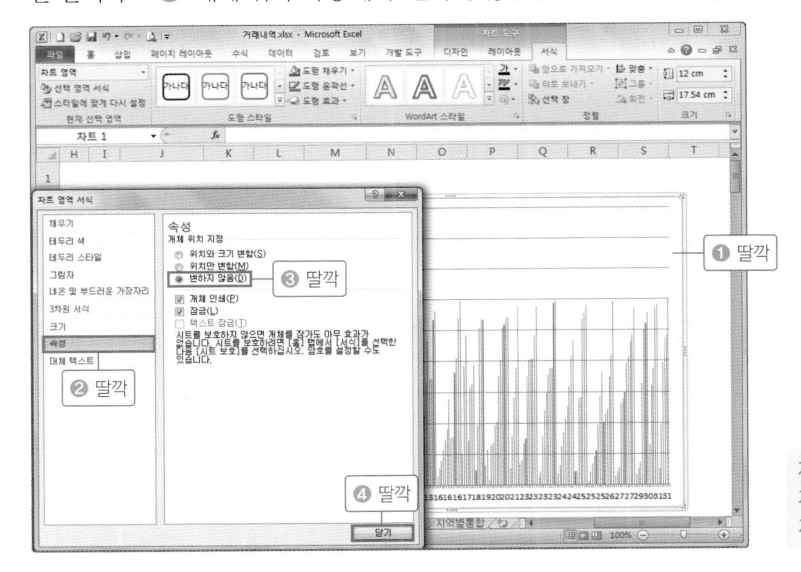

자동 필터링할 때 조건에 맞지 않는 행들이 숨겨지면서 차트 크기가 줄어들지 않도록 '개체 위치 지정'을 '변하지 않음'으로 선택하는 것입니다.

7 ❶ 표에서 하나의 셀을 선택하고 ❷ [데이터] 탭 → '정렬 및 필터' 그룹 → '필터'를 클릭합니다. ❸ '거래일'이 입력된 B5셀의 필터 단추[▼]를 클릭하고 ❹ '날짜 필터' → '해당 범위'를 선택합니다. ❺ '사용자 지정 자동 필터' 대화상자가 열리면 거래일을 입력하고 ❻ 〈확인〉을 클릭합니다.

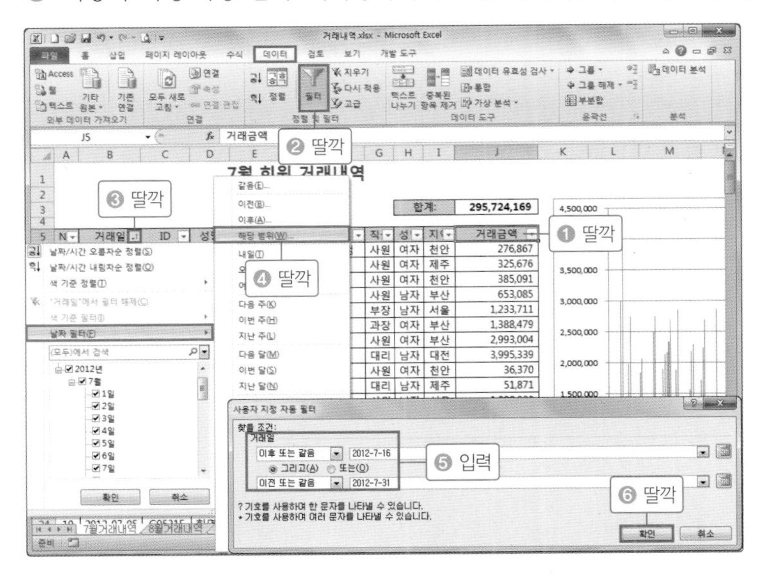

8 ❶ '회사'가 입력된 F5셀의 필터 단추[▼]를 클릭하고 ❷ 검색 창에 '유통'을 입력한 후 ❸ 〈확인〉을 클릭합니다. ❹ '거래금액'이 입력된 J5셀의 필터 단추[▼]를 클릭하고, ❺ '숫자 필터' → '평균 미만'을 선택한 후 ❻ 〈확인〉을 클릭합니다.

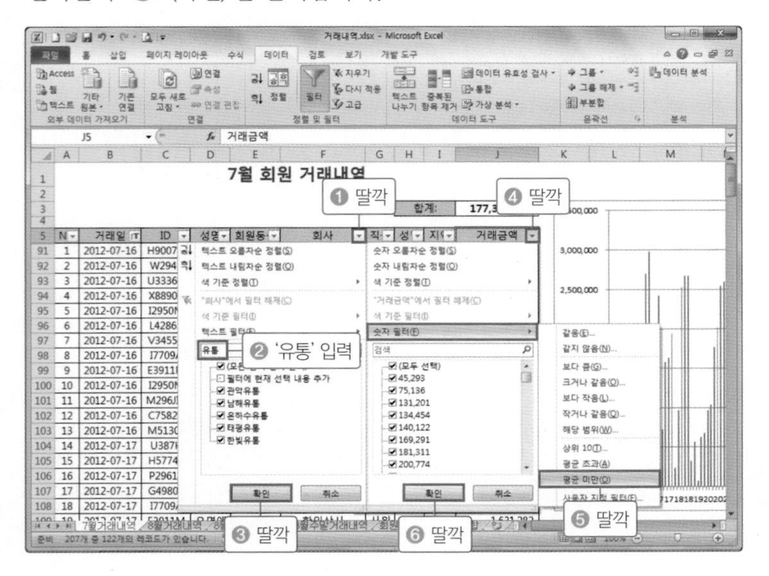

STEP 02

고급 필터로 다른 시트에 데이터 추출하기

1 ❶ [8월VIP거래내역] 시트의 K4:M6 범위에 다음의 그림과 같이 고급 필터 조건을 입력하고 ❷ A3셀을 선택한 후 ❸ [데이터] 탭 → '정렬 및 필터' 그룹 → '고급'을 클릭합니다. ❹ '고급 필터' 대화상자가 열리면 '결과'는 '다른 장소에 복사'로 선택하고 ❺ '목록 범위'에는 '목록8'을 입력하고 '조건 범위'에는 K3:M6 범위를, '복사 위치'에는 A3셀을 지정한 후 ❻ 〈확인〉을 클릭합니다.

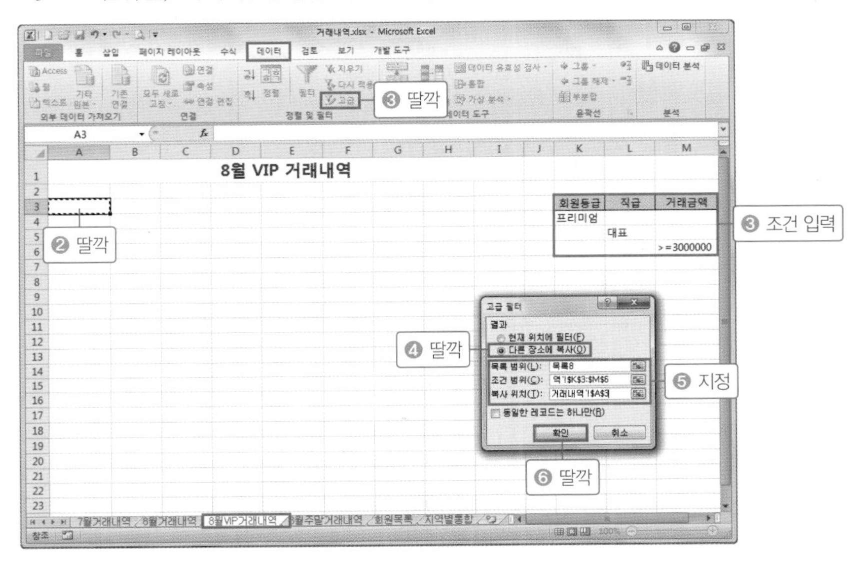

잠깐만요 고급 필터 조건 이해하기

고급 필터 기능은 조건을 별도의 범위에 입력해야 합니다. 즉 조건에 해당되는 필드명을 맨 위에 입력하고 해당 필드의 조건을 그 아래에 입력하면 되는데, 각 조건들을 같은 행에 입력하면 AND 조건으로 추출하고, 각각 다른 행에 입력하면 OR 조건으로 추출합니다. '목록8'이라는 이름은 [8월거래내역] 시트의 A3:I211 범위 이름입니다.

회원 등급이 '프리미엄'이거나, 직급이 '대표'이거나, 거래 금액이 3백만 원 이상인 데이터를 추출하는 경우

회원등급	직급	거래금액
프리미엄		
	대표	
		>=3000000

회원 등급이 '프리미엄'이고, 직급이 '대표'이고, 거래 금액이 3백만 원 이상인 데이터를 추출하는 경우

회원등급	직급	거래금액
프리미엄	대표	>=3000000

2 ❶ [데이터] 탭 → '정렬 및 필터' 그룹 → '정렬'을 클릭합니다. ❷ '정렬' 대화상자가 열리면 '열'의 '정렬 기준'은 '회원등급'으로 지정하고 ❸ '정렬'은 '사용자 지정 목록'으로 선택합니다. ❹ '사용자 지정 목록' 대화상자가 열리면 '목록 항목'에 '프리미엄, 골드, 실버, 일반'을 입력하고 ❺ 〈추가〉를 클릭한 후 ❻ 〈확인〉을 클릭합니다.

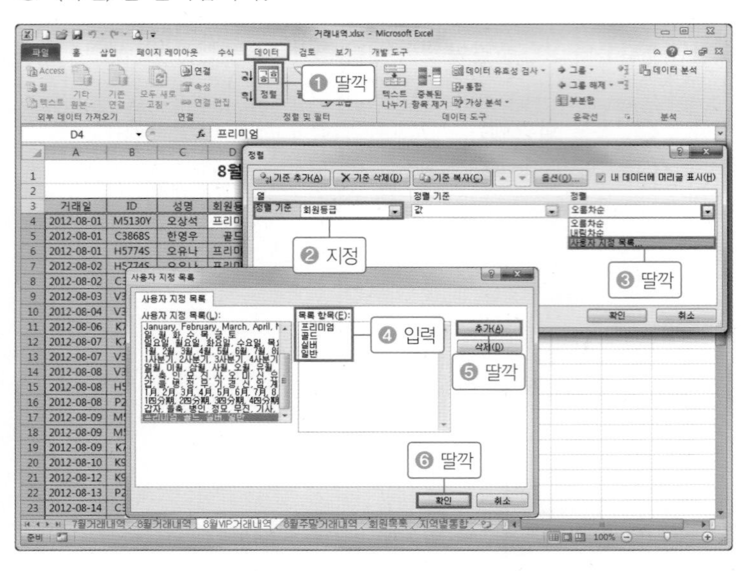

3 ❶ 다시 '정렬' 대화상자로 되돌아오면 〈기준 추가〉를 클릭하고 ❷ '열'의 '다음 기준'을 '직급'으로 지정한 후 ❸ '정렬'에서 '사용자 지정 목록'을 선택합니다. ❹ '사용자 지정 목록' 대화상자가 열리면 '목록 항목'에 '대표, 부장, 과장, 대리, 사원'을 입력하고 ❺ 〈추가〉를 클릭한 후 ❻ 〈확인〉을 클릭합니다. ❼ '정렬' 대화상자에서도 〈확인〉을 클릭하세요.

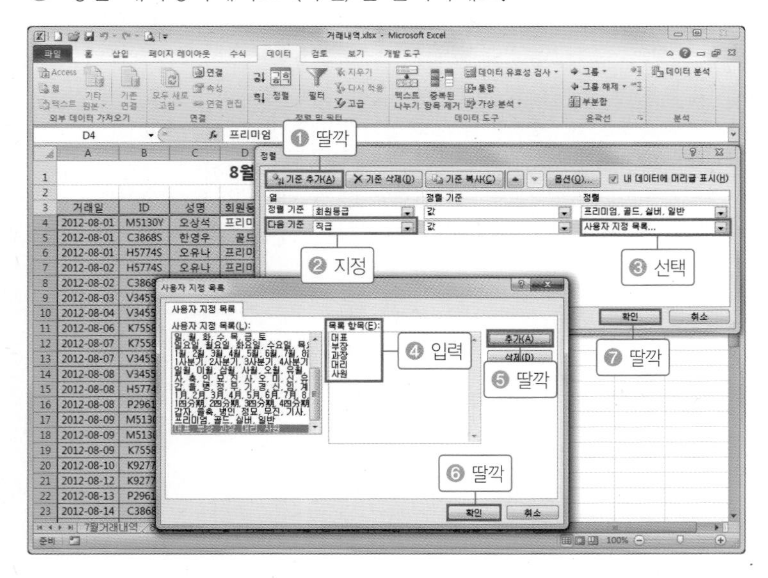

4 주말 거래 내역을 추출하기 위한 조건을 입력하고 조건 범위의 이름을 정의하겠습니다. ❶ [8월거래내역] 시트의 N3셀에 '=WEEKDAY(A4)=1'을 입력하고 Enter↵ 글쇠를 누른 후 ❷ N4셀에 '=WEEKDAY(A4)=7'을 입력하고 Enter↵ 글쇠를 누릅니다. ❸ N2:N4 범위를 지정하고 ❹ 이름 상자에 '주말조건'을 입력한 후 Enter↵ 글쇠를 누릅니다.

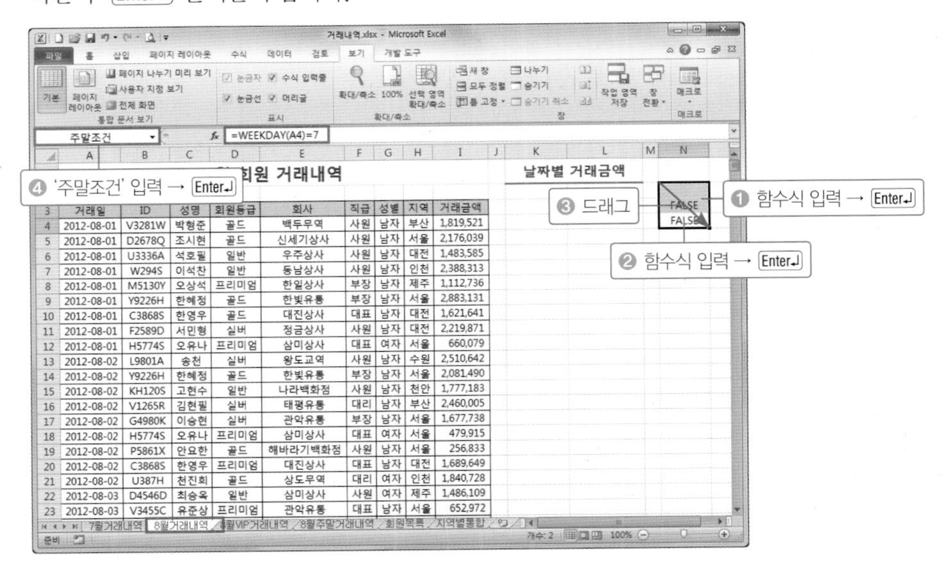

잠깐만요 고급 필터 조건 이해하기

수식을 사용한 조건 범위인 경우 필드명은 원본 데이터의 필드명과 다르게 지정하거나 비워두어야 합니다. 다른 행에 입력했으므로 OR 조건으로 추출합니다. 즉 거래일이 일요일이거나 토요일인 목록을 추출합니다.

- WEEKDAY(A4)=1 : 거래일(A4)의 요일 번호가 1(일요일)인 데이터입니다.
- WEEKDAY(A4)=7 : 거래일(A4)의 요일 번호가 7(토요일)인 데이터입니다.

5 ❶ [8월주말거래내역] 시트에서 A5셀을 선택한 후 ❷ [데이터] 탭 → '정렬 및 필터' 그룹 → '고급'을 클릭합니다. ❸ '고급 필터' 대화상자가 열리면 '결과'는 '다른 장소에 복사'로 선택하고 ❹ '목록 범위'에는 '목록8'로, '조건 범위'는 '주말조건'으로, '복사 위치'에는 A3:F3 범위를 지정한 후 ❺ 〈확인〉을 클릭합니다.

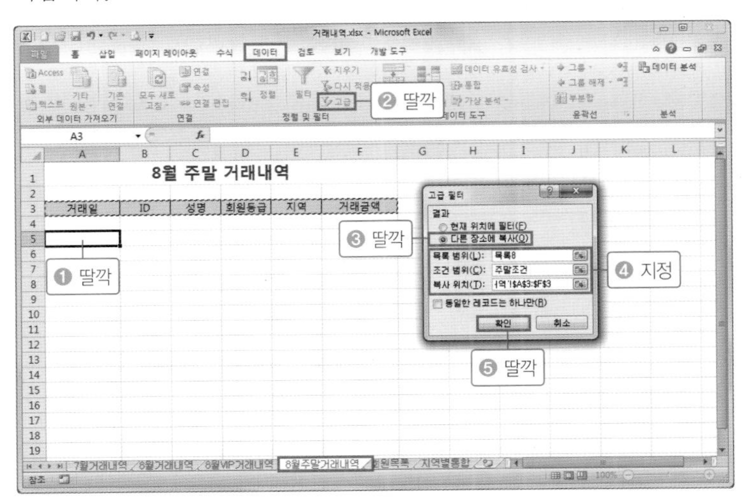

복사할 위치에 추출할 필드명을 미리 입력해 놓으면 복사 위치에 입력된 필드만 추출합니다.

6 ❶ A4:A54 범위를 지정하고 ❷ [홈] 탭 → '표시 형식' 그룹 → 대화상자 표시 단추를 클릭합니다. ❸ '셀 서식' 대화상자가 열리면 [표시 형식] 탭에서 '사용자 지정'을 선택한 후 ❹ '형식'에 'yyyy.mm.dd(aaa)'를 입력하고 ❺ 〈확인〉을 클릭합니다.

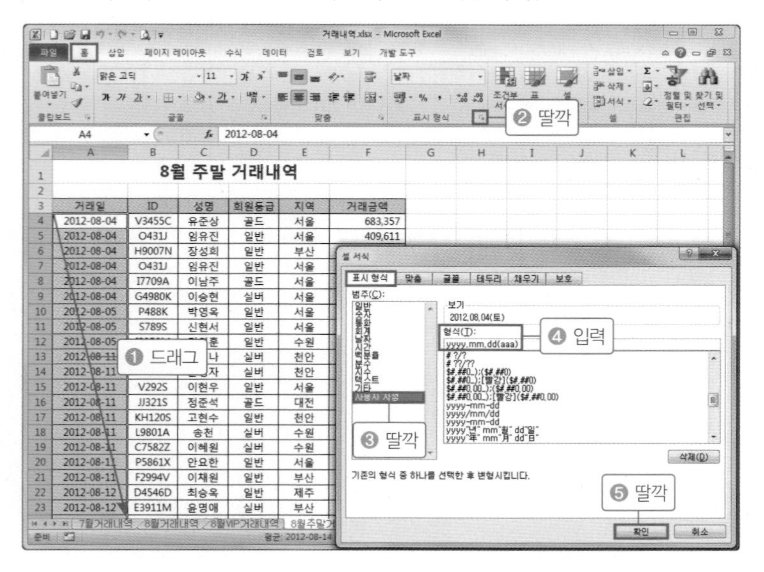

7 같은 회원이 여러 번 거래한 경우가 많기 때문에 목록에서 회원 목록을 하나씩만 추출할 조건을 입력하고 조건 범위의 이름을 정의하기 위해 ❶ [8월거래내역] 시트에서 N7셀에 '=COUNTIF($B$4:B4, B4)=1'을 입력하고 Enter↵ 글쇠를 누릅니다. ❷ N6:N7 범위를 지정하고 ❸ 이름 상자에 '회원'이라고 입력한 후 Enter↵ 글쇠를 누릅니다.

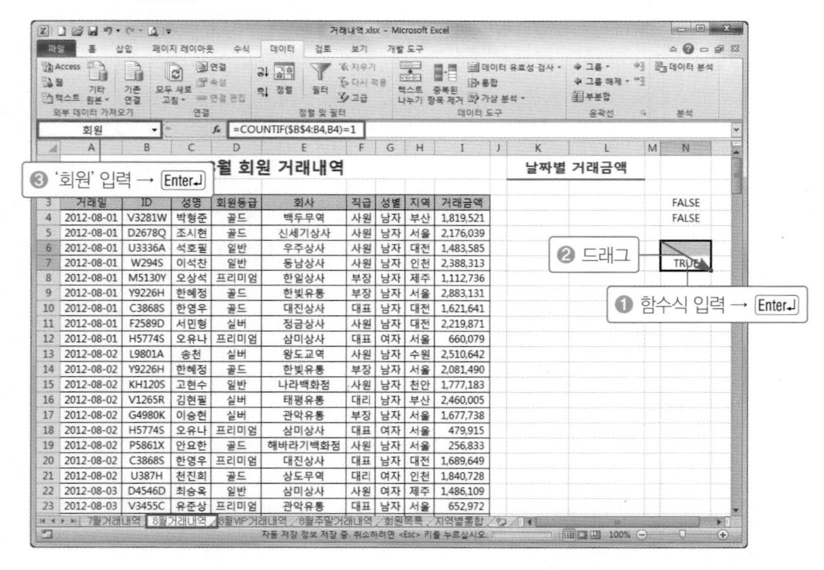

잠깐만요 **고급 필터 조건 이해하기**

=COUNTIF($B$4:B4,B4)=1 : 범위의 첫 번째 셀 ($B$4)을 절대 참조로 하고, 두 번째 셀 (B4)을 상대 참조로 하여 범위가 한 셀씩 확장되면서 셀 값 (B4)에 해당하는 개수를 구하여 결과가 1개인 경우를 추출하므로 고유 목록 1개씩만 추출합니다.

8 ❶ [회원목록] 시트에서 A5셀을 선택한 후 ❷ [데이터] 탭 → '정렬 및 필터' 그룹 → '고급'을 클릭합니다. ❸ '고급 필터' 대화상자가 열리면 '결과'는 '다른 장소에 복사'로 선택하고 ❹ '목록 범위'는 '목록8'로, '조건 범위'는 '회원'으로, '복사 위치'는 A3:G3 범위를 지정한 후 ❺ 〈확인〉을 클릭합니다.

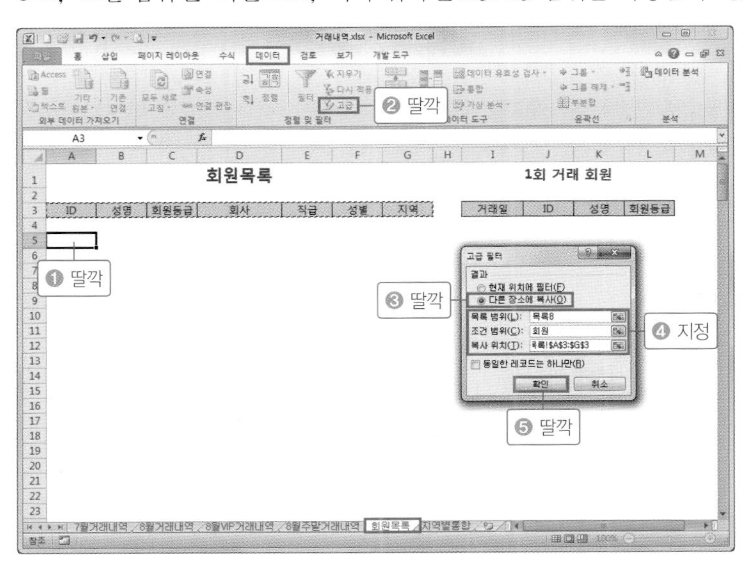

9 8월 거래 내역 중 한 번만 거래한 회원 목록을 추출하기 위한 조건을 입력하고 조건 범위의 이름을 정의하기 위해 ❶ [8월거래내역] 시트에서 N10셀에 '=COUNTIF($B$4:$B$211,B4)=1'을 입력하고 Enter↵ 글쇠를 누릅니다. ❷ N9:N10 범위를 지정하고 ❸ 이름 상자에 '회원2'를 입력한 후 Enter↵ 글쇠를 누릅니다.

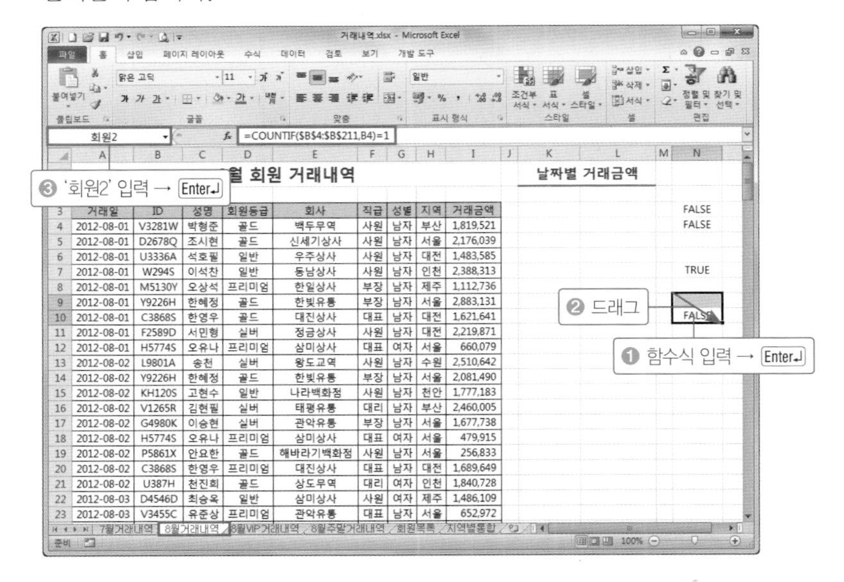

잠깐만요 **고급 필터 조건 이해하기**

=COUNTIF($B$4:$B$211,B4)=1 : ID 목록의 전체 범위에서 셀 값 (B4)에 해당하는 개수를 구하여 결과가 1개인 경우를 추출하므로 1회만 거래한 회원 목록을 추출할 수 있습니다.

10 ❶ [회원목록] 시트에서 I5셀을 선택한 후 ❷ [데이터] 탭 → '정렬 및 필터' 그룹 → '고급'을 클릭합니다. ❸ '고급 필터' 대화상자가 열리면 '결과'는 '다른 장소에 복사'로 선택하고 ❹ '목록 범위'는 '목록8'로, '조건 범위'는 '회원2'로, '복사 위치'는 I3:L3 범위를 지정한 후 ❺ 〈확인〉을 클릭합니다.

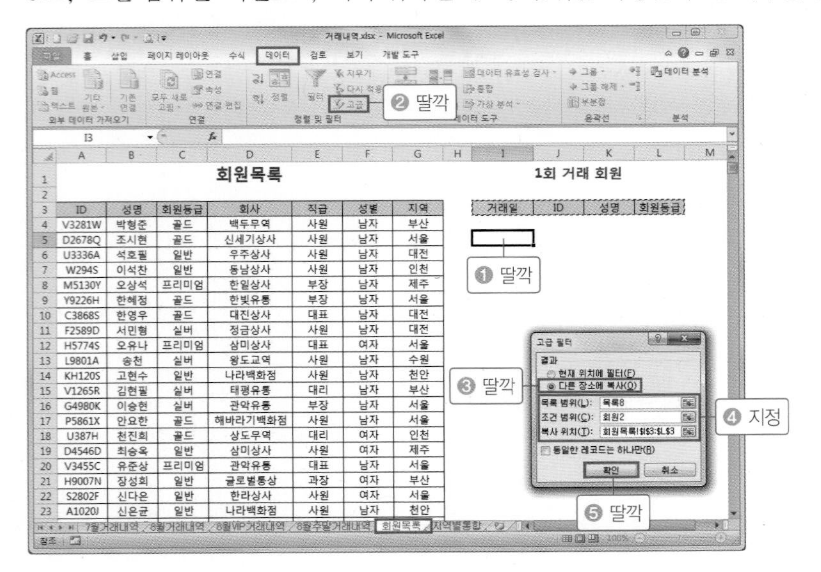

STEP 03 부분합과 통합 기능으로 데이터 요약하기

1 ❶ [8월거래내역] 시트에서 A3셀을 선택하고 ❷ [데이터] 탭 → '윤곽선' 그룹 → '부분합'을 클릭합니다. ❸ '부분합' 대화상자가 열리면 '그룹화할 항목'은 '거래일'로, '사용할 함수'는 '합계'로 지정한 후 ❹ '부분합 계산 항목'에는 '거래금액'에 ✔ 표시하고 ❺ 〈확인〉을 클릭합니다.

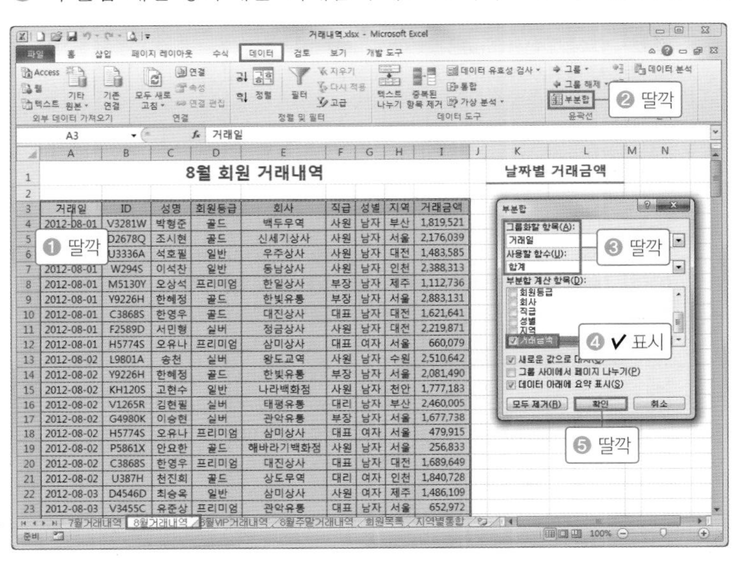

2 ❶ 윤곽 기호 [2]를 클릭하여 소계만 표시한 후 ❷ A3:A241 범위를 지정하고 ❸ Ctrl 글쇠를 누른 상태에서 I3:I241 범위를 지정합니다. ❹ [홈] 탭 → '편집' 그룹 → '찾기 및 선택' → '이동 옵션'을 클릭합니다. ❺ '이동 옵션' 대화상자가 열리면 '화면에 보이는 셀만'을 선택한 후 ❻ 〈확인〉을 클릭하고 ❼ 단축 글쇠 Ctrl+C를 눌러 복사합니다.

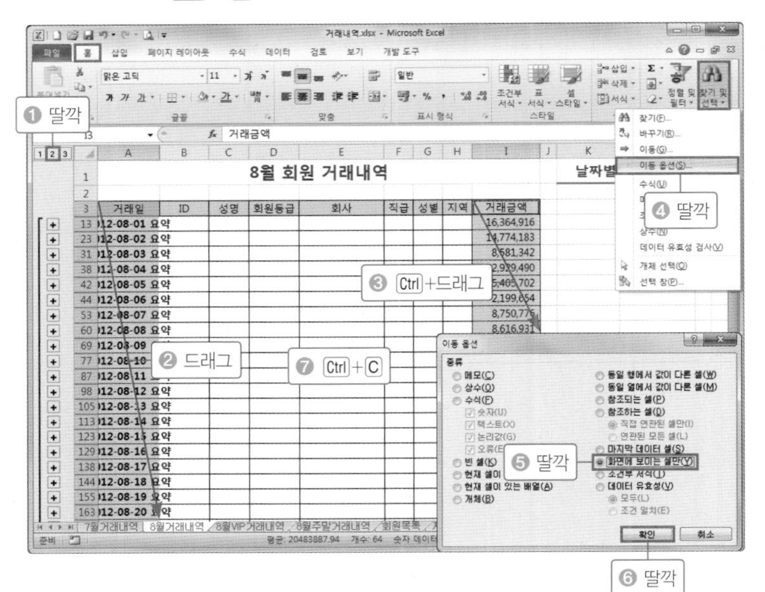

부분합 결과를 그룹화한 상태에서 범위를 지정한 후 복사를 선택하면 숨겨져 있는 행까지 복사되므로 복사하기 전에 '화면에 보이는 셀만'을 선택해야 합니다.

3 ❶ K3셀을 선택한 후 단축 글쇠 Ctrl+V를 눌러 붙여넣기합니다. ❷ 다시 A3셀을 선택하고 ❸ [데이터] 탭 → '윤곽선' 그룹 → '부분합'을 클릭한 후 ❹ '부분합' 대화상자가 열리면 〈모두 제거〉를 클릭합니다. ❺ 부분합 행 전체가 삭제된다는 메시지 창이 열리면 〈취소〉를 클릭하세요.

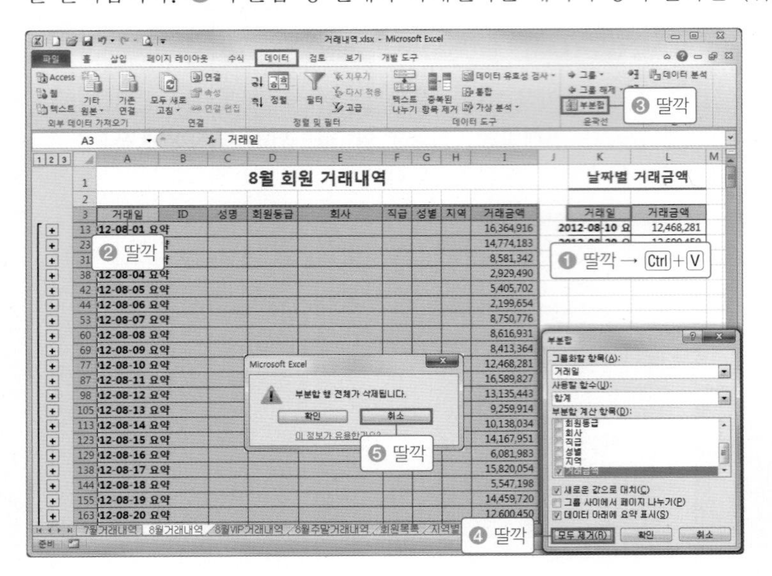

부분합을 제거하면 부분합 결과가 있는 행이 모두 삭제됩니다. 목록 옆에 삭제하면 안 되는 다른 목록이 있다면 경고 메시지에서 〈취소〉를 클릭한 후 삭제되지 않는 요약 행은 수동으로 삭제해야 합니다.

4 ❶ A13:I13 범위를 지정하고 ❷ Ctrl 글쇠를 누른 상태에서 A23:I23 범위와 A31:I31 범위를 드래그하여 지정한 후 ❸ [홈] 탭 → '셀' 그룹 → '삭제'를 클릭합니다.

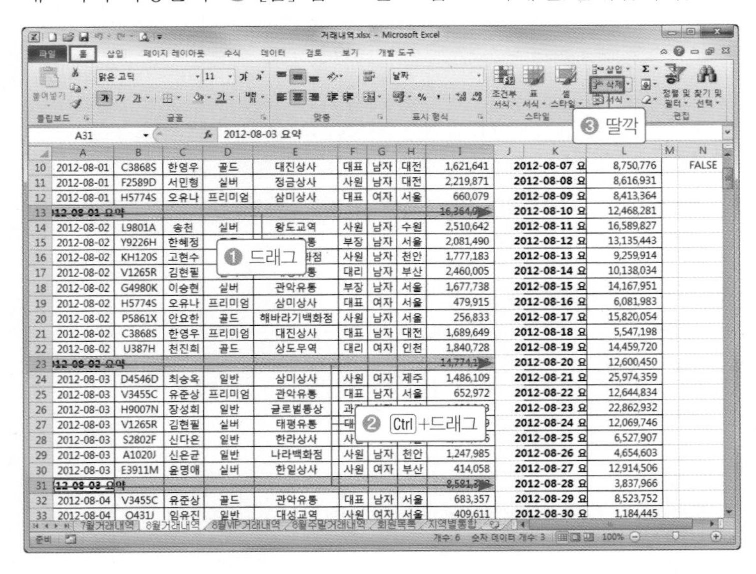

5 ❶ K4:K33 범위를 지정하고 ❷ [홈] 탭 → '글꼴' 그룹 → '굵게'를 클릭하여 굵게 설정을 해제합니다. ❸ [홈] 탭 → '편집' 그룹 → '찾기 및 선택' → '바꾸기'를 클릭하여 ❹ '찾기 및 바꾸기' 대화상자의 [바꾸기] 탭을 열고 '찾을 내용'에 '요약'을 입력한 후 '바꿀 내용'은 빈 칸으로 둔 채 ❺ 〈모두 바꾸기〉를 클릭합니다. ❻ 확인 메시지 창이 열리면 〈확인〉을 클릭하고 ❼ '찾기 및 바꾸기' 대화상자로 되돌아오면 〈닫기〉를 클릭합니다.

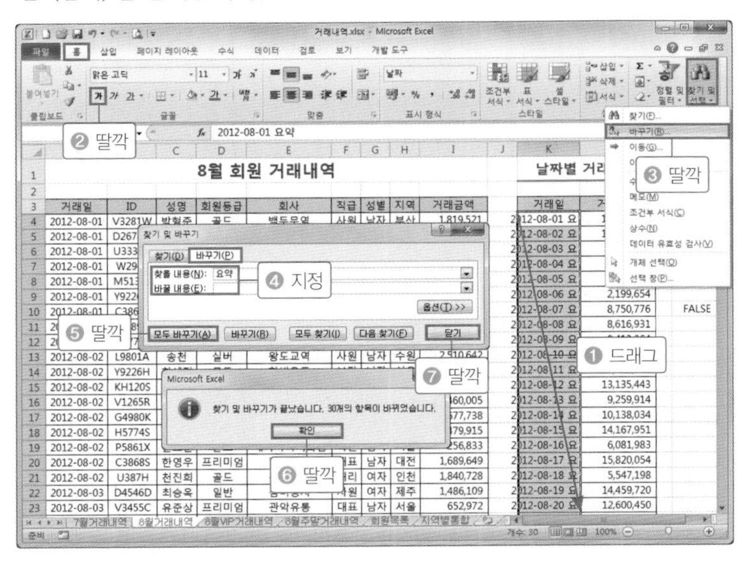

6 ❶ 7월 거래 내역과 8월 거래 내역의 지역별 거래 금액을 통합하기 위해 [지역별통합] 시트에서 A3 셀을 선택한 후 ❷ [데이터] 탭 → '데이터 도구' 그룹 → '통합'을 클릭합니다. ❸ '통합' 대화상자가 열리면 '참조'의 입력 상자를 클릭하여 커서를 올려놓고 ❹ [7월거래내역] 시트를 클릭합니다.

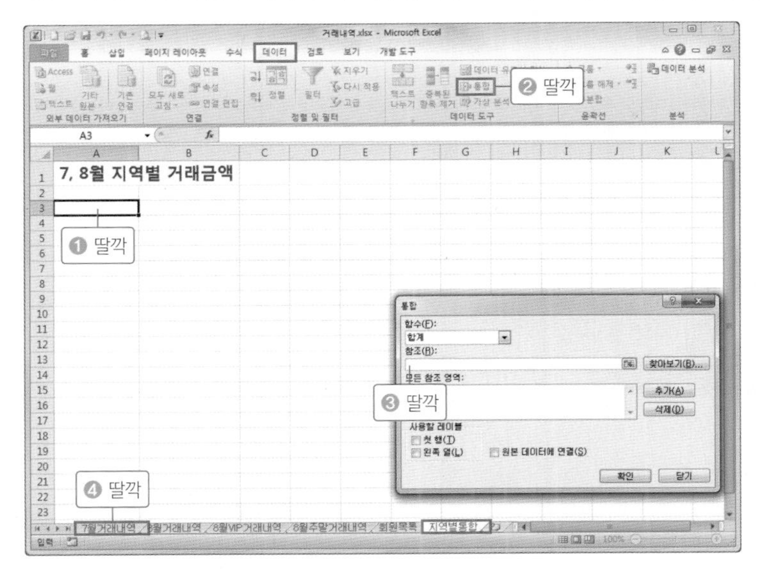

7 ❶ I5:J214 범위를 지정한 후 ❷ '참조'의 입력 상자에 입력된 '$J$214'를 '$J$212'로 수정하고 ❸ 〈추가〉를 클릭합니다.

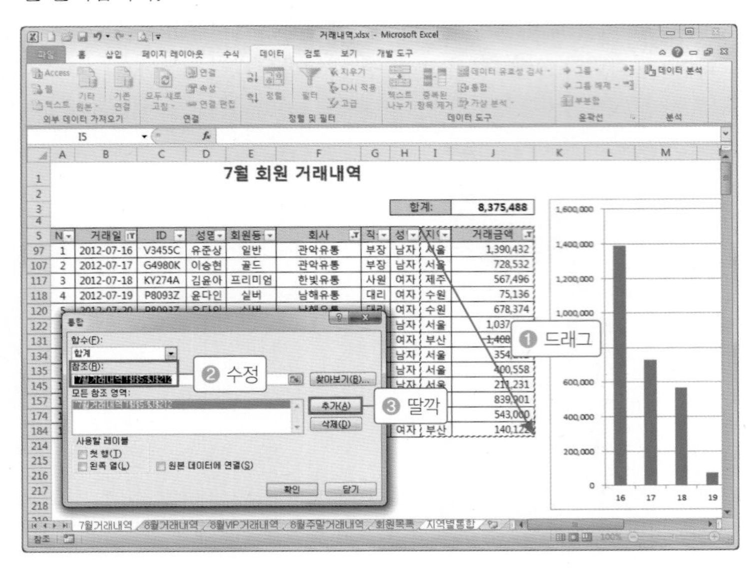

7월 거래 내역은 현재 자동 필터된 상태이기 때문에 실제 전체 데이터 목록 범위는 J212셀까지입니다.

8 ❶ [8월거래내역] 시트를 선택하고 H3:I211 범위를 지정한 후 ❷ 〈추가〉를 클릭합니다. ❸ '통합' 대화상자의 '사용할 레이블'에서 '첫 행'과 '왼쪽 열'에 모두 ✔ 표시한 후 ❹ 〈확인〉을 클릭합니다.

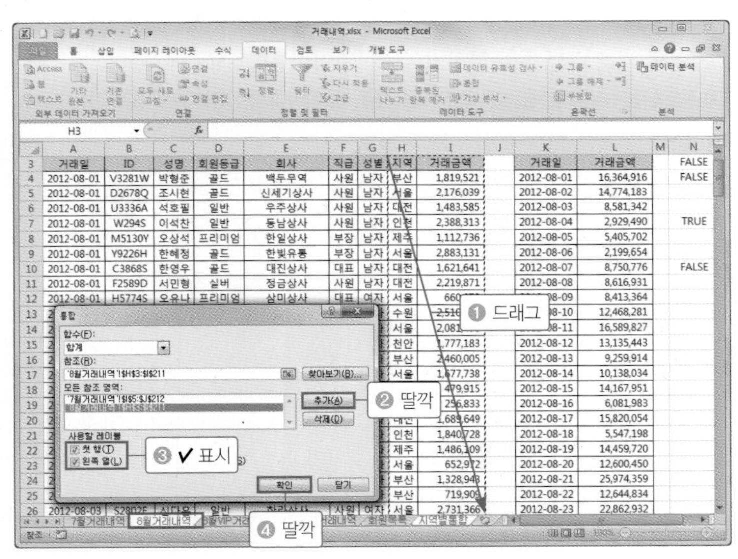

9 ❶ [지역별통합] 시트의 A3셀에 '지역'을 입력합니다. ❷ A3:B10 범위를 지정하고 ❸ [홈] 탭 → '글꼴' 그룹 → '테두리' → '모든 테두리'를 클릭합니다. ❹ A3:B3 범위를 지정하고 ❺ [홈] 탭 → '글꼴' 그룹 → '채우기 색' → '테마 색'의 '바다색, 강조 5, 60% 더 밝게'를 선택합니다.

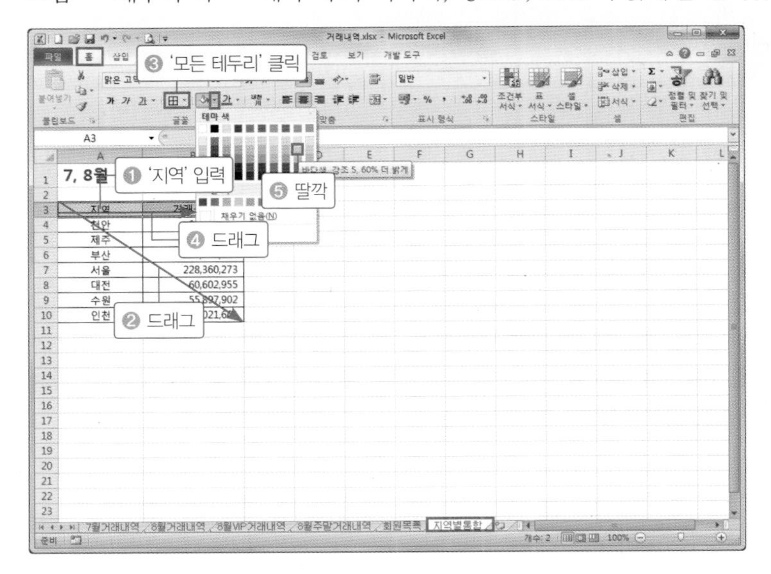

통합 범위에서 왼쪽 열의 첫 번째 행 데이터는 입력되지 않으므로 결과를 추출한 후 항상 사용자가 입력해야 합니다.

02 피벗 테이블로 매출 요약 분석하기

| 예제 파일 | 현장실습04\1분기매출집계.xlsx **| 완성 파일 |** 현장실습04\완성\1분기매출분석.xlsx

3개월분의 매출 내역 자료가 600개가 넘는 행에 입력되어 있습니다. 이처럼 엄청난 양의 데이터로부터 지역, 담당, 대리점별 매출 TOP 3 거래처의 월별 매출 합계를 한 페이지의 요약 보고서로 작성해 보겠습니다.

❶ 지역, 지점별 매출 수량을 요약한 후 ❷ **피벗 테이블에서 확장 및 축소되는 결과에 따라 동적 차트**를 작성합니다. ❸ **레이블의 값 표시 형식을 사용하여 각 지역별 월별 매출 증감률을 표시**하고 ❹ **계산 필드를 추가하여 원본 데이터 목록에는 없는 필드를 만들어 매출 수익률**을 구해보겠습니다.

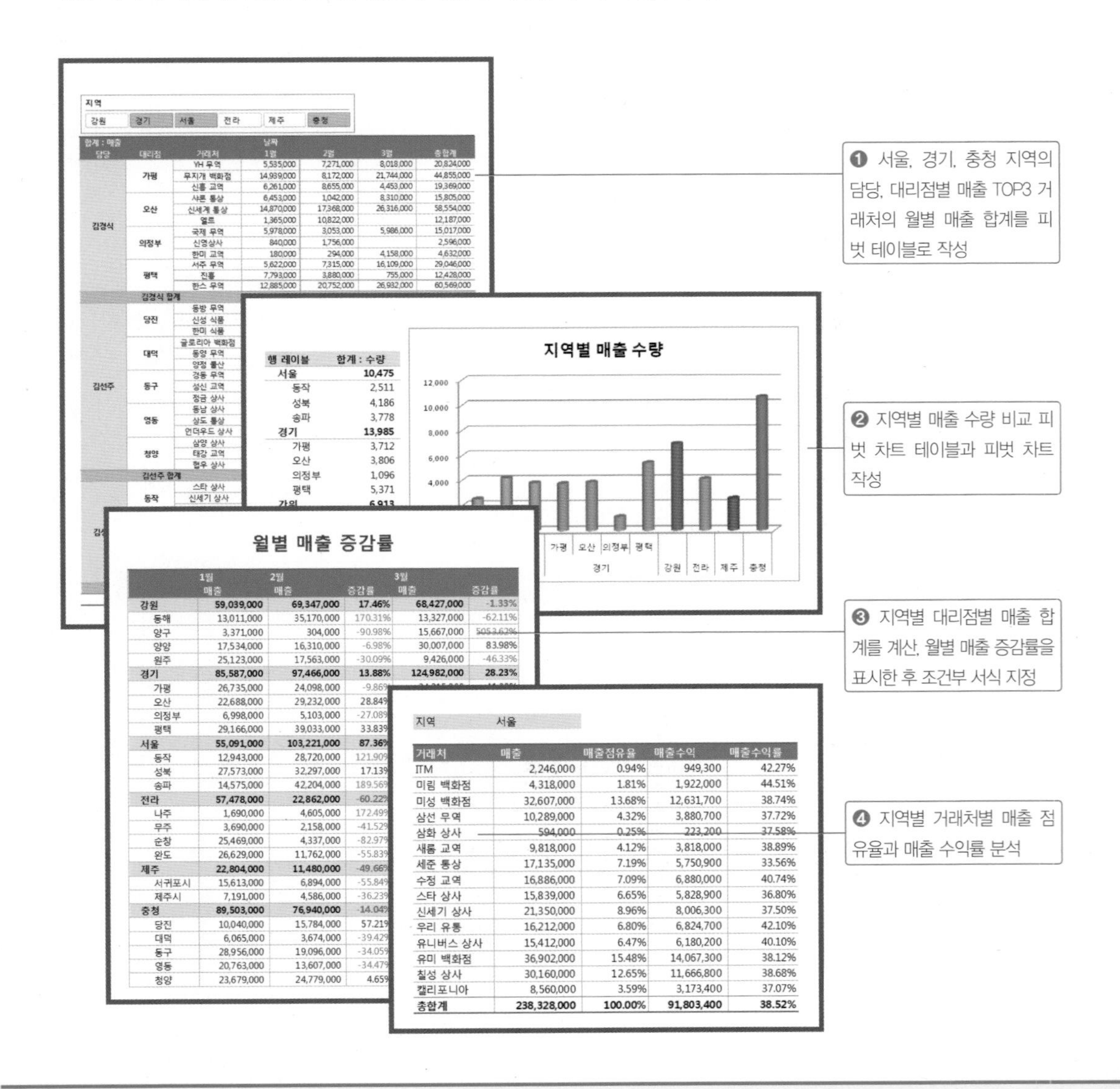

지역 서울

거래처	매출	매출점유율	매출수익	매출수익률
ITM	2,246,000	0.94%	949,300	42.27%
미림 백화점	4,318,000	1.81%	1,922,000	44.51%
미성 백화점	32,607,000	13.68%	12,631,700	38.74%
삼선 무역	10,289,000	4.32%	3,880,700	37.72%
삼화 상사	594,000	0.25%	223,200	37.58%
새롬 교역	9,818,000	4.12%	3,818,000	38.89%
세준 통상	17,135,000	7.19%	5,750,900	33.56%
수정 교역	16,886,000	7.09%	6,880,000	40.74%
스타 상사	15,839,000	6.65%	5,828,900	36.80%
신세기 상사	21,350,000	8.96%	8,006,300	37.50%
우리 유통	16,212,000	6.80%	6,824,700	42.10%
유니버스 상사	15,412,000	6.47%	6,180,200	40.10%
유미 백화점	36,902,000	15.48%	14,067,300	38.12%
칠성 상사	30,160,000	12.65%	11,666,800	38.68%
캘리포니아	8,560,000	3.59%	3,173,400	37.07%
총합계	238,328,000	100.00%	91,803,400	38.52%

Step 01 매출 TOP3 거래처의 월별 매출 요약하기

① 열 레이블에 날짜, 행 레이블에 담당, 대리점, 거래처, 값 영역에 매출 필드를 넣어서 피벗 테이블을 작성한 후 날짜를 월별로 그룹 지정합니다.

② 지역 필드 슬라이서를 삽입한 후 서울과 경기, 충청 지역을 선택하고, 거래처 필드의 값 필터로 상위 세 개의 항목을 필터링합니다.

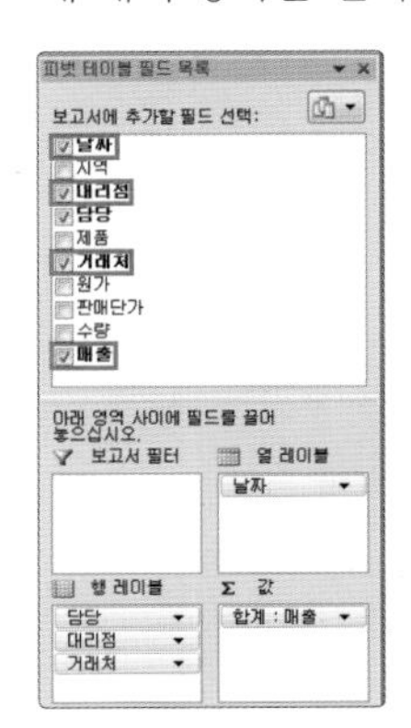

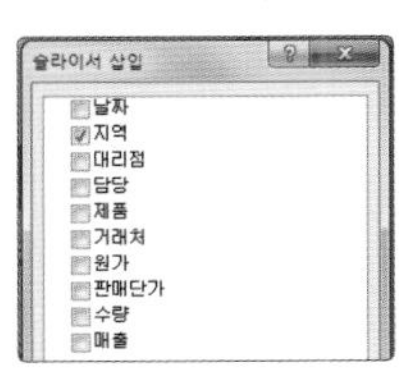

Step 02 지역별 매출 수량을 나타내는 피벗 차트 작성하기

① '행 레이블' 영역에는 지역과 대리점 필드를, '값' 영역에는 수량을 넣은 피벗 테이블을 작성한 후 지역 항목의 순서를 서울과 경기, 강원 순으로 만듭니다.

② 전체 필드를 축소한 후 묶은 원통형 피벗 차트를 작성하고 요소 서식을 지정합니다.

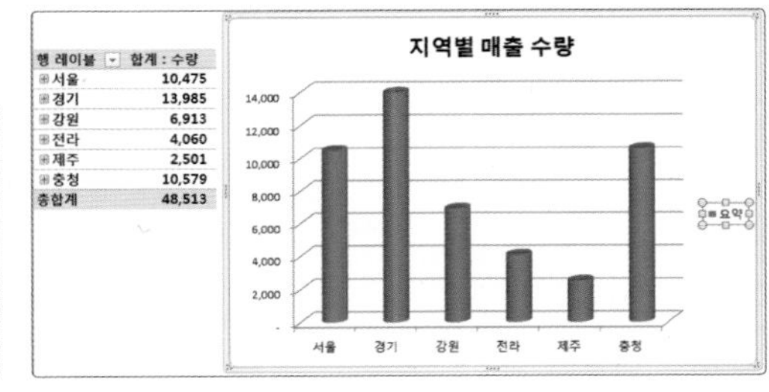

Step 03 월별 매출 증감률, 거래처별 매출 수익 분석하기

① '열 레이블' 영역에는 날짜를, '행 레이블' 영역에는 지역과 대리점 필드를, '값' 영역에는 매출 필드를 두 번 넣어서 피벗 테이블을 작성한 후 두 번째 넣은 매출 필드의 값 표시 형식을 [기준값]에 대한 비율의 차이로 지정합니다.

② 조건부 서식을 사용하여 증감률이 음수인 경우에는 글꼴 색을 빨강으로, 100% 이상인 경우에는 녹색으로 표시합니다.

③ '보고서 필터' 영역에는 지역을, '행 레이블' 영역에는 거래처 필드를 넣고, '값' 영역에는 매출 필드를 두 번 넣고, 매출 수익 필드를 넣어서 피벗 테이블을 작성합니다. 두 번째 넣은 매출 필드의 값 표시 형식을 열 합계 비율로 지정하여 매출 점유율을 표시합니다.

④ '매출 수익/매출 수식'을 적용한 매출 수익률 계산 필드를 삽입합니다.

STEP 01 매출 TOP3 거래처의 월별 매출 요약하기

1 ❶ [매출내역] 시트에서 데이터 목록 안에 있는 하나의 셀을 선택한 후 ❷ [삽입] 탭 → '표' 그룹 → '피벗 테이블'을 클릭합니다. ❸ '피벗 테이블 만들기' 대화상자가 열리면 '피벗 테이블 보고서를 넣을 위치를 선택하십시오.'에서 '기존 워크시트'를 선택하고 ❹ '위치'에 '지역지점별TOP3!$A$5'를 지정한 후 ❺ 〈확인〉을 클릭합니다.

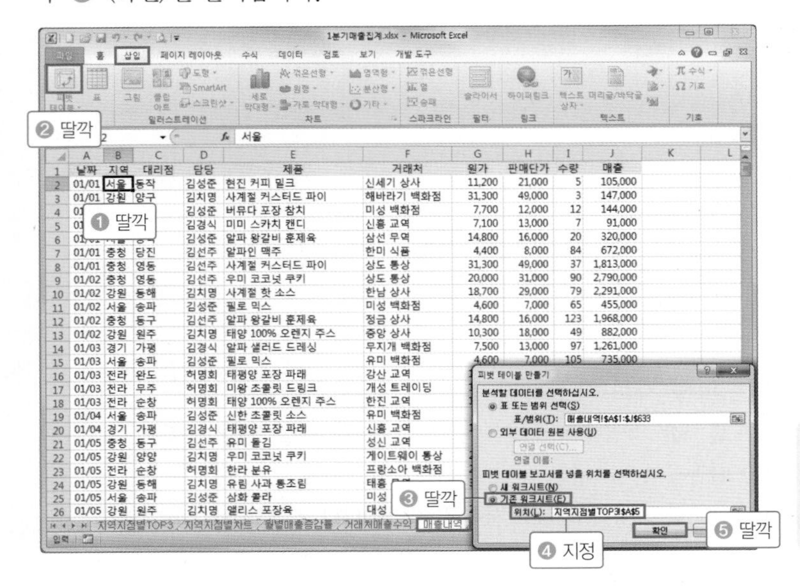

'기존 워크시트'에서 '위치'의 입력 상자를 클릭하여 커서를 올려놓은 후 [지역지점별TOP3] 시트를 클릭하고 A5셀을 클릭하면 '지역지점별TOP3!$A$5'가 입력됩니다.

2 ❶ '피벗 테이블 필드 목록' 작업창에서 '담당', '대리점', '거래처', '매출' 순서로 ✔ 표시하고 ❷ '날짜'는 '열 레이블' 영역으로 드래그합니다.

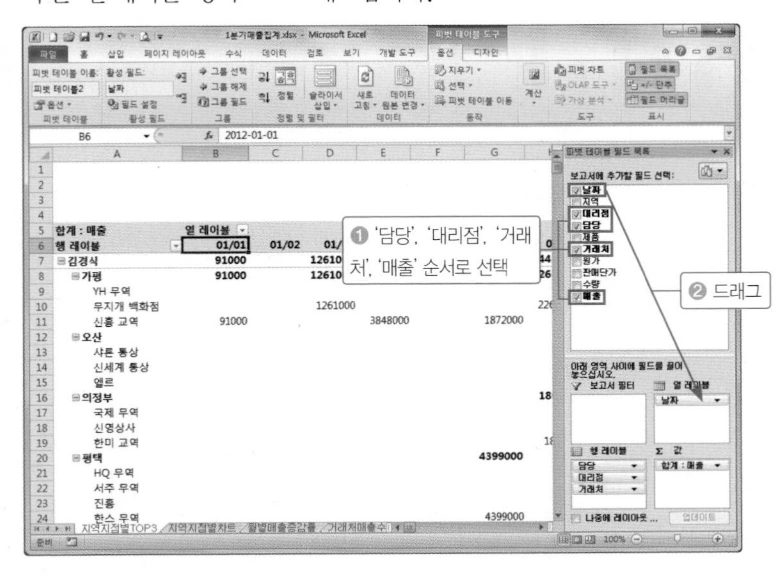

'텍스트', '날짜' 필드를 선택하면 '행 레이블' 영역으로, '숫자' 필드를 선택하면 '값' 영역으로 자동으로 이동합니다. 하지만 '보고서 필터' 영역과 '열 레이블' 영역으로 필드를 이동하려면 직접 드래그해야 합니다.

3 ❶ 날짜가 입력된 B6셀을 선택하고 ❷ [옵션] 탭 → '그룹' 그룹 → '그룹 필드'를 클릭합니다. ❸ '그룹화' 대화상자가 열리면 '단위' 목록에 '월'이 선택되어 있는지 확인하고 ❹ 〈확인〉을 클릭합니다.

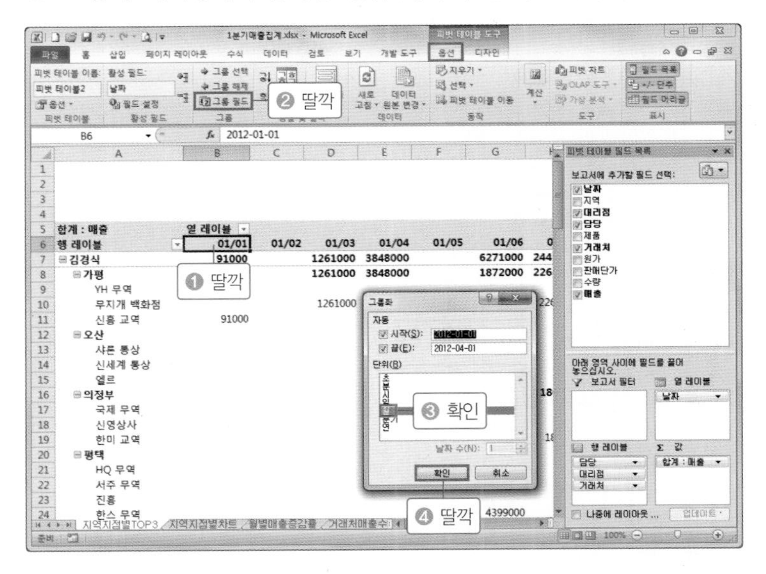

4 ❶ '피벗 테이블 필드 목록' 작업창의 '값' 영역에서 '합계:매출'을 클릭한 후 ❷ '값 필드 설정'을 선택합니다. ❸ '값 필드 설정' 대화상자가 열리면 〈표시 형식〉을 선택하고 ❹ '셀 서식' 대화상자가 열리면 '범주'에서 '숫자'를 선택한 후 ❺ '1000 단위 구분 기호(,) 사용'에 ✔ 표시하고 ❻ 〈확인〉을 클릭합니다. ❼ '값 필드 설정' 대화상자로 되돌아오면 〈확인〉을 클릭합니다.

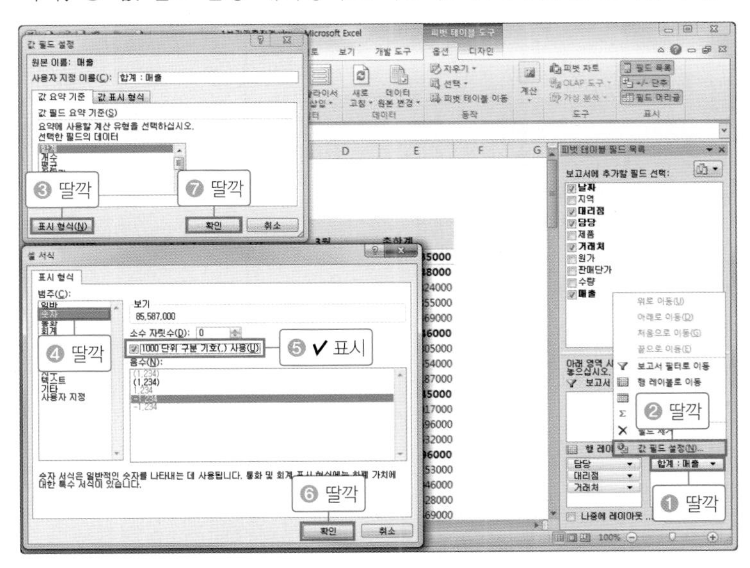

5 ❶ [디자인] 탭 → '피벗 테이블 스타일' 그룹 → '보통'에서 '피벗 스타일 보통 9'를 선택하고 ❷ [디자인] 탭 → '피벗 테이블 스타일 옵션' 그룹 → '줄무늬 행'과 '줄무늬 열'에 ✔ 표시합니다. ❸ [디자인] 탭 → [레이아웃] 그룹 → '보고서 레이아웃' → '테이블 형식으로 표시'를 선택합니다.

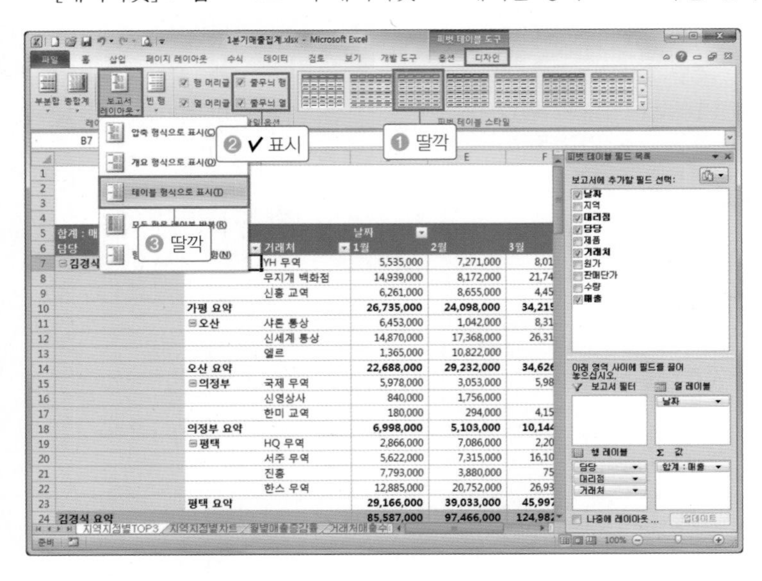

6 ❶ A열과 B열 머리글의 경계선을 더블클릭하여 열 너비를 조절하고 ❷ 데이터베이스에 있는 하나의 셀을 선택한 후 ❸ [옵션] 탭 → '피벗 테이블' 그룹 → '옵션'을 클릭합니다. ❹ '피벗 테이블 옵션' 대화상자가 열리면 [레이아웃 및 서식] 탭에서 '레이블이 있는 셀 병합 및 가운데 맞춤'에 ✔ 표시한 후 ❺ 〈확인〉을 클릭합니다.

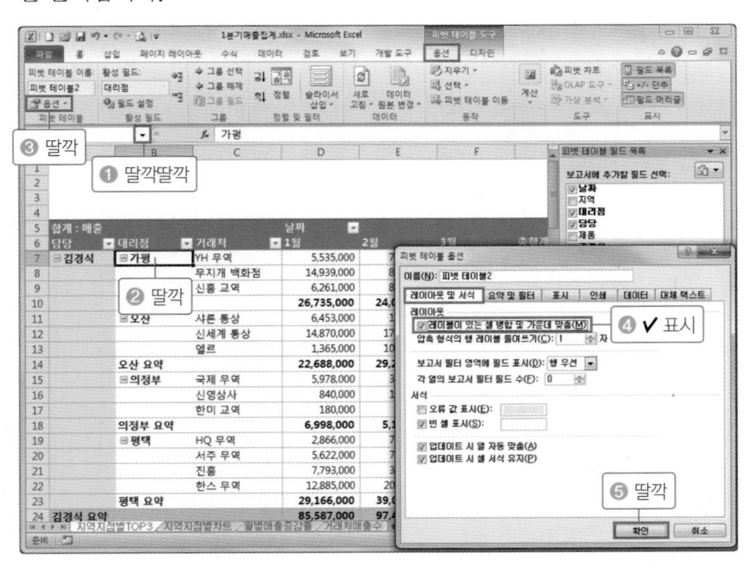

7 ❶ B24셀을 선택하고 F2 글쇠를 눌러 커서를 나타낸 후 ❷ '요약'을 '합계'로 수정하고 Enter↵ 글쇠를 누릅니다. ❸ B10셀에서 마우스 오른쪽 단추를 클릭하고 ❹ 바로 가기 메뉴에서 '"대리점" 부분합'을 선택하여 '"대리점" 부분합'의 ✔ 표시를 해제합니다.

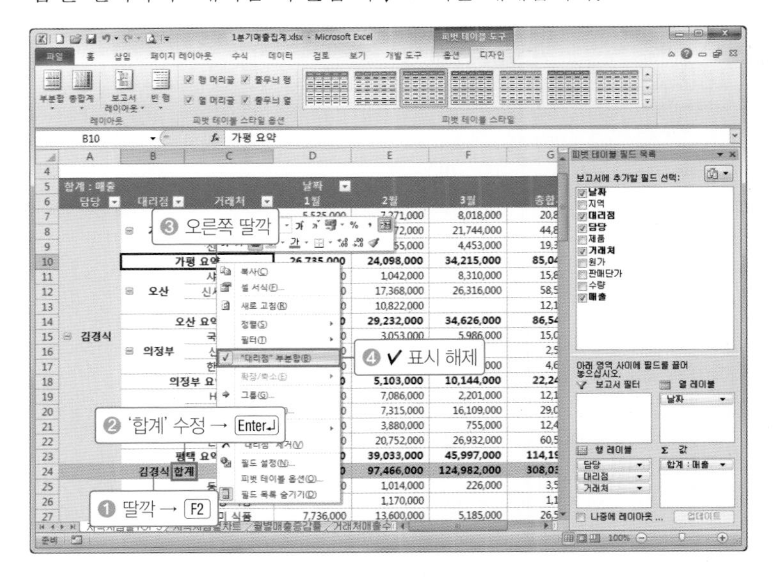

'담당'과 '대리점' 필드의 부분합이 모두 표시되어 있는 상태에서 [디자인] 탭 → '레이아웃' 그룹 → '부분합' → '부분합 표시 안 함'을 클릭하면 두 필드의 부분합이 모두 해제됩니다. 둘 중 하나의 필드 부분합만 해제하려면 해당 필드의 셀을 선택하고 마우스 오른쪽 단추를 클릭한 후 "해당 필드명" 부분합'을 선택해야 합니다.

8 ❶ B6셀의 위쪽 테두리 부분을 클릭하여 대리점 필드 범위를 지정하고 ❷ [홈] 탭 → '글꼴' 그룹 → '테두리' → '선 색' → '테마 색'에서 '파랑, 강조 1, 40% 더 밝게'를 선택합니다. ❸ [홈] 탭 → '글꼴' 그룹 → '테두리' → '왼쪽 테두리'를 선택하고 ❹ [홈] 탭 → '글꼴' 그룹 → '테두리' → '오른쪽 테두리'를 선택합니다.

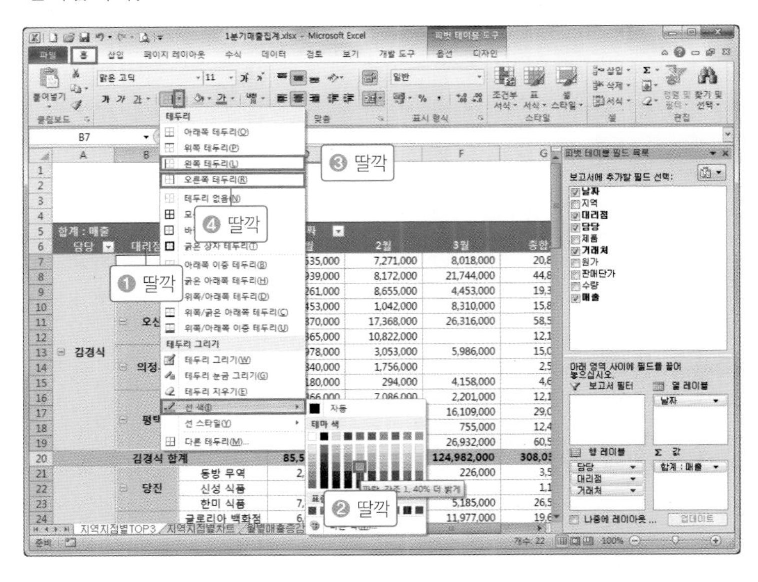

9 ❶ [옵션] 탭 → '정렬 및 필터' 그룹 → '슬라이서 삽입'을 클릭합니다. ❷ '슬라이서 삽입' 대화상자가 열리면 '지역'에 ✔ 표시하고 ❸ 〈확인〉을 클릭합니다.

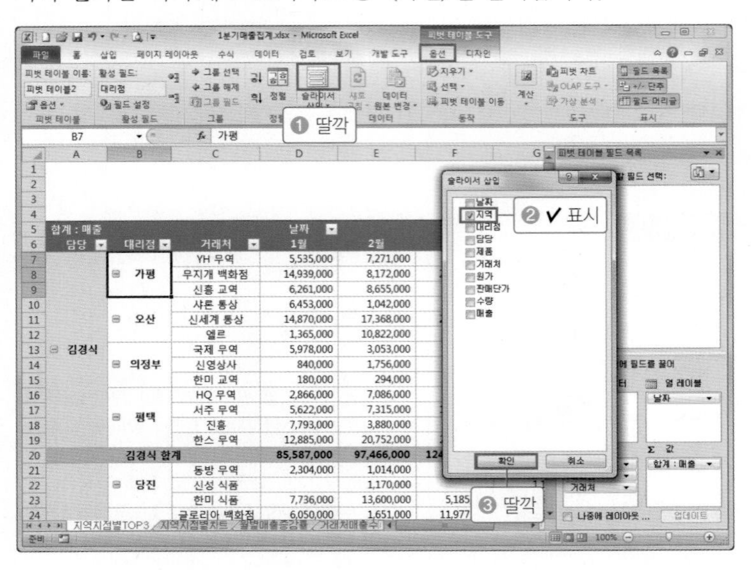

10 ❶ 삽입한 슬라이서를 A1셀 위치로 이동하고 오른쪽 아래의 크기 조절점을 E4셀까지 드래그하여 크기를 조절합니다. ❷ 슬라이서를 선택한 상태에서 [옵션] 탭 → '단추' 그룹 → '열'을 '6'으로 지정하고 ❸ 슬라이서에서 '경기'를 클릭한 후 ❹ Ctrl 글쇠를 누른 상태에서 '서울'과 '충청'을 선택합니다.

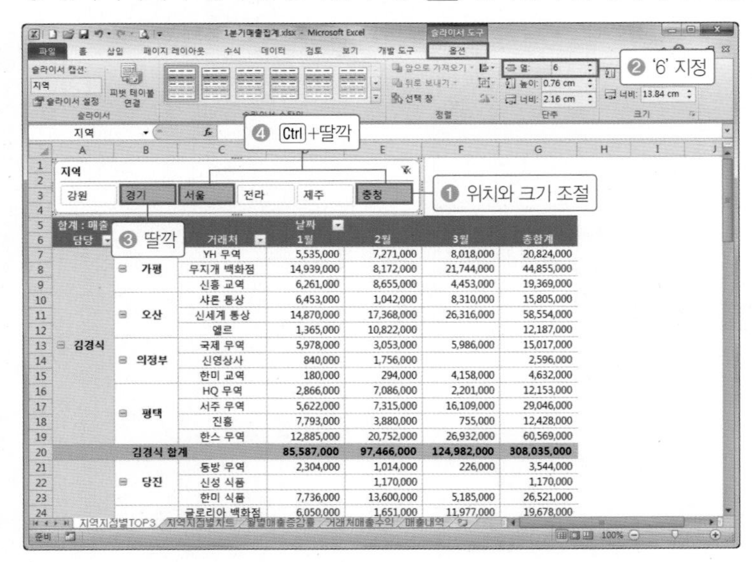

잠깐만요 슬라이서와 보고서 필터

슬라이서에서 선택한 항목에 관한 데이터만 피벗 테이블에 요약되어 표시됩니다. 슬라이서는 '피벗 테이블 필드 목록' 작업창의 '보고서 필터'와 같은 용도로 사용됩니다. '보고서 필터'는 여러 항목을 선택했을 때 '다중 항목'이라고 표시되어 어떤 항목을 선택했는지 확인할 수 없지만, 슬라이서는 모든 항목을 화면에 표시할 뿐만 아니라 선택한 항목이 무엇인지 확인할 수 있습니다.

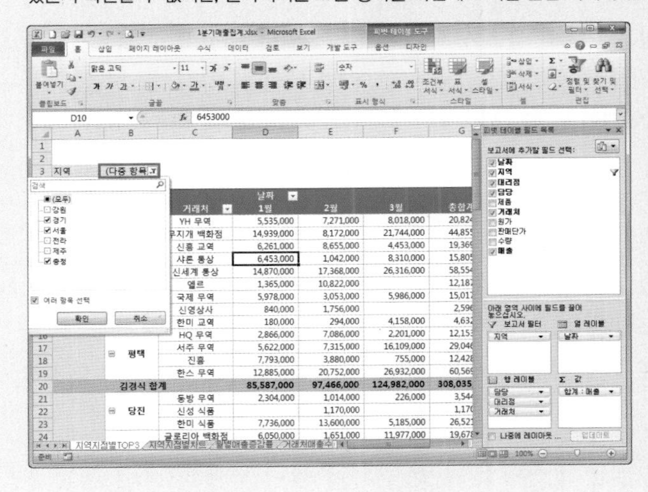

11 ❶ '거래처' 필드의 목록 단추[▼]를 클릭하고 ❷ '값 필터' → '상위 10'을 선택합니다. ❸ '상위 10 필터(거래처)' 대화상자가 열리면 '항목 수'를 '3'으로 수정하고 ❹ <확인>을 클릭합니다.

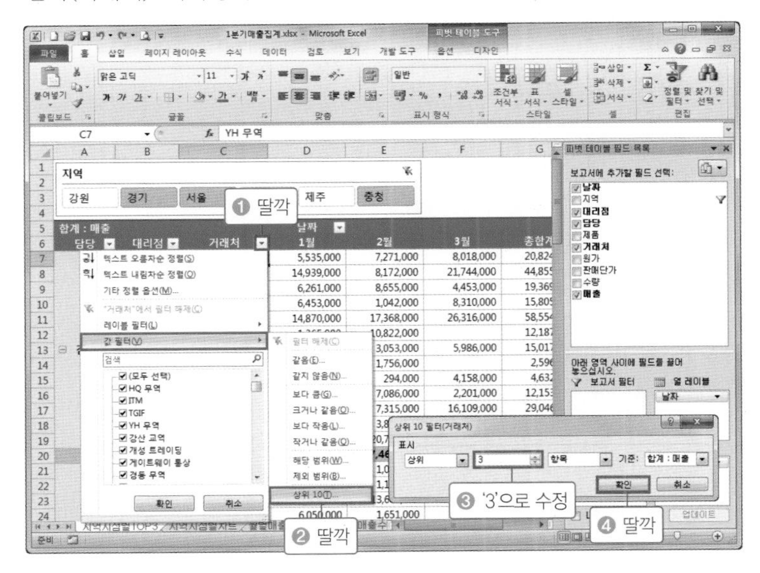

STEP 02 지역별 매출 수량을 나타내는 피벗 차트 작성하기

1 ❶ [매출내역] 시트에서 데이터 목록에 있는 하나의 셀을 선택한 후 ❷ [삽입] 탭 → '표' 그룹 → '피벗 테이블'을 클릭합니다. ❸ '피벗 테이블 만들기' 대화상자가 열리면 '피벗 테이블 보고서를 넣을 위치를 선택하십시오.'에서 '기존 워크시트'를 선택하고 ❹ '위치'에 '지역지점별차트!$A$3'을 지정한 후 ❺ 〈확인〉을 클릭합니다.

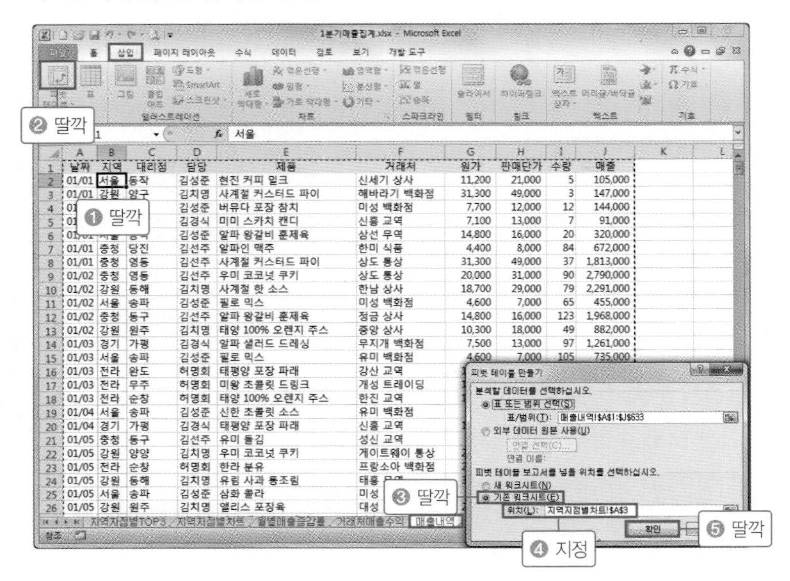

2 ❶ '피벗 테이블 필드 목록' 작업창에서 '지역', '대리점', '수량' 필드 순서로 ✔ 표시하고 ❷ B3셀의 위쪽 테두리 부분을 클릭하여 선택한 후 ❸ [홈] 탭 → '표시 형식' 그룹 → '쉼표 스타일'을 클릭합니다. ❹ '서울'이 입력되어 있는 A14셀의 테두리를 클릭한 후 3행과 4행 사이에 드래그하여 이동하고 ❺ '강원'이 입력되어 있는 A8셀의 테두리를 클릭한 후 17행과 18행 사이에 드래그하여 이동합니다.

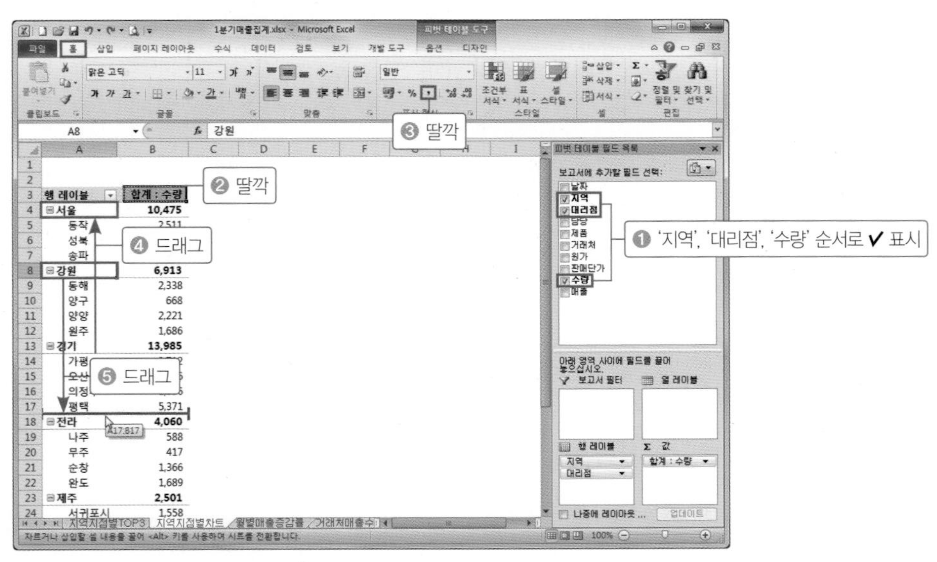

잠깐만요 **항목 이동하기**

항목 셀의 테두리 부분을 드래그하여 직접 이동해도 되지만, 다음과 같이 해당 항목 셀에서 마우스 오른쪽 단추를 클릭하고 바로 가기 메뉴의 '이동'에서 원하는 위치를 선택하여 이동할 수도 있습니다.

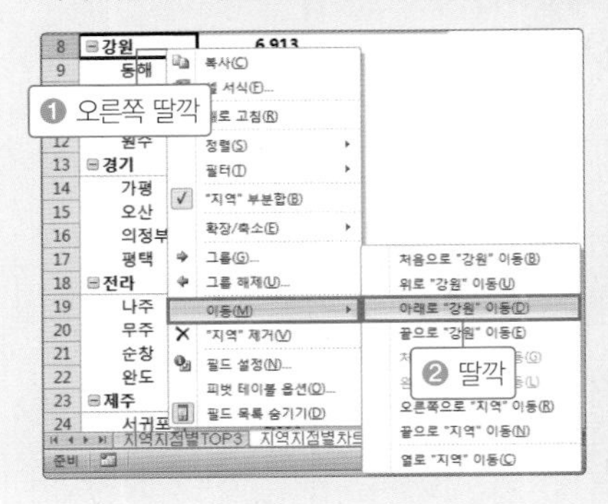

3 ❶ A4셀을 선택하고 ❷ [옵션] 탭 → '활성 필드' 그룹 → '전체 필드 축소'를 클릭한 후 ❸ [옵션] 탭 → '도구' 그룹 → '피벗 차트'를 클릭합니다. ❹ '차트 삽입' 대화상자가 열리면 '세로 막대형'에서 ❺ '묶은 원통형'을 선택하고 ❻ 〈확인〉을 클릭합니다.

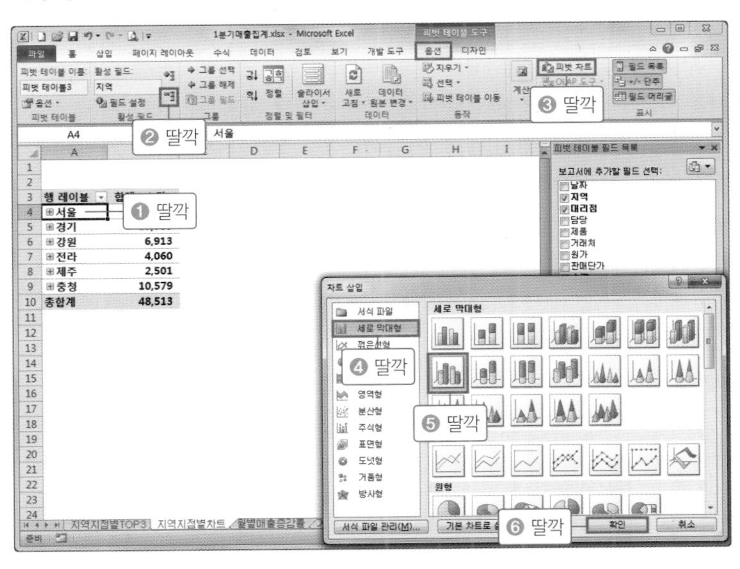

4 ❶ 삽입한 차트를 C1셀 위치로 이동하고 오른쪽 아래의 크기 조절점을 J18셀까지 드래그하여 크기를 조절합니다. ❷ [분석] 탭 → '표시/숨기기' 그룹 → '필드 목록'을 클릭하고 ❸ '필드 단추'를 클릭하여 '피벗 테이블 필드 목록' 작업창과 차트 영역의 필드 단추들을 숨깁니다. ❹ 차트 제목 상자에 '지역별 매출 수량'을 입력하고 ❺ 범례 상자를 선택한 후 Delete 글쇠를 눌러 삭제합니다.

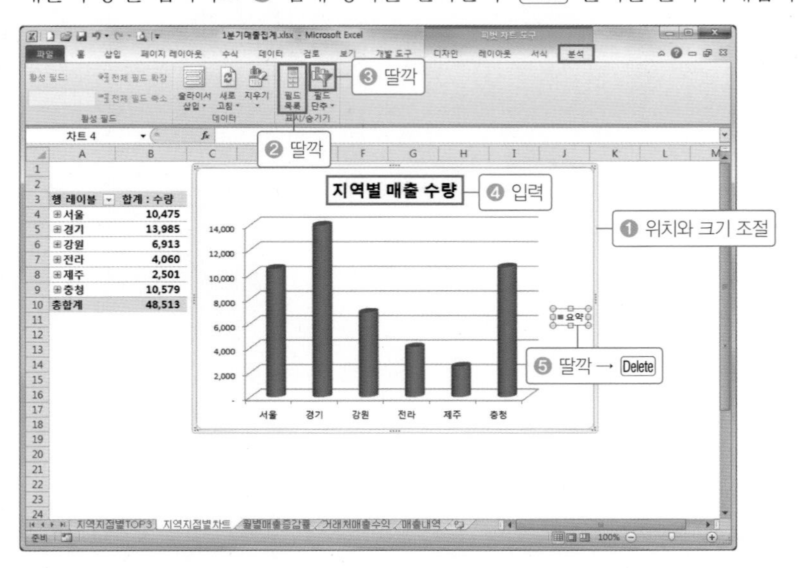

5 ❶ 계열 요소 중 '서울'을 선택하고 ❷ [서식] 탭 → '도형 스타일' 그룹 → '도형 채우기' → '테마 색'의 '주황, 강조 6'을 클릭합니다. ❸ 이와 같은 방법으로 '경기'에는 '바다색, 강조 5'를, '강원'에는 '자주, 강조 4'를, '전라'에는 '황록색, 강조 3'을, '제주'에는 '빨강, 강조 2'를 지정합니다.

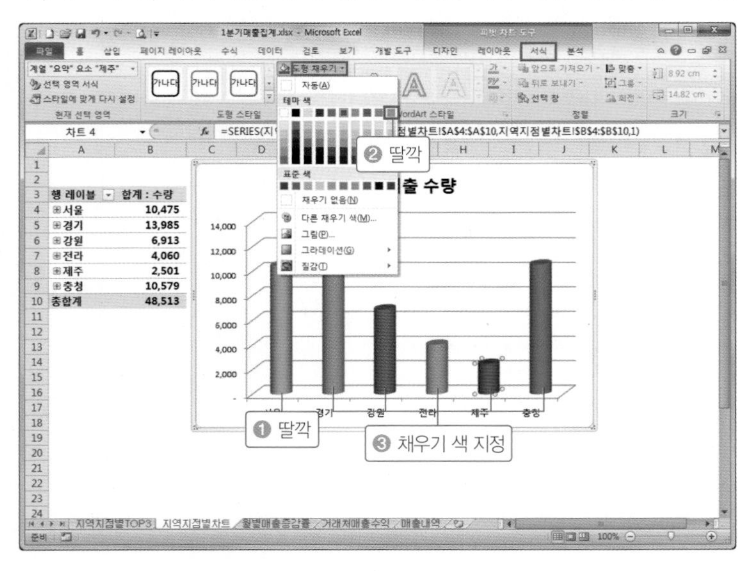

'서울' 계열을 한 번 선택하면 모든 계열이 선택되므로 '서울' 계열을 선택하려면 한 번 더 선택해야 합니다.

6 ① 피벗 테이블의 행 레이블에서 '서울' 항목의 확장 단추[+]를 클릭하고 ② '경기' 항목의 확장 단추[+]도 클릭해 피벗 차트에도 서울 지역과 경기 지역의 대리점 계열을 표시합니다.

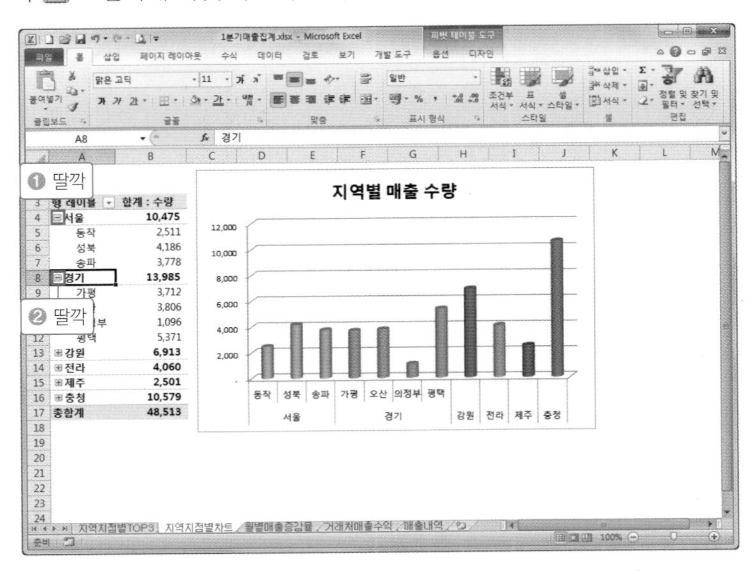

잠깐만요 요소마다 다른 색 사용하기

차트에서 데이터 계열을 더블클릭한 후 '데이터 계열 서식' 대화상자의 '채우기'에서 '요소마다 다른 색 사용'에 ✔ 표시하면 각 데이터 계열에 자동으로 다른 색을 채울 수 있습니다. 하지만 지역 항목을 확장하여 대리점이 표시될 때 각 대리점 색까지 각각 다른 색으로 채워집니다.

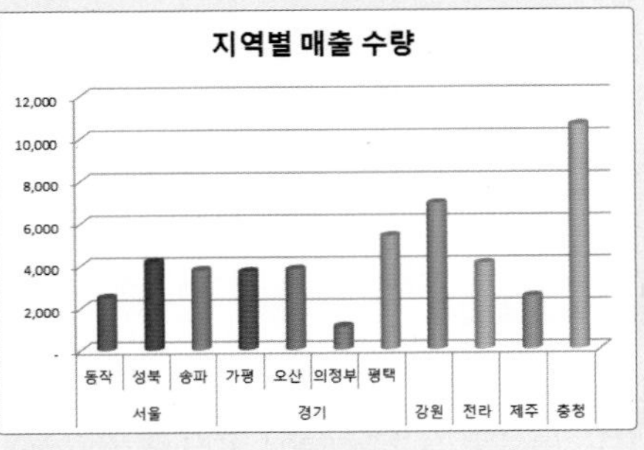

STEP 03 월별 매출 증감률, 거래처별 매출 수익 분석하기

1 ❶ [매출내역] 시트에서 데이터 목록에 있는 하나의 셀을 선택한 후 ❷ [삽입] 탭 → '표' 그룹 → '피벗 테이블'을 클릭합니다. ❸ '피벗 테이블 만들기' 대화상자가 열리면 '피벗 테이블 보고서를 넣을 위치를 선택하십시오.'에서 '기존 워크시트'를 선택하고 ❹ '위치'에 '월별매출증감률!$A$3'을 지정한 후 ❺ 〈확인〉을 클릭합니다.

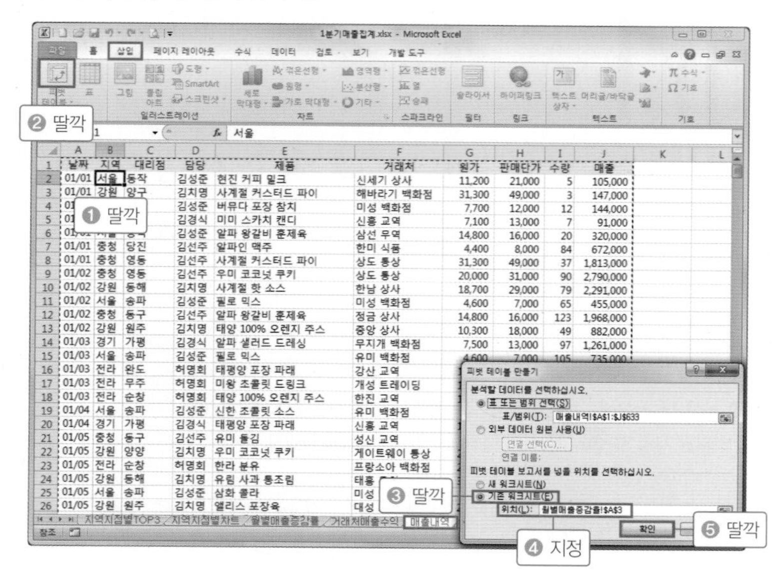

2 ❶ '피벗 테이블 필드 목록' 작업창에서 '날짜'를 '열 레이블' 영역으로 드래그하고 ❷ '지역', '대리점', '매출' 필드 순서로 ✔ 표시한 후 ❸ '매출' 필드를 '값' 영역으로 한 번 더 드래그합니다.

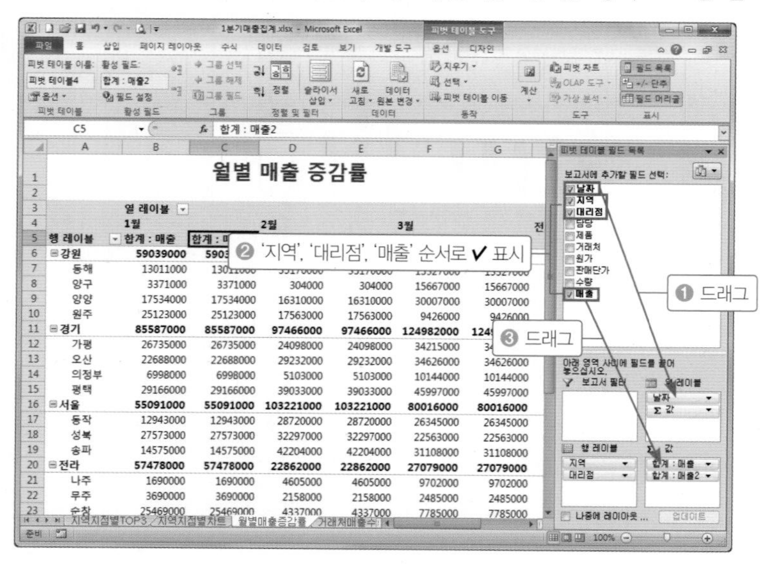

3 ❶ '합계 : 매출2'에 해당하는 셀 중 하나인 C6셀을 선택하고 ❷ [옵션] 탭 → '계산' 그룹 → '값 표시 형식' → '[기준값]에 대한 비율의 차이'를 선택합니다. ❸ '값 표시 형식(합계 : 매출2)' 대화상자가 열리면 '기준 필드'는 '날짜'로, '기준 항목'은 '(이전)'으로 선택한 후 ❹ 〈확인〉을 클릭합니다.

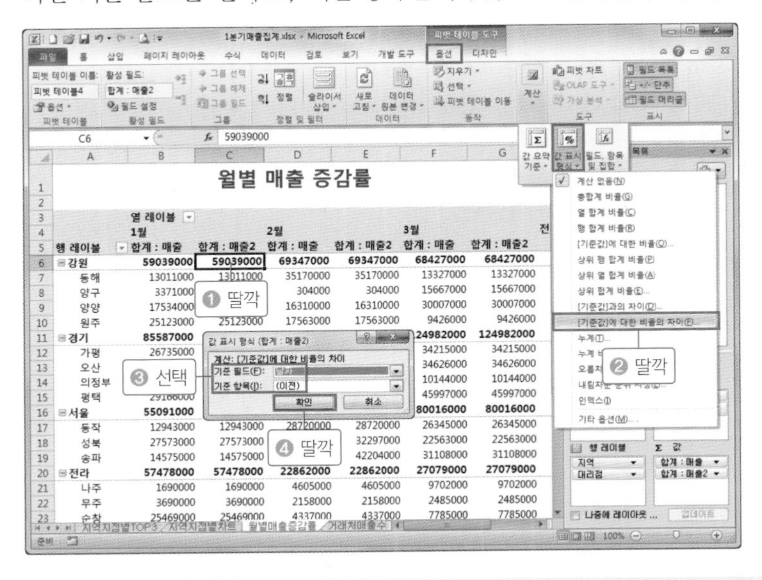

잠깐만요 **[기준값]에 대한 비율 차이 계산하기**

'[기준값]에 대한 비율의 차이'를 선택하면, '(현재 값 → 기준 필드의 기준 항목)/기준 필드의 기준 항목'으로 계산하여 표시됩니다. 즉 기준 필드를 '날짜'로, 기준 항목을 '(이전)'으로 선택했으므로 '(현재 매출 – 전월 매출)/전월 매출'을 계산하여 전월 대비 매출 증감률을 표시합니다.

4 ❶ [디자인] 탭 → '레이아웃' 그룹 → '총합계' → '행 및 열의 총합계 해제'를 선택한 후 ❷ [디자인] 탭 → '피벗 테이블 스타일' 그룹 → '보통'의 '피벗 스타일 보통 9'를 선택하고 ❸ [디자인] 탭 → '피벗 테이블 스타일 옵션' 그룹 → '줄무늬 행'과 '줄무늬 열'에 ✔ 표시합니다. ❹ C열 머리글을 마우스 오른쪽 단추로 클릭하고 ❺ 바로 가기 메뉴에서 '숨기기'를 선택합니다.

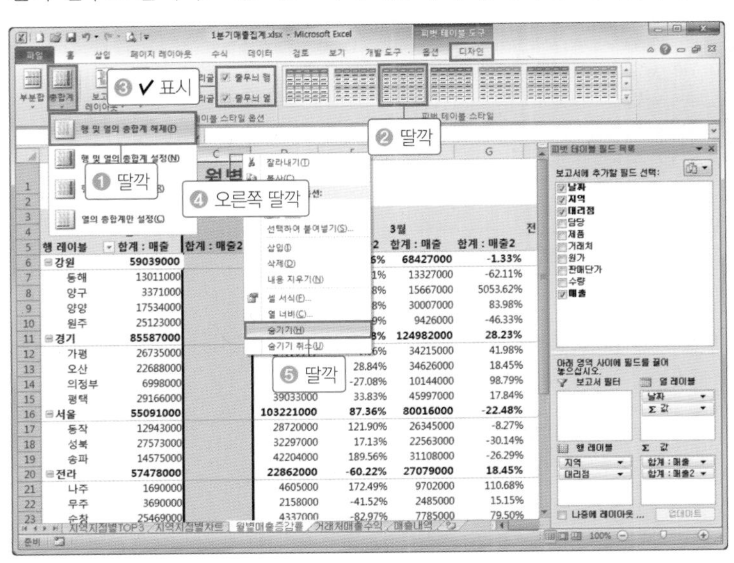

1월의 이전 데이터는 없으므로 C열은 비어있습니다.

5 ❶ '매출' 필드명은 원본 데이터 목록에 있는 이름과 중복되므로 B5셀에 '매출'을 입력하고 [Spacebar] 글쇠를 눌러 공백을 추가한 후 ❷ E5셀에는 '증감률'을 입력하고 [Enter↵] 글쇠를 누릅니다. ❸ B5셀의 위쪽 테두리 부분을 클릭하여 '매출' 항목 열을 모두 선택하고 ❹ [홈] 탭 → '표시 형식' 그룹 → '쉼표 스타일'을 클릭합니다.

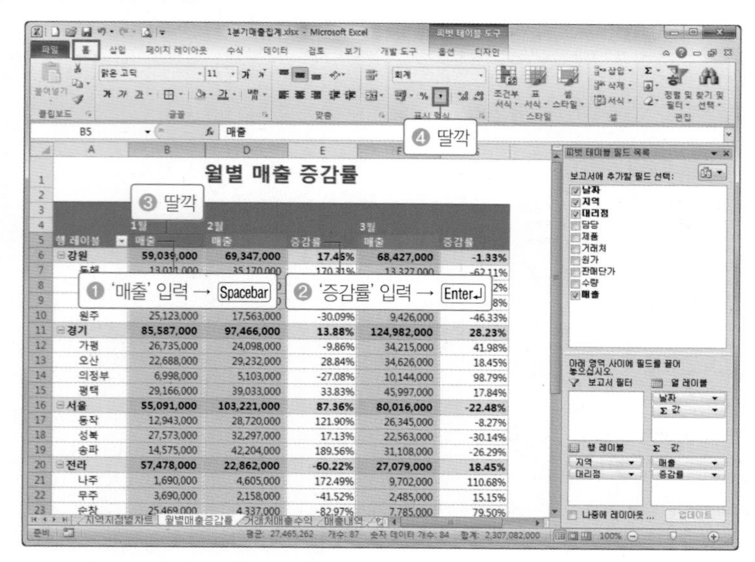

B5셀의 필드명을 '매출'이라고 바꾸면 다른 셀의 필드명까지 함께 수정됩니다. 수정한 셀의 데이터가 #####으로 표시되면 열 머리글과 열 머리글 사이를 조절하여 셀의 너비를 넓혀줍니다.

6 ❶ '증감률' 필드 중 하나인 E7셀을 선택하고 ❷ [홈] 탭 → '스타일' 그룹 → '조건부 서식' → '새 규칙'을 클릭합니다. ❸ '새 서식 규칙' 대화상자가 열리면 '규칙 적용 대상'을 '"증감률" 값을 표시하는 모든 셀'로 선택하고 ❹ '규칙 유형 선택'에서 '다음을 포함하는 셀만 서식 지정'으로 선택합니다. ❺ '규칙 설명 편집'에서 비교 연산 기호를 '<'로, 값을 '0'으로 입력한 후 ❻ 〈서식〉을 클릭합니다. ❼ '셀 서식' 대화상자가 열리면 [글꼴] 탭에서 '색'을 '표준 색'의 '빨강'으로 지정하고 ❽ 〈확인〉을 클릭하세요. ❾ '새 서식 규칙' 대화상자로 되돌아오면 〈확인〉을 클릭합니다.

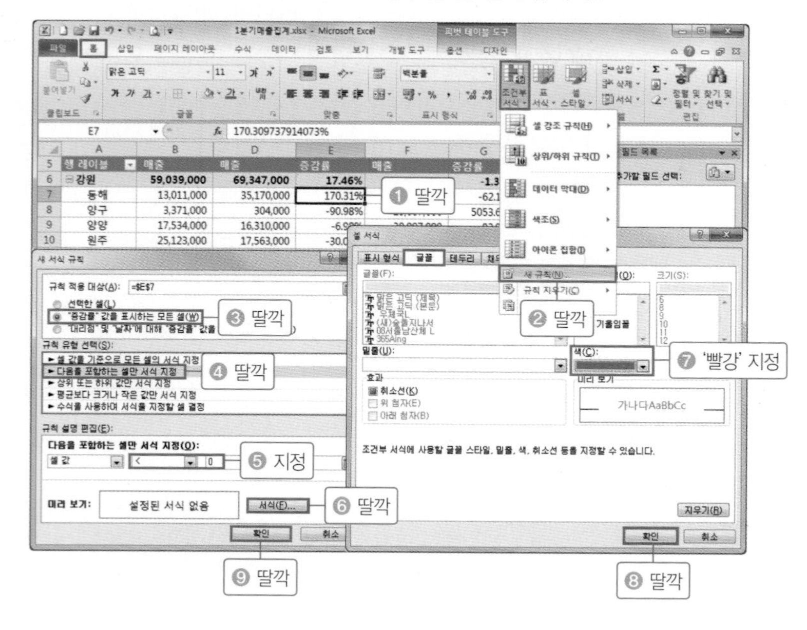

7 ❶ 다시 [홈] 탭 → '스타일' 그룹 → '조건부 서식' → '새 규칙'을 선택합니다. ❷ '새 서식 규칙' 대화상자가 열리면 '규칙 적용 대상'을 '"증감률" 값을 표시하는 모든 셀'로 ❸ '규칙 유형 선택'을 '다음을 포함하는 셀만 서식 지정'으로 선택합니다. ❹ '규칙 설명 편집'의 비교 연산 기호를 '>='로 선택하고 값을 '1'로 입력한 후 ❺ 〈서식〉 단추를 클릭합니다. ❻ '셀 서식' 대화상자가 열리면 [글꼴] 탭에서 '색'을 '표준 색'의 '녹색'으로 지정하고 ❼ 〈확인〉을 클릭한 후 ❽ '새 서식 규칙' 대화상자로 되돌아오면 〈확인〉을 클릭합니다.

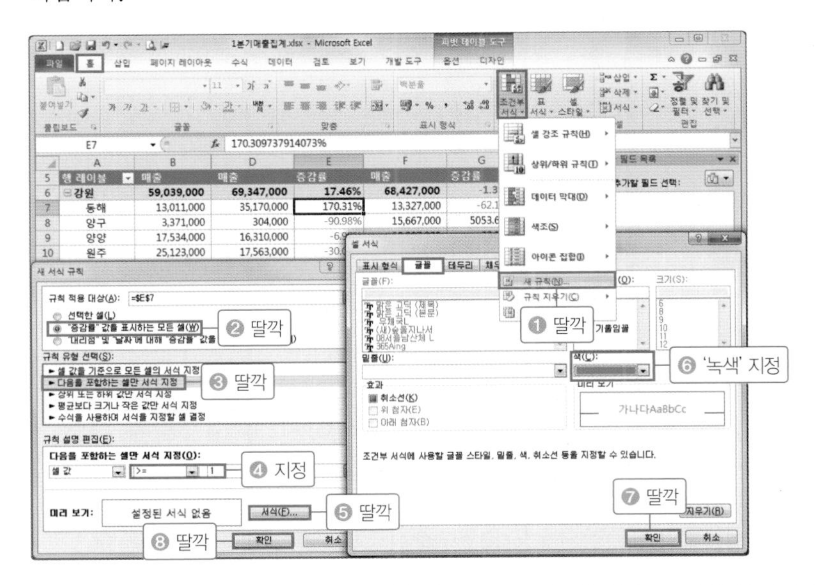

잠깐만요 규칙 적용 대상 선택하기

조건부 서식의 규칙 적용 대상을 '"지역" 및 "날짜"에 대해 "증감률" 값을 표시하는 모든 셀'로 선택하면 지역의 부분합이 표시된 셀들에만 조건부 서식 결과가 표시됩니다.

	열 레이블				
	1월	2월		3월	
행 레이블	매출	매출	증감률	매출	증감률
⊟강원	**59,039,000**	**69,347,000**	**17.46%**	**68,427,000**	-1.33%
동해	13,011,000	35,170,000	170.31%	13,327,000	-62.11%
양구	3,371,000	304,000	-90.98%	15,667,000	5053.62%
양양	17,534,000	16,310,000	-6.98%	30,007,000	83.98%
원주	25,123,000	17,563,000	-30.09%	9,426,000	-46.33%
⊟경기	**85,587,000**	**97,466,000**	**13.88%**	**124,982,000**	**28.23%**
가평	26,735,000	24,098,000	-9.86%	34,215,000	41.98%
오산	22,688,000	29,232,000	28.84%	34,626,000	18.45%
의정부	6,998,000	5,103,000	-27.08%	10,144,000	98.79%
평택	29,166,000	39,033,000	33.83%	45,997,000	17.84%
⊟서울	**55,091,000**	**103,221,000**	**87.36%**	**80,016,000**	-22.48%
동작	12,943,000	28,720,000	121.90%	26,345,000	-8.27%
성북	27,573,000	32,297,000	17.13%	22,563,000	-30.14%
송파	14,575,000	42,204,000	189.56%	31,108,000	-26.29%
⊟전라	**57,478,000**	**22,862,000**	-60.22%	**27,079,000**	**18.45%**
나주	1,690,000	4,605,000	172.49%	9,702,000	110.68%
무주	3,690,000	2,158,000	-41.52%	2,485,000	15.15%
순창	25,469,000	4,337,000	-82.97%	7,785,000	79.50%
완도	26,629,000	11,762,000	-55.83%	7,107,000	-39.58%
⊟제주	**22,804,000**	**11,480,000**	-49.66%	**13,109,000**	**14.19%**
서귀포시	15,613,000	6,894,000	-55.84%	10,237,000	48.49%
제주시	7,191,000	4,586,000	-36.23%	2,872,000	-37.37%
⊟충청	**89,503,000**	**76,940,000**	-14.04%	**89,110,000**	**15.82%**
당진	10,040,000	15,784,000	57.21%	5,411,000	-65.72%
대덕	6,065,000	3,674,000	-39.42%	22,692,000	517.64%
동구	28,956,000	19,096,000	-34.05%	15,572,000	-18.45%
영동	20,763,000	13,607,000	-34.47%	12,027,000	-11.61%
청양	23,679,000	24,779,000	4.65%	33,408,000	34.82%

8 [옵션] 탭 → '표시' 그룹 → '필드 머리글'을 클릭하여 필드 머리글 표시를 해제합니다.

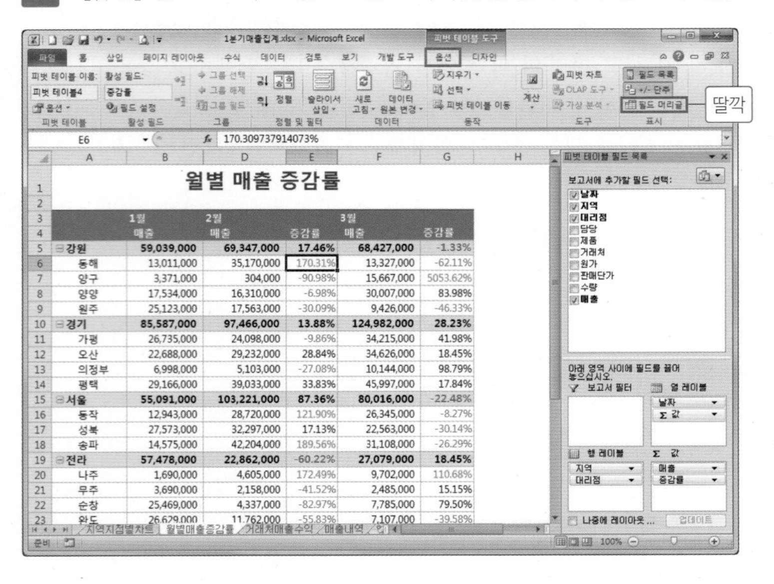

9 ❶ [매출내역] 시트에서 K1셀에 '매출수익'을 입력하고 ❷ K2셀에 '=J2-G2*I2'를 입력한 후 Enter↵ 글쇠를 누르고 ❸ K2셀의 자동 채우기 핸들[+]을 더블클릭하여 수식을 복사합니다. ❹ K2셀을 다시 선택한 후 ❺ [삽입] 탭 → '표' 그룹 → '피벗 테이블'을 클릭합니다. ❻ '피벗 테이블 만들기' 대화상자가 열리면 '피벗 테이블 보고서를 넣을 위치를 선택하십시오.'에서 '기존 워크시트'를 선택하고 ❼ '위치'에 '거래처매출수익!$A$3'을 입력한 후 ❽ 〈확인〉을 클릭합니다.

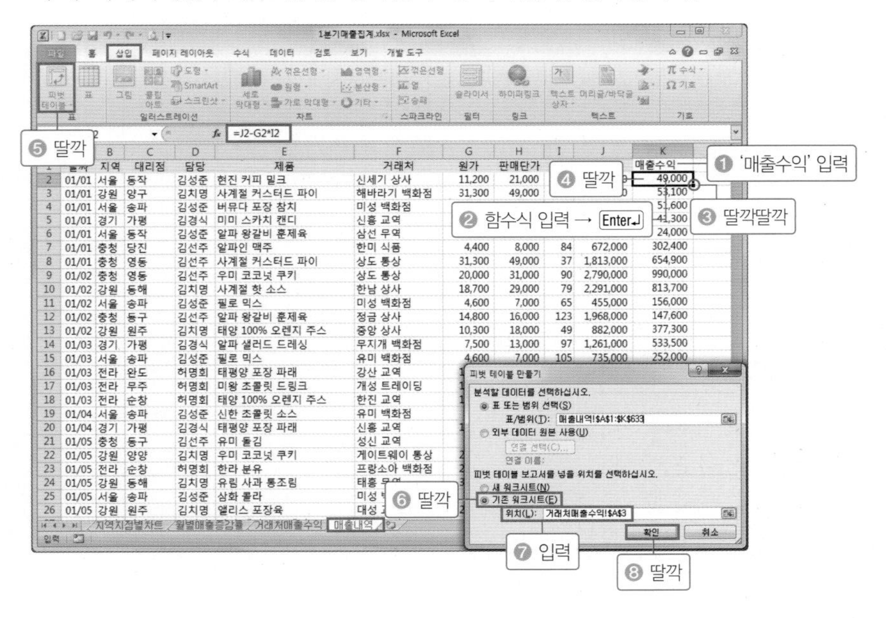

10 ❶ [거래처 매출 수익] 시트의 '피벗 테이블 필드 목록' 작업창에 '지역'을 '보고서 필터' 영역으로 드래그하고 ❷ '거래처'와 '매출' 필드 순서로 ✔ 표시합니다. ❸ 다시 한 번 '매출'을 '값' 영역으로 드래그하고 ❹ '매출 수익'에 ✔ 표시합니다. ❺ '합계 : 매출2' 데이터 중 하나인 C4셀을 선택한 후 ❻ [옵션] 탭 → '계산' 그룹 → '값 표시 형식' → '열 합계 비율'을 선택합니다.

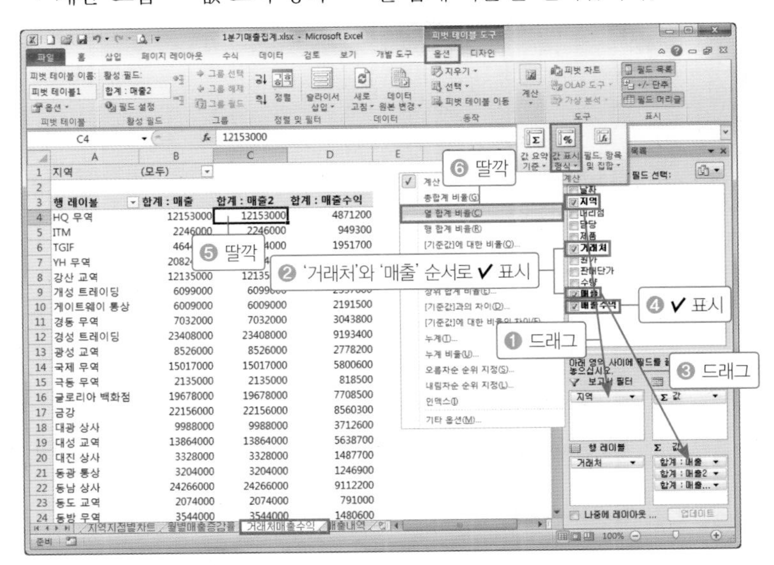

'열 합계 비율'을 선택하면 '현재값/열의 총합계'로 계산하여 표시됩니다. 즉 '현재 매출/매출 총 합계'를 계산하여 거래처의 매출 점유율이 표시됩니다.

11 ❶ [옵션] 탭 → '계산' 그룹 → '필드, 항목 및 집합' → '계산 필드'를 선택합니다. ❷ '계산 필드 삽입' 대화상자가 열리면 '이름'에 '매출수익률'을 입력하고 ❸ '필드'에서 '매출수익'을 더블클릭한 후 ❹ '/' 기호를 입력하고 ❺ '매출'을 더블클릭합니다. ❻ 그런 다음 <추가>를 클릭하고 ❼ <확인>을 클릭합니다.

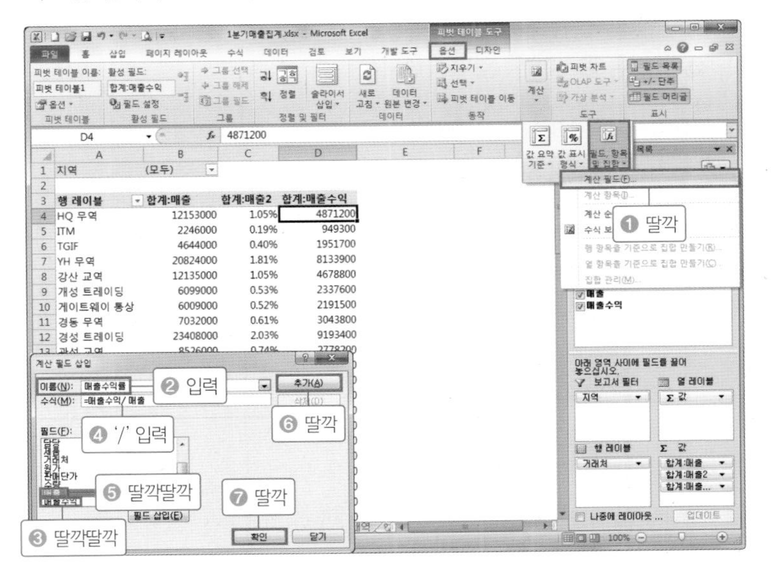

12 ❶ A3셀에는 '거래처'를, B3셀에는 '매출'+Spacebar 글쇠를, C3셀에는 '매출점유율'을, D3셀에 '매출수익'+Spacebar 글쇠를, E4셀에는 '매출수익률'+Spacebar 글쇠를 각각 입력하고 Enter↵ 글쇠를 누릅니다. ❷ [디자인] 탭 → '피벗 테이블 스타일' 그룹 → '보통'의 '피벗 스타일 보통 9'를 선택하고 ❸ [디자인] 탭 → '피벗 테이블 스타일 옵션' 그룹 → '줄무늬 행'과 '줄무늬 열'에 ✔ 표시합니다.

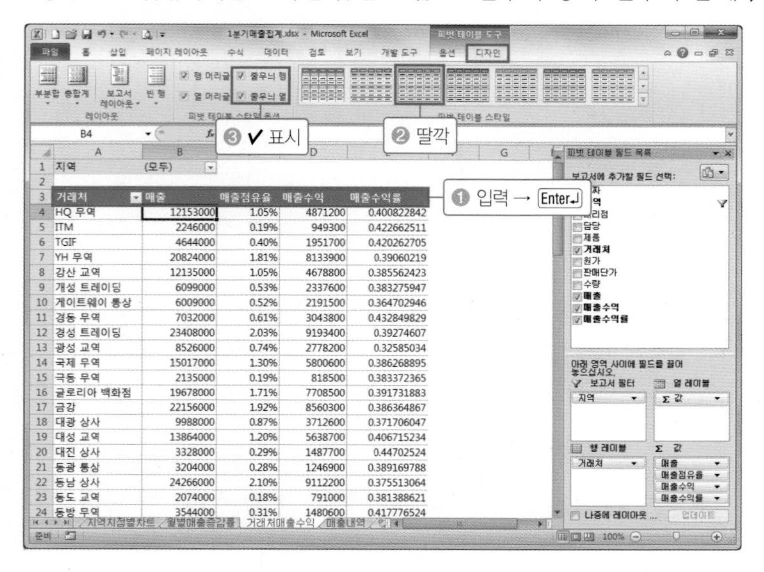

'매출', '매출수익', '매출수익률'은 원본 데이터에 이미 있는 이름이므로 뒤에 필드명을 입력할 때 Space 글쇠를 눌러 공백을 추가하면서 입력합니다.

13 ❶ E3셀의 위쪽 테두리 부분을 클릭하여 '매출수익률' 열을 선택한 후 ❷ [홈] 탭 → '표시 형식' 그룹 → '백분율 스타일'을 클릭하고 ❸ '자리수 늘림'을 두 번 클릭합니다. ❹ 이번에는 B3셀의 위쪽 테두리 부분을 클릭하고 ❺ Ctrl 글쇠를 누른 상태에서 D3셀의 위쪽 테두리 부분을 클릭하여 '매출' 열과 '매출수익' 열을 함께 선택한 후 ❻ [홈] 탭 → '표시 형식' 그룹 → '쉼표 스타일'을 클릭합니다. ❼ 보고서 필터의 목록 단추▾를 클릭하고 ❽ '서울'을 선택한 후 ❾ 〈확인〉을 클릭합니다.

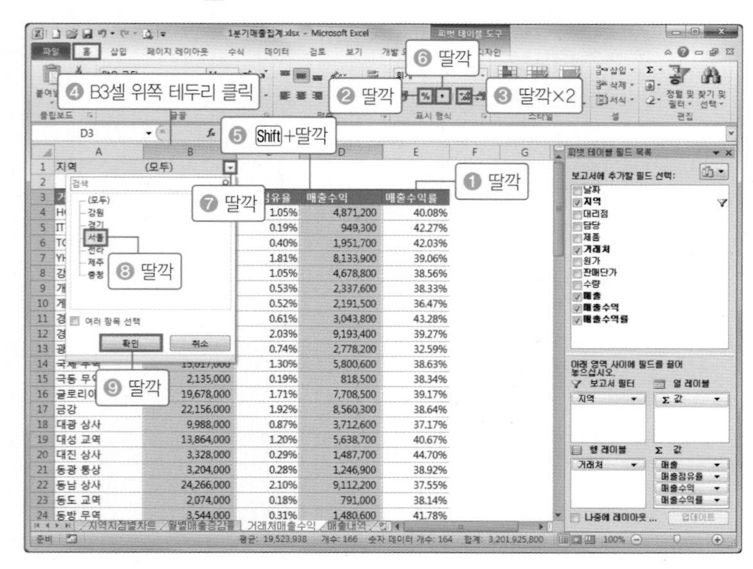

잠깐만요 **보고서 필터 페이지 표시하기**

보고서 필터에서 항목을 선택하면 피벗 테이블에 선택한 항목에 대한 데이터만 요약됩니다. 그러므로 보고서 필터의 항목별로 요약된 피벗 테이블을 모두 한꺼번에 인쇄하려면 각 항목별로 여러 시트에 따로 만든 후 따로 삽입된 워크시트들을 선택하고 인쇄하세요.

❶ [옵션] 탭 → '피벗 테이블' 그룹 → '옵션' → '보고서 필터 페이지 표시'를 선택하여 ❷ '보고서 필터 페이지 표시' 대화상자를 열고 〈확인〉을 클릭하면 시트 탭에 항목별로 워크시트들이 삽입됩니다. ❸ 삽입한 시트 탭 중 첫 번째 시트 탭을 클릭하고 ❹ Shift 글쇠를 누른 상태에서 마지막 시트 탭을 클릭한 후 인쇄하면 한꺼번에 항목별로 요약된 피벗 테이블을 따로 인쇄할 수 있습니다.

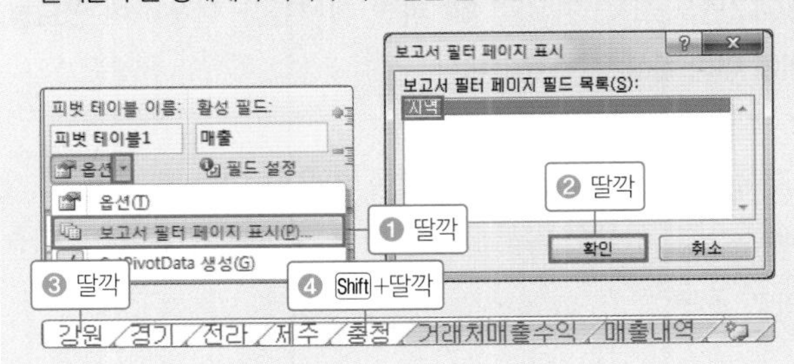

14 '서울'을 선택하면 해당 거래처의 매출 내역이 나타납니다. 다른 지역도 선택해 보세요.

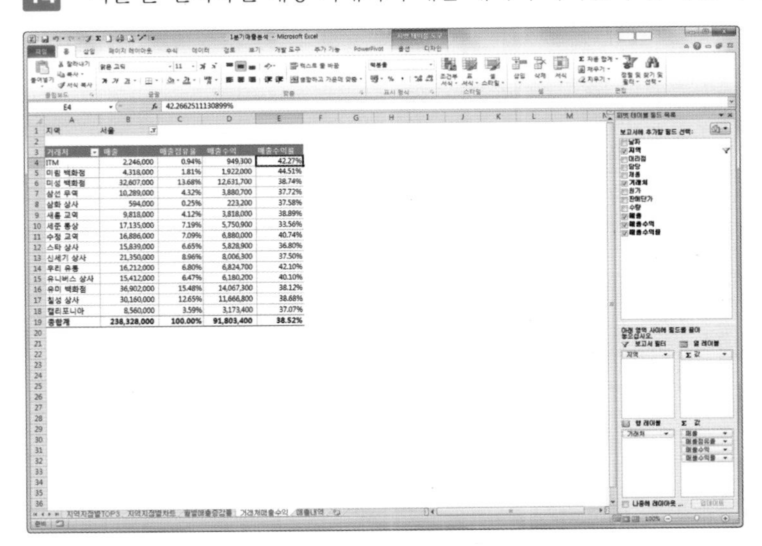

03 매출 추이 분석하기

| 예제 파일 | 현장실습04\년매출집계.xlsx | 완성 파일 | 현장실습04\완성\매출추이분석.xlsx

각각 다른 시트에 집계되어 있는 2011년과 2012년도 매출 자료를 ❶ 피벗 테이블을 이용하여 **연도별, 월별로 통합**한 후 ❷ **Z 차트를 작성하여 매출 추이에 대해 분석**해 보겠습니다.

Z 차트를 작성하려면 12개월의 월별 매출과 매출 누계, 전년도 매출 합계를 이용한 이동 합계의 세 가지 데이터가 필요합니다. 다음은 이 데이터를 Z 모양의 꺾은선 차트로 표시하는 것인데, 단순 월별 매출 추이뿐만 아니라 장기적인 매출 흐름도 분석할 수 있습니다.

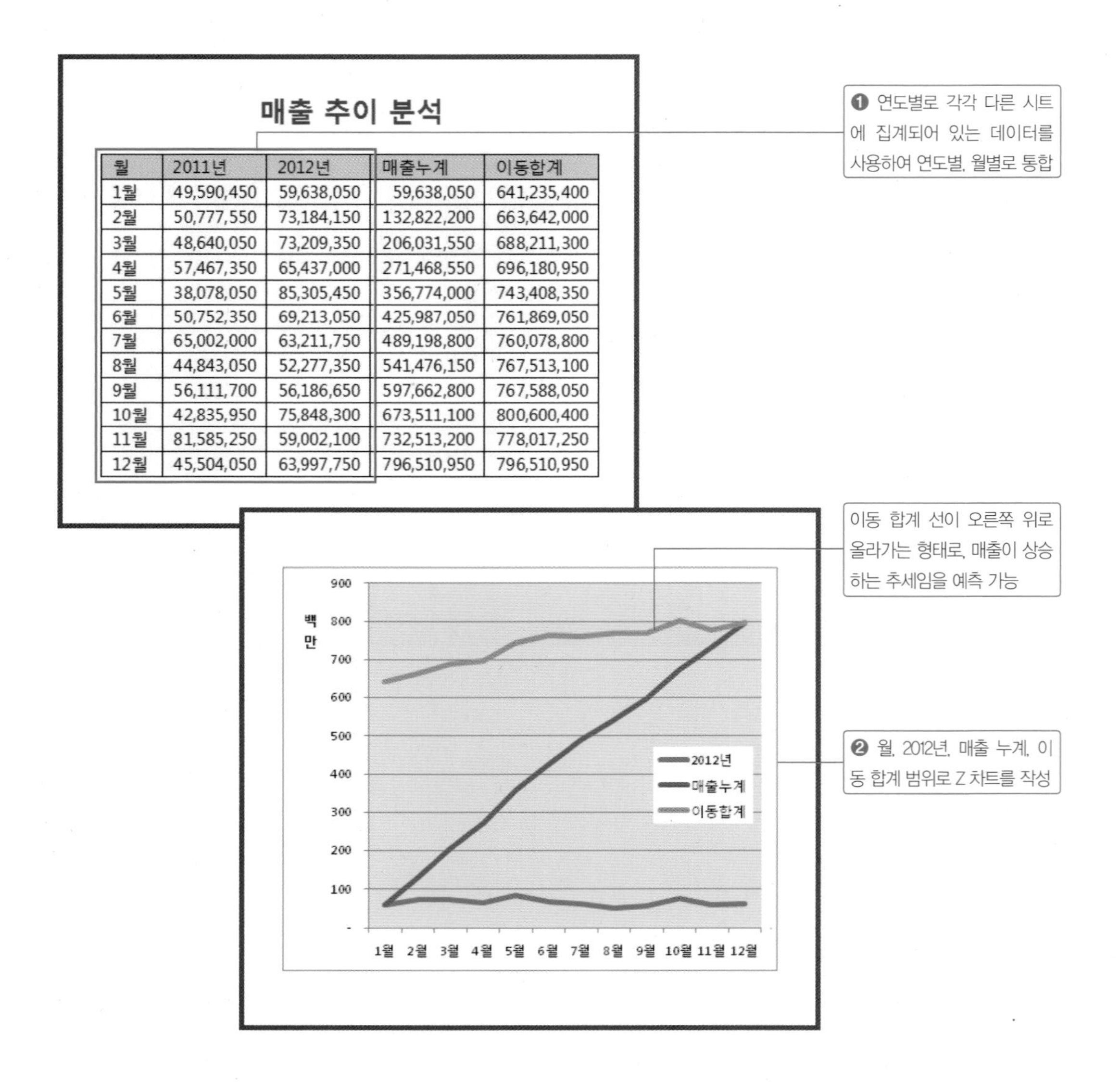
매출 추이 분석

월	2011년	2012년	매출누계	이동합계
1월	49,590,450	59,638,050	59,638,050	641,235,400
2월	50,777,550	73,184,150	132,822,200	663,642,000
3월	48,640,050	73,209,350	206,031,550	688,211,300
4월	57,467,350	65,437,000	271,468,550	696,180,950
5월	38,078,050	85,305,450	356,774,000	743,408,350
6월	50,752,350	69,213,050	425,987,050	761,869,050
7월	65,002,000	63,211,750	489,198,800	760,078,800
8월	44,843,050	52,277,350	541,476,150	767,513,100
9월	56,111,700	56,186,650	597,662,800	767,588,050
10월	42,835,950	75,848,300	673,511,100	800,600,400
11월	81,585,250	59,002,100	732,513,200	778,017,250
12월	45,504,050	63,997,750	796,510,950	796,510,950

Step 01 다중 통합 범위로 피벗 테이블 작성하기

① 피벗 테이블/피벗 차트 마법사를 사용하여 [2011]과 [2012] 시트를 다중 통합 범위로 지정하여 피벗 테이블을 작성합니다.

② 날짜 데이터를 월과 연 단위로 그룹화하고, 열 레이블 목록에서 매출 항목만 선택하여 연도별, 월별 매출 합계를 나타내는 피벗 테이블을 작성합니다.

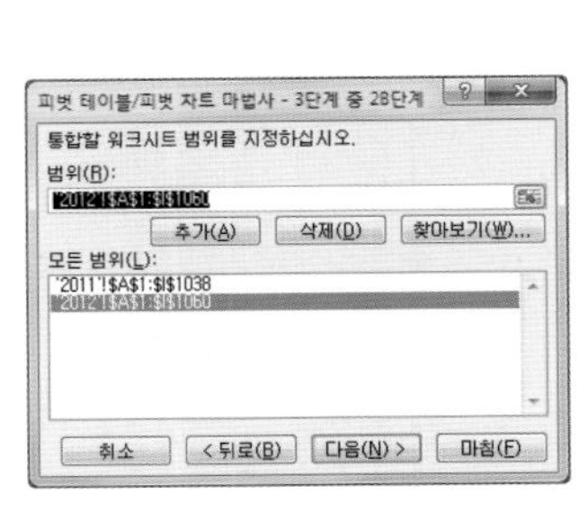

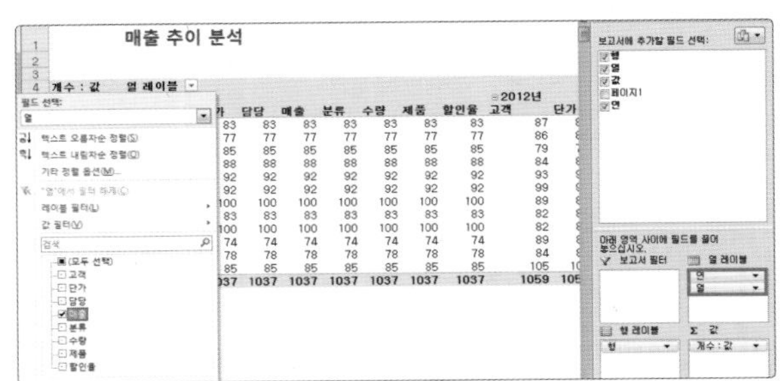

Step 02 Z 차트 작성하기

① SUM 함수를 사용하여 매출 누계를 구하고, '전월 이동합계-2011년 매출+2012년 매출' 수식으로 이동 합계를 구합니다.

② 월, 2012년, 매출 누계, 이동 합계 범위를 사용하여 꺾은선형 차트를 삽입해서 Z 차트를 작성합니다.

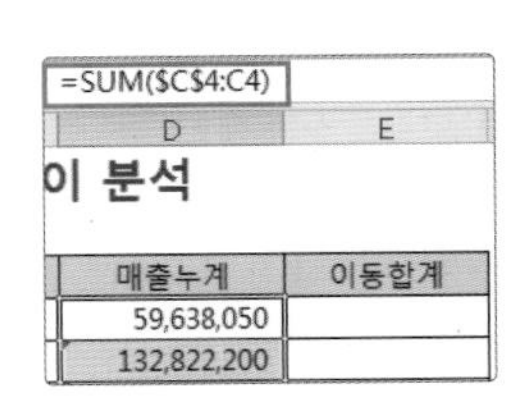

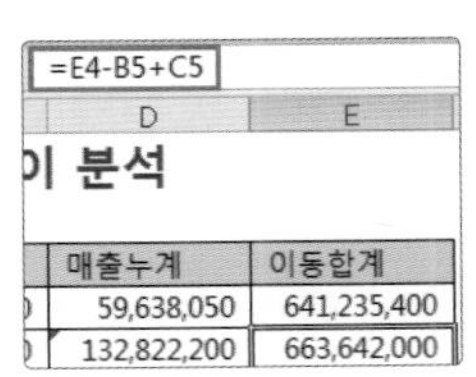

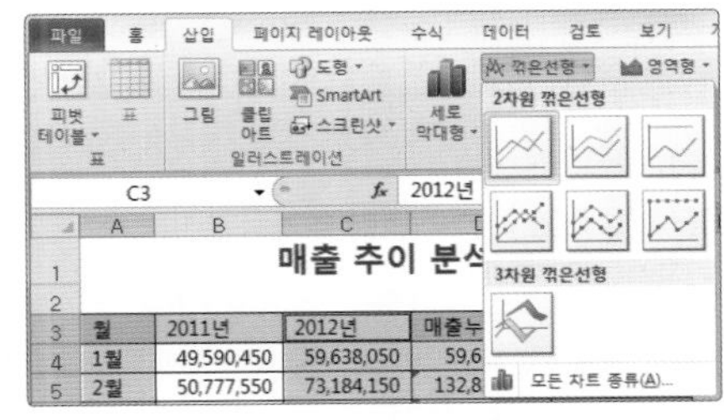

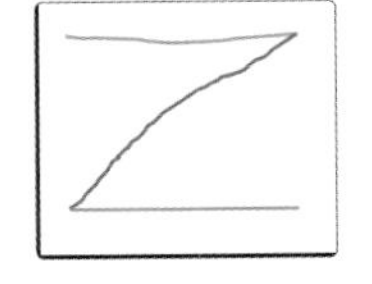

보합형
특별한 매출 변동이 없는 패턴으로, 매출 실적은 현상 유지 상태라고 볼 수 있습니다.

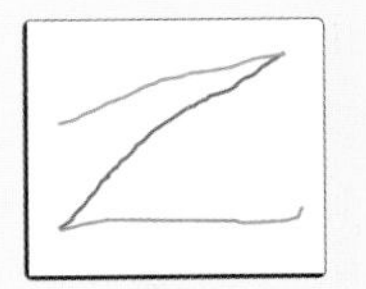

상승형
이동 합계 선이 오른쪽 위로 올라가는 형태로, 전년 대비 매출 실적이 오르고 있다고 볼 수 있습니다.

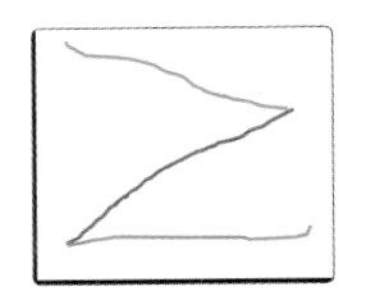

하락형
이동 합계 선이 오른쪽 아래로 내려가는 형태로, 매출 실적이 하락하는 추세라고 볼 수 있습니다.

STEP 01 다중 통합 범위로 피벗 테이블 작성하기

1 ❶ [2011] 시트에서 A1셀을 선택한 상태에서 ❷ 단축 글쇠 Alt+D+P를 누릅니다. ❷ '피벗 테이블/피벗 차트 마법사' 대화상자가 열리면 '분석할 데이터 위치를 지정하십시오'에서 '다중 통합 범위'를 선택하고 ❸ 〈다음〉을 클릭합니다.

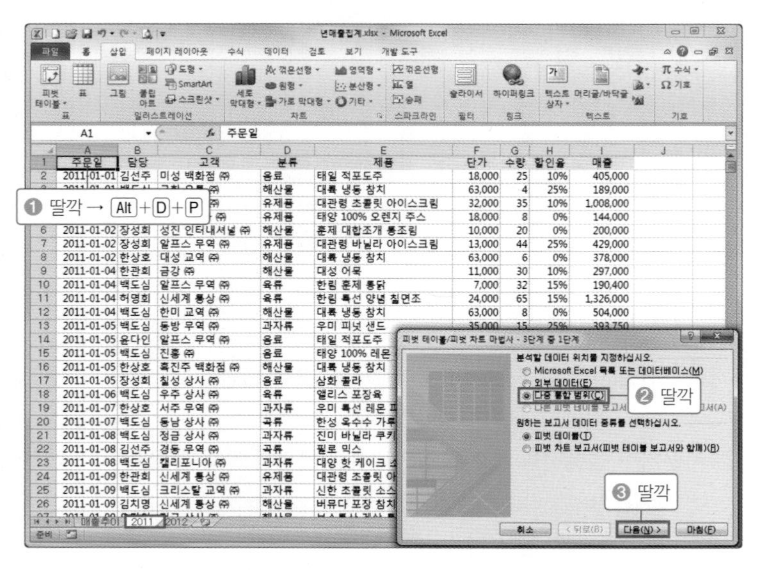

잠깐만요 피벗 테이블/피벗 차트 마법사 명령 추가하기

다중 통합 범위는 '피벗 테이블/피벗차트 마법사' 대화상자를 통해 지정할 수 있습니다. 또한 단축 글쇠 Alt+D+P 대신 빠른 실행 도구 모음에 아이콘을 추가하여 실행할 수도 있습니다. ❶ 빠른 실행 도구 모음에서 마우스 오른쪽 단추를 클릭한 후 ❷ 바로 가기 메뉴에서 '빠른 실행 도구 모음 사용자 지정'을 선택합니다. ❸ 'Excel 옵션' 대화상자가 열리면 '빠른 실행 도구 모음'의 명령 선택에서 '리본 메뉴에 없는 명령'을 선택하고 ❹ 명령 목록에서 '피벗 테이블/피벗 차트 마법사'를 더블클릭한 후 ❺ 〈확인〉을 클릭합니다.

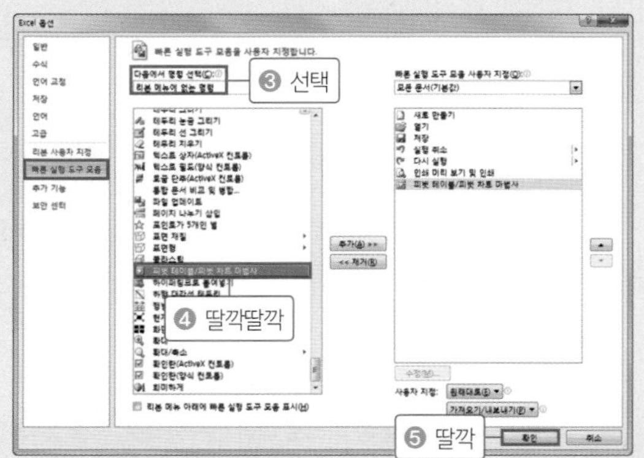

2 ❶ '원하는 페이지 필드 수를 선택하십시오.'에서 '하나의 페이지 필드 만들기'를 선택한 후 ❷ <다음>을 클릭합니다. ❸ '범위'가 선택된 상태에서 단축 글쇠 Ctrl+A를 눌러 [2011] 시트의 데이터 전체 범위를 지정한 후 ❹ <추가>를 클릭합니다.

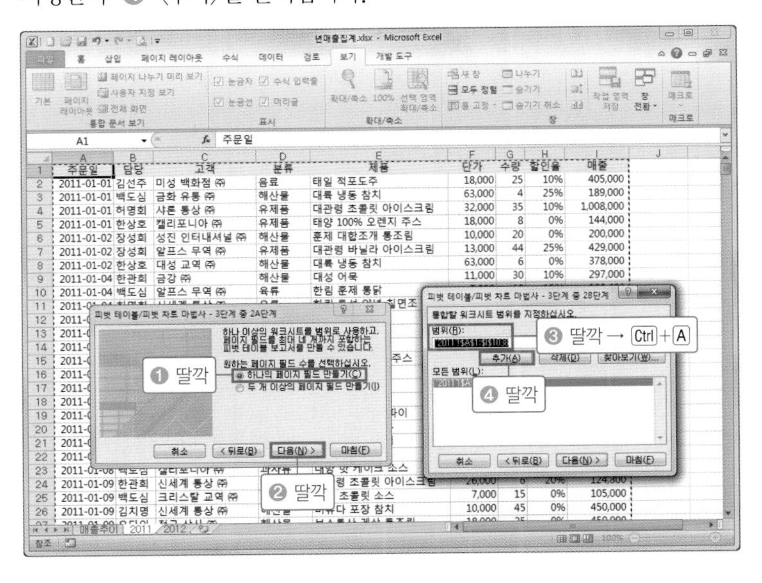

3 ❶ [2012] 시트를 클릭한 후 ❷ '범위'를 선택한 상태에서 단축 글쇠 Ctrl+A를 눌러 데이터 전체 범위를 지정하고 ❸ <추가>를 클릭한 후 ❹ <다음>을 클릭합니다. ❺ '피벗 테이블 보고서 작성 위치'로 '기존 워크시트'를 선택하고 ❻ '매출추이!$A$4'를 지정한 후 ❼ <마침>을 클릭합니다.

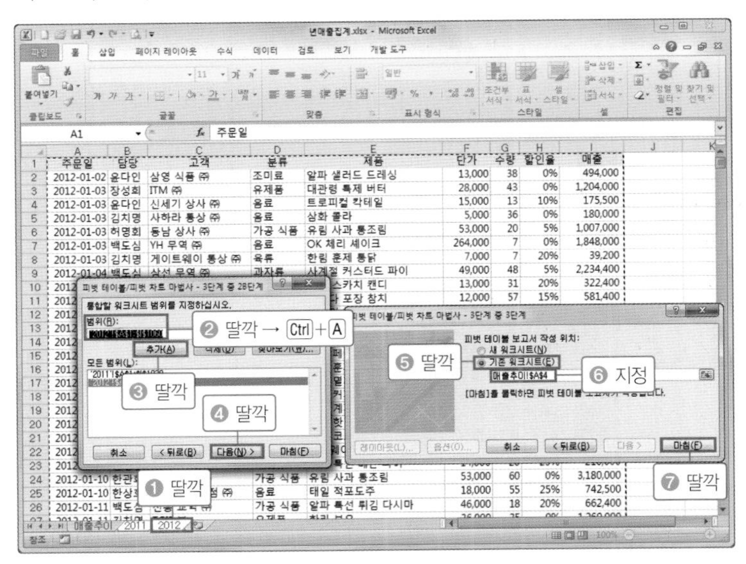

4 ❶ 날짜가 입력된 아무 셀에서 마우스 오른쪽 단추를 클릭하고 ❷ 바로 가기 메뉴에서 '그룹'을 선택합니다. ❸ '그룹화' 대화상자가 열리면 '단위'에서 '월'과 '연'을 선택하고 ❹ 〈확인〉을 클릭합니다.

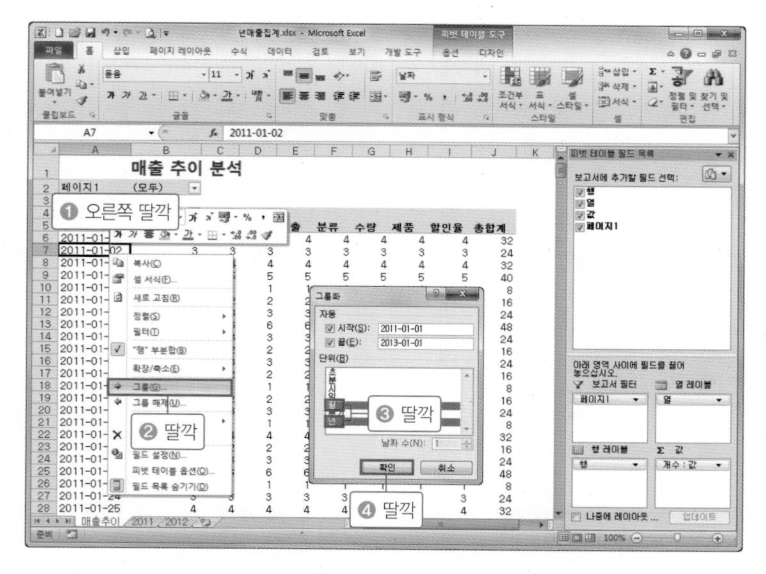

다중 통합 범위를 사용하여 피벗 테이블을 작성하면 원본 데이터의 첫 번째 행의 필드명은 '열 레이블' 영역으로 들어가고, 첫 번째 열의 내용(지금은 날짜)은 '행 레이블' 영역으로 들어가며, 나머지 두 번째 열부터는 값으로 계산됩니다. '보고서 필터' 영역으로 들어간 '페이지1' 항목은 다중 통합 범위로 지정한 범위 항목입니다. 즉 지금은 2011년 데이터 범위가 (항목1)이고, 2012년 데이터 범위가 (항목2)입니다.

5 ❶ '열 레이블'의 목록 단추[▼]를 클릭한 후 ❷ '모두 선택'의 ✔ 표시를 해제합니다. ❸ '매출'에 ✔ 표시하고 ❹ 〈확인〉을 클릭합니다. ❺ '피벗 테이블 필드 목록' 작업창에서 '페이지1'의 ✔ 표시를 해제하고 ❻ '행 레이블' 영역의 '연'을 '열 레이블' 영역의 '월'의 위쪽으로 드래그합니다.

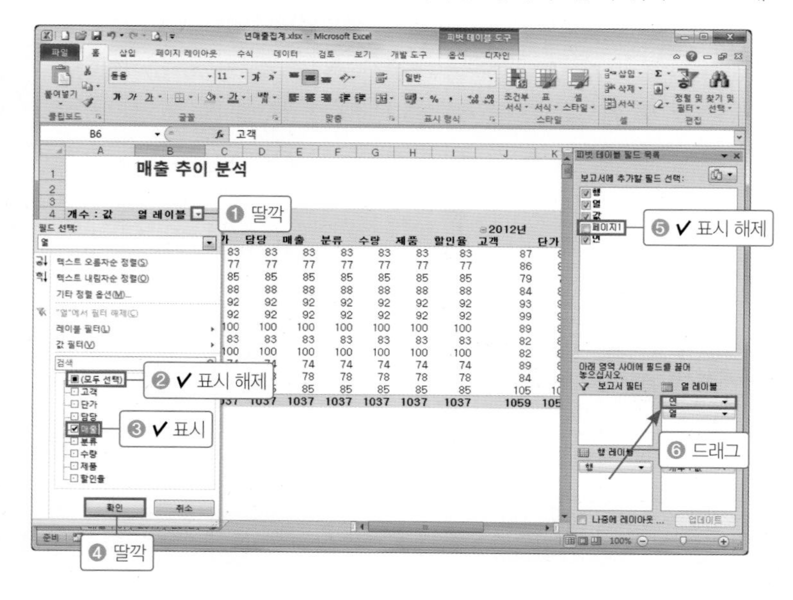

6 ❶ [디자인] 탭 → '레이아웃' 그룹 → '총합계' → '행 및 열의 총합계 해제'를 선택합니다. ❷ 매출 값 중 아무 셀에서 마우스 오른쪽 단추를 클릭하고 ❸ 바로 가기 메뉴에서 '값 요약 기준' → '합계'를 선택합니다.

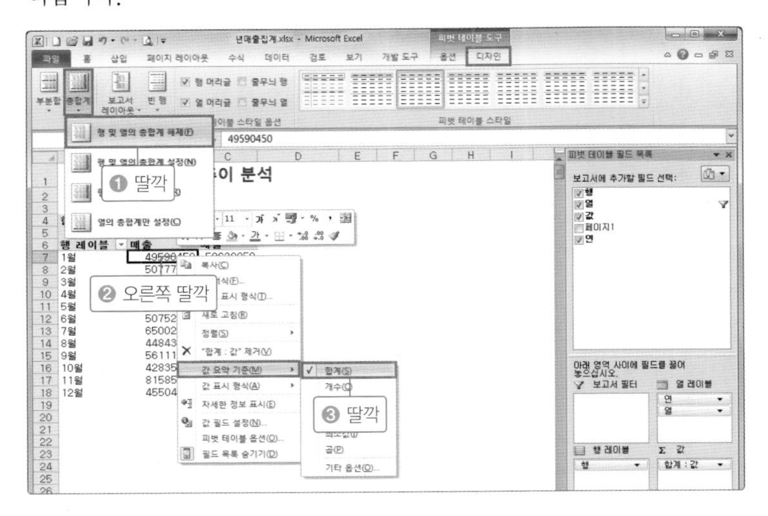

7 ❶ A4:C18 범위를 지정하고 ❷ [홈] 탭 → '클립보드' 그룹 → '복사'를 클릭한 후 ❸ '붙여넣기' → '값 붙여넣기'에서 '값'을 클릭합니다.

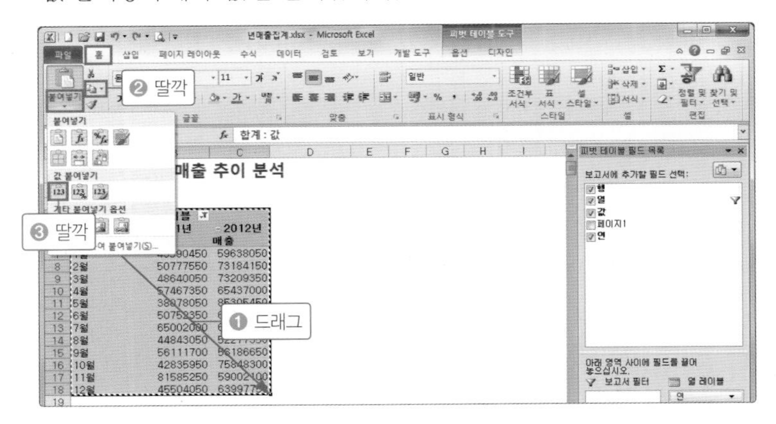

8 ❶ A6셀에는 '월'을, B6셀에는 '2011년'을, C6셀에는 '2012'년을 입력하고 Enter↵ 글쇠를 누릅니다. ❷ 3행부터 5행 머리글을 드래그하여 범위로 지정한 후 ❸ [홈] 탭 → '셀' 그룹 → '삭제'를 클릭합니다.

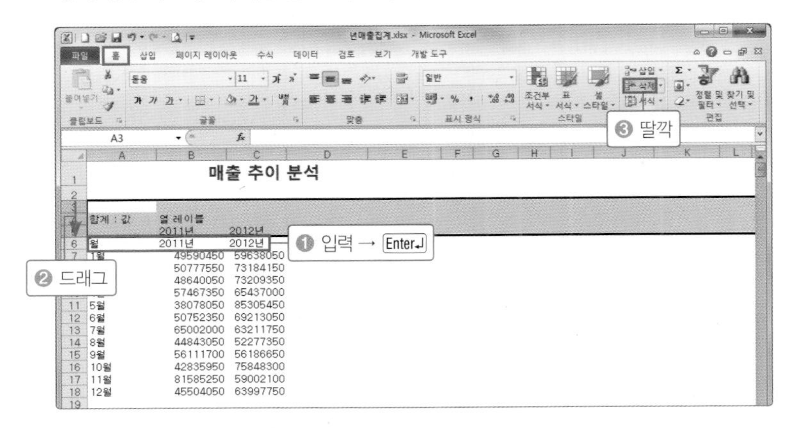

STEP 02 Z 차트 작성하기

1 ❶ [매출추이] 시트에서 A3:E3 범위를 지정하고 ❷ [홈] 탭 → '글꼴' 그룹 → '채우기 색' → '테마 색'의 '바다색, 강조 5, 60% 더 밝게'를 선택합니다. ❸ A3:E15 범위를 지정하고 ❹ [홈] 탭 → '글꼴' 그룹 → '테두리' → '모든 테두리'를 선택합니다. ❺ [홈] 탭 → '표시 형식' 그룹 → '쉼표 스타일'을 클릭하고 ❻ [홈] 탭 → '셀' 그룹 → '서식'→ '열 너비 자동 맞춤'을 선택합니다.

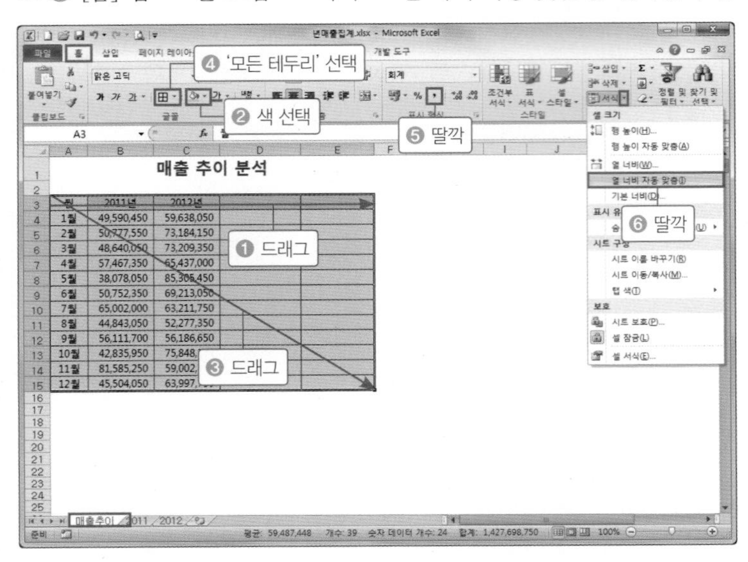

2 ❶ D3셀에는 '매출누계'를, E3셀에는 '이동합계'를 입력하고 Enter↵ 글쇠를 누릅니다. ❷ D4셀에 '=SUM($C$4:C4)'를 입력하고 Enter↵ 글쇠를 누른 후 ❸ D4셀의 자동 채우기 핸들(+)을 더블클릭하여 함수식을 복사합니다.

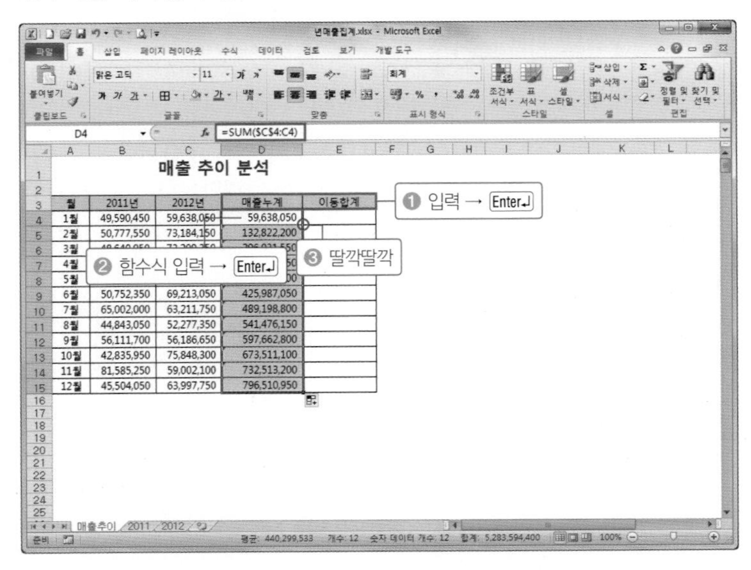

합계 범위로 첫 번째 셀을 절대 참조 $C$4로, 두 번째 셀을 상대 참조 C4로 지정했으므로 함수식을 복사할 때 두 번째 셀만 한 칸씩 확장되어 매출 누계가 구해집니다.

3 ❶ E4셀에 '=SUM(B4:B15)−B4+C4'를 입력하고 Enter↵ 글쇠를 누릅니다. ❷ E5셀에 '=E4−B5+C5'를 입력하고 Enter↵ 글쇠를 누른 후 ❸ E5셀의 자동 채우기 핸들[+]을 더블클릭하여 수식을 복사합니다.

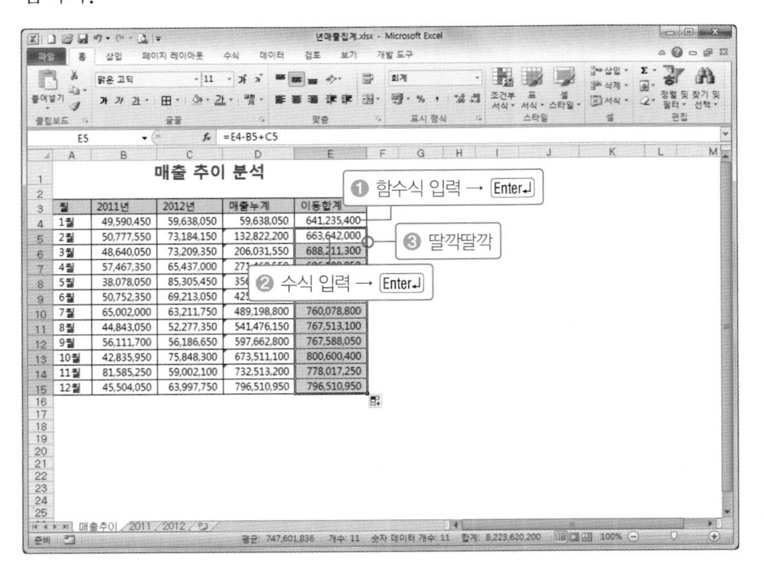

잠깐만요 **이동 합계 계산식 알아보기**

- 첫 번째 월의 이동 합계=전년도 매출 합계−전년 해당 월 매출+금년 해당 월 매출
- 두 번째 월부터의 이동 합계=전월 이동 합계−전년 해당 월 매출+금년 해당 월 매출

4 ❶ A3:A15 범위를 지정하고 ❷ Ctrl 글쇠를 누른 상태에서 C3:E15 범위를 지정한 후 ❸ [삽입] 탭 → '차트' 그룹 → '꺾은선형' → '2차원 꺾은선형'에서 '꺾은선형'을 선택합니다.

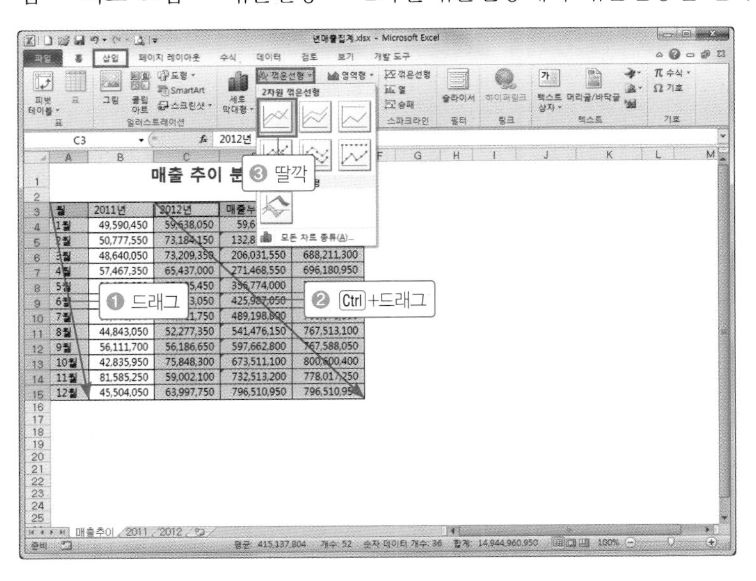

5 ❶ 삽입한 차트 영역을 표의 오른쪽 옆으로 드래그하여 이동하고 크기 조절점을 드래그하여 크기를 적절히 조절한 후 ❷ [디자인] 탭 → '차트 스타일' 그룹 → '스타일 34'를 선택합니다.

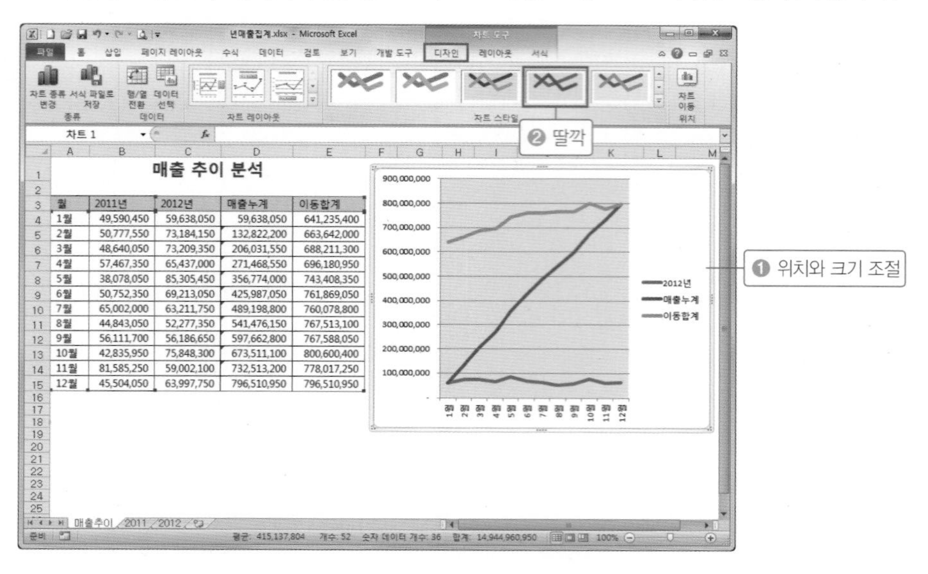

6 ❶ [레이아웃] 탭 → '레이블' 그룹 → '범례' → '오른쪽에 범례 표시(크기를 조정하지 않고 차트의 오른쪽에 범례 표시)'를 선택하고 ❷ [레이아웃] 탭 → '축' 그룹 → '축' → '기본 세로 축'의 '백만 단위로 축 표시'를 선택합니다.

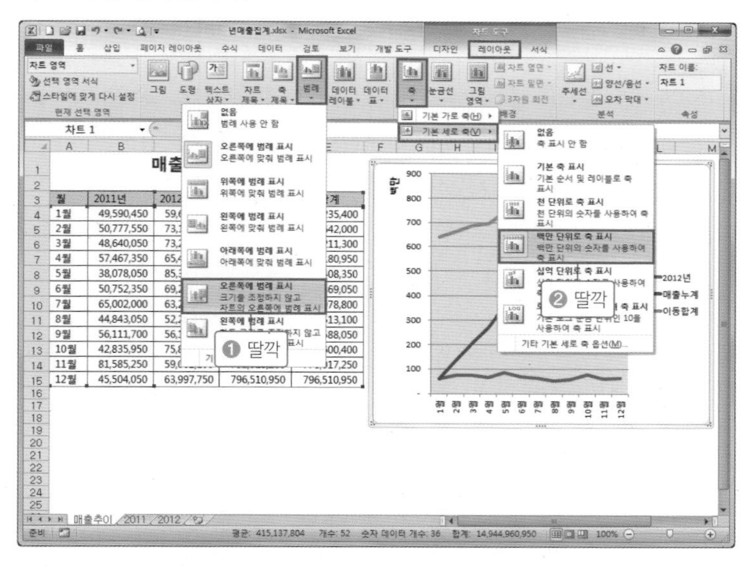

7 ❶ 차트의 범례 상자를 클릭하고 ❷ [홈] 탭 → '글꼴' 그룹 → '채우기 색' → '테마 색'의 '흰색, 배경 1'을 선택합니다. ❸ 세로 축의 '백만' 레이블 상자를 클릭하고 ❹ [홈] 탭 → '맞춤' 그룹 → '방향' → '세로 쓰기'를 클릭합니다.

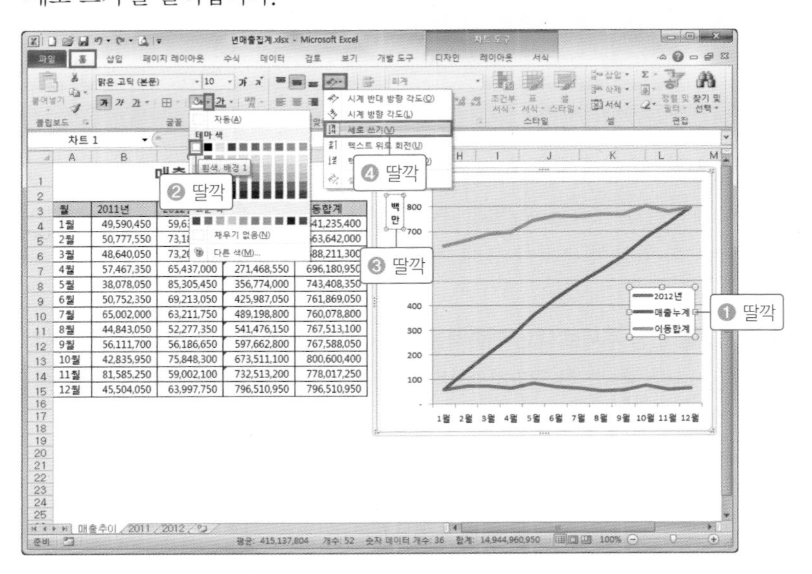

04 광고 예산 인상에 따른 매출액 예측하기

| 예제 파일 | 현장실습04\매출예측.xlsx | 완성 파일 | 현장실습04\완성\매출예측완성.xlsx

엑셀은 통계 자료 분석을 위해 사용할 수 있습니다. 데이터 예측 함수를 사용하거나 차트로 데이터를 표시하고 추세선을 삽입하면 미래의 데이터를 예측할 수 있습니다. 데이터 예측을 위한 여러 통계 기법이 있지만 여기서는 엑셀을 사용한 단순 회귀 분석 결과를 통해 데이터는 예측해 보겠습니다.

❶ **전년도 매출액을 사용한 단순한 기간별 선형 추세로 내년 매출액을 예측**해 보고 ❷ 광고비 인상을 고려하기 위한 **매출액 상관관계를 분석**해 보겠습니다. ❸ 또한 **광고비 예산 인상에 따른 예상 매출액도 구해**보겠습니다.

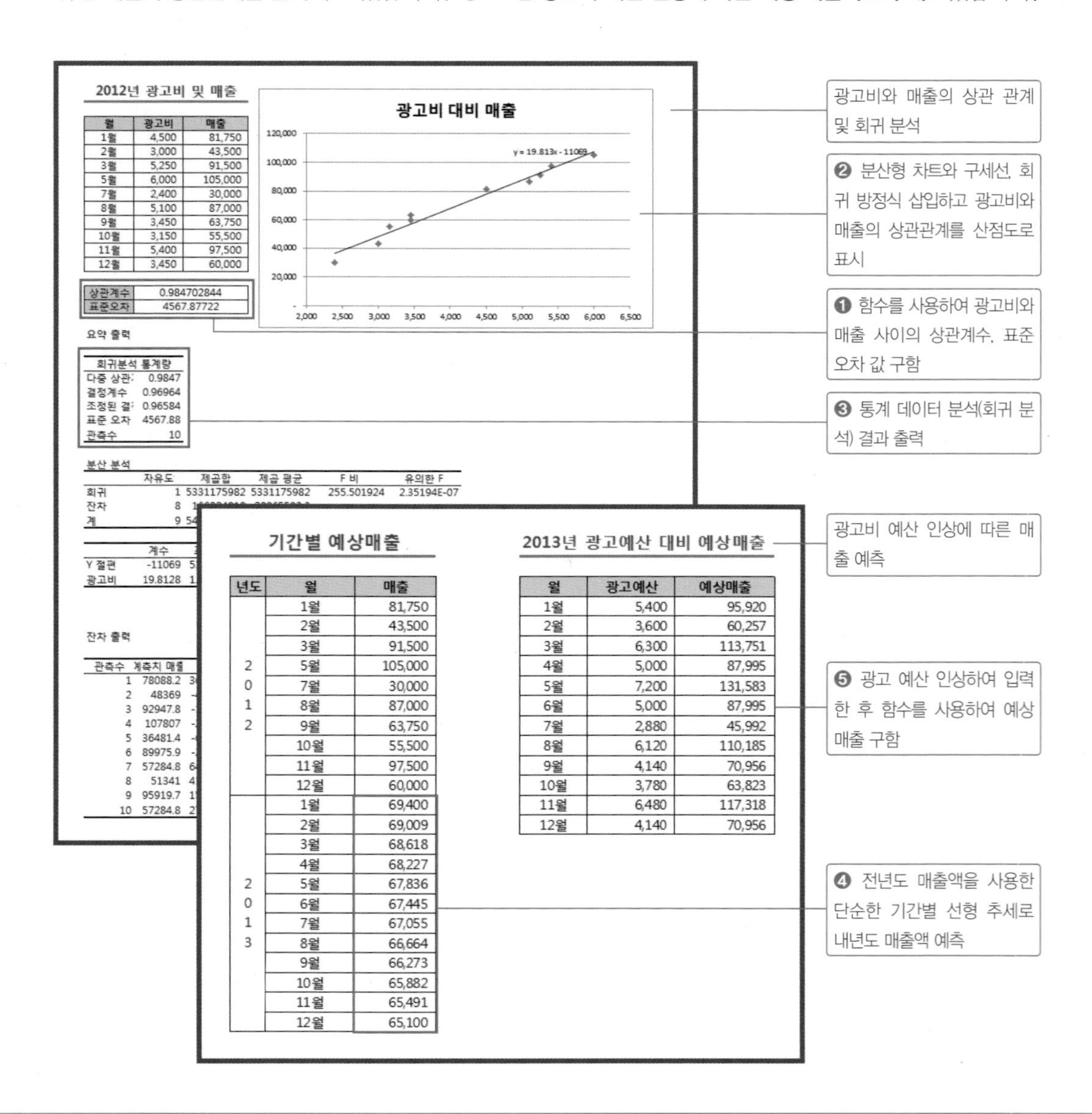

월	광고비	매출
1월	4,500	81,750
2월	3,000	43,500
3월	5,250	91,500
5월	6,000	105,000
7월	2,400	30,000
8월	5,100	87,000
9월	3,450	63,750
10월	3,150	55,500
11월	5,400	97,500
12월	3,450	60,000

년도	월	매출
2012	1월	81,750
	2월	43,500
	3월	91,500
	5월	105,000
	7월	30,000
	8월	87,000
	9월	63,750
	10월	55,500
	11월	97,500
	12월	60,000
2013	1월	69,400
	2월	69,009
	3월	68,618
	4월	68,227
	5월	67,836
	6월	67,445
	7월	67,055
	8월	66,664
	9월	66,273
	10월	65,882
	11월	65,491
	12월	65,100

월	광고예산	예상매출
1월	5,400	95,920
2월	3,600	60,257
3월	6,300	113,751
4월	5,000	87,995
5월	7,200	131,583
6월	5,000	87,995
7월	2,880	45,992
8월	6,120	110,185
9월	4,140	70,956
10월	3,780	63,823
11월	6,480	117,318
12월	4,140	70,956

Step 01 광고비와 매출액의 상관관계 알아보기

① 두 데이터 사이의 상관관계를 알아보기 위해 CORREL 함수를 사용하여 상관관계를 수치로 나타낸 상관계수를 구합니다.

② 두 데이터 값을 나타내는 점을 도표로 나타낸 산점도인 분산형 차트를 작성하고, STEYX 함수를 사용하여 표준 오차를 구합니다.

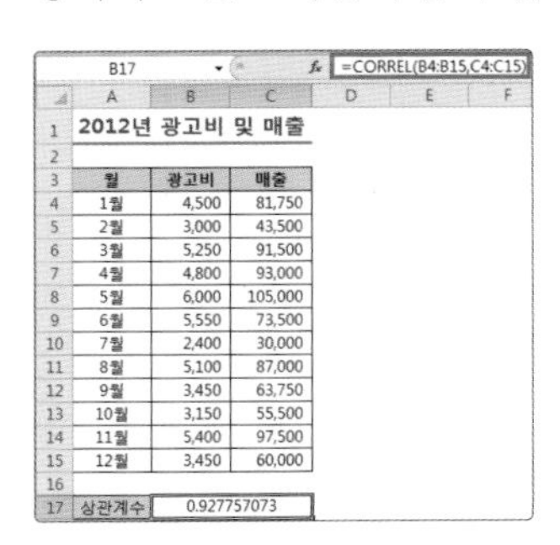

B17 =CORREL(B4:B15,C4:C15)

2012년 광고비 및 매출

월	광고비	매출
1월	4,500	81,750
2월	3,000	43,500
3월	5,250	91,500
4월	4,800	93,000
5월	6,000	105,000
6월	5,550	73,500
7월	2,400	30,000
8월	5,100	87,000
9월	3,450	63,750
10월	3,150	55,500
11월	5,400	97,500
12월	3,450	60,000
상관계수	0.927757073	

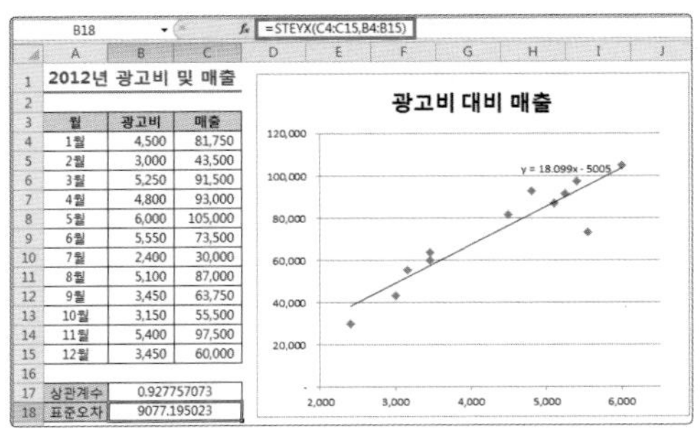

B18 =STEYX(C4:C15,B4:B15)

2012년 광고비 및 매출

월	광고비	매출
1월	4,500	81,750
2월	3,000	43,500
3월	5,250	91,500
4월	4,800	93,000
5월	6,000	105,000
6월	5,550	73,500
7월	2,400	30,000
8월	5,100	87,000
9월	3,450	63,750
10월	3,150	55,500
11월	5,400	97,500
12월	3,450	60,000
상관계수	0.927757073	
표준오차	9077.195023	

③ 데이터 분석 도구 중 회귀 분석을 사용하여 회귀 분석 결과를 출력한 후 지나친 편차를 보이는 데이터를 확인하고 삭제합니다.

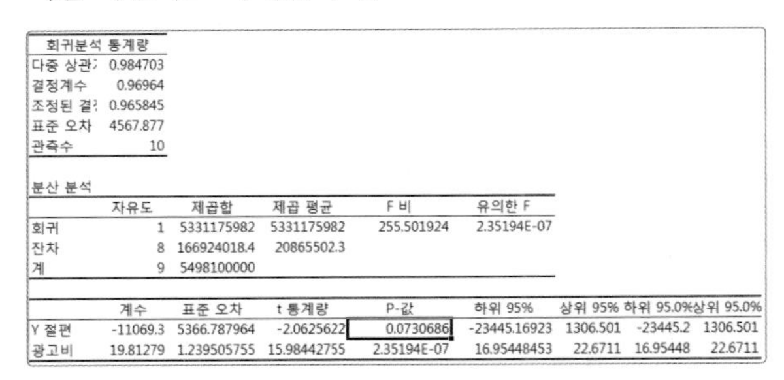

회귀분석 통계량	
다중 상관	0.984703
결정계수	0.96964
조정된 결	0.965845
표준 오차	4567.877
관측수	10

분산 분석

	자유도	제곱합	제곱 평균	F 비	유의한 F
회귀	1	5331175982	5331175982	255.501924	2.35194E-07
잔차	8	166924018.4	20865502.3		
계	9	5498100000			

	계수	표준 오차	t 통계량	P-값	하위 95%	상위 95%	하위 95.0%	상위 95.0%
Y 절편	-11069.3	5366.787964	-2.0625622	0.0730686	-23445.16923	1306.501	-23445.2	1306.501
광고비	19.81279	1.239505755	15.98442755	2.35194E-07	16.95448453	22.6711	16.95448	22.6711

Step 02 내년도 광고 예산 인상에 따른 매출액 예측하기

① 광고 예산 인상 없이 2012년도 매출 범위를 지정하고 자동 채우기 핸들을 사용한 선형 추세 반영으로 내년도 매출 예측액을 구합니다.

② FORECAST 함수를 사용하여 광고 예산 인상에 따른 예상 매출액을 구합니다.

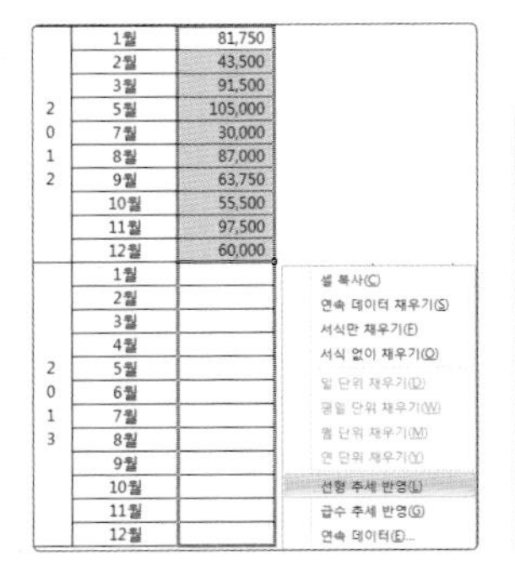

연도	월	매출
2012	1월	81,750
	2월	43,500
	3월	91,500
	5월	105,000
	7월	30,000
	8월	87,000
	9월	63,750
	10월	55,500
	11월	97,500
	12월	60,000
2013	1월	
	2월	
	3월	
	4월	
	5월	
	6월	
	7월	
	8월	
	9월	
	10월	
	11월	
	12월	

=FORECAST(G4,$C$4:$C$13,상관관계!$B$4:$B$13)

2013년 광고예산 대비 예상매출

월	광고예산	예상매출
1월	5,400	95,920
2월	3,600	60,257
3월	6,300	113,751
4월	5,000	87,995
5월	7,200	131,583
6월	5,000	87,995
7월	2,880	45,992
8월	6,120	110,185
9월	4,140	70,956
10월	3,780	63,823
11월	6,480	117,318
12월	4,140	70,956

STEP 01 광고비와 매출액의 상관관계 알아보기

1 [상관관계] 시트에서 B17셀에 '=CORREL(B4:B15,C4:C15)'를 입력하고 Enter↵ 글쇠를 누릅니다.

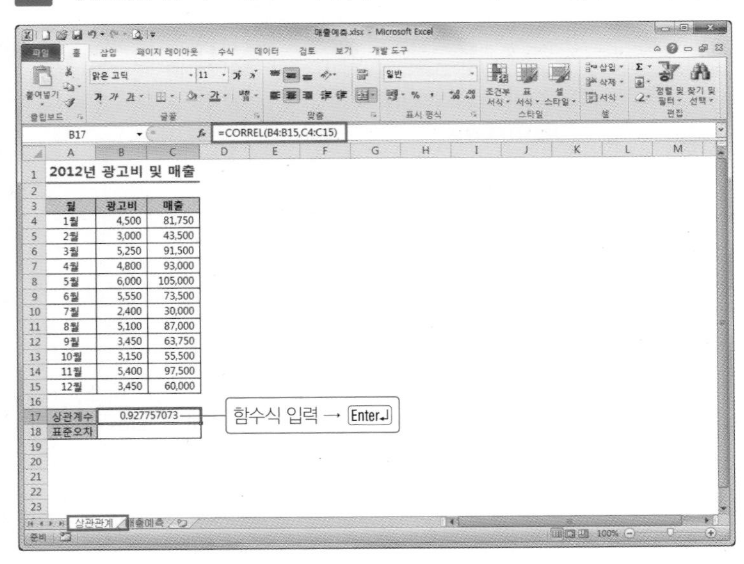

잠깐만요 CORREL 함수 제대로 알기

CORREL 함수는 두 개의 데이터 배열 사이의 상관계수를 구하는 함수로, 구문은 =CORREL(배열 1,배열 2)입니다. 이 함수는 한쪽 배열이 증가하면 다른 한쪽이 증가할 때 양수를 돌려줍니다. 만약 한쪽이 증가할 때 다른 쪽이 감소한다면 음수로 돌려줍니다. 2개의 배열의 순서가 바뀌어도 결과는 같으므로 데이터 범위의 순서는 중요하지 않습니다.

- 배열 1 – 2012년도 12개월 광고비 범위는 B4:B15입니다.
- 배열 2 – 2012년도 12개월 매출액 범위는 C4:C15입니다.

상관관계와 상관계수

상관관계는 2개의 데이터 변화 사이의 관계, 즉 2개의 변수 중 한쪽이 증가하면 다른 한쪽이 증가 또는 감소하는 경우의 관계를 말합니다. 한쪽이 증가하면 다른 한쪽도 증가하는 관계를 '양의 상관관계', 한쪽이 증가하면 다른 한쪽은 감소하는 관계를 '음의 상관관계'라고 합니다. 상관계수란 상관관계의 정도를 수치로 나타낸 것으로, 통계학에서 r로 표시합니다. 상관계수 r은 –1~1 사이의 수치로 표시되며, r 값이 ±1에 가까울수록 강한 상관관계가 높은 것이고, 0일 때는 상관관계가 없다는 것을 의미합니다. r 값이 양수이면 한쪽 데이터가 증가할 때 다른 쪽 데이터도 증가하는 경향이 있는 양의 상관관계이며, r 값이 음수이면 한쪽 데이터가 증가할 때 다른 쪽 데이터는 감소하는 경향이 있는 음의 상관관계입니다. 상관계수(r)에 따른 상관관계는 다음과 같이 구분할 수 있습니다. CORREL 함수에 광고비 범위와 매출액 범위를 지정하여 나온 상관계수가 0.927757073으로 1에 매우 가까운 양수입니다. 따라서 광고비가 증가할 때 매출액이 증가하는 경향이 매우 높다고 볼 수 있습니다.

상관계수(r)	상관관계 강도
±0.9 이상	매우 높음
±0.7~±0.9 미만	높음
±0.4~±0.7 미만	다소 높음
±0.2~±0.4 미만	낮음
±0.2 미만	상관관계가 거의 없음

2 ❶ B3:C15 범위를 지정하고 ❷ [삽입] 탭 → '차트' 그룹 → '분산형' → '분산형'에서 '표식만 있는 분산형'을 클릭합니다. ❸ 삽입한 차트를 표의 오른쪽으로 이동하고 차트 영역 아래쪽 선의 크기 조절점을 드래그하여 크기를 조절합니다.

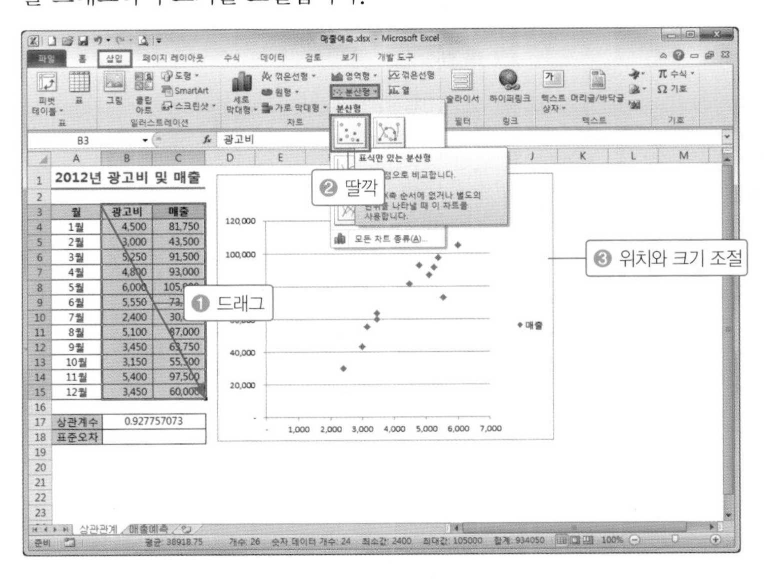

3 ❶ 차트 제목 상자에 '광고비 대비 매출'을 입력하고 ❷ 가로 축을 더블클릭합니다. ❸ '축 서식' 대화상자가 열리면 '축 옵션'에서 '최소값'은 '고정', '2000'을, '최대값'은 '고정', '6500'을 입력한 후 ❹ 〈닫기〉를 클릭합니다. ❺ [레이아웃] 탭 → '레이블' 그룹 → '범례' → '없음'을 선택합니다.

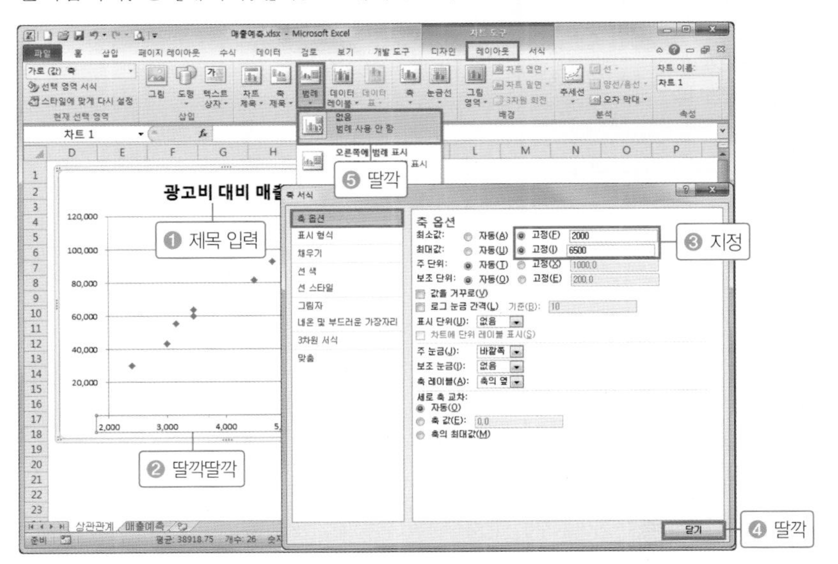

4 ❶ [레이아웃] 탭 → '분석' 그룹 → '추세선' → '기타 추세선 옵션'을 선택합니다. ❷ '추세선 서식' 대화상자가 열리면 '추세선 옵션'에서 '선형'을 선택하고 ❸ '수식을 차트에 표시'에 ✔ 표시한 후 ❹ 〈닫기〉를 클릭합니다.

잠깐만요 산점도, 회귀 직선, 회귀 방정식 이해하기

산점도는 두 변수의 관계를 알아보기 위해 X, Y축에 각 변수를 설정하고 각 변수의 값을 나타내는 점을 찍어 두 변수 간의 관계를 파악할 수 있는 도표를 말합니다. 엑셀에서는 분산형 차트로 산점도를 표현할 수 있습니다. X축에는 다른 변수에 영향을 주는 독립 변수를 설정하고, Y축에는 독립 변수 X에 따라 영향을 받는 종속 변수를 지정합니다. 즉 지금의 독립 변수 X는 광고비, 종속 변수 Y는 매출이 됩니다. 현재 표시된 분산형 차트를 보면 현재의 데이터는 강한 양의 상관관계라는 것을 알 수 있습니다. 산점도의 형태에 따른 상관관계의 분류와 강도는 다음과 같습니다.

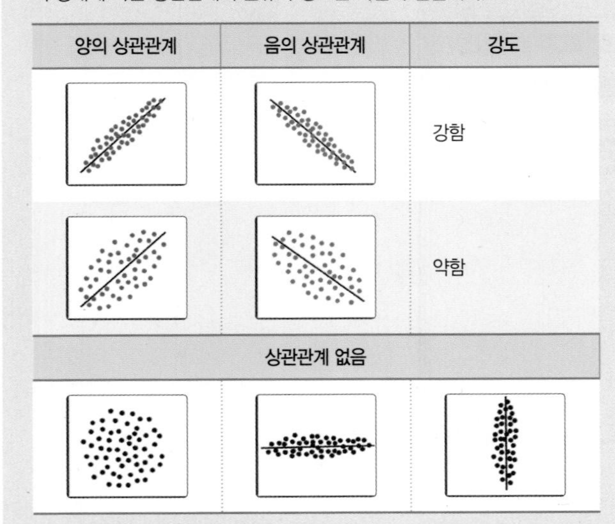

양의 상관관계	음의 상관관계	강도
		강함
		약함
상관관계 없음		

X, Y 두 변수 사이에 변화가 일정하면 이들 관계는 직선적입니다. 추세선에 나타난 수식은 이 직선적 관계를 나타내는 회귀 방정식이고, 이 회귀 방정식을 직선으로 표시한 추세선을 '회귀 직선'이라고 합니다.

회귀 방정식은 Y=aX+b로, b는 직선의 절편이고, a는 직선의 기울기를 나타내는 회귀 계수로, X가 한 단위 변화할 때 Y가 변화하는 양을 나타냅니다. 회귀 방정식의 X에 내년도 광고 예산을 대입하면 예상 매출액을 구할 수 있습니다.

5 B18셀에 '=STEYX(C4:C15,B4:B15)'를 입력하고 Enter↵ 글쇠를 누릅니다.

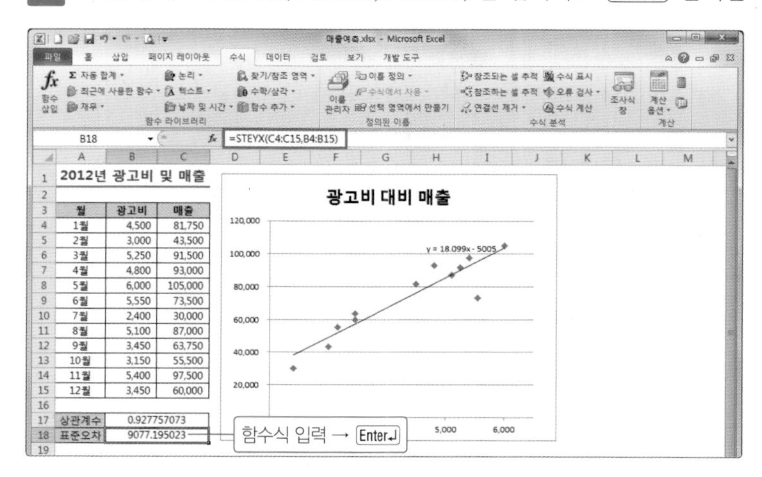

잠깐만요 STEYX 함수 제대로 알기

추세선과 회귀 방정식을 사용하여 예측값은 어디까지나 예측이기 때문에 어느 정도 오차가 있을 수 있습니다. STEYX 함수는 회귀 분석에 의해 예측한 종속 데이터 y값의 표준 오차를 각 독립 데이터 x값에 대하여 구하며, 오차가 작을수록 예측값의 신뢰도 높아집니다. 함수 구문은 =STEYX(종속 데이터 y값 범위, 독립 데이터 x값 범위)입니다.

- 종속 데이터 y값 범위 : 2012년도 12개월 광고비 범위 B4:B15
- 독립 데이터 x값 범위 : 2012년도 12개월 매출액 범위 C4:C15

6 앞에서 함수로 구한 상관계수, 표준 오차, 회귀 방정식 값을 데이터 분석 도구로 한 번 더 확인해 보겠습니다. ❶ B18셀을 선택한 상태에서 [데이터] 탭 → '분석' 그룹 → '데이터 분석'을 클릭합니다. ❷ '통계 데이터 분석' 대화상자가 열리면 '회귀 분석'을 선택하고 ❸ <확인>을 클릭합니다. ❹ '회귀 분석' 대화상자가 열리면 'Y축 입력 범위'에는 '$C$3:$C$15'를, 'X축 입력 범위'에는 '$B$3:$B$15'를 입력하고 ❺ 범위에 제목이 포함되어 있으므로 '이름표'에 ✔ 표시합니다. ❻ 결과를 A20셀부터 표시할 것이므로 '출력 범위'에 $A$20셀을 지정하고 ❼ 지나친 편차를 보이는 값이 있는지 확인하기 위해 '표준 잔차'와 '잔차도'에 ✔ 표시한 후 ❽ <확인>을 클릭합니다.

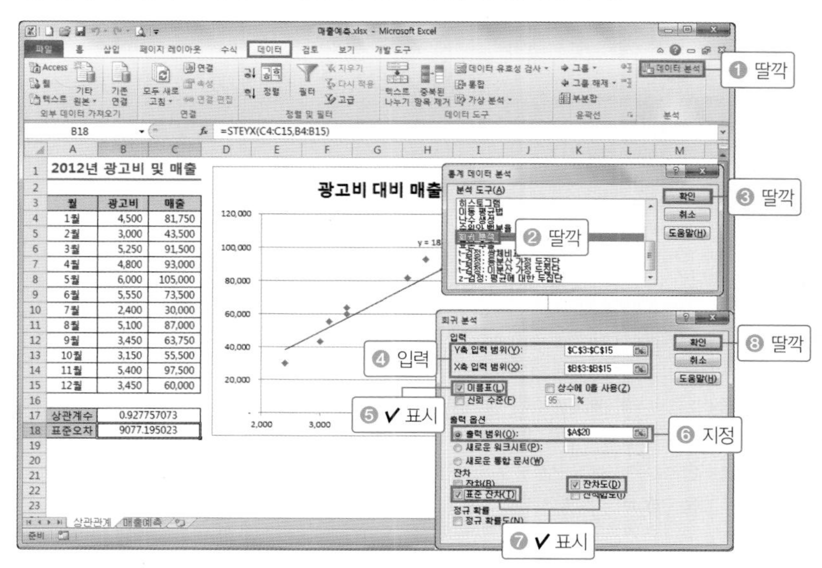

잠깐만요 '데이터 분석' 추가하기

리본 메뉴에서 [데이터] 탭 → '분석' 그룹에 '데이터 분석'이 없다면 ❶ [파일] 탭 → '옵션'을 선택하며 ❷ 'Excel 옵션' 대화상자를 열고 → '추가 기능'을 선택한 후 ❸ 'Excel 추가 기능'의 〈이동〉을 클릭합니다. ❹ '추가 기능' 대화상자가 열리면 '분석 도구'에 ✔ 표시하고 ❺ 〈확인〉을 클릭합니다.

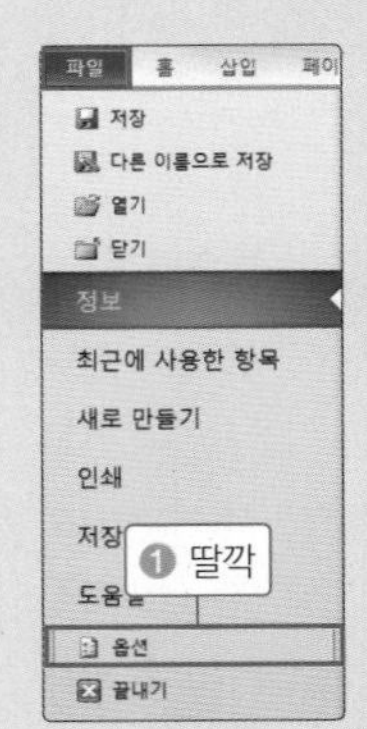

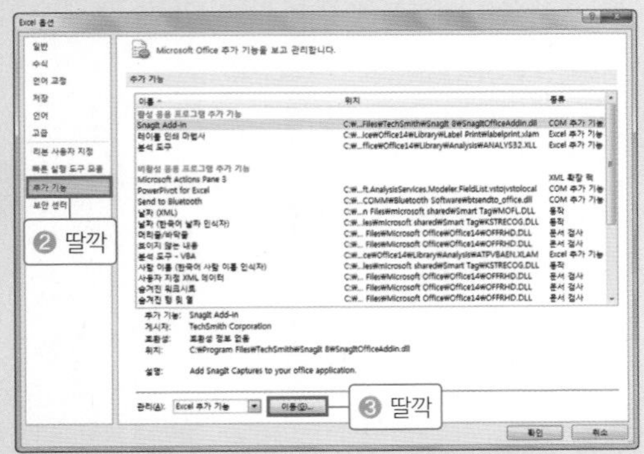

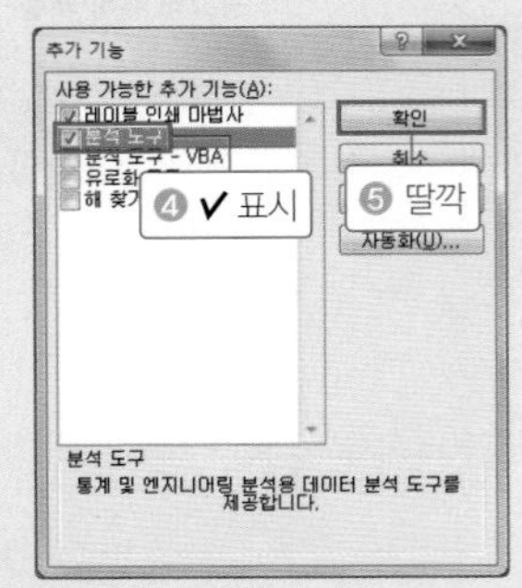

7 ❶ '광고비 잔차도'의 가장 위쪽 잔차를 클릭하면 광고비가 '4,800'으로 나타나며, ❷ 가장 아래쪽 잔차를 클릭하면 광고비가 '5,550'으로 나타납니다. ❸ 표준 잔차를 확인해 봐도 D47셀의 값(광고비 4,800인 값에 해당하는 4월의 표준 잔차)과 D49셀의 값(광고비 5,550인 값에 해당하는 5월의 표준 잔차)이 다른 값에 비해 과다하게 다른 것을 볼 수 있습니다.

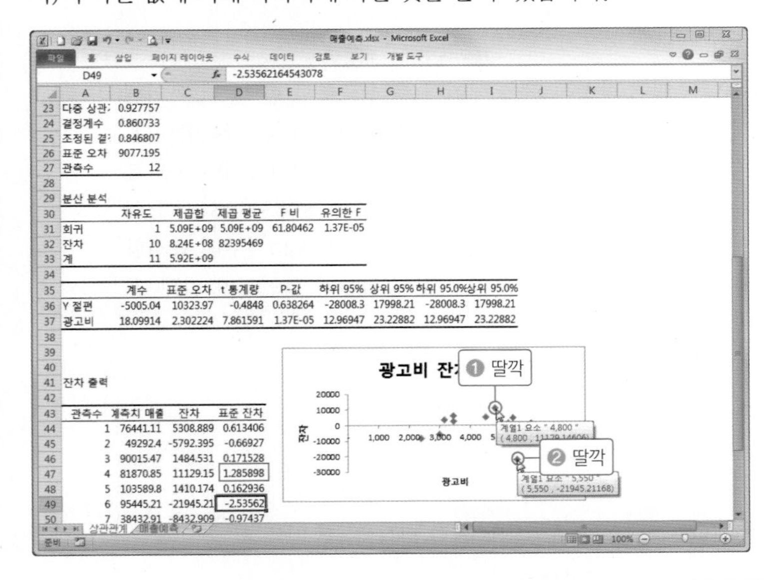

잠깐만요 회귀 분석 결과 해석하기

- **상관계수** : B23셀의 값을 보면 앞에서 계산한 CORREL 함수의 결과와 같습니다. 1에 가까우므로 광고비와 매출 데이터의 상관관계가 높다고 볼 수 있습니다.
- **결정 계수** : B24셀의 결정 계수는 독립 변수 광고비가 종속 변수 매출을 설명하는 정도가 약 86%임을 나타냅니다.
- **표준 오차** : B26셀의 값을 보면 앞에서 구한 STEYX 함수의 결과와 같습니다.
- **F비** : E31셀의 F비 값은 모형의 유의성을 검정하는 값으로, F비 값이 클수록 유의미합니다.
- **유의한 F** : 유의한 F값이 작을수록 유의미한데, 보통 0.05보다 작으면 유의미하다고 볼 수 있습니다. F31셀 값이 1.37E-

05(0.0000137152866551207)이므로 이 모형이 유의미하다고 볼 수 있습니다.
- Y절편 계수 : B36셀 값은 회귀식의 상수이고, 광고비(X)가 0일 때의 Y값을 나타냅니다.
- 광고비 계수 : B37셀 값은 회귀식의 기울기를 나타내고 Y절편 계수와 광고비 계수를 조합하여 회귀식을 만들 수 있습니다. (y=18.099x−5005)
- E36셀과 E37셀의 P−값이 적을수록 유의미한 결과라고 볼 수 있습니다. 광고비의 P−값은 0.05보다 작지만 Y절편의 P−값은 그렇지 않은 것을 볼 수 있습니다.
- 잔차는 예측 값에서 실측값을 뺀 값입니다. 잔차도는 잔차를 X축에 따라 표시하여 모형의 적합성과 오차의 독립성을 검토할 수 있습니다. 표준 잔차는 잔차를 정규 분포의 형태로 나타내어 지나친 편차를 보이는 값을 추려냅니다.
  지금은 관측수 4에 해당하는 표준 잔차 D47셀과 관측 수 6에 해당하는 표준 잔차 D49셀 값이 지나친 편차를 보입니다.

8 ❶ 특이값에 해당되는 값을 제거하고 다시 회귀 분석을 실시하기 위해 A7:C7 범위를 드래그하고 ❷ Ctrl 글쇠를 누른 상태에서 A9:C9 범위도 드래그한 후 ❸ [홈] 탭 → '셀' 그룹 → '삭제'를 클릭합니다.

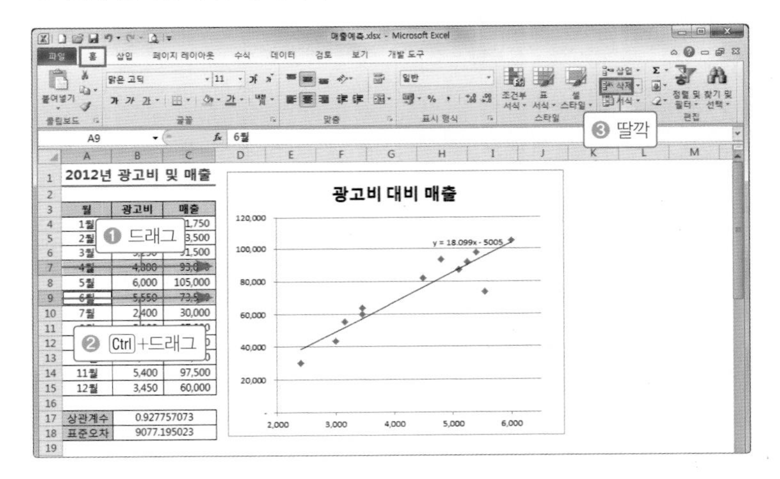

9 ❶ 18행부터 55행 머리글까지 드래그하여 범위를 지정하고 ❷ [홈] 탭 → '셀' 그룹 → '삭제'를 클릭합니다.

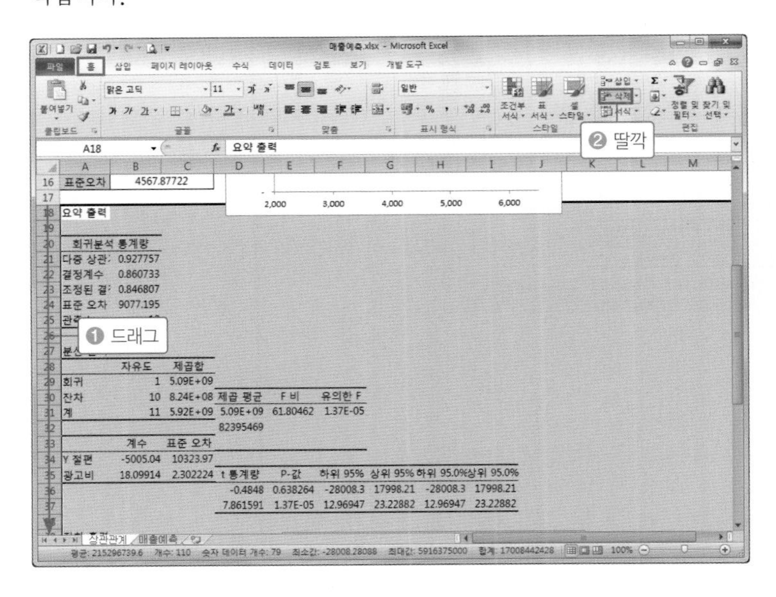

10 ❶ [데이터] 탭 → '분석' 그룹 → '데이터 분석'을 클릭합니다. ❷ '통계 데이터 분석' 대화상자가 열리면 '회귀 분석'을 선택하고 ❸ 〈확인〉을 클릭합니다. ❹ '회귀 분석' 대화상자가 열리면 'Y축 입력 범위'에는 '$C$3:$C$13'을, 'X축 입력 범위'에는 '$B$3:$B$13'을, '출력 범위'에는 '$A$18'을 입력하고 나머지 옵션은 앞에서 선택한 대로 둔 후 ❺ 〈확인〉을 클릭합니다.

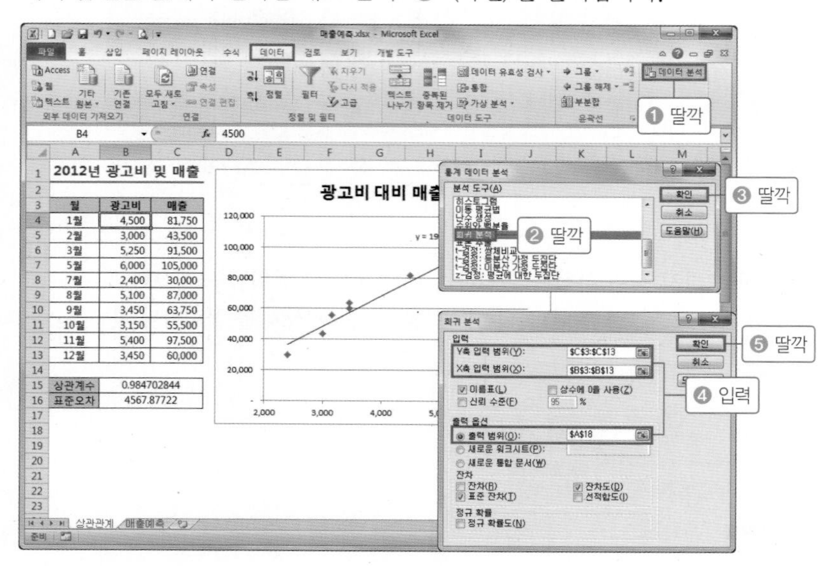

11 다시 회귀 분석 결과가 표시되면 상관계수, 표준 오차, 유의한 F 값 등을 포함한 추세선의 회귀 방정식 등이 달라진 것을 확인할 수 있습니다.

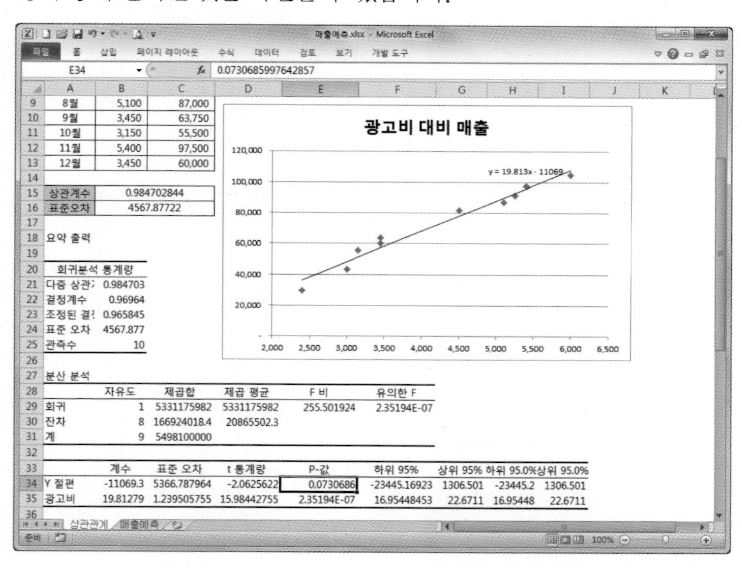

STEP 02 내년도 광고 예산 인상에 따른 매출액 예측하기

1 ❶ [상관관계] 시트에서 A4:A13 범위를 드래그하고 ❷ Ctrl 글쇠를 누른 상태에서 C4:C13 범위를 드래그한 후 ❸ [홈] 탭 → '클립보드' 그룹 → '복사'를 클릭합니다.

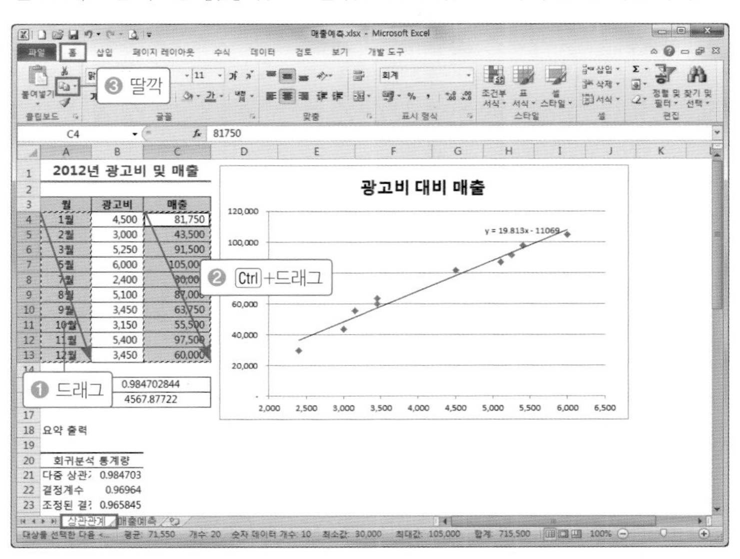

2 ❶ [매출예측] 시트를 클릭하고 ❷ B4셀을 선택한 후 ❸ [홈] 탭 → '클립보드' 그룹 → '붙여넣기'를 클릭합니다. ❹ B13셀을 선택하고 ❺ 자동 채우기 핸들을 더블클릭하여 월 목록을 채웁니다.

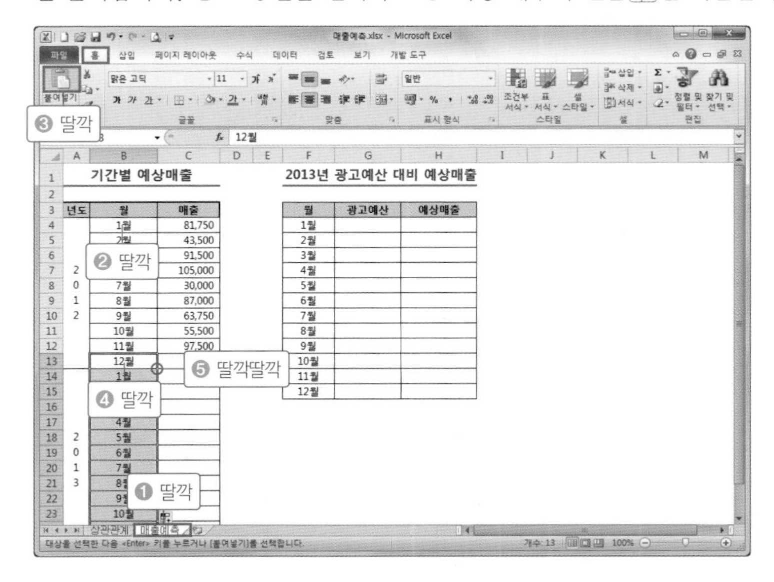

3 ❶ C4:C13 범위를 지정한 후 ❷ 자동 채우기 핸들을 마우스 오른쪽 단추로 클릭한 상태에서 C25셀까지 드래그합니다. ❸ '자동 채우기 옵션'에서 '선형 추세 반영'을 선택합니다.

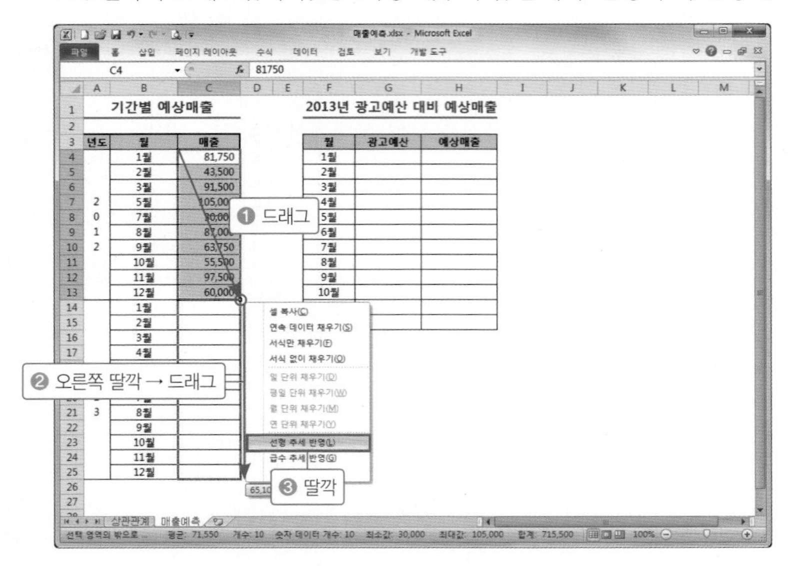

잠깐만요 **다른 방식으로 기간별 예상 매출 구하기**

선형 추세 반영을 이용해 직선의 추세로 증가 또는 감소하는 데이터에 대해 회귀 분석식에 의한 예측값을 구할 수 있습니다. 참고로 급수 추세 반영은 데이터의 추세가 완만하다가 최근 데이터가 급격히 증가 또는 감소하는 데이터에 대해 회귀 분석식에 의한 예측값이 구해집니다. 채우기 기능 외에 회귀 수식이나 함수를 사용하여 예측값을 구할 수도 있습니다.

- **회귀 수식으로 구하기**

C4:D13 범위에 대한 회귀 수식을 포함한 분산형 차트를 작성하여 회귀 수식을 알아낸 후 회귀 수식의 X에 기간을 대입하여 매출 예측값을 구합니다.

- **FORECAST 함수로 구하기**

선형 추세에 따른 예측값을 구하는 FORECAST 함수에 기간, 전년도 매출 범위, 전년도 기간 범위를 지정하여 구합니다.

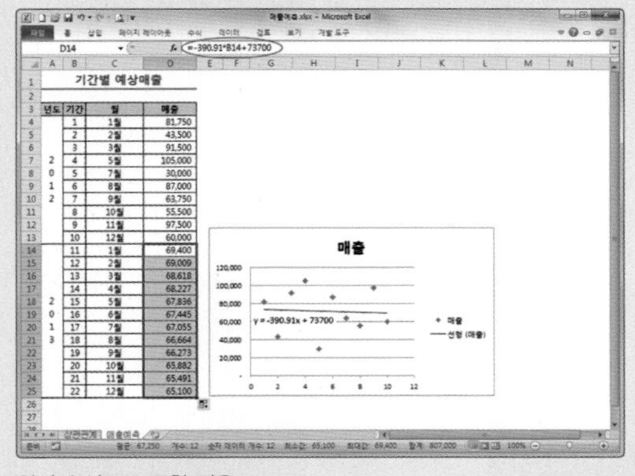

회귀 수식으로 구한 경우

FOREST 함수로 구한 경우

4 광고 예산은 2012년도 광고비에 20% 인상된 금액으로 입력하기 위해 ❶ G4셀에 '=VLOOKUP(F4,전년광고비,2,0)*1.2'를 입력하고 Enter↵ 글쇠를 누릅니다. ❷ 다시 G4셀을 선택하고 ❸ 자동 채우기 핸들을 더블클릭하여 함수식을 복사합니다.

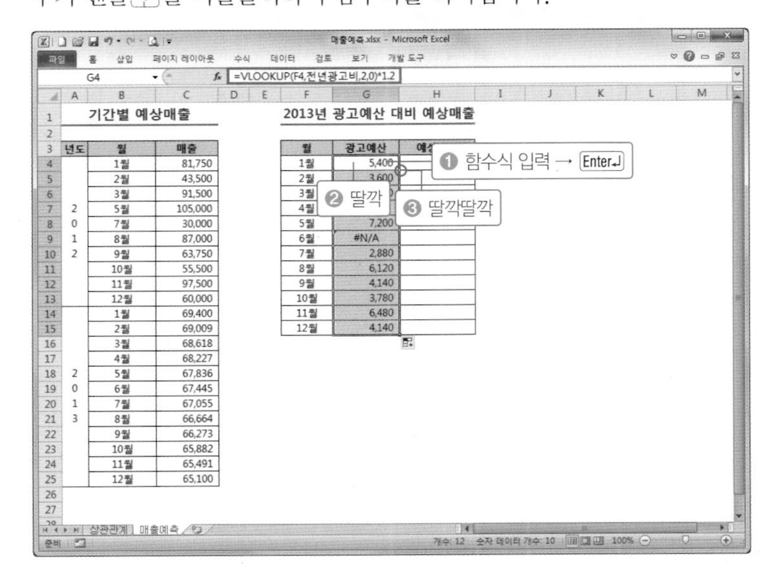

VLOOKUP 함수로 '전년광고비' 범위('상관관계' 시트의 A4:B13 범위 이름)로부터 광고비를 가져와서 1.2를 곱하여 구합니다. 4월과 6월 데이터는 앞에서 삭제되었으므로 오류가 생겼습니다.

5 ❶ G7셀과 G9셀에는 '5,000'을, ❷ H4셀에는 '=FORECAST(G4,$C$4:$C$13,상관관계!$B$4:$B$13)'을 입력하고 Enter↵ 글쇠를 누릅니다. ❸ 다시 H4셀을 선택하고 ❹ 자동 채우기 핸들을 더블클릭하여 함수식을 복사합니다. 광고비를 인상하지 않고 기간만으로 예측한 매출(C14:C25 범위)에 비해 예상 매출이 훨씬 높은 것을 알 수 있습니다.

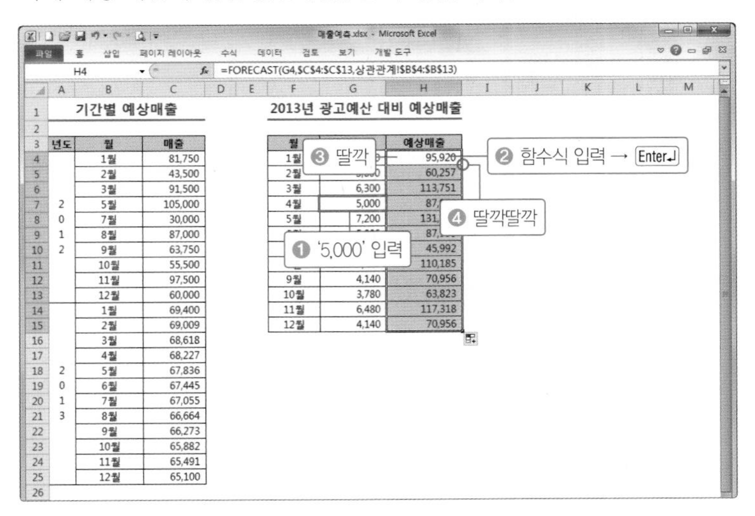

잠깐만요 FORECAST 함수 제대로 알기

FORECAST 함수는 선형 추세로 예측값을 구하는 함수입니다. 함수 구문은 =FORECAST(예측값에 영향을 주는 독립 변수 X값, 기존의 종속 변수 Y값 범위, 기존의 독립 변수 X값 범위)와 같습니다.

- 독립 변수 X값 : 2013년도 매출 예측값에 영향을 주는 변수로, 광고비 G4셀입니다.
- 기존 종속 변수 Y값 범위 : 2012년도의 매출 범위입니다.
- 기존 독립 변수 X값 범위 : 2012년도의 광고비 범위입니다.

| 예제 파일 | 현장실습04\가상분석.xlsx | 완성 파일 | 현장실습04\완성\가상분석완성.xlsx

01 배열 함수식으로 여러 조건에 대한 평균 구하기

가상 분석은 'What-if 분석'이라고도 하며, 셀 값의 변경이 워크시트의 수식 결과에 어떤 영향을 미치는지 확인하기 위한 분석 과정을 말합니다. 가상 분석을 통해 아직 일어나지 않은 상황이나 변수가 있는 상황의 값을 예측할 수 있습니다.

목표값 찾기

광고 예산 대비 예상 매출표에서 광고 예산은 VLOOKUP 함수로 [상관관계] 시트에서 작년 광고비를 찾아온 후 J4셀의 광고 예산 인상률을 곱하여 구하게 작성되어 있습니다.
H16셀의 예상 매출 합계가 1,200,000이 되려면 J4셀의 광고 예산 인상률을 얼마로 해야 할지 구할 경우 가상 분석 도구의 목표값 찾기를 활용할 수 있습니다.

1 ❶ '매출예측' 시트에서 H16셀을 선택한 후 ❷ [데이터] 탭 → '데이터 도구' 그룹 → '가상 분석' → '목표값 찾기'를 선택합니다. ❸ '목표값 찾기' 대화상자가 열리면 '찾는 값'에 '1200000'을 입력하고 '값을 바꿀 셀'에 광고 예산 인상률인 '$J$4'를 입력한 후 ❹ 〈확인〉을 클릭합니다.

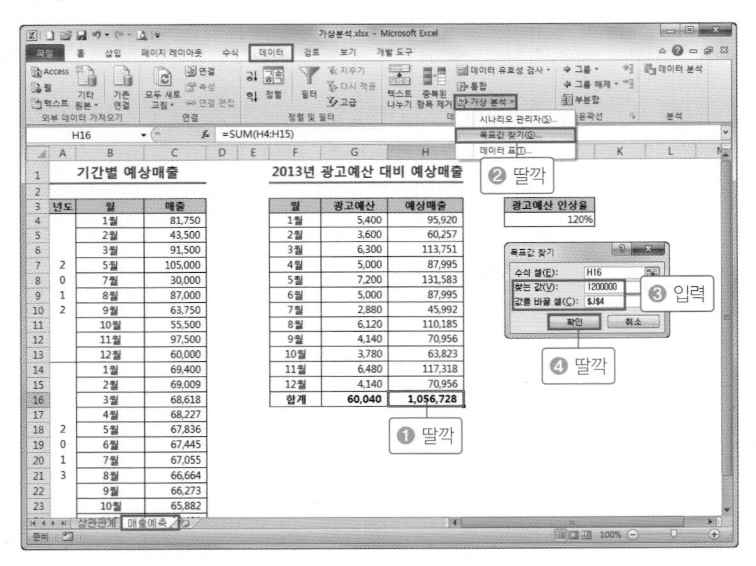

2 J4셀의 값이 137%로 바뀌고 그에 따라 J4셀이 참조되어 있는 수식 셀들의 값이 모두 바뀌어 예상 매출 합계가 1,200,000으로 바뀝니다. 즉 연매출이 1,200,000이 되려면 광고 예산을 작년보다 37% 더 올려야 합니다. 〈확인〉을 클릭하면 J4셀의 값이 바뀌고, 〈취소〉를 클릭하면 원래 값으로 되돌아갑니다.

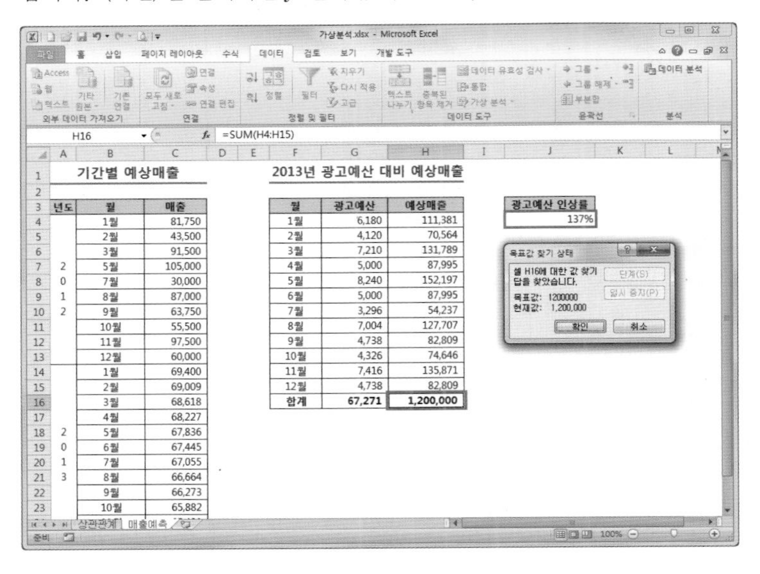

데이터 표

데이터 표는 변수에 대한 여러 결과값을 한꺼번에 구할 수 있는 기능이 있습니다. 광고 예산 인상률이 120~150%까지 5% 단위로 인상될 때 연매출이 얼마가 될지 한꺼번에 구하려면 다음과 같이 하세요.

1 ❶ [매출예측] 시트에서 J7:K16 범위에 다음과 같이 광고 예산 인상률에 따른 예산 연매출 표를 작성한 후 ❷ K10셀에 '=H16'을 입력하고 Enter↵ 글쇠를 누릅니다.

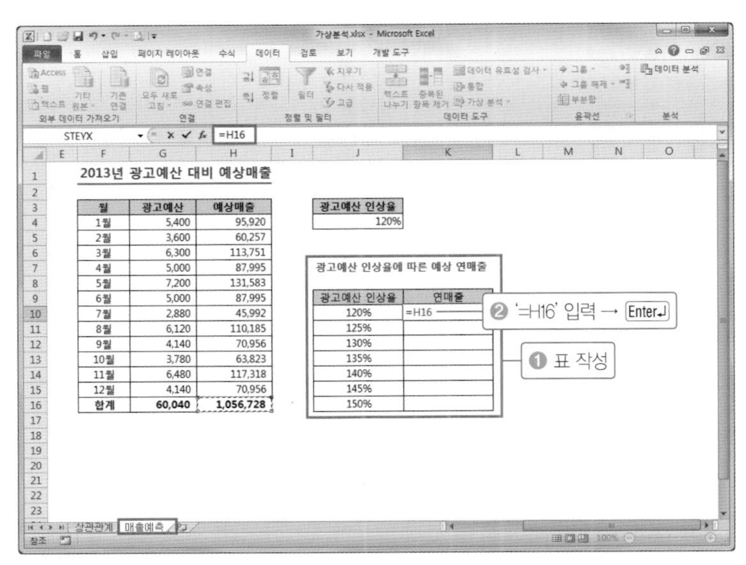

데이터 표 범위는 수식을 포함하고 있어야 합니다.

2 ❶ J10:K16 범위를 지정한 후 ❷ [데이터] 탭 → '데이터 도구' 그룹 → '가상 분석' → '데이터 표'를 선택 릭합니다. ❸ '데이터 표' 대화상자가 열리면 '열 입력 셀'에 '$J$4'를 입력하고 ❹ 〈확인〉을 클릭합니다.

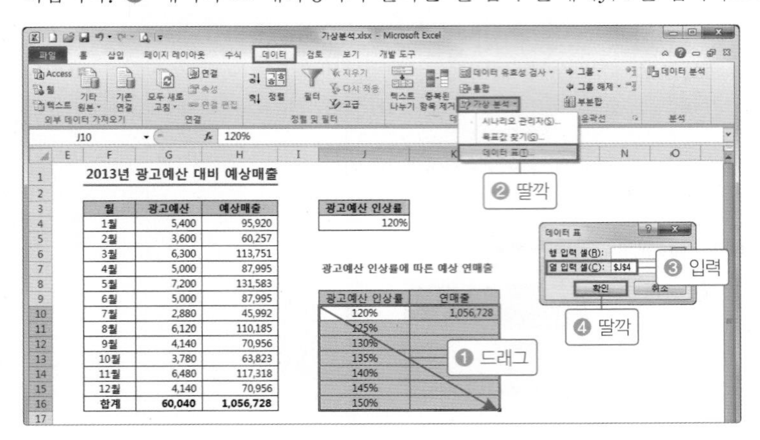

H16셀의 예상 매출 합계의 변수는 J4셀의 광고 예산 인상률입니다. 이 변수의 값이 어떻게 변경될 것인지는 입력되어 있는 J10:J16 범위가 열 방향이므로 열 입력 셀에 J4셀을 지정해야 합니다.

3 K11:K16 범위에 예상 결과값을 구했습니다. ❶ K11:K16 범위에 있는 각 셀을 선택하고 ❷ 수식 입력 줄을 보면 TABLE 함수를 사용한 배열 수식이 작성된 것을 알 수 있습니다.

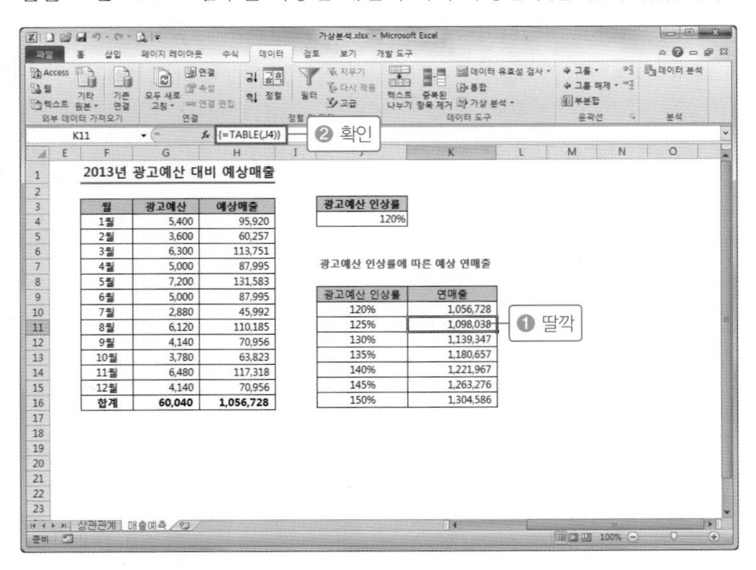

시나리오 관리자

데이터 표가 변수값을 직접 워크시트에 입력하고 그에 대한 결과값이 작성되도록 한 것이라면 시나리오 관리자는 변수값을 '시나리오 관리자' 대화상자에 작성한 후 필요할 때마다 대화상자를 열어 확인해 보게 하는 도구입니다. 원래 시나리오 관리자는 변수를 32개까지 지정할 수 있기 때문에 보다 복잡하고 다양한 경우의 변수와 변수 값을 지정할 때 사용하지만, 지금은 간단히 두 가지 변수 값에 대한 광고비 합계와 매출 합계가 얼마가 될지에 대한 시나리오를 입력해 보도록 하겠습니다.

1 ❶ [매출 예측] 시트에서 J4셀을 선택하고 ❷ [데이터] 탭 → '데이터 도구' 그룹 → '가상 분석' → '시나리오 관리자'를 클릭합니다. ❸ '시나리오 관리자' 대화상자를 열리면 〈추가〉를 클릭합니다. ❹ '시나리오 추가' 대화상자가 열리면 '시나리오 이름'에 '소폭인상'을 입력하고 ❺ 〈확인〉을 클릭합니다. ❻ '시나리오 값' 대화상자가 열리면 '120%'를 입력하고 ❼ 〈추가〉를 클릭합니다.

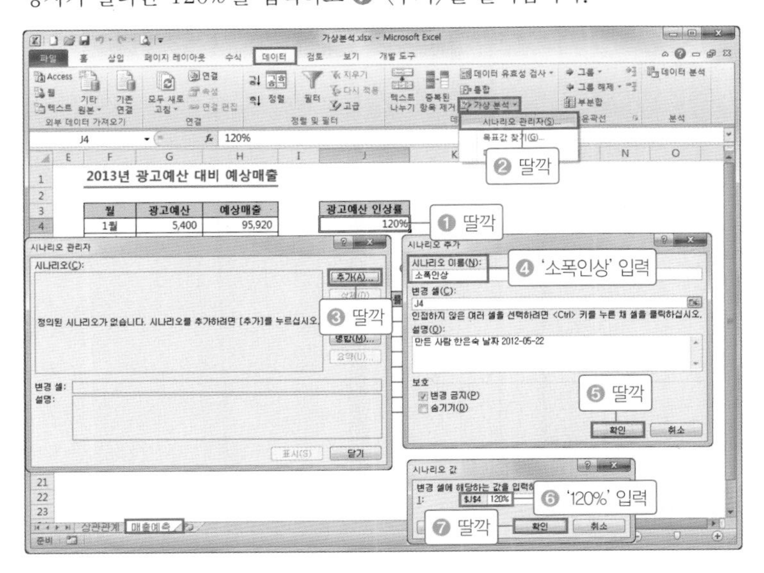

변경 셀에 입력하는 셀이나 범위가 변수입니다. 목표값 찾기는 변수를 1개, 데이터 표는 변수를 행 입력 셀, 열 입력 셀의 2개까지 지정할 수 있으며, 시나리오 관리자는 변수를 32개까지 지정할 수 있습니다. 따라서 시나리오 관리자는 변수가 많은 경우의 변수 값을 찾을 때 사용하면 유용합니다.

2 ❶ '시나리오 추가' 대화상자로 되돌아오면 '시나리오 이름'에 '대폭인상'이라고 입력하고 ❷ 〈확인〉을 클릭합니다. ❸ '시나리오 값' 대화상자에 '150%'를 입력하고 ❹ 〈확인〉을 클릭합니다.

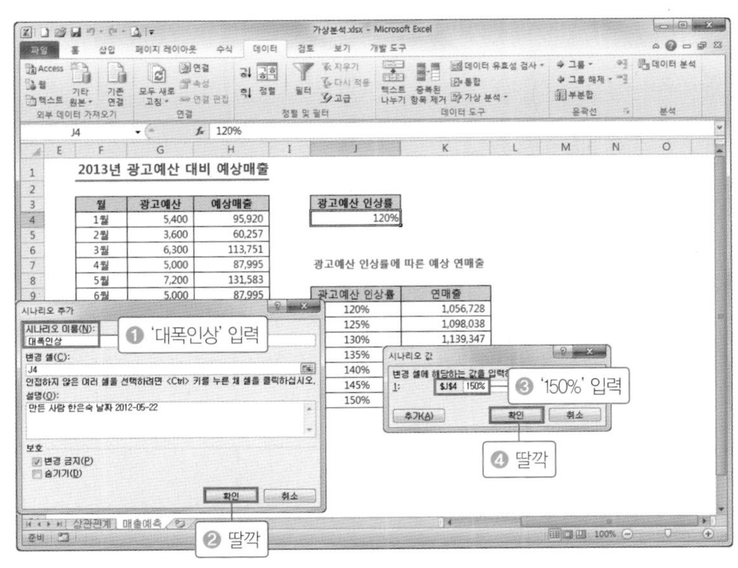

3 ❶ '시나리오 관리자' 대화상자에 시나리오 목록이 생겼으면 '대폭인상'을 선택하고 ❷ 〈표시〉를 클릭합니다. ❸ 그러면 J4셀의 변수 값이 변경되고, 그에 따라 광고 예산과 예상 매출이 바뀝니다. ❹ 다시 '소폭인상'을 선택하고 ❺ 〈표시〉를 클릭해 원래의 상태로 되돌립니다.

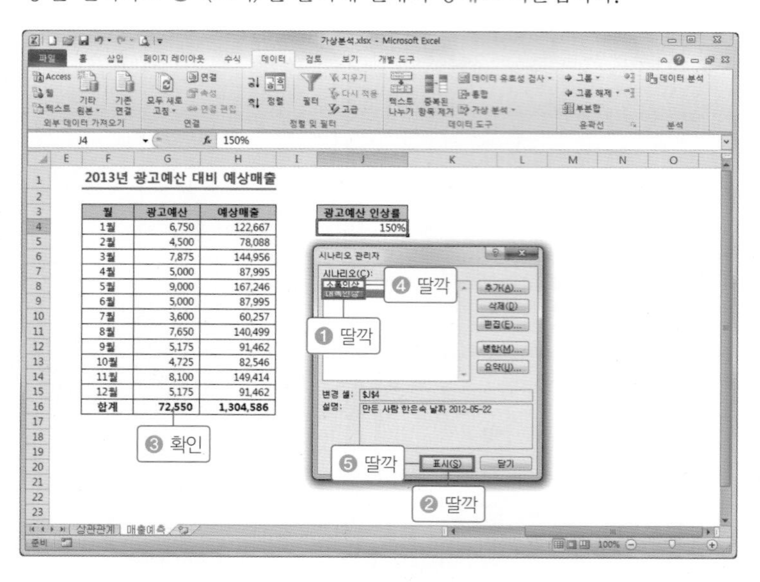

4 ❶ '시나리오 관리자' 대화상자에서 〈요약〉을 클릭합니다. ❷ '시나리오 요약' 대화상자가 열리면 '결과 셀'에 G16:H16 범위를 지정한 후 ❸ 〈확인〉을 클릭합니다.

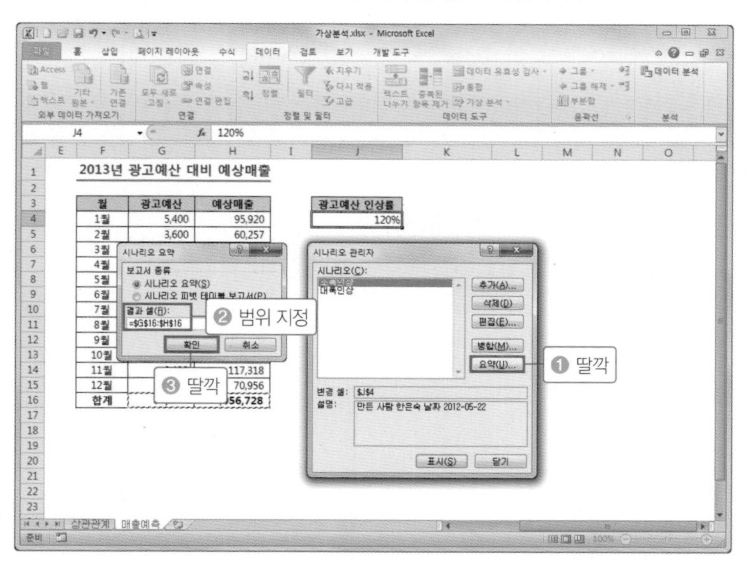

5 '시나리오 요약' 시트가 생기면서 '시나리오 관리자' 대화상자에 작성해 놓은 시나리오의 요약 보고서가 작성되었습니다. 즉 광고비를 소폭 인상했을 때와 대폭 인상했을 때의 연광고비 합계와 연매출 합계를 요약한 보고서입니다. 더 보기 편하게 C6셀에는 '광고비인상률'을, C8셀에는 '연 광고비'를, C9셀에는 '연 매출'을 입력합니다.

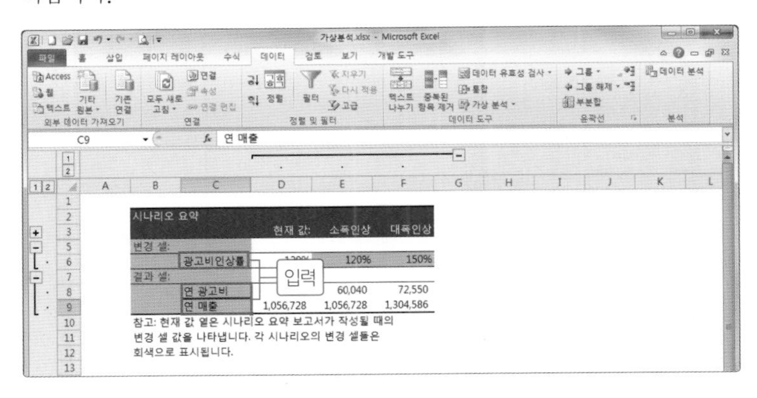

02 사용자 지정 데이터 유효성 검사하기

데이터 유효성 검사 기능은 원하는 범위에 입력할 데이터에 대해 입력을 제한하거나 이미 입력되어 있는 데이터 목록의 경우 잘못 입력된 데이터가 있는지 확인할 때도 사용합니다. 제한 대상으로 정수, 날짜, 목록, 텍스트 길이 등의 단순한 조건을 지정할 수도 있지만, 사용자 지정을 선택하고 함수를 사용하여 조건식을 지정하면 더욱 다양한 조건으로 제한할 수 있습니다. 실무에서 활용할 수 있는 몇 가지 데이터 유효성 검사 사용자 지정 조건들의 예를 보면 다음과 같습니다.

전화번호 입력 조건 지정하기

1 휴대폰 번호를 입력할 때 하이픈 없이 숫자를 연이어서 입력해도 가운데 자리인 세 자리와 네 자리를 구분하며 하이픈을 표시하려면 다음과 같이 사용자 지정 서식 코드를 지정해야 합니다. ❶ 연락처 입력 범위를 지정한 후 단축 글쇠 Ctrl+1를 누릅니다. ❷ '셀 서식' 대화상자가 열리면 [표시 형식] 탭에서 '사용자 지정'을 선택하고 ❷ '형식'에 '[<=999999999]0##-###-####;0##-####-####'을 입력한 후 ❹ 〈확인〉을 클릭합니다.

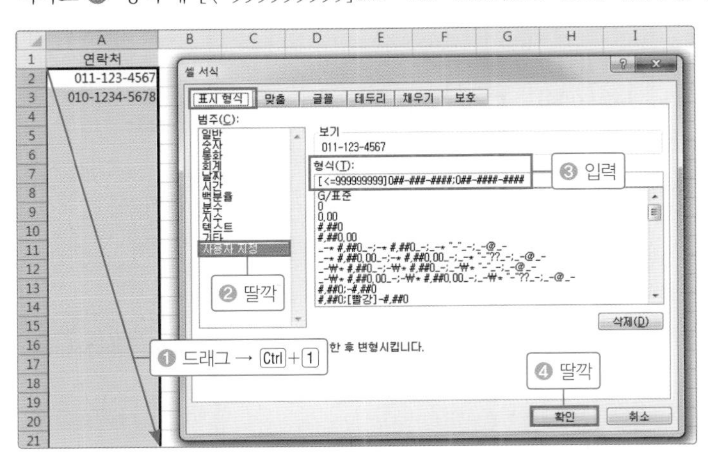

2 ❶ 하이픈 기호를 입력하지 못하도록 [데이터] 탭 → '데이터 도구' 그룹 → '데이터 유효성 검사'를 클릭합니다. ❷ '데이터 유효성' 대화상자가 열리면 '설정' 탭에서 '제한 대상'을 '사용자 지정'으로 선택하고 ❸ '수식'에 '=ISERROR(FIND("−",A2))'를 입력합니다. ❹ [오류 메시지] 탭을 클릭하고 ❺ '제목'과 '오류 메시지'를 다음과 같이 입력한 후 ❻ 〈확인〉을 클릭합니다.

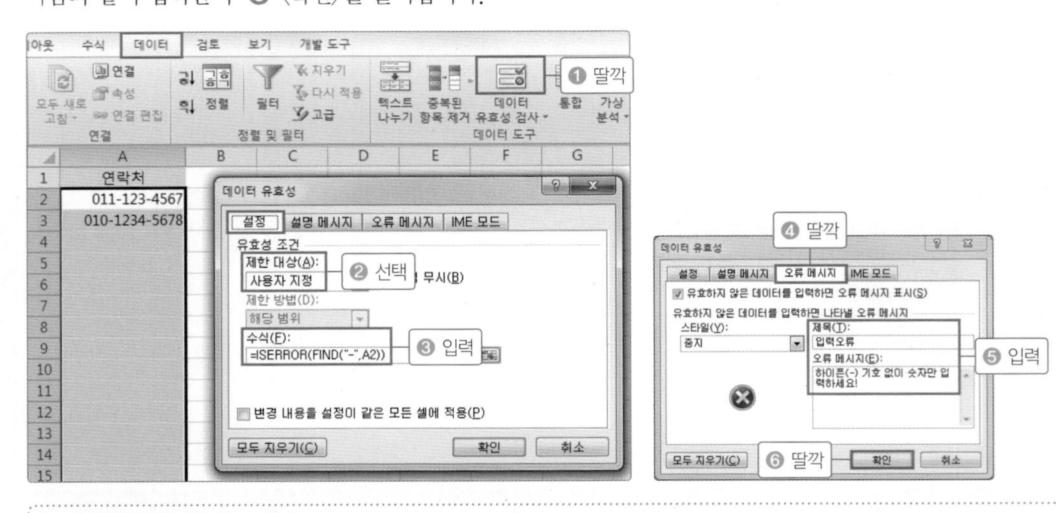

FIND 함수는 찾는 문자가 없는 경우 #VALUE! 오류가 발생합니다. 지정 범위의 경우 하이픈 기호(−)는 찾은 결과가 오류여야 하므로 ISERROR 함수 안에 FIND 함수식을 넣으면 됩니다.

3 A4셀에 다음과 같이 하이픈 기호(−)를 포함해서 입력한 후 Enter↵ 글쇠를 누르면 오류 메시지가 표시됩니다.

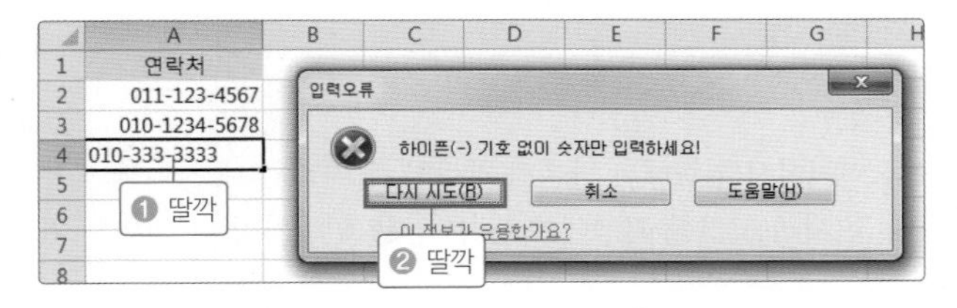

500원 단위만 입력하기

사용자 지정 조건으로 MOD 함수를 사용하면 입력할 수치 데이터의 단위를 지정할 수 있습니다. 만약 500원 단위로만 해야 한다면 다음과 같이 '제한 대상'을 '사용자 지정'으로 하고 '수식'에 '=MOD(C2,500)=0'을 입력합니다. MOD 함수는 나누기의 나머지를 돌려주는 함수로, 값(C2)을 500으로 나눈 나머지가 0인 경우만 입력 가능하므로 500원 단위만 입력됩니다. 500을 다른 숫자로 지정하면 원하는 단위로 입력되게 제한할 수 있습니다.

입력 가능한 셀 수 제한하기

지정한 범위 중 데이터를 입력할 수 있는 셀 수를 제한하려면 사용자 지정 조건으로 COUNTA 함수를 사용하세요.

한 행에 한 셀만 입력 가능하게 하기

E3:G8 범위를 지정하고 데이터 유효성 조건으로 '=COUNTA($E3:$G3)=1'을 입력하면 한 행에 한 셀에만 데이터를 입력할 수 있습니다. 아래 그림과 같이 F4셀에 데이터를 입력한 후 G4셀에 또 데이터를 입력하면 다음과 같이 지정한 오류 메시지가 표시됩니다.

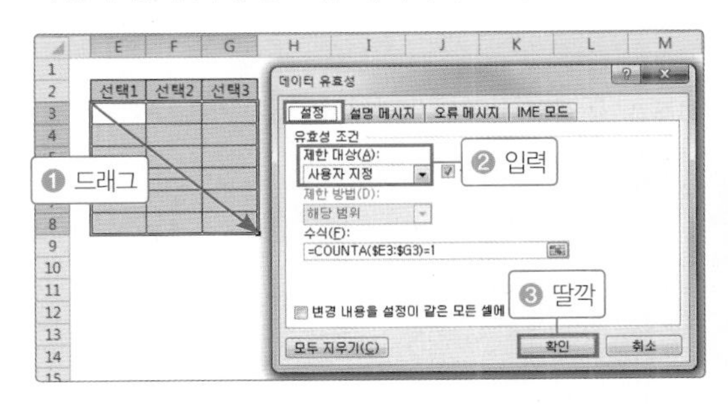

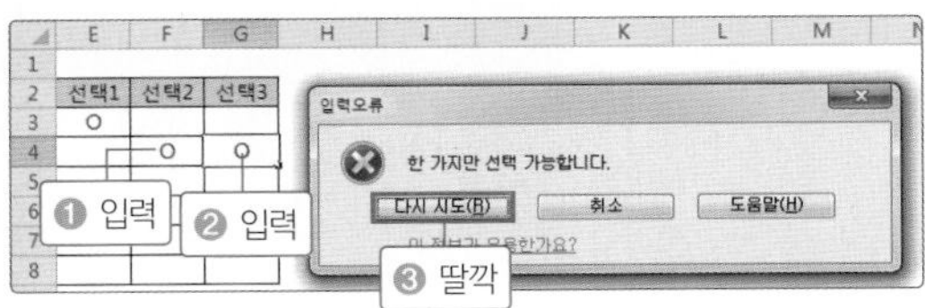

한 열에 한 셀만 입력 가능하게 하기

F2:H6 범위에서 한 열에 한 셀만 입력하려면, 사용자 지정 조건으로 '=COUNTA(F$2:F$6)=1'을 입력하세요. 아래 그림과 같이 G4셀에 데이터를 입력한 후 G6셀에 또 데이터를 입력하면 다음과 같이 지정한 오류 메시지가 표시됩니다.

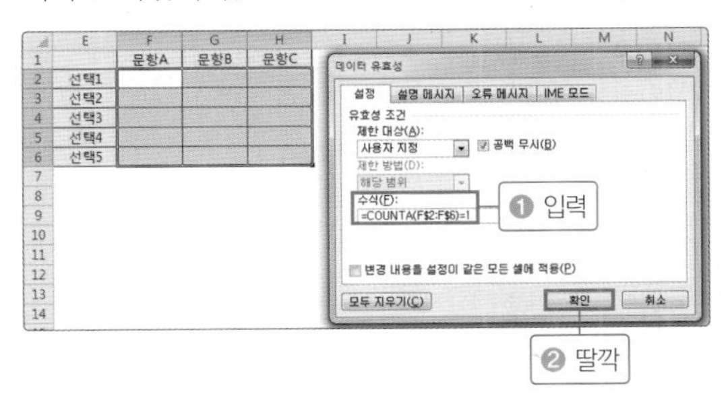

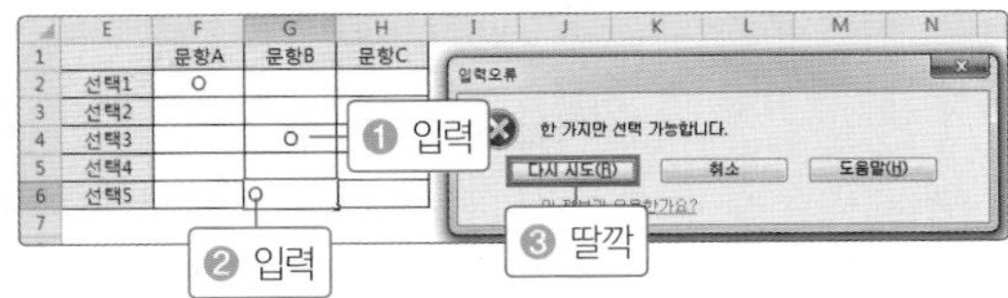

연습문제

휴대폰 종류와 연령별 요금 분석하기

동영상 확인하기

고객들의 휴대폰 요금 데이터 목록을 사용하여 통신사와 휴대폰 종류에 대한 연령별 요금을 분석해 보겠습니다. 휴대폰의 평균 요금과 각 연령대별 비중을 백분율로 표시하고, 평균 요금에 대한 조건부 서식 중 데이터 막대를 표시하여 평균 요금을 시각적으로 표시해 보겠습니다.

휴대폰 종류와 연령별 요금 분석

		통신사 값					
		A통신		B통신		C통신	
휴대폰	나이	평균요금	비중	평균요금	비중	평균요금	비중
LTE폰	10대	55,432	5.08%	86,640	8.93%	51,152	8.35%
	20대	129,073	25.63%	173,709	17.91%	155,655	19.06%
	30대	124,779	22.87%	129,038	19.56%	132,956	28.22%
	40대	92,064	21.80%	130,103	22.09%	96,461	22.83%
	50대	88,394	14.85%	107,053	16.23%	66,163	14.04%
	60대	55,115	7.16%	93,145	7.91%	46,945	5.36%
	70대이상	34,224	2.61%	75,880	7.36%	29,137	2.14%
LTE폰 요약		92,209	100.00%	116,121	100.00%	88,142	100.00%
스마트폰	10대	34,890	4.75%	72,056	6.49%	49,065	9.52%
	20대	162,939	22.19%	157,003	20.19%	134,894	14.09%
	30대	144,015	33.34%	122,380	15.74%	131,909	31.50%
	40대	75,737	14.44%	124,036	19.14%	142,803	21.31%
	50대	117,275	17.57%	119,973	27.77%	82,278	17.19%
	60대	50,972	2.78%	63,247	5.69%	41,766	3.74%
	70대이상	51,850	4.94%	77,449	4.98%	44,405	2.65%
스마트폰 요약		100,599	100.00%	112,698	100.00%	95,726	100.00%
일반폰	10대	53,185	9.31%	90,173	14.12%	36,819	4.00%
	20대	106,195	16.90%	143,895	16.38%	147,166	20.55%
	30대	179,249	19.97%	116,369	11.59%	167,083	23.33%
	40대	108,676	15.57%	146,548	12.51%	117,359	23.67%
	50대	89,494	25.64%	92,051	19.65%	73,489	18.25%
	60대	49,906	7.94%	88,253	17.58%	42,670	8.61%
	70대이상	36,687	4.67%	82,003	8.17%	34,113	1.59%
일반폰 요약		86,072	100.00%	103,342	100.00%	92,065	100.00%
태블릿/기타	10대	80,133	10.51%	88,096	7.74%	50,671	6.49%
	20대	128,879	13.84%	120,444	19.65%	143,053	20.61%
	30대	210,088	27.56%	142,862	23.31%	153,063	26.95%
	40대	123,686	26.56%	130,936	16.44%	118,234	24.61%
	50대	107,831	9.00%	92,940	17.50%	49,964	6.40%
	60대	74,334	10.64%	89,511	10.11%	55,559	10.67%
	70대이상	52,743	1.89%	83,543	5.24%	33,360	4.27%
태블릿/기타 요약		118,081	100.00%	110,645	100.00%	90,535	100.00%

지시 사항

1. 길벗출판사 홈페이지(www.gilbut.co.kr)의 《직장인을 위한 실무 엑셀》 책 게시판에서 '통신요금집계.xlsx' 파일을 다운받습니다.

2. [DATA] 시트에서 A1:E1059 범위를 사용하여 [요금분석] 시트의 A3셀에 피벗 테이블을 삽입합니다.

3. '행 레이블'는 '휴대폰'과 '나이' 필드를, '열 레이블' 영역에는 '통신사' 필드를 위치시키고, '값' 영역에는 '요금' 필드를 중복해서 두 개 위치시킵니다. ('피벗 테이블 필드 목록' 작업창에서 필드 이름을 아래쪽 영역으로 드래그합니다.)

4. 워크시트에 표시된 나이 셀 중 하나를 마우스 오른쪽 단추로 클릭한 후 바로 가기 메뉴에서 '그룹'을 선택하고 단위를 '10'으로 지정하여 그룹을 지정합니다.

5. 그룹을 지정한 나이 셀들의 이름을 '10대', '20대', '30대', …,'70대 이상'으로 수정합니다.

6. '합계:요금' 셀 중 하나를 선택하고 [옵션] 탭 → '계산' 그룹 → '값 요약 기준' → '평균'을 선택한 후 '쉼표 스타일'을 지정합니다.

7. '합계:요금2' 셀 중 하나를 선택하고 [옵션] 탭 → '계산' 그룹 → '값 표시 형식 ' → '상위 합계 비율'을 선택하고, 기준 필드를 휴대폰으로 하여 각 휴대폰 종류별로 연령대의 비중을 백분율로 표시합니다.

8. B5셀의 필드 이름은 '평균요금'으로, C5셀의 필드 이름은 '비중'으로 수정합니다.

9. [디자인] 탭 → '레이아웃' 그룹 → '보고서 레이아웃' → '테이블 형식으로 표시'를 선택합니다.

10. [옵션] 탭 → '피벗 테이블' 그룹 → '옵션'을 클릭하고 '피벗 테이블 옵션' 대화상자에서 [레이아웃 및 서식] 탭의 '레이블이 있는 셀 병합 및 가운데 맞춤'에 ✔ 표시합니다.

11. [디자인] 탭 → '피벗 테이블 스타일' 그룹 → '피벗 스타일 보통 13'을 선택하고 [디자인] 탭 → '피벗 테이블 스타일 옵션' 그룹 → '줄무늬 행'과 '줄무늬 열'에 ✔ 표시합니다.

12. '평균요금' 필드 중 한 셀을 선택하고 [홈] 탭 → '스타일' 그룹 → '조건부 서식' → '데이터 막대' → '주황 데이터 막대'를 선택합니다. 셀에 표시된 '서식 옵션' 단추를 클릭하고 '"나이" 및 "통신사:에 대해 "평균요금" 값을 표시하는 모든 셀'을 선택합니다.

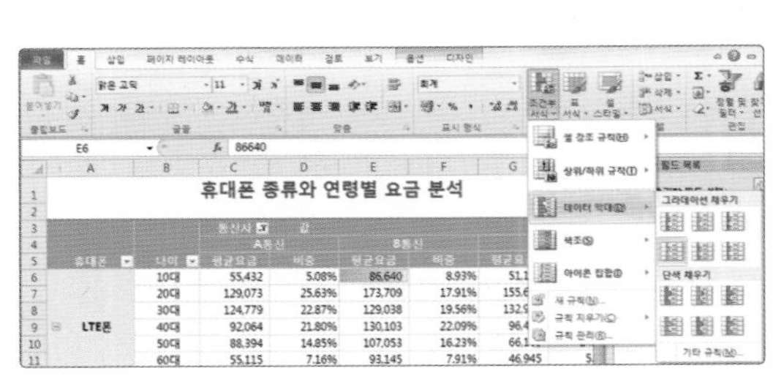

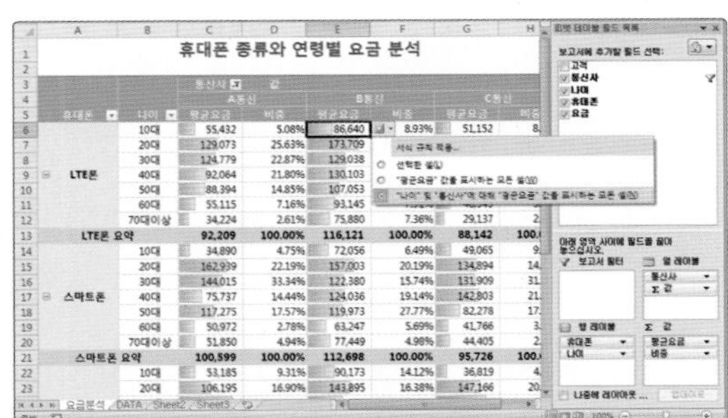

13. [디자인] 탭 → '레이아웃' 그룹 → '총합계' → '행 및 열의 총합계 해제'를 선택합니다.

14. 연습 문제의 완성 파일(통신요금집계완성.xlsx)도 길벗출판사의 책 게시판에서 제공합니다.

현 장 실 습

05

업무의 달인, 업무 자동화를 위한 VBA와 매크로 쉽게 배우기

01 여러 명의 재직증명서 한 번에 인쇄하기

02 여러 파일의 데이터 통합하고 집계하기

| 직장인을 위한 실무 엑셀 |

E X C E L

엑셀 매크로와 VBA를 활용하면 반복되는 작업을 단 한 번으로 단숨에 해결할 수 있습니다. 업무 자동화를 위한 매크로와 VBA는 주로 엑셀에 없는 기능이나 여러 단계를 거쳐야 하는 작업을 하나의 명령으로 만들어 사용하고 싶을 때 사용합니다.

직접 프로그래밍을 하지 않더라도 엑셀 매크로 기록 기능을 이용하면 기록 과정에서 작업한 내용을 비주얼베이직(Visual Basic) 언어로 기록할 수 있습니다. 하지만 매크로 기록기로 기록한 매크로는 한계가 있기 때문에 작업의 일부 단계를 수정하거나 조건에 따른 반복 작업은 매크로 기록으로는 해결할 수 없습니다. 이번 장에서는 직접 폼을 만들고 폼을 선택할 때 실행할 프로시저를 직접 코딩해 보면서 엑셀 작업을 자동화해 보겠습니다.

01 여러 명의 재직증명서 한 번에 인쇄하기

| 예제 파일 | 현장실습05\재직증명서.xlsx | 완성 파일 | 현장실습05\완성\재직증명서완성.xlsx

둘째마당의 현장실습 02(106쪽)에서는 함수를 사용하여 별도의 시트에 있는 데이터 목록으로부터 데이터를 추출하여 급여명세서와 영수증, 재직·경력증명서를 완성하는 과정을 익혔습니다.

이러한 양식을 인쇄할 때마다 데이터를 하나씩 선택하고 인쇄하는 작업을 반복하는 것은 매우 번거로우므로 매크로와 VBA를 활용하여 업무를 자동화하는 것입니다.

여기서는 ❶ 직원 명부의 **직원 목록을 별도의 인쇄 목록 선택 양식에 표시**하고 ❷ **양식에서 선택한 여러 개의 목록을 한꺼번에 인쇄할 수 있도록 자동화**해 보겠습니다.

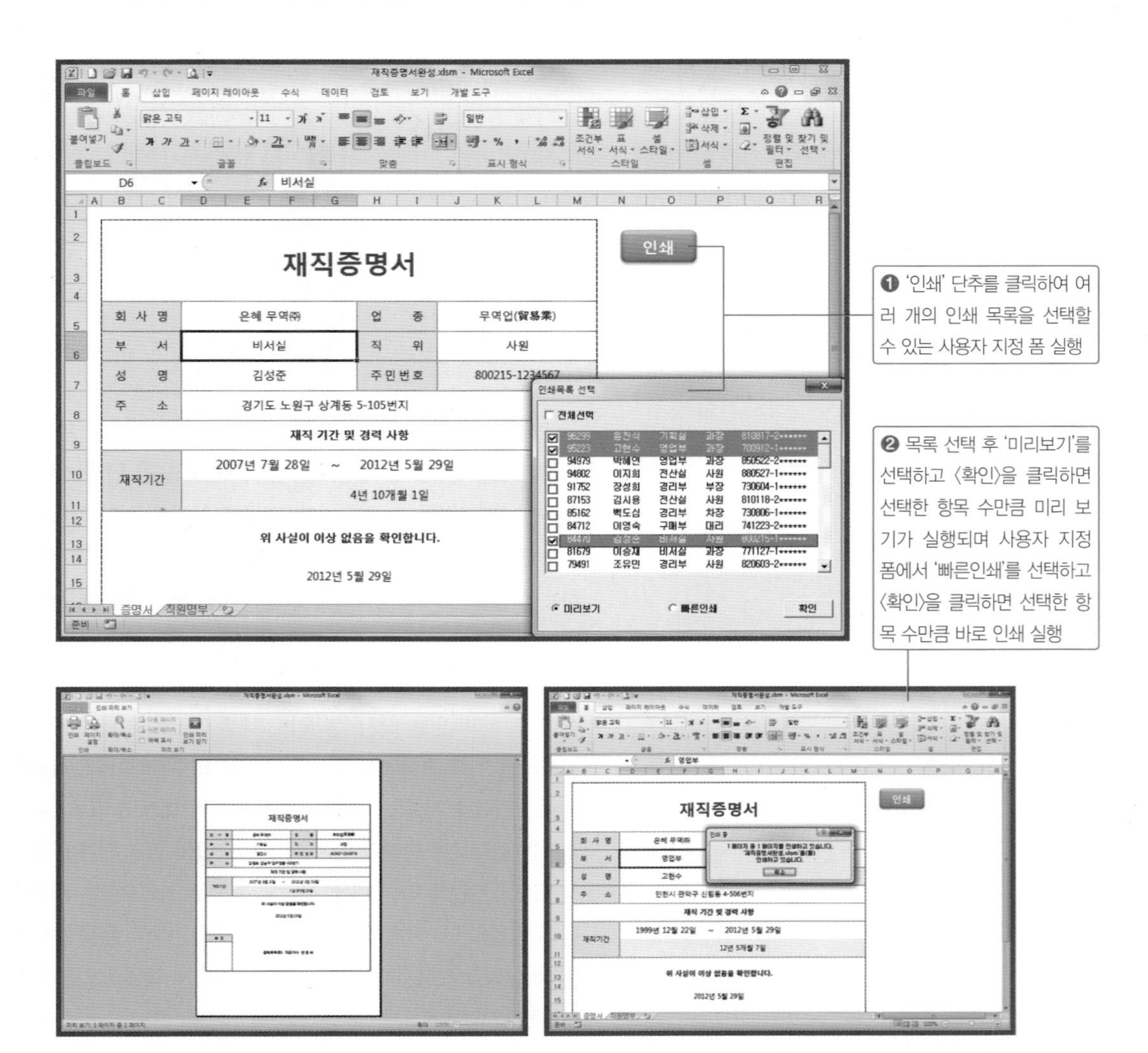

Step 01 사용자 정의 폼 작성하기

비주얼베이직 편집기의 [삽입] → '사용자 정의 폼' 메뉴를 사용하여 [직원명부] 시트의 직원 목록이 목록 상자에 표시되어 여러 개의 인쇄 항목을 선택할 수 있도록 하는 사용자 정의 폼을 작성합니다.

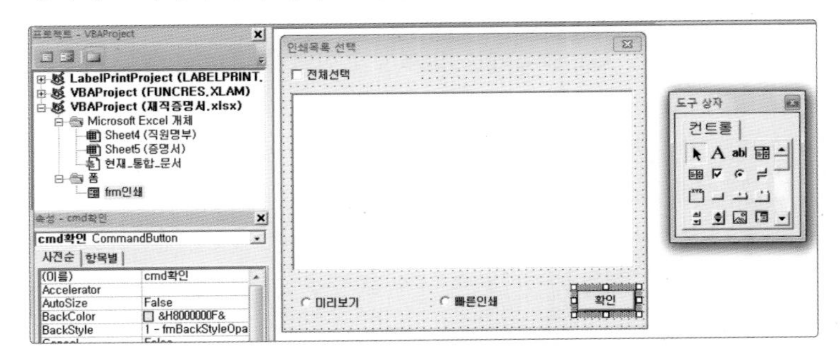

Step 02 다중 목록 선택 인쇄 매크로 작성하기

① 작성한 폼이 실행되면 직원 목록을 목록 상자에 표시하고, MultiSelect 속성을 지정하여 다중 선택할 수 있도록 합니다.

② Array 함수와 UBound 함수를 사용하여 폼의 '확인'을 클릭하면 직원 목록에서 선택한 내용을 [증명서] 시트의 해당 셀에 표시하도록 합니다.

③ 전체 선택 확인란을 선택하면 전체 목록이 선택되도록 합니다.

④ '미리보기', '빠른인쇄' 중 선택하여 인쇄할 수 있게 합니다.

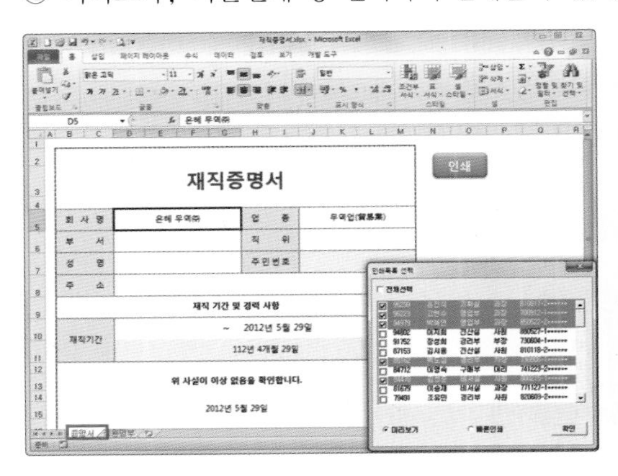

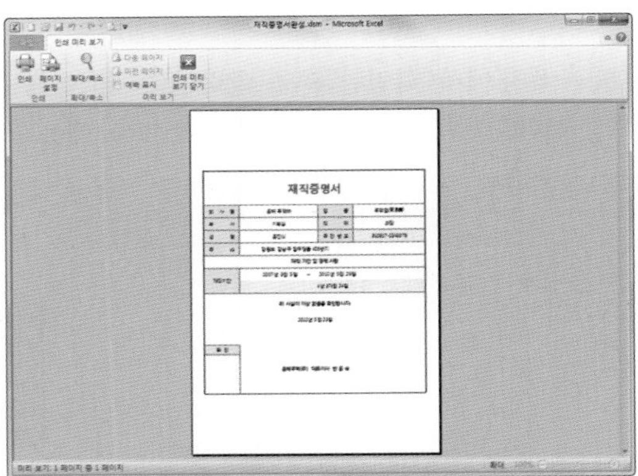

STEP 01 사용자 정의 폼 작성하기

1 ❶ 단축 글쇠 Alt+F11을 눌러 비주얼베이직 편집기를 실행하고 ❷ [삽입] → '사용자 정의 폼' 메뉴를 선택합니다. ❸ 속성 창에서 '(이름)'에는 'frm인쇄'를, 'Caption'에는 '인쇄목록 선택'을, 'Height'에는 '250'을, 'Width'에는 '300'을 입력합니다.

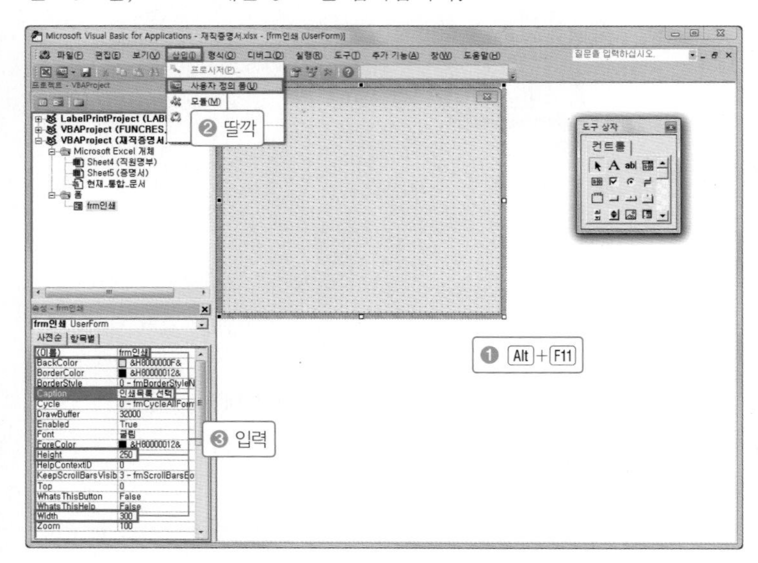

[개발 도구] 탭 → '코드' 그룹 → 'Visual Basic'을 선택해도 비주얼베이직 편집기를 실행할 수 있습니다. 비주얼베이직 편집기의 속성 창이 보이지 않는다면 [보기] → '속성 창' 메뉴를 선택하세요.

2 ❶ '도구 상자'에서 '확인란'☑을 클릭한 후 ❷ 인쇄 폼 왼쪽 윗부분에 드래그하여 확인란을 작성하고 ❸ 속성 창의 '(이름)'에는 'chkAll'을, 'Caption'에는 '전체선택'을 입력합니다.

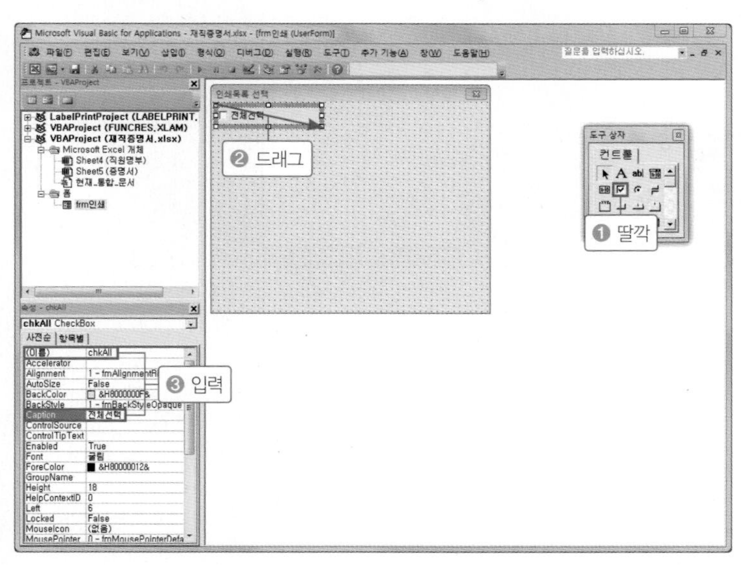

'도구 상자'가 보이지 않는다면 [보기] → '도구 상자' 메뉴를 선택합니다.

3 ❶ '도구 상자'에서 '목록 상자'를 클릭한 후 ❷ 인쇄 폼의 확인란 아래쪽에서 드래그하여 목록 상자를 작성하고 ❸ 속성 창의 '(이름)'에는 'lst목록'을, 'Height'에는 '150'을, 'Left'에는 '7'을, 'Width'에는 '280'을 입력합니다.

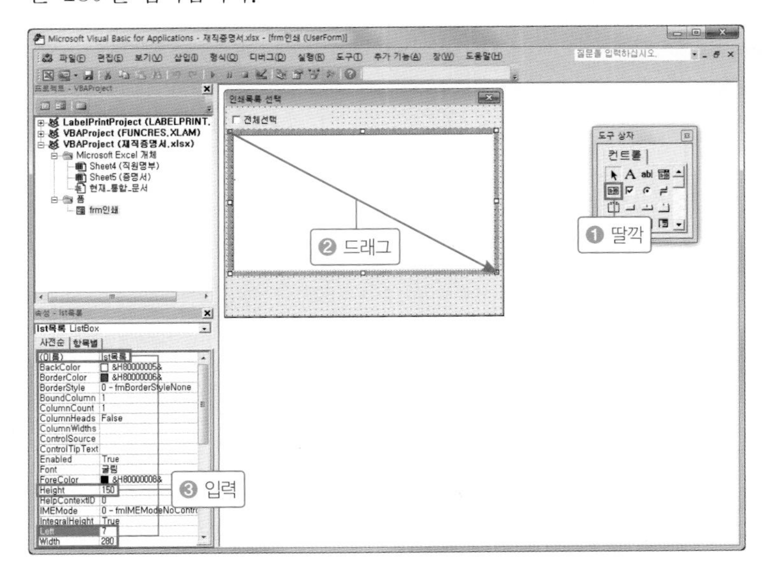

'lst목록'의 l은 영문자 L의 소문자입니다. 입력할 때 주의하세요.

4 ❶ '도구 상자'에서 '옵션 단추'를 클릭한 후 ❷ 인쇄 폼의 목록 상자 아래쪽에서 드래그하여 옵션 단추를 작성하고 ❸ 속성 창의 '(이름)'에는 'opt미리보기'를, 'Caption'에는 '미리보기'를 입력합니다.

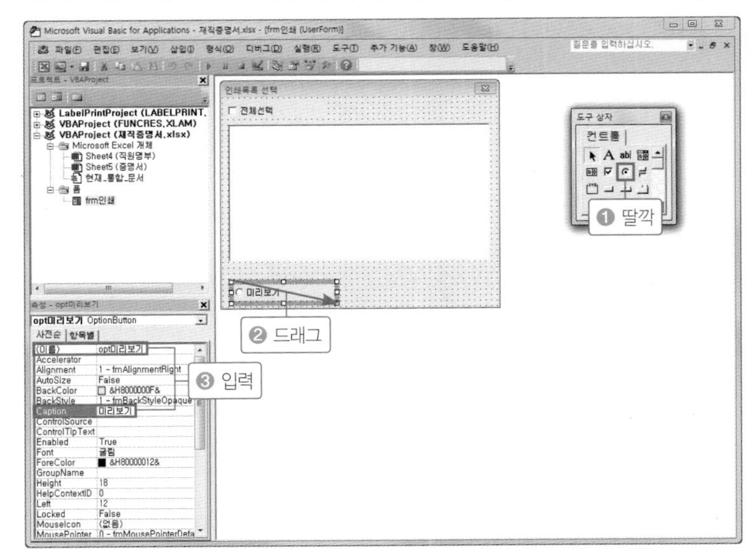

속성 창의 '이름'에 한글을 입력할 때 잘못 입력되는 것처럼 보이지만, 모든 텍스트 입력을 완료하고 Enter↵ 글쇠나 Spacebar 글쇠를 누르면 원래 의도대로 입력됩니다.

5 ❶ '도구 상자'에서 '옵션 단추' 를 클릭한 후 ❷ 인쇄 폼의 '미리보기' 옵션 단추의 오른쪽에서 드래그하여 옵션 단추를 삽입합니다. ❸ 속성 창의 '(이름)'에는 'opt인쇄'를, 'Caption'에는 '빠른인쇄'를 입력합니다.

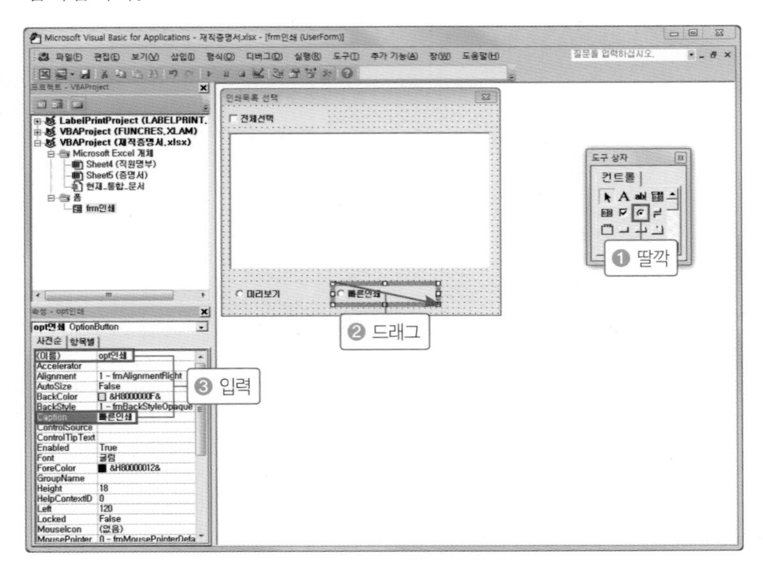

6 ❶ 도구 상자에서 '명령 단추' 를 클릭한 후 ❷ 인쇄 폼의 오른쪽 아래에서 드래그하여 명령 단추를 작성하고 ❸ 속성 창의 '(이름)'에는 'cmd확인'을, 'Caption'에는 '확인'을 입력합니다.

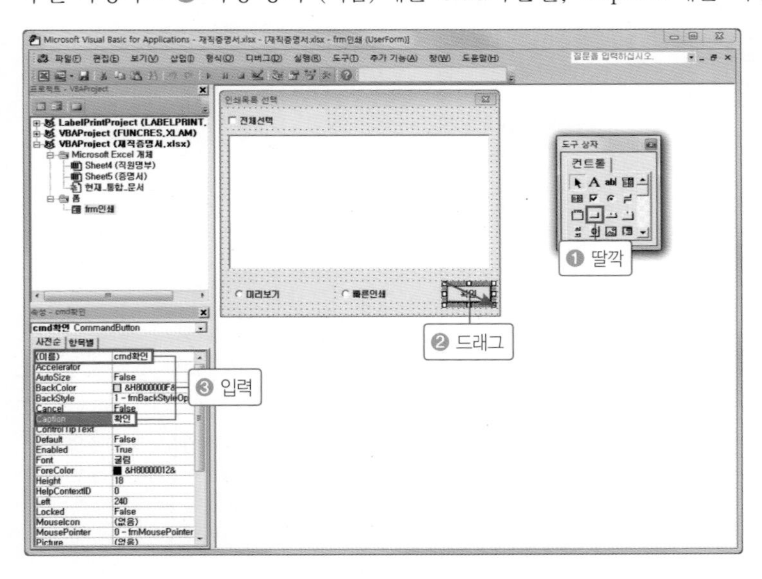

잠깐만요 컨트롤 도구의 정렬 및 맞춤

작성한 컨트롤 도구의 정렬이나 맞춤 설정은 마우스 오른쪽 단추를 클릭하여 바로 가기 메뉴에서 사용하거나 [보기] → '도구 모음' → '사용자 정의 폼' 메뉴를 선택하여 사용자 정의 폼 도구 상자를 사용하면 됩니다.

단축 메뉴 사용하기

정렬하려는 도구들을 Shift 글쇠나 Ctrl 글쇠를 누른 상태에서 마우스 오른쪽 단추를 클릭하고 바로 가기 메뉴의 '맞춤'에서 위치를 선택하거나 '같은 크기로'를 선택하여 너비와 높이를 같은 크기로 지정할 수 있습니다.

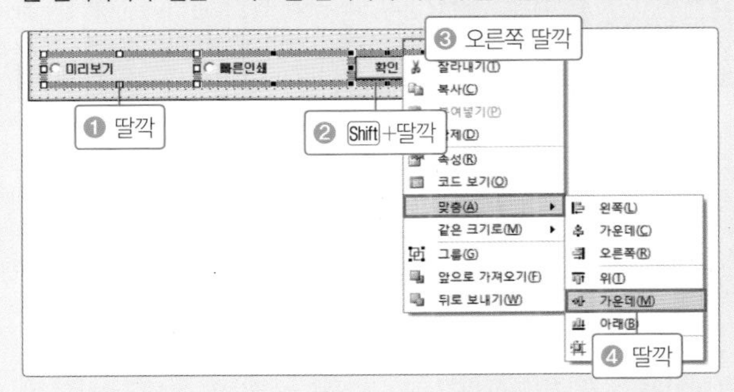

사용자 정의 폼 도구 모음 사용하기

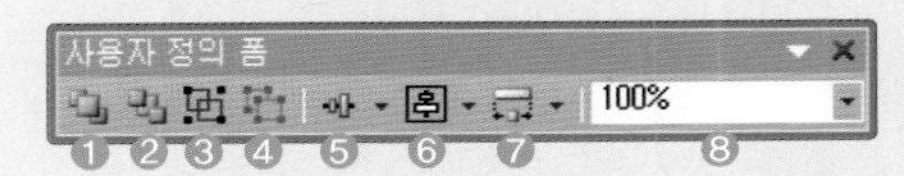

❶ **맨 앞으로 가져오기** : 선택한 개체를 폼의 다른 모든 개체들의 앞으로 이동합니다.
❷ **맨 뒤로** : 선택한 개체를 폼의 다른 모든 개체들의 뒤로 이동합니다.
❸ **그룹** : 선택한 개체들을 그룹으로 묶을 수 있습니다.
❹ **그룹 해제** : 그룹으로 묶은 개체들의 그룹을 해제합니다.
❺ **맞춤** : 선택한 개체들 간의 위치를 맞춥니다.
❻ **정렬** : 선택한 개체들을 폼의 수평이나 수직으로 정렬합니다.
❼ **크기** : 선택한 개체들의 너비나 높이를 같은 크기로 조정합니다.
❽ **확대/축소** : 폼의 모든 컨트롤 크기를 확대하거나 축소합니다.

STEP 02 다중 목록 선택 인쇄 매크로 작성하기

1 작성한 폼이 실행되면 자동으로 실행될 이벤트 프로시저를 작성하기 위해 폼의 빈 곳을 더블클릭합니다.

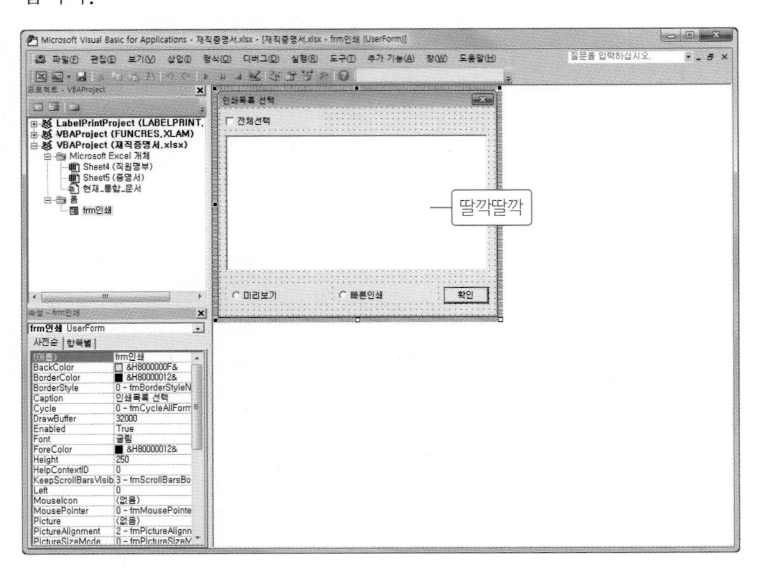

2 ❶ 코드 창의 개체 목록 단추[▼]를 클릭하고 'UserForm'을 선택합니다. ❷ 프로시저 목록 단추[▼]를 클릭하고 'Initialize'를 선택하면 'Private Sub UserForm_Initialize()' 프로시저가 생깁니다. ❸ 프로시저 안에 다음과 같이 코드를 입력합니다.

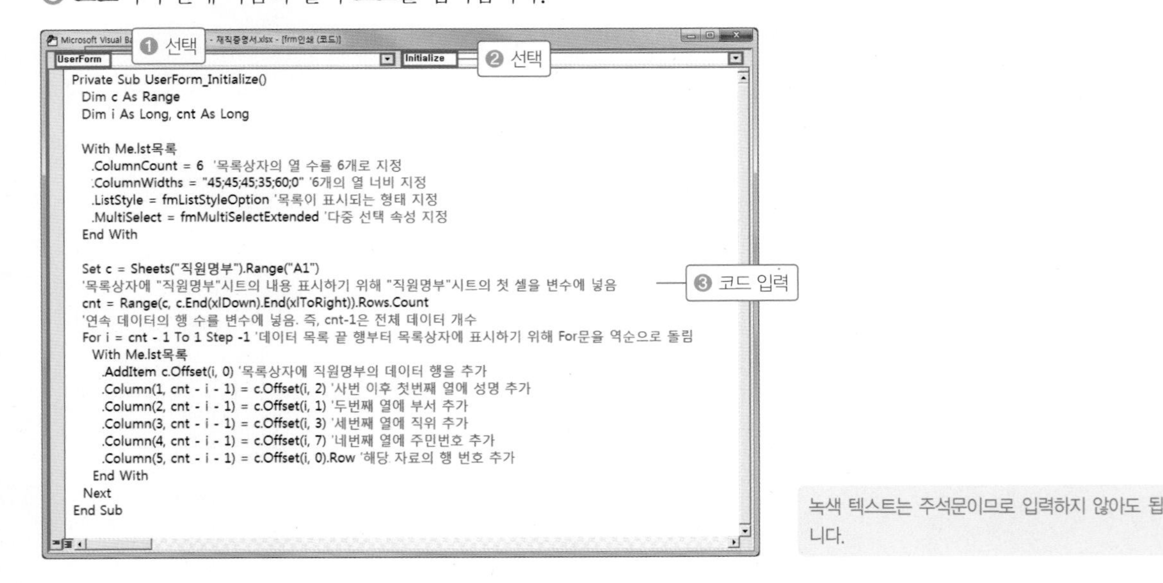


```
Private Sub UserForm_Initialize()
  Dim c As Range
  Dim i As Long, cnt As Long

  With Me.lst목록
    .ColumnCount = 6 '목록상자의 열 수를 6개로 지정
    .ColumnWidths = "45;45;45;35;60;0" '6개의 열 너비 지정
    .ListStyle = fmListStyleOption '목록이 표시되는 형태 지정
    .MultiSelect = fmMultiSelectExtended '다중 선택 속성 지정
  End With

  Set c = Sheets("직원명부").Range("A1")
  '목록상자에 "직원명부"시트의 내용 표시하기 위해 "직원명부"시트의 첫 셀을 변수에 넣음
  cnt = Range(c, c.End(xlDown).End(xlToRight)).Rows.Count
  '연속 데이터의 행 수를 변수에 넣음. 즉, cnt-1은 전체 데이터 개수
  For i = cnt - 1 To 1 Step -1 '데이터 목록 끝 행부터 목록상자에 표시하기 위해 For문을 역순으로 돌림
    With Me.lst목록
      .AddItem c.Offset(i, 0) '목록상자에 직원명부의 데이터 행을 추가
      .Column(1, cnt - i - 1) = c.Offset(i, 2) '사번 이후 첫번째 열에 성명 추가
      .Column(2, cnt - i - 1) = c.Offset(i, 1) '두번째 열에 부서 추가
      .Column(3, cnt - i - 1) = c.Offset(i, 3) '세번째 열에 직위 추가
      .Column(4, cnt - i - 1) = c.Offset(i, 7) '네번째 열에 주민번호 추가
      .Column(5, cnt - i - 1) = c.Offset(i, 0).Row '해당 자료의 행 번호 추가
    End With
  Next
End Sub
```

녹색 텍스트는 주석문이므로 입력하지 않아도 됩니다.

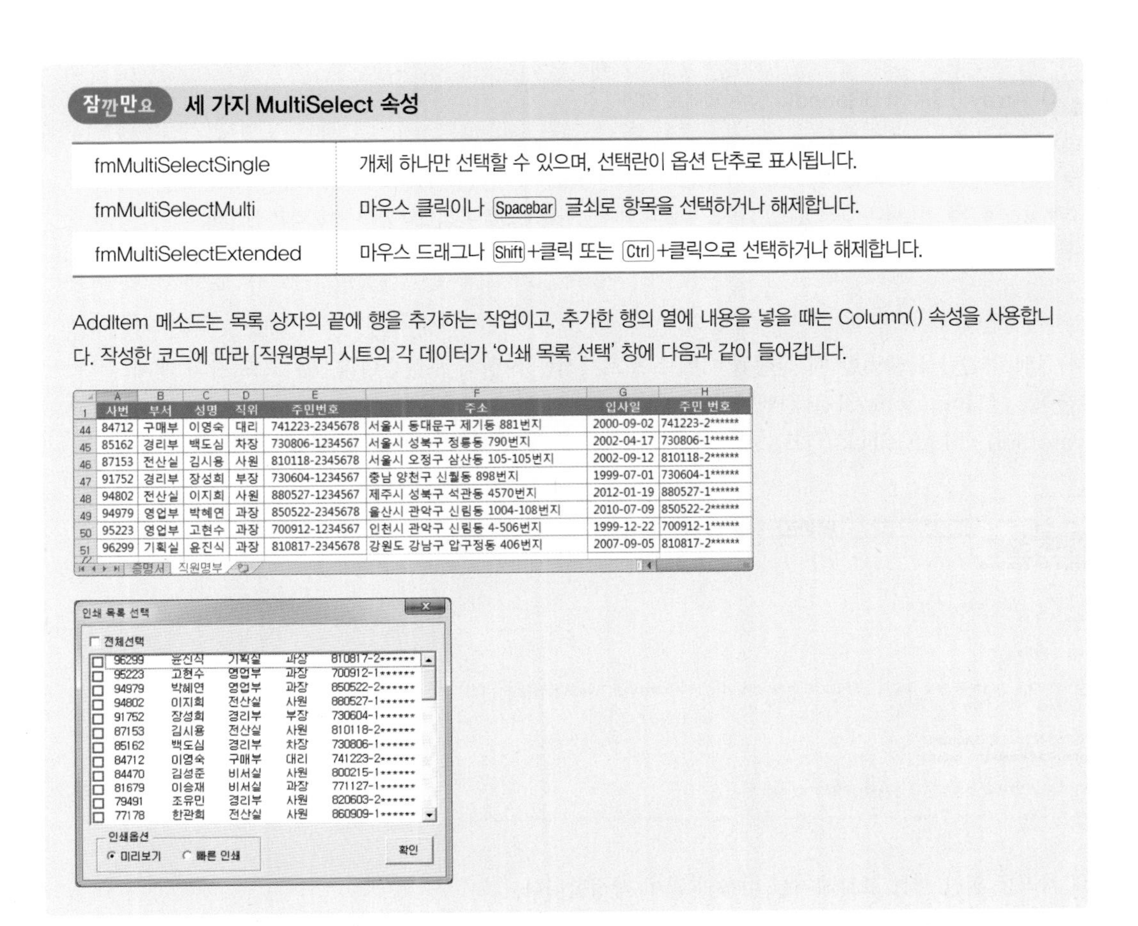

잠깐만요 **세 가지 MultiSelect 속성**

fmMultiSelectSingle	개체 하나만 선택할 수 있으며, 선택란이 옵션 단추로 표시됩니다.
fmMultiSelectMulti	마우스 클릭이나 Spacebar 글쇠로 항목을 선택하거나 해제합니다.
fmMultiSelectExtended	마우스 드래그나 Shift+클릭 또는 Ctrl+클릭으로 선택하거나 해제합니다.

AddItem 메소드는 목록 상자의 끝에 행을 추가하는 작업이고, 추가한 행의 열에 내용을 넣을 때는 Column( ) 속성을 사용합니다. 작성한 코드에 따라 [직원명부] 시트의 각 데이터가 '인쇄 목록 선택' 창에 다음과 같이 들어갑니다.

	A	B	C	D	E	F	G	H
1	사번	부서	성명	직위	주민번호	주소	입사일	주민 번호
44	84712	구매부	이영숙	대리	741223-2345678	서울시 동대문구 제기동 881번지	2000-09-02	741223-2******
45	85162	경리부	백도심	차장	730806-1234567	서울시 성북구 정릉동 790번지	2002-04-17	730806-1******
46	87153	전산실	김시용	사원	810118-2345678	서울시 오정구 삼산동 105-105번지	2002-09-12	810118-2******
47	91752	경리부	장성희	부장	730604-1234567	충남 양천구 신월동 898번지	1999-07-01	730604-1******
48	94802	전산실	이지희	사원	880527-1234567	제주시 성북구 석관동 4570번지	2012-01-19	880527-1******
49	94979	영업부	박혜연	과장	850522-2345678	울산시 관악구 신림동 1004-108번지	2010-07-09	850522-2******
50	95223	영업부	고현수	과장	700912-1234567	인천시 관악구 신림동 4-506번지	1999-12-22	700912-1******
51	96299	기획실	윤진식	과장	810817-2345678	강원도 강남구 압구정동 406번지	2007-09-05	810817-2******

3 폼의 '확인'을 클릭하면 실행될 이벤트 프로시저를 작성해 보겠습니다. ❶ 코드 창의 개체 목록 단추▼를 클릭하고 'cmd확인'을 선택합니다. ❷ 프로시저 목록 단추▼를 클릭하고 'Click'을 선택하면 'Private Sub cmd확인_Click( )' 프로시저가 생기는데, ❸ 프로시저 안에 다음과 같이 코드를 입력합니다.

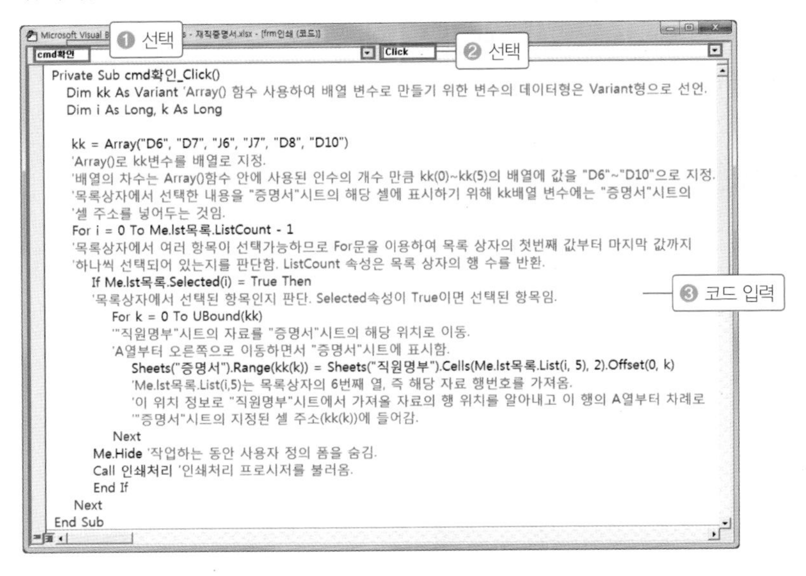


```
Private Sub cmd확인_Click()
   Dim kk As Variant 'Array() 함수 사용하여 배열 변수로 만들기 위한 변수의 데이터형은 Variant형으로 선언.
   Dim i As Long, k As Long

   kk = Array("D6", "D7", "J6", "J7", "D8", "D10")
   'Array()로 kk변수를 배열로 지정.
   '배열의 차수는 Array()함수 안에 사용된 인수의 개수 만큼 kk(0)~kk(5)의 배열에 값을 "D6"~"D10"으로 지정.
   '목록상자에서 선택한 내용을 "증명서"시트의 해당 셀에 표시하기 위해 kk배열 변수에는 "증명서"시트의
   '셀 주소를 넣어두는 것임.
   For i = 0 To Me.lst목록.ListCount - 1
   '목록상자에서 여러 항목이 선택가능하므로 For문을 이용하여 목록 상자의 첫번째 값부터 마지막 값까지
   '하나씩 선택되어 있는지를 판단함. ListCount 속성은 목록 상자의 행 수를 반환.
      If Me.lst목록.Selected(i) = True Then
      '목록상자에서 선택된 항목인지 판단. Selected속성이 True이면 선택된 항목임.
         For k = 0 To UBound(kk)
         '"직원명부"시트의 자료를 "증명서"시트의 해당 위치로 이동.
         'A열부터 오른쪽으로 이동하면서 "증명서"시트에 표시함.
            Sheets("증명서").Range(kk(k)) = Sheets("직원명부").Cells(Me.lst목록.List(i, 5), 2).Offset(0, k)
            'Me.lst목록.List(i,5)는 목록상자의 6번째 열, 즉 해당 자료 행번호를 가져옴.
            '이 위치 정보로 "직원명부"시트에서 가져올 자료의 행 위치를 알아내고 이 행의 A열부터 차례로
            '"증명서"시트의 지정된 셀 주소(kk(k))에 들어감.
         Next
      Me.Hide '작업하는 동안 사용자 정의 폼을 숨김.
      Call 인쇄처리 '인쇄처리 프로시저를 불러옴.
      End If
   Next
End Sub
```

잠깐만요 **Array( ) 함수와 UBound( ) 함수 제대로 알기**

변수의 데이터형을 Variant로 선언하면 Array( ) 함수로 초기값을 설정하면서 배열을 선언할 수 있습니다. kk라는 변수가 Variant로 선언되어 있을 때 kk=Array(2012,2013,2014)라고 지정하면 Dim kk(2) as Long:A(0)=2012:A(1)=2013:A(2)=2014로 선언한 것과 같은 효과를 가집니다. UBound( ) 함수는 배열의 최대 범위를 반환합니다. 만약 Dim kk(2)라고 선언되었다면 UBound(kk)는 2를 반환합니다.

4 전체 선택 확인란을 클릭할 때 실행될 이벤트 프로시저를 작성해 보겠습니다. ❶ 코드 창의 개체 목록 단추▼를 클릭하고 'chkAll'을 선택합니다. ❷ 프로시저 목록 단추▼를 클릭하고 'Click'을 선택하면 'Private Sub chkAll_Click( )' 프로시저가 생기는데, ❸ 프로시저 안에 다음과 같이 코드를 입력합니다.

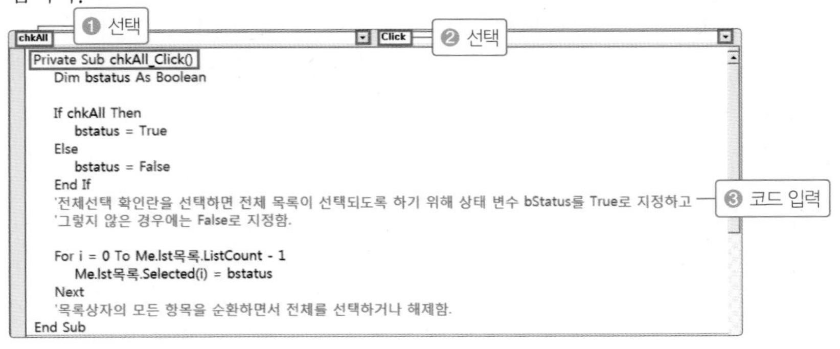

5 인쇄 처리를 위한 서브 프로시저를 다음과 같이 작성합니다.

```
Sub 인쇄처리()
   If Me.opt인쇄 Then
   Sheets("증명서").PrintOut
   'opt인쇄 개체가 선택되면 "증명서"시트를 인쇄.
  Else
   Sheets("증명서").PrintPreview
   '그렇지 않으면 "증명서"시트 미리보기 실행.
  End If
End Sub
```

6 사용자 정의 폼 frm인쇄를 실행시키기 위한 프로시저를 작성합니다. ❶ [삽입] → '모듈' 메뉴를 선택하여 모듈 창을 삽입한 후 ❷ 모덜리스 창으로 표시하기 위해 'frm인쇄.Show 0'을 입력하고 ❸ 비주얼베이직 편집기에서 '닫기' 단추 X 를 클릭하여 워크시트 화면으로 되돌아갑니다.

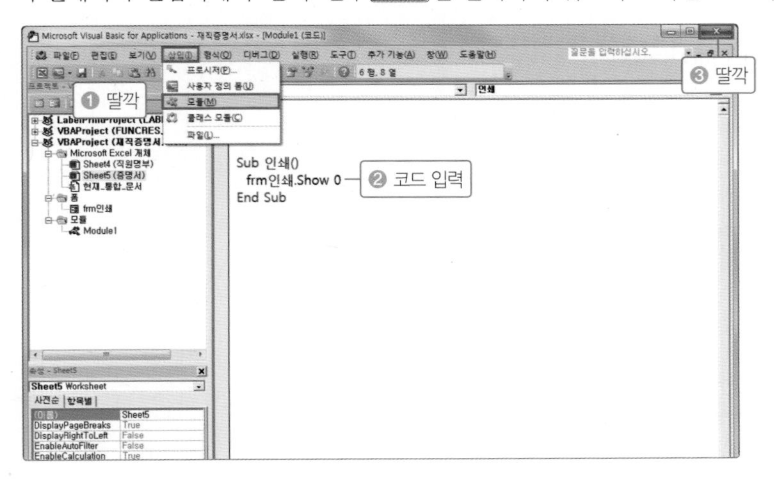

잠깐만요 모달(vbModal;1) 창과 모덜리스(vbModeless;0) 창

폼의 표시 방식으로 모달 창은 창이 열린 상태에서는 다른 창을 선택할 수 없는 창으로 MsgBox( ) 함수로 표시되는 창과 같은 것이 모달 창입니다. 모덜리스 창은 창이 열려있는 상태에서도 다른 창을 선택할 수 있는 창을 말합니다.

7 ❶ [증명서] 시트에서 [삽입] 탭 → '일러스트레이션' 그룹 → '도형' → '사각형'의 '모서리가 둥근 직사각형'을 선택한 후 ❷ 재직증명서 양식의 오른쪽에 드래그하여 도형을 삽입합니다.

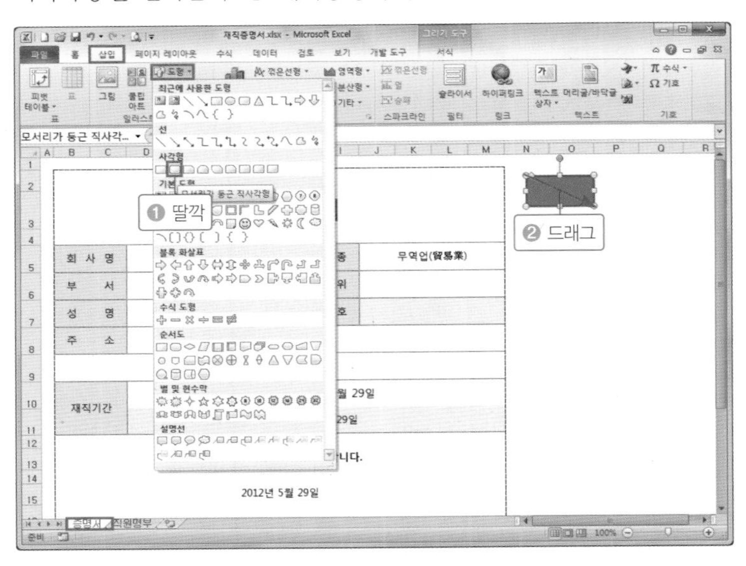

8 ❶ 작성한 도형을 선택한 상태에서 [서식] 탭 → '도형 스타일' 그룹 → '자세히' 단추를 클릭한 후 ❷ '강한 효과 – 바다색, 강조 5'를 선택하고 ❸ 도형에 '인쇄'를 입력합니다.

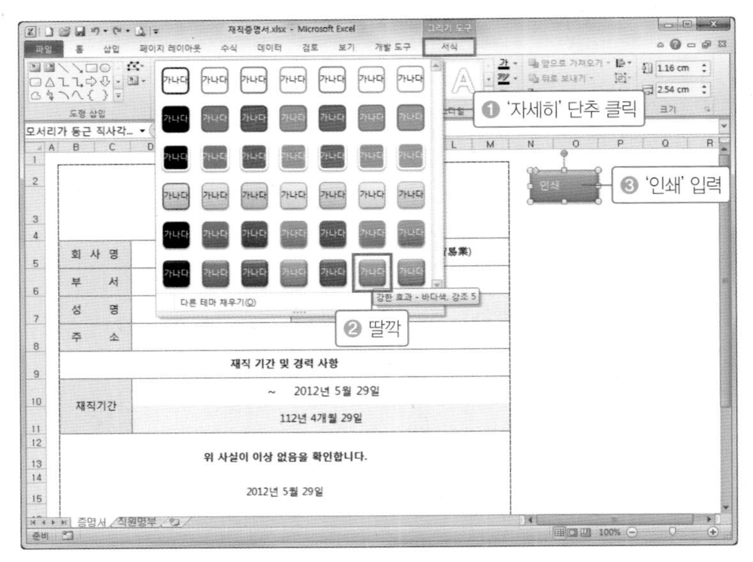

9 ❶ 도형을 선택한 상태에서 [홈] 탭 → '글꼴' 그룹 → 글꼴 크기를 '16pt', ❷ '굵게'를 지정한 후 ❸ [홈] 탭 → '맞춤' 그룹 → '수직 가운데', '수평 가운데 맞춤'을 선택합니다. ❹ 도형을 마우스 오른쪽 단추로 클릭한 후 ❺ 바로 가기 메뉴에서 '매크로 지정'을 선택합니다. ❻ '매크로 지정' 대화상자가 열리면 '매크로 이름'에서 '인쇄'를 선택하고 ❼ 〈확인〉을 클릭합니다.

10 ❶ 임의의 셀을 선택하여 도형 선택을 해제한 후 ❷ 다시 도형을 클릭합니다. ❸ '인쇄목록 선택' 대화상자가 열리면 인쇄할 목록에 ✔ 표시한 후 ❹ '미리보기'를 선택하고 ❺ 〈확인〉을 클릭하세요.

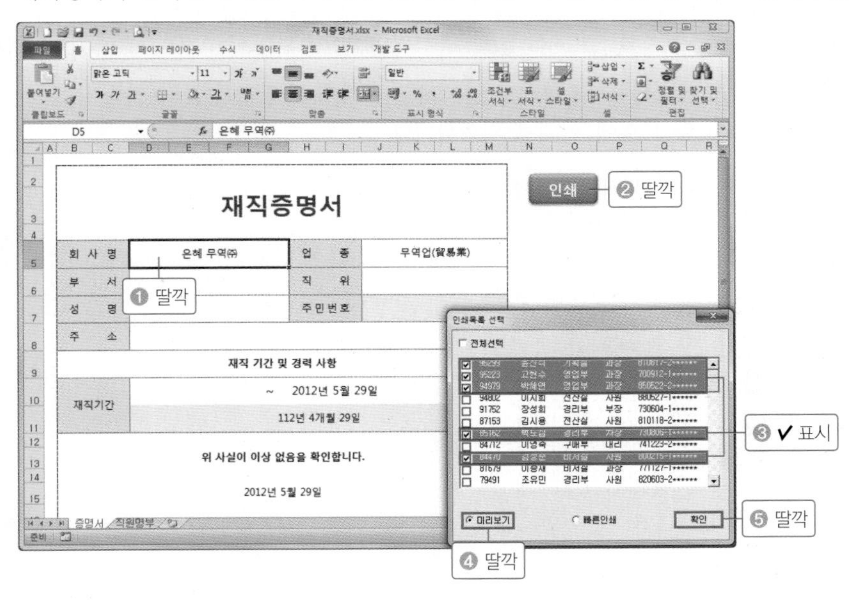

11 ❶ 첫 번째 항목의 미리 보기 창이 열리면 '인쇄 미리 보기 닫기'를 클릭합니다. ❷ 두 번째 항목의 미리 보기 창이 열리면 같은 방법으로 '인쇄 미리 보기 닫기'를 클릭합니다. 이렇게 하면 인쇄할 목록에서 선택한 5개의 미리 보기 창을 볼 수 있습니다.

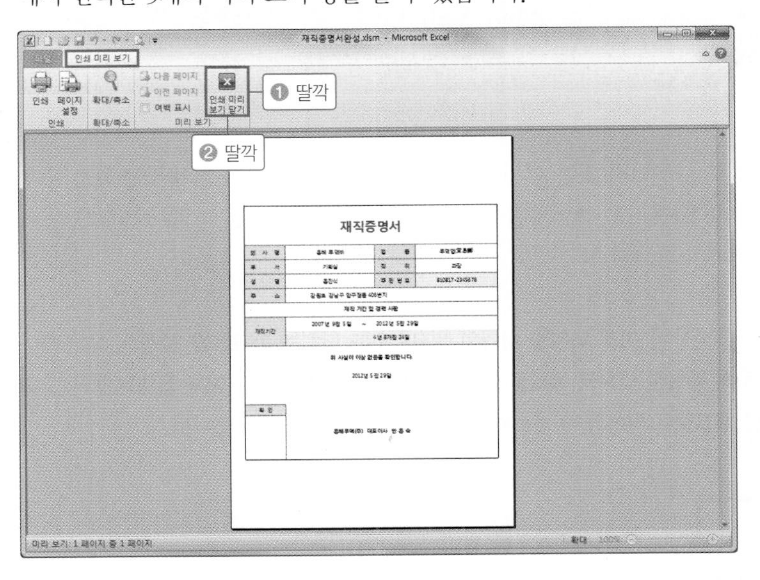

잠깐만요 매크로 사용 통합 문서로 저장하기

매크로가 포함된 문서는 'Excel 매크로 사용 통합 문서 (*.xlsm)' 형식으로 저장해야 합니다. ❶ [파일] 탭 → '다른 이름으로 저장'을 선택한 후 ❷ '다른 이름으로 저장' 대화상자에서 '파일 형식'을 'Excel 매크로 사용 통합 문서 (*.xlsm)'로 선택하고 ❸ 〈저장〉을 클릭합니다.

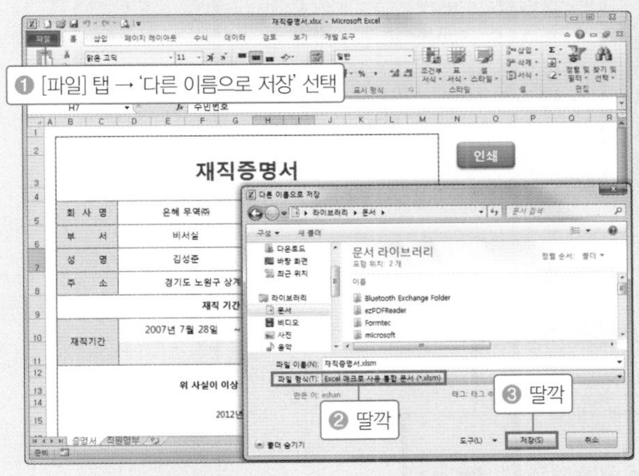

02 여러 파일의 데이터 통합하고 집계하기

| 예제 파일 | 현장실습05\전체매출집계.xlsx **| 완성 파일 |** 현장실습05\완성\전체매출집계완성.xlsx

업무를 하다 보면 여러 개의 파일로 나누어져 있는 데이터 목록을 통합 및 요약하게 집계해야 하는 경우가 많이 생깁니다. 데이터를 단순히 복사하고 붙여넣기를 할 수도 있겠지만 통합할 파일이 많으면 번거로운 단순 노동을 오랜 시간 반복해야 합니다.

이번 장에서는 ❶ 제품 분류별로 저장된 **여러 파일을 하나의 워크시트에 합치는 매크로를 실행**해 보겠습니다. ❷ 또한 **피벗 테이블을 사용하여 통합한 데이터 목록을 담당자별로 월별 제품 분류별 매출 집계표**를 작성하고 ❸ 여러 시트에 **나누는 과정을 매크로로 기록**한 후 ❹ 기록한 **매크로를 수정**해 보겠습니다.

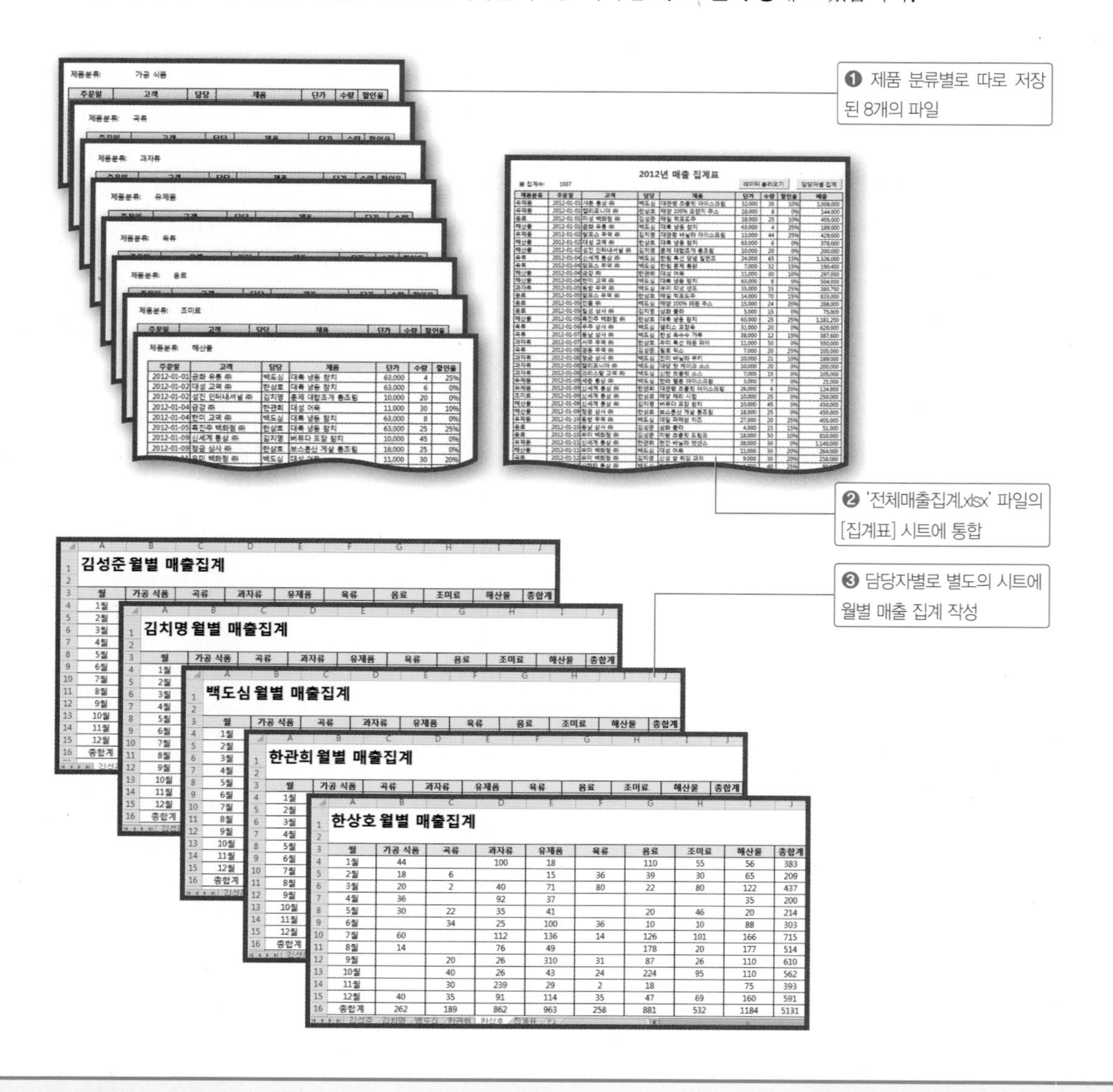

월	가공 식품	곡류	과자류	유제품	육류	음료	조미료	해산물	총합계
1월	44		100	18		110	55	56	383
2월	18	6		15	36	39	30	65	209
3월	20	2	40	71	80	22	80	122	437
4월	36		92	37				35	200
5월	30	22	35	41		20	46	20	214
6월		34	25	100	36	10	10	88	303
7월	60		112	136	14	126	101	166	715
8월	14		76	49		178	20	177	514
9월		20	26	310	31	87	26	110	610
10월		40	26	43	24	224	95	110	562
11월		30	239	29	2	18		75	393
12월	40	35	91	114	35	47	69	160	591
총합계	262	189	862	963	258	881	532	1184	5131

Step 01 파일 합치기 매크로 작성하기

① GetOpenFilename 메소드를 사용하여 '열기' 대화상자에서 사용자가 파일을 직접 선택하여 불러오는 매크로 코드를 작성합니다.

② 선택한 파일들을 차례로 열고 데이터 범위 지정, 복사, 붙여넣기 과정에 대한 매크로 코드를 작성합니다.

③ 제품 분류를 복사하고 주문일 기준 오름차순 정렬 과정에 대한 매크로 코드를 작성합니다.

Step 02 담당자별 매출 집계를 여러 시트에 작성하는 매크로 작성하기

① 통합한 데이터 목록으로 보고서 필터에는 담당을, 열 레이블에는 제품 분류를, 행 레이블에 주문일을, 값에는 수량을 넣은 피벗 테이블을 작성한 후 보고서 필터 페이지 표시를 사용하여 담당자별로 시트를 나누는 과정을 매크로로 기록합니다.

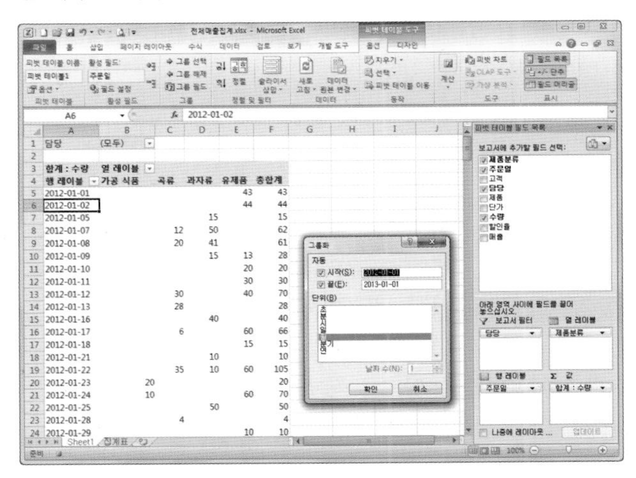

② 비주얼베이직 편집기에서 기록된 매크로를 수정합니다. 피벗 테이블 개체에 대한 변수와 이름을 지정하고, 피벗 테이블 레이아웃 설정과 시트 그룹 지정 후 편집 과정에 대한 매크로를 수정합니다.

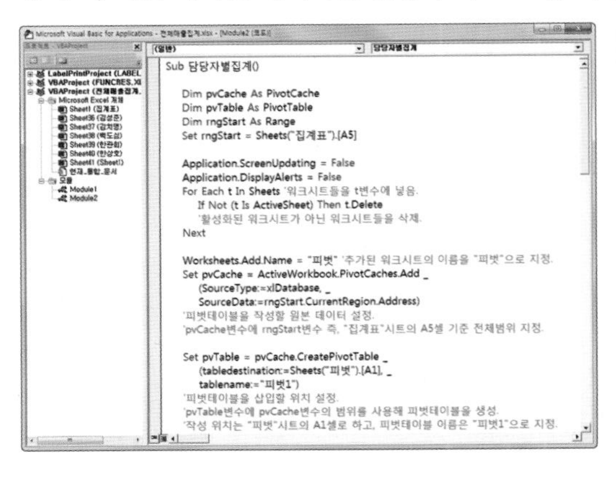

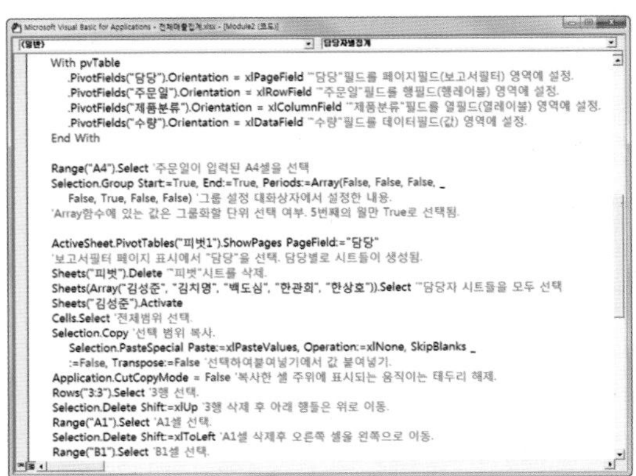

파일 합치기 매크로 작성하기

1 ❶ [집계표] 시트에서 불러온 데이터의 개수를 구하기 위한 함수식을 입력하기 위해 B2셀에 '=COUNTA(C:C)−1'을 입력하고 Enter↵ 글쇠를 누른 후 ❷ [개발 도구] 탭 → '코드' 그룹 → 'Visual Basic'을 클릭하거나 단축 글쇠 Alt+F11을 눌러 비주얼베이직 편집기를 실행합니다.

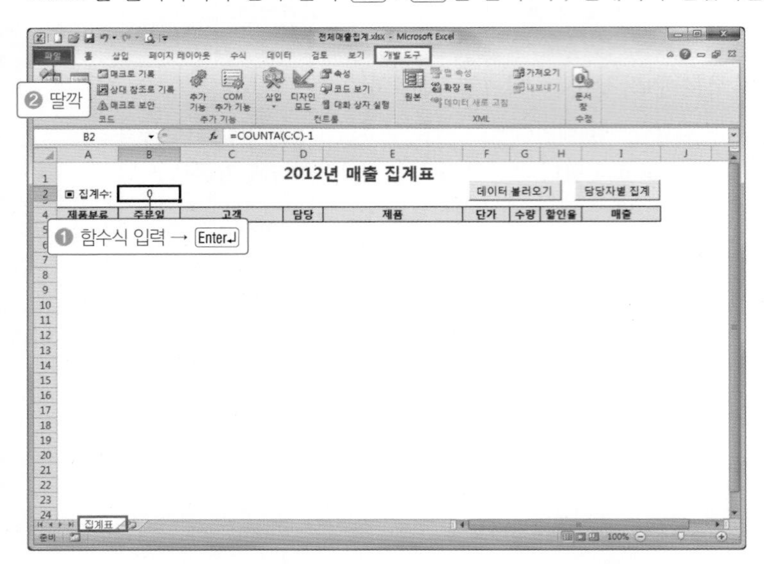

C열의 전체 범위에 입력된 데이터 개수를 구하고 '고객'이라고 입력된 필드명 셀은 빼야 하기 때문에 '−1'을 입력합니다.

2 먼저 변수를 선언하고 '열기' 대화상자를 불러와 파일을 선택할 수 있도록 매크로 코드를 작성하겠습니다. ❶ [삽입] → '모듈' 메뉴를 선택하고 ❷ 다음과 같이 코드를 작성합니다.

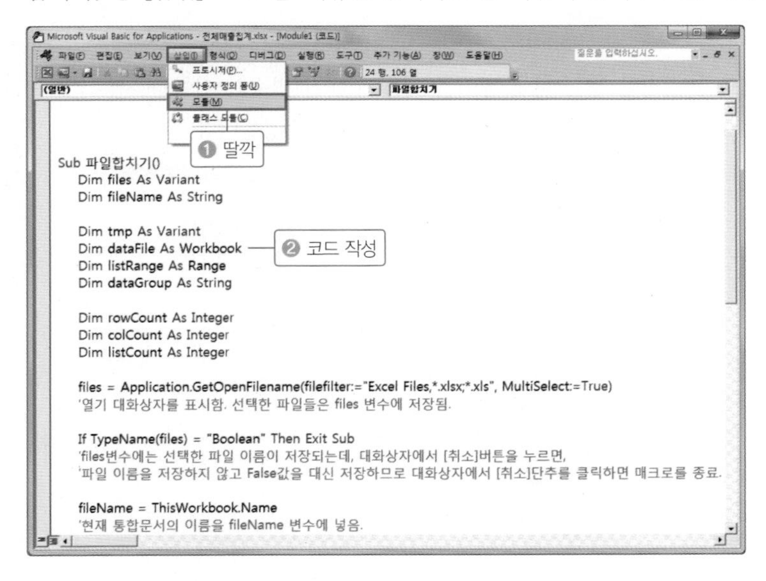

녹색 텍스트는 주석문이므로 입력하지 않아도 됩니다.

잠깐만요 GetOpenFilename 메소드 이해하기

'열기' 대화상자를 이용해 사용자가 불러올 파일을 직접 선택하게 하려면 GetOpenFilename 메소드를 사용해야 합니다. GetOpenFilename 메소드의 구문은 Application.GetOpenFilename(FileFilter, FilterIndex, Title, MultiSelect)입니다.

- **FileFilter** : 파일 필터링 조건을 지정하는 문자열입니다. 여기에 선택한 문자열이 '파일 열기' 대화상자의 파일 형식 목록 상자에 나타나고 지정한 파일 형식만 선택할 수 있게 합니다. 인수를 생략하면 기본값은 '모든 파일(*.*),*.*'이 됩니다. 엑셀 파일 중 이전 버전에서 작성한 파일도 열게 하기 위해 *.xlsx와 *.xls의 두 가지 타입 형식으로 지정했습니다. 여러 개의 형식을 지정하려면 와일드카드 문자 사이를 세미콜론으로 구분하면 됩니다.
- **FilterIndex** : 1부터 지정한 필터 개수까지 기본 파일 필터링 조건의 인덱스 번호를 지정합니다. 생략하면 첫 번째 필터가 사용됩니다.
- **Title** : '열기' 대화상자의 제목 표시줄에 나타날 창 제목을 지정합니다. 생략하면 '열기'로 표시됩니다.
- **MultiSelect** : True이면 여러 개의 파일을 선택할 수 있고, False 또는 생략하면 하나만 선택할 수 있습니다. 기본값은 False입니다.

TypeName 함수 제대로 알기

TypeName 함수는 변수에 대한 정보를 제공하는 문자열을 반환하는 함수로, 반환하는 문자열을 다음과 같습니다.

반환 문자열	변수	반환 문자열	변수
Object 형식	형식이 objecttype인 개체	Byte	바이트 값
Integer	정수	Long	긴 정수
Single	단정도 부동 소수점 수	Double	배정도 부동 소수점 수
Currency	통화 값	Decimal	십진 값
Date	날짜 값	String	문자열
Boolean	Boolean 값(True 또는 False)	Error	오류값
Empty	초기화되지 않음	Null	유효한 데이터 없음
Object	개체	Unknown	형식이 알려지지 않은 개체
Nothing	개체를 참조하지 않는 개체 변수		

3 대화상자에서 선택한 파일들을 차례로 열고 데이터 범위를 지정한 후 복사하고 붙여넣는 과정에 대한 매크로 코드를 작성하겠습니다. 앞에서 작성한 코드의 아랫줄에 계속해서 다음과 같이 코드를 작성합니다.

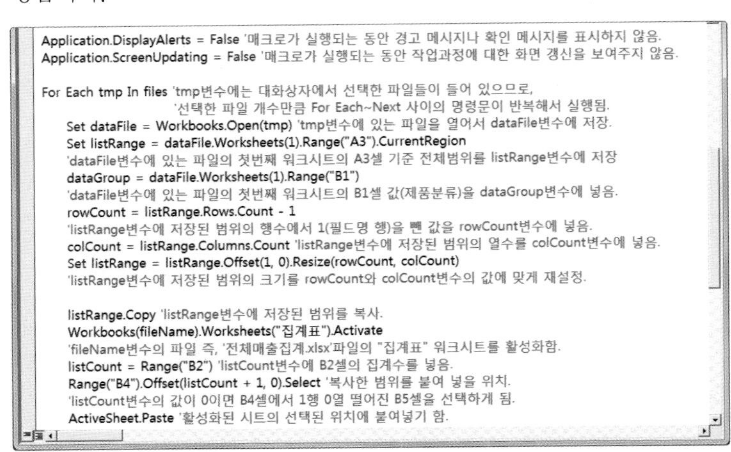

```
Application.DisplayAlerts = False '매크로가 실행되는 동안 경고 메시지나 확인 메시지를 표시하지 않음.
Application.ScreenUpdating = False '매크로가 실행되는 동안 작업과정에 대한 화면 갱신을 보여주지 않음.

For Each tmp In files 'tmp변수에는 대화상자에서 선택한 파일들이 들어 있으므로,
                      '선택한 파일 개수만큼 For Each~Next 사이의 명령문이 반복해서 실행됨.
    Set dataFile = Workbooks.Open(tmp) 'tmp변수에 있는 파일을 열어서 dataFile변수에 저장.
    Set listRange = dataFile.Worksheets(1).Range("A3").CurrentRegion
    'dataFile변수에 있는 파일의 첫번째 워크시트의 A3셀 기준 전체범위를 listRange변수에 저장
    dataGroup = dataFile.Worksheets(1).Range("B1")
    'dataFile변수에 있는 파일의 첫번째 워크시트의 B1셀 값(제품분류)을 dataGroup변수에 넣음.
    rowCount = listRange.Rows.Count - 1
    'listRange변수에 저장된 범위의 행수에서 1(필드명 행)을 뺀 값을 rowCount변수에 넣음.
    colCount = listRange.Columns.Count 'listRange변수에 저장된 범위의 열수를 colCount변수에 넣음.
    Set listRange = listRange.Offset(1, 0).Resize(rowCount, colCount)
    'listRange변수에 저장된 범위의 크기를 rowCount와 colCount변수의 값에 맞게 재설정.

    listRange.Copy 'listRange변수에 저장된 범위를 복사.
    Workbooks(fileName).Worksheets("집계표").Activate
    'fileName변수의 파일 즉, '전체매출집계.xlsx'파일의 "집계표" 워크시트를 활성화함.
    listCount = Range("B2") 'listCount변수에 B2셀의 집계수를 넣음.
    Range("B4").Offset(listCount + 1, 0).Select '복사한 범위를 붙여 넣을 위치.
    'listCount변수의 값이 0이면 B4셀에서 1행 0열 떨어진 B5셀을 선택하게 됨.
    ActiveSheet.Paste '활성화된 시트의 선택된 위치에 붙여넣기 함.
```

녹색 텍스트는 주석문이므로 입력하지 않아도 됩니다.

잠깐만요 Application.DisplayAlerts 속성 이해하기

엑셀 작업시 나타나는 경고 창을 표시해야 할지를 지정합니다. 보통은 매크로 실행 과정에서 불필요한 경고 창을 숨기기 위해 일시적으로 False 값을 지정한 후 프로시저가 종료되기 전에 True로 다시 지정합니다. 지금 입력한 매크로에서는 데이터를 복사하고 붙여넣은 후 파일을 닫을 때 클립보드에 데이터가 남아 있다는 메시지가 나타나는 것을 숨기기 위해 입력했습니다.

Application.ScreenUpdating 속성 이해하기

매크로가 실행되는 동안 작업이 실행되는 과정이 화면에 업데이트되는 것을 표시할 것인지 지정합니다. 파일들을 열고, 복사하고, 붙여넣는 과정에서 창 전환 작업과 붙여넣기 결과 화면이 바뀌는 과정 등이 화면에 표시되지 않도록 하기 위해 입력했습니다.

Set 변수명=개체

통합 문서(Workbook), 워크시트(Worksheet), 범위(Range) 등의 데이터 형식으로 선언한 변수에 값을 저장하려면 'Set 변수명=개체' 형식의 대입문을 사용해야 합니다.

다음의 그림은 합칠 파일 중 하나인 '가공식품.xlsx' 파일의 내용입니다. dataFile, listRange, dataGroup, rowCount, colCount 변수에 들어가는 셀 위치나 값을 확인해 보세요.

	A	B	C	D	E	F	G	H
1	제품분류:	가공 식품						
2								
3	주문일	고객	담당	제품	단가	수량	할인율	매출
4	2012-01-23	칠성 상사 ㈜	한관희	알파 특선 튀김 다시마	46,000	20	0%	920,000
5	2012-01-24	유미 백화점 ㈜	김성준	유림 사과 통조림	53,000	10	0%	530,000

다음의 그림은 데이터를 붙여넣기할 파일인 '전체매출집계.xlsx' 파일의 내용입니다. filename, listCount 변수에 들어가는 값을 확인해 보세요.

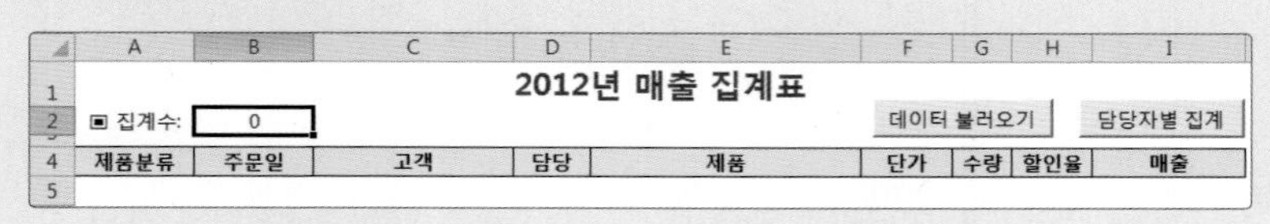

4 제품 분류를 복사하고 주문일 기준으로 오름차순 정렬하는 매크로를 작성해 보겠습니다. ❶ 위에서 작성한 코드의 아랫줄에 계속해서 다음과 같이 코드를 작성하고 ❷ 비주얼베이직 편집기에서 '닫기' 단추 [X] 를 클릭하여 워크시트 화면으로 되돌아갑니다.

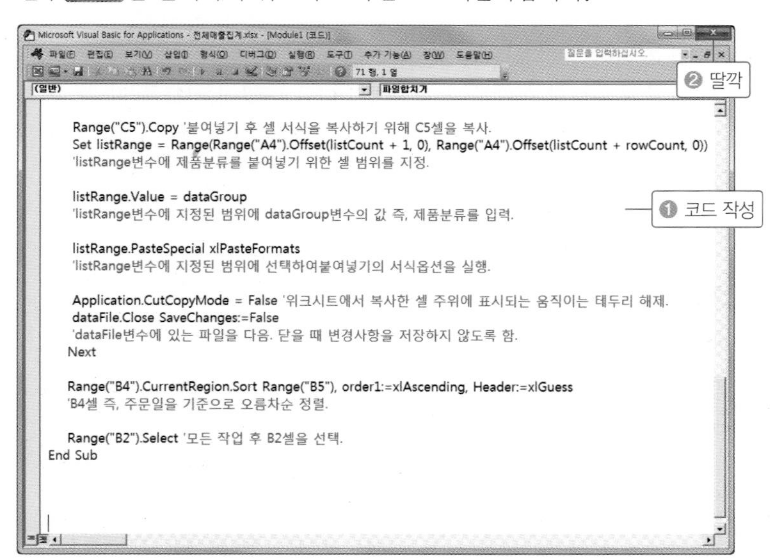


```
Range("C5").Copy '붙여넣기 후 셀 서식을 복사하기 위해 C5셀을 복사.
Set listRange = Range(Range("A4").Offset(listCount + 1, 0), Range("A4").Offset(listCount + rowCount, 0))
'listRange변수에 제품분류를 붙여넣기 위한 셀 범위를 지정.

listRange.Value = dataGroup
'listRange변수에 지정된 범위에 dataGroup변수의 값 즉, 제품분류를 입력.

listRange.PasteSpecial xlPasteFormats
'listRange변수에 지정된 범위에 선택하여붙여넣기의 서식옵션을 실행.

Application.CutCopyMode = False '워크시트에서 복사한 셀 주위에 표시되는 움직이는 테두리 해제.
dataFile.Close SaveChanges:=False
'dataFile변수에 있는 파일을 다음. 닫을 때 변경사항을 저장하지 않도록 함.
Next

Range("B4").CurrentRegion.Sort Range("B5"), order1:=xlAscending, Header:=xlGuess
'B4셀 즉, 주문일을 기준으로 오름차순 정렬.

Range("B2").Select '모든 작업 후 B2셀을 선택.
End Sub
```

listRange 변수에 셀 범위를 지정할 때 Range(Range, Range)는 첫 번째 Range에서 두 번째 Range까지의 셀 범위를 구합니다. listCount 변수의 값이 0이고 rowCount 변수의 값이 64이면 첫 번째 Range는 A4셀에서 1행, 0열 떨어진 A5셀이 되고, 두 번째 Range는 A4셀에서 64행 0열 떨어져 있는 A68셀이 됩니다. 즉 A5:A68 범위가 listRange 변수에 지정되어 제품 분류가 붙여넣기될 범위가 됩니다.

5 ❶ '데이터 불러오기' 단추를 마우스 오른쪽 단추로 클릭한 후 ❷ 바로 가기 메뉴에서 '매크로 지정'을 선택합니다. ❸ '매크로 지정' 대화상자가 열리면 '파일합치기'를 선택한 후 ❺ 〈확인〉을 클릭합니다.

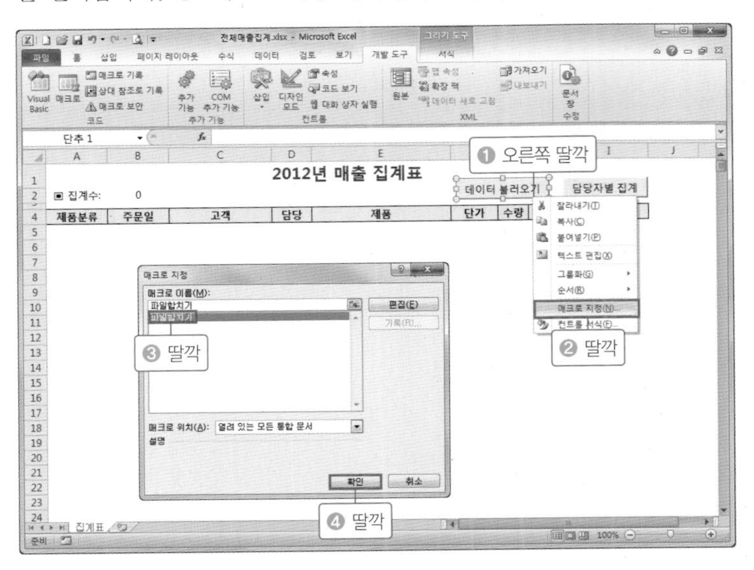

6 ❶ B2셀을 클릭하여 단추 선택을 해제한 후 ❷ '데이터 불러오기' 단추를 클릭합니다. ❸ '열기' 대화상자가 열리면 부록 CD의 '현장실습05\DATA' 폴더에서 '가공식품.xlsx' 파일을 선택한 후 ❹ Shift 글쇠를 누른 상태에서 '유제품.xlsx' 파일을 선택하고 ❺ 〈열기〉를 클릭합니다.

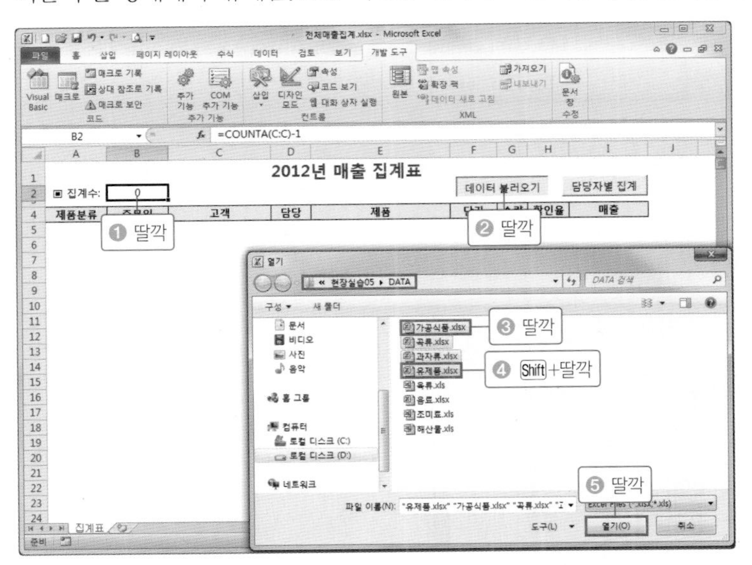

STEP 02 담당자별 매출 집계를 여러 시트에 작성하는 매크로 작성하기

1 불러온 데이터 목록으로 피벗 테이블 작성 과정을 매크로로 기록한 후 기록한 매크로를 수정해 보겠습니다. ❶ [집계표] 시트에서 A5셀을 선택하고 ❷ [개발 도구] 탭 → '코드' 그룹 → '매크로 기록'을 클릭합니다. ❸ '매크로 기록' 대화상자가 열리면 '매크로 이름'에 '담당자별집계'를 입력하고 ❹ 〈확인〉을 클릭합니다.

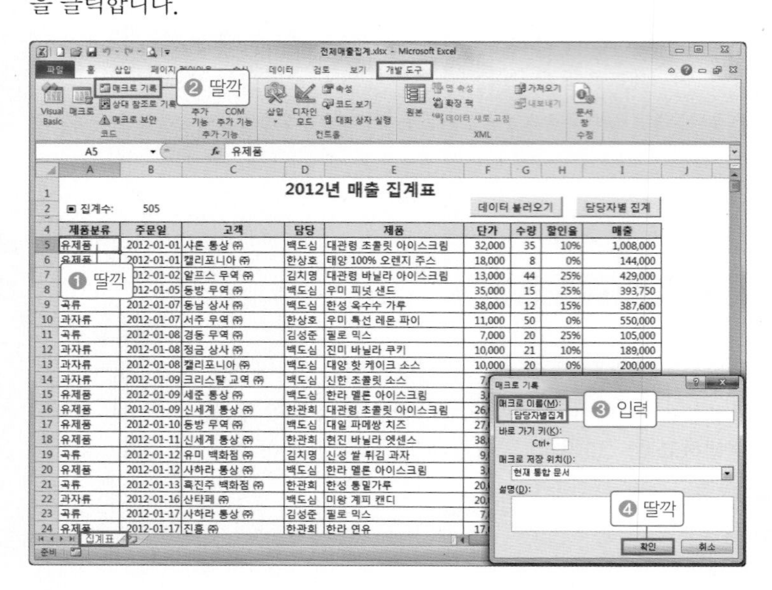

'매크로 기록' 대화상자의 〈확인〉을 클릭하는 순간부터 작업하는 모든 내용이 기록되므로 매크로 기록을 중지할 때까지 불필요한 다른 작업은 하지 않아야 합니다.

2 ❶ [삽입] 탭 → '표' 그룹 → '피벗 테이블'을 클릭한 후 ❷ '피벗 테이블 만들기' 대화상자가 열리며 〈확인〉을 클릭합니다.

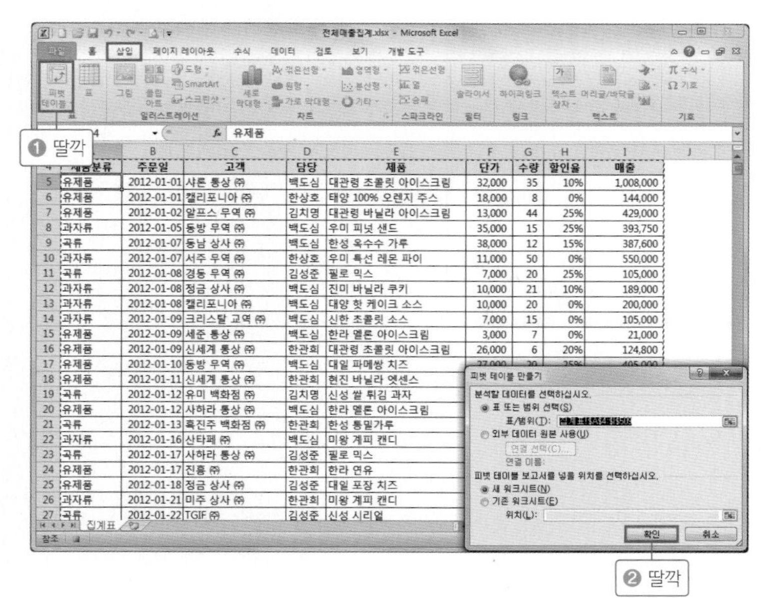

3 ❶ '피벗 테이블 필드 목록' 작업창에서 '담당'은 '보고서 필터' 영역으로, '제품분류'는 '열 레이블' 영역으로, '주문일'을 '행 레이블' 영역으로, '수량'을 '값' 영역으로 이동합니다. ❷ 주문일 셀 중 하나인 A6셀을 클릭하고 ❸ [옵션] 탭 → '그룹' 그룹 → '그룹 필드'를 클릭한 후 ❹ '그룹화' 대화상자의 '단위' 목록에서 '월'을 선택하고 ❺ 〈확인〉을 클릭합니다.

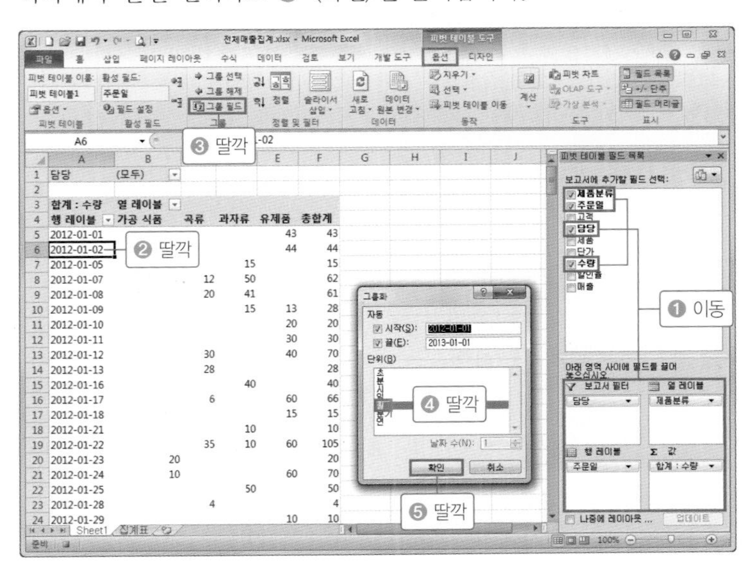

4 ❶ [옵션] 탭 → '피벗 테이블' 그룹 → '옵션' → '보고서 필터 페이지 표시'를 선택합니다. ❷ '보고서 필터 페이지 표시' 대화상자가 열리면 〈확인〉을 클릭합니다.

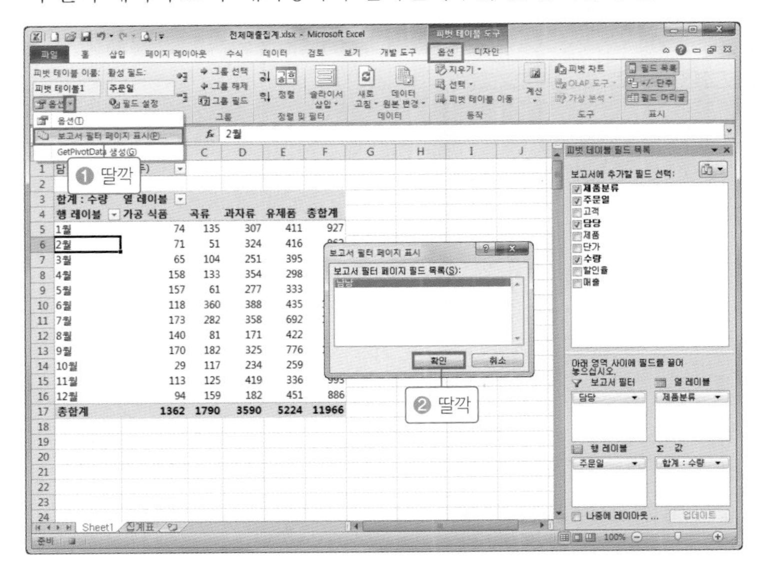

5 ❶ [김성준] 시트를 클릭하고 ❷ Shift 글쇠를 누른 상태에서 [한상호] 시트를 선택해 그룹으로 지정합니다. ❸ 단축 글쇠 Ctrl+A를 두 번 눌러 워크시트 전체를 선택한 후 ❹ [홈] 탭 → '클립보드' 그룹 → '복사'를 클릭하고 ❺ [홈] 탭 → '클립보드' 그룹 → '붙여넣기' → '값 붙여넣기'의 '값'을 클릭합니다.

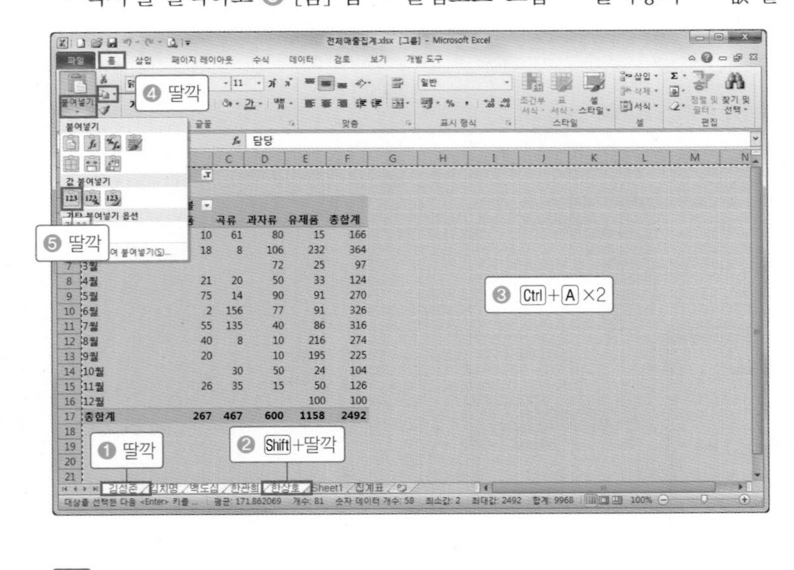

피벗 테이블 전체 범위를 복사한 후 값 붙여넣기를 하면 피벗 테이블 원본과 연결이 끊어져 일반 표 범위가 되어 더 자유롭게 편집할 수 있습니다.

6 ❶ 3행 머리글을 클릭한 후 ❷ [홈] 탭 → '셀' 그룹 → '삭제'를 클릭합니다.

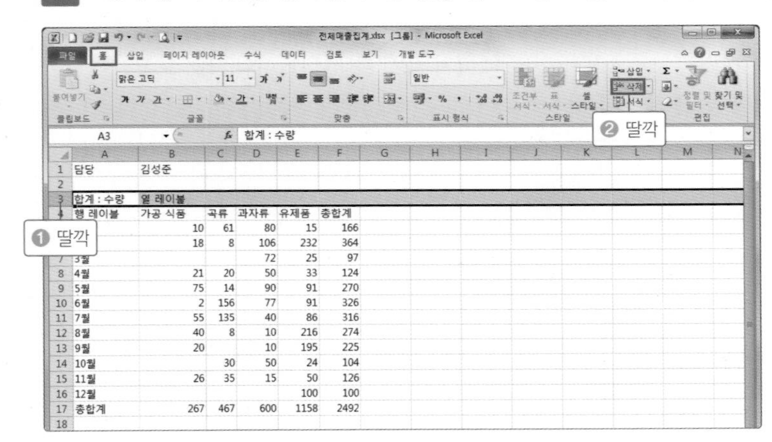

7 ❶ A1셀을 클릭하고 ❷ [홈] 탭 → '셀' 그룹 → '삭제' → '셀 삭제'를 선택합니다. ❸ '삭제' 대화상자가 열리면 '셀을 왼쪽으로 밀기'를 선택하고 ❹ <확인>을 클릭합니다.

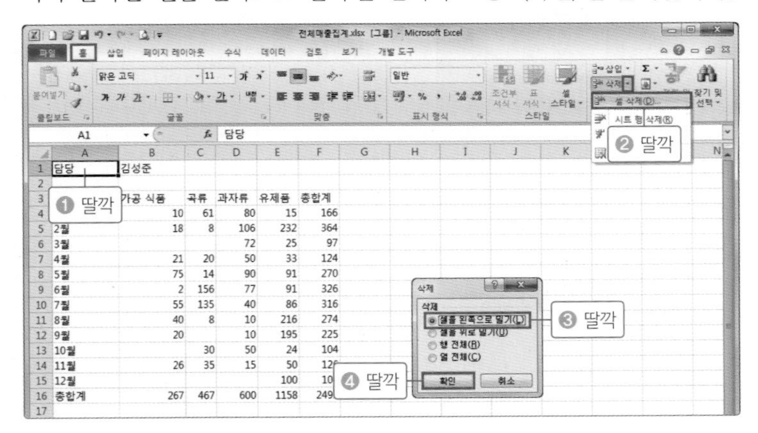

8 ❶ 서식을 지정하기 위해 B1셀에는 '월별 매출집계'를, ❷ A3셀에는 '월'을 입력하고 ❸ A1:B1 범위를 지정한 후 [홈] 탭 → '글꼴' 그룹 → '굵게'를 선택하고, '글꼴 크기'는 '20pt'로 지정합니다. ❹ A3 셀을 선택하고 단축 글쇠 Ctrl+Shift+8을 눌러 표 전체 범위를 지정한 후 ❺ [홈] 탭 → '글꼴' 그룹 → '모든 테두리'를 선택하고 ❻ [홈] 탭 → '맞춤' 그룹 → '가운데 맞춤'을 클릭합니다. ❼ A3셀을 선택하고 단축 글쇠 Ctrl+Shift+→를 눌러 제목 셀 범위를 지정한 후 ❽ [홈] 탭 → '글꼴' 그룹 → '채우기 색' → '테마 색'의 '바다색 강조 5, 80% 더 밝게'를 선택하고 ❾ '굵게'를 선택합니다.

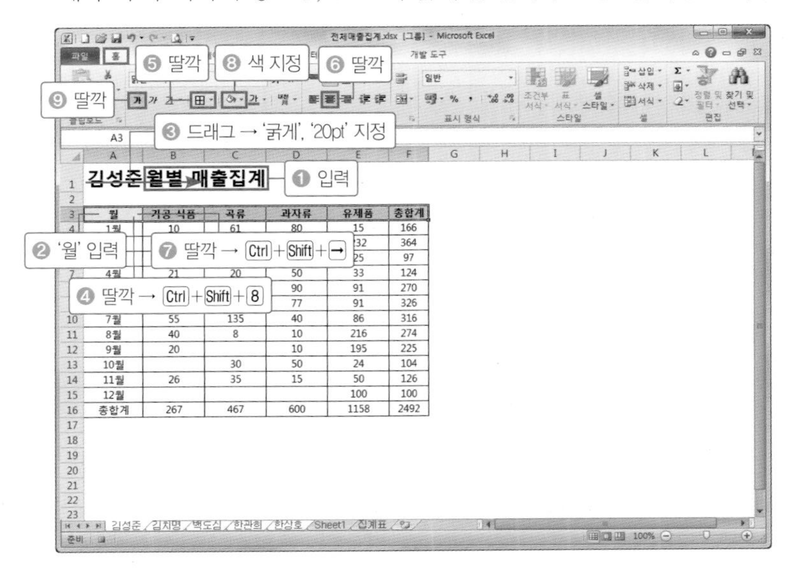

9 ❶ A3셀을 선택하여 범위를 해제하고 ❷ [보기] 탭 → '표시' 그룹 → '눈금선'의 ✔ 표시를 해제합니다. ❸ 시트 탭에서 마우스 오른쪽 단추를 클릭한 후 ❹ 바로 가기 메뉴에서 '시트 그룹 해제'를 선택하고 ❺ 상태 표시줄에서 '기록 중지' 단추를 클릭하여 매크로 기록을 중지합니다.

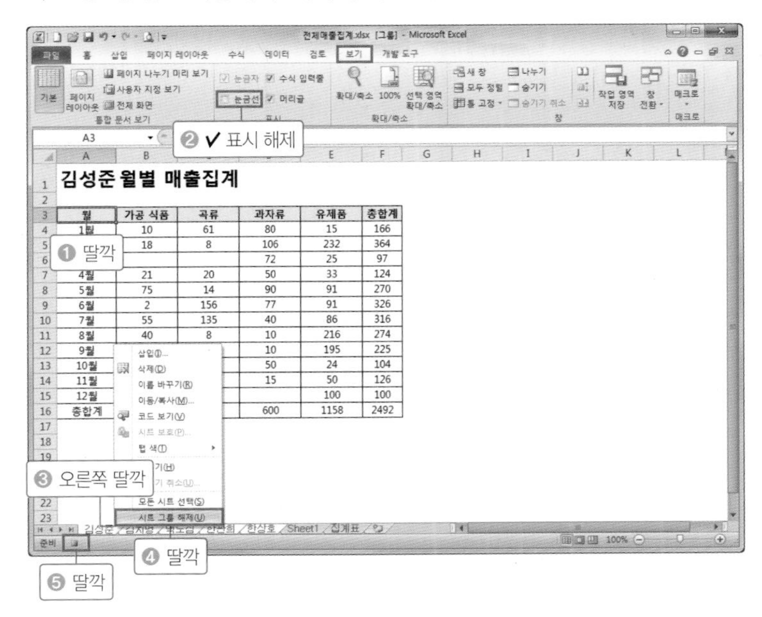

10 기록한 매크로를 수정하기 위해 단축 글쇠 Alt+F11을 눌러 비주얼베이직 편집기를 실행합니다. 매크로를 실행할 때 기존에 작성된 워크시트들을 모두 삭제하는 코드를 작성하고 피벗 테이블을 작성하도록 매크로를 다음과 같이 수정합니다.

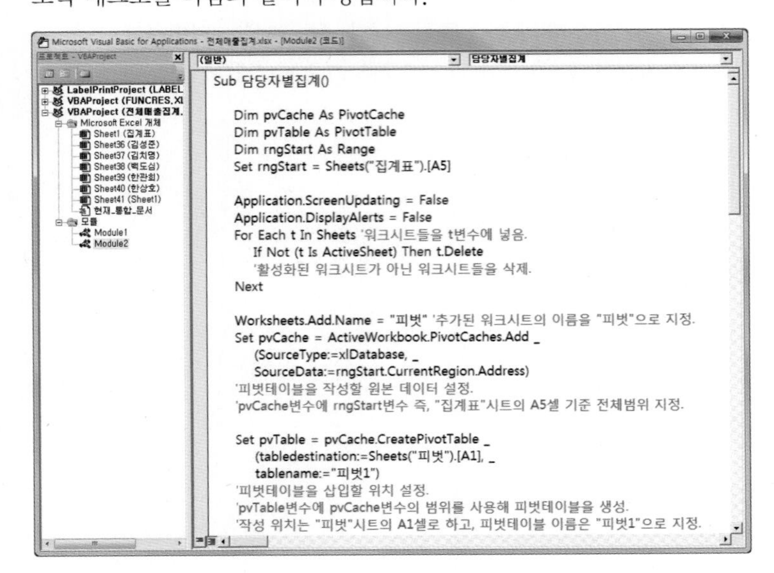

녹색 텍스트는 주석문이므로 입력하지 않아도 됩니다.

11 계속해서 피벗 테이블의 레이아웃을 설정하고 시트 그룹을 지정한 후 편집한 과정에 대한 매크로를 다음과 같이 수정합니다.

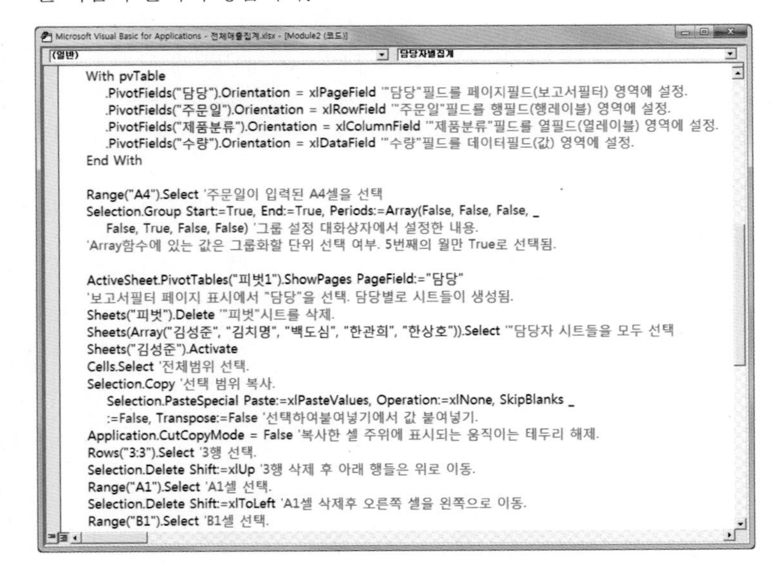

피벗 테이블에서 각 필드가 With~End With로 설정되어 있는데, pvTable 변수를 선언한 후 With pvTable~End With 사이에 간단하게 작성하여 코드를 줄일 수 있습니다.

12 나머지 서식 지정 부분에 대한 매크로를 다음과 같이 수정하고 비주얼베이직 편집기에서 '닫기' 단추 를 클릭하여 워크시트 화면으로 되돌아갑니다.

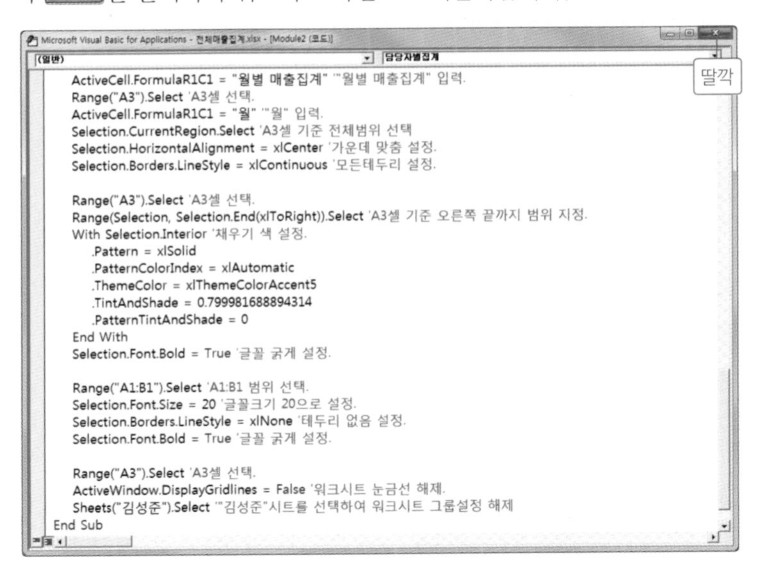

13 ❶ [집계표] 시트에서 '담당자별 집계' 단추를 마우스 오른쪽 단추로 클릭한 후 바로 가기 메뉴에서 ❷ '매크로 지정'을 선택합니다. ❸ '매크로 지정' 대화상자가 열리면 '담당자별집계'를 선택하고 ❹ 〈확인〉을 클릭합니다.

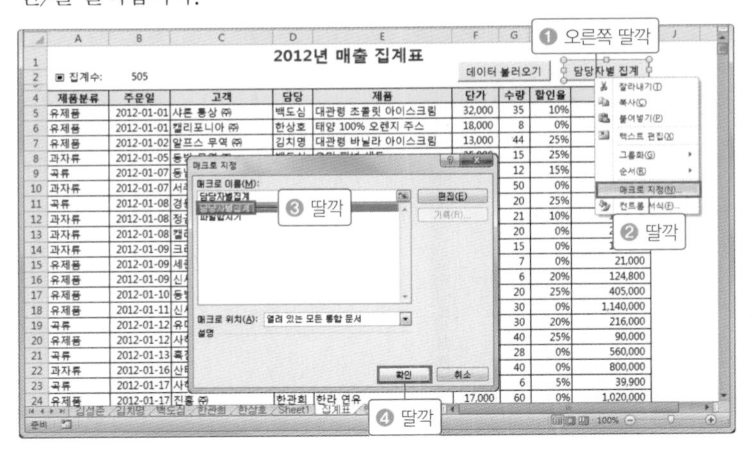

잠깐만요 피벗 테이블과 관련된 개체 알아보기

피벗 테이블을 작성할 때마다 피벗 테이블의 이름이나 피벗 테이블이 삽입되는 시트명이 달라지기 때문에 매크로를 다시 실행할 때 오류가 없도록 피벗 테이블 개체에 대한 변수와 이름을 지정합니다. 참고로 피벗 테이블과 관련된 개체들은 다음과 같습니다.

PivotCaches	Workbook 개체에 있는 PivotCache 개체들의 컬렉션
PivotTables	Worksheet 개체에 있는 PivotTable 개체들의 컬렉션
PivotTableFields	PivotTable 개체에 있는 필드들의 컬렉션
PivotItems	어떤 필드 범주에 있는 각각의 데이터 항목들의 컬렉션
CreatePivotTable	피벗 캐시에 있는 데이터를 사용해 피벗 테이블을 생성하는 PivotCache 개체 메소드

14 ❶ '데이터 불러오기' 단추를 클릭한 후 ❷ 예제 폴더 중 '열기' 대화상자가 열리면 부록 CD의 '현장실습05\DATA' 폴더에서 이전에 불러오지 않았던 나머지 파일들('육류.xls' 클릭 후 '해산물.xls'를 Shift+클릭)을 선택하고 ❸ 〈열기〉를 클릭합니다. ❹ 데이터를 추가했으면 '담당자별 집계' 단추를 클릭합니다.

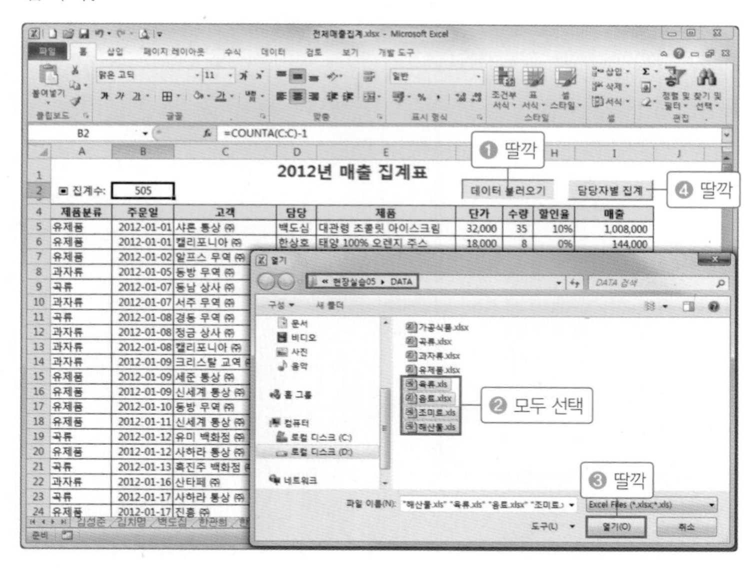

15 다음과 같이 나머지 제품 분류에 대한 월별 집계가 담당자별로 별도의 시트에 추가되었습니다.

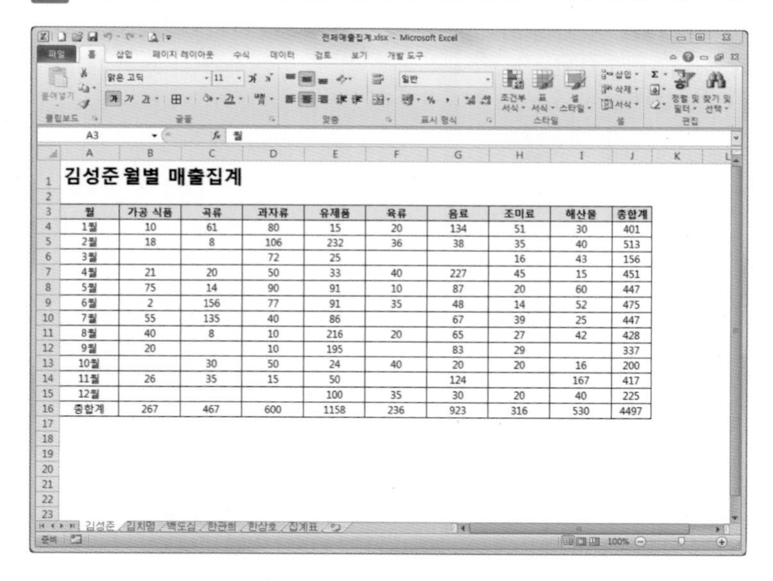

김성준 월별 매출집계

월	가공 식품	곡류	과자류	유제품	육류	음료	조미료	해산물	총합계
1월	10	61	80	15	20	134	51	30	401
2월	18	8	106	232	36	38	35	40	513
3월			72	25			16	43	156
4월	21	20	50	33	40	227	45	15	451
5월	75	14	90	91	10	87	20	60	447
6월	2	156	77	91	35	48	14	52	475
7월	55	135	40	86		67	39	25	447
8월	40	8	10	216	20	65	27	42	428
9월	20		10	195		83	29		337
10월		30	50	24	40	20	20	16	200
11월	26	35	15	50		124		167	417
12월				100	35	30	20	40	225
총합계	267	467	600	1158	236	923	316	530	4497

| 예제 파일 | 현장실습05\전체매출집계2.xlsm | 완성 파일 | 현장실습05\완성\전체매출집계2완성.xlsm

01 중복 데이터 제거 및 일괄 하이퍼링크 매크로 추가하기

중복 데이터 제거하기

1 앞에서 작성한 '파일합치기' 매크로를 실행한 후 실수로 동일한 파일을 한 번 더 불러오면 통합된 데이터에 중복 데이터가 생깁니다. ❶ '데이터 불러오기' 단추를 클릭하고 '열기' 대화상자가 열리면 부록 CD의 '현장실습05\DATA' 폴더에서 ❷ '음료.xlsx' 파일을 선택한 후 ❸ 〈열기〉를 클릭하면 ❹ B2셀의 집계수가 증가되어 있습니다.

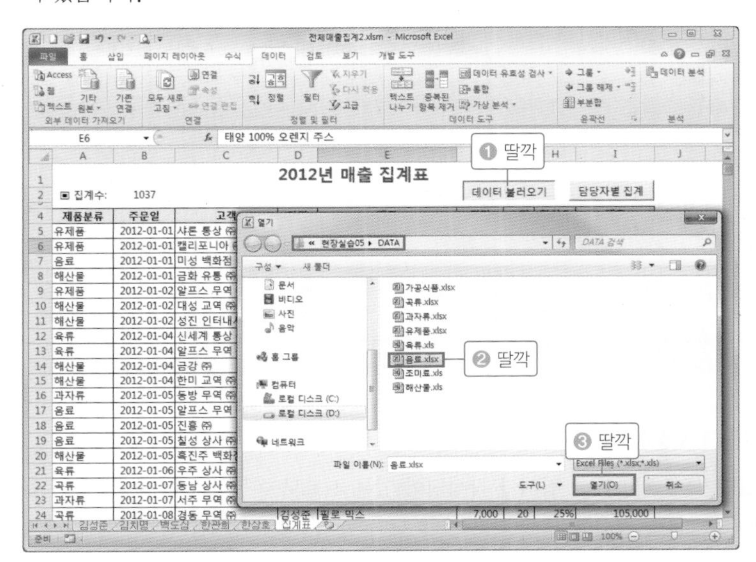

	A	B	C
1			
2	▣ 집계수:	1232	❹ 확인
4	제품분류	주문일	고객
5	유제품	2012-01-01	샤론 통상 ㈜
6	유제품	2012-01-01	캘리포니아 ㈜
7	음료	2012-01-01	미성 백화점 ㈜
8	해산물	2012-01-01	금화 유통 ㈜
9	음료	2012-01-01	미성 백화점 ㈜
10	유제품	2012-01-02	알프스 무역 ㈜
11	해산물	2012-01-02	대성 교역 ㈜
12	해산물	2012-01-02	성진 인터내셔
13	육류	2012-01-04	신세계 통상 ㈜
14	육류	2012-01-04	알프스 무역 ㈜
15	해산물	2012-01-04	금강 ㈜
16	해산물	2012-01-04	한미 교역 ㈜
17	과자류	2012-01-05	동방 무역 ㈜
18	음료	2012-01-05	알프스 무역 ㈜
19	음료	2012-01-05	진흥 ㈜
20	음료	2012-01-05	칠성 상사 ㈜
21	해산물	2012-01-05	흑진주 백화점
22	음료	2012-01-05	알프스 무역 ㈜
23	음료	2012-01-05	진흥 ㈜
24	음료	2012-01-05	칠성 상사 ㈜

2 중복된 항목이 쌓이는 것을 방지하기 위해 데이터를 불러온 후 중복 항목을 제거하는 간단한 코드를 추가해 보겠습니다. ❶ 단축 글쇠 Alt+F11을 눌러 비주얼베이직 편집기를 실행하고 ❷ 'Module1'을 더블클릭한 후 ❸ '파일합치기' 프로시저의 끝부분에서 오름차순 정렬 관련 코드 위에 다음과 같이 코드를 입력한 후 ❹ '닫기' 단추를 클릭하여 워크시트 화면으로 되돌아갑니다.

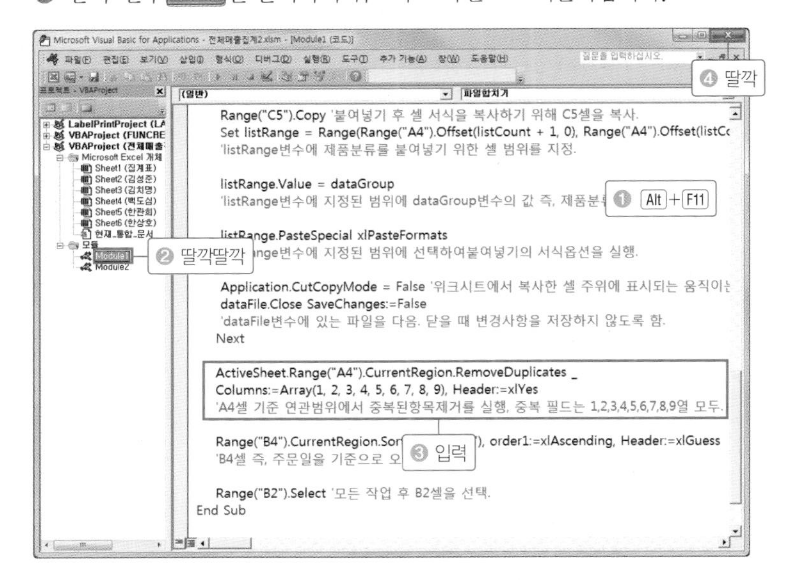

3 ❶ 다시 '데이터 불러오기' 단추를 클릭하고 ❷ '열기' 대화상자가 열리면 부록 CD의 '현장실습 05\DATA' 폴더에서 '가공식품.xlsx' 파일을 선택한 후 ❸ 〈열기〉를 클릭하면 ❹ 중복 항목들이 모두 삭제되어 B2셀의 집계수가 오히려 감소되어 있습니다.

	A	B	C
1			
2	■ 집계수:	1037	
4	제품분류	주문일	고객
5	유제품	2012-01-01	샤론 통상 ㈜
6	유제품	2012-01-01	캘리포니아 ㈜
7	음료	2012-01-01	미성 백화점 ㈜
8	해산물	2012-01-01	금화 유통 ㈜
9	유제품	2012-01-02	알프스 무역 ㈜
10	해산물	2012-01-02	대성 교역 ㈜
11	해산물	2012-01-02	성진 인터내셔
12	육류	2012-01-04	신세계 통상 ㈜
13	육류	2012-01-04	알프스 무역 ㈜
14	해산물	2012-01-04	금강 ㈜
15	해산물	2012-01-04	한미 교역 ㈜
16	과자류	2012-01-05	동방 무역 ㈜
17	음료	2012-01-05	알프스 무역 ㈜
18	음료	2012-01-05	진흥 ㈜
19	음료	2012-01-05	칠성 상사 ㈜
20	해산물	2012-01-05	흑진주 백화점
21	육류	2012-01-06	우주 상사 ㈜
22	곡류	2012-01-07	동남 상사 ㈜
23	과자류	2012-01-07	서주 무역 ㈜
24	곡류	2012-01-08	경동 무역 ㈜

담당자별 시트로 한꺼번에 하이퍼링크 지정하기

1 담당자명을 클릭하면 해당 담당자의 월별 매출 집계가 작성되어 있는 시트로 이동하도록 담당자명이 입력되어 있는 셀에 일괄적으로 하이퍼링크를 지정해 보겠습니다. ❶ 단축 글쇠 Alt+F11을 눌러 비주얼베이직 편집기를 실행합니다. ❷ [삽입] → '모듈' 메뉴를 선택하여 새로운 모듈을 삽입하고 ❸ 다음과 같이 하이퍼링크 매크로 프로시저를 작성한 후 ❹ '닫기' 단추를 클릭하여 워크시트 화면으로 되돌아갑니다.

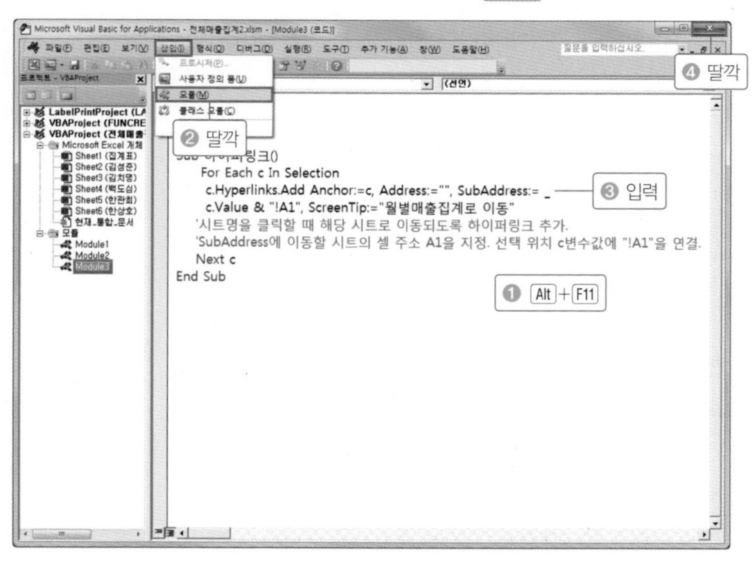

2 ❶ [개발 도구] 탭 → '컨트롤' 그룹 → '삽입' → '양식 컨트롤'의 '단추(양식 컨트롤)'를 선택하고, ❷ J2셀 위치에서 드래그해 단추를 그립니다. ❸ '매크로 지정' 대화상자가 열리면 '매크로 이름'에서 '하이퍼링크'를 선택하고 ❹ 〈확인〉을 클릭합니다.

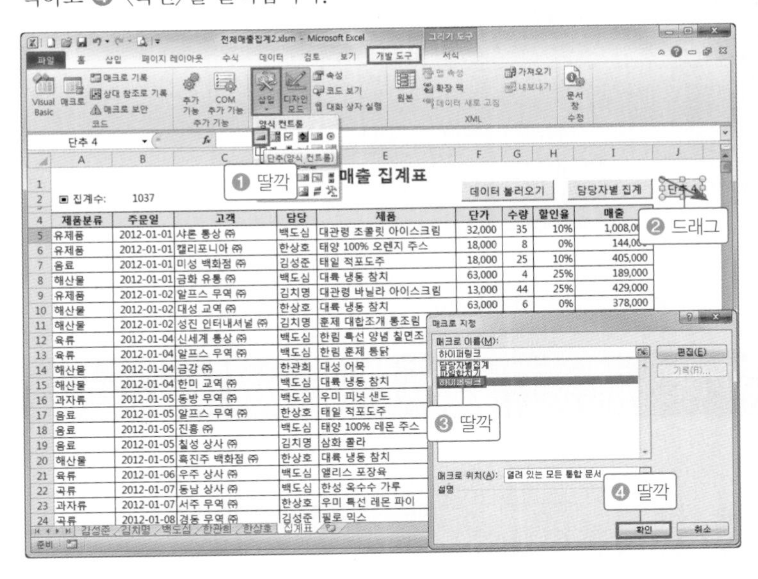

3 ❶ 단추의 이름을 '링크'라고 수정합니다. ❷ D5셀을 클릭하고 단축 글쇠 Ctrl+Shift+↓를 눌러 D5:D1041 범위를 지정한 후 ❸ '링크' 단추를 클릭합니다. 각 이름을 클릭해 보면 한꺼번에 해당 담당 이름의 시트로 각각 하이퍼링크가 됩니다.

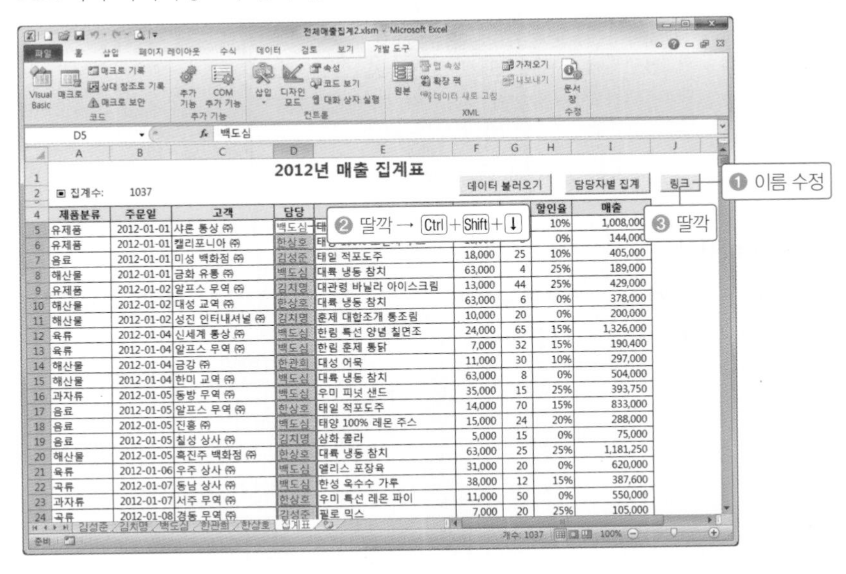

단추의 이름은 단추를 마우스 오른쪽 단추로 클릭하고 바로 가기 메뉴에서 '텍스트 편집'을 선택하면 수정할 수 있습니다. 다시 하이퍼링크를 한꺼번에 제거하려면 하이퍼링크되어 있는 셀 범위를 모두 지정한 후 [홈] 탭 → '편집' 그룹 → '지우기' → '하이퍼링크 제거'를 선택하세요.

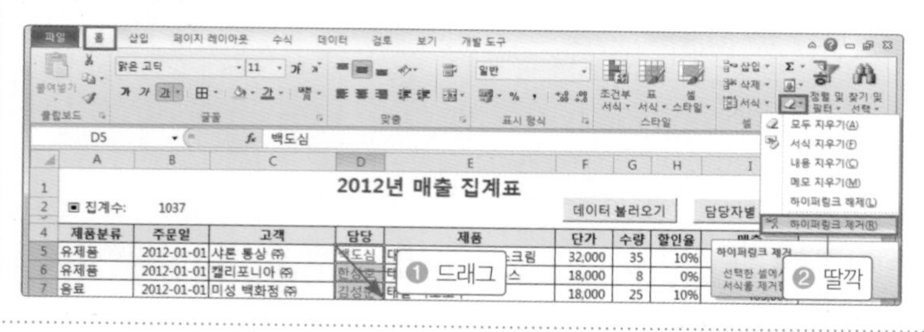

| 예제 파일 | 현장실습05\목록.xlsx, 도서목록.xlsx

02 매크로에서 엑셀 함수를 사용하기

단어 첫 글자를 대문자로 변환하기

영문 대문자나 소문자로만 되어 있는 것을 모두 한꺼번에 단어 첫 글자들만 대문자로 전환해야 하는 경우 오른쪽 그림과 같이 PROPER 함수를 사용하세요.

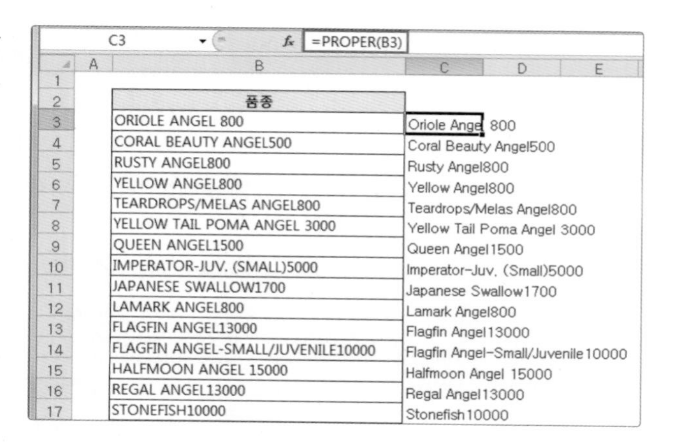

C3 =PROPER(B3)

	B	C
2	품종	
3	ORIOLE ANGEL 800	Oriole Angel 800
4	CORAL BEAUTY ANGEL500	Coral Beauty Angel500
5	RUSTY ANGEL800	Rusty Angel800
6	YELLOW ANGEL800	Yellow Angel800
7	TEARDROPS/MELAS ANGEL800	Teardrops/Melas Angel800
8	YELLOW TAIL POMA ANGEL 3000	Yellow Tail Poma Angel 3000
9	QUEEN ANGEL1500	Queen Angel1500
10	IMPERATOR-JUV. (SMALL)5000	Imperator-Juv. (Small)5000
11	JAPANESE SWALLOW1700	Japanese Swallow1700
12	LAMARK ANGEL800	Lamark Angel800
13	FLAGFIN ANGEL13000	Flagfin Angel13000
14	FLAGFIN ANGEL-SMALL/JUVENILE10000	Flagfin Angel-Small/Juvenile10000
15	HALFMOON ANGEL 15000	Halfmoon Angel 15000
16	REGAL ANGEL13000	Regal Angel13000
17	STONEFISH10000	Stonefish10000

주민등록번호 뒷자리를 * 기호로 바꾸기

REPLACE 함수를 사용하면 하이픈과 함께 입력한 주민등록번호의 아홉 번째 글자부터 여섯 자를 '******'로 바꿀 수 있습니다.

D3 =REPLACE(C3,9,6,"******")

	이름	주민번호	
3	김선주	770705-1123456	770705-1******
4	김경식	650819-2123456	650819-2******
5	김정열	860604-1123456	860604-1******
6	김진형	780531-1123456	780531-1******
7	김치명	750211-1123456	750211-1******
8	심홍섭	711120-2123456	711120-2******
9	이오순	761216-2123456	761216-2******
10	김성준	740413-1123456	740413-1******
11	한상호	671114-1123456	671114-1******
12	전지은	830304-1123456	830304-1******
13	최준원	801004-2123456	801004-2******
14	박혜순	640223-2123456	640223-2******
15	정인규	661023-1123456	661023-1******
16	정선임	790119-2123456	790119-2******
17	한관희	670204-1123456	670204-1******

워크시트에서 함수를 사용하는 경우에는 대상 셀과 다른 셀에 함수를 사용하여 결과를 구해야 하고, 결과만 남기고 싶은 경우에는 '선택하여 붙여넣기'의 '값 붙여넣기' 후 서식을 다시 지정해야 하는 번거로움이 있습니다. 함수를 매크로 코드로 작성한 후 빠른 실행 도구 모음에 아이콘으로 만들어 모든 파일에서 사용할 수 있는 하나의 기능으로 만들어 보겠습니다. 매크로를 엑셀의 모든 파일에서 사용할 수 있게 하려면 '개인용 매크로 통합 문서'에 작성하면 됩니다.

1 별도의 예제 파일은 열지 않고 엑셀 프로그램만 실행한 후 ❶ [개발 도구] 탭 → '코드' 그룹 → '매크로 기록'을 클릭합니다. ❷ '매크로 기록' 대화상자가 열리면 '매크로 이름'에 '첫글대문자'라고 입력하고 ❸ '매크로 저장 위치'를 '개인용 매크로 통합 문서'로 선택한 후 ❹ 〈확인〉을 클릭합니다. ❺ 별도의 작업 없이 [개발 도구] 탭 → '코드' 그룹 → '기록 중지'를 클릭한 후 ❻ [개발 도구] 탭 → '코드' 그룹 → 'Visual Basic'을 클릭하여 비주얼베이직 편집기를 실행합니다.

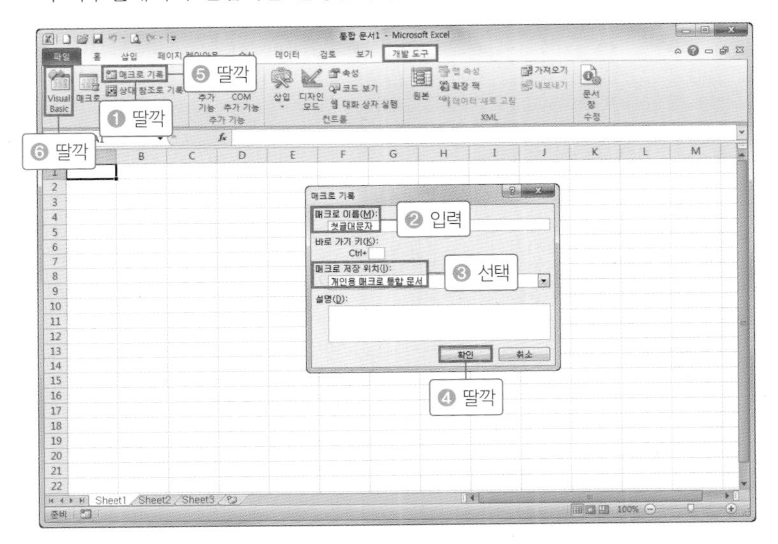

2 ❶ 프로젝트 탐색창에서 'VBAProject(PERSONAL.XLSB)' 아래의 '모듈'을 더블클릭하고 ❷ 'Module1'을 더블클릭합니다. ❸ 코드 창이 열리면 다음과 같이 '첫글대문자' 프로시저와 '주민번호보호' 프로시저를 작성하고 ❹ '닫기' 단추를 클릭하여 워크시트 화면으로 되돌아갑니다.

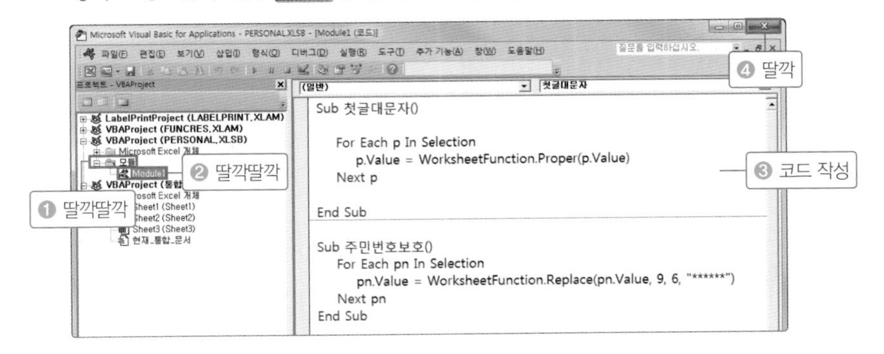


```
Sub 첫글대문자()

    For Each p In Selection
        p.Value = WorksheetFunction.Proper(p.Value)
    Next p

End Sub

Sub 주민번호보호()
    For Each pn In Selection
        pn.Value = WorksheetFunction.Replace(pn.Value, 9, 6, "******")
    Next pn
End Sub
```

엑셀 함수를 매크로에서 사용하려면 WorksheetFunction.을 선언하고 함수명을 입력한 후 괄호 안에 함수에서 사용할 인수를 지정합니다.

3 ❶ 빠른 실행 도구 모음에서 마우스 오른쪽 단추를 클릭한 후 ❷ '빠른 실행 도구 모음 사용자 지정'을 선택합니다.

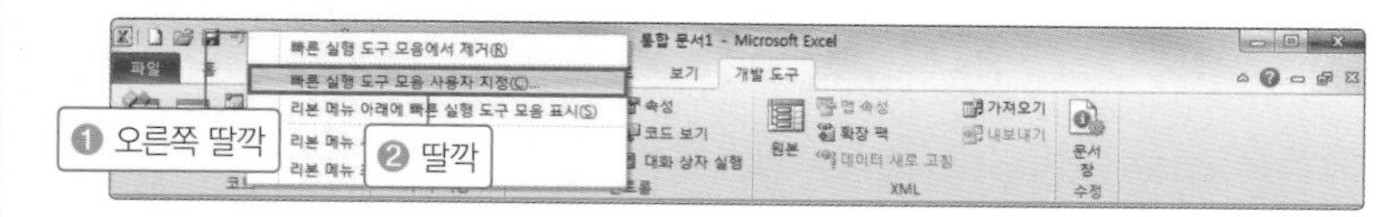

4 ❶ 'Excel 옵션' 대화상자의 '빠른 실행 도구 모음'이 열리면 '다음에서 명령 선택'에서 '매크로'를 선택하고 ❷ 매크로 목록에서 'PERSONAL.XLSB!주민번호보호'를 선택한 후 ❸ 〈추가〉를, ❹ 'PERSONAL.XLSB!첫글대문자'를 선택하고 ❺ 〈추가〉를 클릭합니다. ❻ 오른쪽에 추가된 명령에서 '첫글대문자'를 선택하고 ❼ 〈수정〉을 클릭한 후 ❽ '표시 이름'에서 'PERSONAL.XLSB!'를 지우고 아이콘에서 적당한 것을 선택한 후 ❾ 〈확인〉을 클릭합니다. ❿ 이와 같은 방법으로 '주민번호보호' 명령에 대해서도 이름과 아이콘을 수정한 후 ⓫ 〈확인〉을 클릭합니다.

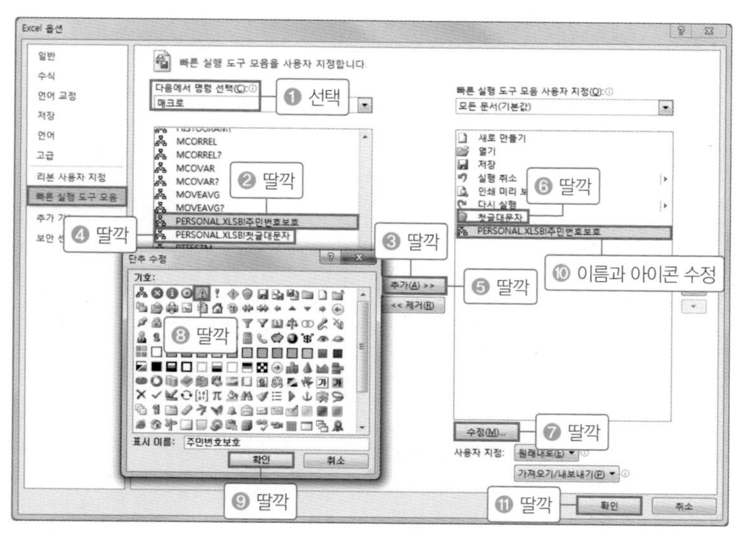

5 ❶ 엑셀 프로그램 창에서 '닫기' 단추를 클릭합니다. ❷ 개인용 매크로 통합 문서 변경 내용을 저장할지 묻는 메시지 창에 열리면 〈저장〉을 클릭합니다.

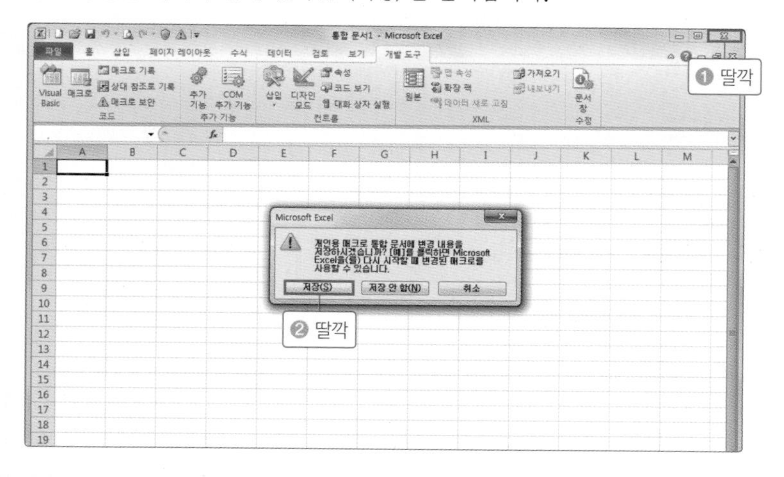

6 ❶ '도서목록.xlsx' 파일을 불러오고 [도서목록] 시트에서 A3:A22 범위를 지정한 후 ❷ 빠른 실행 도구 모음의 '첫글대문자' 도구를 클릭하면 해당 범위의 문자들이 곧바로 변경됩니다. ❸ [고객] 시트의 C3:C17 범위를 지정한 후 ❹ 빠른 실행 도구 모음에서 '주민번호보호' 도구를 클릭하면 해당 범위의 문자들이 곧바로 변경됩니다.

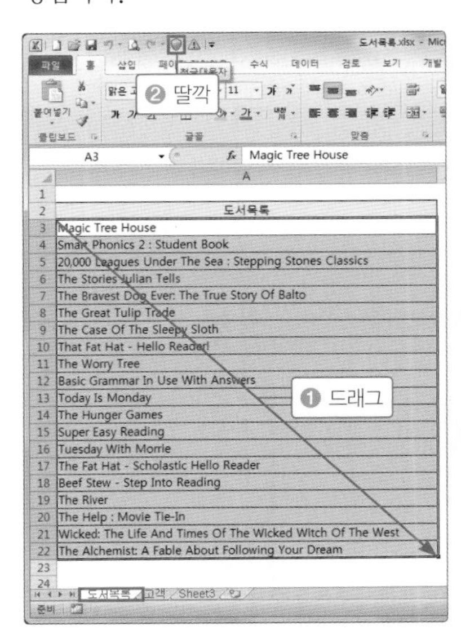

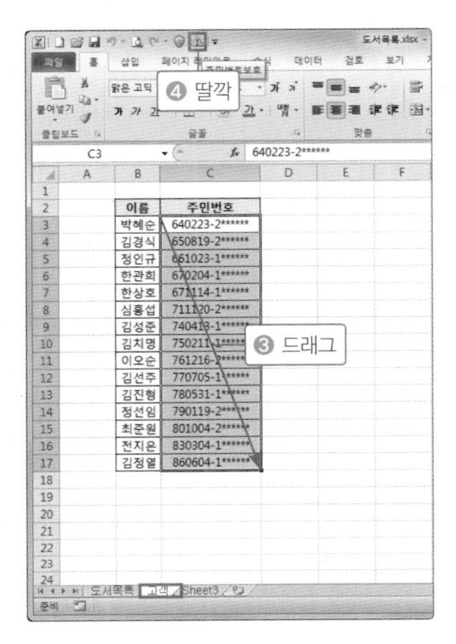

개인용 매크로 통합 문서에 기록한 매크로를 모두 삭제하려면 'PERSONAL.XLSB' 파일을 삭제해야 합니다. 'PERSONAL.XLSB' 파일의 위치를 알아내려면 비주얼베이직 편집기에서 [보기] → '직접 실행 창' 메뉴를 선택하여 직접 실행 창을 표시한 후 직접 실행 창에 '?application.StartupPath'를 입력하세요.

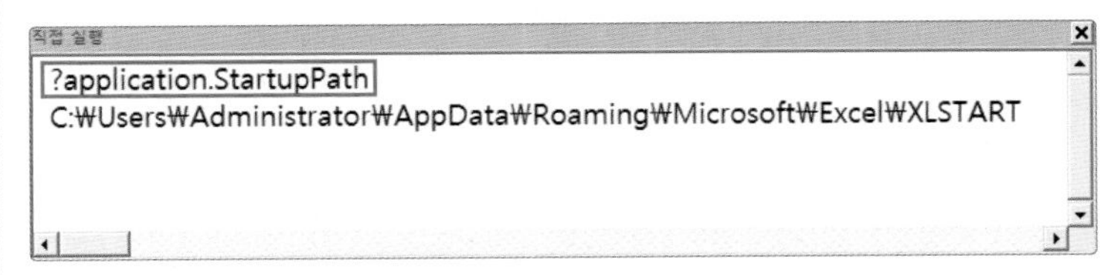

| 실습 파일 | 현장실습05\거래처영수증출력.xlsx | 완성 파일 | 현장실습05\완성\거래처영수증출력.xlsx

거래처별 영수증 출력 매크로 작성하기

동 영 상
확인하기

영수증 파일은 발행 종류 선택에 따라 금액과 세액이 계산되고, 고객명 선택에 따라 영수 내역이 입력되는 양식입니다. 118쪽의 현장실습02에서 함수를 활용하여 작성했던 영수증 양식에, 현장실습 05의 첫 번째 예제(326쪽) 작성한 사용자 정의 폼과 다중 목록 선택 인쇄 매크로 코드를 활용하여 영수증 파일의 시트명과 범위에 맞게 사용자 정의 폼과 매크로 코드를 작성해 보겠습니다. 이때 사용자 정의 폼에서 영수증의 발행 종류를 선택하면 영수증 양식의 D2셀에 입력되고, 고객명을 선택하면 영수증 양식의 B6셀에 차례로 입력되어 인쇄하세요.

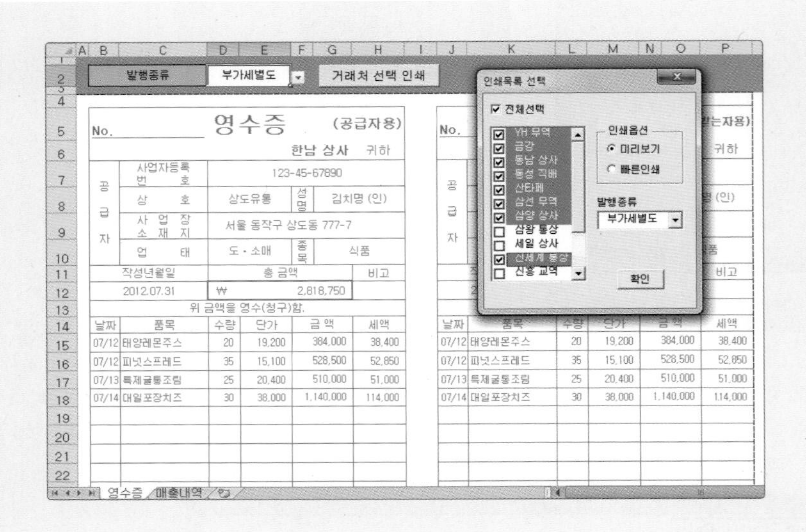

지시 사항

1. 다음과 같이 사용자 정의 폼을 작성합니다.

컨트롤	(이름)	속성
폼(UserForm)	lstForm	Caption : 인쇄목록 선택
확인란	chkAll	Caption : 전체선택
목록 상자	lstBox	
프레임	Decimal	Caption : 인쇄옵션
옵션 단추	opt미리보기	Caption : 미리보기
	opt빠른인쇄	Caption : 빠른인쇄
레이블		Caption : 발행종류
콤보 상자	cb발행종류	
명령 단추	cmd확인	Caption : 확인

2. 모든 매크로 코드를 사용자 정의 폼의 컨트롤 이름과 영수증 파일의 시트명, 셀 주소에 맞게 작성합니다.

```
Private Sub UserForm_Initialize()
  Dim c As Range
  Dim i As Long, cnt As Long

  With Me.lstBox
    .ColumnCount = 2
    .ColumnWidths = "70;0"
    .ListStyle = fmListStyleOption
    .MultiSelect = fmMultiSelectExtended
  End With

  Set c = Sheets("매출내역").Range("K1")
  cnt = Range(c, c.End(xlDown)).Rows.Count
  For i = cnt - 1 To 1 Step -1
    With Me.lstBox
      .AddItem c.Offset(i, 0)
      .Column(1, cnt - i - 1) = c.Offset(i, 1)
      .Column(2, cnt - i - 1) = c.Offset(i, 0).Row
    End With
  Next
End Sub
```

```
Private Sub chkAll_Click()
    Dim bstatus As Boolean

    If chkAll Then
        bstatus = True
    Else
        bstatus = False
    End If

    For i = 0 To Me.lstBox.ListCount - 1
        Me.lstBox.Selected(i) = bstatus
    Next

End Sub
```

```
Private Sub cmd확인_Click()
  Dim kk As Variant
  Dim i As Long, k As Long

   kk = Array("B6")

   For i = 0 To Me.lstBox.ListCount - 1

       If Me.lstBox.Selected(i) = True Then
           For k = 0 To UBound(kk)
               Sheets("영수증").Range(kk(k)) = Sheets("매출내역").Cells(Me.lstBox.List(i, 2), 11).Offset(0, k)
           Next

       Me.Hide

       End If
   Next
End Sub
```

3. UserForm_Initialize 프로시저에는 cb콤보상자에서 발행 종류를 선택할 수 있도록 항목을 추가하고, cmd확인_Click 프로시저에는 cb발행종류에서 선택된 값에 따라 발행 종류가 입력되도록 Select Case문을 추가합니다. 인쇄처리 서브 프로시저에는 선택한 발행 종류에 따라 '영수증' 시트의 D2셀에 발행 종류를 입력하도록 하는 내용을 추가합니다

```
With Me.cb발행종류
  .AddItem "부가세포함"
  .AddItem "부가세별도"
  .AddItem "영세율"
  .ListIndex = 0
End With
```

```
Select Case Me.cb발행종류
    Case "부가세포함"
        Call 인쇄처리("부가세포함")
    Case "부가세별도"
        Call 인쇄처리("부가세별도")
    Case "영세율"
        Call 인쇄처리("영세율")
End Select
```

```
Sub 인쇄처리(발행종류 As String)

    Sheets("영수증").Range("D2") = 발행종류
```

셋째 마당

프로 비즈니스맨을 위한 엑셀 실무 뛰어넘기

01 파워피벗으로 백만 행 이상의 데이터 목록 요약 분석하기

02 스카이 드라이브 Excel Web App으로 견적서 만들기

03 구글 드라이브의 문서도구 사용하기

04 구글 문서도구로 영업실적표와 게이지 차트 작성하기

05 업무 시간을 줄여주는 엑셀 단축 글쇠

06 업무 효율을 높여주는 엑셀 함수 사전

07 엑셀 2010 버전의 호환성 함수 알아보기

08 오류 표시에 대한 원인과 대처 방법 알아보기

직장인을 위한 실무 엑셀

E
X
C
E
L

엑셀 2010부터는 추가 설치가 가능한 파워피벗(PowerPivot for Excel)을 사용해 엑셀 통합 문서 외의 대용량 액세스 파일 등 다양한 형식의 데이터 파일을 불러와서 관계 설정 및 분석뿐만 아니라 피벗 테이블로 요약까지 할 수 있습니다.

이번 마당에서는 엑셀이 설치되어 있지 않아도 인터넷이 연결된 곳이라면 언제, 어디서나 쓸 수 있는 웹 오피스 사용법과 단축 글쇠, 함수 사전, 오류 대처 방법 등에 대해 알아봅니다.

01 파워피벗으로 백만 행 이상의 데이터 목록 요약 분석하기

현재의 엑셀 2010 워크시트는 1,048,576개의 행으로 되어 있어 그 이상의 데이터 레코드를 불러올 수 없습니다. 하지만 파워피벗은 수억 행의 방대한 양의 데이터를 불러와서 작업할 수 있고, 엑셀과 액세스, SQL 서버, 웹에 있는 자료 등 다양한 형식의 데이터 파일을 불러와서 피벗 테이블 형태로 요약 분석할 수 있습니다.

PowerPivot for Excel 다운로드 및 설치하기

1 ❶ Microsoft 다운로드센터 홈페이지(http://www.microsoft.com/ko-kr/download)에 접속하고 ❷ 검색 창에 'powerpivot for excel'을 입력한 후 Enter↵ 글쇠를 누릅니다.

2 검색한 결과 중에서 'Microsoft SQL Server 2008 R2 – PowerPivot for Microsoft Excel 2010 – RTM'을 클릭합니다.

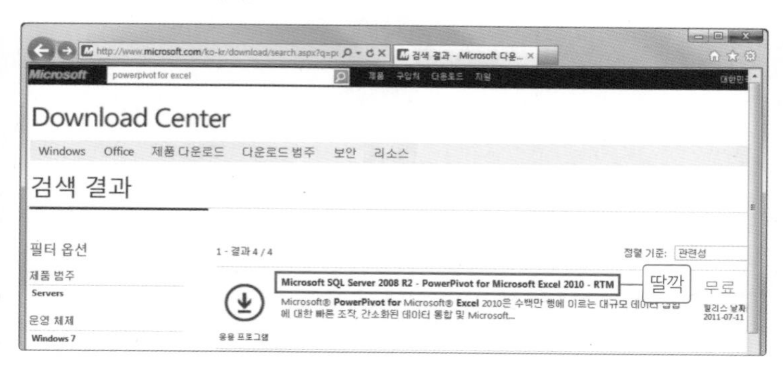

3 다운로드 페이지가 열리면 자신의 엑셀 버전에 맞는 파일의 〈다운로드〉를 클릭합니다. 컴퓨터에 설치한 엑셀이 64비트라면 'PowerPivot_for_Excel_amd64.msi'를, 32비트라면 'PowerPivot_for_Excel_x86.msi'를 다운로드하세요.

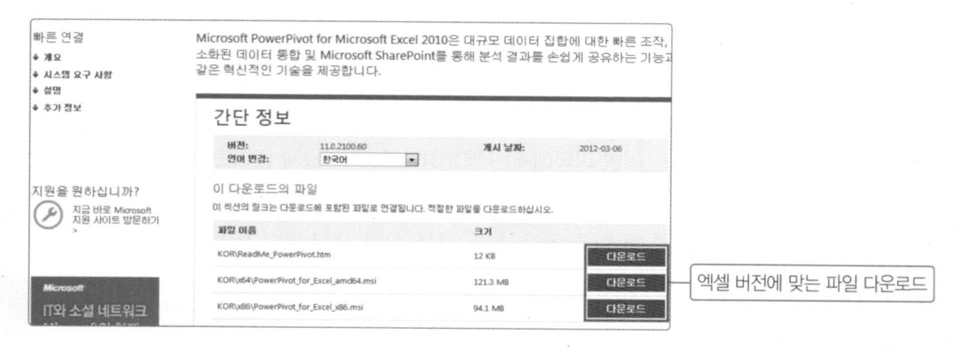

잠깐만요 **사용중인 엑셀이 32비트인지, 64비트인지 확인하기**

[파일] 탭 → '도움말'을 선택하면 오른쪽 화면의 'Microsoft Excel 정보'에서 엑셀 버전과 비트를 확인할 수 있습니다.

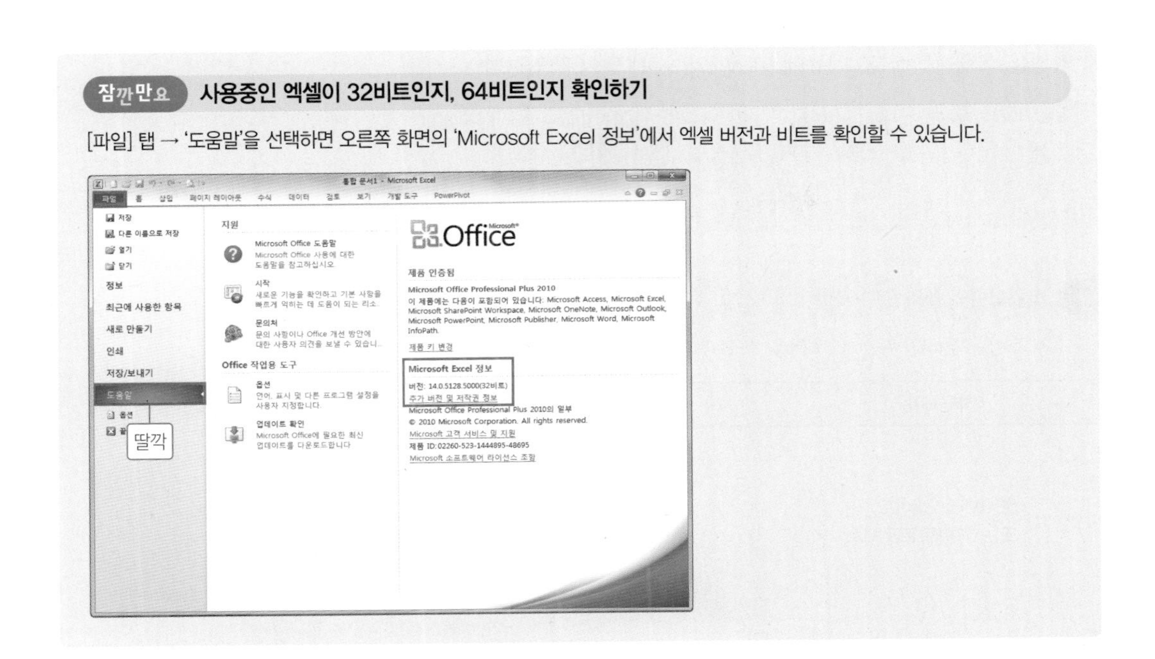

4 설치 대화상자가 표시되면 안내에 따라 〈다음〉과 〈마침〉을 차례대로 클릭하면서 설치를 완료합니다.

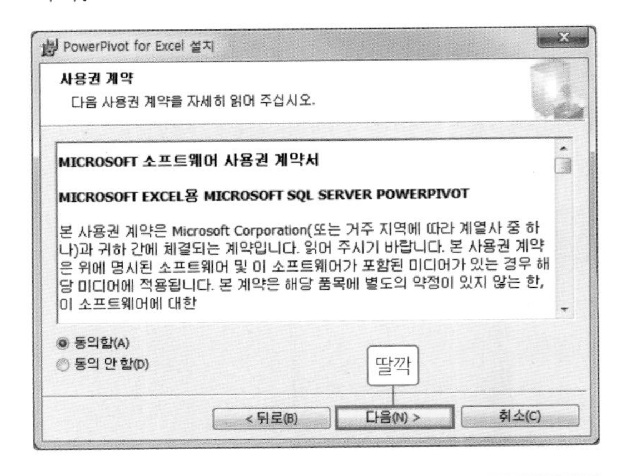

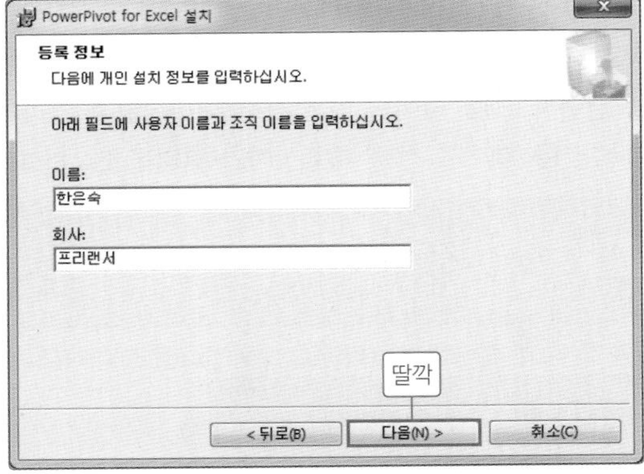

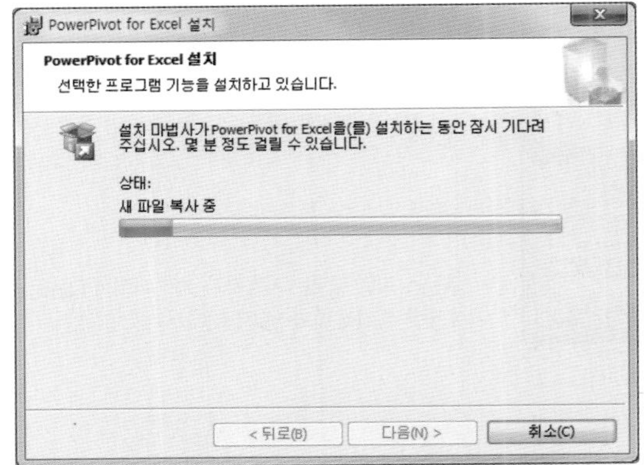

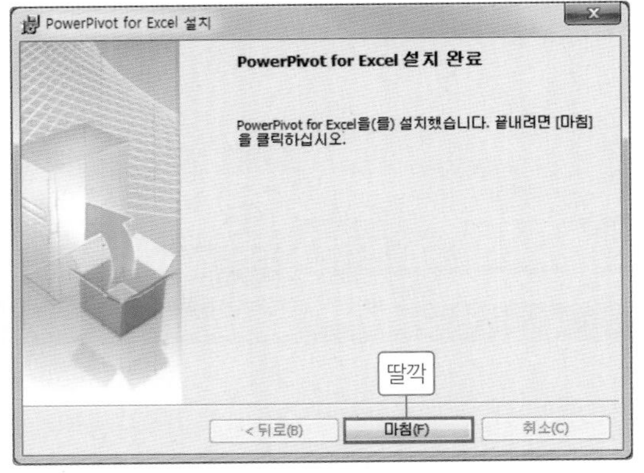

5 다시 엑셀을 실행하면 리본 메뉴에 [PowerPivot] 탭이 생깁니다.

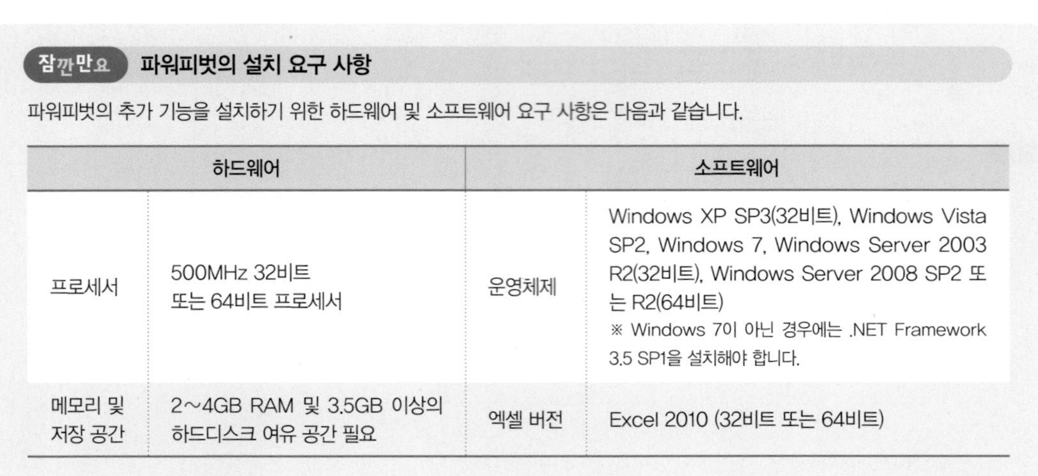

잠깐만요 **파워피벗의 설치 요구 사항**

파워피벗의 추가 기능을 설치하기 위한 하드웨어 및 소프트웨어 요구 사항은 다음과 같습니다.

하드웨어		소프트웨어	
프로세서	500MHz 32비트 또는 64비트 프로세서	운영체제	Windows XP SP3(32비트), Windows Vista SP2, Windows 7, Windows Server 2003 R2(32비트), Windows Server 2008 SP2 또는 R2(64비트) ※ Windows 7이 아닌 경우에는 .NET Framework 3.5 SP1을 설치해야 합니다.
메모리 및 저장 공간	2~4GB RAM 및 3.5GB 이상의 하드디스크 여유 공간 필요	엑셀 버전	Excel 2010 (32비트 또는 64비트)

200만 행 이상의 액세스 파일과 엑셀 파일 불러오기

1 액세스 파일은 엑셀에서도 불러올 수 있습니다. ❶ [데이터] 탭 → '외부 데이터 가져오기' 그룹 → 'Access'를 선택하고 ❷ '데이터 원본 선택' 대화상자가 열리면 불러올 액세스 파일을 선택한 후 ❸ 〈열기〉를 클릭합니다. ❹ '테이블 선택' 대화상자가 열리면 'FactSales'를 선택하고 ❺ 〈확인〉을 클릭하세요.

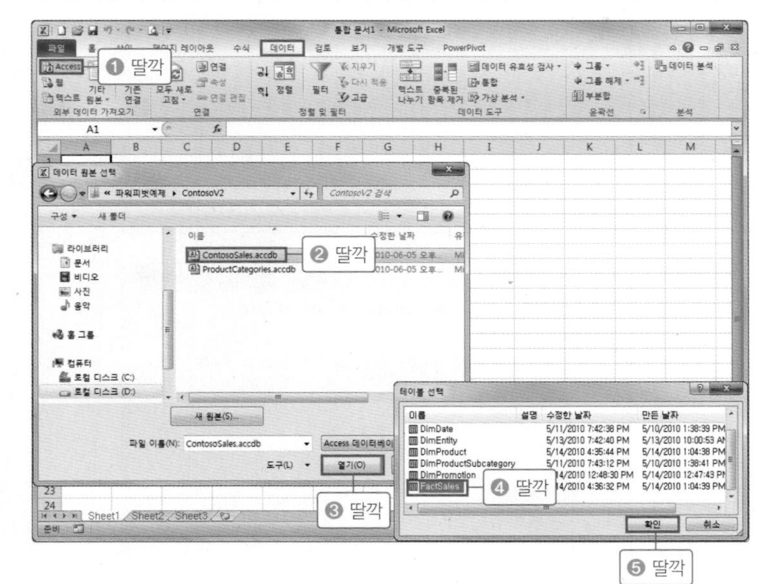

액세스 파일 경로는 사용자가 예제 파일을 다운로드받은 위치에 따라 달라집니다.

2 ❶ '데이터 가져오기' 대화상자에서 데이터를 표시할 방법으로 '표'를 선택하고 ❷ 데이터가 들어갈 위치로는 '기존 워크시트'를 선택한 후 ❸ 〈확인〉을 클릭합니다. ❹ 데이터가 너무 많아 워크시트에 넣을 수 없다는 메시지 창이 열리면 〈취소〉를 클릭하세요.

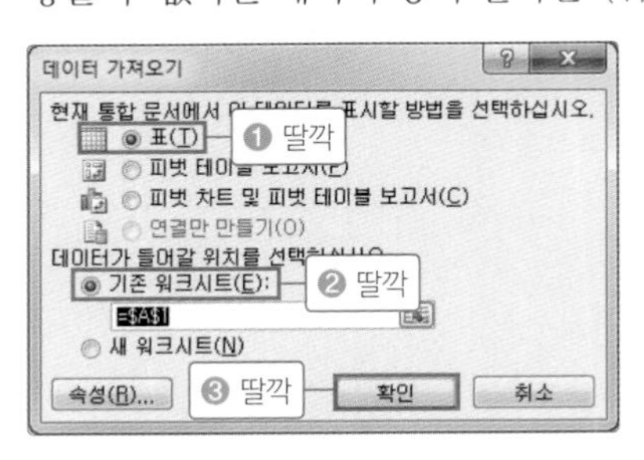

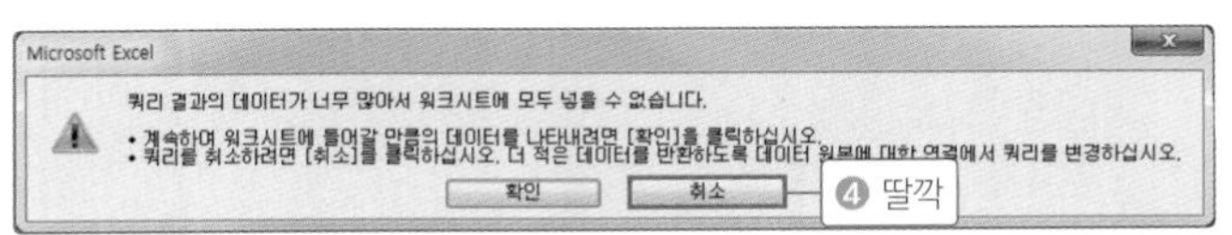

잠깐만요 **샘플 데이터 파일 다운로드하기**

샘플 데이터 파일을 다운로드하기 위해 'http://powerpivotsdr.codeplex.com'에 접속한 후 화면의 오른쪽에 위치한 〈download〉를 클릭하면 'ContosoV2.zip' 파일을 다운로드할 수 있습니다. 다운로드한 파일은 압축을 풀어서 사용하세요.

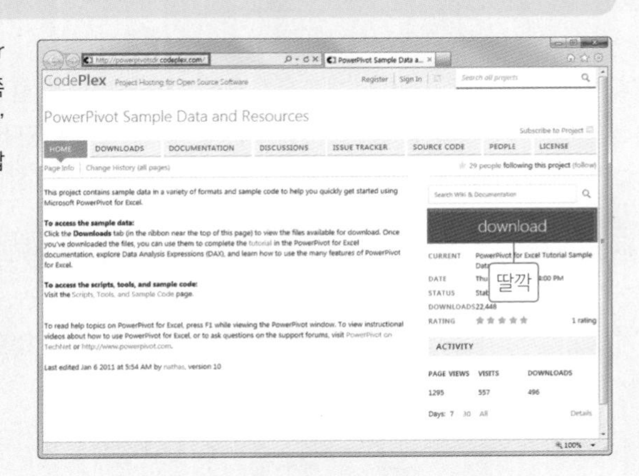

3 ❶ A1셀에 입력된 액세스 파일명을 지우기 위해 A1셀을 선택하고 Delete 글쇠를 누릅니다. ❷ 다음의 그림과 같이 범위와 쿼리를 함께 삭제할 것인지 묻는 메시지 창이 열리면 〈예〉를 클릭하세요.

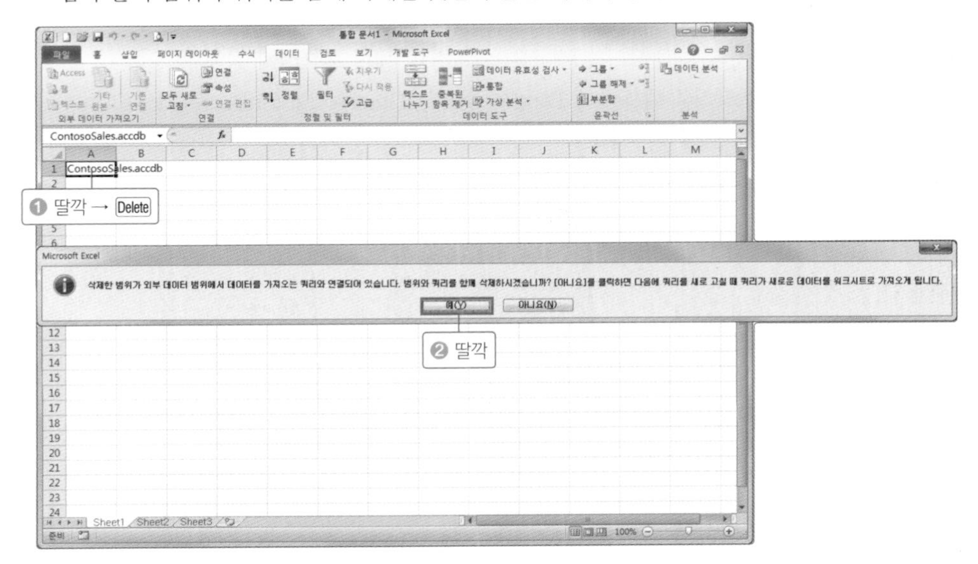

4 ❶ [PowerPivot] 탭 → '시작' 그룹 → 'PowerPivot 창'을 선택합니다. ❷ 'PowerPivot for Excel' 프로그램 창이 열리면 [홈] 탭 → '외부 데이터 가져오기' 그룹 → '데이터베이스' → 'Access'를 선택하세요.

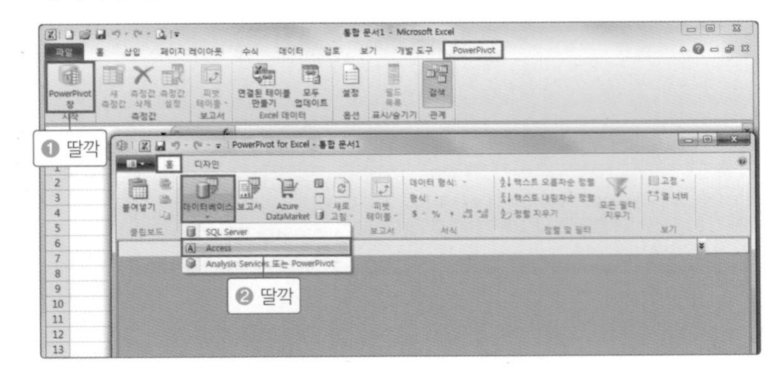

5 ❶ '테이블 가져오기 마법사' 대화상자에서 〈찾아보기〉를 클릭하고 ❷ '열기' 대화상자가 열리면 'ContosoSales.accdb' 파일을 선택한 후 ❸ 〈열기〉를 클릭합니다. ❹ '테이블 가져오기 마법사' 대화상자로 되돌아오면 〈다음〉을 클릭하세요.

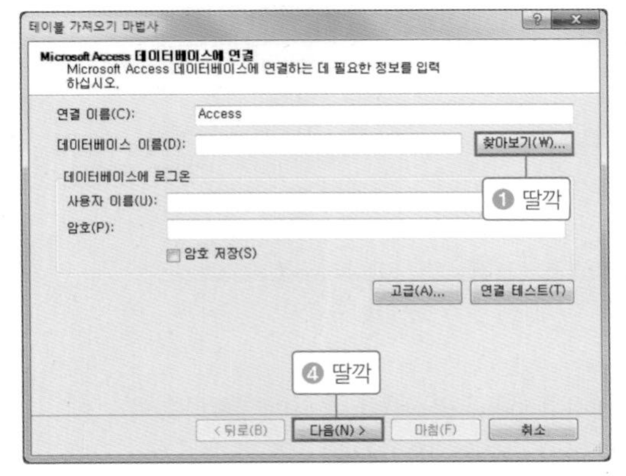

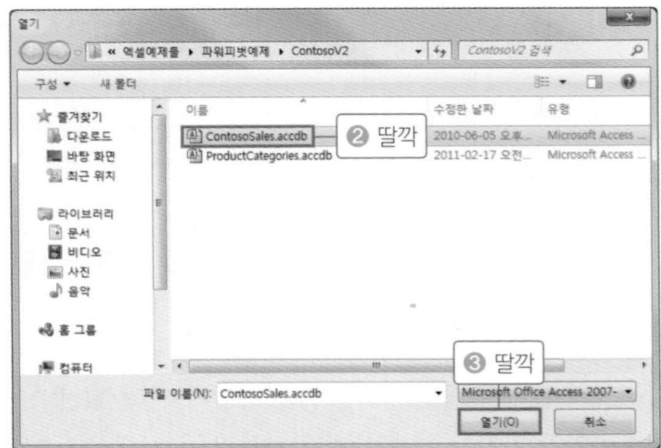

6 ❶ '테이블 가져오기 마법사' 대화상자에서 '데이터를 가져올 테이블 및 뷰를 목록에서 선택'을 선택하고 ❷ 〈다음〉을 클릭합니다. ❸ '테이블 및 뷰' 목록에서 'DimProduct', 'DimProductSubcategory', 'FactSales' 테이블에 ✔ 표시하고 ❹ 〈마침〉을 클릭하세요.

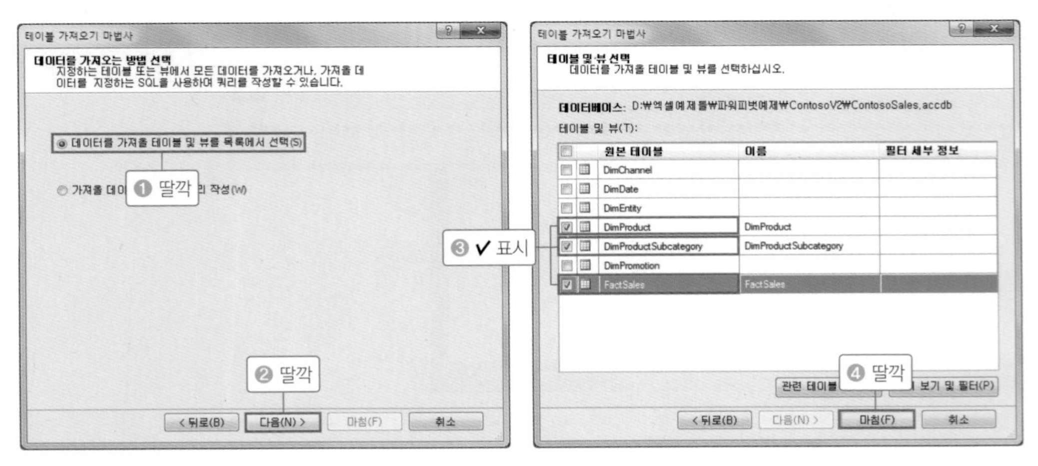

잠깐만요 **미리 보기 및 필터**

파워피벗에서는 여러 테이블을 한꺼번에 가져올 수 있습니다. '테이블 가져오기 마법사' 대화상자에서 테이블을 선택하고 〈미리 보기 및 필터〉를 클릭하면 테이블의 목록을 미리 볼 수 있으며, 테이블의 특정 열 확인란에 ✔ 표시를 해제하여 가져오지 않게 할 수 있습니다. 또한 특정 열의 필터 단추를 클릭하여 가져올 값을 따로 선택할 수도 있습니다.

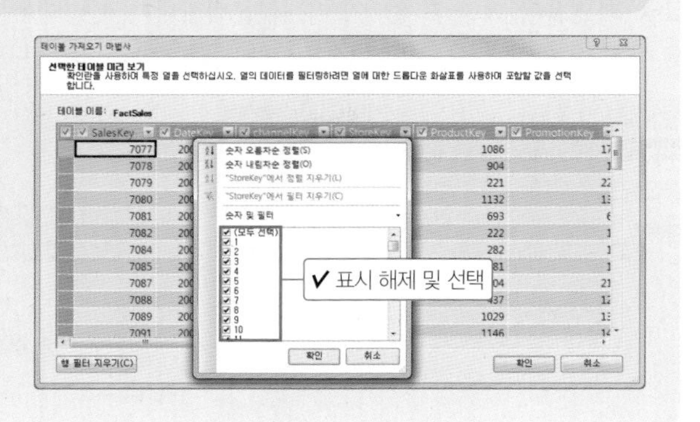

7 ❶ 다음과 같이 각 테이블의 데이터 행이 전송되었다는 메시지가 표시되면 〈닫기〉를 클릭합니다. ❷ 'PowerPivot for Excel' 창에 각 테이블이 시트 탭에 표시된 것을 볼 수 있습니다.

8 엑셀 파일을 불러오기 위해 ❶ [홈] 탭 → '외부 데이터 가져오기' 그룹 → '기타 원본'을 선택합니다. ❷ '테이블 가져오기 마법사' 대화상자가 열리면 세로 이동 막대를 아래쪽으로 드래그해 ❸ 'Excel 파일'을 선택하고 ❹ 〈다음〉을 클릭하세요.

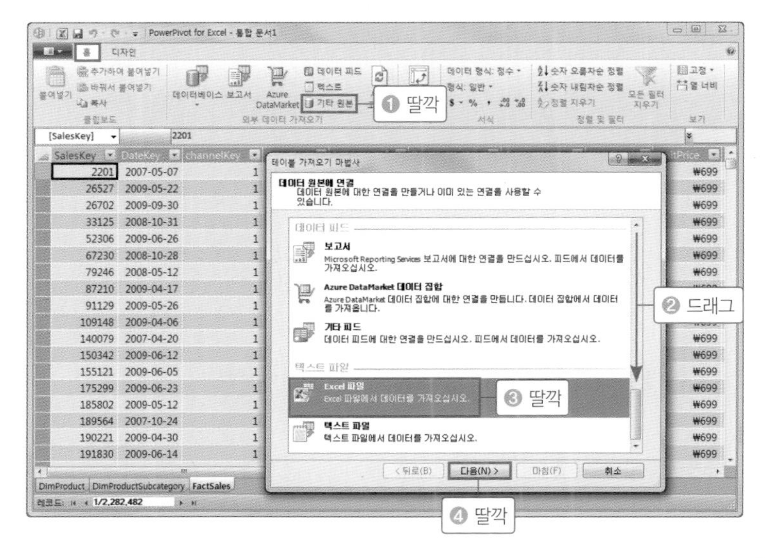

9 ❶ '테이블 가져오기 마법사' 대화상자의 〈찾아보기〉를 클릭하고 ❷ '열기' 대화상자가 열리면 'Stores.xlsx' 파일을 선택한 후 ❸ 〈열기〉를 클릭합니다. ❹ '테이블 가져오기 마법사' 대화상자로 되돌아오면 '첫 행을 열 머리글로 사용'에 ✔ 표시하고 ❺ 〈다음〉을 클릭하세요.

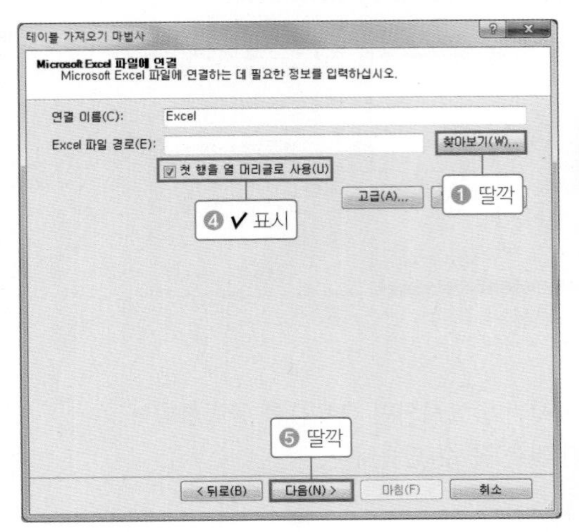

10 ❶ '테이블 가져오기 마법사' 대화상자가 열리면 〈마침〉을 클릭하고 ❷ 〈닫기〉를 클릭합니다.

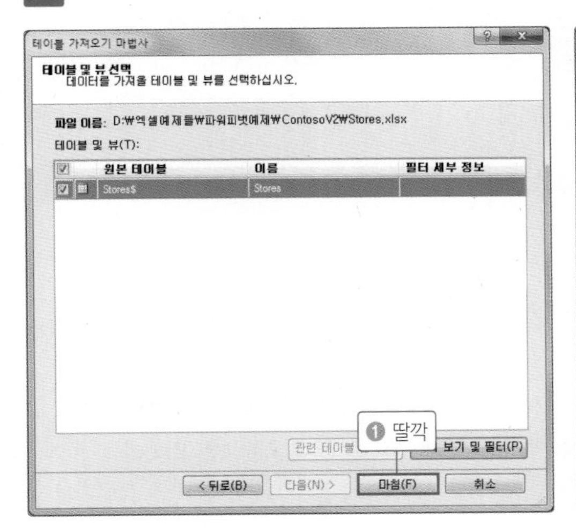

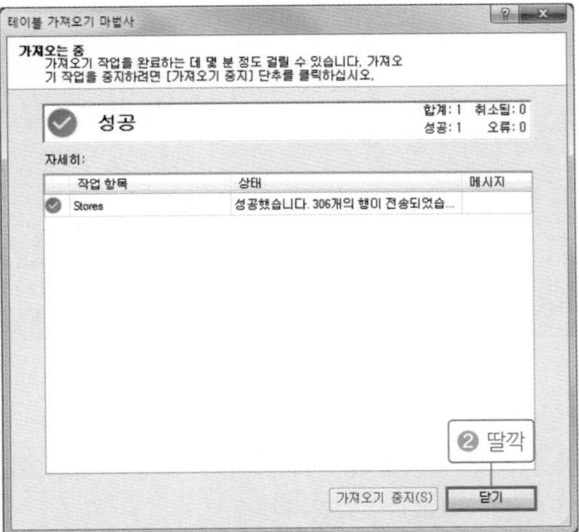

데이터의 관계 설정 및 피벗 테이블 만들기

1 ❶ 관계 설정이 되어 있는지 확인하고 관계를 관리하기 위해 [디자인] 탭 → '관계' 그룹 → '관계 관리'를 클릭합니다. '관계 관리' 대화상자가 열리면 액세스 파일에서 가져온 'DimProduct', 'DimProductSubcategory' 테이블은 'ProductSubcategoryKey' 필드로, 'FactSales', 'DimProduct' 테이블은 'ProductKey' 필드로 관계 설정이 되어 있습니다. ❷ 엑셀 파일에서 가져온 'Stores' 테이블과 'FactSales' 테이블의 관계를 설정하기 위해 〈만들기〉를 클릭하세요.

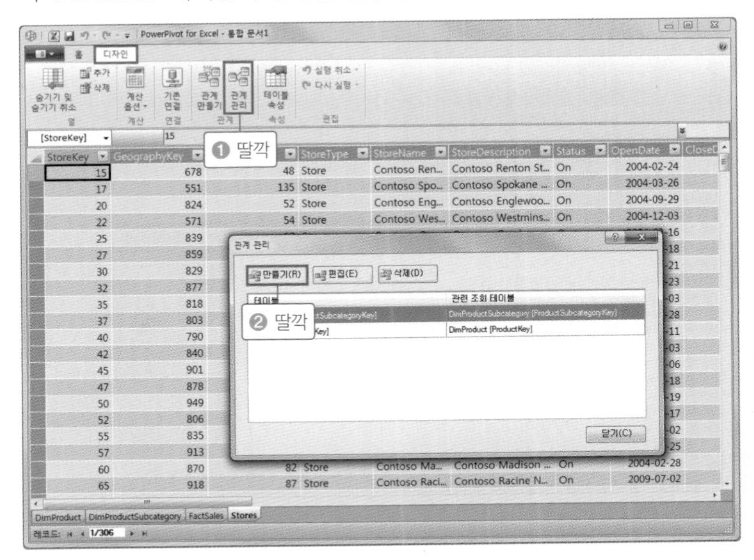

전혀 관련 없는 테이블들을 이용해서 작업하는 일은 없습니다. 각 데이터 테이블들은 서로 어떤 공통적인 필드가 있어야 서로 관련된 파일이고 데이터 분석에 사용할 수 있습니다. 액세스와 엑셀 파일의 경우 서로 다른 형식의 데이터 테이블이므로 관계 설정이 되어 있지 않습니다.

2 ❶ '관계 만들기' 대화상자가 열리면 '테이블'에서는 'FactSales'를, ❷ '열'에서는 'StoreKey'를, ❸ '관련 조회 테이블'에서는 'Stores'를 선택합니다. '관련 조회 열'에 같은 이름의 열인 StoreKey가 자동으로 선택되면 ❹ 〈만들기〉를 클릭합니다. ❺ '관계 관리' 대화상자가 열리면 〈닫기〉를 클릭하세요.

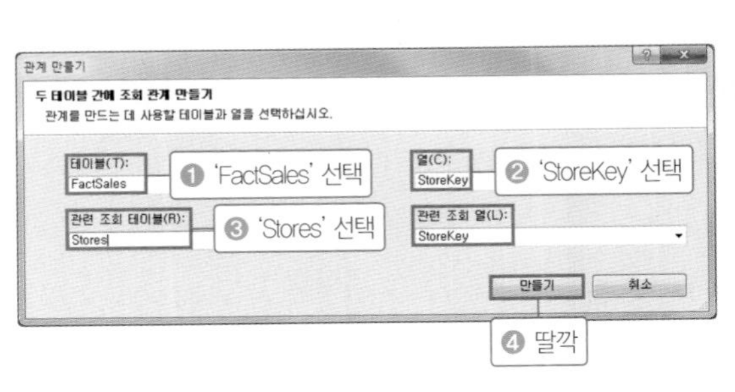

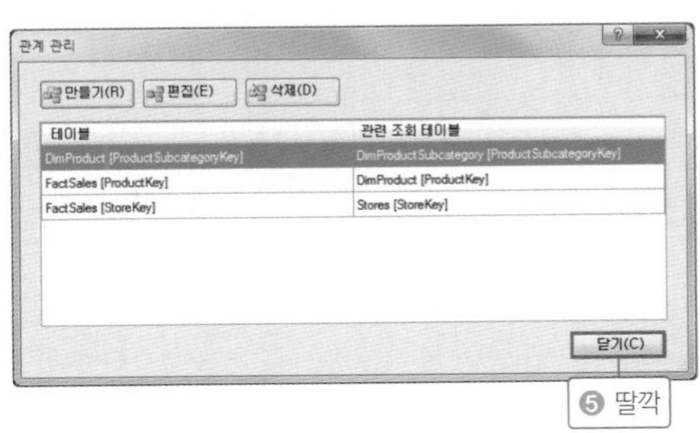

3 지금까지 수행한 작업은 여러 가지 정보가 입력된 여러 데이터 테이블을 파워피벗 창에 모아 관련된 열로 관계 설정을 한 것입니다. 이제 이 자료를 엑셀의 워크시트에 피벗 테이블로 요약하여 엑셀 파일로 저장하기 위해 ❶ [홈] 탭 → '보고서' 그룹 → '피벗 테이블' → '차트 및 테이블(세로)'을 선택하세요. ❷ 엑셀의 워크시트 화면으로 이동하면서 '피벗 테이블 만들기' 대화상자가 열리면 '기존 워크시트'를 선택하고 '위치'는 그대로 둔 상태에서 ❸ 〈확인〉을 클릭합니다.

4 ❶ 'PowerPivot 필드 목록' 작업창에서 'BrandName'을 '수직 슬라이서' 영역으로 드래그하고 ❷ 'ClassName'에 ✔ 표시한 후 ❸ 다른 테이블의 필드를 보기 위해 'DimProduct' 테이블의 축소 단추(–)를 클릭합니다.

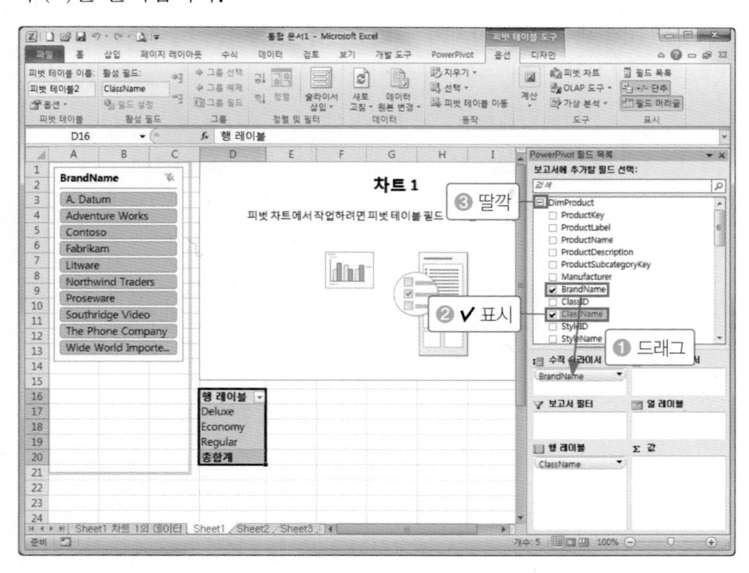

5 ❶ 'DimProductSubcategory' 테이블의 확장 단추(+)를 클릭한 후 ❷ ProductSubcategoryName에 ✔ 표시하고 ❸ 다시 'DimProductSubcategory' 테이블의 축소 단추(–)를 클릭합니다.

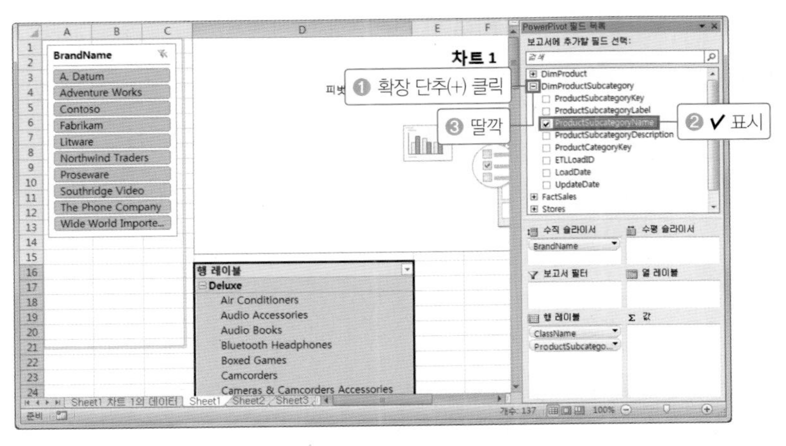

6 ❶ 'FactSales' 테이블의 확장 단추(+)를 클릭한 후 ❷ 'SalesQuantity'에 ✔ 표시하고 ❸ 다시 'FactSales' 테이블의 축소 단추(–)를 클릭합니다.

7 ❶ 'Stores' 테이블의 확장 단추(+)를 클릭하고 ❷ 'StoreType'을 '열 레이블' 영역으로 드래그합니다.

8 파워피벗에서 만든 차트는 아래쪽의 피벗 테이블과 별도의 레이아웃을 지정할 수 있습니다. ❶ 차트 영역을 클릭하고 ❷ 'DimProduct' 테이블의 확장 단추(+)를 클릭한 후 ❸ 'ClassName'을 '범례 필드(계열)' 영역으로 드래그하고 ❹ 다시 'DimProduct' 테이블의 축소 단추(−)를 클릭하세요.

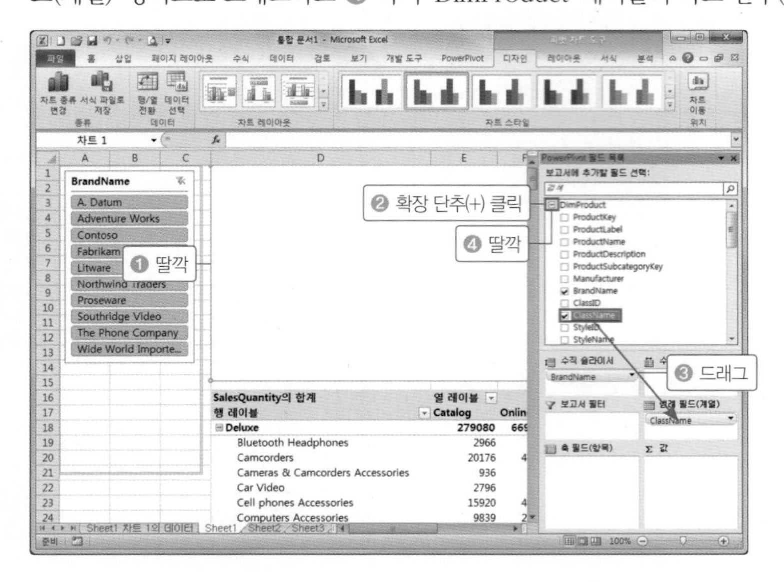

9 ❶ 'FactSales' 테이블에서 확장 단추(+)를 클릭하고 ❷ 'SalesQuantity'에 ✔ 표시한 후 ❸ 다시 'FactSales' 테이블의 축소 단추(−)를 클릭합니다.

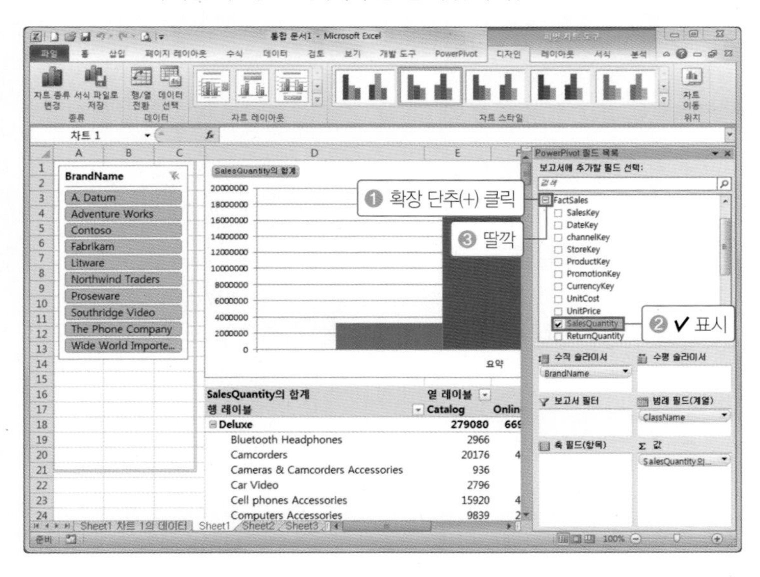

10 ❶ 'Stores' 테이블의 확장 단추(+)를 클릭하고 ❷ 'StoreType'에 ✔ 표시한 후 ❸ [피벗 차트 도구]의 [디자인] 탭 → '종류' 그룹 → '차트 종류 변경'을 선택합니다. ❹ '차트 종류 변경' 대화상자가 열리면 '세로 막대형'에서 '누적 세로 막대형 차트'를 선택하고 ❺ 〈확인〉을 클릭하세요.

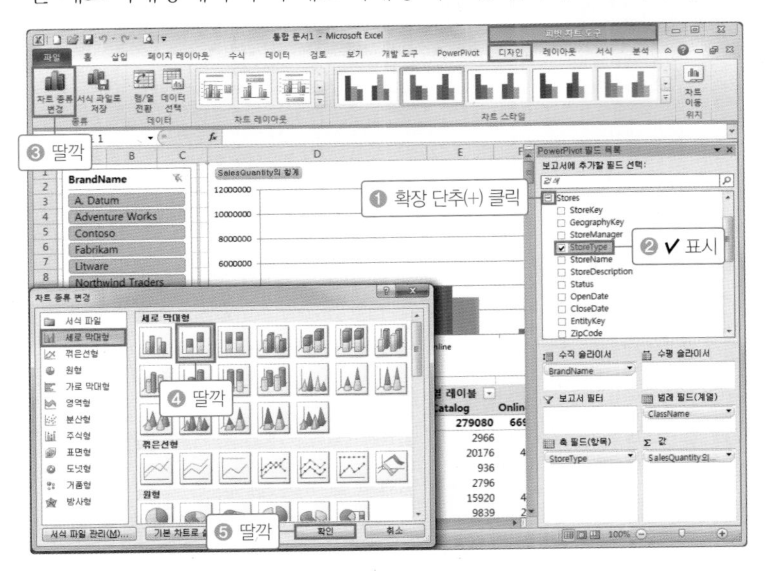

11 ❶ [PowerPivot] 탭 → '표시/숨기기' 그룹 → '필드 목록'을 선택하여 'PowerPivot 필드 목록' 작업창을 숨기고 ❷ 피벗 테이블에 있는 하나의 셀을 선택합니다. ❸ Ctrl 글쇠를 누른 상태에서 슬라이서에서 브랜드 네임 중 'A.Datum', 'Litware', 'Proseware'를 선택하면 피벗 테이블과 피벗 차트에 해당 브랜드의 요약 사항이 표시됩니다.

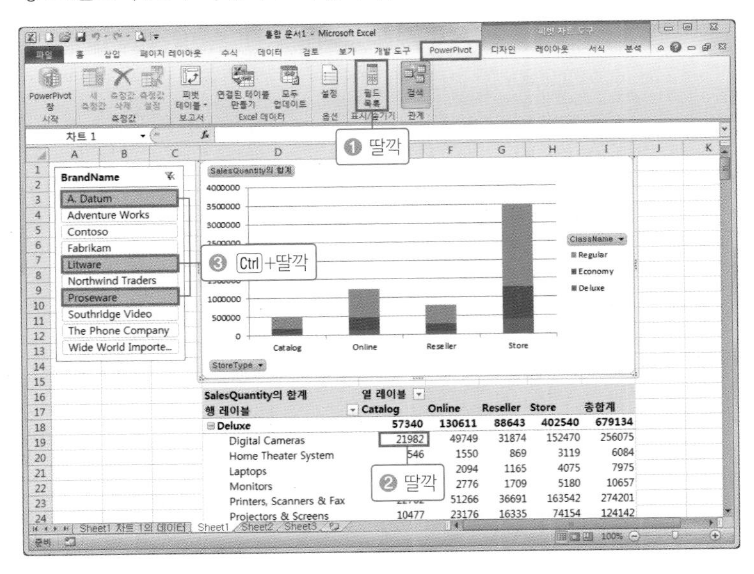

잠깐만요 피벗 차트 데이터

피벗 차트와 연결된 피벗 테이블은 [Sheet1 차트 1의 데이터] 시트를 클릭하면 별도로 작성된 것을 확인할 수 있습니다.

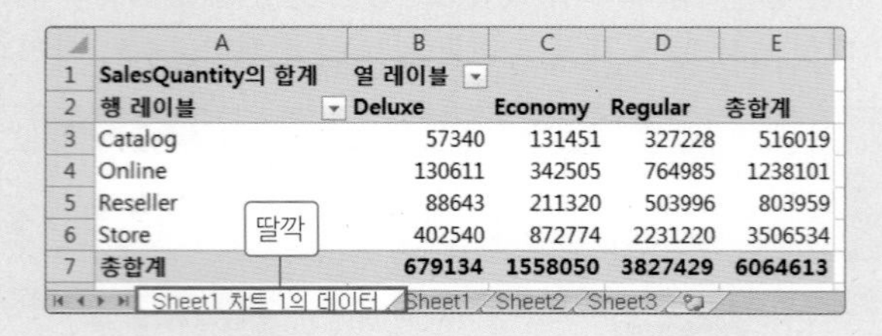

SalesQuantity의 합계	열 레이블			
행 레이블	Deluxe	Economy	Regular	총합계
Catalog	57340	131451	327228	516019
Online	130611	342505	764985	1238101
Reseller	88643	211320	503996	803959
Store	402540	872774	2231220	3506534
총합계	679134	1558050	3827429	6064613

12 ❶ 빠른 실행 도구 모음에서 '저장' 도구를 클릭하고 ❷ '다른 이름으로 저장' 대화상자가 열리면 '파일 이름'에 '브랜드별매출'을 입력한 후 ❸ 〈저장〉을 클릭합니다.

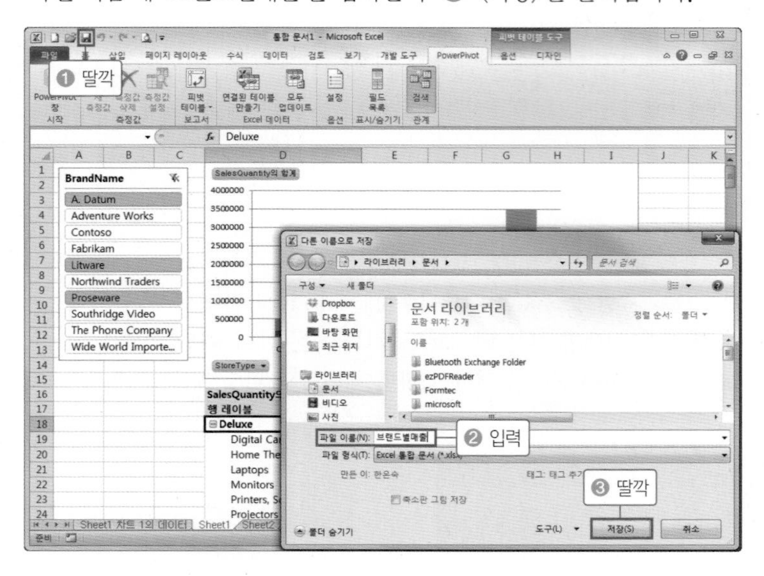

파워피벗 창에 있는 연결된 데이터 테이블까지 함께 저장되기 때문에 완성 파일의 용량이 커집니다.

02 원드라이브 Excel Web App으로 견적서 만들기

컴퓨터에 엑셀이 설치되어 있지 않아도 컴퓨터가 인터넷에 연결되어 있으면 웹 오피스 서비스를 제공하는 사이트를 방문해서 엑셀 문서를 작성할 수 있습니다. 원드라이브(www.onedrive.com)는 마이크로소프트에서 제공하는 클라우드 스토리지 서비스입니다. 이 서비스에 회원으로 가입하면 7GB의 무료 공간을 사용할 수 있고, 워드와 엑셀, 파워포인트 원노트 등의 웹 오피스 프로그램을 사용할 수 있습니다.

1 ❶ 'https://www.onedrive.com'에 접속한 후 ❷ Microsoft 계정 ID와 암호를 입력하고 ❸ 〈로그인〉을 클릭합니다.

2 ❶ 외부에서 사용할 수 있도록 견적서 양식 파일을 업로드하기 위해 '업로드'를 클릭하고 ❷ '컴퓨터에서 선택'을 선택합니다. ❸ '열기' 대화상자가 열리면 업로드할 파일을 선택하고 ❹ 〈열기〉를 클릭하세요.

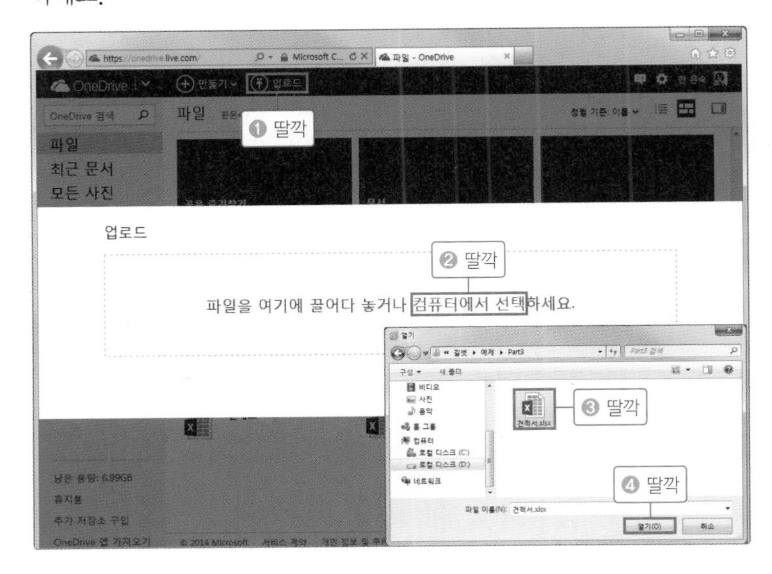

업로드 상자 안으로 파일을 직접 드래그해도 됩니다.

3 ❶ 업로드한 '견적서'에 ✔ 표시하면 화면의 위에 다운로드, 공유, 관리 등 파일 관리 메뉴들이 나타납니다. ❷ 지금은 웹 브라우저에서 바로 편집하기 위해 견적서 아이콘을 클릭합니다. .

4 ❶ D5셀에는 '2013-4-3'을, D6셀에는 '강산건설'을, D7셀에는 '구매과장'을 입력하고 ❷ C14셀에는 '강화유리문 '을, C15셀에는 '러버타일 '을, C16셀에는 '카펫 '을 입력합니다. 이때 '규격', '단위' 및 '단가'는 미리 함수식이 입력되어 있어서 품명에 따라 [제품목록] 시트의 데이터가 자동으로 입력됩니다. ❸ 견적서를 거래처에 메일로 보내기 위해 제목표시줄의 〈공유〉를 클릭하세요.

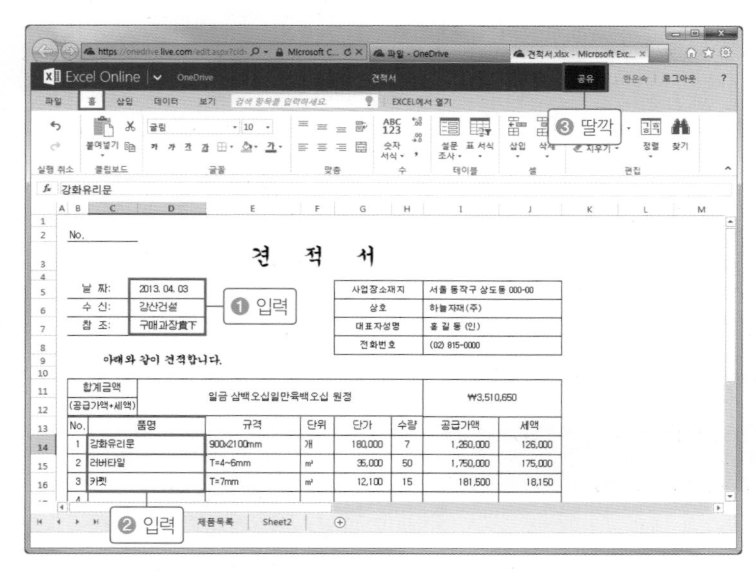

잠깐만요 **텍스트 입력 방법**

파일을 업로드하는 과정에서 [제품목록] 시트의 제품명들의 문자 뒤에 공백이 생겼기 때문에 C14셀, C15셀, C16셀에 품명을 입력할때도 끝에 공백을 입력해야 합니다. 원드라이브의 엑셀 WebApp은 엑셀의 사용자 지정 표시 형식, 함수식 등이 대부분 그대로 적용됩니다. 원본 파일에서 미리 지정되어 있는 D5셀에는 날짜 서식을, D7셀에는 '貴下' 문자가 붙는 서식을, D11셀에는 숫자가 문자로 표시되는 서식이 그대로 표시됩니다.

5 ❶ '받는 사람'에 이메일 주소를 입력하고 내용에 원하는 메시지를 입력합니다. ❷ '받는 사람이 편집할 수 있습니다'를 클릭하면 받는 사람이 편집까지 할 수 있으므로 바로 〈공유〉를 클릭하세요. ❸ 메일 전송 완료화면이 나오면 〈닫기〉를 클릭합니다.

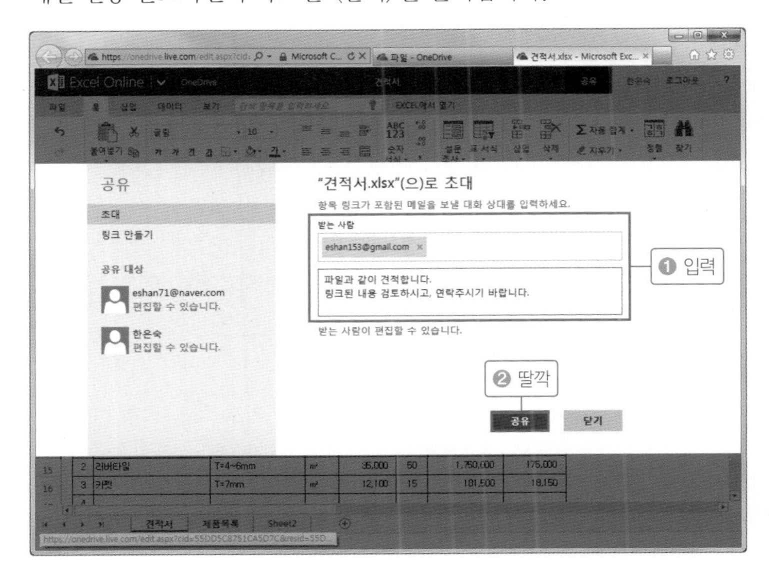

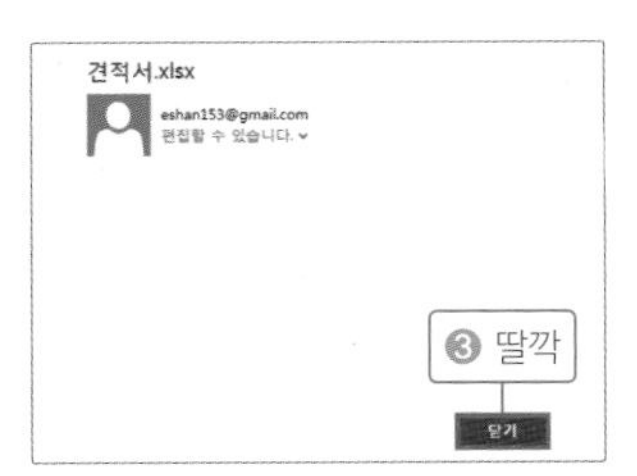

별도로 저장하는 작업은 필요없습니다. 바로 익스플로러 창을 닫아도 자동으로 저장되면서 종료됩니다.

6 받은 사람의 메일 내용에는 다음과 같은 메일 내용이 표시됩니다. 링크된 파일인 '견적서.xlsx'를 클릭하면 원드라이브 화면으로 이동하면서 견적서 내용을 볼 수 있습니다.

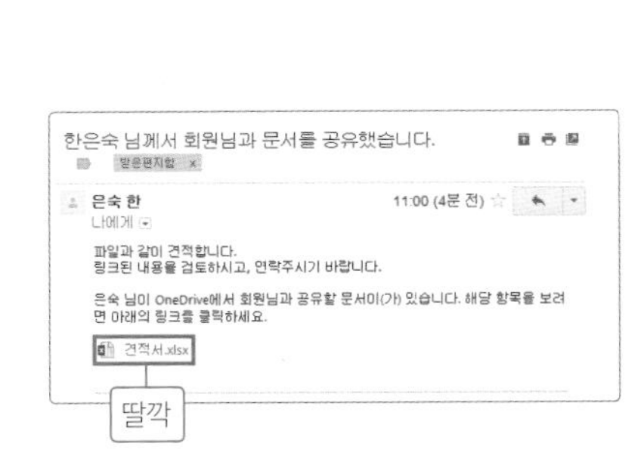

No.

견 적 서

날 짜: 2013. 04. 03
수 신: 강산건설
참 조: 구매과장貴下

사업장소재지	서울 동작구 상도동 000-00
상호	하늘자재(주)
대표자성명	홍 길 동 (인)
전화번호	(02) 815-0000

아래와 같이 견적합니다.

합계금액 (공급가액+세액)	일금 삼백오십일만육백오십 원정					₩3,510,650	
No.	품명	규격	단위	단가	수량	공급가액	세액
1	강화유리문	900x2100mm	개	180,000	7	1,260,000	126,000
2	러버타일	T=4~6mm	㎡	35,000	50	1,750,000	175,000
3	카펫	T=7mm	㎡	12,100	15	181,500	18,150
4							
5							
6							
7							
8							

03 구글 드라이브의 문서도구 사용하기

구글(Google)에서 제공하는 클라우드 서비스인 구글 드라이브(drive.google.com)는 구글 계정으로 로그인할 경우 5GB의 무료 용량이 제공되고, 구글 문서도구를 활용해 문서, 프레젠테이션, 스프레드시트, 설문 양식, 그림 등을 작성할 수 있습니다. 이번에는 엑셀 파일의 구글 드라이브의 호환 여부를 알아보기 위해 엑셀 파일을 업로드한 후 편집해 보겠습니다.

1 ❶ 'https://drive.google.com'으로 접속하여 ❷ 이메일 주소와 비밀번호를 입력하고 ❸ 〈로그인〉을 클릭합니다.

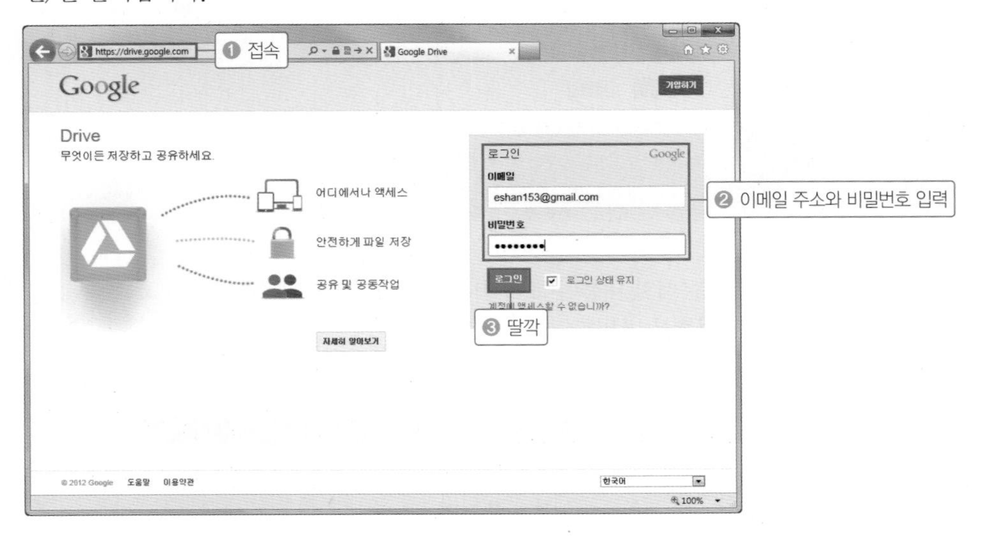

2 ❶ '업로드' 단추를 클릭하고 '파일'을 선택합니다. ❷ '파일' 대화상자가 열리면 '견적서.xlsx' 파일을 선택하고 ❸ 〈열기〉를 클릭하세요.

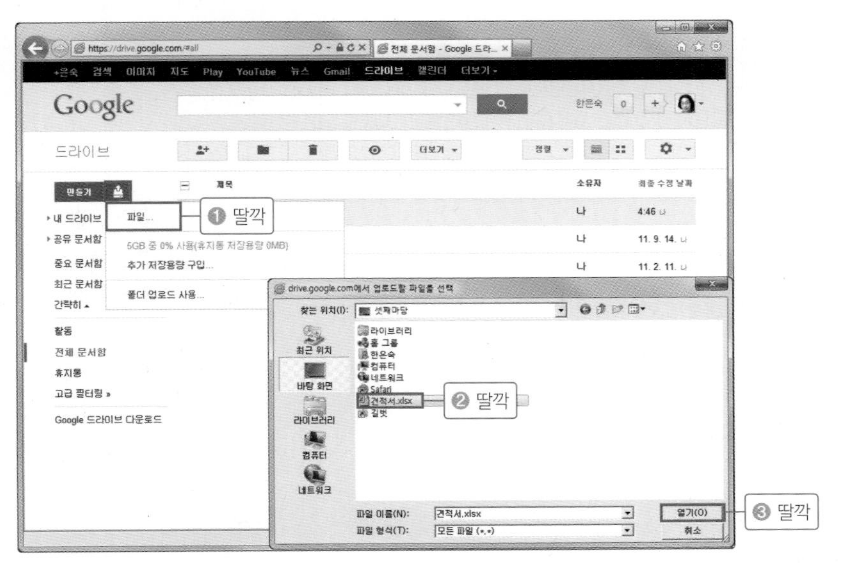

3 ❶ 구글 문서도구로 편집하기 위해 업로드한 '견적서.xlsx' 파일에 ✔ 표시하고 ❷ 〈더보기〉 → 'Google 문서도구로 내보내기'를 선택합니다.

4 구글 문서도구에서는 엑셀에서 지정했던 일부 사용자 지정 서식이나 테두리 설정 등이 제대로 표시되지 않을 수 있습니다. 따라서 다음과 같은 범위에 대해 테두리를 설정하고 셀을 병합해 보겠습니다.

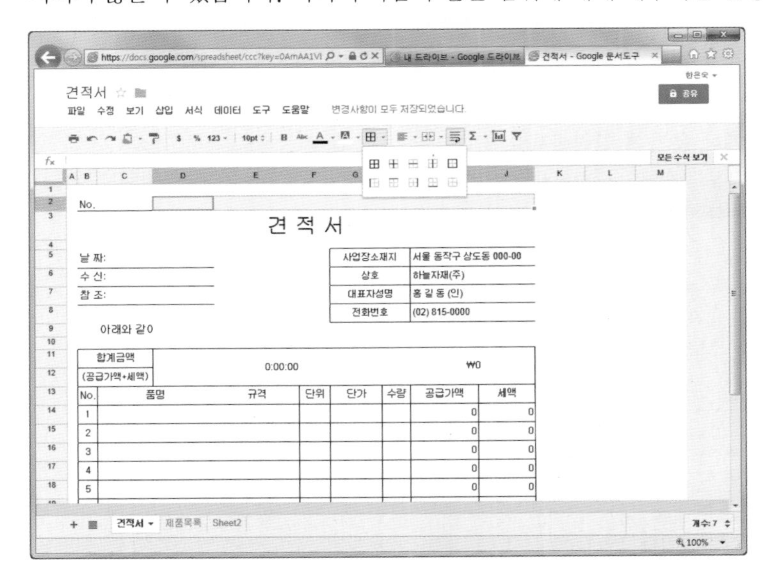

❶ D2:J2 범위를 지정하고 '테두리' → '테두리 없음'⊞을 선택합니다.
❷ I5:J8 범위를 지정하고 '테두리' → '오른쪽 테두리'⊞를 선택합니다.
❸ D11:H12 범위를 지정하고 '테두리' → '오른쪽 테두리'⊞를 선택합니다.
❹ C13:D23 범위를 지정하고 '테두리' → '오른쪽 테두리'⊞를 선택합니다.
❺ B25:J27 범위를 지정하고 '테두리' → '오른쪽 테두리'⊞를 선택합니다.
❻ C9:E9 범위를 지정하고 '셀 병합'을 클릭합니다.

5 품명을 추가할 때 직접 입력하지 않고 [제품목록] 시트에서 제품명을 연결하여 선택할 수 있도록 설정해 보겠습니다. ❶ C14:D23 범위를 지정하고 ❷ [데이터] → '확인' 메뉴를 선택합니다. ❸ '데이터 확인' 대화상자가 열리면 '기준'을 '목록의 항목'으로 선택하고 ❹ '범위에서 목록 만들기'에 "제품목록'!A2:A19'를 입력한 후 ❺ 〈저장〉을 클릭하세요.

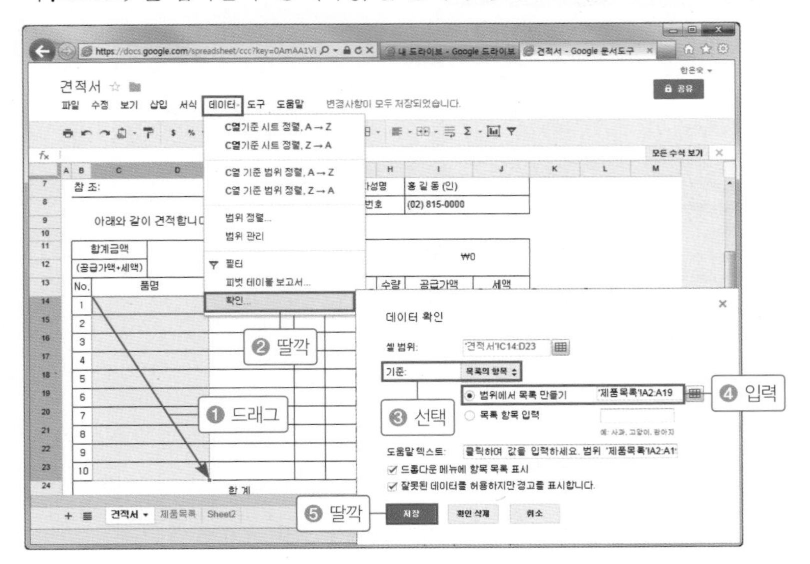

6 '품명' 범위 중 하나의 셀을 선택하면 셀의 오른쪽에 목록 단추▼가 생기는데, 목록 단추▼를 클릭하면 다음과 같이 품명 목록이 표시되어 선택 및 입력할 수 있습니다. ❶ 다음의 그림과 같이 품명을 선택하고 ❷ 수량을 입력합니다. ❸ 구글 문서도구에서는 숫자를 문자로 표시하는 사용자 지정 서식이 적용되지 않으므로 D11셀을 선택하고 합계에 문자를 입력하세요.

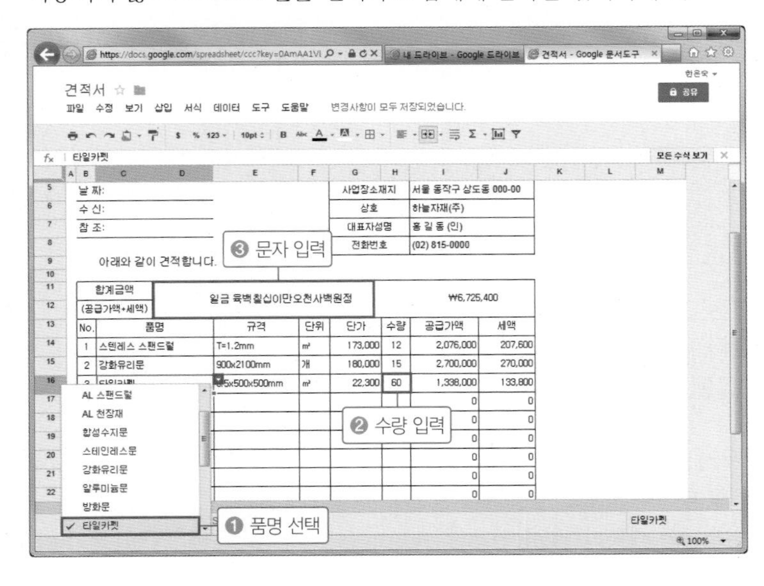

7 ❶ 작성한 문서를 거래처에 보내기 위해 〈공유〉 를 클릭하고 ❷ '친구 추가'에 이메일 주소를 입력한 후 ❸ 상대방은 수정할 수 없고 볼 수만 있도록 〈수정 가능〉 → '보기 기능'을 선택합니다. ❹ '이메일 알림 보내기'에 ✔ 표시하고 ❺ 〈공유 및 저장〉을 클릭하세요. 작업을 마치면 별도로 저장하지 않아도 자동으로 저장됩니다.

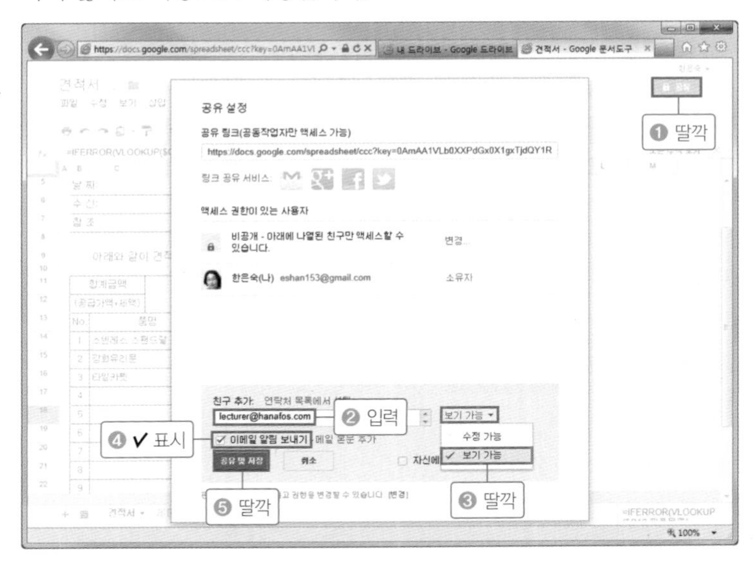

8 ❶ 익스플로러 창을 닫거나 화면의 왼쪽 위에 있는 파일명 옆에 마우스 포인터를 올려놓으면 표시되는 〈Google 드라이브로 돌아가기〉를 클릭하여 파일 관리 화면으로 되돌아갈 수 있습니다. ❷ 내 드라이브에 엑셀 파일 외에 구글 스프레드시트 파일이 생성된 것을 볼 수 있습니다.

잠깐만요 받은 파일 확인하기

스카이 드라이브처럼 받은 사람의 메일 내용에 다음과 같은 메일 내용이 표시되면 링크된 파일 이름 '견적서.xlsx'를 클릭하여 구글 드라이브 화면으로 이동하고 견적서 내용을 볼 수 있습니다.

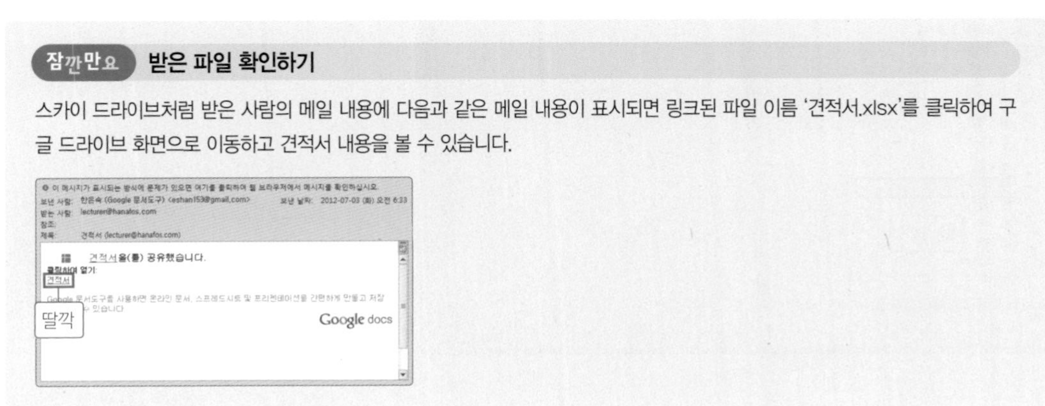

04 구글 문서도구로 영업실적표와 게이지 차트 작성하기

구글의 스프레드시트에 있는 '가젯 삽입' 기능을 활용해 숫자 값을 게이지 형태로 표시하여 데이터를 좀 더 비주얼하게 표현할 수 있습니다. 이번에는 영업 실적을 목표값에 대비하여 표현하는 게이지 차트를 작성해 보겠습니다.

1 ❶ 구글 드라이브 화면에서 〈만들기〉 → '스프레드시트'를 선택하고 ❷ 다음의 그림과 같이 셀에 간단한 영업실적표를 입력한 후 임의로 서식을 지정합니다. ❸ 화면의 위쪽에서 '제목 없는 스프레드시트'를 클릭하고 ❹ '스프레드시트 이름 바꾸기' 대화상자가 열리면 '영업실적표'를 입력한 후 ❺ 〈확인〉을 클릭하세요.

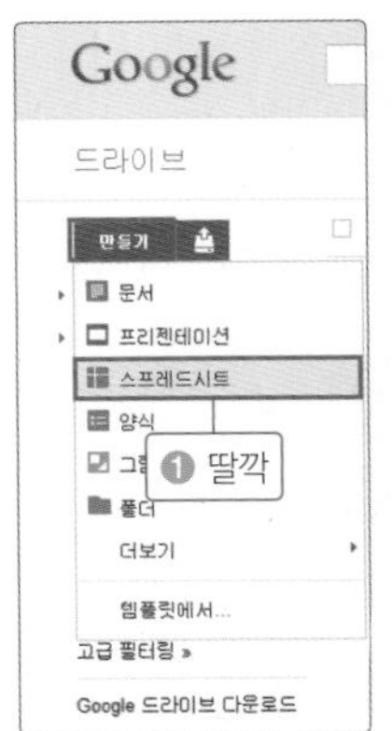

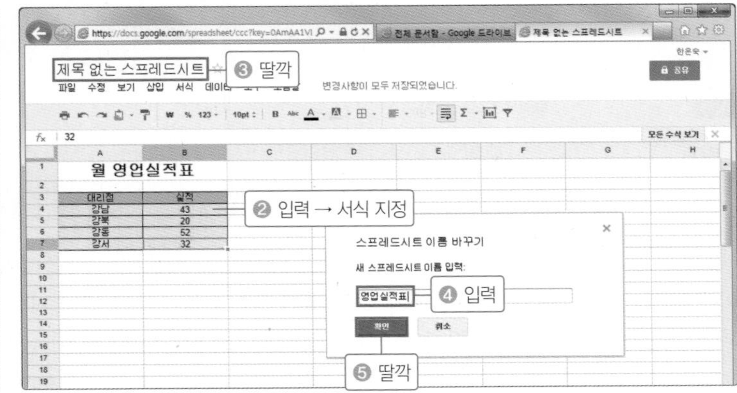

2 일반 차트에는 게이지 차트가 없으므로 게이지 차트로 표시하기 위한 가젯을 삽입하겠습니다. ❶ A4:B7 범위를 지정하고 ❷ [삽입] → '가젯' 메뉴를 선택하세요.

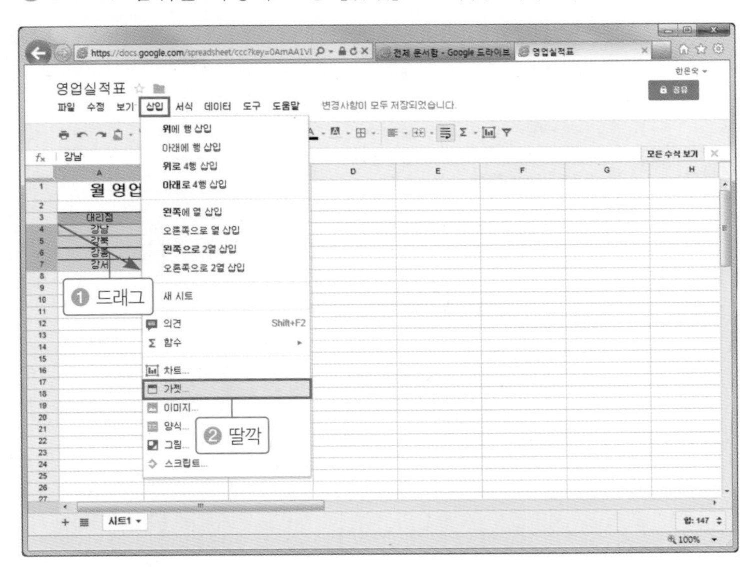

3 ❶ '가젯 추가' 대화상자가 열리면 '게이지'에서 〈스프레드시트 추가〉에 클릭합니다. ❷ '가젯 설정' 대화상자에 다음의 그림과 같이 값을 입력하고 ❸ 〈적용 및 닫기〉를 클릭합니다.

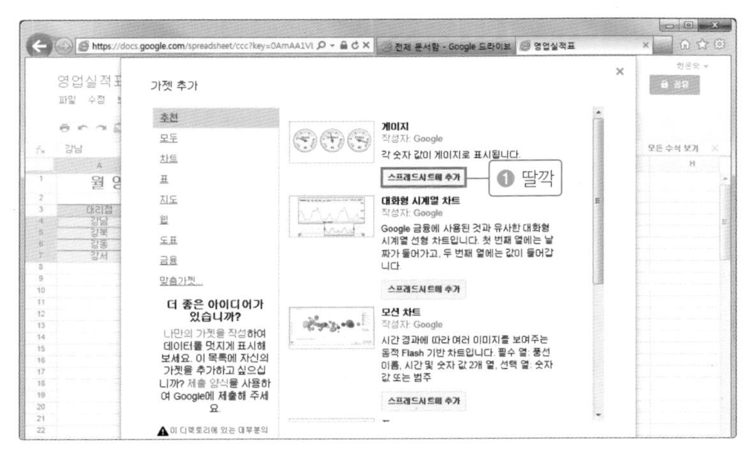

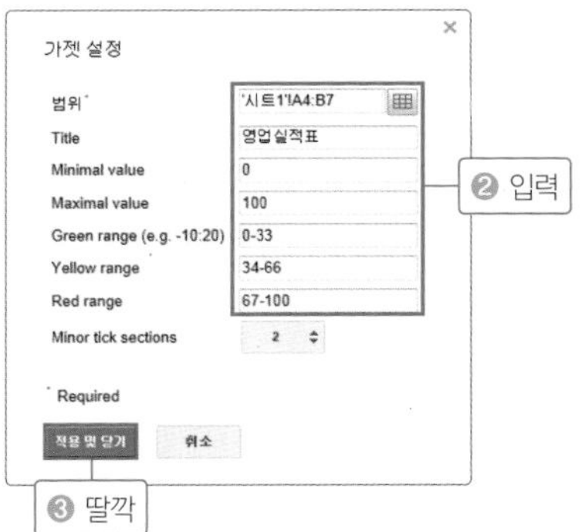

4 다음의 그림과 같이 게이지를 삽입했습니다.

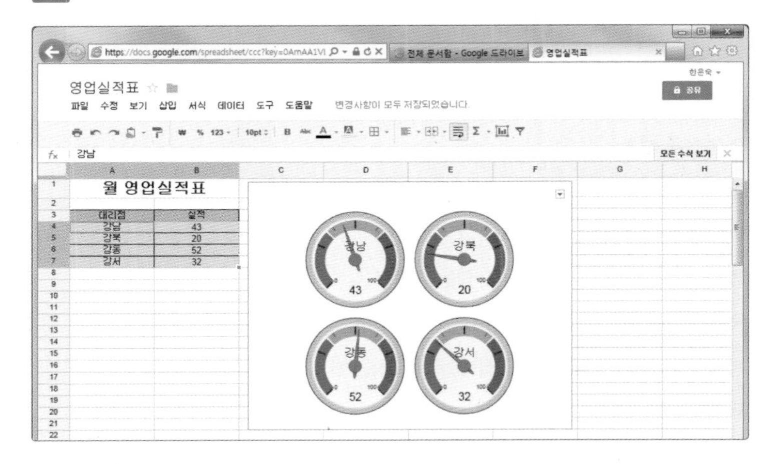

잠깐만요 가젯 게시하기

가젯은 엑셀 문서로 저장하면 문서에 표시되지 않으므로 엑셀 문서에 나타내려면 화면 캡처 프로그램을 사용해 그림으로 캡처한 후 별도로 삽입해야 합니다. 가젯을 클릭하면 오른쪽 위에 화살표 단추가 표시되고, 이것을 클릭하면 가젯을 수정하거나 삭제할 수 있는 메뉴가 표시됩니다. '가젯 게시'를 선택하면 HTML 스크립트 코드가 표시되며, 이것을 복사하여 홈페이지나 블로그에 붙여넣으면 가젯을 게시할 수 있습니다.

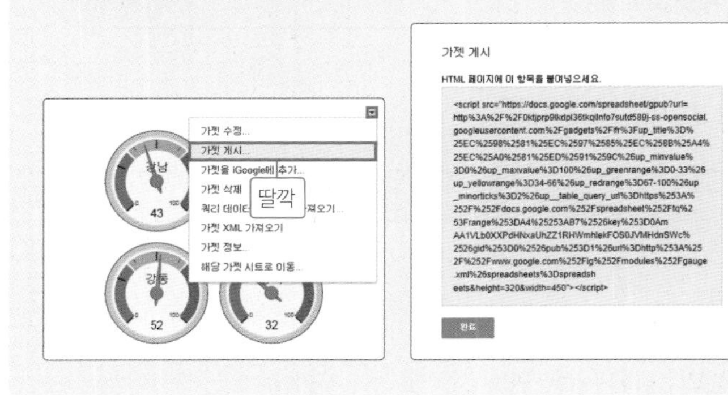

05 업무 시간을 줄여주는 엑셀 단축 글쇠

선택 관련 단축 글쇠

단축 글쇠	결과
Ctrl+Shift+8 또는 Ctrl+*	현재 셀 주위의 데이터 영역 선택
Ctrl+A 또는 Ctrl+Shift+Spacebar	현재 셀 주위의 데이터 영역, 전체 워크시트 선택
방향 글쇠(←, →, ↑, ↓)	해당 방향으로 한 셀씩 이동
Shift+방향 글쇠(←, →, ↑, ↓)	해당 방향으로 한 셀씩 범위 지정
Ctrl+방향 글쇠(←, →, ↑, ↓)	해당 방향의 마지막 데이터 셀로 이동
Ctrl+Shift+방향 글쇠(←, →, ↑, ↓)	해당 방향의 마지막 데이터 셀까지 범위 지정
Ctrl+End	워크시트의 마지막 데이터 셀로 이동
Ctrl+Shift+End	현재 셀부터 마지막 데이터 셀까지 범위 지정
Ctrl+Home	A1셀로 이동
Ctrl+Spacebar	현재 열 전체 선택
Shift+Spacebar	현재 행 전체 선택
Ctrl+/	현재 셀이 들어있는 배열을 선택
Ctrl+₩	선택된 행에서 현재 셀 값과 일치하지 않는 셀 선택
Ctrl+Shift+₩	선택한 열에서 현재 셀 값과 일치하지 않는 셀 선택
Ctrl+[	선택 영역의 수식에서 직접 참조하는 셀 모두 선택
Ctrl+Shift+{	선택 영역의 수식에서 직접 또는 간접적으로 참조하는 셀 모두 선택
Ctrl+]	현재 셀을 직접 참조하는 수식이 들어있는 셀 선택
Ctrl+Shift+}	현재 셀을 직접 또는 간접적으로 참조하는 수식이 들어있는 셀 선택
Alt+;	화면에 보이는 셀만 선택
Ctrl+Shift+O	메모가 삽입된 모든 셀 선택
PageUp, PageDown	화면 단위로 위, 아래로 이동
Alt+PageUp, Alt+PageDown	화면 단위로 왼쪽, 오른쪽으로 이동
Ctrl+PageUp, Ctrl+PageDown	왼쪽, 오른쪽 워크시트로 이동

입력 및 편집 관련 단축 글쇠

단축 글쇠	결과
Ctrl+;	현재 날짜 입력
Ctrl+Shift+:	현재 시간 입력
Ctrl+-	선택한 행 또는 열 삭제
Ctrl+Shift++	선택한 행 또는 열 삽입

단축 글쇠	결과
Ctrl+9	선택한 행 숨김
Ctrl+0	선택한 열 숨김
Ctrl+Shift+(	선택 영역 안에서 숨겨진 행의 숨김 모두 취소
Ctrl+Shift+)	선택 영역 안에서 숨겨진 열의 숨김 모두 취소
Ctrl+6	개체 숨기기/표시 전환
Ctrl+8	윤곽 기호 표시하거나 숨김
Ctrl+'	현재 셀에 현재 셀 위의 값 복사
Ctrl+Shift+"	현재 셀에 현재 셀 위의 화면에 표시된 값 복사
Ctrl+C	선택한 셀 복사
Ctrl+X	선택한 셀 잘라내기
Ctrl+V	복사하거나 잘라낸 값 붙여넣기
Ctrl+D	아래로 채우기(선택한 범위의 첫 번째 셀 값 채움)
Ctrl+R	오른쪽으로 채우기(선택한 범위의 첫 번째 값 채움)
Ctrl+Z	실행 취소(마지막으로 실행한 작업 취소)
Ctrl+Y 또는 F4	다시 실행(마지막으로 실행한 작업 반복)
Alt+↓	현재 열의 고유 데이터 목록 표시
Alt+Enter↵	현재 셀에서 줄 바꿈
Ctrl+Enter↵	범위 지정 후 입력한 내용을 지정 범위 모든 셀에 채움
Tab	데이터를 입력하면서 오른쪽으로 셀 이동
Shift+Tab	데이터를 입력하면서 왼쪽으로 셀 이동
Enter↵	데이터를 입력하면서 아래로 셀 이동
Shift+Enter↵	데이터를 입력하면서 위로 셀 이동
Ctrl+F 또는 Shift+F5	'찾기' 대화상자 표시
Ctrl+H	'바꾸기' 대화상자 표시

서식 관련 단축 글쇠

단축 글쇠	결과
Ctrl+1	'셀 서식' 대화상자 표시
Ctrl+2 또는 Ctrl+B	굵은 글꼴 서식 적용/제거
Ctrl+3 또는 Ctrl+I	기울임꼴 서식 적용/제거
Ctrl+4 또는 Ctrl+U	밑줄 적용/제거
Ctrl+5	취소선 서식 적용/제거
Ctrl+Shift+!	숫자 데이터에 쉼표 스타일 서식 지정
Ctrl+Shift+#	년, 월, 일로 날짜 서식 적용
Ctrl+Shift+@	시간, 분, AM/PM으로 시간 서식 적용

단축 글쇠	결과
Ctrl+Shift+%	백분율 서식 적용
Ctrl+Shift+$	통화 서식 적용
Ctrl+Shift+~	숫자 데이터의 모든 서식 지우고 일반 서식으로 지정
Ctrl+Shift+&	선택한 셀에 윤곽선 테두리 적용
Ctrl+Shift+_	선택한 셀에서 윤곽선 테두리 제거

통합 문서 관련 단축 글쇠

단축 글쇠	결과
Ctrl+N	빈 통합 문서 새로 만들기
Ctrl+O	통합 문서 열기
Ctrl+F2	인쇄 미리 보기 창 표시
Ctrl+P	'인쇄' 대화상자 표시
Ctrl+S	파일 저장하기
F12	'다른 이름으로 저장' 대화상자 표시
Ctrl+W 또는 Ctrl+F4	선택한 통합 문서 창 닫기

기타 기능 단축 글쇠

단축 글쇠	결과
F1	도움말
Ctrl+F1	리본 메뉴 표시/숨기기
Alt+F1 또는 F11	현재 범위의 데이터에 대한 차트 생성
Ctrl+Shift+L	자동 필터 단추 표시/해제
F10	리본 메뉴에 글쇠 설명 표시/숨기기
Shift+F11 또는 Alt+Shift+F1	새 워크시트 삽입
Alt+F11	Visual Basic Editor 창 표시
F5 또는 Ctrl+F	'이동' 대화상자 표시
Ctrl+'	계산 결과 대신 워크시트에 수식 표시
Ctrl+T	표 만들기
Ctrl+Shift+U	수식 입력줄 확장/축소
Ctrl+K	하이퍼링크 삽입
Ctrl+F3	'이름 관리자' 창 표시
Ctrl+Shift+F3	선택 영역에서 이름 만들기

06 업무 효율을 높여주는 엑셀 함수 사전

통계 함수

AVERAGE(number1,number2,…)	
설명	인수의 산술 평균을 구하고 빈 셀이 있으면 무시합니다.
인수	• number1,number2,… : 평균을 구할 수치. 엑셀 2003까지는 30개까지, 엑셀 2007 이상에서는 255개까지 지정할 수 있습니다.

AVERAGEIF(range,criteria,average_range)	
설명	범위에서 지정한 조건을 만족하는 모든 셀의 평균(산술 평균)을 구합니다.
인수	• range : 조건에 맞는지 검사할 셀 범위 • criteria : 숫자, 식, 셀 참조 또는 텍스트 형식의 조건을 입력합니다. 예를 들어 32, "32", ">32", "사과" 또는 B4와 같이 지정할 수 있습니다. • average_range : 평균을 계산할 때 사용할 실제 셀 범위로, 지정하지 않으면 range 범위가 계산됩니다.

AVERAGEIFS(average_range,criteria_range1,criteria1,criteria_range2,criteria2,…)	
설명	다중 조건을 만족하는 모든 셀의 평균(산술 평균)을 구합니다.
인수	• average_range : 숫자나 이름, 배열 또는 숫자가 들어있는 참조를 포함하여 평균을 계산할 하나 이상의 셀 • criteria_range1,criteria_range2,… : 조건 범위. 127개까지 지정할 수 있습니다. • criteria1,criteria2,… : 숫자, 식, 셀 참조 또는 텍스트로 된 평균을 계산할 조건으로, 127개까지 지정할 수 있습니다. 예 32, "32", ">32", "사과", B4

MAX(number1,number2,…)	
설명	지정한 범위의 값 중에서 가장 큰 값을 찾아옵니다.
인수	• number1,number2,… : 최대값을 구할 숫자나 셀 범위. 엑셀 2003까지는 30개까지, 엑셀 2007 이상에서는 255개까지 지정할 수 있습니다.

MIN(number1,number2,…)	
설명	지정한 범위의 값 중에서 가장 작은 값을 찾아온다.
인수	• number1,number2,… : 최소값을 구할 숫자나 셀 범위입니다. 엑셀 2003 버전까지는 30개, 엑셀 2007 버전 이상에서는 255개까지 지정할 수 있습니다.

COUNT(value1,value2,…)	
설명	인수 목록에서 숫자가 입력되어 있는 셀의 개수를 구합니다.
인수	• value1,value2,… : 여러 데이터 형식을 포함하거나 참조하는 인수로, 엑셀 2003 이하에서는 30개까지, 엑셀 2007 이상에서는 255개까지 지정할 수 있습니다.

COUNTA(value1,value2,…)	
설명	인수 목록에서 비어 있지 않은 셀의 개수를 구합니다.
인수	• value1,value2,… : 여러 데이터 형식을 포함하거나 참조하는 인수로, 엑셀 2003 이하에서는 30개까지, 엑셀 2007 이상에서는 255개까지 지정할 수 있습니다.

COUNTBLANK(range)	
설명	지정된 범위에서 비어있는 셀의 개수를 구합니다.
인수	• range : 공백 셀의 개수를 계산할 범위를 지정합니다.

COUNTIF(range,criteria)	
설명	지정한 범위 안에서 지정한 조건에 맞는 셀의 개수를 구합니다.
인수	• range : 셀 개수를 세려는 셀 범위 • criteria : 숫자, 식, 셀 참조 또는 텍스트의 형식으로 된 조건. 예를 들어 32, "32", ">32", "서울", B4 등으로 지정할 수 있습니다.

COUNTIFS(range1,criteria1,range2,criteria2,…)	
설명	다중 조건을 만족하는 모든 셀의 개수를 구합니다.
인수	• range1,range2,… : 조건에 맞는지 검사할 셀 범위로, 127개까지 지정할 수 있습니다. • criteria1,criteria2,… : 숫자, 식, 셀 참조 또는 텍스트 형식의 조건으로, 127개까지 지정할 수 있습니다. 예를 들어 32, "32", ">32", "사과" 또는 B4와 같이 지정할 수 있습니다.

RANK(number,ref,order)	
설명	숫자의 목록 범위에서 지정한 숫자의 순위를 구합니다. 값이 같으면 같은 순위가 매겨지고, 그 다음 순위는 생략합니다.
인수	• number : 순위를 구하려는 숫자. 숫자를 직접 입력하거나 숫자가 있는 셀 주소를 지정합니다. • ref : 순위를 비교할 숫자 목록의 배열 또는 참조 주소로, ref에 있는 숫자값은 무시합니다. • order : 순위 결정 방법을 정의하는 수입니다. 0이거나 생략되면 가장 큰 수가 1위이고, 0이 아니면 가장 작은 수가 1위입니다.

RANK.EQ(number,ref,order)	
설명	숫자의 목록 범위에서 지정한 숫자의 순위를 구하는 RANK 함수와 같으며, 엑셀 2010부터 RANK.EQ로 이름이 변경되었습니다.
인수	• number : 순위를 구하려는 숫자. 숫자를 직접 입력하거나 숫자가 있는 셀 주소를 지정합니다. • ref : 순위를 비교할 숫자 목록의 배열 또는 참조 주소로, ref에 있는 숫자값은 무시합니다. • order : 순위 결정 방법을 정의하는 수입니다. 0이거나 생략되면 가장 큰 수가 1위이고, 0이 아니면 가장 작은 수가 1위입니다.

RANK.AVG(number,ref,order)	
설명	숫자의 목록 범위에서 지정한 숫자의 순위를 구하는 함수로, 엑셀 2010부터 추가되었습니다. 이 함수는 값이 같으면 순위의 평균으로 순위를 매기고 전과 후 순위는 생략합니다. 예를 들어 2위가 둘인 경우 2위와 3위의 평균으로 2.5위를 매기고, 5위가 셋인 경우에는 5위, 6위, 7위의 평균으로 6위를 매깁니다.
인수	• number : 순위를 구하려는 숫자. 숫자를 직접 입력하거나 숫자가 있는 셀 주소를 지정합니다. • ref : 순위를 비교할 숫자 목록의 배열 또는 참조 주소로, ref에 있는 숫자값은 무시합니다. • order : 순위 결정 방법을 정의하는 수입니다. 0이거나 생략되면 가장 큰 수가 1위이고, 0이 아니면 가장 작은 수가 1위입니다. 중복 숫자에는 같은 순위가 매겨지며, 그 다음 숫자에는 한 단계 더 밑의 순위가 매겨집니다.

LARGE(array,k)	
설명	데이터 집합에서 지정한 순위의 수를 구하는 함수입니다(k번째로 큰 수 구함).
인수	• array : k번째 값을 구하기 위한 숫자 데이터의 범위 또는 배열 • k : 데이터 범위나 배열에서 구하려는 값의 위치

SMALL(array,k)	
설명	데이터 집합에서 지정한 순위의 수를 구하는 함수입니다(k번째로 작은 수 구함).
인수	• array : k번째 값을 구하기 위한 숫자 데이터의 범위 또는 배열 • k : 데이터 범위나 배열에서 구하려는 값의 위치

MEDIAN(number1,number2,…)	
설명	중간값은 수 집합에서 중간에 있는 수로, 주어진 수들의 중간값을 구합니다.
인수	• number1,number2,… : 중간값을 구할 숫자들입니다. 엑셀 2003까지는 30개까지, 엑셀 2007은 255개까지 지정할 수 있습니다.

MODE(number1,number2,…)	
설명	배열이나 데이터 범위에서 가장 빈도수가 높은 값을 구합니다.
인수	• number1,number2,… : 최빈값을 구할 숫자. 엑셀 2003까지는 30개까지, 엑셀 2007은 255개까지 지정할 수 있습니다.

PERCENTILE(array,k)	
설명	범위에서 k번째 백분위 수 값을 구하는 함수. 백분위수는 특정 집단의 점수 분포상에서 개인의 상대적 위치를 알 수 있는 유도 점수입니다. 예를 들어 한 적성 검사에서 A라는 사람이 170점을 받았는데, 이 점수보다 낮은 점수가 전체의 75%라면 A의 백분위는 75가 됩니다.
인수	• array : 상대 순위를 정의하기 위한 데이터 배열 또는 범위 • k : 백분위수를 구하기 위한 백분율

PERCENTRANK(array,x,significance)	
설명	데이터 집합에서 백분율 순위를 구하는 함수로, 이 함수를 사용해 데이터 집합에서 관측 값의 상대 순위를 구할 수 있습니다.
인수	• array : 상대 순위를 정의하는 숫자값의 배열 또는 범위 • x : 순위를 알려고 하는 값 • significance : 구한 백분율 값에 대한 유효 자릿수 개수를 나타내는 선택 값. 생략하면 세 자릿수(0.xxx)를 사용합니다.

FORECAST(x,known_y's,known_x's)	
설명	기존 값으로 미래의 값을 계산하거나 예측할 수 있는 함수입니다. 예측값은 주어진 x 값에 대한 y 값으로, 알려진 값은 기존의 x 값과 y 값이며 선형 회귀를 사용해 새로운 값을 예측할 수 있습니다. 주로 판매량, 재고 필요량, 소비자 추세 등을 예측할 때 사용합니다.
인수	• x : 값을 예측하려는 데이터 요소 • known_y's : 데이터의 종속 배열 또는 범위(알려진 y 데이터 배열) • known_x's : 데이터의 독립 배열 또는 범위(알려진 x 데이터 배열)

STDEVP(number1,number2,…)	
설명	인수로 주어진 모집단 전체의 표준 편차를 계산하는 함수입니다. 표준 편차는 데이터들이 평균값에서 벗어나 있는 정도를 나타냅니다.
인수	• number1,number2,… : 모집단에 해당하는 인수. 여러 개의 인수를 쉼표로 구분하지 않고 단일 배열이나 배열에 대한 참조를 사용할 수 있습니다. TRUE, FALSE와 같은 논리값과 텍스트는 무시됩니다. 논리값과 텍스트가 무시되지 않게 하려면 STDEVPA 함수를 사용해야 하는데, STDEVP 함수는 인수를 모집단 전체로 가정할 경우 데이터가 모집단에서 뽑아낸 표본이라면 STDEV 함수를 사용해 표준 편차를 계산해야 합니다. 대규모의 표본에 대해 STDEV와 STDEVP는 거의 같은 값을 반환하게 되고, 표준 편차는 "편중(biased)" 또는 "n" 방법을 사용해 계산합니다.

TRIMMEAN(array,percent)	
설명	데이터 집합의 내부 평균을 구하는 함수입니다. 데이터 집합의 위, 아래 끝에 있는 데이터 요소의 일정 비율만큼 제외하고 평균을 계산합니다. 분석할 때 중심에서 멀리 벗어난 자료를 제외하기 위해 사용할 수 있습니다.
인수	• array : 양 끝에 있는 데이터는 제외하고 평균을 구하려는 데이터 배열 또는 영역 • percent : 계산에서 제외할 데이터 비율. 예를 들어 자료의 수가 20개가 있고 percent를 0.2로 지정하면 20개의 자료에서 4(20×0.2)개, 즉 위와 아래에서 각각 2개씩 제외하면 데이터 개수가 정확히 정수로 계산될 수 없도록 지정되면서 가장 가까운 2의 배수로 내림하여 제외할 자료의 수가 정해집니다. 예를 들어 자료의 수가 30개이고 percent가 0.1이면 자료의 10%는 3개이지만 아래와 위의 대칭을 고려하여 각각 1개씩을 제외합니다. percent 인수가 0보다 작거나 1보다 크면 #NUM 오류값을 되돌려줍니다.

GEOMEAN(number1,number2,…)	
설명	양수 데이터 배열 또는 참조 영역에 대한 기하 평균을 구합니다. 기하 평균은 늘어난 배수의 평균을 구할 때 적용하는데, 주로 주어진 변동 이율의 증가 평균을 계산할 때 사용합니다.

인수	• number1,number2,… : 평균을 계산할 인수. 엑셀 2003까지는 30개까지, 엑셀 2007 이상부터는 255개까지 지정할 수 있습니다. 쉼표로 분리되는 인수 대신 배열에 대한 참조 또는 단일 배열을 사용할 수 있습니다. 배열 또는 참조 인수에 텍스트, 논리값 또는 빈 셀이 있는 경우 이 값은 포함되지 않지만 값이 0인 셀은 포함되고 데이터 요소가 0 이하이면 #NUM! 오류값을 반환합니다.

HARMEAN(number1,number2,…)	
설명	데이터 집합의 조화 평균을 구합니다. 조화 평균은 산술 평균의 역수로, 주로 시간별 일이나 능률의 예에서는 산술 평균(AVERAGE)으로 구하지 않고, 조화 평균을 사용합니다.
인수	• number1,number2,… : 평균을 계산할 인수. 엑셀 2003까지는 30개까지, 엑셀 2007부터는 255개까지 지정할 수 있습니다. 인수를 쉼표로 구분하여 일일이 쓰는 대신 단일 배열이나 배열에 대한 참조를 사용할 수 있습니다. 인수는 숫자나 숫자를 포함한 이름, 배열, 참조 영역 등이어야 하고 배열 또는 참조 인수에 텍스트, 논리값 또는 빈 셀이 포함되어 있는 경우 이 값은 포함되지 않지만 값이 0인 셀은 포함됩니다. 데이터 요소가 0 이하이면 #NUM! 오류값을 반환하는데, 조화 평균은 항상 기하 평균보다 작고 기하 평균은 산술 평균보다 작습니다.

FREQUENCY(data_array,bins_array)	
설명	값의 범위 안에서 해당 값의 발생 빈도를 계산하여 세로 배열 형태로 구하는 함수로, 주로 지정한 숫자 범위에 들어가는 값의 개수를 구할 때 사용합니다. FREQUENCY는 배열을 반환하므로 단축 글쇠 Ctrl+Shift+Enter↵를 눌러 배열식으로 입력합니다.
인수	• data_array : 빈도를 계산할 값 집합의 참조 또는 배열. data_array에 값이 없으면 0의 배열을 반환합니다. • bins_array : data_array에서 값을 분류할 간격의 참조 또는 배열. bins_array에 값이 없으면 data_array에 있는 요소 개수를 반환합니다.

수학/삼각 함수

SUM(number1,number2, ,…)	
설명	인수로 지정된 숫자나 셀, 셀 범위에 있는 모든 값을 더합니다.
인수	• number1,number2,… : 전체 값이나 합계를 계산할 인수. 엑셀 2003까지는 30개까지, 엑셀 2007부터는 255개까지 지정할 수 있습니다.

SUM 함수를 사용한 다중 조건의 개수와 합계 계산	
설명	SUM 함수를 사용한 배열 수식으로 여러 조건에 대해 계산할 때 활용할 수 있습니다. 배열 수식에서는 두 가지 배열(두 부분의 영역, 예를 들면 [A1:A10], [B1 :B10])을 비교 연산하는 경우가 많습니다. 배열식은 일 대 일로 대응하는 값을 비교한 후 각각 연산하므로 AND 조건인 경우에는 * 부호를, OR 조건인 경우에는 + 부호를 사용합니다. 배열식을 입력한 후 반드시 단축 글쇠 Ctrl+Shift+Enter↵로 끝내야 하고 엑셀의 모든 함수는 배열 수식으로 사용 가능합니다.
인수	• AND 조건 1. 여러 조건별 개수를 구할 때 : =SUM((조건1)*(조건2)*(조건3)*…*(조건n)*1) 2. 여러 조건별 합계를 구할 때 : =SUM((조건1)*(조건2)*(조건3)*…*(조건n)*계산 범위) 개수를 구하는 식에서 조건이 한 개일 때는 반드시 마지막에 '*1'을 붙여야 하지만, 조건이 두 개 이상일 때는 '*1'을 붙이지 않아도 상관없습니다. 이때 조건은 항상 소괄호로 묶는 것이 좋습니다. 또한 평균이나 최대값 등 다른 값을 얻으려면 합계를 구하는 식에서 'SUM' 대신 해당 함수(AVERAGE, MAX 등)를 쓰면 되지만, 함수 안에 IF 함수를 사용하고 그 안에 조건을 넣은 후 조건과 계산 범위 사이에 쉼표(,)를 씁니다. • OR 조건 : AND 조건일 때와 식의 유형은 같지만 조건과 조건 사이의 연산자로 + 부호를 사용해야 합니다.

SUMIF(range,criteria,sum_range)	
설명	주어진 조건에 따라 지정된 셀의 합계를 구합니다.
인수	• range : 조건에 맞는지 검사할 셀 범위 • criteria : 합계를 구할 조건. 텍스트나 숫자만 입력할 수도 있고, 셀 주소나 조건식을 입력할 수도 있습니다. • sum_range : 합계를 구할 숫자들이 입력되어 있는 셀 범위. 이 부분을 생략하면 range에 지정된 범위의 합계를 구합니다.

SUMIFS(sum_range,range1,criteria1,range2,criteria2,…)	
설명	다중 조건을 만족하는 셀의 합계를 구합니다.
인수	• sum_range : 조건을 적용할 셀 범위 • range1,range2,… : 관련 조건을 평가할 범위로, 127개까지 지정할 수 있습니다. • criteria1,criteria2,… : 숫자, 식, 셀 참조 또는 텍스트 형식으로 된 조건

ROUND(number,num_digits)	
설명	숫자를 지정한 자릿수로 반올림. 즉 지정한 자릿수 뒷자리가 5 이상이면 올림이 됩니다.
인수	• number : 반올림할 숫자 • num_digits : 반올림할 자릿수. 양수이면 지정한 소수 자릿수로, 0이면 가장 가까운 정수로, 음수이면 소수점 왼쪽에서 반올림됩니다.

ROUNDUP(number,num_digits)	
설명	숫자를 지정한 자릿수로 올림합니다. 즉 지정한 자릿수 뒷자리가 1 이상이면 올림이 됩니다.
인수	• number : 올림할 숫자 • num_digits : 올림할 자릿수. 양수이면 지정한 소수 자릿수로, 0이면 가장 가까운 정수로, 음수이면 소수점 왼쪽에서 올림이 됩니다.

ROUNDDOWN(number,num_digits)	
설명	0에 가까운 방향으로 내림이 됩니다.
인수	• number : 내림할 숫자 • num_digits : 내림할 자릿수. 양수이면 소수점 아래 자리에서, 0이면 가장 가까운 정수로 내림합니다.

TRUNC(number,num_digits)	
설명	숫자의 소수점 이하를 버리고 정수로 변환됩니다.
인수	• number : 소수점 이하를 버림할 숫자 • num_digits : 소수점 이하를 버릴 때의 정밀도. 기본값은 0입니다.

INT(number)	
설명	숫자를 가장 가까운 정수로 내림하는 함수입니다. 계산한 결과값이 소수점 이하까지 나오는 실수일 때 정수로 만들어야 한다면 INT 함수를 사용합니다.
인수	• number : 정수로 내릴 실수. 소수점 이하를 무조건 잘라버립니다.

ABS(number)	
설명	절대값을 구하는 함수입니다. 즉 부호를 떼어낸 수치를 반환합니다.
인수	• number : 절대값을 구할 실수. 수식을 사용할 수도 있지만 number가 Null 값을 가지면 Null 값을, 초기화되지 않은 변수이면 0을 반환합니다.

FACT(number)	
설명	계승값을 구하는 함수입니다. 계승값은 어떤 수를 1부터 계속 곱한 수를 말합니다.
인수	• number : 계승값을 구할 음수가 아닌 수. number가 정수가 아니면 소수점 이하는 무시됩니다. number의 계승값은 1*2*3*,…*number입니다.

GCD(number1,number2,…)	
설명	두개 이상의 정수의 최대공약수를 구합니다. 최대공약수는 number1과 number2의 약수 중 가장 큰 수입니다.
인수	• number : 최대공약수를 구할 수. 엑셀 2003까지는 29개까지, 엑셀 2007부터는 255개까지 사용할 수 있습니다. 값이 정수가 아니면 소수점 이하는 무시됩니다.

LCM(number1,number2,…)	
설명	정수의 최소공배수를 구할 수입니다. 최소공배수는 모든 정수 인수의 배수 중 가장 작은 양수로, 분모가 다른 분수를 더할 때 LCM을 사용합니다.
인수	• number1,number2,… : 최소공배수를 구할 수 있습니다. 엑셀 2003까지는 29개까지, 엑셀 2007부터는 255개까지 사용할 수 있습니다. 값이 정수가 아니면 소수점 이하는 무시됩니다.
QUOTIENT(numerator,denominator)	
설명	나눗셈 몫의 정수 부분을 반환합니다. 나눗셈을 하고 나머지를 버릴 때 이 함수를 사용합니다.
인수	• numerator : 피제수(분자) • denominator : 제수(분모)
MOD(number,divisor)	
설명	숫자를 나눈 나머지를 구하는 함수입니다.
인수	• numerator : 나머지를 구할 수 • denominator : 나누는 수. 결과는 divisor와 부호가 같습니다.
EVEN(number)	
설명	숫자를 가장 가까운 짝수로 올림을 합니다. 주로 두 개씩 작업하는 품목을 처리할 수 있습니다.
인수	• number : 올림할 값. number가 숫자가 아니면 #VALUE! 오류값을 반환하고, number의 부호와는 상관 없이 0에서 먼 방향으로 올림이 됩니다.
ODD(number)	
설명	숫자를 가장 가까운 홀수 정수로 올림을 합니다.
인수	• number : 올림할 값. number가 숫자가 아니면 #VALUE! 오류값을 반환하고, number의 부호와는 상관 없이 0에서 먼 방향으로 올림이 됩니다.
PI( )	
설명	원주율 값(3.14159265358979)을 구합니다. 수리 상수 pi 15자리까지의 정밀도로 구할 수 있습니다.
인수	• 인수가 필요 없습니다.
SQRT(number)	
설명	양의 제곱근을 반환합니다.
인수	• number : 제곱근을 구할 숫자. number가 음수이면 #NUM! 오류값이 반환됩니다.
SQRTPI(number)	
설명	(number*pi)의 제곱근을 반환합니다.
인수	• number : 제곱근을 구할 숫자. number가 음수이면 #NUM! 오류값이 반환됩니다.
PRODUCT(number1,number2,…)	
설명	인수를 모두 곱한 결과를 구합니다. 인접되어 있는 많은 셀들의 값을 연속적으로 곱해야 할 때 사용하면 편리한데, 인수로 지정된 배열 또는 참조 범위에 있는 빈 셀이나 문자는 계산되지 않습니다.
인수	• number1,number2,… : 곱하는 수. 엑셀 2003까지는 30개까지, 엑셀 2007부터는 255개까지 사용할 수 있습니다.
SUMPRODUCT(array1,array2,array3,…)	
설명	주어진 배열에서 해당 요소들을 모두 곱하고 그 곱의 합계를 반환하는 함수입니다.
인수	• array1,array2,array3,… : 계산할 요소가 들어있는 배열을 지정합니다. 엑셀 2003까지는 2개부터 30개까지, 엑셀 2007부터는 2개부터 255개까지의 배열을 사용할 수 있습니다. • 인수로 사용하는 배열의 차원은 모두 같아야 하며 같지 않으면 #VALUE! 오류값이 반환됩니다. SUMPRODUCT 함수는 PRODUCT 함수와 달리 숫자가 아닌 항목은 0으로 처리합니다.

SUMPRODUCT 함수를 사용한 다중 조건의 개수와 합계 계산	
설명	SUMPRODUCT 함수는 다중 조건의 개수나 합계를 구할 때 아주 유용합니다. 그리고 배열을 인수로 취급하기 때문에 SUMPRODUCT 함수 안에서 조건 사이에 별표(*)를 사용하면 AND 조건으로, 더하기(+) 기호를 사용하면 OR 조건으로 판단하여 계산합니다.
인수	• 다중 조건에 대한 개수를 구할 때 : =SUMPRODUCT((조건1)*(조건2)*,…*(조건N)) : 여러 조건이 모두 맞는 경우의 개수를 구합니다. =SUMPRODUCT((조건1)+(조건2)+,…+(조건N)) : 여러 조건 중 한 가지라도 맞는 경우의 개수를 구합니다. • 다중 조건에 대한 합계를 구할 때 : =SUMPRODUCT((조건1)*(조건2)*,…*(조건N),범위) : 여러 조건이 모두 맞는 경우의 범위의 합계를 구합니다. =SUMPRODUCT((조건1)+(조건2)+,…+(조건N),범위) : 여러 조건 중 한 가지라도 맞는 경우의 범위의 합계를 구합니다.

RADIANS(angle)	
설명	각의 크기를 재는 측도 단위에는 실생활에서 주로 사용하는 60진법(각도)과 호도법(RADIAN, 10진법)이 있습니다. 60진법은 정수 단위로 세분하기가 쉽지만 측정값이 근사치로 나타나고, 호도법은 일반각의 형태를 참 값에 좀 더 가깝게 나타낼 수 있습니다. RADIANS 함수는 각도로 표시된 각의 크기를 라디안 값으로 변환하는 함수입니다. 라디안은 호도법에 의한 각도의 단위로, 주로 이론상의 연구에 사용됩니다.
인수	• angle : 변환할 각도

DEGREES(angle)	
설명	라디안을 도 단위로 변환하는 함수입니다.
인수	• angle : 변환할 각도

COMBIN(number,number_chosen)	
설명	주어진 개수의 항목으로 만들 수 있는 조합의 개수를 반환합니다. COMBIN 함수를 사용하면 주어진 개수의 항목으로 만들 수 있는 그룹의 전체 개수를 확인할 수 있습니다. 예를 들어 45개의 공 중에서 6개의 공을 뽑는 로또의 조합의 수는 COMBIN(45,6)으로 구할 수 있습니다
인수	• number : 조합으로 나눌 전체 항목의 수 • number_chosen : 각 조합에 들어갈 개체의 수 • 숫자 인수는 소수점 이하를 잘라서 정수로 변환됩니다. – 인수가 어느 하나라도 숫자가 아니면 #VALUE! 오류값이 반환됩니다 – number나 number_chosen이 음수이거나 number가 number_chosen보다 작으면 #NUM! 오류값이 반환됩니다. – 조합은 내부 순서에 관계 없이 항목의 집합 또는 부분 집합이 됩니다. 순열에서는 순서가 고려된다는 것이 조합과 다릅니다.

RAND( )	
설명	0보다 크거나 같고, 1보다 작은 실수 난수를 구합니다.
인수	• 인수 필요 없음. a와 b 사이의 실수 난수 발생식은 =rand( )*(b–a)+a입니다.

RANDBETWEEN(bottom, top)	
설명	지정한 두 수 사이의 정수 난수를 구하고 워크시트가 재계산되거나 F9 글쇠를 누르면 새로운 난수를 구합니다.
인수	• bottom : RANDBETWEEN 함수가 구할 최소 정수값입니다. • top : RANDBETWEEN 함수가 구할 최대 정수값입니다.

ROMAN(number,form)	
설명	아라비아 숫자를 텍스트인 로마 숫자로 변환합니다.
인수	• number : 변경할 아라비아 숫자. 음수나 3999보다 크면 #VALUE! 오류값을 표시합니다. • form : 로마 숫자의 스타일을 지정하는 숫자. 로마 숫자 스타일은 고전 스타일에서 단순 스타일까지 사용할 수 있습니다. form 형식에 따른 스타일은 아래와 같습니다. – 0, TRUE 또는 생략 : 고전 스타일 예 ROMAN(499,0)의 결과 CDXCIX – 1 : 더 간결 예 ROMAN(499,1)의 결과 LDVLIV

	– 2 : 더 간결 예 ROMAN(499,2)의 결과 XDIX – 3 : 더 간결 예 ROMAN(499,3)의 결과 VDIV – 4 또는 FALSE : 단순 스타일 예 ROMAN(499,4)의 결과 ID

SUBTOTAL(function_num,ref1,ref2,…)

설명 목록이나 데이터베이스에서 부분합을 구합니다. 자동 필터 결과에 포함되지 않은 행은 모두 무시하고 집계합니다.

인수

- function_num : 목록에서 부분합을 계산하는 데 사용할 함수 번호를 지정합니다.

숨겨진 값 포함	숨겨진 값 무시	적용 함수	숨겨진 값 포함	숨겨진 값 무시	적용 함수
1	101	AVERAGE	7	107	STDEV
2	102	COUNT	8	108	STDEVP
3	103	COUNTA	9	109	SUM
4	104	MAX	10	110	VAR
5	105	MIN	11	111	VARP
6	106	PRODUCT			

- ref1,ref2,… : 부분합을 구할 참조 또는 범위. 엑셀 2003까지는 29개까지, 엑셀 2007부터는 254개까지 지정할 수 있습니다.
- function_num : 값 중에 101~111(숨겨진 값 무시)은 데이터 열이나 세로 범위에 사용되고 데이터 행이나 가로 범위에는 사용되지 않습니다. 예를 들어 SUBTOTAL(109,B2:G2)와 같이 가로 범위의 부분합을 구할 때 열을 숨겨도 부분합이 영향을 받지 않습니다.
- 3차원 참조가 있으면 #VALUE! 오류값을 표시합니다.

CEILING(number,significance)

설명 significance의 배수로 올림된 수를 구합니다. 예를 들어 제품 가격이 1,245원인 경우 제품 가격으로 1원 단위를 사용하지 않으려면 수식 =CEILING(1245,10)을 사용하여 가장 가까운 10원 단위로 가격을 올림해서 1250이 됩니다. 이 경우 50원, 500원, 1,000원, 10,000원 단위 등으로 올림을 하여 맞춤할 때 사용하면 편리합니다.

인수

- number : 올림할 값
- significance : 올림할 배수의 기준이 되는 수

– CEILING 함수에서 number가 정확히 significance의 배수인 경우에는 올림을 하지 않습니다.

FLOOR(number,significance)

설명 숫자를 0 방향으로 내림하여 가장 가까운 배수를 반환합니다. 예를 들어 =FLOOR(1245,10)을 사용하면 숫자를 0 방향으로 내림하여 1240이 됩니다.

인수

- number : 내림할 값
- significance : 내림할 배수의 기준이 되는 수

– FLOOR 함수에서 number가 Significance의 배수이면 내림되지 않습니다.

MROUND(number,multiple)

설명 원하는 배수로 반올림된 수를 구합니다.

인수

- number : 반올림할 값
- multiple : 숫자를 반올림할 배수의 기준이 되는 값
- number를 multiple로 나눈 나머지가 mutiple 값의 반보다 크거나 같으면 0에서 먼 방향으로 올림이 됩니다.

날짜/시간 함수

DATE(year,month,day)	
설명	지정한 년, 월, 일로 날짜 데이터를 구합니다. year, month, day를 상수로 직접 지정하기보다 몇 년 전 후, 몇 개월 전 후를 구하기 위해 수식으로 지정하는 경우 유용합니다.
인수	• year : 세 자리부터 네 자리까지 지정할 수 있습니다. 엑셀에서는 현재 사용하고 있는 날짜 체계에 따라 year 인수가 해석됩니다. 기본적으로 윈도우(Windows)용 엑셀에서는 1900 날짜 체계를, 매킨토시(Macintosh)용 엑셀에서는 1904 날짜 체계를 사용합니다. • month : 월을 지정하는 숫자. month가 12보다 크면 다음 해로 넘어간 후 month에서 12를 뺍니다. • day : 일을 지정합니다. day가 지정한 월의 날짜 수보다 크면 다음 달로 넘어간 후 day에서 지정한 달의 일 수를 뺍니다.

DATEVALUE(date_text)	
설명	텍스트로 표시된 날짜를 날짜 일련번호로 변환합니다.
인수	• date_text : 날짜 일련번호로 변환할 날짜 형식의 텍스트

TIMEVALUE(time_text)	
설명	텍스트 속성으로 입력된 시간을 나타내는 실수로 변환합니다.
인수	• time_text : 시간을 나타내는 텍스트 문자열. time_text의 날짜 정보는 무시됩니다.

YEAR(serial_number)	
설명	날짜 데이터로부터 연도에 해당하는 숫자를 가져옵니다.
인수	• serial_number : 연도를 구할 날짜

MONTH(serial_number)	
설명	날짜 데이터로부터 월에 해당하는 숫자를 가져옵니다.
인수	• serial_number : 월을 구할 날짜

DAY(serial_number)	
설명	날짜 데이터로부터 일에 해당하는 숫자를 가져옵니다.
인수	• serial_number : 일을 구할 날짜

EDATE(start_date,months)	
설명	지정한 시작 날짜로부터 몇 개월 전후의 날짜를 구할 수 있습니다.
인수	• start_date : 시작 날짜 • months : 시작 날짜로부터 몇 달 전이나 후의 개월 수를 입력합니다. 양수로 입력하면 앞으로의 날짜를, 음수로 입력하면 지나간 날짜를 구합니다(1.5, −1.5 등의 실수는 1 미만을 버린 후 1개월이나 −1개월로 처리됩니다).

EOMONTH(start_date,months)	
설명	지정한 시작 날짜로부터 몇 개월 전이나 후의 마지막 날짜를 구할 수 있으므로 원하는 달의 마지막 날에 해당하는 만기일을 계산할 때 편리합니다.
인수	• start_date : 시작 날짜 • months : 시작 날짜 전이나 후의 개월 수. 몇 개월 후의 날짜를 구하려면 양수나 몇 개월 전의 날짜를 구하려면 음수로 지정합니다.

DAYS360(start_date,end_date,method)	
설명	1년을 360일(12달*30일)로 가정하고 두 날짜 사이의 일수를 반환합니다. 주로 회계 계산에 사용되며, 회계 체계가 12달 30일을 기준으로 할 때 이 함수로 임금을 계산할 수 있습니다.
인수	• start_date : 시작 날짜 • end_date : 종료 날짜 • method : 미국식 산술법을 사용할지, 유럽식 산술법을 사용할지를 지정하는 논리값

- method를 FALSE로 지정하거나 생략하면 미국식 산술법을 사용하는 것으로, 시작일이 어떤 달의 31일이면 그 달의 30일로 처리되고, 종료일이 31일이고 시작일이 30일보다 이전이면 종료일은 다음 달 1일로 처리됩니다.
- method를 TRUE로 지정하면 유럽식 산술법을 사용하는 것으로 시작일이나 종료일이 어떤 달의 31일이면 그 달의 30일로 처리됩니다.
- start_date가 end_date보다 나중이면 음수가 반환됩니다.

DATEDIF(start_date,end_date,return_type)

설명

시작일과 종료일을 기준으로 하여 두 날짜 사이의 경과 년수, 개월 수, 일수를 구할 수 있는 함수입니다. 함수 마법사 목록에 나타나지 않으므로 직접 입력해야 합니다.

인수

- start_date : 시작 날짜
- end_date : 종료 날짜
- return_type : 어떤 종류의 경과 기간을 구할 것인지에 대한 선택 사항. 아래의 문자들 중 하나를 지정하는데, 이때 따옴표 안에 입력해야 하며, 대소문자를 구분하지 않습니다.

Type		Type	설명
Y	두 날짜 사이의 총 경과 년수	YM	경과 연도를 뺀 나머지 경과 개월 수
M	두 날짜 사이의 총 경과 개월 수	YD	경과 연도를 뺀 나머지 경과 일 수
D	두 날짜 사이의 총 경과 일 수	MD	경과 연도와 개월 수를 뺀 나머지 일 수

WORKDAY(start_date,days,holidays)

설명

시작 날짜의 전이나 후의 날짜 수에서 주말이나 휴일을 제외한 날짜 수, 즉 평일 수를 구합니다. WORKDAY 함수를 사용하면 청구서 지불 기한이나 배달 예정일, 작업 일수 등을 계산할 때 주말이나 휴일을 제외할 수 있습니다.

인수

- start_date : 시작 날짜
- days : start_date 전이나 후의 날짜 수. days 값이 양수이면 앞으로의 날짜이고, 음수이면 지나간 날짜입니다.
- holidays : 국경일, 공휴일, 임시 공휴일과 같이 작업 일수에서 제외되는 날짜 목록. 생략하면 주말만 제외됩니다. 목록은 날짜가 들어있는 셀 범위나 날짜 일련번호의 배열 상수가 될 수 있습니다.

NETWORKDAY(start_date,end_date,holidays)

설명

주말과 공휴일을 제외한 두 날짜 사이의 일수를 구하는 함수입니다. 이 함수를 사용하면 특정 기간 동안 작업한 날짜 수를 기초로 하여 발생된 직원의 임금을 계산할 수 있습니다.

인수

- start_date : 시작 날짜
- end_date : 마지막 날짜
- holidays : 국경일, 공휴일, 임시 휴일 등 작업일 수에서 제외되는 한 개 이상의 날짜 목록. 생략하면 주말만 제외됩니다. 이 목록은 날짜가 들어있는 셀 범위 또는 날짜를 나타내는 일련번호로 이루어진 배열 상수가 될 수 있습니다.

YEARFRAC(start_date,end_date,basis)

설명

start_date와 end_date 사이의 날짜 수를 년 단위로 구해 소수점 이하까지 표시하기 때문에 두 기간 사이의 날짜 수로 1년 중 차지하는 비율을 구할 수 있습니다. 이 함수를 사용하면 특정 기간에 대한 연간 이익 또는 채무의 비율을 구할 수 있습니다.

인수

- start_date : 시작 날짜
- end_date : 종료 날짜
- basis : 날짜 계산 기준. 미국식 산술법을 사용하면 시작일이 어떤 달의 31일일 경우 그 달의 30일로 처리되고, 종료일이 31일이고 시작일이 30일보다 이전이면 종료일은 다음 달 1일로 처리됩니다. 그렇지 않으면 종료일은 그 달의 30일로 처리됩니다. 유럽식 산술법을 사용하면 시작일이나 종료일이 어떤 달의 31일일 경우 그 달의 30일로 처리됩니다.

basis	날짜 계산 기준
0 또는 생략	미국(미국증권업협회) 30/360 : 1년을 360일, 한 달을 30일로 계산
1	실제/실제 : 실제 날짜 수로 계산
2	실제/360 : 1년을 360일, 한 달을 실제 날짜 수로 계산
3	실제/365 : 1년을 365일, 한 달을 실제 날짜 수로 계산
4	유럽 30/360 : 1년을 360일, 한 달을 30일로 계산

WEEKNUM(serial_number,return_type)	
설명	지정한 주가 일년 중 몇 번째 주인지 나타내는 숫자를 구합니다.
인수	• serial_number : 해당 주에 속하는 날짜 • return_type : 주의 시작 요일을 결정하는 숫자. 1이나 2를 지정하며, 기본값은 1입니다.

Return_type	주 시작 요일
1 또는 생략	일요일부터 토요일까지를 한 주
2	월요일부터 일요일까지를 한 주

WEEKDAY(serial_number,return_type)	
설명	날짜에 해당하는 요일을 숫자로 표시하는 함수입니다. 기본적으로 요일은 1(일요일)에서 7(토요일)까지의 정수입니다.
인수	• serial_number : 요일을 구할 날짜 • return_type : 반환 값의 종류를 결정하는 숫자

Return_type	반환되는 수
1 또는 생략	1(일요일)에서 7(토요일)까지의 숫자
2	1(월요일)에서 7(일요일)까지의 숫자
3	0(월요일)에서 6(일요일)까지의 숫자

TIME(hour,minute,second)	
설명	시, 분, 초에 해당하는 정수를 각각 인수로 받아들인 후 시간 데이터로 반환합니다. 다른 셀에 각각 따로 입력되어 있는 시, 분, 초를 하나의 셀에 시간 데이터로 입력해야 할 때 유용합니다.
인수	• hour : 0에서 32767까지의 시간을 나타내는 숫자 23보다 큰 값은 24로 나눈 나머지가 시간 값으로 처리됩니다. 예를 들어 TIME(27,0,0)은 TIME(3,0,0)이 되고, 이 값은 .125 또는 오전 3 :00입니다. • minute : 0에서 32767까지의 분을 나타내는 숫자. 59보다 큰 값은 시간과 분으로 변환됩니다. 예를 들어 TIME(0,750,0)은 TIME(12,30,0)이 되고 이 값은 .520833 또는 오후 12 :30입니다. • second : 0에서 32767까지의 초를 나타내는 숫자. 59보다 큰 값은 시간, 분, 초로 변환됩니다. 예를 들어 TIME(0,0,2000)은 TIME(0,33,22)이 되고, 이 값은 .023148 또는 오전 12 :33 :20입니다.

TIMEVALUE(time_text)	
설명	텍스트 속성으로 입력된 시간을, 시간을 나타내는 실수로 변환합니다.
인수	• time_text : 시간을 나타내는 텍스트 문자열. time_text의 날짜 정보는 무시합니다.

HOUR(serial_number)	
설명	시간 데이터로부터 시(時)에 해당하는 숫자를 가져오는 함수입니다. 시(時)는 0(오전 12 :00)부터 23(오후 11 :00)까지의 정수로 표시합니다.
인수	• serial_number : 원하는 시(時)가 들어있는 시간 값

MINUTE(serial_number)	
설명	분에 해당하는 숫자를 가져오는 함수입니다. 분(分)은 0부터 59까지의 정수로 표시합니다.
인수	• serial_number : 원하는 분(分)이 들어있는 시간 값

SECOND(serial_number)	
설명	초에 해당하는 숫자를 가져오는 함수입니다. 초(秒)는 0부터 59까지의 정수로 표시합니다
인수	• serial_number : 원하는 초(秒)가 들어있는 시간 값

TODAY( )	
설명	컴퓨터에 설정된 현재 날짜를 입력합니다.
인수	• 인수는 없습니다.

NOW( )	
설명	컴퓨터에 설정된 현재 날짜와 시간을 입력합니다.
인수	• 인수는 없습니다.

텍스트 함수

CODE(text)	
설명	텍스트의 첫째 문자에 대한 숫자 코드를 반환하고, 코드는 컴퓨터에서 사용하는 문자 집합에 따라 달라집니다. 매킨토시 작업 환경에서는 매킨토시 문자 집합을, 윈도우 작업 환경에서는 ANSI 코드를 사용합니다.
인수	• text : 첫째 문자의 코드를 구하려는 텍스트
CHAR(number)	
설명	코드 번호에 해당되는 문자를 반환합니다. CHAR 함수를 사용해 다른 종류의 컴퓨터 파일로부터 읽어온 코드의 페이지 번호를 문자로 바꿀 수 있고, 코드 번호에 해당하는 문자로 일률적으로 바꿀 수 있습니다.
인수	• number : 원하는 문자를 지정하는 코드 번호. 문자는 이용중인 시스템에서 사용하는 문자 집합에 포함되어 있습니다. 문자에 해당하는 코드 번호는 CODE 함수를 사용해 알 수 있습니다.
EXACT(text1,text2)	
설명	두 개의 문자열을 비교하여 정확하게 일치하면 TRUE를, 일치하지 않으면 FALSE를 반환합니다. 문자열의 대소문자 차이는 구분하지만 서식 차이는 무시합니다.
인수	• text1 : 비교할 첫째 문자열 • text2 : 비교할 둘째 문자열
LEFT(text,num_chars)	
설명	문자열의 첫 글자부터 원하는 수만큼의 문자를 반환합니다.
인수	• text : 추출할 문자가 들어있는 텍스트 문자열입니다. • num_chars : 추출할 문자 수. 양수로 지정되어야 하며, 생략하면 1로 간주됩니다.
RIGHT(text,num_chars)	
설명	문자열의 마지막 글자부터 지정된 개수의 문자를 반환합니다.
인수	• text : 추출할 문자가 들어있는 텍스트 문자열 • num_chars : 추출할 문자 수. 양수로 지정해야 하고 생략하면 1로 간주합니다.
MID(text,start_num,num_chars)	
설명	문자열의 지정한 위치로부터 지정된 개수의 문자를 반환합니다.
인수	• text : 추출할 문자가 들어있는 텍스트 문자열 • start_num : 추출할 첫 문자의 위치. 양수로 지정해야 합니다. • num_chars : 추출할 문자 수. 양수로 지정해야 하고 1로 간주합니다.
FIND(find_text,within_text,start_num)	
설명	다른 텍스트 문자열(within_text)에서 텍스트 문자열(find_text)을 찾고 다른 텍스트 문자열(within_text)의 첫째 문자에서 찾은 문자열(find_text)의 시작 위치 번호를 반환합니다.
인수	• find_text : 찾으려는 텍스트. 같은 문자열이 있을 때는 앞의 위치를 가져옵니다. • within_text : 찾으려는 텍스트를 포함하는 문자열 • start_num : 검색을 시작할 문자를 지정하고 start_num을 생략하면 1로 간주합니다.

SEARCH(find_text,within_text,start_num)	
설명	문자열에서 지정한 문자 또는 문자열이 처음 발견되는 문자의 위치를 반환합니다. FIND 함수와 기능이 거의 같지만 SEARCH 함수는 텍스트를 검색할 때 영문자의 대/소문자를 구분하지 않습니다.
인수	• find_text : 찾으려는 텍스트로, 와일드카드 문자인 물음표(?)와 별표(*)를 사용할 수 있습니다. 물음표(?)는 한 개의 문자를 대표하고, 별표(*)는 모든 문자를 대표합니다. 물음표(?)나 별표(*) 문자 자체를 찾으려면 문자 앞에 물결표(~)를 입력해야 하고 같은 문자열이 있을 때는 앞의 위치를 가져옵니다. • within_text : find_text를 포함하고 있는 문자열 • start_num : within_text에서 찾기 시작할 문자의 위치. 생략하면 1로 간주합니다.

LEN(text)	
설명	문자열의 문자 수를 구합니다.
인수	• text : 길이를 알려는 문자열. 공백도 문자로 계산됩니다.

LENB(text)	
설명	LEN 함수와 마찬가지로 문자의 길이를 구합니다. 이때 단순히 문자의 개수를 구하는 것이 아니라 문자를 나타낼 때 사용한 바이트 수를 구하므로 주로 더블 바이트 문자에 사용합니다. 예를 들어 숫자나 영문자는 한 글자가 1바이트이고 한글, 한자, 특수 문자 등은 2바이트이므로 '1-1번지'라는 문자의 경우 글자 수는 5개이지만, 바이트 수는 7개입니다.
인수	• text : 길이를 알려는 문자열. 공백도 문자로 계산됩니다.

REPLACE(old_text,start_num,num_chars,new_text)	
설명	지정한 문자 수에 따라 문자열의 일부를 다른 문자열로 바꿉니다.
인수	• old_text : 바꾸려는 문자열 • start_num : old_text에서 바꿀 문자의 위치 • num_chars : old_text에서 new_text로 바꿀 문자열의 수 • new_text : old_text에 바꾸어 넣을 새 문자열

SUBSTITUTE(text,old_text,new_text,instance_num)	
설명	문자열에서 특정 문자를 다른 문자로 바꿀 때 사용합니다. 문자열의 특정 위치에 있는 텍스트를 바꿀 때는 REPLACE 함수를 사용하지만, 특정 문자를 다른 문자로 대체할 때는 SUBSTITUTE 함수를 사용합니다. 특히 한 셀에 특정 문자가 여러 개 입력되어 있고, 그 중 한 개의 문자를 선택하여 바꿔야 할 때 유용합니다.
인수	• text : 문자를 대체할 문자열이 입력되어 있는 셀 주소 또는 문자열 • old_text : 바꿀 문자열 • new_text : old_text를 대신할 문자열 • instance_num : text에서 몇 번째에 있는 old_text를 new_text로 바꿀 것인지를 지정하는 수. instance_num을 지정하면 해당하는 위치에 있는 old_text만 바뀌고 그렇지 않으면 모든 old_text가 new_text로 바뀝니다.

FIXED(number,decimals,no_commas)	
설명	숫자를 지정된 자릿수에서 올림한 후 마침표와 쉼표를 사용해 10진수 서식으로 지정하고, 결과를 텍스트로 표시합니다. 예를 들어 문자와 콤마(,) 서식이 지정된 숫자를 & 연산자로 연결하면 연결된 결과에 콤마(,) 서식이 적용되지 않지만 FIXED 함수를 사용해 연결하면 콤마(,)가 표시됩니다.
인수	• number : 수를 올림하여 텍스트로 변환할 숫자. 15자리까지 사용할 수 있습니다. • decimals : 표시할 소수점 이하 자릿수. 127자리까지 사용할 수 있고, 음수이면 소수점 왼쪽에서 올림되며, 생략하면 2로 간주합니다. • no_commas : 논리값으로, TRUE이면 숫자에 콤마(,)가 표시되지 않습니다. FALSE이거나 생략하면 텍스트에 콤마(,)가 표시됩니다.

WON(number,decimals)	
설명	지정된 자리에서 반올림하고 통화 형식 원화 기호(₩)를 사용해 숫자를 텍스트로 변환합니다.
인수	• number : 숫자 또는 숫자가 들어있는 셀 주소, 숫자를 계산하는 수식 등을 지정합니다. • decimals : 소수점 이하의 자릿수. Decimals가 음수이면 Number는 소수점 왼쪽에서 반올림되고 Decimals를 생략하면 2로 간주합니다.

DOLLAR(number,decimals)	
설명	지정된 자리에서 반올림하고 통화 형식 달러 기호($)를 사용해 숫자를 텍스트로 변환합니다..
인수	• number : 숫자 또는 숫자가 들어있는 셀 주소, 숫자를 계산하는 수식 등을 지정합니다. • decimals : 소수점 이하의 자릿수. Decimals가 음수이면 Number는 소수점 왼쪽에서 반올림되고, Decimals를 생략하면 2로 간주합니다.

REPT(text,number_times)	
설명	텍스트를 지정한 횟수만큼 반복하여 입력합니다.
인수	• text : 반복할 텍스트입니다. • text : 반복할 텍스트 • number_times : 반복 횟수를 지정합니다. 0을 지정하면 빈 텍스트를 표시하고, 정수가 아니면 소수 부분을 잘라내며, 32,767자까지 지정할 수 있습니다. 그 이상이면 #VALUE! 오류를 표시합니다.

TEXT(value,format_text)	
설명	숫자를 지정한 표시 형식의 텍스트로 변환합니다. TEXT 함수를 사용해 표시 형식을 지정하면 실제 값이 지정한 표시 형식의 문자로 바뀝니다.
인수	• value : 숫자값, 숫자값을 계산하는 수식 또는 숫자값이 있는 셀 주소를 지정합니다. • format_text : '셀 서식' 대화상자의 표시 형식으로 지정할 수 있는 셀 서식 코드로, 별표(*)는 포함될 수 없습니다.

VALUE(text)	
설명	텍스트 속성인 숫자를 숫자값으로 변환합니다. 이 함수는 다른 스프레드시트 프로그램과의 호환성을 위해 제공됩니다.
인수	• text : 따옴표로 묶인 텍스트 또는 변경할 텍스트가 들어있는 셀의 주소. 엑셀에서 인식될 수 있는 상수, 날짜 또는 시간 형태의 텍스트여야 하고 그렇지 않으면 #VALUE! 오류값을 표시합니다.

LOWER(text)	
설명	문자열의 대문자를 모두 소문자로 변환합니다.
인수	• text : 소문자로 변환할 문자열로서 글자가 아닌 문자는 변환하지 않습니다.

LEN(text)	
설명	문자열의 문자 수를 구합니다.
인수	• text : 소문자로 변환할 문자열. 글자가 아닌 문자는 변환하지 않습니다.

UPPER(text)	
설명	텍스트를 모두 대문자로 변환합니다.
인수	• text : 대문자로 변환할 문자열. 글자가 아닌 문자는 변환하지 않습니다.

PROPER(text)	
설명	영어 단어의 첫 번째 문자와 영어가 아닌 문자 다음에 오는 영어 문자를 대문자로 변환하고, 나머지 문자들은 소문자로 변환합니다.
인수	• text : 따옴표로 묶은 텍스트, 텍스트를 반환하는 수식, 부분적으로 대문자화할 텍스트가 들어있는 셀의 참조 등입니다.

TRIM(text)	
설명	단어 사이에 있는 한 칸의 공백을 제외한 텍스트의 모든 공백을 삭제하므로 단어의 양쪽 끝 부분에 있는 공백을 제거할 때 사용하면 유용합니다.
인수	• text : 공백을 삭제할 텍스트

CONCATENATE(text1,text2,…)	
설명	여러 문자열 항목을 한 문자열로 만들 때 사용합니다. 문자열을 합치는 작업은 & 연산자를 사용할 수도 있지만, 연결할 문자열이 많은 경우에 유용합니다.

인수	• text1,text2,… : 한 텍스트로 합치려는 텍스트 항목. 엑셀 2003까지는 30개까지, 엑셀 2007에서는 255개까지 지정할 수 있습니다. 텍스트 항목에는 텍스트, 숫자, 단일 셀 참조 영역 등을 지정할 수 있습니다.

T(value)	
설명	value가 참조하는 텍스트를 반환하며, 텍스트의 서식은 가져오지 않습니다. 한꺼번에 하이퍼링크를 제거하는 등 특정 서식을 제거해야 할 때 유용합니다.
인수	• value : 검사할 값. 텍스트이면 해당 텍스트가, 텍스트가 아니면 빈 텍스트("")가 반환됩니다.

NUMBERSTRING(value,type)	
설명	숫자를 한글이나 한자로 변환하는데, 이때 변환할 수 있는 유형은 세 가지입니다. NUMBERSTRING 함수는 함수 마법사 목록에는 없으므로 직접 입력해야 합니다.
인수	• value : 한글이나 한자로 변환할 숫자값 • type : 숫자를 문자로 변환할 유형. 234,567을 변환할 때 각 유형에 대한 결과는 다음과 같습니다. – 1 : 이십삼만사천오백육십칠 – 2 : 貳拾參萬四阡伍百六拾七 – 3 : 이삼사오육칠

DATESTRING(value)	
설명	날짜 값을 문자로 표시하는 함수입니다. DATESTRING 함수는 함수 마법사 목록에 없기 때문에 직접 입력해야 합니다.
인수	• value : 날짜 문자로 표시할 날짜에 해당하는 숫자 또는 날짜. 함수식 안에 날짜를 직접 입력할 때는 큰따옴표(예 : "2013-12-25") 안에 입력해야 합니다.

CLEAN(text)	
설명	인쇄할 수 없는 문자를 텍스트에서 모두 삭제합니다. CLEAN 함수는 주로 다른 응용 프로그램에서 가져온 텍스트 중 현재 사용중인 운영체제에서 인쇄할 수 없는 문자를 모두 삭제할 때 사용합니다. 예를 들어 데이터 파일의 시작과 끝에 있으며 인쇄할 수 없는 컴퓨터 코드를 삭제할 수 있습니다.
인수	• text : 인쇄할 수 없는 문자를 제거할 워크시트 정보

찾기/참조 영역 함수

VLOOKUP(lookup_value,table_array,col_index_num,range_lookup)	
설명	데이터 목록의 첫 번째 열에서 값을 찾은 후 찾은 값과 같은 줄에서 지정된 열 번호 위치에 있는 데이터를 가져옵니다.
인수	• lookup_value : 표 배열(table_array)의 첫째 열에서 찾을 값 • table_array : 데이터(lookup_value)를 찾을 표 배열. table_array의 첫째 열의 값은 lookup_value로 검색될 값이어야 합니다. • col_index_num : lookup_value에서 찾은 값과 같은 행에서 몇 번째 열에 있는 값을 가져올 것인지에 대한 열 번호 • range_lookup : 정확하게 일치하는 값을 찾을 것인지, 근사값을 찾을 것인지에 대한 선택 사항입니다. True를 입력하거나 생략하면 근사값을, False나 0을 입력하면 정확하게 일치하는 값을 찾습니다. lookup_value가 숫자일 때는 대부분 True를 입력합니다.

HLOOKUP(lookup_value,table_array,row_index_num,range_lookup)	
설명	표 배열의 첫 번째 행에서 값을 찾고, 찾은 값과 같은 열에서 지정된 행 번호의 위치에 있는 데이터를 가져옵니다.
인수	• lookup_value : 표 배열의 첫째 줄에서 찾을 값 • table_array : 데이터를 찾을 표 배열. table_array의 첫째 줄의 값은 lookup_value로 검색할 값이어야 합니다. • row_index_num : lookup_value에서 찾은 값과 같은 열에서 몇 번째 행에 있는 값을 가져올 것인지에 대한 행 번호 • range_lookup : 정확하게 일치하는 값을 찾을 것인지, 근사 값을 찾을 것인지에 대한 선택 사항. True 또는 생략하면 근사값을 찾고, False 또는 0을 입력하면 정확하게 일치하는 값을 찾습니다. lookup_value가 숫자일 때는 대부분 True를 입력합니다.

COLUMN(reference)	
설명	주어진 참조의 행 번호를 반환합니다.
인수	• reference : 열 번호를 구하려는 셀이나 셀 범위. 생략하면 COLUMN 함수가 입력된 현재 셀의 참조인 것으로 간주합니다.

ROW(reference)	
설명	주어진 참조의 행 번호를 반환합니다.
인수	• reference : 행 번호를 구할 셀 또는 셀 범위. 생략하면 ROW 함수가 입력된 셀의 참조를 사용합니다.

ADDRESS(row_num,column_num,abs_num,a1,sheet_text)

설명

주어진 행과 열 번호를 이용하여 셀 주소를 나타내는 텍스트를 구합니다. 혼자 사용되는 경우는 거의 없고, 다른 찾기/참조 영역 함수와 함께 사용해서 셀 주소를 정의합니다.

인수

- row_num : 셀 참조에 사용할 행 번호
- column_num : 셀 참조에 사용할 열 번호
- abs_num : 반환될 참조 유형을 지정하는데, 해당 유형은 다음과 같습니다.

abs_num	반환되는 참조 유형
1 또는 생략	절대 행과 열
2	절대 행, 상대 열
3	상대 행, 절대 열
4	상대 행과 열

- a1 : A1 또는 R1C1 참조 스타일을 지정하는 논리값. a1이 TRUE이거나 생략하면 A1 스타일로, FALSE이면 R1C1 스타일로 반환됩니다.
- sheet_text는 외부 참조로 사용할 워크시트의 이름을 지정하는 텍스트입니다. 생략하면 시트 이름을 사용하지 않습니다.

ROWS(array)	
설명	참조 또는 배열에 있는 행의 개수를 구합니다.
인수	• array : 행의 개수를 구할 배열, 배열 수식 또는 셀 범위의 참조

COLUMNS(array)	
설명	배열이나 참조에 들어있는 열의 개수를 반환합니다.
인수	• array : 열의 개수를 구할 배열, 배열 수식 또는 셀 범위의 참조

INDIRECT(ref_text,a1)	
설명	문자열 형태로 지정된 셀 주소를 실제 셀 주소로 만듭니다.
인수	• ref_text : 셀 참조 주소 형태의 문자열. A1 스타일 참조 주소, R1C1 스타일 참조 주소, 셀 주소가 입력되어 있는 셀을 지정할 수 있습니다. 유효한 셀 참조가 아닌 경우에는 #REF! 오류값이 반환됩니다. 다른 통합 문서를 참조하는 경우(외부 참조)에는 해당 통합 문서가 반드시 열려있어야 합니다. 원본 통합 문서가 열려있지 않으면 #REF! 오류값이 반환됩니다. • a1 : ref_text 셀에 들어있는 참조 유형을 지정하는 논리값. TRUE이거나 생략하면 A1 스타일의 참조로, FALSE이면 R1C1 스타일의 참조로 해석됩니다.

MATCH(lookup_value,Lookup_array,match_type)	
설명	지정된 값을 지정된 순서로 일치시키는 배열에서 찾는 항목의 상대 위치를 구합니다.
인수	• lookup_value : 표에서 찾으려는 값, 즉 Lookup_array에서 찾으려는 값. 숫자, 텍스트, 논리값 등의 값이나 숫자, 텍스트 또는 논리값에 대한 셀 참조일 수 있습니다. • Lookup_array : 찾으려는 값이 포함된 인접한 셀들의 범위. 배열 또는 배열 참조여야 합니다. • match_type : Lookup_array에서 lookup_value를 찾는 방법을 지정하는 숫자로, -1, 0, 1의 세 가지가 있습니다.

match_type	찾는 방법
1	• lookup_value보다 작거나 같은 값 중에서 최대값을 찾습니다. • Lookup_array는 반드시 오름차순(.…,-2, -1, 0, 1, 2,…,A~Z, FALSE, TRUE)으로 정렬되어 있어야 하고 생략하면 1로 간주합니다.
0	lookup_value와 같은 첫째 값을 찾고 Lookup_array는 임의의 순서여도 됩니다.
-1	• lookup_value보다 크거나 같은 값 중 가장 작은 값을 찾습니다. • Lookup_array는 TRUE, FALSE, Z~A, ,…2, 1, 0, -1, -2, ,… 등으로 내림차순으로 입력해야 합니다.

- MATCH 함수는 Lookup_array에서 일치하는 값이 아니라 값의 위치를 표시합니다. 예를 들어 MATCH("b", {"a","b","c"},0)은 array{"a","b","c"}에서 b의 상대 위치 2를 표시합니다.
- MATCH 함수는 영문자의 대/소문자를 구분하지 않습니다.
- 일치하는 문자를 찾지 못하면 #N/A 오류값을 표시합니다.
- [match_type]이 0이고 [lookup_value]가 텍스트이면 lookup_value에 와일드카드 문자인 별표(*)와 물음표(?)가 포함될 수 있습니다. 별표(*)는 여러 문자를, 물음표(?)는 단일 문자를 대신합니다.

INDEX(array,row_num,column_num)

설명	테이블 또는 범위에서 값 또는 값에 대한 참조를 반환합니다. INDEX 함수에는 배열(array)형과 참조(reference)형의 두 가지가 있는데, 배열형은 항상 한 개의 값 또는 값의 배열을 구합니다. 행과 열 번호의 인덱스로 선택한 배열이나 표의 요소 값을 반환합니다. 즉 몇 번째 행, 몇 번째 열에 있는 값을 구합니다. INDEX 함수의 첫째 인수가 배열 상수이면, 배열 형식을 사용합니다.
인수	• array : 셀 범위나 배열 상수 - 배열에 행이나 열이 하나만 있을 때는 row_num 또는 column_num을 생략할 수 있습니다. - 배열에 행과 열이 두 개 이상 있을 때 row_num이나 column_num만 사용하면, 배열의 전체 행이나 열이 하나의 배열로 반환됩니다. • row_num : 값을 반환할 행 번호를 선택합니다. row_num을 생략하면 column_num이 필요합니다. • column_num : 값을 반환할 열 번호를 선택합니다. column_num을 생략하면 row_num이 필요합니다. - row_num과 column_num 인수를 모두 사용하면 row_num과 column_num이 교차하는 셀의 값이 반환됩니다. - row_num이나 column_num을 0(영)으로 설정하면 전체 행이나 열에 대한 값의 배열이 각각 반환됩니다. 배열로 반환된 값을 사용하려면 행에 대한 가로 셀 범위와 열에 대한 세로 셀 범위에 INDEX 함수를 배열 수식으로 입력합니다. - row_num과 column_num은 반드시 배열에 있는 셀이어야 하고 그렇지 않으면 #REF! 오류값이 반환됩니다.

INDEX(reference,row_num,column_num,area_num)

설명	참조형 INDEX 함수는 특정 행과 열이 교차하는 위치의 셀 참조를 반환합니다. 참조가 인접하지 않은 영역으로 이루어진 경우에는 찾아볼 영역을 선택할 수 있습니다.
인수	• reference : 한 개 이상의 셀 범위에 대한 참조. 인접하지 않은 범위를 참조로 입력하려면, 참조를 괄호로 묶어야 합니다. - 참조의 각 영역마다 행이나 열이 한 개만 들어있는 경우에는 row_num 또는 column_num 인수가 각각 선택 사항이 됩니다. 예를 들어 한 개의 행 참조에 대해서는 INDEX(reference,,column_num)를 사용합니다. • row_num : 참조를 반환하는 참조 형식의 행 번호 • column_num : 참조를 반환하는 참조 형식의 열 번호 • area_num : row_num과 column_num이 교차하는 셀을 반환할 참조의 범위를 선택합니다. 첫 번째로 선택되거나 입력된 영역은 1로, 두 번째는 2로, 세 번째는 3으로 계속해서 번호가 부여됩니다. area_num을 생략하면 영역 1을 사용합니다. - row_num이나 column_num을 0(영)으로 설정하면 전체 행이나 열에 대한 참조가 반환됩니다. - row_num, column_num, area_num은 반드시 reference 안의 셀이어야 하고 그렇지 않으면 #REF! 오류값이 반환됩니다. - row_num과 column_num이 생략되면 area_num으로 지정된 참조의 영역이 반환됩니다.

LOOKUP(lookup_value,lookup_vector,result_vector)	
설명	LOOKUP 함수에는 벡터(vactor)와 배열의 두 가지 구문형이 있습니다. 벡터는 오직 하나의 행 또는 열을 포함하는 배열을 말하는데, 이 벡터에서 값을 찾아 두 번째 벡터의 같은 위치에 있는 값을 되돌려줄 범위에서 값을 찾아 그 값과 같은 위치에 있는 값을 가져오는 작업은 VLOOKUP 함수나 HLOOKUP 함수로도 할 수 있습니다. 그러나 LOOKUP 함수의 벡터형을 사용하면 찾는 값이 데이터 범위의 첫 번째 행이나 열에 없어도 된다는 점이 다릅니다. 그리고 목록이 가로형이든, 세로형이든 LOOKUP 함수의 벡터형을 사용할 수 있습니다.
인수	• lookup_value : LOOKUP이 첫 번째 벡터에서 검색하는 값. lookup_value는 한 값을 참조하는 참조 이름, 논리값, 텍스트 또는 숫자일 수 있습니다. • lookup_vector : 하나의 행 또는 열만 포함하는 범위. lookup_vector의 값은 텍스트, 숫자 또는 논리값으로, 반드시 오름차순(,…, −2, −1, 0, 1, 2, ,…, A~Z, FALSE, TRUE)으로 정렬해야 하고 그렇지 않으면 정확한 값을 얻을 수 없습니다. 이때 영문자의 대/소문자는 구분하지 않습니다. • result_vector : 하나의 행 또는 열만 포함하는 범위. lookup_vector와 같은 크기여야 합니다. – lookup_value를 찾지 못하면 lookup_vector에서 lookup_value보다 작거나 같은 값 중에서 최대값을 표시합니다. – lookup_value가 lookup_vector의 최소값보다 작으면 #N/A 오류값을 표시합니다.

LOOKUP(lookup_value,array)	
설명	LOOKUP 함수의 배열형은 배열의 첫 행 또는 열에서 지정된 값을 조사하여 해당 배열의 마지막 행 또는 열에 있는 같은 위치에서 값을 가져옵니다. 즉 배열형은 자동으로 첫째 행 또는 열에서 값을 찾습니다. 찾는 값이 배열의 첫째 행 또는 열에 있을 때 LOOKUP 함수의 배열형을 사용합니다.
인수	• lookup_value : 배열(array)에서 검색하려는 값. 값을 참조하는 이름 또는 참조, 논리값, 텍스트 또는 숫자일 수 있습니다. – lookup_value를 찾을 수 없으면 배열(array)의 lookup_value보다 작거나 같은 값 중에서 최대값을 구합니다. – lookup_value가 첫째 행 또는 열의 최소값보다 작으면(배열 차원에 따라) #N/A 오류값을 표시합니다. • array : lookup_value와 비교할 텍스트, 숫자 또는 논리값을 포함하는 셀 범위. 배열이 행수보다 열 수가 많으면 첫째 행에서 lookup_value를 찾고, 배열이 열 수보다 행수가 많으면 첫째 열에서 lookup_value를 찾습니다. – lHLOOKUP 함수와 VLOOKUP 함수에서는 아래 또는 옆으로 검색할 수 있지만 LOOKUP 함수는 항상 행과 열의 마지막 값을 가져옵니다. – l배열에서 검색하려는 값 목록은 ,…, −2, −1, 0, 1, 2, ,…, A~Z, FALSE, TRUE처럼 오름차순으로 입력해야 하고 그렇지 않으면 LOOKUP 함수가 올바른 값을 제공할 수 없습니다. 이때 영문자의 대/소문자는 구분하지 않습니다.

TRANSPOSE(array)	
설명	세로 셀 범위를 가로 범위로, 가로 셀 범위를 세로 범위로 바꾸어 반환합니다. 이때 반드시 배열과 같은 행과 열 수를 갖는 범위에 배열 수식으로 입력해야 합니다.
인수	• array : 행과 열을 바꿀 워크시트의 셀 범위 또는 배열. 배열의 첫 행을 새 배열의 첫 번째 열로, 둘째 행을 새 배열의 두 번째 열로 바꾸는 형식으로 배열의 행과 열이 바뀝니다.

OFFSET(reference,rows,cols,height,width)	
설명	지정한 셀이나 행, 열만큼 떨어진 위치로부터 지정한 행 수, 열 수만큼의 범위를 지정합니다. 즉 셀 또는 셀 범위로부터 지정한 행과 열만큼 떨어진 위치의 참조 영역을 되돌려줍니다.
인수	• reference : 기준으로 할 참조 영역 또는 셀. 셀 또는 인접한 셀 범위를 참조해야 하고 그렇지 않으면 #VALUE! 오류값을 나타냅니다. • rows : reference의 첫 행과 출력할 영역의 첫 행 사이의 간격. rows 인수로 5를 사용하는 것은 참조의 왼쪽 위 셀이 참조 아래 방향에 있는 5행임을 나타내고, 양수(시작 참조 아래) 또는 음수(시작 참조 위)일 수 있습니다. • cols : reference의 첫 열과 출력할 영역의 첫 열 사이의 간격. cols 인수로 5를 사용하는 것은 참조의 왼쪽 위 셀이 참조 오른쪽 방향에 있는 5열임을 나타내고, 양수(시작 참조의 오른쪽) 또는 음수(시작 참조의 왼쪽)일 수 있습니다. • height : 출력하려는 참조 영역의 높이(행 수). 양수여야 합니다. • width : 출력하려는 참조 영역의 너비(열 수). 양수여야 합니다. – rows 및 cols가 워크시트 가장자리 위를 참조하는 경우 #REF! 오류값을 나타냅니다. – height 또는 width를 생략하면 reference와 높이나 너비가 같은 것으로 간주합니다.

CHOOSE(index_num,value1,value2,…)	
설명	지정된 인덱스 번호(index_num)에 따라 인수값 목록(value1,value2,…)에서 해당되는 값을 반환합니다.
인수	• index_num : 인수가 선택되는 값을 지정합니다. 1~29 사이의 숫자이거나 1~29 사이의 숫자가 들어있는 셀에 대한 참조 또는 수식이어야 합니다. index_num이 1이면 value1, 2이면 value2 등의 방식으로 계속해서 반환됩니다. – index_num이 1보다 작거나 목록의 마지막 값 수보다 크면 #VALUE! 오류값이 반환됩니다. – index_num이 분수이면 소수점 이하를 잘라서 정수로 변환됩니다. • value1,value2,… : index_num에 따라 값이나 작업을 선택할 때 사용하는 인수. 엑셀 2003까지는 1~29개까지, 엑셀 2007부터는 1~254개까지 지정할 수 있습니다. 인수는 숫자, 셀 참조 영역, 정의된 이름, 수식, 매크로 함수, 텍스트 등이 됩니다. – index_num이 배열이면, CHOOSE 함수가 계산될 때 모든 value가 계산됩니다.

GETPIVOTDATA(data_field,pivot_table,field1,item1,field2,item2,…)	
설명	피벗 테이블 보고서에 저장된 데이터를 구합니다. 요약 데이터가 피벗 테이블 보고서에 표시된 경우에는 GETPIVOTDATA 함수를 사용해 보고서로부터 요약 데이터를 읽어옵니다.
인수	• data_field : 읽어올 데이터가 들어있는 데이터 필드의 이름을 따옴표로 묶습니다. • pivot_table : 임의의 셀, 셀 범위 또는 피벗 테이블 보고서의 명명된 셀 범위에 대한 참조. 이 정보는 피벗 테이블 보고서에 읽어올 데이터가 있는지 확인하기 위해 사용합니다. • field1,item1,field2,item2 : 읽어올 데이터를 설명하는 필드 이름과 항목 이름 쌍을 1개부터 14개까지 순서에 관계없이 입력할 수 있습니다. 날짜와 숫자 외의 항목에 대한 이름과 필드 이름은 따옴표로 묶습니다.

HYPERLINK(link_location,friendly_name)	
설명	네트워크 서버나 인트라넷, 인터넷에 저장된 문서를 액세스할 수 있는 바로 가기나 이동 텍스트를 만듭니다. HYPERLINK 함수가 들어있는 셀을 선택하면 link_location에 저장된 파일이 열립니다.
인수	• link_location : 텍스트로 열 문서에 대한 경로와 파일 이름. link_location은 엑셀 워크시트나 통합 문서의 특정 셀 또는 이름이 지정된 범위, 마이크로소프트 워드 문서의 책갈피 등 문서 안의 위치를 참조할 수 있습니다. 하드디스크 드라이브에 저장된 파일이나 서버의 UNC(Universal Naming Convention) 경로(Windows용 Microsoft Excel), 인터넷이나 인트라넷의 URL(Uniform Resource Locator) 경로를 지정할 수 있습니다. – link_location은 따옴표로 묶인 텍스트 문자열이나 문자열로 된 연결이 들어있는 셀입니다. – link_location에 지정된 이동 텍스트가 존재하지 않거나 제대로 작동하지 않으면, 해당 셀을 클릭했을 때 오류가 나타납니다. • friendly_name : 셀에 표시되는 이동 텍스트나 숫자값. 밑줄과 함께 파란색으로 표시되고 생략하면 셀에 link_location이 표시됩니다. – friendly_name은 숫자, 텍스트 문자열, 이름, 이동 텍스트나 숫자가 들어있는 셀 등입니다. – 하이퍼링크 대상으로 이동하지 않고, 그 하이퍼링크가 들어있는 셀을 선택할 수 있습니다. 셀을 클릭한 후 커서가 십자 모양이 될 때까지 마우스 단추를 클릭했다가 놓으면 됩니다.

논리 함수

IF(logical_test,value_if_true,value_if_false)	
설명	지정한 조건이 TRUE일 때와 FALSE일 때에 대한 각각의 다른 값을 지정할 수 있는 함수입니다.
인수	• logical_test : TRUE나 FALSE가 될 수 있는 임의의 값 또는 식. 이 인수에는 모든 비교 계산 연산자를 사용할 수 있습니다. • value_if_true : logical_test가 TRUE일 때 지정되는 값 • value_if_false : logical_test가 FALSE일 때 지정되는 값. 이 부분이 생략되는 경우는(즉 value_if_true 뒤에 쉼표가 없을 경우) FALSE가 표시됩니다. – 엑셀 2003까지는 value_if_true와 value_if_false 인수로 IF 함수를 7개까지, 엑셀 2007 이상에서는 64개까지 중첩하여 작성할 수 있습니다.

AND(logical1,logical2,…)	
설명	지정한 인수가 모두 TRUE이면 TRUE를, 인수 중 하나라도 FALSE이면 FALSE를 반환합니다.
인수	• logical1,logical2,… : TRUE 또는 FALSE로 계산될 수 있는 조건. 엑셀 2003까지는 1~30개까지, 엑셀 2007부터는 255개까지 사용할 수 있습니다. – 배열이나 참조 인수에 텍스트 또는 빈 셀이 들어있는 경우에는 이러한 값이 무시됩니다. – 지정한 범위에 논리값이 없으면 #VALUE! 오류값이 반환됩니다.

OR(logical1,logical2,…)	
설명	인수 중 하나가 TRUE이면 TRUE, 모든 인수가 FALSE이면 FALSE를 반환합니다.
인수	• logical1,logical2,… : TRUE 또는 FALSE를 검사할 조건. 엑셀 2003까지는 30개, 엑셀 2007부터는 255개까지 지정할 수 있습니다. – 배열 또는 참조 인수에 텍스트 또는 빈 셀이 있는 경우 해당 값은 무시됩니다. – 지정한 범위가 논리값을 포함하지 않은 경우 #VALUE! 오류값을 표시합니다.

NOT(logical)	
설명	인수값의 역을 표시합니다. 즉 지정한 인수가 FALSE이면 TRUE가, TRUE이면 FALSE가 반환됩니다.
인수	• logical : TRUE나 FALSE가 될 수 있는 값이나 식

IFERROR(value,value_if_error)	
설명	수식 자체가 오류이거나 수식의 결과가 오류인지 확인하여 오류인 경우 지정한 값을 반환하고 그렇지 않으면 수식의 결과를 반환합니다.
인수	• value : 오류를 검사할 수식이나 값 • value_if_error : 수식에서 오류가 발생할 경우에 반환할 값. #N/A, #VALUE!, #REF!, #DIV/0!, #NUM!, #NAME? 또는 #NULL! 오류 유형이 평가됩니다.

재무 함수

PMT(rate,nper,pv,fv,type)	
설명	정기적으로 지불하며, 일정한 이자율이 적용되는 대출에 대해 매회 지급액을 계산할 때 사용하는 함수입니다. 즉 이율과 불입 횟수로 현재 가치와 미래 가치를 같게 만드는 불입액을 구합니다. 대출에 대한 지급액뿐만 아니라 목표 저축액에 대한 월 불입액을 구할 수도 있습니다.
인수	• rate : 대출 이율 • nper : 대출 불입의 총 횟수 • pv : 현재 가치, 즉 앞으로 지불할 일련의 불입금이 현재 가지고 있는 가치의 총합(원금) • fv : 미래 가치, 즉 최종 불입 후의 현금 잔고. fv를 생략하면 0(영)으로 간주하므로 대출금의 미래 가치는 0입니다. • type : 지불하는 시점을 0(영) 또는 1로 나타냅니다. 0 또는 생략하면 기말 시점이며, 1로 지정하면 기초 시점입니다. – rate와 nper를 지정할 때는 같은 단위를 사용해야 합니다. 예를 들어 연이율 12%의 4년 만기 대출금에 대한 월 상환액을 계산하려면 rate로 12%/12, nper로 4×12를 사용합니다. 만약 월 상환이 아니라 연 상환이면 rate로 12%, nper로 4를 사용해야 합니다.

PPMT(rate,per,nper,pv,fv,type)	
설명	주기적이고 고정적인 지급액과 이자율에 대한 일정 기간 동안의 투자에 대한 원금을 구합니다.
인수	• rate : 기간당 이율 • per : 원금을 계산할 기간. 1부터 nper 사이의 값이어야 합니다. • nper : 연간 총 납입 기간 • pv : 현재 가치, 즉 앞으로 지급할 일련의 납입금의 현재 가치를 나타내는 총액 • fv : 미래 가치, 즉 최종 불입 후의 현금 잔고. fv를 생략하면 0으로 간주하므로 대출금의 미래 가치는 0입니다. • type : 납입 시점을 나타내는 숫자 0 또는 1입니다. 0을 생략하면 기말, 1이면 기초에 납입하는 것으로 합니다. – rate와 nper를 지정할 때는 같은 단위를 사용해야 합니다.

IPMT(rate,per,nper,pv,fv,type)	
설명	이자를 구합니다.
인수	• rate : 기간당 이율 • per : 이자를 계산할 기간. 1부터 nper 사이의 값이어야 합니다. • nper : 연간 총 납입 기간 • pv : 현재 가치, 즉 앞으로 지급할 일련의 납입금의 현재 가치를 나타내는 총액 • fv : 미래 가치, 즉 최종 불입 후의 현금 잔고. fv를 생략하면 0으로 간주하므로 대출금의 미래 가치는 0입니다. • type : 납입 시점을 나타내는 숫자 0 또는 1입니다. 0을 생략하면 기말, 1이면 기초에 납입하는 것으로 합니다. – rate와 nper를 지정할 때는 같은 단위를 사용해야 합니다.

NPER(rate,pmt,pv,fv,type)	
설명	'Number Of Periods'의 약자로, 필요한 투자 횟수 또는 불입 횟수를 돌려주는 함수입니다. 즉 어떤 목표액과 이율에 대해 정해진 금액을 투자한다고 할 때 몇 번 투자해야 원하는 목표에 도달할 수 있는가를 알려주는 함수입니다.
인수	• rate : 기간별 이자율 • pmt : 각 기간의 지급액. 전체 기간 동안 일정합니다. 일반적으로 pmt에는 기타 비용과 세금은 포함되지 않고 원금과 이자만 포함됩니다. • pv : 현재 가치 또는 앞으로 지급할 일련의 지급액의 현재 가치를 나타내는 총액 • fv : 미래 가치 또는 최종 불입 후의 현금 잔고. 생략하면 0으로 간주합니다. 예를 들어 대출금의 미래 가치는 0입니다. • type : 지불하는 시점을 표시합니다. 0 또는 생략하면 기말, 1이면 기초를 지불 시점으로 합니다.

FV(rate,nper,pmt,pv,type)	
설명	FV 함수는 Future Value를 의미합니다. 매 기간 일정한 금액(pmt)을 일정한 이율(rate)로 일정 기간(nper) 동안 적립하는 경우 얻게 되는 미래 가치를 계산합니다. 즉 일정 금액을 정기적으로 불입하고 일정한 이율을 적용하는 투자에 대한 미래 가치를 계산하는 것입니다.
인수	• rate : 기간당 이율 • nper : 연간 총 납입 기간 • pmt : 정기적으로 적립하는 금액. 전체 기간 동안 변경되지 않습니다. 일반적으로 pmt에는 기타 비용과 세금을 제외한 원금과 이자가 포함됩니다. pmt를 생략하면 pv 인수를 반드시 포함해야 합니다. • pv : 현재 가치 또는 앞으로 지불할 일련의 납입금의 현재 가치를 나타내는 총액. pv를 생략하면 0으로 간주되는데, 이때 pmt 인수를 반드시 포함해야 합니다. • type : 지불하는 시점을 표시합니다. 0 또는 생략하면 기말, 1이면 기초를 지불 시점으로 합니다. – rate와 nper를 지정할 때는 같은 단위를 사용해야 합니다. – 모든 인수에 대해 저축금과 같이 지불하는 금액은 음수로 표시합니다. 배당금과 같이 받을 금액은 양수로 표시합니다.

PV(rate,nper,pmt,fv,type)	
설명	현재 가치(Present Value)를 의미합니다. 현재 가치는 미래에 발생하는 현금 흐름을, 화폐의 시간 가치를 반영하여 적절한 할인율로 현재 시점에서의 가치로 환산한 값을 의미합니다. 앞으로 있을 일련의 현금 흐름(pmt)이 일정한 이율(rate)로 일정 기간 혹은 일정 횟수(nper) 동안 발생할 경우 그 현금 흐름을 하나로 묶어 전체의 현재 가치를 평가할 수 있습니다.
인수	• rate : 이자 지급 기간당 이율 • nper : 납입 총 횟수 • pmt : 각 기간의 납입액. 전체 기간 동안 일정합니다. pmt를 생략할 경우 fv 인수는 반드시 포함해야 합니다. • fv : 미래 가치 또는 최종 상환 후의 현금 잔고. fv를 생략하면 0으로 간주합니다. • type : 지불하는 시점을 표시합니다. 0 또는 생략하면 기말, 1이면 기초를 지불 시점으로 합니다. – rate와 nper를 지정할 때는 같은 단위를 사용해야 합니다.

RATE(nper,pmt,pv,fv,type,guess)	
설명	대출을 받거나 자금을 빌려주고 일정한 기간 동안 일정액을 상환하거나 회수하는 경우의 기간당 이자율을 구합니다. 예를 들어 RATE 함수가 구한 이자율은 상환액이 월납인 경우 월 단위로 결과가 나타나며, 이를 연 단위 이율로 바꾸려면 함수식 뒤에 12를 곱해야 합니다. 만약 상환을 3개월 단위로 납입하면 RATE 함수의 결과는 3개월간의 이자율이므로 이를 연이율로 바꾸기 위해 4를 곱해야 합니다.
인수	• Nper : 연간 총 납입 기간 • Pmt : 각 기간의 지급액. 전체 기간 동안 일정합니다. 일반적으로 Pmt에는 기타 비용이나 세금은 포함되지 않고 원금과 이자만 포함됩니다. Pmt를 생략할 경우 Fv 인수를 반드시 포함해야 합니다. • Pv : 현재 가치. 일련의 미래 투자가 상응하는 현재 가치의 총 합계입니다. • Fv : 미래 가치 또는 최종 불입 후의 현금 잔고. Fv를 생략하면 0으로 간주합니다. • Type : 지급하는 시점을 표시하는 것으로, 0 또는 생략하면 기말, 1을 입력하면 기초를 표시합니다. • Guess : 이율이 얼마나 될 것인가에 대한 추정으로, 생략하면 10%로 간주합니다. • Guess와 Nper를 지정할 때 일치하는 단위를 사용해야 합니다.

CUMPRINC(rate,nper,pv,start_period,end_period,type)	
설명	주어진 기간 중에 납입하는 대출금 원금의 누계액을 반환합니다.
인수	• rate : 상환 기간에 적용되는 이자율 • nper : 총 상환 횟수 • pv : 현재 가치 • start_period : 결산 기간중의 최초 불입 회차 • end_period : 결산 기간중의 최종 불입 회차 • type : 불입 시점을 지정합니다. 0을 입력하면 기말을, 1을 입력하면 기초를 표시합니다.

CUMIPMT(rate,nper,pv,start_period,end_period,type)	
설명	주어진 기간중에 납입하는 대출금 이자의 누계액을 반환합니다.
인수	• rate : 상환 기간에 적용되는 이자율 • nper : 총 상환 횟수 • pv : 현재 가치 • start_period : 결산 기간중의 최초 불입 회차 • end_period : 결산 기간중의 최종 불입 회차 • type : 불입 시점을 지정합니다. 0을 입력하면 기말을, 1을 입력하면 기초를 표시합니다.

NPV(rate,value1,value2,,…)	
설명	순 현재 가치(Net Present Value)를 의미합니다. 순현재 가치는 효율적인 사업 선정을 위한 방법 중의 하나입니다. 어떤 자산의 NPV가 양수이면 투가 가치가 있는 것으로, NPV가 음수이면 투가 가치가 없는 것으로 평가합니다.
인수	• rate : 일정 기간 동안의 할인율 • value1,value2,… : 지출과 수입을 표시하는 인수. 1개부터 29개까지 사용할 수 있습니다. 모두 시간 간격이 같아야 하고 각 기간의 끝에 발생해야 합니다. – NPV 함수는 인수의 순서를 현금 흐름의 순서로 해석하므로 지출과 수입을 정확한 순서로 입력해야 합니다.

IRR(values,guess)	
설명	현금 흐름에 대한 내부 수익률을 구하는 함수입니다.
인수	• values : 내부 수익률을 계산할 도수가 들어있는 셀에 대한 참조 또는 배열. 내부 수익률을 계산하려면 values에 양수값과 음수값이 각각 한 개 이상씩 포함되어야 합니다. IRR 함수는 values의 순서를 사용해 현금 흐름의 순서를 해석하므로 지급액과 수익액을 원하는 순서대로 입력해야 합니다. • guess : IRR 결과의 근사값으로 추정하는 수. 반복 기법을 사용해 IRR을 계산합니다. 즉 guess에서 시작하여 결과가 0.00001% 이내의 오차 범위에 들어올 때까지 반복합니다. 20번 이상 반복한 후에도 결과값을 찾지 못하는 경우 #NUM! 오류값을 반환합니다. 대부분 IRR을 계산할 때 guess를 생략하는데, guess를 생략하면 0.1(10%)로 간주합니다.

MIRR(values,finance_rate,reinvest_rate)	
설명	일련의 현금 흐름에서 현금 유입과 현금 유출에 대해 각각 다른 이자율을 적용하여 수정 내부 수익률(Modified Internal Rate of Return)을 구하는 데 사용합니다. MIRR 함수는 투자 비용과 현금을 재투자하여 얻은 이자를 모두 고려합니다.
인수	• values : 현금의 흐름으로 숫자를 포함하는 셀 참조 또는 배열. 이 숫자는 일정 기간에 발생하는 지출(–값)과 수입(+값)을 나타냅니다. – 수정된 내부 회수율을 계산하려면 Values에 최소한 하나씩의 양수값과 음수값이 들어 있어야 하고 그렇지 않으면 #DIV/0! 오류값이 표시합니다. • finance_rate : 현금 흐름으로 투입된 돈에 대해 지불하는 이율 • reinvest_rate : 현금 흐름상의 재투자에 대한 이율 – MIRR 함수는 값의 순서를 현금 흐름의 순서로 해석합니다. 따라서 수입과 지출을 원하는 순서대로 정확한 부호(받은 현금은 양수이며, 지불한 현금은 음수)로 입력해야 합니다.

ACCRINT(issue,first_interest,settlement,rate,par,frequency,basis)	
설명	정기적으로 이자를 지급하는 유가증권의 경과 이자를 반환합니다. 유가증권의 발행일과 최초 이자 지급일, 결산일, 연이율에 따라 이자를 구할 수 있습니다.
인수	• issue : 유가증권의 발행일 • first_interest : 유가증권의 최초 이자 지급일 • settlement : 유가증권의 결산일. 즉 유가 증권이 매수자에게 매도된 발행일 다음 날입니다. • rate : 유가증권의 연간 이자율 • par : 유가증권의 액면가. 지정하지 않으면 기본적으로 1,000을 사용합니다. • frequency : 연간 이자 지급 횟수. 1년에 한 번 지급하면 1로, 반년에 한 번 지급하면 2로, 분기마다 지급하면 4로 표시합니다. • basis : 날짜 계산 기준으로 지정하는 값에 따른 기준은 다음과 같습니다.

basis	날짜 계산 기준 (한 달/일 년)
0 또는 생략	미국(미국증권업협회) 30/360
1	실제/실제
2	실제/360
3	실제/365
4	유럽 30/360

DISC(settlement,maturity,pr,redemption,basis)	
설명	유가증권의 할인율을 구합니다.
인수	• settlement : 유가증권의 결산일. 유가증권이 매수자에게 매도된 발행일 다음 날로, 할인율을 계산하는 기준일이 됩니다. • maturity : 유가증권의 만기일. 즉 유가증권이 만기 되는 날짜 • pr : 유가증권의 액면가 100원당 가격. 즉 유가증권의 할인된 현재 가격 • redemption : 유가증권의 액면가 100원당 상환 가격 • basis : 날짜 계산 기준으로 지정하는 값에 따른 기준은 다음과 같습니다.

basis	날짜 계산 기준 (한 달/일 년)
0 또는 생략	미국(미국증권업협회) 30/360
1	실제/실제
2	실제/360
3	실제/365
4	유럽 30/360

FVSCHEDULE(principal,schedule)	
설명	초기 원금에 일련의 복리 이율을 적용했을 때의 예상 금액을 계산합니다.
인수	• principal : 현재 가치 • schedule : 적용할 이율로 구성된 배열. 수 또는 빈 셀이 될 수 있습니다. 그 외의 값일 때는 #VALUE! 오류값을 반환하고 빈 셀은 0(무이자)으로 간주합니다.

DB(cost,salvage,life,period,month))	
설명	정률법을 사용해 특정 기간 동안 자산의 감가상각액을 반환합니다.
인수	• cost : 자산의 취득가 • salvage : 감가상각이 완료될 때의 가치(자산의 잔존 가치). 세법에서 유형 고정 자산은 취득 원가의 10%, 무형 고정 자산의 잔존 가치는 없는 것으로 간주합니다. • life : 자산의 총 감가상각 기간 수, 즉 자산의 내용 연수 • period : 감가상각을 계산할 기간. life와 같은 단위를 사용해야 합니다. • month : 첫 해의 개월 수. 생략하면 12로 간주합니다.

DDB(cost,salvage,life,period,factor)	
설명	이중체감법에 의해 감각상각액을 구합니다.
인수	• cost : 자산의 취득가 • salvage : 감가상각이 완료될 때의 가치(자산의 잔존 가치) • life : 자산의 총 감가상각 기간 수, 즉 자산의 내용 연수입니다. • period : 감가상각을 계산할 기간. life와 같은 단위를 사용해야 합니다. • factor : 잔액이 감소되는 비율. 생략하면 2(이중체감법)로 간주합니다. 이중체감법을 사용하지 않으려면 factor를 변경해야 합니다.

SLN(cost,salvage,life)	
설명	정액법에 의한 자산의 감가상각액을 구합니다.
인수	• cost : 자산의 취득가 • salvage : 감가상각이 완료될 때의 가치(자산의 잔존 가치) • life : 자산이 감가상각되는 기간 수(자산의 내용 연수)

SYD(cost,salvage,life,per)	
설명	지정된 감가상각 기간 동안의 자산 감가상각액을 연수 합계법으로 구하는 함수입니다.
인수	• cost : 자산의 취득가 • salvage : 감가상각이 완료될 때의 가치(자산의 잔존 가치) • life : 자산이 감가상각 되는 기간의 수(자산의 내용 연수) • per : 기간으로, life와 같은 단위를 사용해야 합니다.

정보 함수

CELL(info_type,reference)

설명

참조 범위 첫 번째 셀의 서식, 위치 또는 내용에 대한 정보를 반환합니다. 행, 열 또는 서식 정보 등 셀에 관련된 정보를 알아낼 때 유용하게 사용할 수 있습니다.

인수

- Info_type : 원하는 셀 정보의 유형을 지정하는 텍스트 값. Info_type과 해당 결과값은 다음과 같습니다.

Info_type	결과
"address"	텍스트로 참조 영역에 있는 첫째 셀의 참조 반환
"col"	참조 영역에 있는 셀의 열 번호 반환
"color"	음수에 대해 색으로 서식을 지정한 셀에 대해서는 1, 그렇지 않은 셀에 대해서는 0 반환
"contents"	참조 영역에 있는 왼쪽 위 셀의 수식이 아닌 값 반환
"filename"	텍스트로 참조가 들어있는 파일의 전체 경로를 포함한 파일 이름을 반환 참조가 들어있는 워크시트를 저장하지 않은 경우에는 빈 텍스트("") 반환
"format"	• 셀의 숫자 서식에 해당하는 텍스트 값 • 음수에 대해 색으로 서식을 지정한 셀에 대해서는 텍스트 값의 끝에 −을, 반환하고 양수나 모든 값에 괄호로 서식을 지정한 셀에 대해서는 텍스트 값의 끝에 0 반환
"parentheses"	양수 또는 모든 값에 괄호로 서식을 지정한 셀에 대해서는 1, 그렇지 않은 셀에 대해서는 0 반환
"prefix"	• 셀의 데이터 형식에 해당하는 텍스트 값 • 셀이 왼쪽 맞춤의 텍스트를 포함하면 작은따옴표('), 오른쪽 맞춤의 텍스트를 포함하면 큰따옴표("), 가운데 맞춤의 텍스트를 포함하면 캐럿(^), 양쪽 맞춤 텍스트를 포함하면 백슬래시(\), 그 밖의 경우는 빈 텍스트("") 반환
"protect"	셀이 잠겨 있지 않으면 0, 잠겨 있으면 1 반환
"row"	참조 영역에 있는 셀의 행 번호 반환
"type"	• 셀의 데이터 형식에 해당하는 텍스트 값 • 셀이 비어있으면 b, 텍스트 상수를 포함하면 l, 그 밖의 경우에는 v 반환
"width"	• 정수로 반올림한 셀의 열 너비 반환 • 열 너비의 각 단위는 기본 글꼴 크기로 지정된 문자 하나의 너비와 같음

- Reference : 정보를 알려고 하는 셀입니다. 생략된 경우 info_type에 지정된 정보는 변경된 마지막 셀에 대한 것입니다.

INFO(Type_text)

설명

CELL 함수와 기능이 비슷하지만 CELL 함수가 엑셀 파일의 정보를 반환하는 반면 INFO 함수는 현재 사용하고 있는 시스템 운영 체제에 대한 정보를 반환합니다. INFO 함수는 CELL 함수와 달리 파일이 저장되어 있지 않은 상태에서도 결과를 표시합니다

인수

- Type_text : 원하는 정보 유형을 지정하는 텍스트로, Type_text에 따른 결과는 다음과 같습니다.

Type_text	결과
"directory"	현재 디렉토리나 폴더의 경로
"memavail"	사용할 수 있는 메모리 용량(바이트 단위)
"memused"	데이터에 사용되는 메모리 용량
"numfile"	열려있는 통합 문서의 활성 워크시트 수
"origin"	• $A:로 시작하는 텍스트로 표시되는 A1 스타일의 절대 참조 • Lotus 1-2-3 릴리스 3.x와의 호환을 위한 것으로, 창의 가장 왼쪽 위 셀에 대한 셀 참조 반환
"osversion"	현재 운영 체제의 버전을 텍스트로 표시
"recalc"	현재의 재계산 모드를 자동 또는 수동으로 반영

	"release"	마이크로소프트 엑셀의 버전을 텍스트로 표시
	"system"	• 사용 중인 운영 체제의 이름을 표시 • Macintosh = "mac" , Windows = "pcdos"
	"totmem"	사용 중인 메모리를 포함한 메모리의 총 용량(바이트 단위)

ISBLANK(value), ISERR(value), ISERROR(value), ISLOGICAL(value), ISNA(value), ISNONTEXT(value), ISNUMBER(value), ISREF(value), ISTEXT(value)

설명 값이나 참조 유형을 검사할 때 사용하는 함수들로, 값의 유형을 검사하고 결과에 따라 TRUE 또는 FALSE를 반환합니다.

인수

• value : 검사할 값. 값으로 공백(빈 셀), 오류값, 논리값, 텍스트, 숫자, 참조값 또는 이러한 항목을 참조하는 이름을 사용할 수 있습니다. 함수별로 TRUE 값이 반환되는 경우는 다음과 같습니다.

함수	TRUE가 반환되는 경우
ISBLANK	값이 빈 셀을 참조하는 경우
ISERR	값이 #N/A 외의 오류값을 참조하는 경우
ISERROR	값이 오류값(#N/A, #VALUE!, #REF!, #DIV/0!, #NUM!, #NAME?, #NULL!)을 참조하는 경우
ISLOGICAL	값이 논리값을 참조하는 경우
ISNA	값이 #N/A(사용할 수 없는 값) 오류값을 참조하는 경우
ISNONTEXT	값이 텍스트가 아닌 항목을 참조하는 경우. 값이 빈 셀을 참조하는 경우에는 TRUE를 반환
ISNUMBER	값이 숫자를 참조하는 경우
ISREF	값이 참조를 참조하는 경우
ISTEXT	값이 텍스트를 참조하는 경우

• IS 함수들의 값 인수는 변환되지 않습니다. 예를 들어 숫자를 지정해야 하는 대부분의 다른 함수에서는 텍스트 값 "19"가 숫자 19로 변환되지만 수식 ISNUMBER("19")에서는 텍스트 값 "19"가 숫자로 변환되지 않으므로 ISNUMBER 함수는 FALSE를 반환합니다.
• IS 함수는 수식에서 계산 결과를 검사할 때 유용하고 IF 함수와 함께 사용하면 수식에서 오류를 쉽게 찾을 수 있습니다.

ERROR.TYPE(error_val)

설명 오류값에 해당하는 번호를 반환하는데, 오류가 없는 경우에는 #N/A 오류를 반환합니다.

인수

• error_val : 찾을 번호에 해당하는 오류값. error_val이 실제 오류값이 될 수 있지만 대부분은 검사할 수식이 들어 있는 셀에 대한 참조로 사용됩니다. 엑셀 오류값에는 다음과 같은 일곱 가지가 있습니다.

error_val		ERROR.TYPE 결과값
에러 값	의미	
#NULL!	참조 범위 오류	1
#DIV/0!	숫자를 0으로 나눔	2
#VALUE!	계산할 수 없는 인수 사용	3
#REF!	참조가 잘못됨	4
#NAME?	함수명이나 인수가 잘못됨	5
#NUM!	인수나 수식의 형식이 잘못됨	6
#N/A	값을 찾을 수 없음	7
기타	위의 일곱 가지 이외의 값인 경우	#N/A

ISEVEN(number)	
설명	숫자가 짝수이면 TRUE를, 홀수이면 FALSE를 반환합니다.
인수	• number : 검사할 값. number가 정수가 아니면 소수점 이하를 버리고 정수로 변환되고, number가 숫자가 아니면 #VALUE! 오류값이 반환됩니다.

ISODD(number)	
설명	숫자가 홀수이면 TRUE를, 짝수이면 FALSE를 반환합니다.
인수	• number : 검사할 값. number가 정수가 아니면 소수점 이하를 버리고 정수로 변환되고, number가 숫자가 아니면 #VALUE! 오류값이 반환됩니다.

07 엑셀 2010 버전의 호환성 함수 알아보기

엑셀 2010에서는 함수의 정확도와 성능을 향상시키기 위해 알고리즘이 변경된 함수들이 있습니다. 알고리즘이 변경되어 정확도가 향상된 함수들은 기능을 좀 더 정확하게 설명하기 위해 함수 이름이 변경되었습니다. 이전 엑셀 버전과의 호환성을 위해 이전에 사용하던 함수 이름도 계속 사용할 수 있고, 변경되기 전의 함수 이름은 호환성 함수 범주에서 제공됩니다. 예를 들어 이전 버전에서는 순위를 구할 때 사용하는 함수는 RANK 함수만 제공했지만, 엑셀 2010에서는 RANK.EQ 함수와 RANK.AVG 함수를 제공합니다.

RANK.EQ 함수는 함수 개념을 명확히 하기 위해 이름만 변경되었을 뿐 기존 RANK 함수와 같은 방식으로 같은 결과가 구해지기 때문에 결과적으로 같은 함수입니다. 그리고 RANK.AVG 함수는 통계학자들이 기대하는 방식에 더 적합하게 계산하도록 엑셀 2010에 새로 추가된 함수입니다. 이와 같이 함수 이름에 마침표(.)가 붙어있는 함수는 엑셀 2010에서 이름이 변경되었거나 새로 추가된 함수입니다. 이전 버전과 호환성이 필요한 문서는 호환성 함수 범주에 있는 함수를 사용하면 되지만, 호환성이 필요 없는 경우에는 이름이 바뀐 함수를 사용하는 것이 좋습니다.

엑셀 2010 버전에서 정확도와 속도 향상을 위해 알고리즘이 변경되고 이름이 변경된 함수 목록은 다음과 같습니다.

함수 범주	향상 및 이름 변경 함수	호환성 함수	향상 및 이름 변경 함수	호환성 함수
통계 함수	BETA.DIST	BETADIST	MODE.SNGL	MODE
	BETA.INV	BETAINV	MODE.MULT	
	BINOM.DIST	BINOMDIST	NEGBINOM.DIST	NEGBINOMDIST
	BINOM.INV	CRITBINOM	NORM.DIST	NORMDIST
	CHISQ.DIST.RT	CHIDIST	NORM.INV	NORMINV
	CHISQ.DIST		NORM.S.DIST	NORMSDIST
	CHISQ.INV.RT	CHIINV	NORM.S.INV	NORMSINV
	CHISQ.INV		PERCENTILE.EXC	PERCENTILE
	CHISQ.TEST	CHITEST	PERCENTILE.INC	
	CONFIDENCE.NORM	CONFIDENCE	PERCENTRANK.EXC	PERCENTRANK
	CONFIDENCE.T		PERCENTRANK.INC	

함수 범주	향상 및 이름 변경 함수	호환성 함수	향상 및 이름 변경 함수	호환성 함수
통계 함수	COVARIANCE.P	COVAR	POISSON.DIST	POISSON
	COVARIANCE.S		QUARTILE.EXC	QUARTILE
	EXPON.DIST	EXPONDIST	QUARTILE.INC	
	F.DIST.RT	FDIST	RANK.EQ	RANK
	F.DIST		RANK.AVG	
	F.INV.RT	FINV	STDEV.P	STDEVP
	F.INV		STDEV.S	STDEV
	F.TEST	FTEST	T.DIST	
	GAMMA.DIST	GAMMADIST	T.DIST.RT	TDIST
	GAMMA.INV	GAMMAINV	T.DIST.2T	
	GAMMALN		T.INV.2T	TINV
	GAMMALN.PRECISE		T.INV	
	GEOMEAN		T.TEST	TTEST
	HYPGEOM.DIST	HYPGEOMDIST	VAR.P	VARP
	LINEST		VAR.S	VAR
	LOGNORM.DIST	LOGNORMDIST	WEIBULL.DIST	WEIBULL
	LOGNORM.INV	LOGINV	Z.TEST	ZTEST

호환성 함수가 제공되는 함수들은 모두 통계 함수이고, 다른 범주의 함수들은 알고리즘 및 정확도가 향상된 함수입니다.

함수 범주	향상 및 이름 변경 함수
공학 함수	CONVERT, ERF, ERF.PRECISE, ERFC, ERFC.PRECISE, IMLOG2, IMPOWER
날짜 및 시간 함수	NETWORKDAYS.INTL, WORKDAY.INTL
수학 및 삼각 함수	AGGREGATE, ASINH, CEILING, CEILING.PRECISE, FACTDOUBLE, FLOOR, FLOOR.PRECISE, MOD, RAND
재무 함수	CUMIPMT, CUMPRINC, IPMT, IRR, PMT, PPMT, XIRR

08 오류 표시에 대한 원인과 대처 방법 알아보기

#DIV/0!

나눗셈을 하는 수식에서 숫자를 0으로 나눌 때 발생하는 오류입니다. 이때 DIV는 'DIVIDE'의 약자입니다.

- **대처 방법** : 나누는 숫자를 0이 아닌 다른 숫자로 변경합니다.

#N/A

주로 LOOKUP 함수 계열(VLOOKUP, HLOOKUP, LOOKUP)과 MATCH 함수 등을 사용할 때 찾을 값이 없으면 발생하는 오류입니다. 그리고 배열 함수 등에서는 열 또는 행의 범위의 인수가 일치하지 않을 때 표시합니다.

- **대처 방법** : 찾는 값을 바꾸거나 참조 범위의 값을 변경합니다.

#NAME?

함수 이름을 잘못 입력하거나 문자 인수를 큰따옴표("")로 표시하지 않으면 오류가 발생합니다. 즉 엑셀이 인식할 수 없는 이름이나 함수명을 사용하면 때 표시되는 오류입니다.

- **대처 방법** : 사용한 함수나 이름을 잘못 입력했는지 확인합니다.

#NULL!

범위 연산자를 잘못 사용했거나 교차하지 않는 영역을 참조할 때 발생하는 오류입니다.

- **대처 방법** : 참조 범위를 다시 지정합니다.

#NUM!

함수의 인수나 수식을 잘못된 형식으로 입력했을 때 발생하는 오류입니다.

- **대처 방법** : 이런 경우에는 함수의 형식을 확인하고 알맞은 형식으로 수정합니다.

#REF!

참조한 셀 주소가 잘못되었을 때 발생하는 오류입니다. 주로 참조했던 셀을 삭제했을 때 #REF! 오류가 표시됩니다.

- **대처 방법** : 참조한 셀이 삭제되었는지 또는 공백이 아닌지 확인합니다.

#VALUE!

논리값 또는 숫자가 필요한 수식에 텍스트를 입력한 경우 또는 배열 수식을 입력한 후 Ctrl+Shift 글쇠와 함께 Enter↵ 글쇠를 누르지 않았을 때 발생하는 오류입니다.

- **대처 방법** : 인수의 데이터 형태나 함수의 종류 등을 확인하고 수정합니다.

단축 글쇠 및 숫자

Alt+D+P 294
Alt+Enter↵ 19
Alt+F11 328, 340
Ctrl+↓ 16
Ctrl+↑ 16
Ctrl+1 126
Ctrl+9 257
Ctrl+A 30, 42, 113, 145, 295, 346
Ctrl+C 223, 267
Ctrl+D 211, 229, 240
Ctrl+End 16, 31
Ctrl+Enter↵ 59, 140, 174
Ctrl+Esc 16
Ctrl+H 19
Ctrl+Shift+↓ 131, 157, 256, 353
Ctrl+Shift+→ 347
Ctrl+Shift+↓+→ 132, 138
Ctrl+Shift+Enter↵ 162~163
Ctrl+Shift+방향 글쇠(←, →, ↑, ↓) 16
Ctrl+V 223, 268
F4 26
Shift+Enter↵ 16
Shift+Tab 16
Shift+방향 글쇠 16
2차원 가로 막대형 차트 215
2차원 꺾은선형 차트 299
3차원 참조 27
3차원 효과의 거품형 차트 232

A~G

Access 366
AND 조건 162
AND 함수 150
Application.DisplayAlerts 342
Array( ) 함수 334
AVERAGE 함수 163
AVERAGEIFS 함수 152
CHOOSE 함수 213
COLUMN 함수 139
CONCATENATE 함수 113
CORREL 함수 304
COUNT 함수 124
COUNTA 함수 50, 155
COUNTIF 함수 103, 151, 164~165, 264
COUNTIFS 함수 153
DATE 함수 77, 82, 110
DATEDIF 함수 117
Excel 매크로 사용 통합 문서 337
'Excel 옵션' 대화상자 15
FORECAST 함수 312
GET.DOCUMENT 함수 63, 71
GetOpenFileName 메소드 341
GET.WORKBOOK 함수 63, 71

H~M

HLOOKUP 함수 133
IF 함수 50, 58, 93, 111
IFERROR 함수 49, 133, 144
INDEX 함수 48, 66, 103, 124, 132, 151
INDIRECT 함수 64, 66, 116, 124, 150
ISERROR 함수 86, 157
LEFT 함수 110
LOOKUP 함수 115
MATCH 함수 48, 135, 174
Microsoft Excel 정보 363
MID 함수 110~111, 139
MIN 함수 183
MOD 함수 111, 133
MONTH 함수 80, 85, 133
MultiSelect 속성 333

O~Y

OFFSET 함수 44, 101, 194
OR 조건 162
OR 함수 85, 93, 150
[PowerPivot] 탭 364
PowerPivot for Excel 362, 367
'PowerPivot 필드 목록' 작업창 370
PRODUCT 함수 121
PROPER 함수 354
RANK 함수 165
REPLACE 함수 112, 354
ROUNDDOWN 함수 121
ROW 함수 123~124, 151
SMALL 함수 124, 151
STEYX 함수 307
SUBTOTAL 함수 257
SUM 함수 158
SUMIF 함수 98
SUMIFS 함수 154
SUMPRODUCT 함수 169

TEXT 함수 67, 111~112
TODAY 함수 111, 117, 130
TRUNC 함수 136
TypeName 함수 341
UBound() 함수 334
Visual Basic 355
VLOOKUP 함수 45, 73, 84, 120, 144, 183, 313
WEEKDAY 함수 73, 79, 263
YEAR 함수 111

ㄱ~ㄴ

가상 분석 314
가젯 382
간트 차트 105
'값 필드 설정' 대화상자 275
'고급 필터' 대화상자 102, 261
구글 드라이브 378
'국가 및 언어' 대화상자 21
그라데이션 채우기 70
그룹 상자 212
'그룹화' 대화상자 275, 296, 345
'그림 삽입' 대화상자 206
'그림 선택' 대화상자 203
'기록 중지' 단추 347
[개발 도구] 탭 138, 355
게이지 차트 382
'계산 필드 삽입' 대화상자 289
'계열 편집' 대화상자 201, 232
'관계 관리' 대화상자 369
'관계 만들기' 대화상자 369
꺾은선형 차트 200
누적 영역형 차트 245
눈금선 219, 239

ㄷ~ㄹ

다중 통합 범위 294
도형 윤곽선 242, 248
도형 채우기 216, 225, 282
대화상자 표시 단추 51
'데이터 가져오기' 대화상자 365
'데이터 계열 서식' 대화상자 188, 203, 224
데이터 레이블 220, 236
'데이터 레이블 서식' 대화상자 219
데이터 막대 70
데이터 유효성 검사 45, 122, 147
'데이터 유효성' 대화상자 45, 47, 114, 182, 320
'데이터 원본 선택' 대화상자 190, 201, 216, 364
'리본 메뉴 최소화' 단추 15
'리본 메뉴 확장' 단추 15

ㅁ~ㅂ

맞춤 211, 230
명령 단추 330
모달 창 334
모덜리스 창 334
모양 조절점 222
목록 상자 329
목표값 314
'매크로 기록' 대화상자 344
매크로 사용 통합 문서 71
'매크로 지정' 대화상자 336, 343
범례 186, 199, 300
보고서 필터 페이지 표시 291, 345
복사 67, 83, 214, 228
부분합 267
붙여넣기 84, 94, 166, 214, 346
빠른 실행 도구 모음 14, 35
빠른 실행 도구 모음 사용자 지정 294, 356
병합하고 가운데 맞춤 92
배열 함수 158, 162

ㅅ

사용자 정의 폼 327
사용자 지정 60, 77, 100
'사용자 지정 목록' 대화상자 23
'사용자 지정 자동 필터' 대화상자 259
'삭제' 대화상자 346
산점도 306
삽입 91
상대 참조 26
서식 지우기 30
서식 없이 채우기 83
'선택 영역에서 이름 만들기' 대화상자 17, 43, 113, 173
'선택하여 붙여넣기' 대화상자 214
숨기기 221, 233
스핀 단추 75, 86, 196, 207
'슬라이서 삽입' 대화상자 278
'시나리오 관리자' 대화상자 317
'시나리오 추가' 대화상자 317
'시트 그룹 채우기' 대화상자 64
'시트 보호' 대화상자 87
시트 행 삭제 90

실린더형 차트 185
'새 서식 규칙' 대화상자 54, 61, 79, 156, 286
'새 이름' 대화상자 17, 43, 62, 194
세로 막대형 차트 198
세로 쓰기 188
'셀 서식' 대화상자 51, 61, 264
'셀 서식 규칙' 대화상자 159
셀 스타일 75

ㅇ

'암호 확인' 대화상자 87
연결된 그림 54, 175
연결 편집 29
연결하여 붙여넣기 68, 126
'오류 검사 옵션' 단추 54
옵션 단추 210, 329
'이동 옵션' 대화상자 90, 146, 267
'이름 관리자' 대화상자 18
이름 상자 131
이름 정의 17, 43, 97, 194
'이름 편집' 대화상자 18
이벤트 프로시저 332
인쇄 미리 보기 34
인쇄 미리 보기 및 인쇄 97
인쇄 영역 설정 81, 141
인쇄 제목 96, 161
와일드카드 164
원드라이브 375
'원본 변경' 대화상자 29
원본 열 너비 유지 126

ㅈ~ㅊ

'자동 채우기 옵션' 단추 48
자동 채우기 핸들 77
자동 합계 99, 159
'자세히' 단추 186, 223
절대 참조 26
'정렬' 대화상자 262
조건부 서식 95
'조건부 서식 규칙 관리자' 대화상자 64
'중복된 항목 제거' 대화상자 102, 256
'차트 삽입' 대화상자 281
'차트 영역 서식' 대화상자 205, 259
'창 정렬' 대화상자 28
'찾기 및 바꾸기' 대화상자 19, 269
추세선 306
'축 서식' 대화상자 199, 205, 217, 241, 258
채우기 색 74
'채우기 효과' 대화상자 76

ㅋ~ㅌ

'컨트롤 서식' 대화상자 78, 139, 197, 231
콘텐츠 사용 71
콤보 상자 138
클립 아트 203
'통계 데이터 분석' 대화상자 310
'통합' 대화상자 269
틀 고정 135
테두리 271, 277
'테이블 가져오기 마법사' 대화상자 366
텍스트 나누기 20, 91
'텍스트 마법사' 대화상자 20, 256
텍스트 상자 234, 237
텍스트 줄 바꿈 19
텍스트 편집 212

ㅍ~ㅎ

파레토 차트 250
파워피벗 362
'표시 형식' 탭 53, 112
피벗 차트 281
'피벗 테이블 만들기' 대화상자 280, 288, 344
피벗 테이블 스타일 285
'피벗 테이블 옵션' 대화상자 276
'피벗 테이블/피벗 차트 마법사' 대화상자 294
'피벗 테이블 필드 목록' 작업창 274, 296, 345
필드 머리글 288
페이지 나누기 미리 보기 33
페이지 레이아웃 33
페이지 번호 96
페이지 수 34
'페이지 설정' 대화상자 32, 96, 161
하이퍼링크 제거 354
혼합 참조 26
해상도 14
확인란 229, 328
회귀 방정식 306
회귀 분석 308
회귀 직선 306
회전 223